城市轨道交通系列教材

BIANDIAN JIANXIU

变电检修

昆明地铁运营有限公司　编

西南交通大学出版社
·成　都·

图书在版编目（CIP）数据

变电检修／昆明地铁运营有限公司编. —成都：西南交通大学出版社，2015.4
城市轨道交通系列教材
ISBN 978-7-5643-3716-2

Ⅰ. ①变… Ⅱ. ①昆… Ⅲ. ①城市铁路－变电所－检修－教材 Ⅳ. ①U239.5

中国版本图书馆 CIP 数据核字（2015）第 020632 号

城市轨道交通系列教材

变电检修

昆明地铁运营有限公司　编

责任编辑	李芳芳
特邀编辑	韩迎春　李　娟
封面设计	墨创文化
出版发行	西南交通大学出版社 （四川省成都市金牛区交大路 146 号）
发行部电话	028-87600564　028-87600533
邮政编码	610031
网　　址	http://www.xnjdcbs.com
印　　刷	成都中铁二局永经堂印务有限责任公司
成品尺寸	185 mm × 260 mm
印　　张	27.5
字　　数	684 千
版　　次	2015 年 4 月第 1 版
印　　次	2015 年 4 月第 1 次
书　　号	ISBN 978-7-5643-3716-2
定　　价	87.50 元

编委会

·出版说明·

城市轨道交通诞生于19世纪中叶的英国伦敦，经历了近150多年的发展历史。它技术成熟、安全可靠、形式多样、用途广泛，以其大载客量、快捷、准时、环保而成为解决日益严重的城市交通堵塞的最有效手段。

随着我国经济社会的发展，内地城市化进程大大加快，城市交通问题已然成为制约城市发展的一大问题。为此，国家确立了优先发展城市公共交通的城市发展战略。2009年年底，国务院批准几个城市轨道交通建设计划。到目前为止，除北京、上海、广州已建成并使用的城市轨道交通线路外，许多二线城市已在建或拟建城市轨道交通线路。根据统计，到2015年年底，我国拥有城市轨道交通的城市将达到30个。未来10年，我国内地将新建城市轨道交通线路60多条，新建线路里程在不断扩大；北京、上海、广州等一线城市的城市轨道交通已经形成网络化格局，并呈现密集态势。我国城市轨道交通迎来了最好的发展时机。

城市轨道交通的发展，急需大量德才兼备的各类专业人才，如运营、供电、驾驶与检修等。为满足企业对人才特别是高、中级技能型人才培养的迫切需要，同时为适应职业教育“校企合作、工学结合”的教改形势，促进轨道交通行业职业教育教材体系趋于完善，西南交通大学出版社与昆明地铁运营公司及几所高中职学校共同策划，拟出版一套（有20余种）适合高、中级职业学校城市轨道交通类专业学生学习以及城市轨道交通营运公司员工培训的教材，首期推出以下6种（余下的后续出版）:

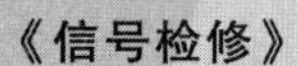

《信号检修》

《通信检修》

《电客列车司机》

《车站值班员》

《电客列车检修》

《变电检修》

本套教材侧重运营和维修知识的介绍，编写者根据近几年城市轨道交通的发展，将最新的技术资料收入其中；紧扣职业教育的特点及企业岗位需求，在讲述基本专业知识的基础上，注重实际操作技能的培养。内容系统完整，文字通俗易懂，图文并茂。为配合教学需要，还配有适量练习题。

希望本套教材的出版，能对城市轨道交通职业教育，对正在运行和将要运行的相关城市轨道交通营运公司的用人产生积极影响。受编者水平和时间的限制，本套教材的不足或错漏之处在所难免，欢迎读者批评指正。

西南交通大学出版社

2015 年 1 月

·序·

经过多年的发展，我国城市轨道交通将在2015年迎来发展的一个高峰。从已经开通和正在修建的城市轨道交通线路来看，我国的城市轨道交通建设已呈现稳健、持续的态势。城市轨道交通的发展无疑给我们的城市带来诸多益处，让城市魅力得到展现。

为更好地落实“十二五”城市轨道交通人才发展规划，强化人才培养和实践锻炼，加快建设一支数量充足、结构合理、素质过硬的专业技术人才队伍，尽快满足并确保城市轨道交通安全运营对专业技术人才的需要，昆明地铁运营有限公司本着立足当前、着眼长远、瞄准前沿、务求实用的原则，编写了这套既可为企业培训所用，亦可为开设有城市轨道交通课程学习的职业学校所用的专业系列教材。

这套教材与其他的城市轨道交通教材不同，它既突出企业管理新理念，又突出职业学校“产学结合、校企合作”的办学新理念。企业化培训教学，是由国际劳工组织开发推广的以现场教学为主、技能培训为核心的一种教学模式。因其教学模式具有灵活性、针对性、现实性、经济性的特点，即通过科学高效的培训，可大大提高职工业务技术、操作技能水平和应急处理能力，在国内外现代企业中被广泛应用。而我国职业教育发展到今天，校企合作成为一种必然选择。无论哪种职业教育，只有注重培养质量，注重学校学习与企业实践相结合，注重学校与企业资源、信息共享，才能使自身筋骨更强劲，道路更宽广。

这套教材针对地铁一线生产岗位需要，以应知应会、实作技能为重点，涵盖了地铁行车组织、调度指挥、客运、供电、工务、通信、信号等专业系统知识。教材内容通俗易懂、信息量大、专业性强，侧重地铁运营管理中的新技术、新设备，既立足应用实际又有适度超前，部分章节在各类地铁教材中属于首次涉及，因而对培训者与学习者来说具有重要意义与参考价值。编排体例上进行了分类处理，分章节模式和模块模式，对涉及地铁运营、调度岗位的采用章节模式，对涉及地铁维修岗位的采用模块模式。

这套教材由昆明地铁运营有限公司人力资源部组织筹划，体现了公司及客运站段、维保中心专业部室骨干人员的技术力量与智慧，公司工程师以及上海地铁专家对教材内容进行了评审。在此，谨对撰写者付出的辛劳，对专家们给予的大力支持表示衷心感谢！

王　征

2015 年 1 月

·前　言·

随着昆明地铁运营有限公司的日益发展壮大，迫切需要形成完善的专业技术体系以及技术过硬的轨道交通变电检修工队伍。在运营实践经验的基础上，维修事业部供电中心组织专业技术人员对变电检修工的培训教材进行编撰。

本教材从城市轨道交通供电系统的设备、原理、功能、结构等方面对昆明地铁供电系统设备进行了讲述。该培训教材的编写具有以下意义：一、为城市轨道交通变电检修工职业技能鉴定培训提供了一套系统化的培训教材；二、为昆明地铁运营有限公司变电检修工岗位技能和操作技能的提高，提供了一套自学教材；三、通过职业技能培训教材的编写，锻炼和培养了一批昆明地铁供电系统变电检修专业技术人员，同时也填补了维修事业部供电中心变电检修专业技术培训教材的一项空白。

本书包括两大部分内容：LA 至 LE 为第一部分，是对电路、供电系统的基本理论和城轨常用电气设备的介绍，主要包括：城轨供电系统介绍；城轨电气设备继电保护基础知识、原理及应用；变电所安全工作要求、注意事项以及触电急救知识；介绍城轨供电系统中各类电气设备的基础知识、结构、原理；设备运行时的维护及检查；介绍部分供变电设备故障情况下的应急处理；城轨电气新设备及新技术的介绍。SA 与 SB 为第二部分，主要对城轨变电检修工基本操作技能及专业操作技能进行相关介绍，包括城市轨道电气维修常用仪表及专用试验仪器设备的种类、技术参数、结构、工作原理及使用方法、注意事项；介绍城轨电气设备相关高压试验、特性试验原理及操作方法；介绍电气图纸的识图方法；故障录波及波形分析等。

本教材由供电中心经理袁伟主持编写，理论知识 L：分模块 LA 由王涛、杨振宇同志编写；分模块 LB 由杨振宇编写；分模块 LC 由李中尧、邱新春、张晨皓编写；分模块 LD、LE 由王人杰编写。实作技能 S：分模块 SA 由陈宇超、廖光明、方志彬编写；分模块 SB 由左晶龙、刘春华、李雄编写。本书紧扣变电检修专业的特点，在讲述基本专业知识的基础上，注重实际操作技能的培养。内容简洁明了，文字通俗易懂。

在编写过程中，编者参阅了大量专业书籍和部分杂志中的专题文章。该培训教材凝聚了多位专业技术骨干、安全生产人员的心血和汗水，在此对参与该教材编写的人员表示衷心的敬意和感谢，愿本教材能对变电检修从业人员的培训与学习有所裨益。

由于编者水平有限，教材中难免存在疏漏之处，敬请广大读者提出修改意见，我们将不胜感激，并定期进行修订，不断完善。

编　者

2014 年 10 月

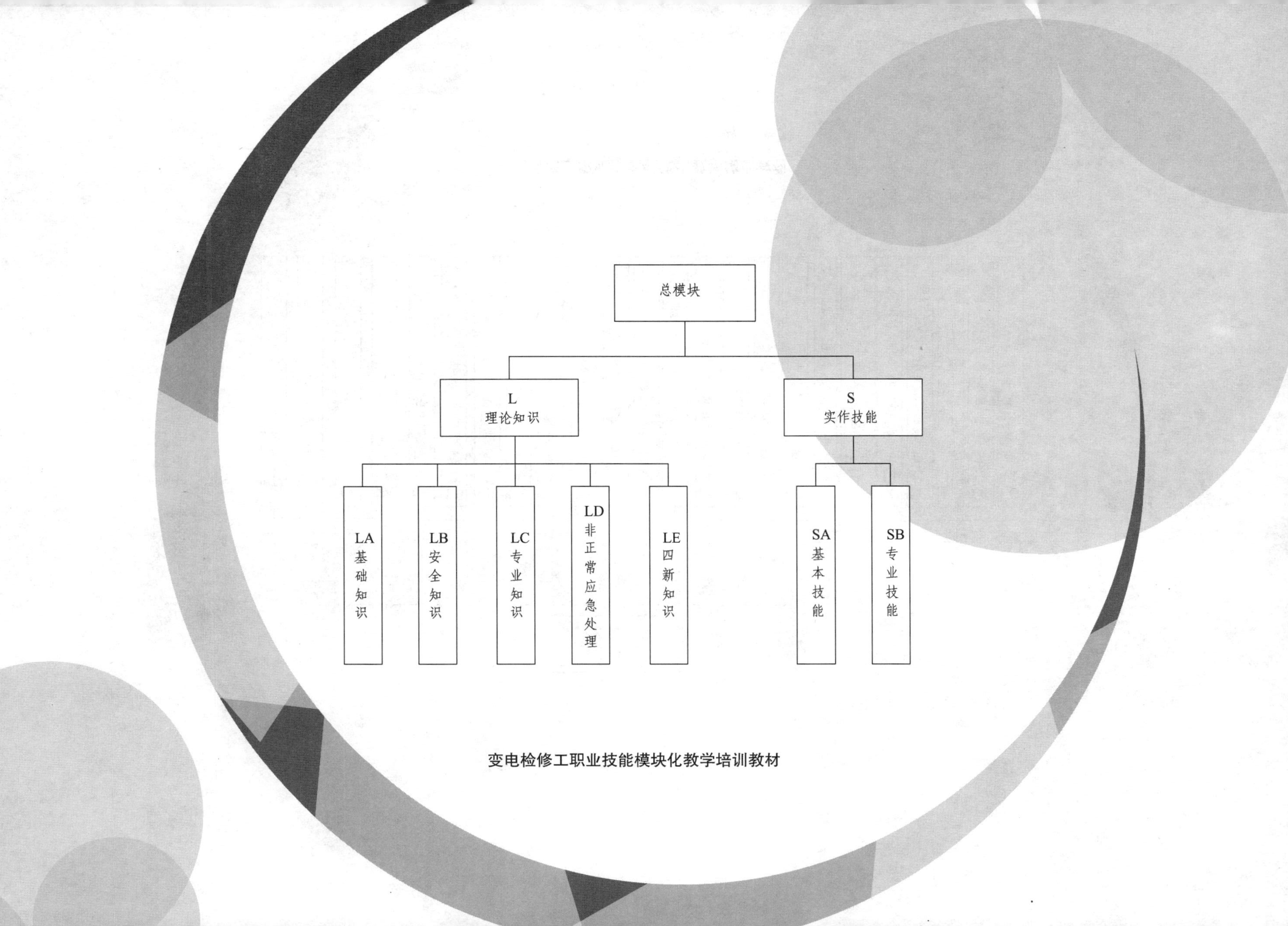
总模块
L
理论知识
S
实作技能
LA
基础知识
LB
安全知识
LC
专业知识
LD
非正常应急处理
LE
四新知识
SA
基本技能
SB
专业技能
变电检修工职业技能模块化教学培训教材

- L 理论知识
  - LA 基础知识
    - LA1 城规供电系统
    - LA2 牵引降压变电所
    - LA3 继电保护
    - LA4 计算机应用
  - LB 安全知识
    - LB1 一般规定
    - LB2 值班及交接班制度
    - LB3 安全防护措施
    - LB4 安全用具
    - LB5 警示标志
    - LB6 触电急救
  - LC 专业知识
    - LC1 变压器
    - LC2 GIS气体绝缘开关设备
    - LC3 SVG无功补偿装置
    - LC4 中性点成套接地装置
    - LC5 电缆
    - LC6 整流器柜
    - LC7 直流开关柜
    - LC8 隔离开关柜与轨电位限制
    - LC9 400V低压配电系统
    - LC10 交直流系统
    - LC11 微机保护测控装置
    - LC12 变电所综自系统
    - LC13 防雷接地系统
    - LC14 杂散电流防护

变电检修工职业技能模块化教学培训教材

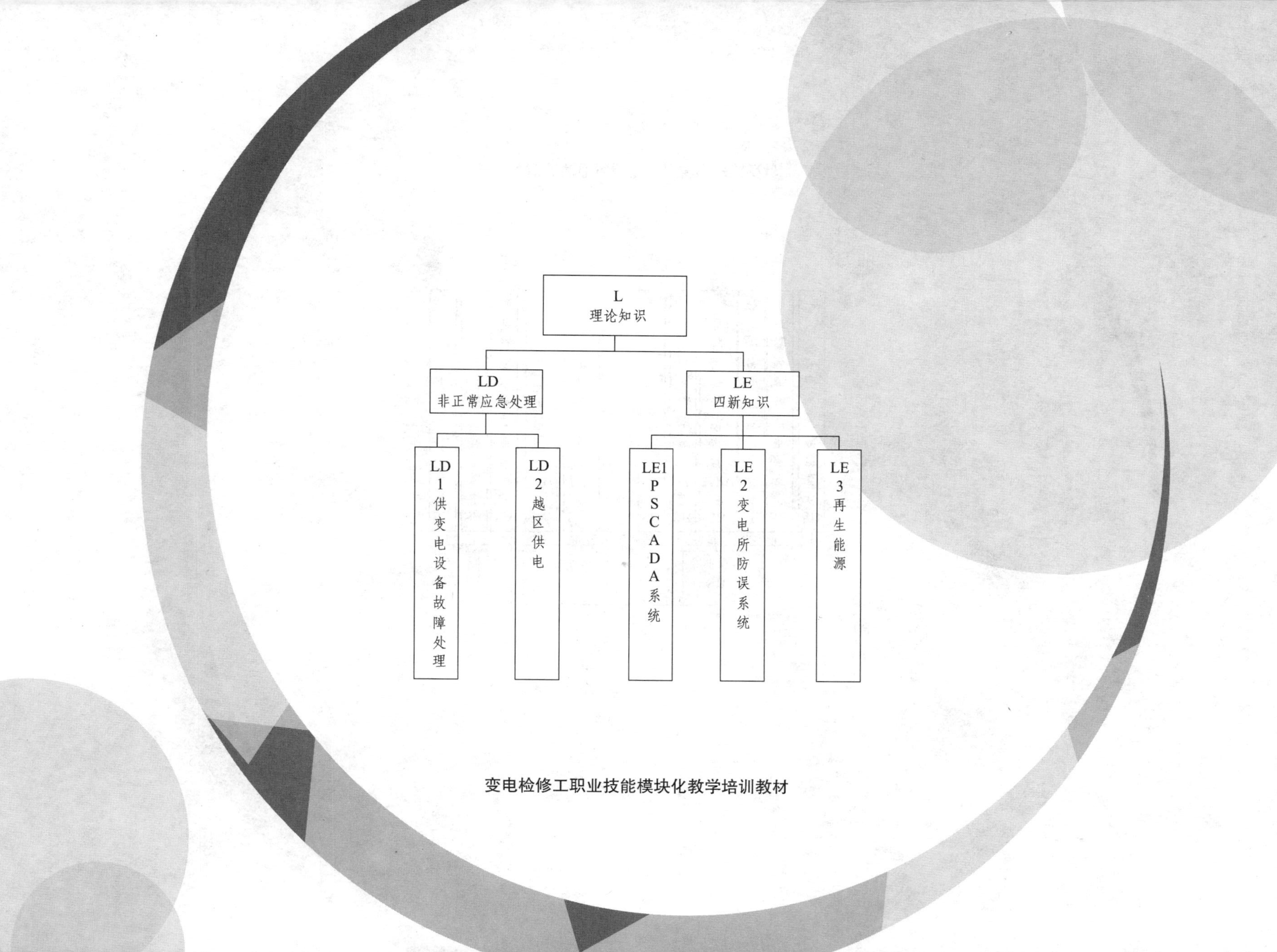
L
理论知识
LD
非正常应急处理
LE
四新知识
LD1供变电设备故障处理
LD2越区供电
LE1 PSCADA系统
LE2变电所防误系统
LE3再生能源
变电检修工职业技能模块化教学培训教材

S
实作技能
SA
基本技能
SB
专业技能
SA1常用工具仪表
SA2直流电阻测试仪
SA3绝缘手套靴耐压试验仪
SA4MI型兆欧测试仪
SA5MI型接地测试仪
SB1二次识图
SB2故障录波盘
SB3 35kV继电保护装置校验
SB4主变压器差动保护校验
SB5直流框架保护装置校验
SB6直流保护校验
变电检修工职业技能模块化教学培训教材

·目　录·

·目 录·

·目 录·

总模块 L

理论知识

分模块 LA 基础知识

子模块 LA1 城轨供电系统概论

城市轨道交通供电系统是为轨道交通运营提供动力能源的一个庞大系统，是国家和城市电网中的用电大户。它从国家和城市电网接受电能，通过变配电，将合适的电能提供给城市轨道交通各个部门和系统。城市轨道交通供电系统又是国家电力系统中的一部分，它的安全、可靠运行离不开国家电力系统的支撑。电力系统是由发电厂、变电所、输电线、配电系统及负荷组成的，国家电力系统运行的稳定与否将最终影响城市轨道交通供电的可靠性。

一、电力系统基本知识

随着城市轨道交通的迅猛发展，对电能的需求越来越大。城市轨道交通的电能取自城市电网，是电网的重要用户，城市电网中任何一个环节出现问题，都会影响城轨供电的质量和可靠性。同样，如果城轨供电系统出现故障，也会影响城市电网的电力平衡。

（一）电力系统及其额定电压

1. 电力系统

电力系统是由发电、输电、变电、配电和用电等环节组成的电能生产与消费的系统。它的功能是将自然界的一次能源通过发电动力装置转化成电能，再经输电、变电和配电将电能供应给各用户。它通常是由两个及以上的发电厂和若干个变配电所及其输电线、配电网和它们的用户组成的一个庞大整体，其中，输电线和相连的变电所部分称为电力网。发电厂向电网输送电能，用户从电网接受电能。在这个过程中电网起着电能调节、分配和输送的重要作用。如果电能不够，它可以通过增加连接发电厂数量或减少用户连接数量（减负荷）来平衡电能；如果电能富余，它还可以通过减少连接发电厂数量或向其他电网输送电能来平衡电能。为实现这一功能，电力系统在各个环节和不同层次还具有相应的信息与控制系统，对电能的生产过程进行测量、调节、控制、保护、通信和调度，以保证用户获得安全、经济、优质的电能。

2. 电力系统的额定电压

电力系统的额定电压是指系统中所有电气设备都在这一指定电压下工作的电压，电气设备在此电压下工作，将具有最好的技术和经济效果。

3. 电网的额定电压

同一电压级别下，各种设备的额定电压并不完全相等，为了使各种相互连接的电气设备都能运行在较有利的电压下，各电气设备的额定电压之间需要相互配合。为此通常认为电力线路的额定电压和系统的额定电压相等，把它称作为电网的额定电压。

4. 电气设备的额定电压

所谓电气设备的额定电压就是指电气设备能够长时间工作的、最适合的电压。此时，电气设备中的元器件都工作在最佳状态，只有工作在最佳状态时，电气设备的性能才能比较稳定地发挥，电气设备的寿命在这样的工作电压下才能得以延长。

变压器的额定电压较为复杂，一次绕组与系统的额定电压相同，二次绕组比系统的额定电压高 10%，如果变压器的短路阻抗小于 7%或直接与用户连接时，则规定二次绕组额定电压比系统的额定电压高 5%。

（二）发电厂

发电厂是把不同形式的能源转换成电能的工厂，如化学能、水能、原子能等。根据发电厂所利用的能源不同，可以分为以下几类：

1. 火力发电厂

利用煤、石油、天然气等燃料来发电的发电厂称为火力发电厂，简称火电厂。为了提高燃烧效率，现代的火电厂都把煤块粉碎成煤粉，然后把煤粉置于炉膛内完全燃烧，将锅炉内的水烧成高温、高压的蒸汽，蒸汽冲动汽轮，使其带动与其联轴的发电机旋转，将机械能转换成电能。

2. 水力发电厂

水力发电厂是从水库引水，利用水的动能带动水轮机，并使其带动与其联轴的发电机旋转来产生电能的。例如，三峡的水力发电，就是在长江中拦江筑坝，提高上游的水位，形成水库，使上、下游形成尽可能大的落差，这样的能源是环保清洁的。

3. 原子能发电厂

原子核在核反应堆中的分裂过程会产生大量的热能（原子能转换热能），用此热能把水加热成蒸汽，蒸汽冲动轮机使其带动发电机旋转发电。

此外，还有潮汐发电厂、地热发电厂、风力发电厂、太阳能发电厂等。

我国现有的发电厂是以火力发电厂为主，其中，凝汽式火力发电厂仍占多数。南方电网正在大力发展水力和风力发电，例如，澜沧江的水力发电站和大理大风坝的风力发电厂。

（三）电力网

通常把由输电、变电、配电设备及相应的辅助系统组成的联系发电与用电的统一整体称为电力网，简称电网。它将相邻的电厂、变电所联络起来，形成地区或全国性网络，以便进行统一管理和运行调度，为电能的输送提供一个庞大的网络。如图 LA1-1 所示。另外，为了把电能输送到较远的用电地区，降低输电线路对电能的损耗，通常发电厂发出的电能都经升压变压器把电压升高（例如，升高到 110 kV、220 kV、500 kV 等），然后通过电网和输电线路送到用电地区。再经变电所的降压变压器把电压逐级降低后分配使用。所以，变电所的主要任务是变换电压，其次还有集中和分配电能，控制电能的流向和调整电压的任务。电网的电压一般为 0.4 kV、10 kV、35 kV、110 kV、220 kV 等，而发电机的电压一般为 6.3 kV、10.5 kV、13.8 kV、15.75 kV、18 kV 等。发电厂不能直接向用户供电，必须通过电网变配电后供给用户。

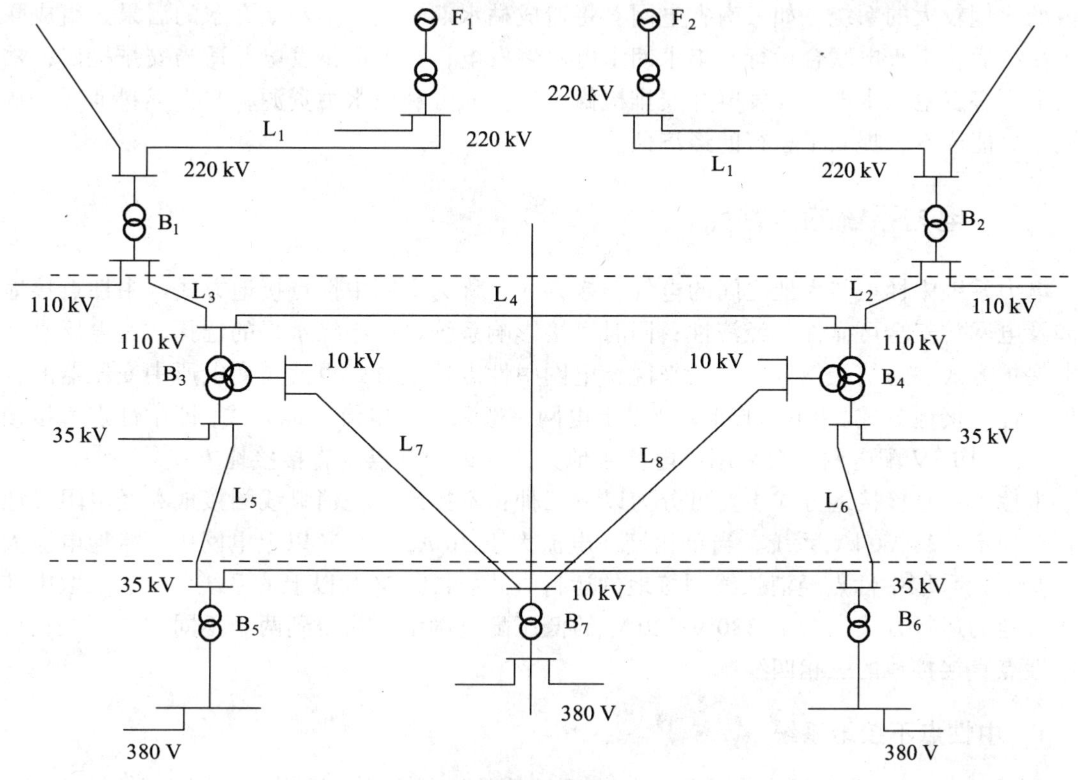

图 LA1-1 电力系统原理性电路图

F—发电厂；B—变电所；L—电力线路

（四）建立统一的电力系统的优点

1. 降低最高负荷

因为在同一电网中，当某一地区出现用电高峰时，另一地区可能是用电低谷，电网中总电能需求量的增加或减少是很少的，此时电网是不需额外增加电能供给的。电网越大、容量越大，出现上述情况的可能性越多，越容易调节。因此可以相对减少发电机的装机容量。

2. 减少备用容量

只要各电厂错开检修时间，就可以利用系统中的有些发电厂备用机组互相支援，不必为每个电厂都装备用机组，这样就减少了总的备用容量。

3. 提高供电的可靠性和电能质量

由于电网越大，上网供电的发电机组越多，系统容量也就越大，个别机组的容量占整个电网容量的比重相对较小，所以故障时对系统的影响较小，因而提高了供电的可靠性和电能的质量（频率、电压）。

4. 提高发电设备的经济运行

水电厂发电受季节的影响，在夏秋丰水期水量过剩，在冬春枯水期水量短缺。水电厂容量占的比例较大的系统（如云南省电网）将造成枯水期缺电。丰水期弃水的后果。组成联合电力系统后，水火电联合运行，丰水期水电厂多发电，火电厂少发电并适当安排检修；枯水期火电厂多发电，水电厂少发电并安排检修，这样充分利用水力资源，减少燃料消耗，从而降低了电能成本，提高了运行的经济性。

（五）电力系统的中性点

电力系统中性点与大地之间的电气连接方式，称为电网中性点接地方式。中性点接地方式涉及电网的安全可靠性、经济性；同时直接影响系统设备绝缘水平的选择、过电压水平及继电保护方式、通信干扰等。一般来说，电网中性点接地方式也就是变电所中变压器的各级电压中性点接地方式。我国 110 kV 及以上电网一般采用大电流接地方式，即中性点直接接地方式。3 ~ 10 kV 配电网一般采用小电流接地方式，即中性点不直接接地方式。

中性点不直接接地方式主要可分为以下三种：不接地、经消弧线圈接地和经电阻接地。按相关规定：3 ~ 60 kV 系统，当单相接地电流大于 30 A；20 kV 以上电网中，接地电流大于 10 A 时，则采取中性点经消弧线圈接地的运行方式。110 kV 及以上的系统，一般采取中性点直接接地的运行方式。对于 380 V/220 V 的低压配电网络，为得到两个不同的电压级也可采取中性点直接接地的三相四线制。

1. 中性点不接地系统

我国 3 ~ 10 kV 配电网大多采用中性点不接地的运行方式。这主要是因为电压等级不高，单相接地时，虽然非故障相电压升高 $\sqrt{3}$ 倍，而设备的绝缘是根据系统的线电压设计的，对设备绝缘影响不大。当单相接地时系统可以允许继续运行 2 h，这就为查找故障赢得了时间，大大提高了供电的可靠性。系统的故障 70%以上是接地故障，对线路的损害主要由接地点的电容电流造成的。

正常运行时，三相系统是对称的，用 $\dot{I}_{CA}$、$\dot{I}_{CB}$、$\dot{I}_{CC}$ 表示各相对地电容，$\dot{I}_{C0}$ 表示对地总的电容电流，同时不考虑相间电容，电力系统中性点不接地时的电路图如图 LA1-2（a）所示。

1）系统正常运行

系统正常运行时，理想情况下，负荷是对称的。那么三相电压 $\dot{U}_A$、$\dot{U}_B$、$\dot{U}_C$ 是对称的，中性点的电位为零。各相对地电容电流也是对称的（各相对地的电容是相等的），即 $\left|\dot{I}_{CA}\right|=\left|\dot{I}_{CB}\right|=\left|\dot{I}_{CC}\right|=\left|\dot{I}_{C0}\right|$。图 LA1-2（b）为 A 相电流向量图；图 LA1-2（c）为电容电流向量图。

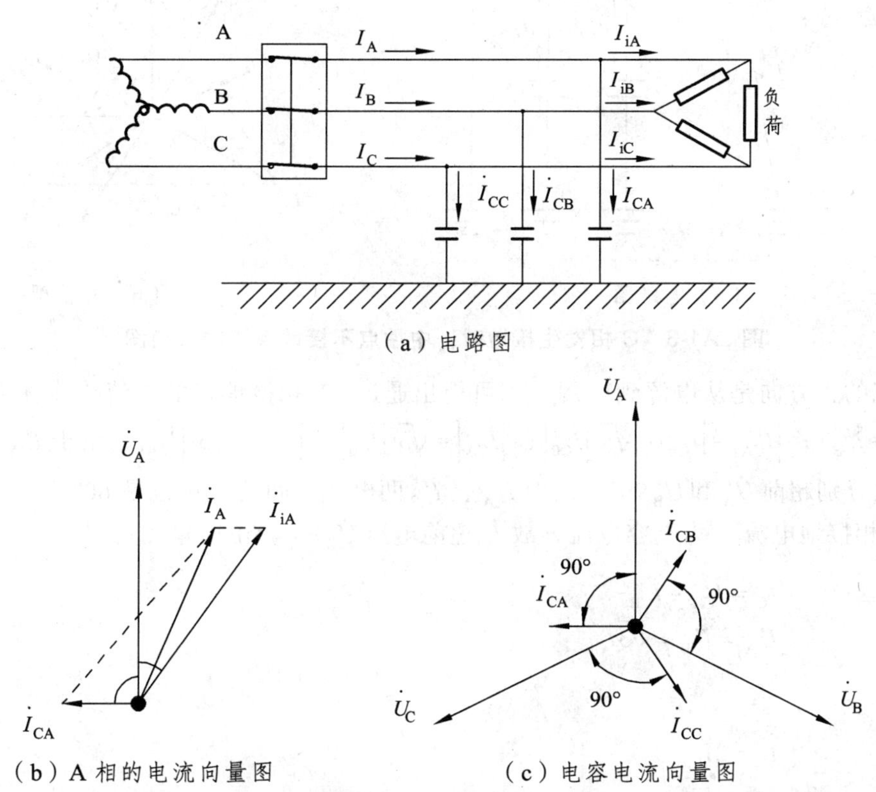

（a）电路图

（b）A 相的电流向量图　　（c）电容电流向量图

图 LA1-2　正常运行时，中性点不接地的三相系统图

2）系统发生单相接地故障

当任何一相（例如 C 相）绝缘受到破坏而接地时的电路图，如图 LA1-3（a）所示。此时，C 相对地的电压变为零，中性点电位偏移，非故障两相对地的电压升高 $\sqrt{3}$ 倍，即变为线电压。C 相发生完全接地时的向量图如图 LA1-3（b）所示。由图可以确定各相对地的电压 $\dot{U}'_A$、$\dot{U}'_B$、$\dot{U}'_C$ 的大小和方向。

$$\dot{U}'_A=\dot{U}_A+(-\dot{U}_C)=\dot{U}_A-\dot{U}_C=\dot{U}_{AC}$$
$$\dot{U}'_B=\dot{U}_B+(-\dot{U}_C)=\dot{U}_B-\dot{U}_C=\dot{U}_{BC}$$
$$\dot{U}'_C=\dot{U}_C+(-\dot{U}_C)=0$$

从图 LA1-3（b）可以确定，$\left|\dot{U}'_A\right|=\left|\dot{U}'_B\right|=\sqrt{3}\left|\dot{U}_A\right|$，$\dot{U}'_A$ 和 $\dot{U}'_B$ 之间的夹角为 60°，A、B 两相对地电压值升高 $\sqrt{3}$ 倍。这样其对地电容上所加的电压也升高 $\sqrt{3}$ 倍。所以，对地电容电流也较正常时的电容电流 $\dot{I}_{C0}$ 升高 $\sqrt{3}$ 倍。根据图中可确定非故障相对地的电容电流，因 C 相对地的电容被短路了，所以 C 相对地的电容电流为零。

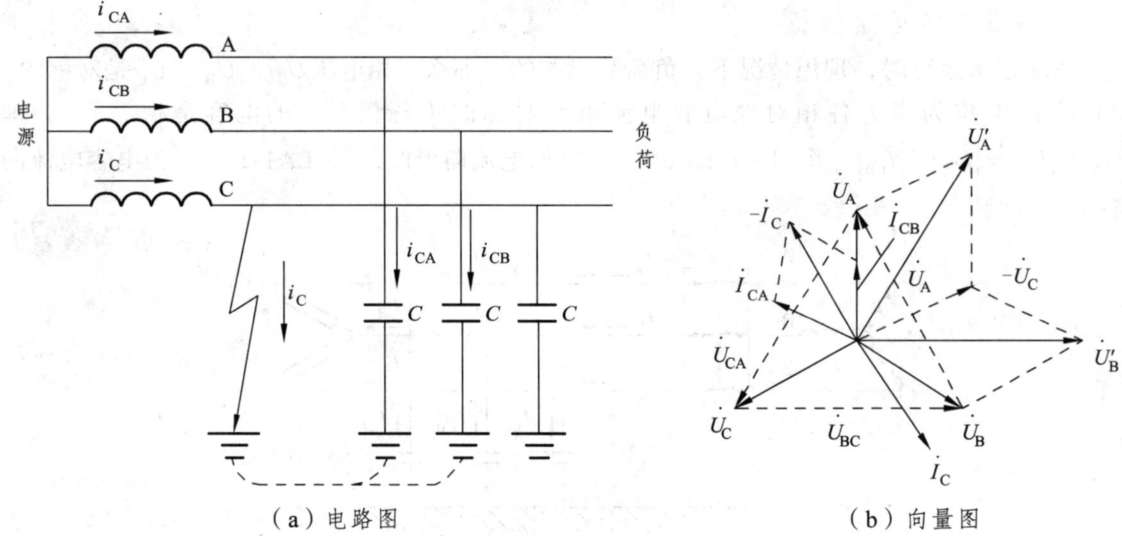

（a）电路图　　　　（b）向量图

图 LA1-3　C 相发生接地时，中性点不接地系统的三角图

设电流的正方向是从电源到电网，则可得出通过 C 相接地点的电流（简称接地电流）$\dot{I}_C=-(\dot{I}'_{CA}+\dot{I}'_{CB})$；$|\dot{I}'_{CA}|=|\dot{I}'_{CB}|=\sqrt{3}\,|\dot{I}_{C0}|$；$|\dot{I}_{CA}|=\sqrt{3}\,|\dot{I}_{C0}|$；$|\dot{I}_{CB}|=\sqrt{3}\,|\dot{I}_{C0}|$，由于 $\dot{I}'_{CA}$ 和 $\dot{I}'_{CB}$ 是电容电流，故分别超前 $\dot{U}'_A$ 和 U'_B 90°，因而 $\dot{I}'_{CA}$、$\dot{I}'_{CB}$ 两电流之间的夹角也是 60°，将它们相加即得 $-\dot{I}_C$。C 相接地电流 $\dot{I}_C$ 为电容电流，故 $\dot{I}_C$ 超前电压 $\dot{U}_C$ 90°。由向量图可得

$$\dot{I}_C=\dot{I}_{CA}+\dot{I}_{CB}$$
$$I'_{CA}=I'_{CB}=\sqrt{3}I_{C0}$$

所以

$$I_C=3I_{C0}$$

由上式可知，单相接地电流等于正常时一相对地电容电流的 3 倍。

若已知每相的对地电容 C，则可得到

$$I_{C0}=\frac{U_\varphi}{X_C}$$

因为

$$X_C=\frac{1}{\omega C}\times10^{-3}$$

所以

$$I_C=3I_{C0}=3U_\varphi\omega C$$

式中　U_φ ——正常运行时的相电压，kV；

ω ——角频率，rad/s；

C ——相对地的电容，F；

X_C——对地电容的容抗，kΩ。

中性点直接接地系统图如图 LA1-4 所示。

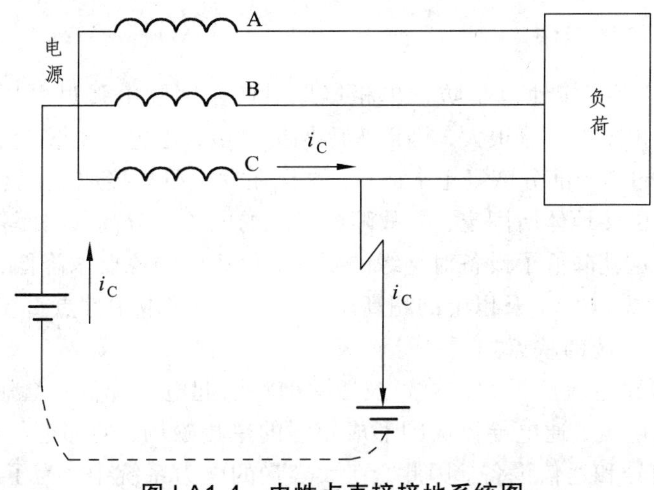

图 LA1-4　中性点直接接地系统图

因此，接地电流 $\dot{I}_C$ 的值与网络的电压、频率和每相对地的电容有关，而每相对地的电容与电网的结构（电缆、架空线）和线路的长度有关。在实用中，接地电流可近似地用下式计算：

架空线路：

$$I_C = \frac{Ul}{350}$$

电缆线路：

$$I_C = \frac{Ul}{10}$$

式中　U——电网的线电压，kV；

l——线路长度，km；

I_C——接地电流，A。

非金属性接地（包括经过一定电阻或消弧线圈接地）：接地相对地的电压大于零而小于相电压，非接地相对地的电压则大于相电压而小于线电压。

由前面分析可知，在中性点不接地的系统中发生单相接地时，网络非故障相线电压的大小和相位差仍维持不变，在这种系统中相对地的绝缘水平是根据线电压设计的，虽然未故障相的相电压会升高 $\sqrt{3}$ 倍，但对设备的绝缘没有多大影响。因而中性点不接地系统在发生单相接地时，可以继续运行。但是不允许长期运行，因为长期运行时可能引起非故障相绝缘薄弱的地方损坏而造成相间短路。为此，在这种系统中，一般都装设专门的绝缘监察装置，以监视有无接地故障发生。中性点不接地系统中发生单相接地时，按规定一般允许暂时继续运行不超过 2 h。

2. 变压器中性点不接地系统的优、缺点

优点：采用变压器中性点不接地系统，由于限制了单相接地电流，对通信的干扰较小；另外单相接地时可以运行一段时间，提高了供电的可靠性。

缺点：采用变压器中性点不接地系统，当一相接地时，另两相对地电压升高 $\sqrt{3}$ 倍，易产生间歇性电弧，使绝缘薄弱地方击穿，从而造成两相接地短路。

3. 中性点直接接地系统

将系统的中性点直接接地也是防止单相接地时产生间歇电弧过电压的一种方法，如图 LA1-4 所示。由于单相短路电流很大，因而零序保护灵敏，继电保护装置能可靠动作，将接地的线路切除，使系统的其他部分恢复正常运行。这样在发生单相接地时，就不会产生间歇电弧。同时，因中性点电位由接地体所固定，非故障相对地的电压不升高，因而各相对地的绝缘水平只需按相电压考虑，这就降低了设备对绝缘的要求。设备的绝缘要求降低，实际就降低了高压电气设备的造价。所以 110 kV 及以上的超高压系统，一般采取中性点直接接地的方式。

中性点直接接地系统的缺点如下：

单相接地时，短路电流值很大，故障被切除前将引起电压降低，会影响系统的稳定。另外，由于强大的短路电流，通电导体周围形成较强的单相磁场，使邻近的电子设备受到干扰，例如，城轨交通的信号和通信设备。因此，在大容量的电力系统中，为了减小单相短路电流，也有采用中性点经电抗器接地的（这样可限制单相短路电流值，不过却损失了部分零序保护的灵敏度）。

在发生单相接地时，由于必须断开故障线路，用户供电不得不中断。为了克服这一缺点、提高供电的可靠性，在易发生瞬时性单相接地故障的中性点直接接地系统中，通常装设了自动重合闸装置（ZCH）。故障发生时保护装置使断路器自动断开，经一定延时后再自动重合，若故障消除，用户供电即可得到恢复。如果单相接地为永久性的，则继电保护将再次断开断路器，这样供电设备还要遭受二次故障电流的损害。对于重要的一类负荷，为保证不间断供电，则应另装设备用电源。

4. 变压器中性点接地系统的优、缺点

优点：对中性点接地系统，若发生单相接地，另两相电压不升高，这样可使整个系统绝缘水平降低；另外，单相接地会产生较大的短路电流，从而使保护装置（继电器、熔断器等）迅速准确地动作，提高了保护的可靠性。

缺点：对中性点接地系统，由于单相短路电流很大，开关及电气设备等要选择较大容量，并且还会造成系统不稳定和干扰通信线路等。

5. 各种电压等级供电线路的接地方式

在 110 kV 及以上的高压或超高压系统中，一般采用中性点直接接地系统，其目的是为了降低电气设备的绝缘水平，提高继电保护的灵敏性，免除由于单相接地后继续运行而形成的不对称性。

工厂供电系统采用电压为 10 ~ 35 kV，一般为中性点不接地系统，因工厂供电距离短，对地电容小，单相接地电流小，这样允许运行一段时间，提高了系统的稳定性和供电的可靠性，对通信干扰小等。

1 kV 以下的供电系统（380 V/220 V），除某些特殊情况下（井下、游泳池），绝大部分是中性点接地系统，主要是为了防止绝缘损坏而遭受触电的危险。

二、城市轨道交通供电系统

城市轨道交通供电系统是轨道交通的重要组成部分，没有城市轨道交通供电系统的可靠安全供电，就不可能有城市轨道交通的正常运行。城市轨道交通供电系统由主变电所、牵引变电所、降压变所、馈电线路、接触网、走行轨、回流线、迷流防护系统等部分组成。其中，主变电所把从城市电网 110 kV 电源引入的三相高压交流电降压配送给轨道交通沿线的牵引变电所和降压变电所。牵引变电所是将交流电经降压整流后换成适合于电动列车使用的直流电。直流馈电线路是将牵引变电所的直流电输送到接触网上。接触网是沿电动列车行驶轨迹架设的特殊供电设备，电动列车通过其受电器(集电器)与接触网的直接接触而获得电能。走行轨是作为牵引供电回路的一部分，回流线是将轨道回流引向牵引变电所。迷流防护系统是将经轨道流入大地的杂散电流通过迷流网收集起来，通过排流柜及其电缆将迷流送回整流器的负端，保护地下或地面建筑物的结构钢筋不被腐蚀。

（一）特点及要求

1. 供电的可靠性和安全性

城市轨道交通供电不同于一般工业、企业供电和民用供电，它主要是为运送乘客的电动列车提供持续的电能，这些电动列车往往处于交通线路沿线的不同线段、不同运行状态之中，有高架、地面、地下；有上坡、下坡；还有牵引 (包括启动状态)、滑行、制动(包括电气再生制动)等。列车的运行工况比较复杂，对供电的质量和可靠性要求高。因此，城市轨道交通需要一个稳定而又经济合理的城市轨道交通供电系统。

此外，城市轨道交通供电系统还要对为乘客运营服务的辅助设施进行供电。这些设施包括照明、自动扶梯、通信、信号、通风、给排水、防灾报警、自动售检票机等。城市轨道交通供电是城市电网中的重要用户。大量的人群滞留在车站和列车上的时间长短不一，交通供电的中断不仅会造成交通运输的全线瘫痪，而且可能导致生命和财产的重大损失。因此，城市轨道交通供电系统必须具备高度的可靠性和安全性。

2. 供电负荷多样性

供电负荷主要包括：供电系统中各级变配电设备的本身既有损耗、电动列车的负荷、车站用户的负荷、车辆段维修负荷、车站商业用电等。

一般来说客运高峰时是供电的负荷高峰；客运低谷时是供电的负荷低谷。城市轨道交通供电必须满足这些负荷的变化，才能保证整个城市轨道交通运营的正常状态。

3. 供电系统运行的经济性

城市轨道交通是城市电网的一个耗能大户，必须实行经济运行。城市轨道交通供电系统经济运行的基本原则是：在保证电力系统安全可靠运行和电能质量符合标准的前提下，尽量降低总电能的损耗量，提高电能的使用效率。这就对整个电力系统中的耗电设备从设计、选型到运行和管理提出了更高的要求。对运行中的变配电设备，要降低损耗，首先必须从合理安排系统运行方式入手，因为这些措施不需要增加投资，而且在降低损耗的技术措施中是最合理和最经济的。通过适当调整各级电网的运行电压，合理组织变压器的经济运行，调整用户的负荷曲线，安排好设备检修计划等措施来加强系统的运行管理，才能实现系统的经济运行，从而达到降低系统损耗的目的。

所以要想实现系统的经济运行，就必须把握负荷的变化情况，及时调整运行方式。要想保证用户的电压稳定在额定值附近，就必须了解系统无功的变化情况，平衡系统的无功负荷，合理调整主变压器的分接头开关的位置。这就需要供电系统能满足经济运行的要求。

（二）城市轨道交通系统的供电方式

1. 系统电源供电方式

城市轨道供电系统有分散式和集中式两种不同类型的供电方式，城市轨道供电系统多是采用设置主变电所的集中供电方式。

2. 城市轨道牵引系统的电力制式

城市轨道牵引系统的电力制式按接触网的电流制有直流制和交流制两种。直流制是将高压、三相交流电源经牵引变电所降压和整流后，向接触网提供直流电。交流制是将高压、三相交流电源在变电所降压后，向接触网提供交流电。我国电气化铁路的牵引供电制式就采用单相工频（50 Hz）25 kV 交流制。

然而，城市轨道交通牵引供电制式和电气化铁路有很大的不同，电气化铁路站点间距长，周围空间环境宽阔，绝缘安全距离大，可选用较高的牵引电压，而城轨交通站点间距短，周围环境狭窄，绝缘安全距离小，牵引电压不能选得很高，但考虑到电压损失，牵引电压又不能太低，所以采用直流供电较为妥当。因为直流电不产生电抗压降，在相同的电压等级下，在电压损失方面直流供电优于交流供电，且结构简单。因此城市轨道交通几乎都采用直流供电制式。世界各国城市在不同的历史发展时期采用的交通模式不同，采用的直流供电电压等级较多，主要集中在 550 ~ 1 500 V。

3. 城市轨道交通供电系统的电压指标

110 kV 为额定电压的 – 3% ~ + 7%；
35 kV（33 kV）为额定电压的 ± 5%；
10 kV 及以下为额定电压的 ± 7%；
0.4 kV 为额定电压的+5% ~ – 10%；
DC 750 V 为额定电压的 – 33% ~ + 20%。

子模块 LA2　城市轨道交通供电系统运行方式

一、城市轨道交通供电系统供电方式

集中供电方式指的是：由城市电网区域变电所以高压 110 kV 向主变电所供电，经降压并

在沿线结合牵引变电所、降压变电所进线形成35 kV组成的中压环网，由环网供沿线设置的牵引变电所降压整流为直流DC 750 V，从而对电客列车供电；车站机电设备则由降压变电所降压为380 V/220 V对动力、照明等供电。这种供电方式的中压网络的电压等级应根据用电容量、供电距离、城市电网现状及发展规划等因素，经技术经济综合比较后确定。

分散供电方式是指不设主变电所，而直接由城市电网区域变电所的35 kV或10 kV中压输电线直接向城市轨道交通沿线设置的牵引变电所、降压变电所供电并形成环网。采用这种方式的环境必须是城市电网比较发达，在有关车站附近有符合可靠性要求的供电电源。其中压网线的电压等级应与城市电网相一致。在这种方式下，可设置电源开闭所，并可与车站变电所合建。

混合供电方式，顾名思义就是上两种的混合，即指一条轨道交通线路，一部分采用集中供电，另一部分采用分散供电。

二、变电所及其运行方式

（一）变电所分类及要求

城市轨道交通供电系统中一般设置三类变电所，即主变电所、降压变电所及牵引降压混合变电所。

1. 主变电所

主变电所是指采用集中供电方式，接受城市电网110 kV电压等级的电源，经其降压后以中压35 kV供给牵引变电所和降压变电所的一种城市轨道交通变电所。

1）主变电所的作用

主变电所将城市电网供给的110 kV的三相交流电降压至35 kV，配送到轨道交通沿线的各个牵引变电所和降压变电所。它承担着为轨道交通所有负荷供电的责任。一旦失电，将直接影响一、二级负荷的供电。即使恢复供电后，也可能因主变电所运行方式的变化，使其供电的可靠性降低。因此，主变电所必须具备很高的供电可靠性，每座主变一般都设有两路以上的进线电源。每条线路，一般设有二座及以上主变电所，可以相互支援，互为备用。

主变压器的容量根据近、远期负荷计算确定、分期实施，并在一台主变压器退出运行时，其他变压器能负担供电范围内的一、二级负荷。

2）主变电所110 kV进线电源

通常情况下一座主变电所两路110 kV电源取自城市电网同一变电所不同母线或不同地区变电所的110 kV母线。城市轨道交通供电系统每条线路通常设有两座以上的主变电所，它们的110 kV电源取自市网的不同变电所，是不同源的。

3）主变电所35 kV馈出线

城市轨道交通供电系统主变电所的35 kV侧采用单母线分段加分段断路器的接线方式。35 kV馈线直接配电给沿线牵引变电所、牵引降压混合所、降压变电所。当某一主变电所退出时，为确保原管辖区域内牵引变电所和降压变电所的供电，改由相邻的主变电所通过35 kV

环网分断处的两台联络开关，将其 35 kV 电源送至本主变电所 35 kV Ⅰ或Ⅱ母线，通过母线上的馈线开关，实现跨区域供电，如图 LA2-1 所示。

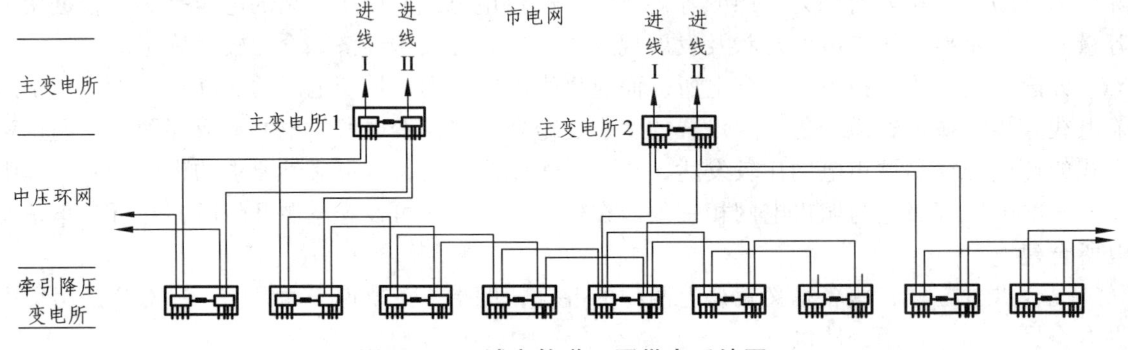

图 LA2-1　城市轨道环网供电系统图

2. 降压变电所

降压变电所从主变电所获得电能并降压变成低压交流电。当由其他变电所引入中压电源而独立设置降压变电所时，可称为跟随式降压变电所。

降压变电所一次侧母线及低压侧母线采用单母线分段接线。牵引变电所一次侧母线采用备自投的单母线分段接线，直流侧采用单母线接线。

配电变压器的容量选择应满足一台配电变压器退出运行时，另一台配电变压器能负担供电范围内远期的一、二级负荷。

3. 牵引降压混合变电所

牵引降压混合变电所是为城市轨道交通运营提供所需电能的系统，它不仅为城市轨道交通电动列车提供牵引用电，而且为城市轨道交通运营服务的其他设施提供电能。

牵引变电所从主变电所获得电能，经过降压和整流变成电动列车牵引所需要的直流电流。在有牵引变电所和降压变电所的站点，为方便运行管理，降低工程造价，合并建成牵引降压混合变电所。

牵引整流机组的数量和容量根据近、远期计算负荷比较确定，并在其中一座牵引变电所退出运行时，相邻的两座牵引变电所应能分担其供电分区的牵引负荷。

（二）变电所的运行方式

1. 主变电所

110 kV 分段母线供电。35 kV 侧设分段母线联络断路器，正常时，母线联络断路器断开，两台主变压器分立运行，共同负担全站的全部负荷。当一回 110 kV 电源或一台主变压器故障跳闸退出运行时，35 kV 母联断路器自动合闸，由另一台主变压器向本站供电区域的一、二级负荷供电。这种互为备用的运行方式大大提高了供电系统的可靠性。

2. 牵引降压混合变电所

35 kV 侧和 0.4 kV 均为单母线分段。牵引降压混合变电所按其所需容量设置两组牵引整流机组并列运行。当其中一套机组因故退出运行时，另一套机组在具备运行条件时不应退出运行。该运行条件系指：牵引整流机组过负荷满足要求，不影响故障机组的检修。如果这些条件能满足，那么一套牵引整流机组维持运行，既可保持列车运行，还可降低能耗、降低轨电位、减少杂散电流的影响。该所降压部分的运行方式同降压变电所。

3. 降压变电所

35 kV 侧为单母线分段，而 0.4 kV 除跟随式降压变电所在需要的情况外，均为单母线分段。每个降压变电所、跟随式降压变电所均设两台电力变压器，分别负责向本变电所所在半个区间内的动力照明负荷供电。正常运行时两台电力变压器分别运行，同时供电，当一台电力变压器因故障退出运行时，通过联络开关由另一台电力变压器负担全所一、二级负荷。

三、中压交流环网系统

城市轨道交通的中压交流环网系统可采用牵引与动力照明相对独立的网络形式，也可采用牵引与动力照明混合的网络形式。对牵引与动力照明相对独立的网络，牵引供电网络与动力照明网络的电压等级可以相同，也可以不同。供电系统中的中压网络应按列车运行的远期通过能力设计，对互为备用线路，一路退出运行时，另一路应能承担一、二级负荷的供电，线路电压损失不宜超过 5%。

四、直流牵引供电系统

（一）组成与要求

在轨道交通牵引供电系统中，电能从牵引变电所经馈线、接触网输送给电动列车，再从电动列车经钢轨（称轨道回路）、回流线流回牵引变电所。由馈电线、接触网、轨道回路及回流线组成的供电网络称为牵引网。牵引供电系统即由牵引变电所和接触网组成，其中牵引变电所和接触网是牵引供电系统的主要组成部分。接触网按其结构可分为架空式和接触轨式，按其悬挂方式又可分为柔性（弹性）接触网和刚性接触网。昆明轨道交通牵引供电采用接触轨式供电，由于接触轨式是沿线路敷设的与轨道平行的附加轨，故又称第三轨。

接触轨：经电动列车的受电器向电动列车供给电能的导电轨。

馈电线：从牵引变电所向接触网输送牵引电能的导线。

回流线：用以供牵引电流返回牵引变电所的导线。

电分段：通过在接触网中设置特殊的装置或结构形式将接触网分隔成若干个从结构和电气上相互隔离的区段。

轨道：列车行走时，利用走行轨作为牵引电流回流的电路。

牵引变电所的数量、容量和设置是根据牵引计算的结果，并经技术比较后确定的。它们一般设置在城市轨道交通沿线若干车站及车辆段附近。每个牵引变电所按其所需容量设置两组牵引整流机组并列运行，沿线任一牵引变电所故障解列，由两侧相邻的牵引变电所共同承担该区段的全部牵引负荷。

（二）正常运行方式

一般地，车辆段内采用单边供电方式，正线采用双边供电方式。

1. 双边供电

牵引变电所向接触轨供电方式有两种，即单边供电和双边供电。城市供电中接触轨在每个变电所附近由电分段进行电气隔离，分成两个供电分区，每个供电分区也称为一个供电臂，一个供电臂同时从相邻两个牵引变电所获得电能，则称为双边供电。

2. 单边供电

如列车只从所在供电臂上的一个牵引变电所获得电能，这种供电方式称为单边供电。如混合所牵引因故障全部退出运行时，将本所接触轨越区电动隔离开关（闸刀）闭合，接触轨由相邻两变电所进行供电，实现越区大双边供电，末端所牵引因故障全部退出运行时，接触轨由相邻变电所供电，实现单边供电。

（三）越区供电

越区供电是一种非正常供电方式（也称事故供电方式）。

越区供电是指牵引变电所超越正常供电范围，向相邻牵引变电所所属的停电牵引网供电。当相邻两个牵引变电所都不能向某一区段供电时，则可通过闭合故障牵引变电所处接触轨的联络隔离开关（越区隔离开关），实现越区供电。

在采用双边供电时，当某一牵引变电所故障退出运行时，该段接触轨就成为了单边供电方式。正线上任何牵引变电所故障退出运行时，均由相邻牵引变电所越区供电。在越区供电方式下，供电末端的接触轨电压比较低，电能耗损较大，因此，视情况要适当减少同时处在该供电区段的列车数目。另外，直流馈线保护整定时还需考虑大双边供电方式下的灵敏度。因此，越区供电只是在不得已的情况下，短时采用的一种运行方式。

1. 越区供电的要求

① 越区供电必须上、下行共同实施，越区供电期间，各所加强巡视。

② 越区供电期间，供电调度应掌握负荷动态情况，按照相关规定会同行车调度员优先保证列车运行。

③ 实施越区供电时，变电所、分区所定值区的切换由供电调度远方操作为主，供电调度员、变电所值班员、变电检修人员应熟练掌握定值区切换方法，以便应急处置。

2. 越区供电的启动程序

① 牵引变电所两路外部电源同时失电造成牵引变电所全所停电并经电力调度确认在 20 min 内无法恢复送电，或恢复送电时间无法确定的，可启动越区供电方案进行越区供电。

② 牵引变电所内设备故障造成牵引变电所全所停电并经调度和现场检修人员确认 20 min 内无法恢复送电，或恢复送电时间无法确定的，可启动越区供电方案进行越区供电。

③ 牵引变电所一个方向馈电线（包括一个方向的上、下行全部馈线）故障，经调度或现

场检修人员确认 20 min 内无法恢复送电，或恢复送电时间无法确定的，可启动越区供电方案进行越区供电。

④ 牵引变电所一个方向馈电线仅上行或下行侧因故障失电的情况下，可在判明无影响接触轨送电情况的条件下采取合闸上、下行联络开关的方式供电。

五、低压配电系统

400 V 配电系统根据负荷等级分类直接向车站、区间的低压设备供电，从负荷分类来讲，一、二级负荷占绝大多数，因此 400 V 配电系统的供电可靠性、保护选择性较高。

400 V 配电系统包括进线开关、母联开关、馈出开关、三级负荷总开关、电流互感器、多功能仪表等设备。采用单母线分段连接，设母联开关，两段母线上的负荷尽量均衡分配，与配电变压器安装容量匹配。

1. 低压主接线

低压主接线如图 LA2-2 所示。

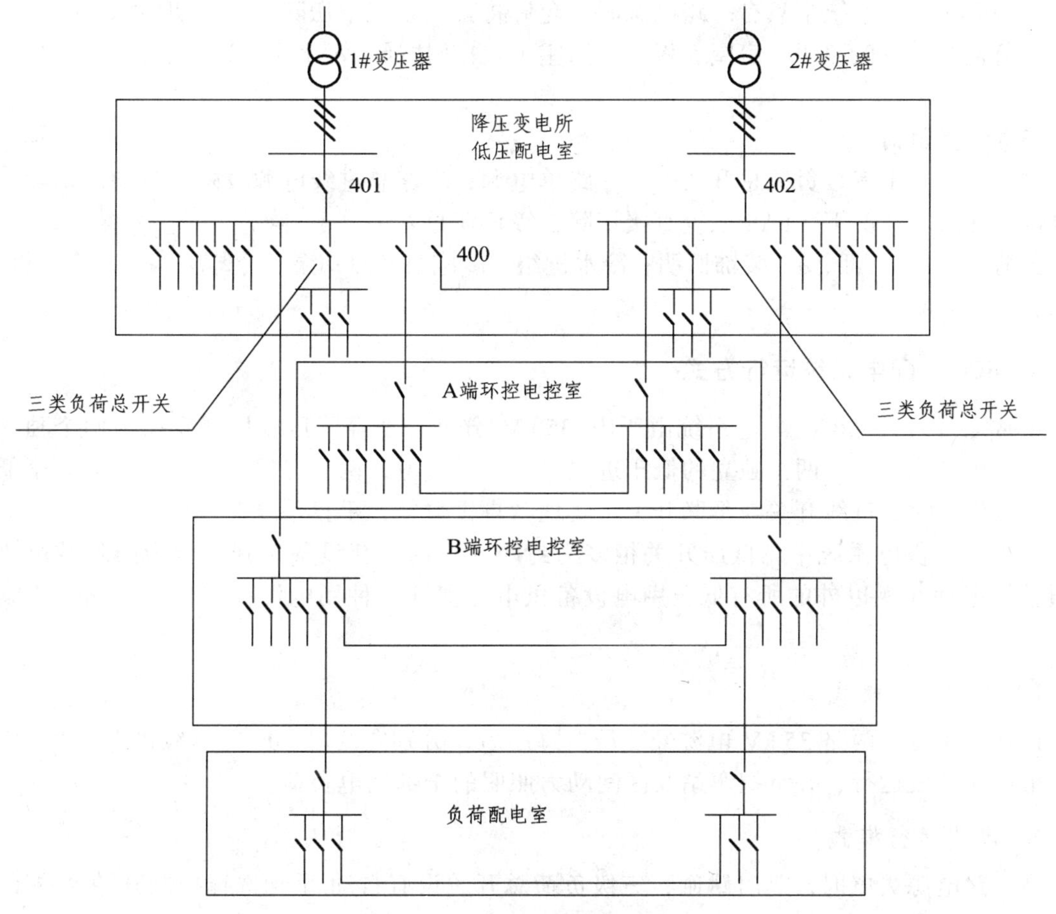

图 LA2-2　车站低压系统主接线图

2. 车站电源及负荷分类

1）车站电源

两路电源引自降压变压器二次侧，两路电源互为备用，一路进线失电时切除三级负荷。

2）负荷分类

按供电重要程度分：一级负荷、二级负荷、三级负荷；按用途分：动力和照明两大类。

（1）一级负荷。

供电方式：从 I、II 段母线（即两路引自降压变压器电源）各引一路电源到设备附近，在线路末端设双电源自动切换箱（相对集中的小容量一级负荷为节省投资而共用一个双电源自动切换箱就近配电）。

负荷包括：通信、信号、FAS、EMCS、AFC；应急照明、站厅和站台照明、出入口照明；屏蔽门、垂直梯、排水泵、雨水泵、回排风机、排热风机、组合式空调箱、小系统排烟风机等。

（2）二级负荷。

供电方式：从 I 或 II 段母线引一路电源，当所在母线故障时母联开关投入，由另一母线供电。当低压配电系统中只有一路电源时，允许将其从系统中切除（人工切除）。

负荷包括：一般照明（房屋、板下、插座）；自动扶梯、污水泵、通风机；设备房维修、区间检修。

（3）三级负荷。

供电方式：由三级负荷总开关引入一路单电源，一路总进线电源故障时自动被切除，人工复位。在火灾情况下，FAS 系统直接切除三级负荷总开关。

负荷包括：广告照明、装饰照明；冷水机组、冷冻泵、冷却泵、冷却塔风机；清扫机械、商铺。

3. 400 V 配电系统运行方式

正常运行时，400 V 配电系统由所内 35 kV 分列母线经降压变压器变换为两个独立的 400 V 三相交流电源。两个独立的低压进线电源同时供电，两段母线分列运行。当一个低压进线电源失压时，进线开关与母联开关可实现“自投自复，手投手复”等投入方式。

城市轨道供电系统中，低压开关柜多为封闭式户内成套设备，其功能为向除城市轨道交通系统电动车辆以外的所有低压用电设备供电，保证各种用电设备安全、可靠、连续地运行。

1）正常运行模式

正常工作时，两路 35 kV 电源经变压器降压后，分别向两段 400 V 母线供电，400 V 母线为单母线分段运行，并承担车站及区间动力照明的全部用电负荷。

2）事故运行模式

当一路电源失电时，延时跳闸，三级负荷总开关设有自动/手动选择控制开关，自动/手动切除两段母线上的三级负荷，母联开关合闸，由另一路进线承担全站所有的一、二级负荷；当故障电源恢复供电后，断开母联开关，母线分段运行，返回正常运行模式。

3）火灾运行模式

当发生火灾时，FAS系统发出指令，由设于开关处的分励脱扣器切除火灾区域内的全部非消防电源。当FAS系统确认灾情处理完毕后，发出解除指令，由人工恢复火灾区域的正常供电。

4）400 V进线主开关的运行方式

母联开关设有一个主开关（母联及两回进线）共用的就地/远方转换开关和一个模式选择开关。设置原则及操作模式如下：

（1）设置原则。

1#进线、2#进线、母联开关正常情况下只能有两个在合位（三投二）；当进线失压时，才能投入母联开关。

当一路进线带400 V两段母线运行时，或在本段母线有压，另一段无压的情况下，该运行进线开关失压后，该进线和母联开关不动（维持原状态）。

当进线失压时，进线开关延时（时间可整定）跳闸，Ⅰ、Ⅱ段母线上的三级负荷自动/手动切除，并合母联开关；当进线来电时，母联开关自动分闸，进线开关自动合闸，Ⅰ、Ⅱ段母线上的三级负荷可自动/手动合闸。

三级负荷总开关设就地、远方两种控制方式，并通过转换开关实现，当转换开关在远方位时，三级负荷有自动切除功能；当转换开关在就地位时，无自动切除功能。

（2）操作模式。

所谓“手动”是指通过手动按钮操作母联开关合闸；所谓“自动”是指通过PLC模块实现母联开关自动合闸；所谓“手复”是指通过手动按钮操作母联开关分闸和1#进线开关或2#进线开关合闸；所谓“自复”是指通过PLC模块实现母联开关自动分闸和进线开关自动合闸；所谓“就地”是指通过当地的按钮控制和PLC控制；所谓“远方”是指在控制中心远程与PLC实施信息交换执行控制。

六、所用交-直流系统

交-直流盘采用单母线分段方式运行，设有两个进线开关及一个母联开关；两路进线电源由400 V分段母线分别引入。

正常运行时，低压配电系统400 V两段母线各引出一回三相电源分别向交流盘两段母线供电，母联开关处于热备用位置。当发生一路交流失电后，故障回路进线开关断开，母联开关投入，以一路电源同时带两段母线的方式运行。当故障电源恢复后，母联开关断开，之前退出的进线开关投入，恢复至分段运行的方式。

直流自用电系统由变电所交流盘的两段母线各引一回三相电源，两路进线电源互为备用，并设置进线双电源自动切换装置。直流母线采用单母线分段方式。正常供电时，充电单元对蓄电池组进行充电或浮充电，同时为全所的经常性直流负荷提供电源，由蓄电池向冲击负荷供电。交流失电后，由蓄电池向所内全部负荷（包括经常性负荷和冲击负荷）供电。

子模块 LA3 继电保护

一、继电保护的基础知识和原理

1. 继电保护技术发展简史

20 世纪 60 年代以前，我国的继电保护系统主要由传统的机电型继电器构成，其中包括了电磁型继电器和感应型继电器。60 年代末 70 年代初，晶体管保护和整流型保护得到了应用。90 年代起，集成电路保护和微机型保护大量应用于市场，随着计算机技术的不断发展，微机型保护装置的自动化程度不断提高，这为电力综合自动化系统的集成带来了极大的便利。

2. 继电保护的功用

供电系统中的运行设备，由于绝缘老化、机械损伤或其他原因可能会发生各种故障或异常的工作状态，如各种类型的短路，配电线路发生单相或两相断线以及多种故障组合的更为复杂的故障类型。这些故障的发生对设备及人身安全都将造成威胁。装设继电保护的主要功能和作用就是在最短时间内有效地隔离故障点，消除设备的故障和不安全状态。

3. 继电保护的分类

继电保护按保护设备可分为变压器保护、母线保护、配电线路保护、发电机及电动机保护。按类型可分为过流保护、差动保护、过电压欠电压保护、过载保护等诸多保护类型。在国内城市轨道交通供电系统中，用到了过流、差动、欠(失)压等保护类型。其中，在直流牵引中还用到了上升率保护、热保护、框架保护、联跳保护等多种保护类型。

4. 继电保护的基本要求

对继电保护有四项要求，分别是灵敏性、选择性、速动性和可靠性。

灵敏性指的是继电保护装置在其保护范围内发生故障或不正常运行状态时，能够灵敏的作出反应。

选择性指在电力系统发生故障时，继电保护装置应能准确切除故障点，而其余正常供电部分保持供电，以使停电范围减至最小。继电保护的选择性需与前后级之间的灵敏性和动作时限相互配合。

速动性指的是在短路故障情况下，保护应该快速动作，以减轻短路电流对电气设备的破坏程度，缩小故障影响范围。在某些情况下，速动性和选择性会发生矛盾，这时应该在保证选择性的情况下力求提高保护动作的快速性。

可靠性指的是保护经常处于准备动作状态，当属于该保护范围内的故障和不正常工作状态发生时，应能可靠动作，即不发生拒动；当不属于该保护范围内的故障和不正常工作状态发生时，应能可靠的不动作，即不应误动。

5. 继电保护装置维护的基本知识

1）物理环境

① 防止机械性撞击；

② 储存/工作于合适的环境温度或湿度中；

③ 使用过程中要安装固定牢靠，接线完整，牢靠。

2）整定及校验

① 根据供电系统的情况，计算保护整定值，选择合适的继电保护装置；

② 根据相应设备使用说明书及注意事项，正确整定；

③ 根据继电保护试验的相关规程，定期对保护装置实行校验；

④ 做好事故后继保装置的校验工作。

6. 继电保护装置维护的相关规程

与继电保护装置维护相关的规程有很多，但其中最重要的是国标 GB 14285—1993《继电保护和安全自动装置技术规程》，该规程规定了电力系统继电保护和安全自动装置的科研、设计、制造、施工及运行相关部门共同遵守的基本原则。它适用于 3 kV 及以上电力系统中电力设备和线路的继电保护，是相关部门共同遵守的技术规程。

二、继电保护的基本原理和构成方式

1. 继电保护的基本原理

在电力系统发生故障的情况下，往往伴随着电流增大，电压降低及电流和电压间的相位变化。继电保护就是以这些变化的物理量为基础而产生的，并反应相应故障的电力系统要件。根据反应物理量的不同，可构成以下各种不同类型的继电保护：

反应电流变化，如电流速断，定时限过流，反时限过流及零序电流保护等。

反应电压改变的，如欠电压保护和过电压保护。

既反应电流又反应电流和电压间相位变化，如方向过流保护。

反应电压与电流的比值，即反应故障点至保护安装处阻抗，如距离保护。

反应输入电流、输出电流差，如差动保护。

2. 继电保护的构成方式

各种类型的继电保护，在组成上一般都具有测量部分、逻辑部分及执行部分三大部分，其组成框图如图 LA3-1 所示。

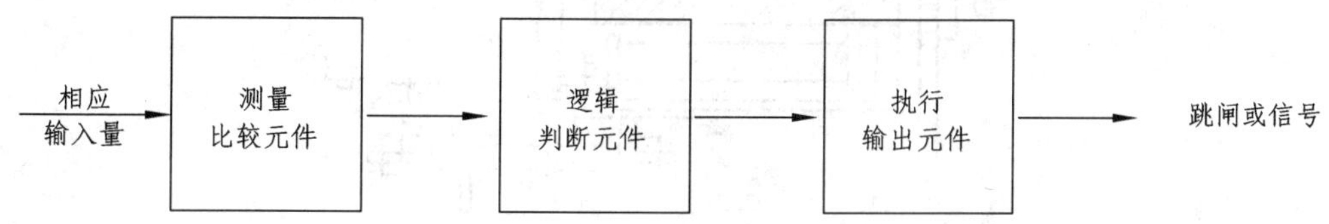

图 LA3-1　继电保护的系统组成框图

（1）测量部分。它主要完成对被保护对象工作状态的一个或几个物理量的采集工作，并将采集结果与保护整定相比较，比较结果将用于下一步的逻辑运算。

（2）逻辑部分。根据测量与整定的比较结果，由逻辑作出判断，以决定保护装置采取何种反应。

（3）执行部分。执行逻辑运算做出的决定，将逻辑运算结果通过电气执行回路完成报警、跳闸或保持不动作等操作。

因此，继电保护三大组成部分缺一不可，只有三大部分的准确、合理、协调、配合才能使继电保护满足电力系统的要求，做到快速、准确、灵敏、可靠地对故障状态做出反应。

三、常用电磁型继电器-中间继电器

继电器是具有隔离功能的自动开关元件，广泛应用于遥控、遥测、继电器通信、自动控制、机电一体化及电力电子设备中，是最重要的控制元件之一。

继电器一般都有能反映一定输入变量（如电流、电压、功率、阻抗、频率、温度、压力、速度、光等）的感应机构（输入部分）；有能对被控电路实现“通”、“断”控制的执行机构（输出部分）；在继电器的输入部分和输出部分之间，还有对输入量进行耦合隔离，功能处理和对输出部分进行驱动的中间机构（驱动部分）。作为控制元件，概括起来，继电器有如下几种作用：① 扩大控制范围：如多触点继电器控制信号达到某一定值时，可以按触点组的不同形式，同时换接、开断、接通多路电路。② 放大：如灵敏型继电器、中间继电器等，用一个很微小的控制量，可以控制很大功率的电路。③ 综合信号：如当多个控制信号按规定的形式输入多绕组继电器时，经过比较综合，达到预定的控制效果。

电磁型继电器是传统继电保护中的基本原件，也反应某一个类型的电气量而动作。中间继电器的主要作用是，当继电保护系统中需要同时闭合或断开几个回路，或要求比较大的触点容量动作于跳闸等情况时，用中间继电实现信号的扩展和转换，按接线方式可分为两种情况，一种是线圈与电压回路并联（并联线圈），另一种是与电流回路串联（串联回路）。

中间继电器一般都是按电磁原理构成。在结构上，中间继电器一般包括电磁铁、线圈、衔铁、动触点、静触点、反作用弹簧及铁心等构件，其中磁导体有“Ⅱ”或“Ⅲ”等形式。其作用原理是线圈得电后，电磁铁将产生电磁力吸合衔铁，衔铁带动常开或常闭触点，使其闭合或断开，当外加电压消失后，反作用弹簧将拉动衔铁使其复归原位。如图 LA3-2 所示。

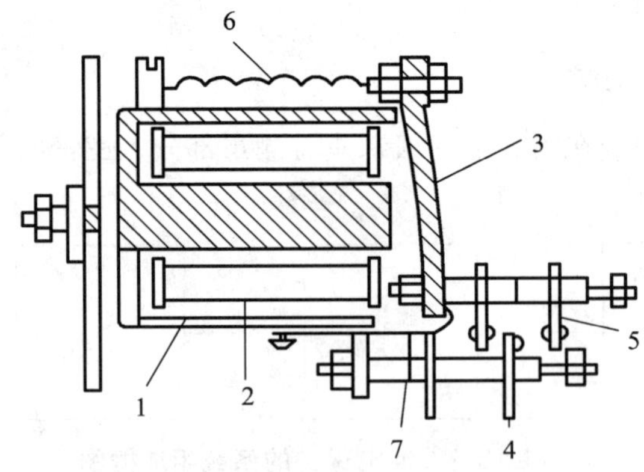

图 LA3-2 电磁式中间继电器结构图

1—电磁铁；2—线圈；3—衔铁；4—静触点；5—动触点；6—弹簧；7—衔铁限制钩

除了电磁式直流中间继电器外，还有交流型的中间继电器，与直流型中间继电器相比，这种继电器可以直接接入电流互感器的二次回路中，接入与否可由其他继电器的触点来控制。因其直接串接在电流回路中，故有时也称串联中间继电器。其动作原理与直流中间继电器一样，均遵循电磁作用原理。但在内部构件上，它增加了桥式整流器和饱和变流器，因此，经桥式整流器和变流器后，作用在中间继电器线圈上的电流仍然是直流。

四、继电保护的基本计算及整定原则

1. 电力系统最大最小运行方式

最大运行方式：系统在该方式下运行时，具有最小的短路阻抗值，发生短路后产生的短路电流最大的一种运行方式。一般根据系统最大运行方式的短路电流来效验所选用的电气设备的稳定性。

最小运行方式：系统在该方式下运行时，具有最大的短路阻抗，发生短路后产生的短路电流最小的一种运行方式。一般根据系统最小运行方式的短路电流值来效验继电保护装置的灵敏度。

对电力系统危害最大的是短路故障，分为三相短路、两相短路和单相短路。如对变压器的低压侧短路电流计算时，有最大运行方式下变压器低压侧三相短路，最小运行方式下变压器低压侧两相短路等。

2. 电流速断保护的基本计算及其保护范围

电流速断保护是一种仅反应电流增大而瞬时动作的一种电流保护类型。保护按线路末端出现三相短路时的短路电流来整定，取一定的可靠系数 K_{rel}，可靠系数一般为 1.2～1.3，保护启动电流 I_{act} 按下式计算：

$$I_{act}=\frac{K_{rel}I_{k.max}}{n_{TA}}$$

式中，$I_{k.max}$ 为线路末端三相短路时的电流，n_{TA} 为电流互感器的变比。

电流速断保护在系统最大运行方式下发生三相短路时，其保护范围（百分数）按下式计算：

$$\alpha_{max}=\frac{(1-K_{rel})\times Z_{s.min}}{K_{rel}Z_L}+\frac{1}{K_{rel}}$$

式中，$Z_{s.min}$ 为最大运行方式下三相短路时短路点的阻抗，Z_L 为被保护线路全长的阻抗。

电流速断保护在系统最小运行方式下发生三相短路时，其保护范围（百分数）按下式计算：

$$\alpha_{min}=\frac{0.866\times Z_{s.min}-K_k Z_{s.max}}{K_{rel}Z_L}+\frac{0.866}{K_{rel}}$$

式中，$Z_{s.max}$ 为最小运行方式下两相短路时短路点的阻抗，K_k 为故障类型系数，当三相短路时取值 1，两相短路时取值 $\frac{\sqrt{3}}{2}$。

3. 限时速断和限时过流保护的基本计算及整定

限时速断保护是反应电流增大而延时动作的一种电流保护类型，限时电流速断保护要求在系统的最小运行方式下，线路末端发生两相短路时，具有足够的反应能力，这个能力通常

用灵敏系数 K_{sen} 来衡量，一般要求 $K_{sen} \geqslant 1.3 \sim 1.5$，灵敏系数按下式校验：

$$K_{sen} = \frac{I_{k.min}^{(2)}}{I_{act}}$$

式中 $I_{k.min}^{(2)}$ ——最小运行方式下线路末端的两相短路电流；

I_{act} ——保护的启动电流值。

当按最小运行方式下线路末端的两相短路电流校验灵敏度，不满足要求时，可按下一线路的速断保护定值来整定，并取一定的配合系数 K_{mat}，通常 K_{mat} 取 1.15。

限时过流保护是反应电流增大而延时动作的另一种电流保护类型。限时过流保护按躲过最大负荷电流来整定，取一定的可靠系数 K_{rel}，通常 K_{rel} 的取值 1.25 ~ 1.5，同时，为了保证继电器在负荷电流作用下能够可靠返回，还必须考虑继电器的返回系数 K_{re}，返回系数一般取 0.85 ~ 0.95，动作电流可按下式校验：

$$I_{act} = \frac{K_{rel}}{K_{re}} I_{L.max}$$

式中 K_{rel} ——可靠系数，通常 K_{rel} 取 1.25 ~ 1.5；

K_{re} ——返回系数，通常取 0.85 ~ 0.95；

$I_{L.max}$ ——最大负荷电流。

如果线路中存在电动机，还必须考虑到由于短路时的电压降低，电动机将被制动，故障切除后，由于电压的恢复，电动机将有一个自启动的过程，因此，为确保继电保护能够可靠躲过电动机自启动时的电流，必须考虑马达的自启动系数 K_{Ms}，K_{Ms} 的取值大于 1，具体应根据网络的具体接线和负荷性质来确定。此时，动作电流应按下式计算：

$$I_{act} = K_{Ms} \frac{K_{rel}}{K_{re}} I_{L.max}$$

4. 反时限过流保护的基本计算及整定

反时限过流保护是动作时限与被保护线路中电流大小有关的一种保护，当电流大时，动作时限短，当电流小时，动作时限长。构成反时限特性的基本方法有两种，一种是通过 RC 充电回路构成的晶体管型时间元件构成反时限特性，另一种是微机保护通过软件来实现反时限特性。以某类型微机保护装置的常规反时限过流继电器的电流-时间特性为例，其动作方程如下：

$$t = \frac{0.14}{\left(\dfrac{I}{I_{act}}\right)^{0.02} - 1} \cdot T_p$$

式中，T_p 为时间倍率，I_{act} 为设定的启动电流。

反时限过流保护启动电流的计算可参照限时过流保护的启动电流计算公式。

5. 定时限过流和反时限过流保护的区别

定时限过流保护是一种按躲过最大负荷电流来整定的一种保护类型，在整定时应考虑到与远端线路保护的时限配合。它反映于线路故障时的电流增大而动作，它可作为电网终端设备的主保护或长线路时的后备保护及相邻线路的后备保护。一旦经整定计算确定后，继电器动作的时限就与短路电流的大小无关，因此，称为定时限过流保护。

而反时限过流则不同，一旦调整继电器电气参数或通过某种算法确定反时限类型曲线后，反时限过流保护的动作时限与短路电流密切相关，短路电流越大或离故障点越近，动作时限越短，反之，短路电流越小或离故障点越远，动作时限越长。

在基本整定原则上，定时限和反时限是一致的，但反时限可使靠近电源的故障以较小的切除时间。而且与阶段式电流保护相比，反时限保护可以用一个继电器来实现，这是反时限过流保护的优点，但缺点是整定配合比较复杂，并且在最小方式下短路时，其动作时限可能较长。因而，反时限过流保护通常用于单侧电源供电的终端线路或电动机上，作为主保护或后备保护。

五、变压器主保护的基本原理及整定

（一）变压器瓦斯保护

一般情况下，油浸式变压器，应装设瓦斯保护。瓦斯保护是一种反应于油箱内部产生的气体或油流而动作的保护类型。它又分为轻瓦斯保护和重瓦斯保护，一般情况下，“轻瓦斯”保护信号用于报警，而“重瓦斯”保护信号用于跳闸。

气体继电器是构成瓦斯保护的重要元件。它安装在油箱和油枕之间的连接管道上。为了使气体能通畅地流过气体继电器，变压器安装时应使其顶盖沿气体继电器的方向与水平面有1%～1.5%的升高坡度，而气体继电器经油枕的连接管道则应有2%～4%的升高坡度。

在城市轨道交通供电系统的实际运用中，一般将轻、重瓦斯保护信号接入微机保护装置中。由微机对保护信息进行采集判断，并通过变电所自动控制系统将保护信息上传至监控工作站或控制中心作记录或处理。

（二）变压器差动保护

变压器差动保护是一种反映于变压器内部故障的保护类型，其基本原理是流入变压器的能量与流出变压器的能量理论上应该相等（除去变压器的励磁及漏磁损耗），实际使用中往往以电流的形式来反映。如图LA3-3所示，高低压侧通过选择合适变比的电流互感器，可使得高压侧及低压侧电流互感器二次侧产生的电流比较接近，而电流继电器线圈上流过的电流即为高低压电流互感器二次侧电流的差值（$I_2^{'}-I_2^{''}$），理论上差值应为0，但实际使用中由于高低压侧电流互感器型号变比的不同，这个固有的差值电流是存在的。这就是说，正常情况下，电流继电器线圈是有电流通过的，在这个电流作用下，继电器不应误动作。而在变压器内部故障的情况下（如短路），故障电流在电流互感器二次侧差动电流继电器线圈中的电流远大于正常的电流差值，从而继电器将动作跳开高低压侧断路器。多线圈的变压器差动保护原理与双线圈的变压器差动保护原理完全一致。

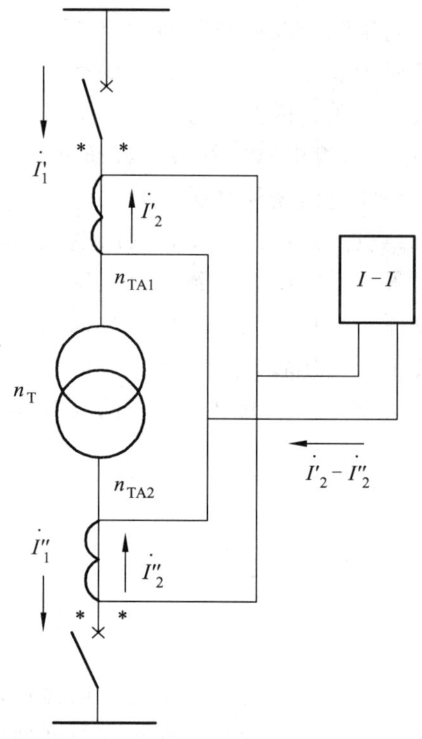

图 LA3-3　变压器差动的接线原理图

在实际运用中，差动继电器的整定值应大于以下因素引起的不平衡电流：

（1）由变压器励磁涌流 I_{EF} 所产生的不平衡电流；

（2）由变压器两侧相位不同而产生的不平衡电流；

（3）由计算变比与实际电流互感器变比的不同而产生的不平衡电流；

（4）由两侧的电流互感器的不同型而产生的不平衡电流；

（5）由变压器有载调压而产生的不平衡电流；

（6）由穿越故障而引起的不平衡电流。

在变压器空投时，励磁涌流中将含有大量的谐波分量，其中，以二次谐波及五次谐波为主。为防止变压器励磁电流或涌流时由于谐波而导致误动作，一般均采取一定的制动措施，目前使用的微机型变压器差动继电器也设置了二次谐波及五次谐波制动的功能选项。

当不考虑制动线圈的作用时，差动线圈与二次线圈实际上就是一个饱和变流器，因此它可以有效消除不平衡电流或励磁涌流中的非周期分量。使用中将在这种情况下的继电器动作电流称为最小工作电流，用 I_{kact} 表示。但当考虑制动线圈的作用时，它就有了更好地躲过穿越性故障不平衡电流的性能。因为在穿越性故障的情况下，随着一次故障电流的增大，制动电流 I_{brk} 也随之增大，从而使变压器两侧的磁通饱和，导磁率降低，在这种情况下，要使电流继电器动作，就必须加大差动线圈 I_{op} 的电流，才能使继电器动作。在 I_{brk} 一定的情况下，制动线圈 L_{brk} 的匝数越多，制动能力就越强，动作电流 I_{kact} 也就增加得越多。通过试验可以获得继电器动作电流与制动电流之间的关系，即 $I_{kact}=f(I_{ark})$制动曲线，其与水平轴的夹角为α，$\tan\alpha$为制动系数，用 K_{brk} 表示，如图 LA3-4 所示。为了保证继电器在内部故障的情况下，继电器能可靠动作，一般为 $K_{brk}=I_{k.act}/I_{brk}=\tan\alpha\leqslant(0.5\sim0.6)$。

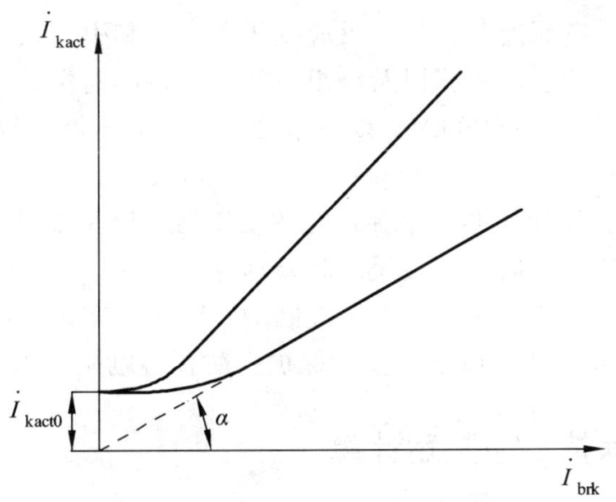

图 LA3-4 差动继电器的特性曲线图

通过制动功能的引入，使得变压器在穿越性故障的情况下，能够可靠地不动作，因为动作电流将随着制动电流的提高而成倍提高。但在变压器内部故障的情况下，差动继电器能迅速地作出反应并驱动跳闸。

（三）变压器继电保护的保护范围

变压器的继电保护应能正确反应变压器的故障状态和不正常工作状态。

1. 变压器的故障

变压器故障分类如图 LA3-5 所示。

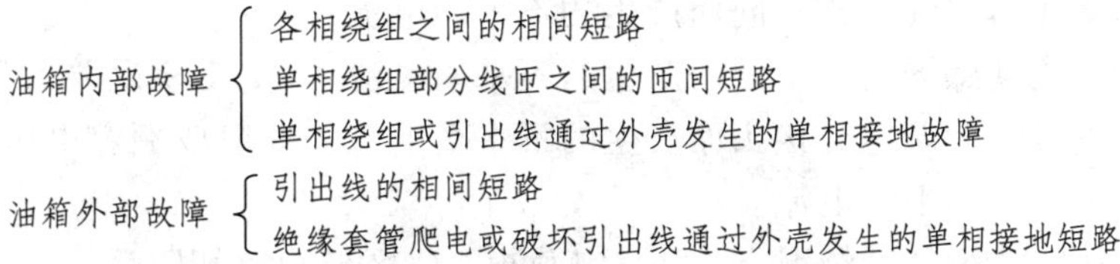

图 LA3-5 变压器的故障分类

2. 变压器不正常工作状态

变压器的不正常工作状态有：

① 外部短路或过负荷引起的过电流；

② 油箱漏油造成油面降低；

③ 变压器中性点接地；

④ 外加电压过高或频率降低引起的过励磁等。

3. 变压器应装设的继电保护装置

（1）瓦斯保护（反应变压器油箱内部故障和油面降低），容量为 800 kVA 及以上油浸式的变压器和容量为 400 kVA 及以上的车间内油浸式变压器均应装设瓦斯保护。

（2）纵联差动保护或电流速断保护（反应变压器绕组和引出线的相间短路，对其中性点直接接地侧绕组和引出线的接地短路以及绕组匝间短路也能起保护作用）。容量为 6 300 kVA 以下并列运行的变压器以及 10 000 kVA 以下单独运行的变压器，当后备保护时限大于 0.5 s 时，应装设电流速断保护。容量为 6 300 kVA 及以上、厂用工作变压器和并列运行的变压器、10 000 kVA 及以上厂用备用变压器和单独运行的变压器，以及 2 000 kVA 及以上用电流速断保护灵敏性不符合要求的变压器，应装设纵联差动保护。

（3）防止励磁涌流影响的方法：二次谐波制动，间断角闭锁，波形对称原理。

（4）大型变压器（500 kV 及以上）差动保护中防止过励磁影响的方法：五次谐波制动。

（四）变压器主保护定值整定计算

以下差动保护采用二次谐波制动，以双绕组变压器为例，所有计算量均为向量。

1. 不平衡电流产生的原因

（1）由变压器两侧电流相位不同而产生的不平衡电流；

（Y△11）Yd11 接线方式——两侧电流的相位差为 30°。

消除方法：

① 相位校正。

② 二次接线调整

变压器 Y 侧 CT（二次侧）：△形，Yd11。

变压器△侧 CT（二次侧）：Y 形，Yy12。

③ 微机保护软件调整。

（2）由计算变比与实际变比不同而产生的不平衡电流；

（3）由两侧电流互感器型号不同而产生的不平衡电流（CT 变换误差）；

（4）由变压器带负荷调整分接头而产生的不平衡电流（一般取额定电压）；

（5）暂态情况下的不平衡电流。

当变压器电压突然增加的情况下（如，空载投入，区外短路切除后），会产生很大的励磁涌流电流可达 $2I_N \sim 3I_N$，其波形具有以下特点：

* 有很大的直流分量（80%基波）；
* 有很大的谐波分量，尤以二次谐波为主（20%基波）；
* 波形间出现间断（削去负波后）。

可采用二次谐波制动，间断角闭锁，波形对称原理消除。

2. 主变保护整定计算

1）计算变压器两侧额定一次电流

$$I_N = S_N / \sqrt{3}U_N$$

式中 S_N——变压器额定容量，kVA；

U_N——该侧额定电压，kV。

2）计算变压器两侧额定二次计算电流

$$I'_{N}=K_{jx}I_{N}/n_{LH}$$

式中，K_{jx}是与变压器绕组接线形式有关的接线系数，Y接线侧 $K_{jx}=\sqrt{3}$，△接线侧 $K_{jx}=1$，例如某110 kV/10 kV 变压器的绕组接线形式为Y/△，则两侧接线系数为 $\sqrt{3}/1$。n_{LH} 为该侧 CT 变比。

注意：K_{jx}只与变压器本身有关，而与保护装置的CT接线形式无关。传统的差动保护装置中，变压器Y形绕组侧的 CT 多采用△接线，新的微机型差动保护装置中，变压器Y绕组侧的 CT 可以采用Y接线，微机型差动保护在装置内部实现了 CT 的△接线，因此在保护定值计算时可完全等同于外部△接线。

对于Y/△-11 接线方式：$I'_{a}=I_{a}-I_{b}$，$I'_{b}=I_{b}-I_{c}$，$I'_{c}=I_{c}-I_{a}$。

对于Y/△-1 接线方式：$I'_{a}=I_{a}-I_{c}$，$I'_{b}=I_{b}-I_{a}$，$I'_{c}=I_{c}-I_{b}$。

3）计算平衡系数

设变压器两侧的平衡系数分别为 K_{h} 和 K_{l}，则：

（1）降压变压器：选取高压侧（主电源侧）为基本侧，平衡系数为

$$K_{h}=1$$
$$K_{l}=I_{Nh'}/I_{Nl'}$$

（2）升压变压器：选取低压侧（主电源侧）为基本侧，平衡系数为

$$K_{l}=1$$
$$K_{h}=I_{Nl'}/I_{Nh'}$$

4）保护内部计算用变压器各侧额定二次计算电流

经平衡折算后，保护内部计算用变压器各侧二次电流分别为

$$I_{h}=K_{h}I'_{h}$$
$$I_{l}=K_{l}I'_{l}$$

保护内部计算用各侧额定二次电流如下：

① 对降压变压器：

$$I_{Nh}=K_{h}I'_{Nh}=I'_{Nh}$$
$$I_{Nl}=K_{l}I'_{Nl}=I'_{Nh}$$

② 对升压变压器：

$$I_{Nh}=K_{h}I'_{Nh}=I'_{Nl}$$
$$I_{Nl}=K_{l}I'_{Nl}=I'_{Nl}$$

可见经平衡折算后 $I_{Nh}=I_{Nl}$，即保护内部计算用变压器两侧额定二次电流相等，都等于所选的基本侧的额定二次电流。因而，在进行整定计算时，可不考虑变压器的实际变比，而以折合到基本侧的标幺值进行计算，此时容量基值应使用变压器额定容量 S_{N}，电压基值应使用基本侧的额定电压 U_{N}，电流基值就是基本侧的额定二次计算电流。

5）动作特性曲线参数的整定

差动保护动作特性曲线如图 LA3-6 所示。

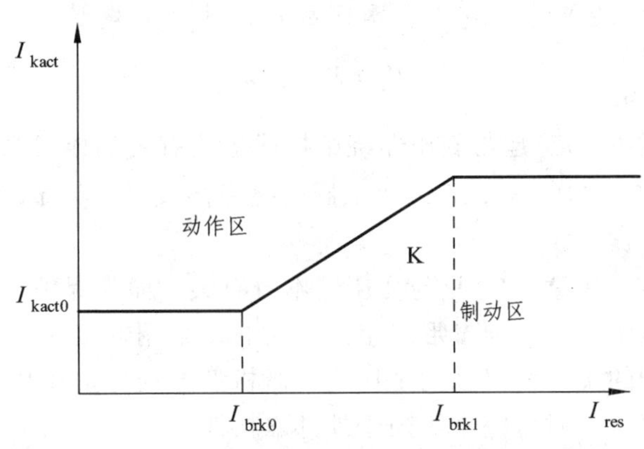

图 LA3-6　动作参数特性曲线整定图

图中，I_{kact0} 为最小动作电流，I_{brk0} 为最小制动电流，I_{sd} 为差流速断动作电流，K 为比率制动系数。

动作电流：$I_{kact}=|I_h-I_l|$

制动电流：$I_{brk}=|0.5(I_h+I_l)|$

$\dot{I}_h,\dot{I}_l$ ——经相位变换、电流补偿后，高、低各侧 TA 二次侧的计算电流。

6）最小动作电流 I_{kact0} 的整定

最小动作电流应大于变压器额定负载下的不平衡电流，即

$$I_{kact0}=K_k(K_{tx}F_a+\Delta U+\Delta M)$$

式中　K_k ——可靠系数，取 1.3 ~ 1.5；

K_{tx} ——电流互感器的同型系数，取 1.0；

F_a ——电流互感器的变比误差，取 0.03（稳态值）；

ΔU ——由于调压引起的相对误差，分别取调压范围中偏离额定值的最大值；

ΔM ——非基本侧由于电流互感器的变比未完全平衡而产生的误差。根据设计经验（非现场经验），此误差与平衡系数及装置的模拟通道精度有关，当平衡系数大于 1 时，可取（平衡系数/100）；当平衡系数不大于 1 时，可取（1/平衡系数/100），但最小不要小于 0.03。如果计算平衡系数时采用平均电压而不是变压器的实际额定电压，则由此而带来的误差也应计入 ΔM 中。

注意：最小动作电流 I_{kact0} 的整定只考虑了在额定负载下的不平衡电流（乘上适当的可靠系数后也可认为是在允许的最大过负荷下的不平衡电流）作用下保护不误动，至于此整定值对变压器匝间短路故障有多大灵敏度，则应另当别论。

在工程实用计算中可选取 $I_{kact0}=(0.3\sim0.5)I_N$，一般工程宜采用不小于 $0.3I_N$ 的整定值。

7）最小制动电流 I_{brk0} 的整定

$$I_{bp.max}=(K_{fz}K_{tx}F_a+\Delta U+\Delta M)K_{max}$$

最小制动电流宜取 $I_{brk0}=0.8\sim1.2I_N$，其上限应是允许的最大过负荷值，推荐取 $I_{brk0}=1.0I_N$。

8）动作特性折线斜率 K 的整定

在变压器外部短路时差动保护中流过的最大不平衡电流为

$$I_{bp.max}=(K_{fz}K_{tx}F_a+\Delta U+\Delta M)K_{max}$$

式中　K_{max} ——外部短路时，最大穿越电流的周期分量；

K_{fz} ——非周期分量系数，TP 级电流互感器取 1.0，P 级电流互感器取 1.5 ~ 2.0；

F_a ——电流互感器的变比误差，取 0.1（暂态值）；

K_{tx}，ΔU，ΔM——与计算最小动作电流 I_{kact0} 时的意义相同。

动作特性折线斜率 K 可按下式计算：

$$K = K_k I_{bp.max} - I_{kact0}$$

式中　K_k——可靠系数，取 1.1 ~ 1.5，在工程中一般 K 取 0.5 左右。

9）二次谐波制动系数的整定

变压器空载合闸时会产生大量励磁涌流，由于变压器的不同，二次谐波含量也不一样，大概占基波的 17% ~ 20%，并列运行变压器还要考虑应和涌流影响，其谐波含量相对励磁涌流小一点。因此二次谐波系数一般取 K_2=0.15 ~ 0.2。

10）差流速断动作电流 I_{sd} 的整定

当变压器发生严重的内部短路时，由差动速断动作来切除，此时的动作电流应按变压器空载合闸、有最大励磁涌流时不误动来整定。差动速断动作电流为

$$I_{op} = K_{rel} K I_N$$

式中　K_{rel}——可靠系数，取 1.2 ~ 1.3；

K——励磁涌流倍数；K 的推荐值：6 300 kVA 及以下，K=7 ~ 12；6 300 ~ 31 500 kVA，K=5 ~ 7。

六、400 V 低压配电系统保护整定

400 V 配电系统的第一级和第二级保护开关，具有动作选择性，避免越级跳闸或上、下级同时跳。当发生非正常过流时，保护有选择性的跳开关。进线开关的过负荷特性与降压变压器允许的过负荷相配合，使得变压器容量得到充分利用，而又不影响运行寿命。400 V 进线开关与降压变压器高压侧保护及低压馈线回路保护之间具有良好的动作选择性。

常见的 400 V 进线开关 3WL 框架式开关的控制单元电子脱扣器（ETU）是一个微处理控制器，采用模块化设计以便随时对整体功能升级。保护功能包括：长延时保护、短延时保护、瞬时脱扣及零序保护。在短延时保护和零序（接地）保护时具有区域选择性闭锁功能。还具有电流、电压和功率的测量、故障显示和自检功能。具有断路器主触头磨损检测功能。包含单独的外接电源模块。当 $I > I_{min}$ 或当 24 V 辅助电源供电时 ETU 脱扣器启动（I_{min}：框架规格Ⅱ型为 60 A；框架规格Ⅲ型为 150 A）。

400 V 开关柜进线开关设有瞬时短路保护（I）、短延时短路保护（S）、过流（长延时）保护（L）和零序（接地）保护（N/G）。

400 V 母联设有瞬时短路保护（I）、短延时短路保护（S）、过流（长延时）保护（L）。

由于 400 V 馈线较长，远端接地故障电流较小，一般短路保护难以满足接地故障保护的灵敏度要求，所以线路末端设备保护采用零序电流保护或漏电保护。

1. 过载保护（L）

过载保护按躲过最大负荷电流整定。计算式为过载保护 I_R=I_N（额定电流）× 整定倍数，I_R 定义了断路器在不发生脱扣的情况下可以承受的最大连续电流。由延时 t_R 来确定在不产生

脱扣的情况下发生过载的最长持续时间。

2. 过电流保护（S）

过电流保护按躲过设备最大启动电流整定。计算式为短延时短路保护 $I_{sd}=I_N$（额定电流）×整定倍数。对于 $t_{sd}>0.4s$ 的设置，I_{sd} 最大可设置值依据导向框架规格的不同而不同（框架规格Ⅰ型：15 kA，框架规格Ⅱ型：20 kA，框架规格Ⅲ型：30 kA）。

3. 瞬时短路保护（I）

瞬时短路保护按躲过线路末端最大短路电流整定。计算式为 $I_i=I_N$（额定电流）×整定倍数，如果 I 脱扣取消，则断路器的分断能力减少至 $I_{cs}=I_{cw}$。

4. 接地保护（G）

如果过电流脱扣器配备了接地故障保护模块，则可以保护负载免受不允许的过高接地故障电流的影响。

如果负载对地电势是平衡的，用矢量和的方法来计算电流（$I=I_{L1}+I_{L2}+I_{L3}+I_N$）或用 1 200∶1 的电流互感器直接测量接地故障电流。如果测得的接地故障电流大于设定值，过电流脱扣器将视故障模块型号，发出报警信号或者脱扣信号。

5. 零序保护（N）

零序保护按躲过正常最大不平衡电流整定。400 V 系统正常运行时，三相电流平衡，矢量和为零。出现三相不平衡时，中性点漂移产生零序电流，通过电流互感器采集零序电流，当零序电流值超过整定值时启动零序保护，切断电源。

6. 低电压保护

低电压保护功能主要是为了实现自投自复的需要，通过电压继电器对进线开关的上端头进行采样，来判断两路进线电压是否正常。当进线电压异常时，通过跳开对应的进线开关、投入母联，实现“一带二”的供电方式，以保证重要负荷的正常供电。

七、直流牵引系统保护

（一）直流高速开关的电流保护

对于 DC750 V 保护装置目前常见的有两种直流线路保护测控装置：天津保富（DCP207BC）及西门子（SITRAS PRO）保护配置。

在直流高速开关中，配备了过流、速断及热保护等类型，这些保护类型与交流系统同一类型的保护在原理上具有相似性，在此不作论述。但除此之外，直流高速开关还配备了直流系统特有的保护类型，如电流上升率及增量保护、联跳保护。同时，直流开关还装设有本体保护，这也是直流开关独立于直流保护装置之外的最后一道保护。

现以 Siemens Sitras PRO 保护装置为例来简要分析两种类型保护装置的保护原理。图 LA3-7 是电流上升率保护（di/dt）和电流增量（ΔI）保护动作特性图。它的作用是在达到最大的短路电流之前检测到短路，并发出跳闸信号。这对于直流供电系统的安全具有极其重要的作用。

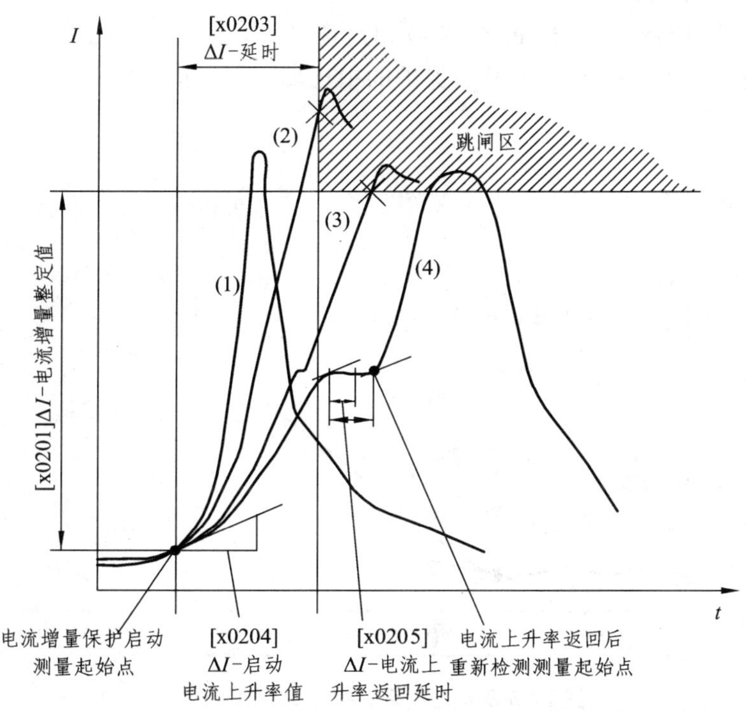

图 LA3-7 Siemens Sitras PRO 上升率保护（近区）特性图

在电流增量保护监视模式下，当某一时刻 di/dt 大于设定值时，当前电流值即成为基值，随后持续测量电流值，并计算与内部保存的基值之间的差值，如果该电流差值达到或超过设定值，并且持续时间达到ΔI 延时，则保护出口动作并驱动跳闸。如果在监视过程中，电流斜率小于 di/dt 设定值，即出现上升中断的趋势，但中断时间小于ΔI、di/dt 设定的允许中断的时间段，则继续监测ΔI 及ΔI 延时，如果均达到设定值，保护出口动作并驱动跳闸；如果中断时间大于ΔI、di/dt 设定的允许中断的时间段，随后电流斜率又大于 di/dt 设定值，则从新的电流斜率大于 di/dt 的时间点开始重新监测，保存当前电流值作为新的基值，并且重新开始计时。以下是图示中的几种电流上升情况：

（1）阶越电流上升，例如，由电容器空载投入至稳定工作的电流变化过程。由于ΔI 延时未达到设定值，尽管ΔI 已经超过设定值，但随后回落，该情况被判断为正常情况，保护不动作。

（2）电流突然上升，达到并超过了ΔI 设定值，同时ΔI 延时也达到设定值，则保护动作并发出跳闸信号。

（3）电流突然上升，ΔI 达到并超过了预设值，且ΔI 延时也达到了预设值，尽管上升过程出现了中断，但中断时间没有超过允许的 di/dt 中断时间段，保护仍然认为是系统故障。因此，保护动作并发出跳闸信号。

（4）电流突然上升，由于上升过程出现中断，并且中断时间超过了允许的 di/dt 中断时间段，di/dt 将重新检测，当 di/dt 某一新起点达到预设值时，上升率保护重新启动，并且将新起点的电流值保存为基值，重新监测ΔI。类似这种情况不会使保护动作，因此无跳闸发生。

ΔI 保护适合于中近端短路保护。图 LA3-8 为上升率保护的中近端短路保护特性。di/dt 保护适合于中远端短路保护，当 di/dt 连续超过预设值并达到设定的延时时间时，保护将动作并发出跳闸信号。图 LA3-9 为上升率保护的中远端短路保护特性，

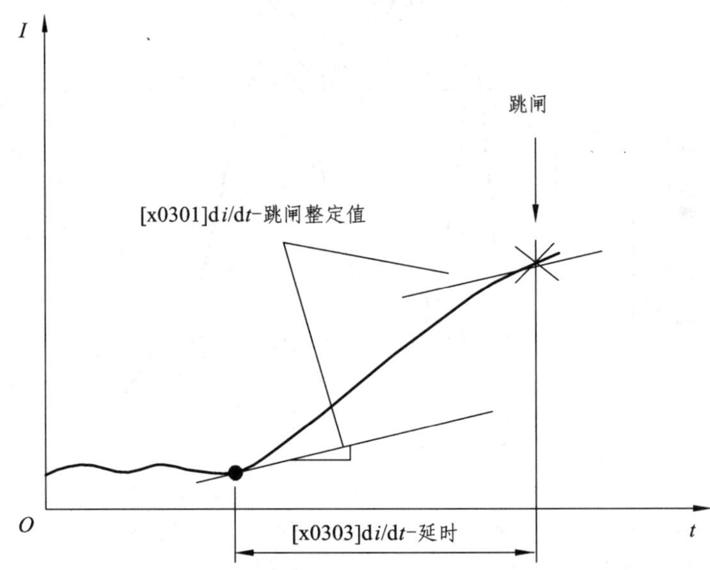

图 LA3-8 上升率保护（近区）特性图

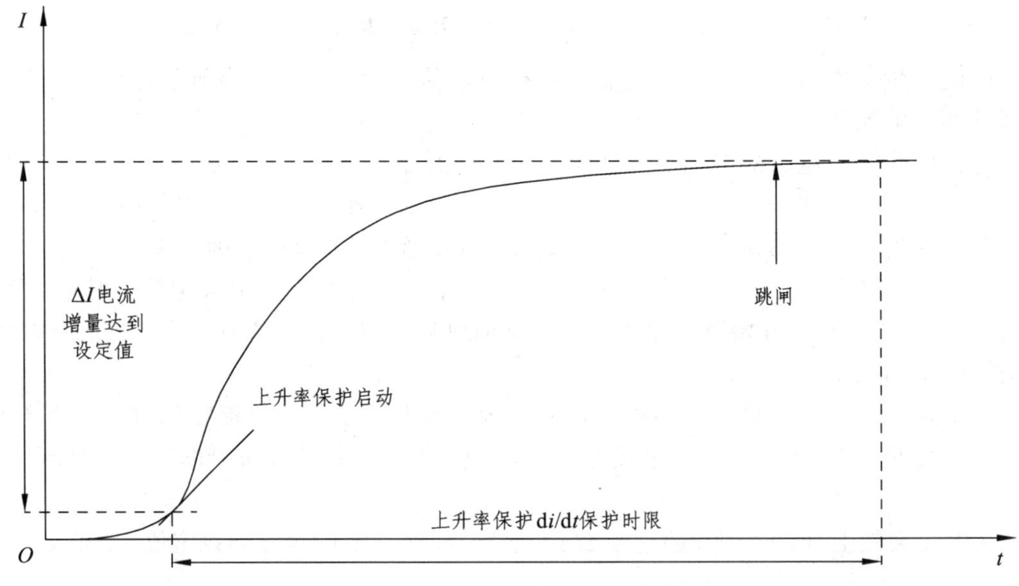

图 LA3-9 上升率保护（远区）特性图

（二）直流 di/dt、ΔI保护的判断和基本处理方法

直流供电系统 di/dt 和ΔI 保护是直流系统保护中的两种具体形式，其中，di/dt 适用于远端故障，而ΔI 则适用于近短故障保护，不同厂家的产品对 di/dt 及ΔI 的描述各不相同，但原理基本一致。

通过判断是ΔI或di/dt动作，初步判断故障点靠近哪一个牵引站，从而为快速故障处理争取时间。该类型保护动作跳闸后，系统将进入自动重合闸程序，PLC或微机保护装置将启动线路测试，检测线路残余电阻值是否满足要求，如果残余电阻值大于系统设定值，则发出合闸命令，否则进入新一轮测试程序，一般来说，线路测试的次数设定在3次，如果重复完设定次数的线路检测后，仍然检测到线路残余电阻低，则闭锁线路重合闸，并发出“持续短路”或类似的相关故障信号。

根据以上分析的保护动作流程，可以看出，对于检修人员来说，在保护动作后，需要做以下几项工作：

① 观察指示灯或液晶屏，查看保护装置的动作类型；

② 观察线路测试指示，以确定是否进入重合闸程序。

如线路测试周期完成规定次数的测试后，重合闸仍然无法成功，并且显示线路测试闭锁，报警灯亮并发出持续短路信号，则需要分析具体波形再做处理。

（三）框架保护

1. 基本原理

牵引系统框架保护是直流供电系统特有的保护类型，图LA3-10以典型的框架保护为例来说明其原理，图中虚线部分为牵引系统设备外壳（包括直流断路器、整流柜、正极柜、负极柜等），在外壳与变电所保护接地之间装设有电流泄漏检测装置（包括分流器、分流电阻及直流变送器），变送器二次侧电流通过分流器送往PLC，PLC对采样值进行分析判断。对电压型框架保护而言，采样值代表的是负极对变电所保护接地之间的电压，它对保护供电设备的安全具有极其重要的作用。

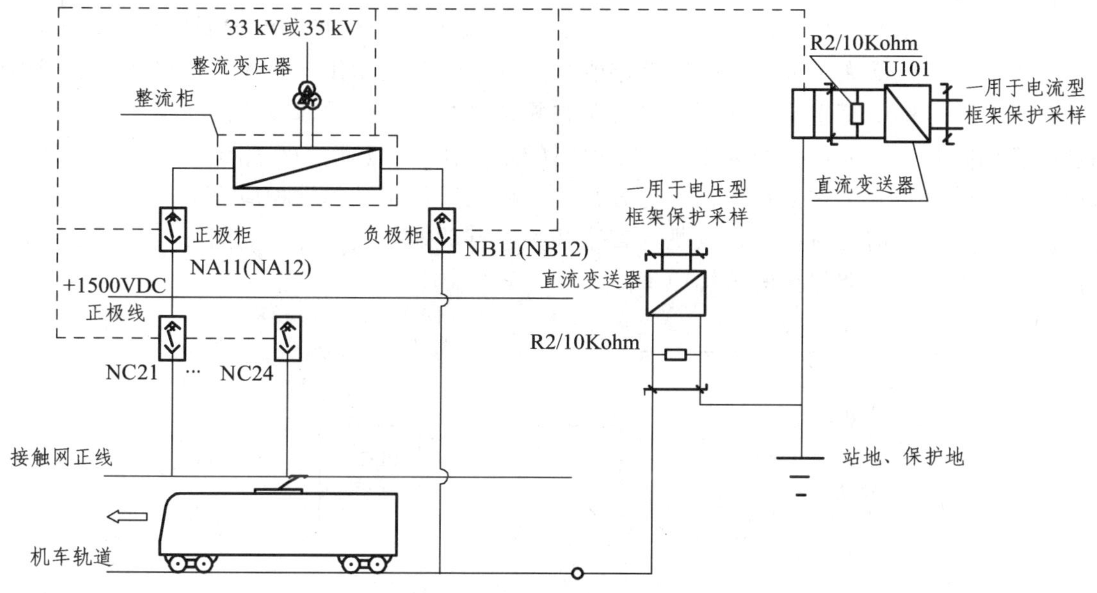

图 LA3-10 框架保护的系统框图

电压型框架保护是框架保护中的一种具体类型，该类型保护的采样对象是负极柜负极与变电所保护接地之间的电位差。当负极对地电位达到一定值时，该类型保护将动作，发出跳闸信号跳开本站两台 35 kV 牵引变压器开关，及本站所有的直流高速开关。装设电压型框架保护的主要目的是保护设备的安全，它与钢轨电位限制装置不一样，钢轨电位限制装置是为了保护人身（乘客）的安全而设置的，在整定值上电压型框架保护的动作定值要比钢轨电位限制装置的定值高。

图 LA3-11 是通过 PLC 实现电压型框架保护的采样原理图，它通过分流器、电压变送器将框架电压信号变成 PLC 模块可以接受的电流或电压信号，由 PLC 对输入的信号进行处理，决定是否报警或跳闸。当然，也有一些线路直接采用电压检测继电器来直接采样电压值，以判断框架电压是否达到报警或跳闸值。城市轨道交通系统通常采用电压检测继电器来直接检测框架对地电压，并直接通过继电器的触点发出相应的保护动作信号，用于跳闸及控制系统报警。

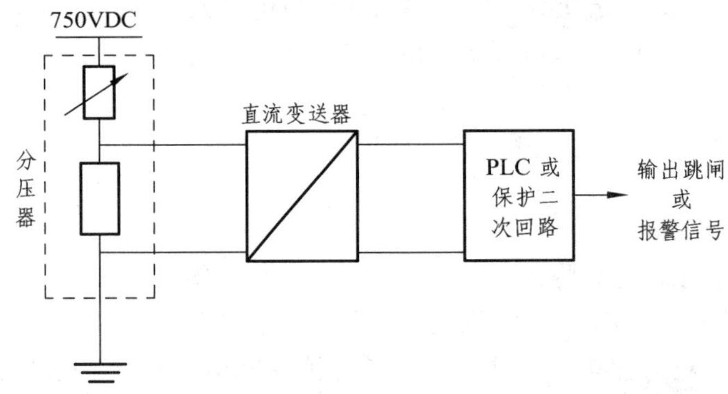

图 LA3-11 电压型框架保护的采样原理图

电流型框架保护是框架保护的另外一种形式，与电压型框架保护不同的是，它的采样对象是牵引设备的框架（整流柜、直流开关柜和负极柜的外壳）对地的电流泄漏，其主要目的是保护人身的安全。当然，对于设备的安全来说，电流型框架保护的设置同样具有重要意义。

当框架泄漏电流大于电流继电器整定值时，框架保护将动作，并跳开两台 35 kV 牵引整流变开关、本站的所有直流高速开关以及左右邻站供同一区段的四台直流开关，跳闸后形成闭锁，直到收到框架复位信号为止。应该说明的是，在新近建设的线路中，电流型框架保护采取了对邻站直流开关“只跳不锁”的方案，即跳闸后仅闭锁邻站相应直流开关的重合闸功能，用户可以根据需要对邻站被联跳的直流开关进行就地或远动合闸。图 LA3-12 是通过分流器采样的电流型框架保护的采样原理图。

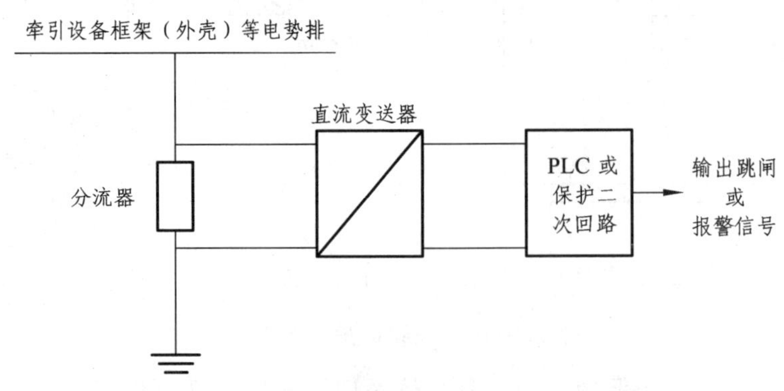

图 LA3-12 电流型框架保护的采样原理图

2. 牵引变电所框架保护类型的判别

1）电压型框架保护的判别

一般情况下，电压型框架保护动作只跳开本站二台 35 kV 整流变压器开关及本站所有的直流高速开关，不联跳邻站直流开关，这是判别电压型框架保护的依据之一。另外，也可通过站内的信号系统或 SCADA 系统对电压型框架保护作相应的识别和判断。

2）电流型框架保护的判别

与电压型框架保护不同，电流型框架保护的采样对象是直流系统框架对地（保护地）的泄漏电流，它反映了设备外壳的带电情况。如果泄漏电流大于允许的设定值，则发出框架保护信号至各直流开关柜及 35 kV 中压开关柜，同时发信至相邻站供往同一区段的直流高速开关跳闸，跳闸后闭锁相应开关的重合闸程序，直至收到框架保护复位信号为止。因此，是否联跳邻站直流开关是判定电流型或电压型框架保护动作的重要依据之一。此外，信号系统及 SCADA 系统对框架保护动作情况也有相应的报警和记录。

3. 框架保护的一般校验方法

框架保护一般可采用以下方法校验，对电压型框架保护而言，可施加相应的报警或跳闸电压至变送器输入端，检查保护是否会作出相应的动作反应。对有些线路而言，因为直接采用了电压检测继电器采样框架电压，可直接通过给该继电器施加直流电压，观察继电器是否能准确动作。

对通过分流器采样的电流型框架保护而言，可施加相应的电流或电压至变送器，观察逻辑控制器是否能准确动作。但对于直接采用电流继电器检测框架泄漏电流的线路而言，则必须使用足够大的电流发生器来施加动作电流，才能检测继电器动作的准确性。

（四）轨电位限制装置

轨电位限制装置接在车站回流轨（钢轨）和接地端子之间，用于在钢轨电位高于设定值后，将回流轨（钢轨）接地，限制钢轨电位，保证旅客和工作人员人身安全。电压型框架保护也是轨电位的后备保护。

（五）整流器的保护原理

在城市轨道交通牵引供电系统中，整流器保护类型包括二极管熔断保护、散热器超温保护及母排超温保护等保护类型。判别方式有多种，可以通过整流器柜面板上的信号指示器观察，也可以通过信号屏上的二极管熔断指示判断或通过 PLC 模块上的指示灯判断，还可以通过站控及控制中心 SCADA 系统进行识别判断。如图 LA3-13、图 LA3-14 所示。

通过以上各种识别方法确定是何种类型的保护动作后，即可进行下一步的分析。如出现二极管故障报警，则表示有一只快速熔断器熔断，跳闸则表示有两只快速熔断器熔断。如果散热器发出报警信号，则表示散热器温度已达到 140 °C，如果继续上升到 150 °C，该保护类型将会动作并发出跳闸信号，使相应的整流变 35 kV 开关跳闸。而母排超温报警则表示母排温度达到 80 °C，如果继续上升至 90 °C，则发出母排超温跳闸信号，使相应的整流变 35 kV 开关跳闸。

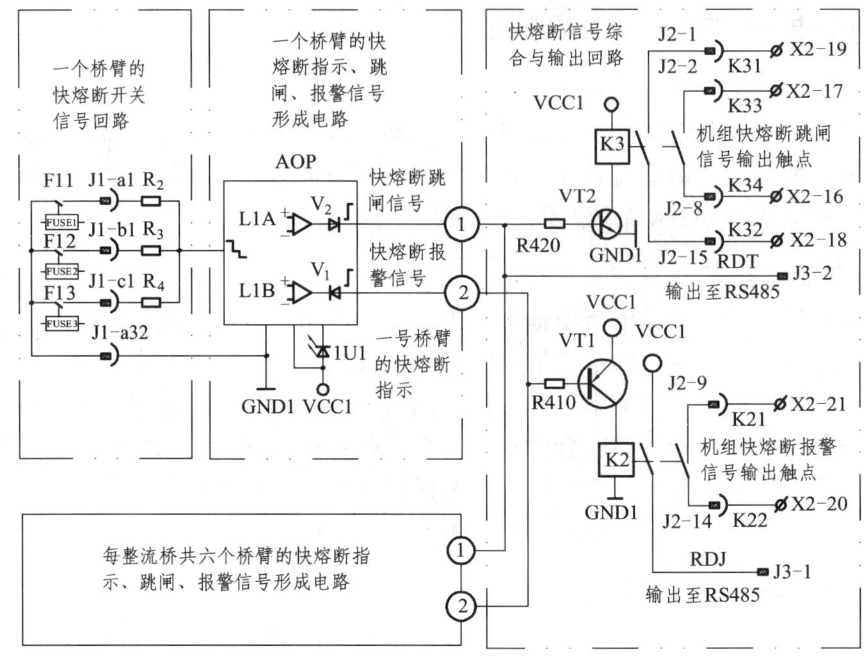

图 LA3-13 二极管监视报警跳闸原理图

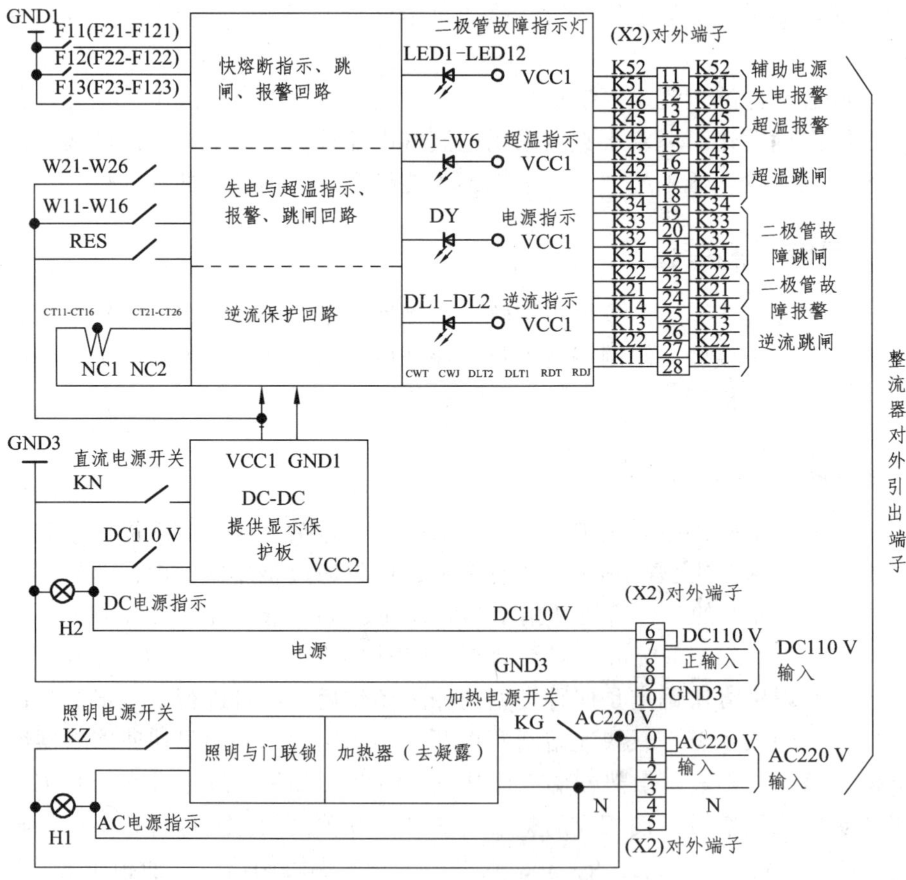

图 LA3-14 整流器组报警跳闸原理图

（六）整流变压器的保护

对小容量的变压器而言，可不装设专门的差动保护，而是通过装设过流保护来达到保护变压器的目的。城市轨道交通牵引供电系统的整流变压器就采取了这种方式，在整流变 35 kV 开关柜上，设有时间和过流继电器，其中启用了电流速断保护、延时过流保护、零流保护及反时限过流保护等几种类型。其中，电流速断保护为主保护，其余类型的保护均作为变压器的后备保护。当然，除上述类型的保护外，整流变压器还有自身的温度保护。

保护动作类型的识别，可通过信号系统加以判断，因为保护动作总会在信号系统中留有痕迹。在城市轨道交通牵引变电所中，整流变压器一般都装设有先进的微机保护装置，因此很容易从继电器面板上的指示灯观察出保护的动作类型。或者也可以从站内的信号系统及控制中心 SCADA 系统中读取故障的状态或记录。

一般情况下，速断保护动作表明变压器引线或内部有短路故障；而定时限保护动作则说明变压器二次侧可能存在短路故障；反时限过流保护则主要用作变压器的过载保护，其启动电流值比速断保护和定时限过流要低，但动作时限长，因此，如果反时限过流保护动作，则变压器存在过载，需分析情况减轻负载；而零序保护动作则说明保护范围内可能有接地故障。

除了以上保护类型外，一般还有变压器温度保护。如果变压器长时间过负荷运行，将导致变压器升温，长期如此将使得变压器的绝缘老化或损坏，因此，应采取措施减轻负载，温度保护的作用是当变压器温度升高到设定的温度值后，系统将会报警或跳闸。在实际运行中，应区分是实际的变压器温升还是由温控仪工作不稳定而引发的保护误动，从而采取快速有效的处理措施，减少系统停电时间。

总之，在整流变压器出现保护动作的情况下，应根据设备运行规律综合判断，科学处理。

八、城市轨道交通系统主变电所继电保护配置

（一）主变压器保护配置

1）主保护

瓦斯保护：采用微机本体保护装置。

差动保护：采用微机变压器差动保护装置。

2）后备保护

① 阶段式过电流保护、限时电流速断保护、复合电压闭锁过电流保护。

② 过负荷保护：变压器微机差动保护装置。

③ 单相接地保护：微机接地保护装置。

④ 高压侧零序过电流保护、高压侧中性点间隙零序过电流保护、高压侧零序过电压保护。

在城市轨道交通 110 kV 系统中，主要有过流保护、变压器差动及瓦斯保护、零流保护等多种保护类型。

其中，变压器差动和瓦斯保护作为变压器的主保护，分别反应于变压器绕组及引出端故障和油箱内故障，两者配合使用，基本上可以切除与变压器相关的各种故障。过流保护则作为变压器的后备保护，在整定时按躲过变压器可能出现的最大负荷电流整定，并取一定的可

靠系数。考虑到 110 kV 侧属于大电流接地系统，短路几率比较大，为了防御母线和引出线上可能出现的接地短路，一般都装设有零序电流保护，作为变压器或相邻元件的后备保护。

（二）35 kV 系统保护的主要类型和内容

在主变的 35 kV 系统中主要配置有过流、零流保护等类型；系统装设接地变用于构造 35 kV 系统的接地点，为系统零流保护的装设创造条件，接地变本身装设过流保护，用于反映接地变自身内部出现的短路故障；同时，35 kV 系统母线配有母线分段备自投功能。

（三）主变电所内的保护配合

在城市轨道交通系统供电系统主变电所中，差动保护与瓦斯保护配合作为变压器的主保护。差动保护按躲过变压器励磁涌流及由外部穿越性故障电流在二次系统中可能出现的最大不平衡电流的原则进行整定。过流保护则以躲过二次侧可能出现的最大负载电流为原则，过流保护作为变压器的后备保护。接地变则一般装设过流和零流保护，其中过流一段为瞬时过流保护，用于防止接地变自身内部或引线端出现的短路故障，过流二段为定时限过流保护，为接地变后备保护。而零流一段、二段均为防止低压侧供电系统可能出现的接地故障，其中，零流Ⅰ段按躲过下一母线出口处出现单相或两相接地时可能出现的最大不平衡电流来整定。

（四）城市轨道交通供电系统主变电所继电保护的运用实例

现以某所主变为例，来简要说明主变电所的继电保护。该主变电所主要有 110 kV 和 35 kV 两个电压等级。该主变 110 kV 侧为大电流接地系统，保护主要启用了变压器差动、瓦斯保护、过流及过负荷等保护类型。其中，差动和瓦斯保护作为变压器的主保护，过流及过负荷保护作为变压器的后备保护。35 kV 侧是通过接地变经小电阻接地的小电流接地系统，主变 35 kV 侧开关配有过流及零流等保护类型。其中，过流一段及零流一段兼起 35 kV 母线相间及相对地的保护作用，不装设特殊的母线保护类型，分段之间配备自投功能。

所谓分段备自投功能，即是指在 35 kV 某段母线进线失电时，能自动断开该段 35 kV 母线的进线开关，然后自动合上母联开关，实现由另一段母线对失电母线进行供电的功能。

在 35 kV 馈线中，装设有线路差动和过流、零流保护，其中，差动为主保护，用于保护馈线后端电缆，过流、零流保护作后备保护。

接地变装设了过流、零流保护，其中，过流一段、二段用于切除接地变自身出现的故障，保护动作将跳开接地变 35 kV 开关；而零流一段、二段则用于切除后端 35 kV 系统可能出现的接地故障，保护动作将跳开主变 110 kV 及 35 kV 开关。

站用变 35 kV 开关一般装设有过流、零流保护，不装设差动保护。

九、城市轨道交通供电系统牵引降压混合变电所继电保护配置

1. 牵引变电所继电保护的主要类型

以牵引所为例，在 35 kV 进线或联络线中配置了 GRL-150 线路差动保护，用于与上级差

动继电器配合，保护 35 kV 进线或联络线电缆。并配备了 GRD-150 过流保护装置，作为 35 kV 的母线保护。另外，为了实现相邻站进线及联络线之间的“三投二”功能，还装设了失压保护装置，用于检测两侧进线的欠失压情况，相应的欠失压信号送往 PLC 进行逻辑处理，由 PLC 发出相关指令，自动实现相邻联络站之间的“三投二”功能。

在牵引变电所的进出线中主要有纵联差动保护及过流、零流、(欠)失压保护等保护类型。在整流变压器馈线中装设有变压器温度保护、二极管监视保护、整流柜母排温度保护、散热器温度保护等保护类型。在 DC750 V 系统中，则主要有过流保护、上升率保护、失（过）压保护、热保护、框架保护及双边联跳保护等保护类型，其中，框架保护是直流牵引供电系统特有的保护类型。

2. 35 kV 进/出线的保护主要类型

（1）光纤纵联差动保护。

（2）过电流保护。

（3）零序电流保护。

35 kV 进线、联络线开关一般装设有纵联差动保护和过流保护。在城市轨道交通线路的供电系统中，为最大限度地确保地铁安全运营，35 kV 相邻联络站点采用了进线、母联 “三投二”的运行方式。在某一母线 35 kV 进线失压的情况下，能自动断开失压线路进线开关，并自动合上母联开关，通过母联开关实现由相邻母线往全所供电，这种运行方式对城市轨道交通系统的安全运营是极其重要的。

35 kV 进线或联络线一般均装设线路纵联差动保护（常简称为线路纵差保护），该保护为进线电缆或联络电缆的主保护。它的工作原理是流入电缆的电流与流出电缆的电流应该相等（除去远离输电时的电容电流），其原理如图 LA3-15 所示。

目前，城市轨道交通系统常见的是东芝白云公司的产品，采用了功能先进的数字式光纤纵联差动保护继电器（原理见图 LA3-16），线路两端装设的继电器实时采集线路上通过的电流值，通过光纤与另一侧继电器进行数据交换，以便进行差、制动电流分析，两台差动继电器之间采用软件进行同步和补偿，保持了数据的同步性和有效性。

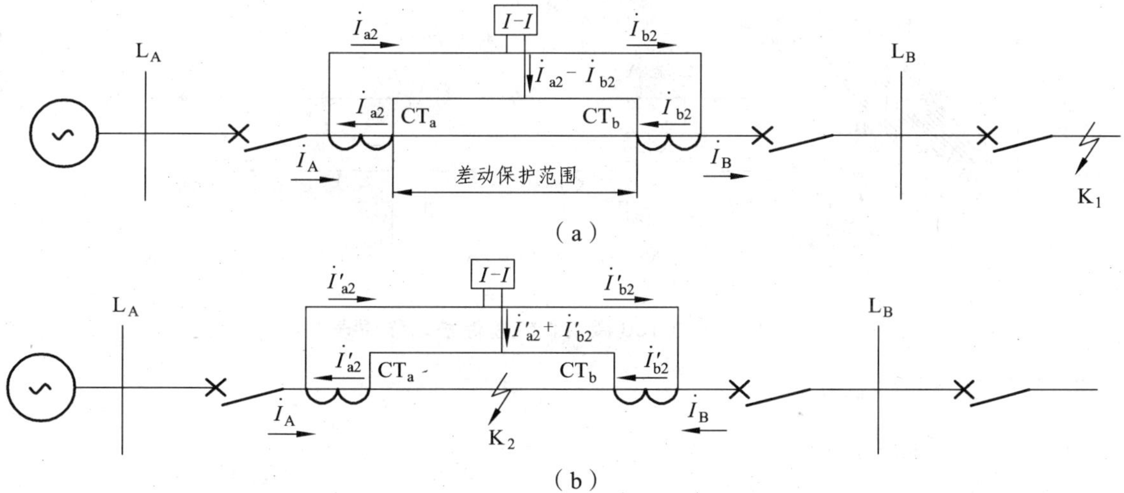

图 LA3-15　传统型纵差保护原理图

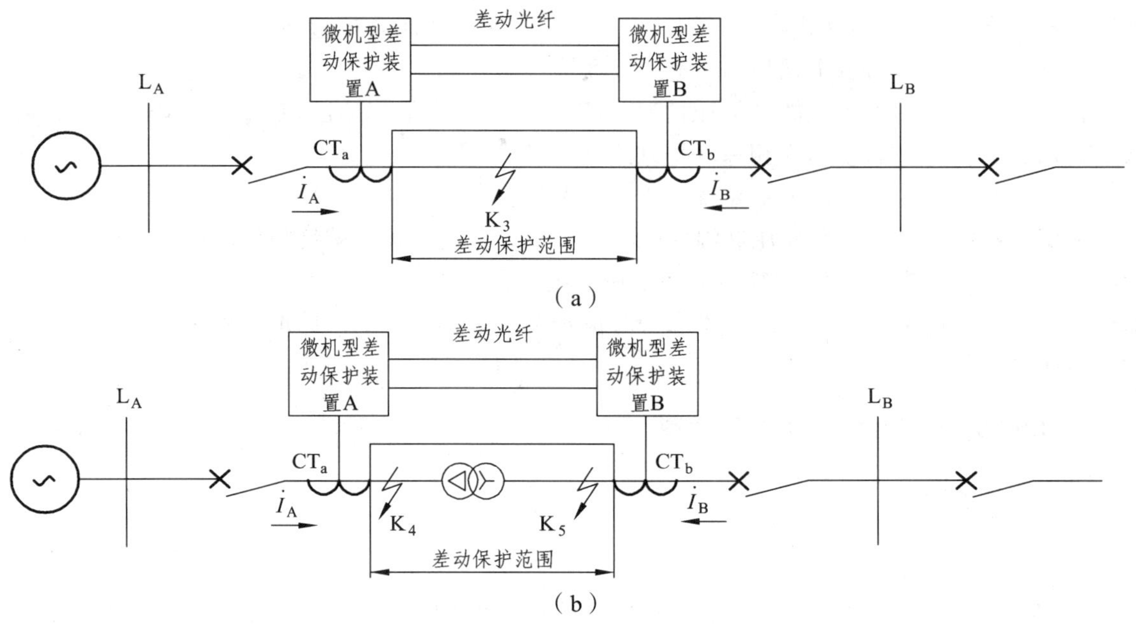

图 LA3-16　微机型纵差保护原理图

在城市轨道交通行业的继电保护试验中，考虑到潮流走向的单向性以及现场试验电源难于统一，采用了从单侧加电流量的方法来校验继电器。试验流程一般为单侧加电流→检查输入电流与显示电流是否一致→继续加电流至保护动作，读取并记录差动电流值和制动电流值，并将试验结果与整定值特性曲线相比较以分析其动作的准确性。

微机型线路纵联差动保护装置的原理与传统型保护基本一致，现以东芝白云的 GRL150 为例来说明其工作原理。如图 LA3-17 所示，该微机继电器采用了如下计算方法：

I_d：差动电流（$|I_A + I_B|$）　　DIF1：小电流区设定启动值

$I_r=\sum|I|$：制动电流（$|I_A| + |I_B|$）　　DIF2：大电流区设定启动值

判据方程：$I_d \geqslant (1/6) I_r + (5/6)$ DIFI1 ——小电流区特性 A；

判据方程：$I_d \geqslant I_r - 2 \times$ DIFI2 ——大电流区特性 B。

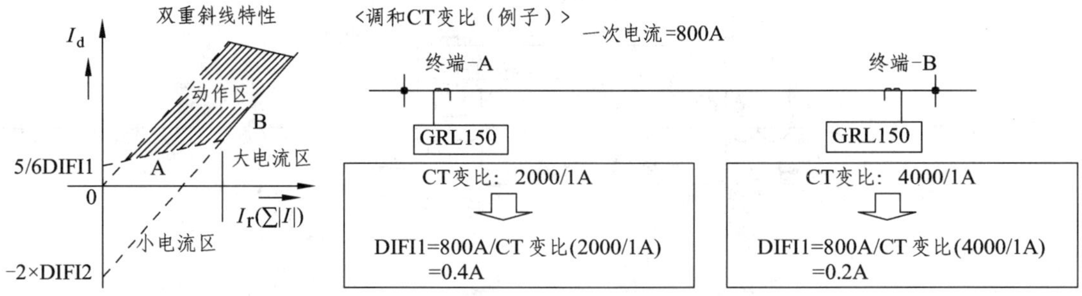

图 LA3-17　GRL150 微机型纵差保护动作原理图

3. 整流变压器的保护类型

（1）电流速断保护；

（2）过电流保护；

（3）过负荷保护；
（4）零序电流保护；
（5）变压器温度保护（温控箱）；
（6）整流器内部保护（整流器内）；
（7）失灵保护。

整流变压器柜一般配备电流速断保护、延时过流保护、零流保护及反时限过流保护等保护类型，同时装设变压器超温保护。在以上保护类型中，电流速断保护为主保护，其余为后备保护。变压器的过负荷保护是通过电流继电器的反时限来实现。

4. 电力变压器的保护类型

（1）电流速断保护；
（2）过电流保护；
（3）过负荷保护；
（4）零序电流保护；
（5）变压器温度保护（温控箱）；
（6）失灵保护。

5. 低压配电系统保护配置

1）进线、母联保护

① 400 V 进线：400 V 进线设有瞬时短路保护（I）、短延时短路保护（S）、过流（长延时）保护（L）和零序（接地）保护（N/G）。

② 400 V 母联保护：400 V 母联设有瞬时短路保护（I）、短延时短路保护（S）、过流（长延时）保护（L）。

2）馈线保护

线路末端设备保护采用零序电流保护或漏电保护。低压开关柜内上、下级空气断路器的保护特性有大于 2 级的配合级差。

5. 整流器的保护类型

以株洲南车时代电气股份公司生产的整流器为例，一般装设有：
① 交流侧过电压保护；
② 直流侧过电压保护；
③ 温度保护；
④ 逆流保护。

在牵引供电系统的整流器中，一般装设有二极管快速熔断器故障报警/跳闸、散热器超温报警/跳闸（或热敏装置报警/跳闸）、母排超温报警/跳闸。这几类跳闸将使整流变的 35 kV 开关跳闸，使整流器退出运行。

6. 负极柜

电流型框架保护：两套电流元件（包括电流采集装置），一套电流元件用于 750 V 开关柜的保护，另一套电流元件用于整流器柜及负极柜的保护。

电压型框架保护。

负极柜内的本体保护：如温度，二极管熔断器等。

7. 直流开关柜

进线柜保护功能：逆流保护、大电流脱扣保护。

馈线柜保护包括以下功能：过流保护(I_{max})；电流增量保护(ΔI)；电流上升率保护(di/dt)；定时限过流（I_{DMT}）；低电压保护（U_{min}）；过电压保护（U_{max}）；双边联跳保护；接触轨过负荷保护；大电流脱扣保护；故障录波功能等。

子模块 LA4 微机继电保护

一、微机继电保护的特点

20 世纪 70 年代初、中期，随着计算机技术的不断发展，各种芯片的价格有了大幅度的下降，可靠性有了显著的提高，由此迎来了微机保护研究的热潮。70 年代中、后期，已有少数微机保护装置在电力系统中得到试行运用。随着 1984 年底国内第一套距离保护样机通过电力部门的鉴定，各种不同原理、不同机型的微机保护装置开始出现在电力系统中。随着微机技术的进一步发展，微机保护的运用已呈现出网络化的特点，如今，各种类型的微机保护装置已被大量集成到电力保护及自动化系统中。随着集成度的提高，多种保护功能同时集成在同一台微机保护装置中，在接线方式上，也比传统型继电器简洁、方便。

20 世纪 90 年代出现的微机综合保护装置，已具备了强大的保护和 PLC 功能。目前，电力系统保护通过使用微机保护装置的软件编程功能，灵活实现各种保护及逻辑功能，这种“软”接线大大提高了保护系统的工作效率，配合使用部分中间继电器，降低了系统接线的工作量，对日后系统的维护也带来了很大的便利。另外，随着微机保护组网能力的提高，电力系统遥信、遥测、遥控及遥调均已实现通过网络通信来完成相应数据的收发，这也在很大程度上取代了传统电力系统的二次接线。

二、微机继电保护的基本组成

由于采用了先进的数字信号处理技术，微机保护与常规保护在保护功能、可靠性和准确性等方面均有了很大的提高。图 LA4-1 是继电保护装置的组成图，现以此为例来简要地分析一下微机保护装置系统组成中的各部分部件的功能及作用。

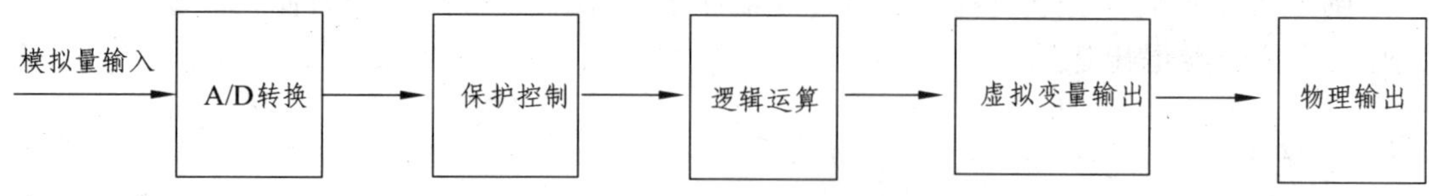

图 LA4-1 微机保护的系统组成图

1. 模拟量输入

其主要功能就是将采集到的电流或电压变换成符合模数（A/D）转换器量程要求的电压。同时在电气上将电力系统与保护装置的数据采集系统形成隔离，并采取一定的过电压防护和干扰抑制措施。这个阶段往往还采用一定的技术措施滤去模拟信号中的高频分量，但被滤掉的高频分量的截止频率应低于采样频率的一半。只有这样才能保证离散的量化，并能真实地表达连续量的需要，否则可能引起频率的混叠而产生波形上的误差。

2. A/D 转换及处理

在数据采集系统中，通过 A/D 转换将输入的模拟量转化为数字量，并通过高性能的数字信号处理芯片（DSP）协助 CPU 进行相应的数据处理。

3. 保护控制

经处理后的数字量在 CPU 的协调处理下，将完成与整定值的比较运算及保护动作类型的判别，计算的结果以变量的形式保存在相关的数据区中，以备进一步的逻辑运算。

4. 逻辑运算

该阶段的主要任务是将 CPU 保护运算的中间结果与开关量（I/O）信号、外部控制信号等，按 PLC 设定的逻辑程序进行运算，以决定继电器采取何种响应。

5. 虚拟变量输出

CPU 逻辑运算的结果首先将以某种类型的中间变量的形式在系统内存中存储，并不停被刷新，该部分变量与实际的输出通道形成一定的映射关系。

6. 物理输出

这部分回路的功能是将 CPU 处理后的虚拟输出结果输出到控制回路中，激活相应的报警或跳闸回路，该部分回路与外部电路往往采取一定的技术隔离措施。

三、变电所微机保护的基本使用知识

在变电所中，微机保护得到了充分的运用，特别是在新近建设的线路中更是如此。现在已有相当多厂家的微机保护产品在城市轨道交通系统中得到应用，如 TOSHIBA，SIEMENS，ABB，GE，SEL 等著名厂家的产品，这些在供电系统中得到运用的产品，有以下几个共同特点。

1. 自动化程度高

不论哪一种产品，在城市轨道交通供电系统的应用中均体现出较高的自动化程度，特别是同一厂家的不同代产品，更体现出其自动化能力的不同。由于集成度的提高，很多功能模块集中在继电器中，用户只需按说明进行少量设定和接线，这对系统集成和设备维护是有利的。

2. 功能强

在城市轨道交通供电系统使用的微机产品中，集成了多种保护类型供用户选择，例如，GRL150 差动继电器，其主保护类型是线路差动，但同时也可启用过流保护功能作为后备保护。当然，在供电系统的实际应用中，往往只启用了其中的某一种保护类型，而同时配备另一只继电器来作为其后备保护，这主要是考虑到当主保护装置本身出现故障的情况下，后备保护装置可正常工作。

3. 强大的组网能力

目前,很多厂家的继电器产品均提供了系统接口,支持 IEC60870-5-103。DNP 及 MODBUS 或 PROFIBUS-DP 等多种通信规约，如东芝最新一代的保护装置，它可以根据用户系统的要求选择不同的通信规约，从而使保护装置能轻松接入电力监控自动化系统。通过自动化系统网络，用户可轻松实现遥信、遥控、遥测及遥调等功能，这从很大程度上降低了系统调试的难度。

4. 良好的交互性

良好的交互性使用户能方便地对继电器进行整定值设置、检查以及读取装置中的故障记录。当然，有关的故障信息也可以在 SCADA 系统中查询。

5. 维护方便

在设备的维护，如预防性试验中，用户可以轻松地测试保护装置的各项功能。微机保护的接线也非常简洁。

四、城市轨道交通供电系统中常见的微机继电保护装置及特点

随着计算机技术的不断发展，微机继电保护装置在供电系统中得到了长足的应用。以 TOSHIBA 微机保护装置 GRD150 为例，该继电器集成有如下功能：

（1）多种可供选择的保护类型。

（2）各种输入、输出及系统信号的矩阵配置功能。

（3）带多个功能键和液晶屏，功能键的功能可通过 RSM100 软件设置；同时，液晶屏可以显示单线图、电流电压数值信号及查询时显示各种事件及故障的记录。

（4）支持 CFC 语言编程，可通过编程灵活实现各种功能，如可通过逻辑实现牵引供电系统中联络站点之间 35 kV 进线、联络线开关的“三投二”功能。

（5）具有系统接口，支持 IEC60870-5-103、DNP、Modbus、TCP/IP 等通信协议，有强大的组网能力，能方便接入电力监控自动化（PSCADA）系统。

（6）支持整定值组切换。

其他品牌的微机保护装置也具有类似的功能，不同之处仅在于配置或编程方式的不同。但其核心都是通过计算机技术将各种保护功能集成在同一套微机保护装置上，故它们具有很多的共同特点，概括起来主要有：自动化程度高；功能先进；组网能力强；良好的交互性；维护方便。

微机继电器的这些特点，使其在供电系统中得到了充分运用，但同时也对维护人员提出了更高的要求，它要求维护人员必须具备以下能力：具有继电保护的专业知识；较强的计算机运用能力；具有一定的英文水平；具有良好的耐心和责任心。

分模块 LB　安全知识

子模块 LB1　变电所安全工作的一般要求

（1）变电所的所有电气设备，自第一次受电开始即认定为带电设备。

（2）为了保证供电运行检修作业的安全，对有关人员实行三级安全教育制度。凡从事变电所运行和维修工作的相关所有人员，必须经过安全教育，并经考试合格，方可准许参加相应的运行和检修工作。

（3）对从事供电运行和检修工作的人员，要每年进行一次安全考试并合格。此外，对属于下列情况的人员，要事先进行安全考试并合格：开始参加变电所运行和检修工作的人员；中断工作连续 3 个月以上的人员；需进入变电所及相关区域作业的其他人员。

（4）对违反工作规程或受处分的人员，必须重新参加安全教育，并经考试合格后方可上岗。

（5）对未按规定参加安全教育并经考试合格的人员，必须经当班的值班人员（巡检人员）准许，并在值班人员（巡检人员）监护下，方可进入变电所的设备区。

（6）变电所的值班人员（巡检人员）及检修工，要定期进行一次身体检查，对不适合从事变电所运行和检修作业的人员要及时调整。

子模块 LB2　变电所安全工作注意事项

（1）雷电时禁止在室外设备以及与其有电气连接的室内设备上作业。

（2）凡距地面 2 m 以上的作业均视为高处作业，高处作业人员在有防护栏杆的操作平台上作业可以不系安全带，在特殊情况下无可靠的安全措施，身体离开操作平台防护栏杆时，必须系好安全带并扣好保险钩，其他的高处作业必须系好安全带并扣好保险钩；作业时要使用专门的用具传递工具、零部件和材料等，不得抛掷传递。所有作业人员必须戴好安全帽。

（3）作业使用的梯子要结实、轻便、稳固并按规定进行试验并合格。当用梯子作业时，梯子放置位置要使梯子各部分与带电部分之间保持足够的距离，且有专人扶梯，登梯前作业人员要先检查梯子是否牢靠，梯脚要放稳固，严防滑移，梯子上只能有 1 人作业；使用人字梯时，必须有限制开度的拉链。

（4）在所有供电设备附近搬动梯子、长大工具、材料、部件时，要时刻注意与带电设备部分保持足够的安全距离，并防止碰伤 GIS 等设备外壳。

（5）使用携带型火种或喷灯时，需征得相关部门或部门安全监察的同意，且办理动火作业手续，并不得在带电导线、设备以及充油设备附近点火。作业时，其火焰与带电部分之间的距离：电压为 750 V 及以下者不得小于 1.5 m；电压为 750 V 以上者不得小于 3 m。

（6）在全部或部分带电的柜（盘）上进行作业时，应将有作业的设备，与其他运行设备以明显的标志隔开。

（7）停电设备（包括事故停电的电气设备），在未断开有关断路器和隔离开关并按规定做好安全措施前，不得进入相关的设备区，且不得触摸该设备，以防突然来电。

（8）在设备因事故停电时，若已派出人员到现场查巡，在未与现场人员取得联系前，无论何种理由，都不得对停电设备重新送电。

（9）变电所发生高压接地故障时，在切断电源之前，任何人与接地点的距离：室内不得小于 4 m，室外不得小于 8 m。特殊情况下，确需进入上述范围的人员，作业人员要穿相应电压等级的绝缘靴，接触设备外壳和构架时要戴相应电压等级的绝缘手套。

（10）变电所除系统性的消防设施外，还必须配备移动式紧急消防设施。变电所必须画出紧急逃生路线图。当电气设备发生火灾时，要立即将该设备的电源切断，然后按规定采取有效措施灭火。

（11）在变电所内作业时，带电部分严禁用棉纱（或人造纤维）汽油、酒精等易燃物擦拭，以防起火。

子模块 LB3　安全用具

一、安全用具的定义

安全用具指为防止触电、灼伤、坠落、摔跌等事故，保障工作人员人身安全的各种专用工具和器具。

二、安全用具的管理

1. 部门管理职责

（1）负责制定部门的安全工器具管理制度。

（2）负责审核安全工器具购置计划，并报中心领导付诸实施。

（3）负责监督检查安全工器具的购置、验收、试验、使用、保管和报废工作。

（4）每季度对各专业安全工器具进行抽查，所有检查均要做好记录。

2. 班组管理职责

（1）班组应制定安全工器具管理职责、分工和工作标准。

（2）班组安全员是管理安全工器具的负责人，负责制定、申报安全工器具的订购、配置、报废计划；组织、监督检查安全工器具的定期试验、保管、使用等工作；督促指导班组开展安全工器具的培训工作。

（3）班组应建立安全工器具台账，并抄报部门。

3. 变电所管理职责

（1）各变电所应建立安全工器具管理台账，做到账、卡、物相符，试验报告、检查记录齐全。

（2）安全工器具设专人保管，保管人应定期进行日常检查、维护、保养。发现不合格或超试验周期的应另外存放，做出不准使用的标志，停止使用，另外安全工器具严禁它用。

（3）接受班组的安全培训，严格执行操作规定，正确使用安全工器具。不熟悉使用操作方法的人员不得使用安全工器具。

（4）每半月对安全工器具全面检查一次，并做好检查记录。

三、试验及检验

（1）各类安全工器具必须通过国家和行业规定的型式试验，进行出厂试验和使用中的周期性试验。（试验标准见下述第七项）

（2）各类安全工器具必须由具有资质的安全工器具检验机构进行检验。

（3）应进行试验的安全工器具如下：

① 规程要求进行试验的安全工器具；

② 新购置和自制的安全工器具；

③ 检修后或关键零部件经过更换的安全工器具；

④ 对其机械、绝缘性能发生疑问或发现缺陷的安全工器具；

⑤ 出了质量问题的同批安全工器具。

（4）电力安全工器具经试验或检验合格后，必须在合格的安全工器具上（不妨碍绝缘性能且醒目的部位）贴上合格证标签，注明安全工具编号、检验人、有效期。

四、检查及使用

1. 检查及使用的总体要求

（1）各专业应定期统一组织安全工器具的使用方法培训，凡是在工作中需要使用安全工器具的工作人员，都必须定期接受安全培训。

（2）安全工器具的使用应符合相关规程，如《国家电网公司电力安全工作规程》（变电所和发电厂电气部分）；《国家电网公司电力安全工作规程》（电力线路部分）等规程和产品使用要求。同时，还应遵守下列规定：

① 安全工器具使用前应进行外观检查。

② 对安全工器具的机械、绝缘性能发生疑问时，应进行试验，合格后方可使用。

③ 绝缘安全工器具使用前应擦拭干净。

④ 使用绝缘安全工器具时应戴绝缘手套。

2. 安全帽

（1）安全帽的使用期，从产品制造完成之日起计算：塑料帽、纸胶帽不超过两年半；玻璃钢（维纶钢）橡胶帽不超过三年半。对到期的安全帽，应进行抽查测试，合格后方可使用，以后每年抽检一次，抽检不合格，则该批安全帽报废。

（2）使用安全帽前应进行外观检查，检查安全帽的帽壳、帽箍、顶衬、下颚带、后扣（或帽箍扣）等组件应完好无损，帽壳与顶衬缓冲空间在 25 ~ 50 mm。

（3）安全帽戴好后，应将后扣拧到合适位置（或将帽箍扣调整到合适的位置），锁好下颚带，防止工作中前倾后仰或其他原因造成滑落。

3. 安全带

（1）安全带使用期一般为3～5年，发现异常应提前报废。

（2）安全带的腰带和保险带、绳应有足够的机械强度，材质应有耐磨性，卡环（钩）应具有保险装置。保险带、绳的使用长度在3 m以上的应加缓冲器。

（3）组件完整、无短缺、无伤残破损。

（4）绳索、编带无脆裂、断股或扭结。

（5）金属配件无裂纹、焊接无缺陷、无严重锈蚀。

（6）挂钩的钩舌咬口平整不错位，保险装置完整可靠。

（7）铆钉无明显偏位，表面平整。

（8）安全带应系在牢固的物体上，禁止系挂在移动或不牢固的物件上，不得系在棱角锋利处。安全带要高挂和平行拴挂，严禁低挂高用。

（9）在杆塔上工作时，应将安全带后备保护绳系在安全牢固的构件上（带电作业视其具体任务决定是否系后备安全绳），不得失去后备保护。

4. 绝缘手套

（1）绝缘手套使用前应进行外观检查。如发现有发粘、裂纹、破口（漏气）、气泡、发脆等损坏时禁止使用。

（2）进行设备验电，倒闸操作，装拆接地线等工作应戴绝缘手套。

（3）使用绝缘手套时应将上衣袖口套入手套筒口内。

5. 绝缘杆

（1）使用绝缘杆前，应检查绝缘杆的堵头，如发现破损，应禁止使用。

（2）使用绝缘杆时人体应与带电设备保持足够的安全距离，并注意防止绝缘杆被人体或设备短接，以保持有效的绝缘长度。

（3）雨天在户外操作电气设备时，操作杆的绝缘部分应有防雨罩。罩的上口应与绝缘部分紧密接合，无渗漏现象。

6. 绝缘隔板和绝缘罩

（1）绝缘隔板只允许在35 kV及以下电压的电气设备上使用，并应有足够的绝缘和机械强度。用于10 kV电压等级时，绝缘隔板的厚度不应小于3 mm，用于35 kV电压等级时不应小于4 mm。

（2）绝缘隔板和绝缘罩使用前应检查表面洁净、端面不得有分层或开裂，绝缘罩还应检查内外是否整洁，应无裂纹或损伤。

（3）现场带电安放绝缘挡板及绝缘罩时，应戴绝缘手套。

（4）绝缘隔板在放置和使用中要防止脱落，必要时可用绝缘绳索将其固定。

7. 电容型验电器

（1）电容型验电器上应标有电压等级、制造厂和出厂编号。对110 kV及以上验电器还须标有配用的绝缘杆节数。

（2） 使用前应进行外观检查，验电器的工作电压应与被测设备的电压相同。

（3）非雨雪型电容型验电器不得在雷、雨、雪等恶劣天气时使用。

（4）使用电容型验电器时，操作人员应戴绝缘手套，穿绝缘靴（鞋），手握在护环下侧握柄部分。人体与带电部分距离应符合规定的安全距离。

（5）使用抽拉式电容型验电器时，绝缘杆应完全拉开。

（6）验电前，应先在有电设备上进行试验，确认验电器良好；无法在有电设备上进行试验时可用高压发生器等确认验电器良好。

8. 核相器

（1）核相器应按照使用说明书的要求正确使用。

（2）核相器绝缘杆部分的使用与本规定绝缘杆中的要求相同。

9. 绝缘靴

（1）绝缘靴使用前应检查：不得有外伤，无裂纹、无漏洞、无气泡、无毛刺、无划痕等缺陷。如发现有以上缺陷，应立即停止使用并及时更换。

（2）使用绝缘靴时，应将裤管套入靴筒内，并要避免接触尖锐的物体，避免接触高温或腐蚀性物质，防止受到损伤。严禁将绝缘靴挪作他用。

（3）雷雨天气或一次系统有接地时，巡视变电所室外高压设备应穿绝缘靴。

10. 绝缘胶垫

绝缘胶垫应保持完好，出现割裂、破损、厚度减薄，不足以保证绝缘性能等情况时，应及时更换。

11. 接地线

（1）接地线应用多股软铜线，其截面应满足装设地点短路电流的要求，但不得小于 25 mm^2（直流系统采用不小于 95 mm^2），长度应满足工作现场需要；接地线应有透明外护层，护层厚度大于 1 mm。

（2）接地线的两端线夹应保证接地线与导体和接地装置接触良好、拆装方便，有足够的机械强度，并在大短路电流通过时不致松动。

（3）接地线使用前，应进行外观检查，如发现绞线松股、断股、护套严重破损、夹具断裂松动等不得使用。

（4）装设接地线时，人体不得碰触接地线或未接地的导线，以防止感应电触电。

（5）装设接地线，应先装设接地线接地端；验电证实无电后，应立即接导体端，并保证接触良好。拆接地线的顺序与此相反。接地线严禁用缠绕的方法进行连接。

（6）设备检修时现场所装设地线的数量、位置和地线编号，应与工作票所列内容一致。

12. 安全梯

（1）安全梯应能承受工作人员携带工具攀登时的总重量。

（2）安全梯不得接长或垫高使用。如需接长时，应用铁卡子或绳索切实卡住或绑牢并加设支撑。

（3）安全梯应放置稳固，梯脚要有防滑装置。使用前，应先进行试登，确认可靠后方可使用。有人员在梯子上工作时，梯子应有人扶持和监护。

（4）安全梯与地面的夹角应为 65°左右，工作人员必须在距梯顶不少于 2 挡的梯蹬上工作。

（5）人字梯应具有坚固的铰链和限制开度的拉链。

（6）靠在管线上使用时，其上端需用挂钩挂住或用绳索绑牢。

（7）在通道上使用安全梯时，应设监护人或设置临时围栏。不准放在门前使用，必要时应采取防止门突然开启的措施。

（8）严禁人在梯上时移动梯子，严禁上下抛递工具、材料。

13. 过滤式防毒面具（简称“防毒面具”）

（1）使用防毒面具时，空气中氧气浓度不得低于 18%，温度为 – 30 °C ~ 45 °C，不能用于槽、罐等密闭容器环境。

（2）使用者应根据其面型尺寸选配适宜的面具号码。

（3）使用前应检查面具的完整性和气密性，面具密合框应与佩戴者颜面密合，无明显压痛感。

（4）使用中应注意有无泄漏和滤毒罐失效。

（5）防毒面具的过滤剂有一定的使用时间，一般为 30 ~ 100 min。过滤剂失去过滤作用（面具内有特殊气味）时，应及时更换。

五、保管及存放

（1）安全工器具的保管及存放，必须满足国家和行业标准及产品说明书要求。

（2）绝缘安全工器具应存放在温度 – 15 °C ~ 35 °C，相对湿度 5% ~ 80%的干燥通风的工具室（柜）内。

（3）安全工器具应统一分类编号，定置存放。

（4）绝缘杆应架在支架上或悬挂起来，且不得贴墙放置。

（5）绝缘隔板应放置在干燥通风的地方或垂直放在专用的支架上。

（6）绝缘罩使用后应擦拭干净，装入包装袋内，放置于清洁、干燥通风的架子或专用柜内。

（7）验电器应存放在防潮盒或绝缘安全工器具存放柜内，置于通风干燥处。

（8）核相器应存放在干燥通风的专用支架上或者专用包装盒内。

（9）橡胶类绝缘安全工器具应存放在封闭的柜内或支架上，上面不得堆压任何物件，更不得接触酸、碱、油品、化学药品或在太阳下曝晒，并应保持干燥、清洁。

（10）防毒面具应存放在干燥、通风，无酸、碱、溶剂等物质的库房内，严禁重压。防毒面具的滤毒罐（盒）的储存期为 5 年（3 年），过期产品应经检验合格后方可使用。

（11）遮拦绳、网应保持完整、清洁无污垢，成捆整齐存放在安全工具柜内，不得严重磨损、断裂、霉变、连接部位松脱等；遮栏杆外观醒目，无弯曲、无锈蚀，排放整齐。

六、报　废

符合下列条件之一者，即予以报废。

（1）安全工器具经试验或检验不符合国家或行业标准。

（2）超过有效使用期限，不能达到有效防护功能指标。

（3）报废的安全工器具应及时清理，不得与合格的安全工器具存放在一起，更不得使用报废的安全工器具。

（4）报废的安全工器具应及时统计上报到相关部门。

子模块 LB4　警示标志

安全色与安全标志是为了防止事故的发生，用形象而醒目的信息语言向人们提供了表达禁止、警告、指令、提示等信息。

一、安全色

我国规定了红、蓝、黄、绿四种颜色为安全色，其含义和用途为：

（1）红色含义为禁止、停止，主要用于禁止标志、停止信号，如机器、车辆上的紧急停止手柄或按钮以及禁止人们触动的部位。红色也表示防火。

（2）蓝色的含义为指令必须遵守的规定，主要用于指令标志，如必须佩戴个人防护用具、道路指引车辆和行人行走方向的指令。

（3）黄色的含义为警告注意，主要用于警告标志、警戒标志，如厂内危险机器和坑池周围的警戒线、行车道中线、机械齿轮箱的部位、安全帽等。

（4）绿色的含义为提示安全状态通行，主要用于提示标志，车间内的安全通道、行人和车辆通行标志、消防设备和其他安全防护装置的位置。

二、安全标志

安全标志是由安全色、几何图形和图形符号所构成的，用以表达特定的安全信息。目的是引起人们对不安全因素的注意，预防发生事故。但不能代替安全操作规程和防护措施。

标志分为禁止标志、警告标志、指令标志和提示标志四类。

（1）禁止标志的含义是不准或制止人们的某种行动。其几何图形为带斜杠的圆环，斜杠和圆环为红色，图形符号为黑色，其背景为白色。

（2）警告标志的含义是使人们注意可能发生的危险。其几何图形是正三角形。三角形的边框和图形符号为黑色，其背景色为黄色。

（3）指令标志的含义是告诉人们必须遵守某项规定，其几何图形是圆形，其背景是具有指令意义的蓝色，图形符号为白色。

（4）提示标志的含义是向人们指示目标和方向，其几何图形是长方形，底色为绿色，图形符号及文字为白色。但是消防的 7 个提示标志，其底色为红色，图形符号及文字为白色。

三、一般要求

（1）在工作票中注明，并已经断开的断路器或隔离开关的操作手柄上，均要悬挂“有人工作，禁止合闸”的标示牌。若接触轨线路上有人作业，要在有关断路器和隔离开关操作手柄上悬挂“有人工作，禁止合闸”的标示牌。

（2）在室内设备上作业时，与作业地点相邻的分间栅栏上要悬挂“止步，高压危险！”标示牌，并在检修的设备上和作业地点悬挂“有人工作！”的标示牌。在禁止作业人员通行的过道或必要的处所要装设防护栅，并悬挂“止步，高压危险！”标志牌。

（3）在部分停电作业时，当作业人员可能触及带电设备时，要装设防护栅，并在防护栅上悬挂“止步，高压危险！”标志牌。装设防护栅要考虑发生火灾、爆炸等事故时，作业人员能迅速撤出危险区。

（4）在结束作业之前，任何人不得拆除或移动防护栅和标志牌。

四、常见标识牌的种类与用途

（1）在一经合闸即可送电到工作地点的开关盒闸刀和开关操作把手上，均应悬挂“禁止合闸有人工作”（见图 LB4-1）的标示牌。

（2）如果线路上有人工作，应在线路闸刀和开关操作把手上挂“禁止合闸 线路有人工作”（见图 LB4-2）的标示牌。

图 LB4-1 “禁止合闸 有人工作”示意图

图 LB4-2 “禁止合闸 线路有人工作”示意图

（3）在施工地点临近带电设备的栅栏上，室外工作地点的围栏上，禁止通行的过道上，高压试验地点：室外构架上，工作地点临近带电设备的横梁上均应悬挂“止步 高压危险”（图 LB4-3）的标志牌。

（4）在工作人员上下的铁架、梯子上悬挂“从此上下”（见图 LB4-4）的标示牌。

图 LB4-3 “止步 高压危险”示意图

图 LB4-4 “从此上下”示意图

（5）在工作地点悬挂“在此工作”（见图 LB4-5）的标示牌。

（6）在工作人员上下的铁架临近可能上下的另外铁架上或运行中变压器等设备的梯子上挂“禁止攀登，高压危险”（见图 LB4-6）的标示牌。

图 LB4-5 “在此工作”示意图

图 LB4-6 “禁止攀登 高压危险”示意图

（7）在设备停电检修的情况下，需要在开关刀闸的操作手柄上挂“禁止操作有人工作”（见图 LB4-7）的标示牌。

图 LB4-7 “禁止操作 有人工作”示意图

子模块 LB5　触电急救

一、触电类型

根据电流通过人体的路径及触及带电体的方式，一般可将触电分为单相触电、两相触电和跨步电压触电。

1. 单相触电

当人体某一部位与大地或与大地绝缘不良，另一部位触及一相带电体所致的触电事故称单相触电。单相触电按电网的运行方式又可分为两类：一类是变压器低压侧中性点直接接地供电系统中的单相触电；另一类是变压器低压侧中性点不直接接地供电系统中的单相触电。

2. 两相触电

当人体的不同部位同时触及两相带电体（如同一变压器的低压侧出线）称两相触电。两相触电时，相与相之间以人体作为负载形成回路电流，如图 LB5-1 所示。此时，过人体的电流强度完全取决于电流路径及对应的人体阻抗和供电电网的线电压。

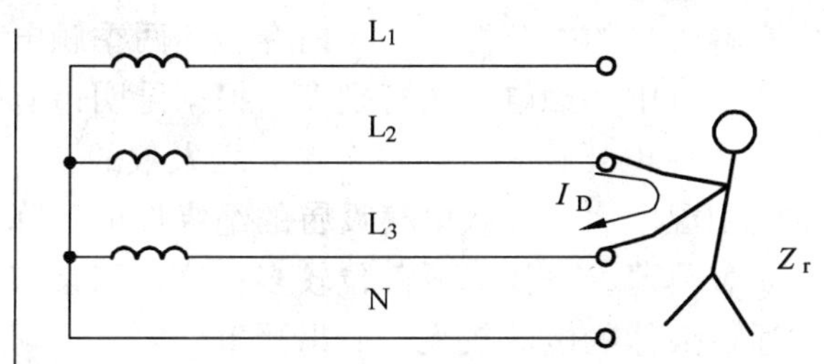

图 LB5-1　两相触电示意图

3. 跨步电压触电

当带电体接地处有较强电流进入大地时（如输电线断线故障），电流通过接地体向大地作半球形流散，并在接地点周围地面产生一个相当大的电场。电场强度随着距离增加而减小。试验资料表明：约有 68%的电压降在距接地体 1 m 以内的范围中；24%的电压降在 2 ~ 10 m 内；8%的电压降在 11 ~ 20 m 内。所以，离接地体 20 m 处，对地电压基本为 0。在电场作用范围内（以接地点为圆心，20 m 为半径的半球体），人体如双脚分开站立，则施加于两足的电位不同而致两足间存在电位差，此电位差便称为跨步电压。人体触及跨步电压而造成的触电，称跨步电压触电。

图 LB5-2　跨步电压触电示意图

跨步电压触电时，电流仅通过身体下半部及两下肢，基本上不通过人体的重要器官，故一般不危及人体生命，但人体感觉相当明显。如图 LB5-2 所示，当跨步电压较高时，流过两下肢电流较大，易导致两下肢肌肉强烈收缩，此时如身体重心不稳（如奔跑等）极易跌倒而造成电流通过人体的重要器官（心脏等），引起人体死亡事故。

除了输电线路断线落地会产生跨步电压之外，当大电流（如雷电电流）从接地装置流入大地时，若接地电阻偏大也会产生跨步电压。

二、触电事故的特点

我们已经知道电流通过人体会对人体造成损伤，即电击伤，我们通常称电击伤为触电，大多数的触电是因人体直接接触带电体所致，但在电压较高或被雷电击中时，则是因电弧放电而损伤。触电事故发生都很突然，极短时间内释放的大量能量会严重损伤人体，往往还危及心脏，死亡率较高，危害性极大。

1. 发生触电事故的规律

触电事故的发生虽比较突然，但还是有一定的规律性，所以触电事故还是可以预防的。常见触电事故的发生有如下规律：

（1）发生事故的原因大多是因为作业人员缺乏安全用电知识或不遵守安全技术要求，违章作业。新工人、青年工人和非专职电工所发生的触电事故占较大的比重。

（2）触电事故的发生有着明显的季节性。一年内春、冬两季触电事故较少，夏、秋两季特别是在六、七、八、九 4 个月中，触电事故特别多。根据昆明市有关部门统计，历年昆明地区六、七、八、九 4 个月中触电死亡人数约占全年死亡人数的 2/3 以上，其原因是这一时期气候炎热，多雷雨，空气中湿度大，导致电气设备的绝缘性能下降，人体也因炎热多汗皮肤接触电阻变小；再加上衣着单薄，身体暴露部位较多；这些因素都大大增加了触电的可能性，并且一旦发生触电，通过人体的电流较大，后果严重。

（3）低压工频电源触电事故较多，家用电器触电事故较多。据统计，这类事故占触电事故总数的 90%以上。这主要是因为低压设备的应用远比高压设备广泛，人们接触的机会较多，加之安全用电知识未能随着家用电器的普及而普及。220/380 V 的交流电源习惯上称为“低压”，这是相对高压电而言的，但很多人不够重视，丧失警惕，也是引起触电事故的原因之一。

（4）潮湿、高温、有腐蚀性气体、液体或金属粉尘的场所较易发生触电事故。冶金、化工、采矿、建筑等行业发生触电事故较多。

2. 与触电伤害程度有关的因素

（1）电流的大小。电流是触电伤害的直接因素，电流越大，伤害越严重。一般来说，通过人体的交流电（50 Hz）超过 10 mA、直流电超过 50 mA 时，触电者就会感觉麻痹或剧痛，并且呼吸困难，甚至自己不能摆脱电源，有生命危险。

（2）触电时间的长短。一般可用触电电流与触电持续时间的乘积（称为电击能量）来反映触电的危害程度。通电时间越长，能量积累增加，就越容易引起心室颤动。若电击能量超过 50 mA · s，人就有生命危险。

（3）电流通过人体的途径。电流通过心脏会引起心室颤动，较大的电流还会使心脏停止跳动，血液循环中断，导致死亡；电流通过中枢神经或有关部位，会引起中枢神经系统强烈失调而导致死亡；电流通过头部会使人昏迷，若电流较大，会对脑产生严重损害，甚至使人死亡；电流通过脊髓，会使人截瘫。电流通过人体的途径中，以胸到左手的通路为最危险，从脚到脚是危险性较小的电流途径。

（4）人体电阻的大小。在一定的电压作用下，流经人体的电流大小与人体电阻成反比，因此人体电阻的大小将对触电后果产生一定的影响。人体的电阻因人而异，一般为 800 ~ 1 000 Ω，皮肤潮湿、有损伤、带有导电性粉尘等，都会降低电阻数值。

（5）电流频率。一般来讲，在同样的电压下，频率为 40 ~ 60 Hz 的交流电对人体是最危险的。随着频率的增高，电击伤害程度显著减小。低压交流电的频率超过 500 kHz 时，对人体是安全的。

（6）人体状况。电流对人体的作用，女性较男性更为敏感。由于心室颤动电流约与体重成正比，因此小孩遭受电击较成人危险。另外，身体的健康情况与精神状态正常与否，对于触电伤害后果有一定的影响，如患有心脏病、神经系统疾病、结核病等病症的人因电击引起的伤害程度比正常人要严重。

3. 触电伤害的临床表现

触电造成的伤害主要表现为全身性的反应和局部的电灼伤。

4. 全身性反应

触电时电流通过心脏可能引起心室纤维性颤动，达到一定强度时，可使心肌纤维断裂、肺部以及神经系统损伤，不能正常工作，这些损伤都可能使触电者立即死亡。

有心跳无呼吸或者有呼吸无心跳的情况只是暂时的，如果不及时抢救就会导致心跳、呼吸全部停止。

5. 局部的电灼伤

局部的电灼伤常见于电流进出的接触处。人体的皮肤、结缔组织和肌肉等组织均存在一定的阻抗，这些接触处阻抗最大，当有电流通过时，在瞬间会释放出大量的热量，从而造成组织的损伤。电流进入人体所致的伤口通常为一个，但电流流出所致的伤口可为一个以上。电灼伤可对人体造成各种伤害。下面介绍一些常见及典型的临床表现。

1）皮肤金属化

电流产生的热量及电解作用使金属微粒和导电离子侵袭皮肤及皮下组织。受伤皮肤表面坚硬粗糙，有色着。若无感染可愈合。

2）灼　伤

由电弧和电流所产生的高热会烧伤人体组织。损伤由表向里，严重时，可深达骨骼。电灼伤所致的伤口，在受伤以后，会渐渐出现坏死，因而伤口的范围会扩大，一般将扩大 15% ~ 20%，两周后将继续扩大到 30%左右，故要引起重视。

3）电烙伤

电烙伤又称电流印，是电流对人体的一种特殊损伤，由电流的热效应和化学效应所致。在电流进入人体和流出人体接触部位的皮肤表面可见扁平点状和线状的肿块，呈白色或灰白色。有的肿块中央可下凹，有的肿块可呈圆形，肿块边缘清晰，无痛感，无出血。电烙伤一般易于治疗，无后遗症。

4）电　纹

在电流进入和流出部位的皮肤处，可见到灰白色或红色的树枝形纹路。这往往是沿部分皮肤表面放电所产生的结果。

5）局部外伤处理

人体遭受电击后，在电流进入、流出处常可见到电灼伤伤口。特别是高压（1 000 V 以上）电击时，电极间电弧的温度可达 1 000 °C～4 000 °C，可造成接触处广泛严重的烧伤，且常伤及骨骼，故处理较复杂。现场抢救时，应用消毒的纱布或急救包将伤口包扎好，在紧急时甚至可用干净的布或纸类进行包扎，但应注意尽量减少污染，以利于以后的治疗。

其他外伤和脑震荡、骨折等，可参照外伤急救的情况作相应处理。

现场抢救往往时间很长且不能中断。在经过较长时间的抢救后，触电病人面色好转、口唇潮红、瞳孔缩小、四肢出现活动、心跳和呼吸逐渐恢复正常时，可暂停数秒钟进行观察。如果正常心跳和呼吸不能维持，必须继续抢救。终止心肺复苏工作是一项医学决定，只能由有关医务人员对病人的脑功能和心血管状况作出正确估计后，才能作出。其他任何人不能随便作出停止心肺复苏工作的决定，因此抢救者一定要坚持到医务人员到现场接替抢救为止。

6. 触电现场的处理

1）迅速解脱电源

一旦发生触电事故，切不可惊慌失措，首先要设法让触电者迅速脱离电源，使触电者迅速脱离电源的方法有以下几种：

① 切断电源（拔掉插座、相线熔断器、拉开开关等）。

② 用绝缘物（如木棒、竹竿、手套等）移去触电者身体上的带电导线。

③ 用绝缘工具（如带绝缘柄的电工钳、木柄斧、菜刀等）切断导线，以断开电源。

④ 拉拽触电者的衣服，使之摆脱电源。

2）简单诊断

（1）首先轻轻摇动触电者的肩部（绝对不允许摇动头部），并对之呼叫，最好直呼其姓名，看是否有反应，以判断触电者是否丧失意识。

（2）观察呼吸是否存在，在保持触电者呼吸道畅通的情况下，将耳朵贴向触电者的口鼻处，用听觉及面额的感觉来判断触电者是否有呼吸所产生的气体流动，并侧头观察触电者的胸廓及上腹部有无呼吸时所产生的运动，观察时间一般不超过 5 s。

（3）检查颈动脉有否搏动，颈动脉是人体的大动脉，很容易感觉到它的搏动，触诊时应轻柔，不能加压，若无感觉则心脏已停止跳动，检查应在 5 s 内完成。

（4）观察瞳孔是否放大，如图 LB5-3 所示。正常时的瞳孔如图 LB5-3（a）所示。当处于“假死”状态时，大脑细胞严重缺氧，处于死亡边缘，整个调节系统中枢失去作用，瞳孔也就自行扩大，这时瞳孔对光线的强弱不起反映，如图 LB5-3（b）。所以，瞳孔扩大说明大脑组织细胞严重缺氧或已遭受损害死亡，此时人体也就处于“假死”或更严重的状况。通过以上简单的检查，我们即可判断触电者是否处于“假死”状态。并依据“假死”的类型，有的放矢地对症处理。

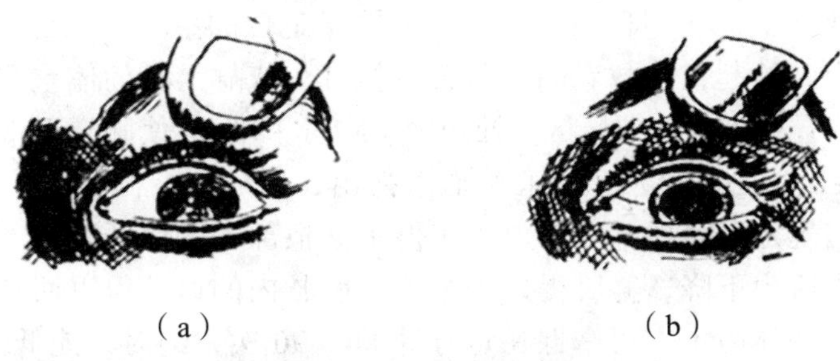

图 LB5-3　人体触电瞳孔示意图

然而，有一些触电者的心跳、呼吸停止并非已经死亡，而只是受到电流刺激所致（电流刺激干扰窦房结的冲动信号、中枢受到抑制），无严重的器质性病变发生。像这样的触电者，如果及时运用正确有效的方法抢救，就有可能将其救活，这类情况称“假死”。处于“假死”状态的触电者均失去知觉、面色苍白、瞳孔放大、心跳和呼吸停止。“假死”的临床表现可分为三种类型：

① 心跳停止，但呼吸尚存在；

② 呼吸停止，但心跳尚存在；

③ 呼吸心跳均停止。

3）抢救处理

经过简单诊断后，一般可以按下列情况进行抢救处理：

（1）病人神志清醒，但感乏力、头昏、心悸、出冷汗，甚至有恶心或呕吐，应让其就地安静休息，以减轻心脏负荷，加快恢复；情况严重时，应小心送往医疗部门，请医务人员检查治疗，在送往的路途中，需严密观察病人，以免发生意外。

（2）病人呼吸、心跳尚存在，但神志不清。应使其仰卧，保持周围空气流通，注意保暖，并且立即通知医疗部门，或用担架将病人送往医院，请医务人员抢救，与此同时还要严密观察，做好人工呼吸和体外心脏挤压急救的准备工作。一旦病人出现“假死”情况应立即进行抢救。

4）假死检查

发现病人已处于“假死”状态时，应立即针对不同类型的“假死”进行对症处理。

（1）若呼吸停止，则用口对口人工呼吸法进行抢救，维持气体交换；注意：抢救前要使触电者仰卧，解开、放松衣裤，抢救者用手指清除触电者口腔中的义齿（假牙）、血块、呕吐物等，使呼吸道通畅，抢救者用一只手的拇、食两指紧捏触电者的鼻孔（避免漏气），并将该手掌的外缘压住其额部，并向下用力。另一手托在触电者的颈部，用力将其颈部上抬，使头部能充分后仰，以解除舌下坠所致的呼吸道梗阻，急救者先深吸一口气，然后紧贴于病人的嘴（或鼻孔）大口吹气。吹气必须深而快！同时观察病人的胸部或腹部有无隆起，以保证吹气的有效和适度，吹气停止后，急救者头稍侧转，并立即放松捏紧鼻孔的手，让气体从病员肺部排出。此时，应注意胸部、腹部复原的情况，倾听呼气声，观察有无呼吸道梗阻。口对口人工呼吸法频度应掌握在每分钟吹气 12 ~ 16 次。

（2）若心脏停止跳动，则用体外人工心脏挤压法来重新维持血液循环。体外人工心脏挤压法抢救时，要使触电者仰卧在硬板或地上，抢救者跪在触电者的胸前，用手掌根部放在触电者胸骨下段（胸骨下 1/2 处）即“压区”，将原同于定位的手掌放在已位于“压区”的一手背上，两手的手指交叉抬起，抢救者的两肘关节伸直，依靠上身的体重和臂部、肩部肌肉的力量，垂直于触电者脊柱方向在“压区”处用力（胸骨下端），使胸脊下端和与其相连的肋骨下陷 3 ~ 4 cm，间接压迫心脏，从而使心脏血液搏出，形成血液循环。

挤压使胸骨下陷规定距离后，突然放松（但手掌根部不能离开胸壁），依靠胸部的弹性，使胸骨复位，胸腔内压力下降，心脏得以舒张，大静脉内的血液得以回到心脏。频度最好掌握在每分钟 120 次，如体力不支可掌握在每分钟 80 ~ 90 次，绝对不能低于 60 次。

（3）若呼吸、心跳全停，则需同时施行体外心脏挤压和口对口人工呼吸。同时应立即向医疗部门告急求救。

抢救工作不能轻易中止，即使在送往医院的途中，也必须继续进行抢救，边送边救直至心跳、呼吸恢复为止。

分模块 LC　专业知识

子模块 LC1　变压器

一、油浸式变压器

变压器是一种通过改变电压而传输交流电能的静止感应电器。它根据电磁感应的原理，把某一等级的交流电压变换成另一等级的交流电压，以满足不同负荷的需要。在电力系统中，变压器占有极其重要的地位。

1. 单相变压器的工作原理

变压器主要由铁心和绕组组成，前者构成磁路，后者构成电路，它是根据电磁感应原理工作的。图 LC1-1 中，在闭合的铁心上，绕有两个互相绝缘的绕组，接入电源的一侧称一次侧绕组，输出电能的一侧称二次侧绕组。当交流电压 $\dot{U}_1$ 加到一次侧绕组后，有交流电流 $\dot{I}_1$ 通过该绕组，在铁心中产生交流磁通 $\dot{\Phi}$。交变磁通穿过一次侧绕组，同时也穿过二次侧绕组，两个绕组上分别产生感应电势 $\dot{E}_1$ 和 $\dot{E}_2$。如果二次侧绕组与外电路的负荷接通，便有电流 $\dot{I}_2$ 流入负荷，即二次侧绕组有电能输出。

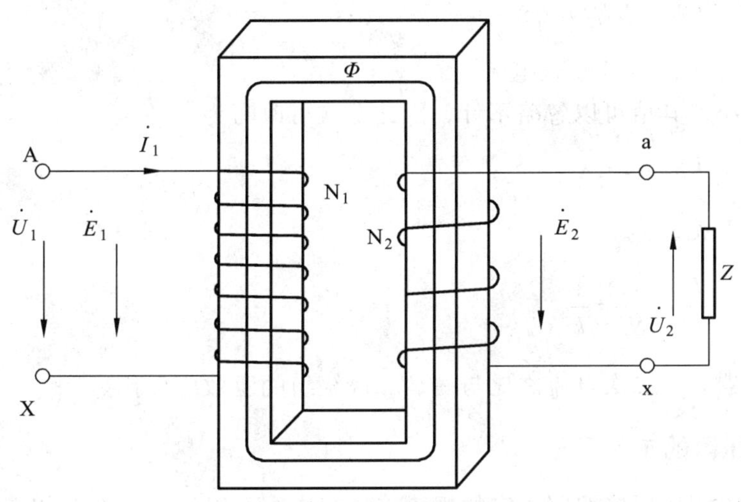

图 LC1-1　单相变压器原理图

根据电磁感应定律可以导出：

一次绕组感应电动势为

$$E_1 = 4.44 f N_1 B_m S \times 10^{-4} \quad (\text{V})$$

二次绕组感应电动势为

$$E_2 = 4.44 fN_2 B_m S \times 10^{-4} \text{ (V)}$$

式中 f——电源频率，Hz；

N_1——一次绕组匝数，匝；

N_2——二次绕组匝数，匝；

B_m——铁心中磁通密度的最大值，T；

S——铁心截面面积，cm^2。

由上面两式得出

$$\frac{E_1}{E_2} = \frac{N_1}{N_2}$$

即变压器一、二次侧感应电动势之比等于一、二次侧绕组匝数之比。

由于变压器一、二次侧的漏电抗和电阻都比较小，可以忽略不计。因此，可近似地认为 $U_1 = E_1$，$U_2 = E_2$，于是：

$$\frac{U_1}{U_2} = \frac{E_1}{E_2} = \frac{N_1}{N_2} = k$$

式中 k——变压器的变压比（变比）。

变压器一、二次绕组匝数不同将导致一、二次侧绕组的电压高低不等，匝数多的一侧电压高，匝数少的一侧电压低。

在一、二次绕组电流 I_1、I_2 的作用下，铁心中总的磁势为

$$\dot{I}_1 N_1 + \dot{I}_2 N_2 = \dot{I}_0 N_1$$

式中 I_0——变压器的空载励磁电流。

由于 I_0 比较小，其值可以忽略不计，因此上式可改写为

$$\dot{I}_1 N_1 = -\dot{I}_2 N_2$$

取绝对值后有如下关系：

$$\frac{I_1}{I_2} = \frac{N_2}{N_1} = \frac{1}{k}$$

由此可见，变压器一、二次电流之比与一、二次绕组的匝数成反比。

2. 三相变压器的工作原理

如果把三台单相变压器按照一定的规律连接起来则可以组成一个三相变压器组，这时每一台变压器有自己独立的磁路，各相磁路互不相关。如果把三相的一、二次绕组同时绕制在同一台铁心上，则可以构成一台三相变压器。三相变压器的铁心一般有 3 个心柱，每个心柱都套装着一、二次绕组，各相磁路相互关联。在对称负荷下，各相电压、电流大小相等，相位彼此相差 120°。三相变压器的铁心磁路不对称，中柱激磁电流较边柱激磁电流小，一般 A、C 相空载电流相同，约为 B 相空载电流的 1.2 ~ 1.5 倍。由于变压器的空载电流数值很小，与

额定电流相比可以忽略不计，因此，空载电流的不平衡，对变压器运行不会产生显著的影响。

大型的三相变压器为降低其高度，将铁心做成三芯五柱式，如图 LC1-2 所示，中间三个铁心柱上分别套有 A、B、C 三相绕组。

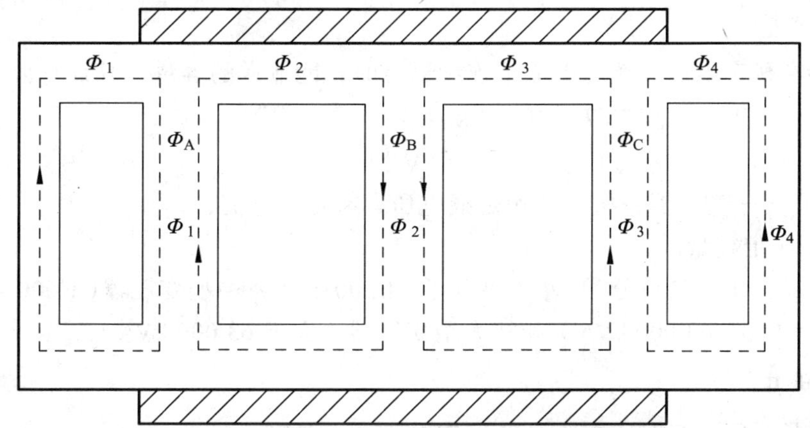

图 LC1-2　三相五柱式变压器原理图

设各段铁轭中磁通分别为 $\dot{\Phi}_1$、$\dot{\Phi}_2$、$\dot{\Phi}_3$、$\dot{\Phi}_4$，则

$$\dot{\Phi}_A=\dot{\Phi}_2-\dot{\Phi}_1;\quad \dot{\Phi}_B=\dot{\Phi}_3-\dot{\Phi}_2;\quad \dot{\Phi}_C=\dot{\Phi}_4-\dot{\Phi}_3;\quad \dot{\Phi}_1=\dot{\Phi}_4$$

则

$$\dot{\Phi}_C=\dot{\Phi}_1-\dot{\Phi}_3$$

所以，三心五柱式各磁通的相量关系同普通三相星形连接时相电压和线电压的关系相似。当三相磁路对称时，铁轭和边柱中的磁通 $\dot{\Phi}_1$、$\dot{\Phi}_2$、$\dot{\Phi}_3$、$\dot{\Phi}_4$ 将为铁心柱中磁通 $\dot{\Phi}_A$、$\dot{\Phi}_B$、$\dot{\Phi}_C$ 的 $1/\sqrt{3}$，与三柱式铁心相比，磁轭（或铁轭）截面及其高度可缩成 $1/\sqrt{3}$，从而使整个铁心高度降低。三相变压器由于铁心材料省，成本低，因此得到广泛的应用。

3. 变压器参数

1）变压器型号

变压器型号如图 LC1-3 所示。

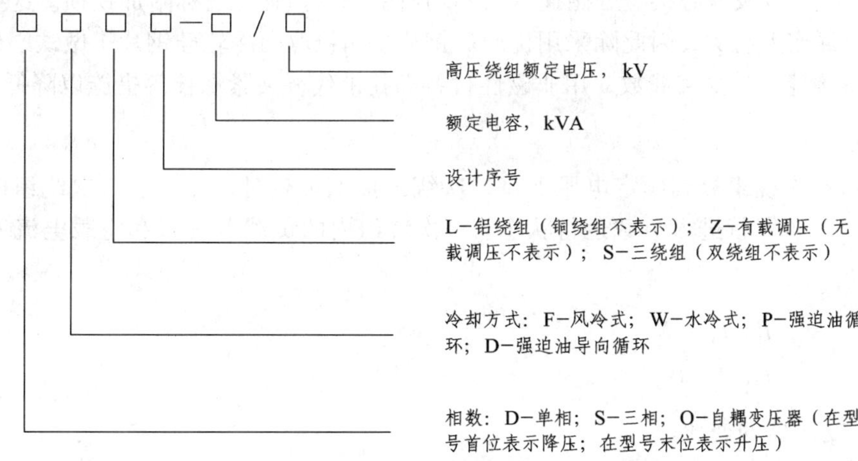

图 LC1-3　变压器型号表示

在型号后可加注防护型代号，TH 为湿热型；TA 为干热型。

例如：SZ-31500/110 表示三相有载调压，额定容量为 31 500 kVA，高压绕组额定电压为 110 kV 的变压器。

2）额定容量

指变压器在额定电压、额定电流下连续运行时，能输送的容量，其计算公式：

单相电力变压器：$S_N = U_N I_N \times 10^{-3}$（kVA）

三相电力变压器：$S_N = \sqrt{3} U_N I_N \times 10^{-3}$（kVA）

式中　U_N、I_N——变压器一次侧的额定线电压、额定线电流；

　　S_N——额定容量。

变压器按其额定容量可分为：小型变压器（1 600 kVA）、中型变压器（1 600 ~ 6 300 kVA）、大型变压器（8 000 ~ 63 000 kVA）和特大型变压器（大于 63 000 kVA）。

3）额定电压

指变压器长时间运行时所能承受的工作电压，一般以千伏表示。

4）额定电流

指变压器在额定容量下，允许长期通过的线电流。

5）空载电流

变压器一次绕组接入额定电压，二次绕组开路时，流过一次绕组的电流，称为空载电流 I_0，通常用其与额定电流 I_N 之比的百分数表示，一般只有（1% ~ 5%）I_N，大型变压器在 1%I_N 以下。

6）空载损耗（铁损）

对应于变压器空载运行状态下，变压器产生的有功损耗，称为变压器的空载损耗 P_0。空载损耗由两部分组成，即空载电流 I_0 流经一次绕组在其电阻 R_1 上的有功损耗和磁通在铁心中引起的损耗，由于 I_0 很小，$I_0^2 R_1$ 可以忽略不计。因此，空载损耗主要为铁心中的损耗，故空载损耗又称为铁损。

铁损主要由磁滞损耗和涡流损耗两部分组成，另外还有漏磁通在铁心夹件、油箱等构件中引起的涡流损耗，以及铁心接缝处磁通分布不均所引起的损耗，统称附加铁损。这些损耗都和电源频率及磁通密度有关，因此除采用优质硅钢片（晶粒取向冷轧硅钢片）做铁心外，还应在工艺上采用斜接缝，减少接缝数，用非磁性材料绑扎带代替夹紧螺栓等措施以降低总铁损。

7）负载损耗

当变压器一次绕组接到额定电压上，二次绕组接上负载时，在一、二次绕组内就有负载电流 $\dot{I}_2'$ 和 $\dot{I}_2$，变压器就进入负载运行状态。一次绕组内的负载电流 $\dot{I}_2'$ 和空载电流 $\dot{I}_0$ 合成一次电流 $\dot{I}_1$，表示为

$$\dot{I}_1 = \dot{I}_0 - \dot{I}_2'$$

$$\dot{I}_2' = \dot{I}_2 / k$$

式中　k——变压器的变比。

负载电流流过一、二次绕组时，在其导线内产生的电阻损耗，称为变压器的负载损耗。

实际上的负载损耗还包括导线的涡流损耗、环流损耗、引线损耗等附加损耗。

变压器的额定负载损耗是指变压器绕组中通以额定电流时在一、二次绕组中产生的负载损耗，并将绕组直流电阻折算至 75 °C 时的损耗值。通常将低压绕组短路，高压绕组处于额定分接位置，施加额定频率的额定电流时，从电源吸取的有功功率即为额定负载损耗。

8）阻抗电压

指变压器二次绕组短路，一次绕组上所施加的电压，使一次绕组达到额定电流值时的电压与一次绕组额定电压的百分比值。

4. 接线组别和应用

接线组别是用来表示变电器各侧绕组的连接方式及两侧相应的线电压之间的相位差。变压器的连接组别的表示方法是：大写字母表示一次侧（或原边）的接线方式，小写字母表示二次侧（或副边）的接线方式。Y（或 y）为星形接线，D（或 d）为三角形接线。数字采用时钟表示法，用来表示一、二次侧线电压的相位关系，一次侧线电压相量作为分针，固定指在时钟 12 点的位置，二次侧的线电压相量作为时针。例如 Y d11 在变压器的连接组别中“Y”表示高压侧为星形接线；“d”表示低压侧为三角形接线。“11”表示变压器低压侧的线电压 U_{ab} 滞后高压侧线电压 U_{ab}330°（或超前 30°）。

变压器接线方式有 4 种基本连接形式：“Yy”、“Dy”、“Yd”和“Dd”。我国常用“Yy”、“Dy”和“Yd”。由于 Y 连接时还有带中性线和不带中性线两种，不带中性线则不增加任何符号表示，带中性线则在字母 Y 后面加字母 N（n）表示。在变压器的连接组别中“YN”表示一次侧为星形带中性线的接线。例如“YN,d”：表示一次侧接线为星形带中性线的接线，二次侧为三角形接线。

在城市轨道供电系统中牵引变电所会有大量的谐波产生，考虑到抑制奇次谐波，在 35 kV 侧主变压器、整流变压器和降压变压器都是三角形接线；110 kV 是直接接地系统，在操作时为防止操作过电压和涌流需要将主变中性点接地，所以主变 110 kV 侧为星形接线。这样主变压器的接线组别一般为：Yd 接线。降压变压器的 35 kV 侧为经电阻接地的小电流接地系统，所以降压变压器的接线组别一般为：Dy 接线。

5. 油浸式变压器的结构

油浸式电力变压器主要由器身（铁心、绕组等）、油箱、冷却装置、保护装置、出线套管、绝缘油等组成。在设计、制造和运行方面，人们对油浸式变压器累积了丰富经验，其比较可靠地运行于大多数场合，特别在大容量、超高压系统中，油浸式变压器得到了广泛的应用。油浸式电力变压器结构见图 LC1-4。

1）铁 心

铁心是变压器最基本的组成部分之一。常采用的变压器铁心结构有两种：内铁式（心式）和外铁式（壳式），目前绝大多数变压器都是内铁式结构。内铁式是垂直放置的，铁心截面多为分级圆柱式，绕组包围心柱。外铁式是铁心包围绕组、水平放置、铁心截面为矩形，有旁轭。

对铁心材料的要求是导磁率高，磁滞、涡流损耗小，目前普遍使用的是 0.25 ~ 0.35 mm 厚的冷轧硅钢片，其表面经过绝缘漆处理，以降低和限制涡流损耗。一般冷轧硅钢片采用 45°

斜切硅钢片的叠装法，降低空载损耗，而且使变压器的噪声减小。

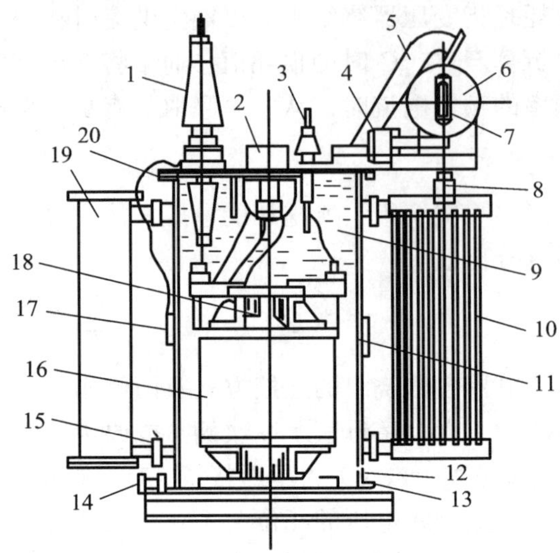

图 LC1-4 油浸式电力变压器结构图

1—高压套管；2—分接开关；3—低压套管；4—气体继电器；5—安全气道；6—储油柜；7—油位计；8—吸湿器；9—变压器油；10—散热器；11—铭牌；12—接地螺栓；13—油样活门；14—放油阀门；15—蝶阀；16—绕组；17—信号油温计；18—铁心；19—净油器；20—油箱

小容量变压器为简便起见，铁心截面的形状一般做成方形或长方形，而大型变压器为了节省材料和充分利用空间，做成多级阶梯形，并在铁心中设计了散热油道。

铁心的夹紧装置是将导磁体组成整体的紧固结构。根据电压等级和容量的不同，目前夹紧结构主要采用两种方式，无孔绑扎拉螺杆结构及无孔绑扎拉板结构。心柱部分由环氧无纬玻璃丝带绑扎，硅钢片不穿孔，既简化了工艺和减少了铁心损耗，又消除了因穿心螺杆绝缘损坏而导致铁心多点接地的隐患。无孔绑扎拉螺杆结构用于 10 ~ 35 kV 级 6 300 kVA 及以下中小型变压器铁心上，无孔绑扎拉板结构用于 110 kV 级 6 300 kVA 以上的大型变压器铁心。

变压器在运行中或试验时，在铁心或其他金属构件上由于静电感应将产生静电荷积累，出现悬浮电位，造成对地放电，威胁变压器的安全运行。因此，必须将铁心及其所有金属构件（穿芯螺杆除外）可靠接地。由于铁心叠片间的绝缘电阻较小，只需将铁心和任意一片及金属构件经油箱接地即可。值得注意的是，铁心只允许有一点接地，如果有两点及两点以上接地，则接地点之间可能形成闭合回路，产生环流，使铁心局部过热，严重时会将铁心局部烧坏。因此，对于不同夹紧结构的铁心，采用不同的接地结构。图 LC1-5 是铁心经油箱接地的结构图。

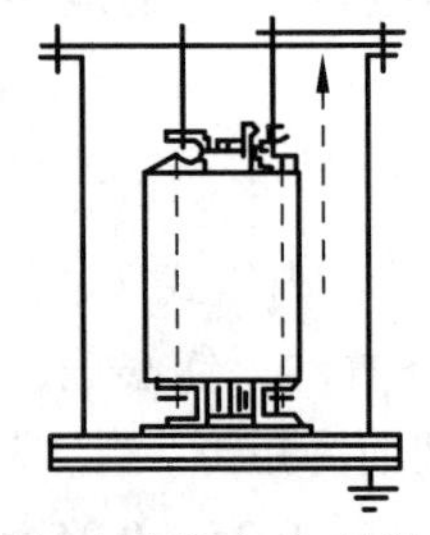

（a）有拉螺杆和吊螺杆

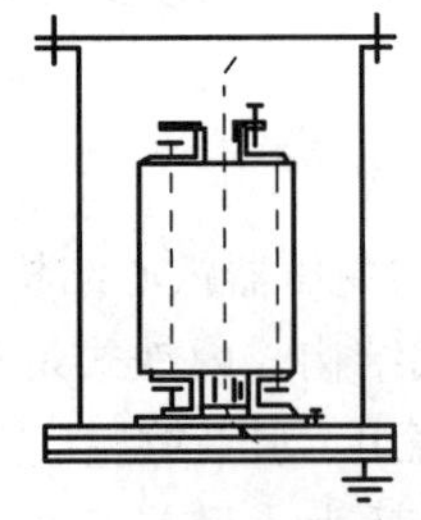

（b）只有拉螺杆

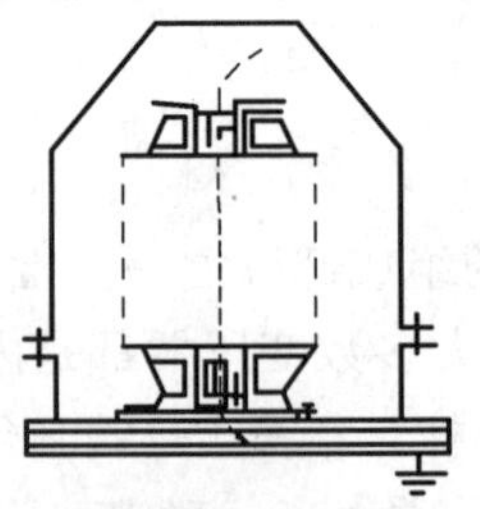

（c）上下夹件绝缘

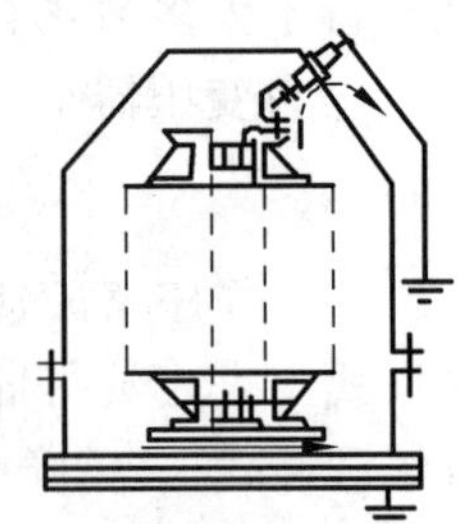

（d）有拉板经套管引出接地

图 LC1-5 铁心经油箱接地的结构图

2）绕　组

绕组又称线圈，也是变压器的基本元件之一，用绝缘铜导线或铝导线绕制而成，大容量变压器的绕组都用铜导线制成。绕组一般都绕成圆形，因为这种绕组有较好的机械性能，不易变形，节省铜线，同时也易于绕制。高低压绕组一般用同心式排列，即高压绕组在外面，低压绕组在里面。下面介绍几种主要的线圈形式：

（1）圆筒式绕组。圆筒式绕组可绕成单层、双层和多层的结构，如图 LC1-6 所示，单层绕组多用于小容量变压器的低压绕组，多层绕组多用于小容量变压器的高压绕组，常用圆导线或扁导线绕制，各个线匝靠紧，顺着绕成一个螺旋形的圆筒，层间可留有供散热的油隙，但端部支撑的稳定性较差。圆筒式绕组一般适用于容量在 630 kVA 以下容量较小的变压器。

（2）连续式绕组。连续式绕组实际上属于饼式绕组，是由一根或多根导线绕制成连续的线段（线饼），在各个线段的过渡处进行导线换位，线段和线段连接交替地分布在线圈的内侧和外侧，且都是由绕线导体本身自然连接，如图 LC1-7 所示。这种绕组机械强度高、散热性能好，适用于容量较大的变压器。缺点是制造要求高。

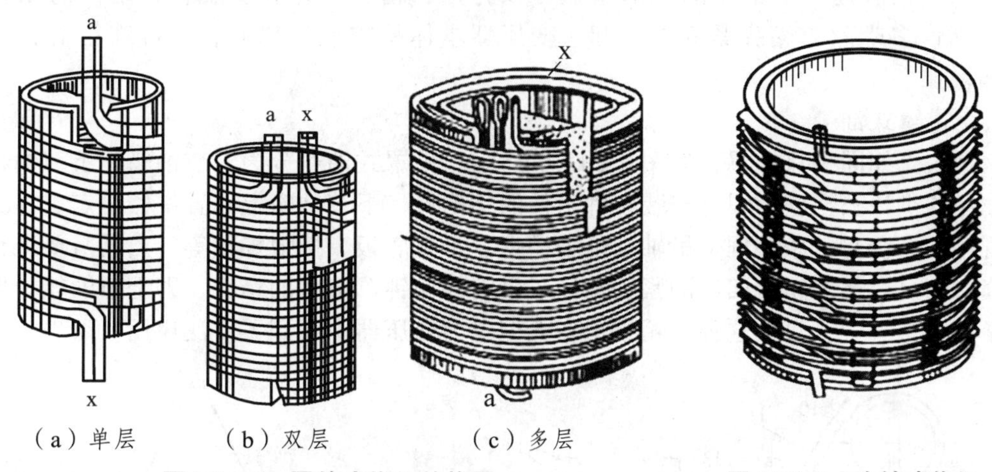

（a）单层　（b）双层　（c）多层

图 LC1-6　圆筒式绕组结构图　　**图 LC1-7　连续式绕组**

（3）饼式绕组。饼式绕组由扁铜线盘绕而成，先在轴向绕成线饼，各个线饼再沿轴向排列组成，常做成双饼，使线段的起始端头和终止端头都在线圈的外侧，以便串联组成一个完整的绕组，如图 LC1-8 所示。

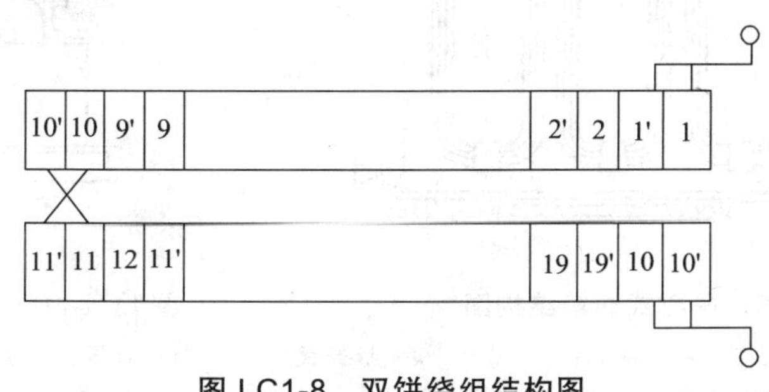

图 LC1-8　双饼绕组结构图

（4）纠结式绕组。纠结式绕组是一种特殊的连续式绕组，其相邻的两线段在电气上是间隔几个线段后再相串联，绕组绕制时需要进行交错纠结换位。纠结式绕组的串联电容增大，改善遭受冲击电压时的电压分布。纠结式绕组在大型电力变压器的高压绕组中得到了广泛应用，全绝缘的 110 kV 变压器高压绕组采用纠结式绕组。

（5）螺旋式绕组。将多根扁线沿辐向叠在一起，再沿轴向绕成一个螺旋式的绕组，它的每一匝即形成一个“饼式”线段，匝间用垫块隔开，既作径向油道散热又作绝缘用，因此也属于饼式绕组结构。螺旋式绕组一般用于电压为 35 kV 及以下、容量为 800 kVA 以上的变压器的低压绕组上，匝数多的高压线圈一般不采用。

3）油　箱

油箱是油浸式变压器的外壳，器身放置在油箱内，箱内充满了变压器油。变压器油的作用是绝缘和散热。油箱按变压器容量大小，其结构基本上有以下两种形式。

（1）吊心式油箱。

吊心式油箱结构一般用于容量较小的变压器，如图 LC1-9 所示。箱壳用钢板焊接而成，变压器器身放在箱壳内。箱壳上焊有（或安装）散热器和净油器的连接法兰、吊耳、放油阀门、铭牌座等。油箱的上部箱盖可以打开，箱盖上开有安装各种附件的孔洞，靠箱沿四周许多螺丝与箱壳紧固在一起。变压器本体检查或检修时，可拆卸箱盖后，将器身整体吊出。

（2）吊罩式油箱。

这种箱壳如同一只钟罩，如图 LC1-10 所示。吊罩式油箱分为上节油箱和下节油箱。在上节油箱的拱顶及箱壁上焊有安装各种附件的结构件，下节油箱上布置有器身定位件、放油阀门管接头、密封胶条护框、吊轴及吊轴槽钢、小车底板、接地螺栓等。当器身要进行检查或检修时，只要拆去箱沿四周的紧固螺栓，吊起外面钟罩形状的箱壳，即上节油箱，器身便全部暴露在空气中。目前这种油箱结构在大型电力变压器中得到了广泛应用。

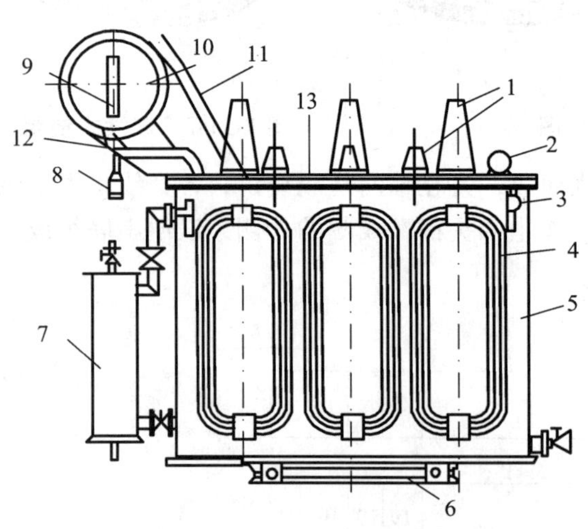

图 LC1-9　吊心式油箱结构图

1—高、低压出线套管；2—箱盖吊环；3—吊攀；4—拆卸式散热器；5—箱壳；6—底座；7—净油器；8—吸湿器；9—油位计；10—油枕（储油柜）；11—安全气道（防爆管）；12—气体继电器；13—箱盖

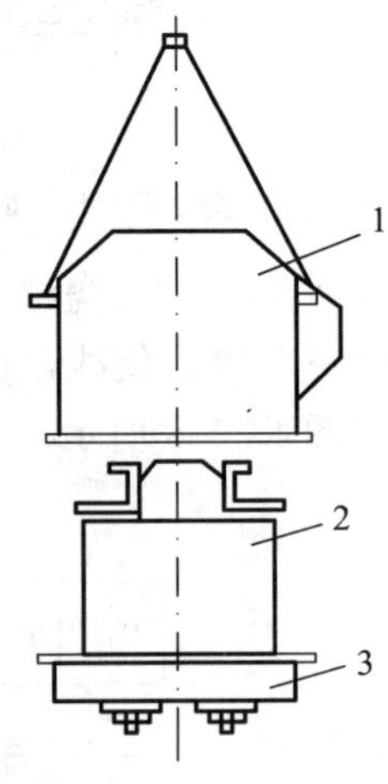

图 LC1-10　吊罩式变压器

1—钟罩式箱壳（上节油箱）；2—器身；3—下节油箱

6. 调压分接开关

电力系统正常运行时，必须控制电压的波动，电压波动范围一般规定不得超过额定电压值的±5%。为了保证电压波动在一定范围内，就必须进行调压。调压方式分为无载调压和有载调压两种，相应的分接开关有无载分接开关和有载分接开关。无载分接开关是在变压器没有电压的情况下通过手动切换分接开关来改变变压器绕组的匝数，由此调节变压器的电压。有载分接开关是在变压器不中断负载的情况下，通过改变变压比来调整变压器的电压。分接开关的操动机构可以装在变压器箱盖上或油箱的侧壁。

有载分接开关就其结构形式可以简单分为复合式和组合式。

1）组合式有载分接开关

组合式有载分接开关由切换开关和分接选择器组成，并由安装在变压器箱壁上的电动机构经垂直传动轴、散齿轮和水平传动轴传动。切换开关主要由快速机构（弹簧储能释放）、切换负荷电流的切换机构、过渡电阻器和油室构成。分接选择器主要由级进传动机构、选择分接头的触头系统、扩大调压级数的转换选择器构成。电动机构主要由齿轮传动机构、分接位置控制和指示机构、伞齿轮箱和传动轴构成。MR公司的M型有载分接开关，国产的ZY1、CM型有载分接开关都属于组合式有载分接开关。

以M型有载分接开关为例，其外形结构如图LC1-11所示。分接开关借助开关头安装于变压器箱盖上。

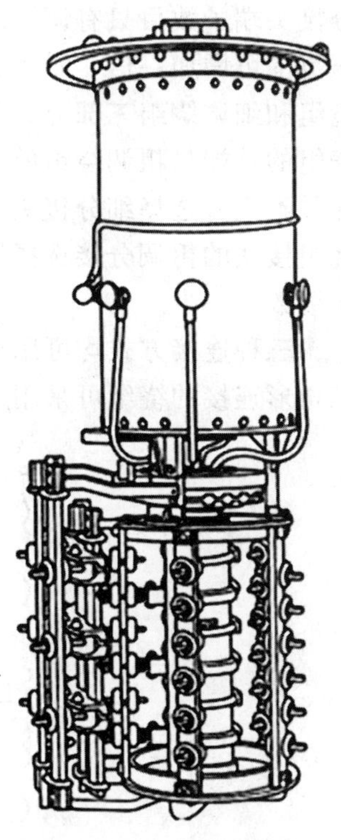

图LC1-11 M型有载分接开关外形结构图

切换开关的主要组成部分是开关头、切换开关芯子、切换开关油室、分接选择器。切换开关位于有载筒内，由筒底齿轮和选择开关形成机械上的联系，但在油路上不通，可带电切换。切换开关触头系统采用双电阻过渡，并联双断口“尾推补偿”对开式接触。切换开关的动作是通过快速机构来实现的，快速机构采用枪机释放原理。

选择开关采用笼形套轴结构，由带有定触头的绝缘板条、传动管、桥式触头及上、下法兰等组成。位于变压器本体内，不带电翻挡。

2）复合式有载分接开关

复合式有载分接开关把切换开关和分接选择器的功能合二为一，因此，结构上是把切换开关的切换机构与分接选择器触头系统合并，形成选择开关的切换机构，其他部件与组合式有载分接开关几乎一样。MR公司的V型有载分接开关，国产的FY型、CV型、SYXZ型有载分接开关都属于复合式有载分接开关。

以V型有载分接开关为例，外形结构如图LC1-12所示，V型有载分接开关的主要部分有开关头、油室、齿轮机构和开关芯子。

有载分接开关的电路分为三个部分，调压电路、选择电路和过渡电路。调压电路是变压器绕组调压时所形成的电路。选择电路是选择绕组分接设计的一套电路，所对应的机构为分接选择器和转换选择器等。过渡电路就是短路分接间串接阻抗的电路，对应的机构为切换开关（包括快速机构），切换开关将电流从工作分接转移到预选分接，在此快速转换过程中，欧姆电阻被接入电路以保证电流转移不间断。

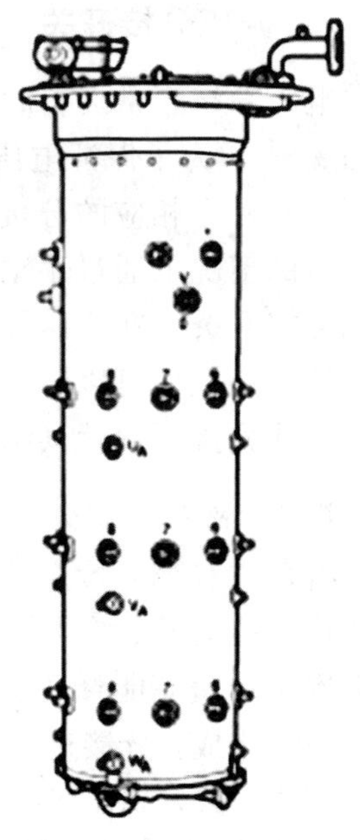

图 LC1-12　V 型有载分接开关外形结构图

调压绕组的连接有三种基本方式：线性调压、正反调压和粗细调压，如图 LC1-13 所示。图 LC1-13（a）线性调压绕组与基本绕组是接死的，引出的每个分接头都只有一个电压与之相对应，开关的分接头端子数目与调压级数的相同。调压范围为 ±3×2.5%及以下均可采用。图 LC1-13（b）正反调压绕组与基本绕组的连接，可以正接，也可以反接，开关不仅有分接选择器，还有改变调压绕组与基本绕组接法的极性选择器，开关的分接头端子数目只有调压级数的一半。在相同的调压绕组上调压范围可增加一倍。图 LC1-13（c）变压器有基本绕组、粗调绕组和细调绕组三部分。基本绕组与粗调绕组是接死的，细调绕组的首端与粗调绕组的引出端的连接是可以改变的。此时，开关不仅有选择细分接头的部分，而且有改变细调绕组与粗调绕组接法的粗调分接选择器，开关细调分接头端子数目只有调压级数的一半。

三种连接方式均可用于三相调压电路中，三相星形连接的绕组多采用中性点调压方式，三角形连接的绕组可采用中部调压和线端调压形式。

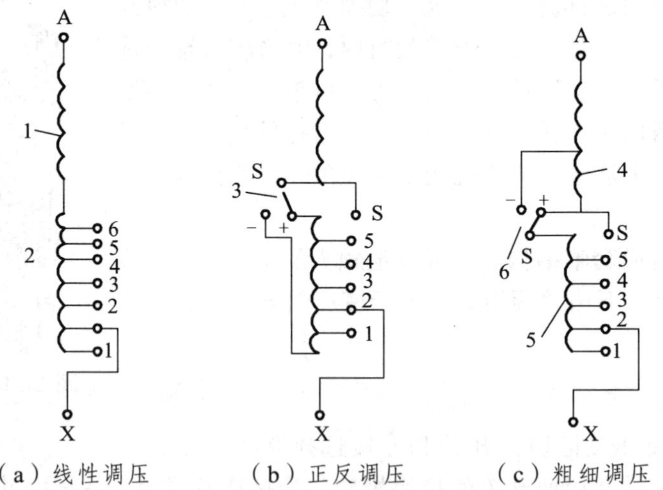

（a）线性调压　（b）正反调压　（c）粗细调压

图 LC1-13　有载调压接线方式

1—基本绕组；2—调压绕组；3—极性选择器；4—粗调绕组；5—细调绕组；6—粗调分接选择器

此外，开关的操作是电动的，所以还有驱动（电动）机构，可以用按钮进行手动操作和远方操作，也可用手柄进行手动操作。分接开关从一个工作位置运动到邻近的一个工作位置的过程中，电动机构由单一的控制信号启动，不间断地完成一次切换操作。电动机构备有防止两末端超位的电气限位装置，同时具有机械闭锁，万一电气开关失灵，机构输出轴也不能向超越极限位置的方向转动，以确保开关本体的安全。

3）组合式有载分接开关工作过程

分接选择器和切换开关组合的有载分接开关，其变换过程分两个步骤，第一步是分接选择器在无电流下预选一个与工作分接相邻的分接；第二步，切换开关将电流从工作分接转移到预选分接。整个顺序由电动机构驱动，包括驱动电机、减速机构和控制与保护装置等。上述机构通过星形槽轮驱动分接选择器，与此同时使储能机构储能，当储能弹簧储能完成后即驱动切换开关快速地完成操作循环。它的转换时间决定于开关型式和结构，为 40～60 ms。一旦弹簧释放，不管电动机构是否在驱动，切换开关的操作循环即宣告完成。过渡电阻接入电路后承受负荷的时间随开关型式和结构而不同，转换时间为 20～30 ms。从电动机构启动到分接切换结束，变换一次总需用的时间，随分接开关的型式和结构不同而不同，一般为 10 s。

组合式有载分接开关电路和结构示意图如图 LC1-14 所示。调压电路各分接头 1～9 通过分接引线与选择电路的对应定触头 1～9 相连接。选择电路的触头分为两组，双数组动触头 S2 工作时，单数组动触头 S1 可在不带负载下选择一个分接头；反之也一样，因而选择电路中触头无烧蚀。过渡电路的定触头分为单数侧和双数侧触头，单数侧定触头 K1 和选择电路中单数组动触头 S1 的引出线相连，双数侧定触头 K4 和动触头 S2 的引出线相连；其动触头 J 按一定的操作程序左右带负载切换，就能切换到不同分接。其触头有烧蚀，因此用弹簧储能释放机构快速切换。

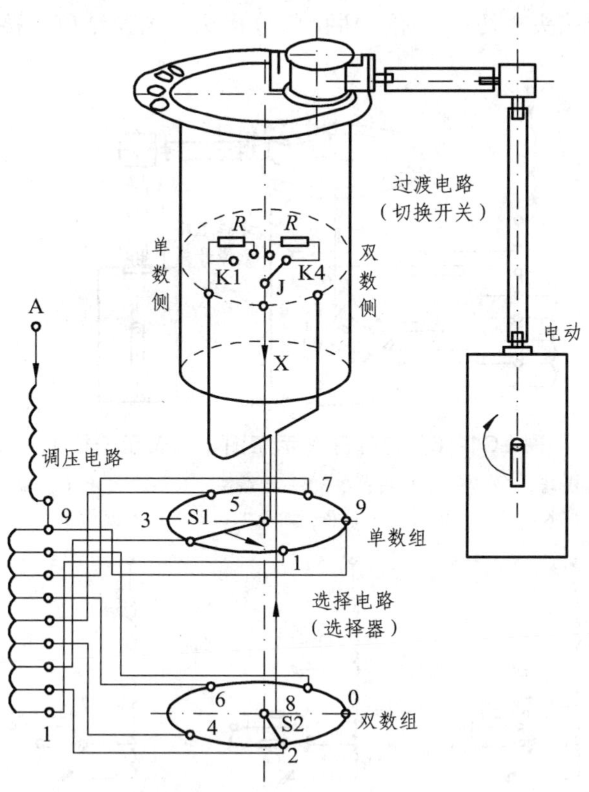

图 LC1-14 组合式有载分接开关的示意图（只表示一相）

A—绕组线端；1～9—分接头；0～9—动触头；S1、S2—动触头；K1、K4—定触头；J—动触头；*R*—过渡电阻；X—电流引出线组合式有载分接开关的切换分接头过程（由 4 分接向 3 分接切换）如图 LC1-15 所示。其工作程序为：接通某一分接头，选择下一分接头，选择结束，切换开始，桥接两分接头，切换结束，接通下一分接头。

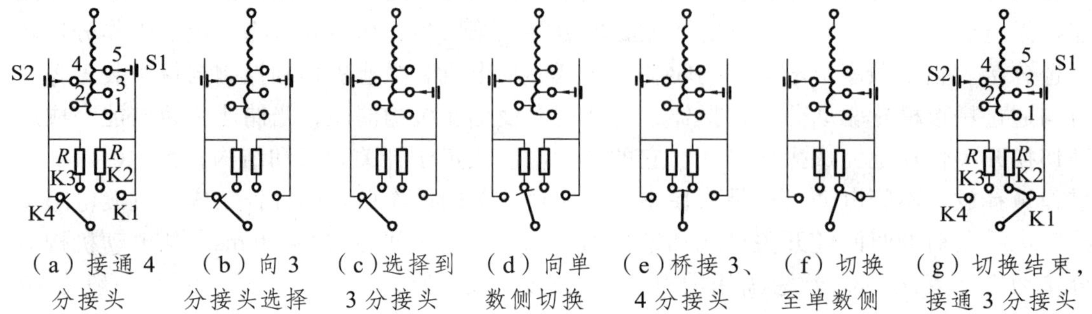

图 LC1-15　有载分接开关的选择电路和过渡电路切换分接的工作程序

4）复合式分接开关工作过程

这种分接开关没有单独的过渡电路，它将过渡电路和选择电路合二为一，在结构上也就没有单独的切换开关。复合式分接开关的选择开关电路和结构示意如图 LC1-16 所示。选择开关从工作分接位置变换到相邻分接位置是一步完成的，实际变换时间随开关型式和结构而不同，一般为 40 ~ 180 ms。选择开关的切换过程（由 3 分接向 2 分接切换）如图 LC1-17 所示。其工作程序为：接通某一分接头，切换开始，桥接两分接头，切换结束，接通下一分接头。

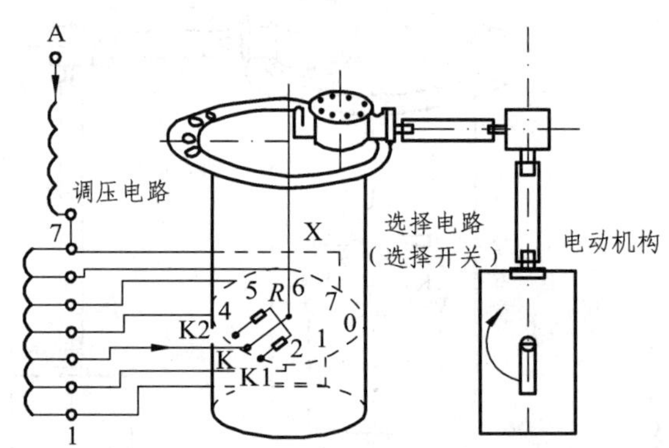

图 LC1-16　选择开关示意图（只表示一相）

A—绕组线端；1 ~ 7—分接头；0 ~ 7—定触头；K—主通断（主弧）触头；K1、K2—过渡触头；R—过渡电阻；X—电流引出端

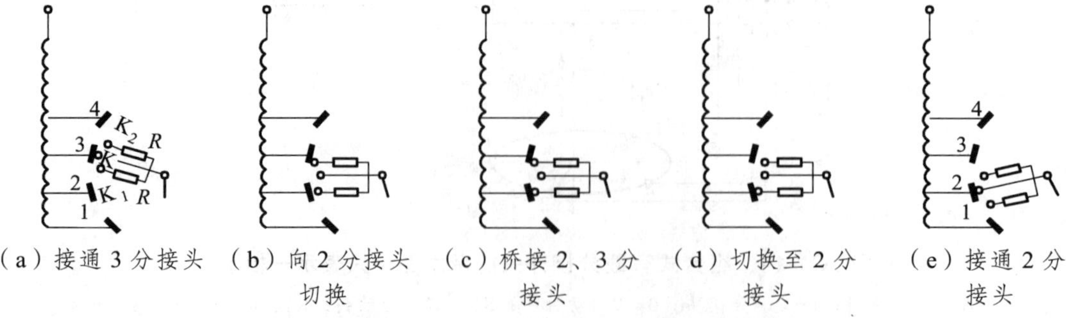

图 LC1-17　选择开关切换分接的工作程序

7. 变压器附件

变电器附件由套管、储油柜、防爆装置、冷却装置、气体继电器、净油器、油位计、油温测量装置及吸湿器等组成。

1）套 管

套管是绕组引出线从油箱内引致油箱外的绝缘支撑元件，使引线对地绝缘，并起到固定引线的作用。变压器常用的套管类型有瓷绝缘套管、充油式套管和电容式套管三种形式。充油式套管由于外形尺寸大，技术落后，已被淘汰。

油瓷绝缘套管主要用于 35 kV 及以下的电压等级，按其结构分为对夹式、导杆式和穿缆式三种，如图 LC1-18 所示。按使用场所要求又分为普通型和加强型两种。不同电压等级，其基本结构都是相同的，只是瓷套的瓷裙个数有所差别，电压高的裙数多。在套管最下部的一个磁裙与固定台之间喷涂金属，以降低电场强度，防止放电。

电容式套管以绝缘烧制的电容芯子作主绝缘，由于其性能优良，外形尺寸小，质量轻，因此在 110 kV 及以上高压出线中广泛使用。电容型套管分胶纸电容式和油纸电容式两种（见图 LC1-19）。

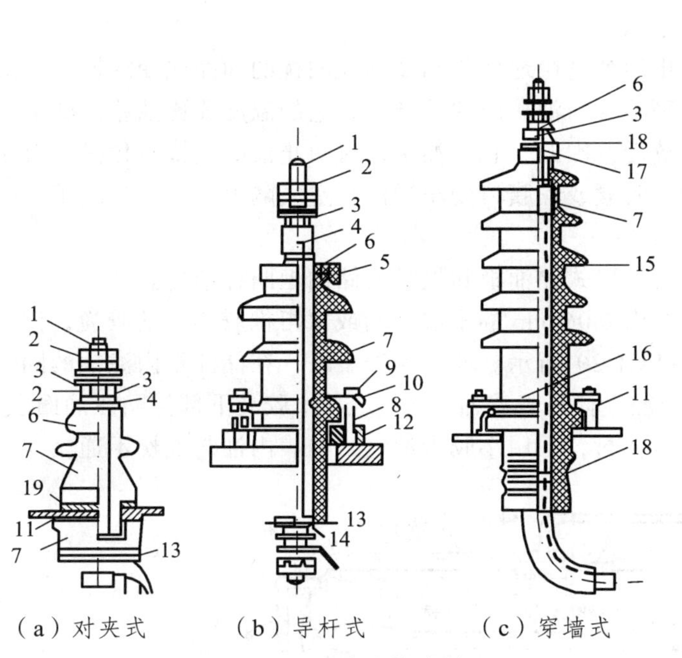

（a）对夹式 （b）导杆式 （c）穿墙式

图 LC1-18 瓷绝缘套管

1—导电杆；2、9—螺帽；3—垫圈；4—钢杆；5—衬垫；6—瓷盖；7—瓷伞；8—螺杆；10—夹持法兰；11—压圈；12—钢板；13—绝缘垫圈；14—铜垫圈；15—电缆；16—卡圈；17—放气塞；18—罩；19—密封垫圈

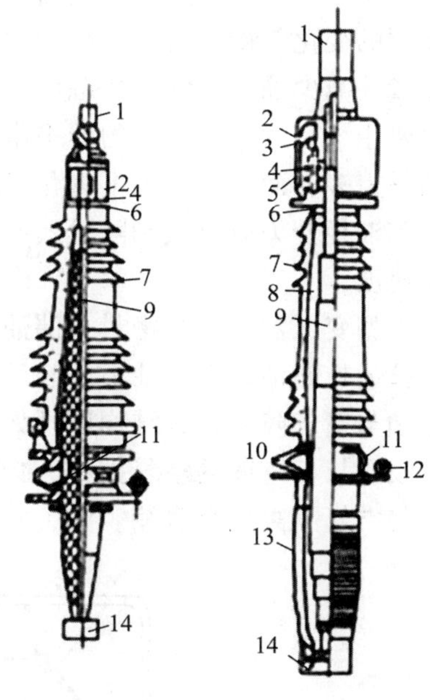

（a）油纸电容式 （b）胶纸电容式

图 LC1-19 电容式套管

1—接线端子；2—均压罩式；3—压圈；4—导管及弹簧；5—储油柜；6—密封垫圈；7—上瓷套；8—绝缘油；9—电容芯子；10—接地套管；11—取油样塞子；12—中间法兰；13—下瓷套；14—均压球

胶纸电容式套管的电容芯子由 0.05 ~ 0.07 mm 厚的电缆纸上单面涂酚醛树脂或环氧树脂

后与铝箔一起加温加压交错卷制在导电铜管上，经加热固化、外表加工和浸漆处理，再配上储油柜、上瓷套、安装法兰、尾部均压球、接线端子等，充以绝缘油构成。胶纸电容芯子有很高的电气绝缘性能，可直接用于干燥清洁的室内。

纸电容式套管的电容芯纸厚度为 0.08 ~ 0.12 mm，经真空干燥处理，除去内部空气和水分，并用变压器油浸渍，因而成为具有耐电强度较高的油纸复合绝缘。套管的瓷套仅起着外部绝缘及保护内部绝缘不受外界大气侵蚀的作用。为了确保套管的密封，油纸电容式套管具有上、下瓷套，用强力弹簧通过导管将上下瓷套压紧，连接处用耐油橡皮圈密封。套管内绝缘油与变压器本体油和大气隔绝，具有防潮能力强、绝缘强度高、油质稳定、体积小、重量轻、安装方便等特点。套管的储油柜为全密封式的结构，避免了大气的侵蚀，为避免温度增高时油体积膨胀而造成套管内压力过大，在储油柜上部留有一定的空间，起缓冲作用。

2）储油柜

储油柜又称油枕，是一种油保护装置，安装于变压器油箱上部，用弯曲联管与变压器油箱连接，其容积一般为总油量的 10%左右。储油柜主要有以下两个作用：

（1）变压器在运行中由于油温变化（降低）或长期渗漏油使油位下降，严重时会使铁心和绕组露在空气中，这样影响器身的散热和绝缘。油枕的作用就是用储存的备用油，及时调节油位的变化，确保可靠散热和器身绝缘水平。

（2）减少油和空气的接触面，防止油被过快地氧化和受潮。油枕的油面比变压器油箱的油面要小，另外，油枕里的油平常几乎不参与油箱内油的循环，它的温度要比油箱内的上层油温低得多，而油在低温下氧化过程较慢，因此，有了油枕，对防止油的过快氧化是很有用的。储油柜分为胶囊式和隔膜式两种，胶囊或隔膜将变压器油与空气隔离，大大减缓了油的老化速度。

大型变压器常用的密封式储油柜有胶囊式储油柜和隔膜式储油柜两种结构。

胶囊式储油柜在储油柜内装设一个由 0.06 mm 的多层丁腈或氯酊橡胶制成的胶囊，使变压器油与空气隔离，其结构原理如图 LC1-20 所示。变压器安装时，在储油柜内注油的同时应将胶囊与柜壁间的空气排尽，胶囊内腔气体经吸湿器与大气连通，胶囊下部浮贴在油面上，使油与空气隔离并可胀缩。为了实现全密封，采用小胶囊油表，油表内油与油枕不通。

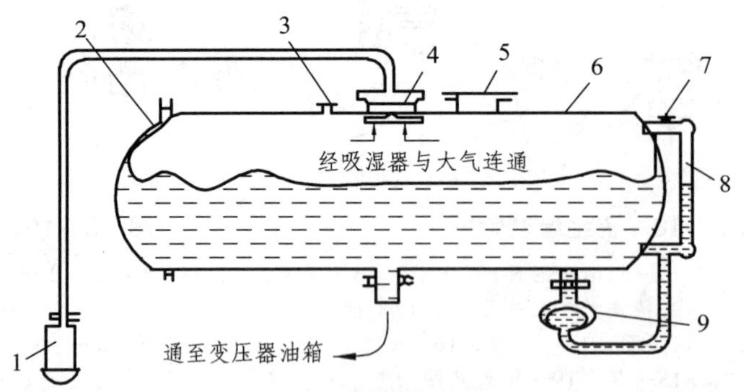

图 LC1-20　胶囊式储油柜结构图

1—吸湿器；2—胶囊；3—放气塞；4—胶囊压板；5—安装手孔；6—储油柜本体；7—油位计注油及呼吸塞；8—油位计（与储油柜不连通）；9—油位计胶囊（将油位计内油与储油柜内油隔离）

隔膜式储油柜由两个半圆壳组成，两半圆壳之间压装着一个半圆式耐油尼龙橡胶隔膜，隔膜周边固定在柜沿上，隔膜浮在油面上，将油面与空气隔开。在隔膜上安有连杆，随着油面的升降而浮动，并由连杆操作油位计。隔膜式储油柜的结构如图 LC1-21 所示。

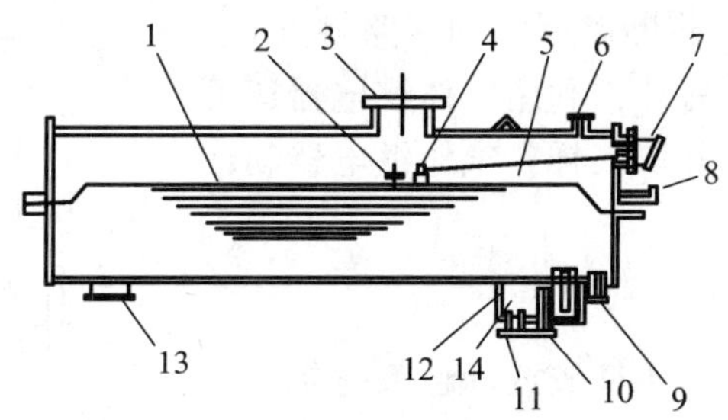

图 LC1-21 隔膜式储油柜结构图

1—隔膜；2—放气嘴；3—观察孔；4—支架；5—连杆；6—接吸湿器管接头；7—油位计；8—防水塞；9—加油管接头；10—放气管接头；11—气体继电器管接头；12—集气室；13—集气盒油位计；14—集污盒

3）防爆装置

防爆装置安装在电力变压器的油箱盖上，当变压器内部发生故障时，油箱内部产生的高压力使防爆装置释放，从而保护了变压器。

采用防爆管作为释放压力的保护装置，当变压器内部发生故障时，其内部压力迅速增加，当压力达到一定值时，防爆膜被冲破，将油分解出的气体及时排出，避免器身及外壳的变形。

采用压力释放阀作为释放压力的保护装置，当变压器内部发生故障时，变压器油大量汽化，油箱内压力急剧上升。当压力达到释放阀的开启压力时，膜盘被顶开，将油气压力释放，同时机械信号杆被顶出，表示事故。当接有电气信号，则锁板带动动合触点，接通跳闸或信号回路。当油箱压力降到关闭压力时，膜盘在弹簧的压力下恢复原位，防止变压器油外溢。机械信号杆要手动按下复位，并推动复位把手将电气信号触点复位。

压力释放阀与防爆管相比，具有开启压力误差小、延迟时间短、控制精度高，且能重复动作使用等优点，故得到普遍推广应用。

4）冷却装置

散热器、潜油泵、风扇等都是冷却装置。散热器可以分为自冷、风冷式散热器、强油循环风冷却器、强油水冷却器等。自冷式散热器是靠热油经散热器自然对流冷却，由于片式散热器的散热效率最高，被大量采用。在油冷却循环系统中加入潜油泵，可提高油流循环速度，增加散热效果。散热器通风用风扇装置由三相鼠笼式电动机和风扇组成，每个散热器上一般装设两只风扇。

5）气体继电器

气体继电器又称瓦斯继电器，装设于变压器油箱与油枕之间的连管上，是变压器的主要保护设施，它可以反映变压器内部的各种故障及异常运行情况，如油面降低，空气进入本体。

气体继电器上的箭头方向应指向油枕，并要求有 1%～1.5%的安装坡度，以保证变压器内部的气体能顺利地流向气体继电器。继电器外壳上镶有带刻度的玻璃，用以指示其中充入气体的数量（cm^3）。当变压器内部出现轻微故障时，则因油分解而产生的气体聚积于继电器上部，当气体总量达到 250～300 cm^3 时，开口杯 1 下沉，继电器内轻瓦斯触点接通（接通信号回路的触点 a、b），发出报警信号，如果是变压器内部故障严重，出现强烈的油气流，冲动继电器内挡板（浮杯 2），使重瓦斯触点闭合，将断路器跳闸回路触点 c、d 接通，切断变压器电源。另外，利用气体继电器还可以观察气体的颜色及数量，并取气样。气体继电器动作原理如图 LC1-22 所示。

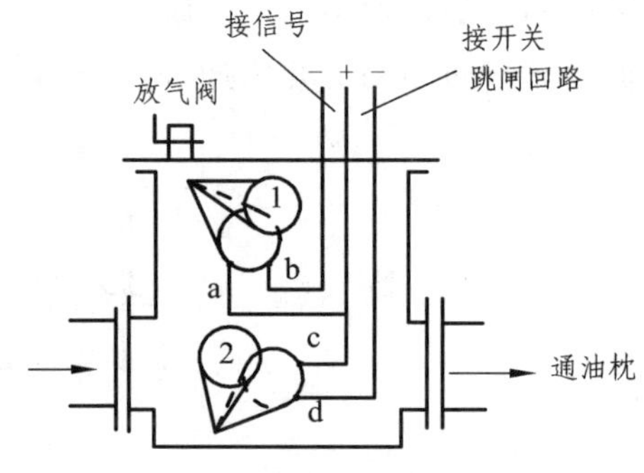

图 LC1-22 气体继电器结构原理图

1—开口杯；2—浮杯

6）净油器

净油器是一个充满吸附剂（硅胶或活性氧化铝）的容器，它安装在变压器油箱的侧壁或强油冷却器的下部。油流经净油器时，油中的水分、杂质、游离酸、氧化物等被吸附剂吸收，使油维持清洁，延长变压器油的使用寿命。

7）油位计

油位计又称为油表或油标，用来监视变压器的油位变化。油位计上标出相当于温度为 –30 °C、+20 °C 和+40 °C 的三个油面线标志。常用的油位计有板式、管式、磁力式。

板式油位计结构简单，不易损坏，但油位标志不明显，在侧面无法观察油位，因此适用于小型电力变压器的储油柜上和充油套管的储油柜上，目前已逐步淘汰，其结构如图 LC1-23 所示。

管式油位计用于胶囊密封式储油柜，其结构如图 LC1-24 所示。玻璃管 7 内放一只红色浮球 6，从它浮在管内的位置，可以观察出油面的高度。玻璃管 7 系用上下压盖 5、8 紧固在上下油表座 4、11 之间，利用螺栓将下座固定在储油柜端盖上。向外旋出螺纹塞子 10，即可堵塞油位表和储油柜之间的通路，更换玻璃管。其优点是结构简单，油面直观清晰，缺点是玻璃管易损坏，且管内的油受日光直射，易老化。

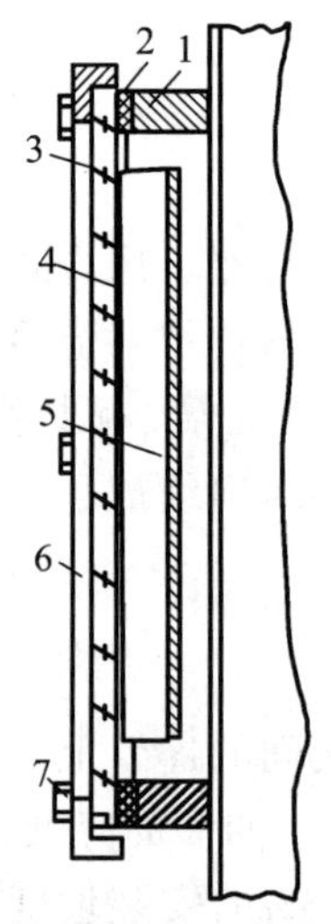

图 LC1-23 板式油位计结构图

1—法兰；2—密封垫圈；3—衬垫；4—玻璃板；5—反光镜；6—外罩（压盖）；7—螺栓

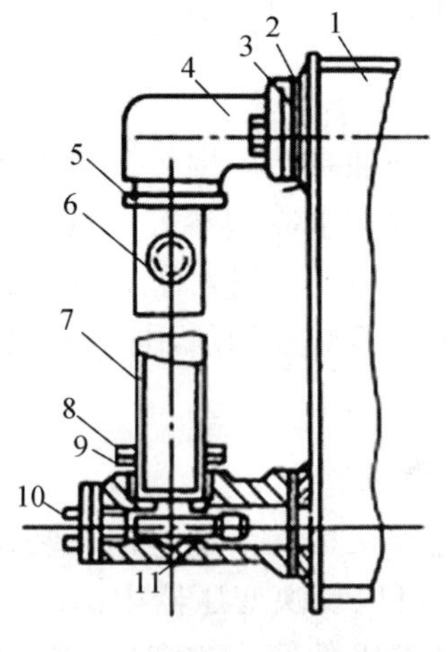

图 LC1-24 管式油位计结构图

1—储油柜；2—法兰；3—胶垫；4—上油表座；5—压盖；6—红色浮球；7—玻璃管；8—压盖；9—胶垫；10—螺纹塞子；11—下油表座

磁力式油位计用于隔膜式储油柜，当储油柜内的油位升高或降低时，隔膜随之升降，通过连杆带动油位计齿轮和伞齿轮，使与齿轮同轴的主动磁钢转动，并依靠磁力作用，带动从动磁钢相应转动，从而使与从动磁钢同轴的指针在表盘上指示出油位来。

8）油温测量装置

温度计用于监视变压器的上层油温，小型变压器可用水银温度计直接插入温度计管座里进行测温监视，大中型电力变压器应装设信号温度计及远方测温装置。

压力式信号温度计的结构，如图 LC1-25 所示。带电气触点的温度计表盘 10 和测温管 3 之间用金属软管 2 连接。测温管插在油箱顶盖上的一个注有变压器油的开口管座内。测温管内的温包经紫铜毛细管连接到表盘内的单圈弹簧管 12，其内充以蒸发液（如氯甲烷、乙醚、丙酮等），蒸发液的压力跟着油温变化而变化，通过毛细管传递使弹簧管变形带动指针偏转，指示出相应的温度数值。当达到设定值，将启动冷却装置或接通报警回路。

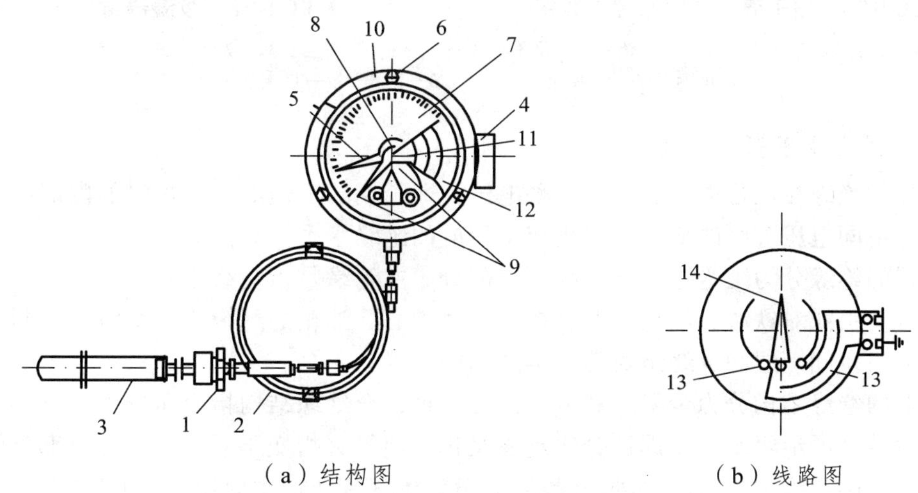

（a）结构图　　（b）线路图

图 LC1-25　压力式信号温度计结构图

1—管接头；金属软管；3—测温管；4—接线盒；5—指针；6—固定孔；7—外壳；8—调节孔；9—上下限触点指针；10—表盘；11—齿轮传动机构；12—弹簧管；13—下限触点；14—动触点

电阻温度计用作远距离测温用，它由测温电阻和表头两部分组成，其原理接线图见图 LC1-26。表头内部是电桥电路，测温电阻 2 通过电缆连接到电桥电路的一臂，其电阻值随着油温的变化而变化，电桥平衡同时受到影响，于是表头部分即显示相应的油温值。显示方式有指针式和数字式两种。

9）吸湿器

吸湿器又称呼吸器，如图 LC1-27 所示，通常与储油柜配合使用，内部充有吸附剂（硅胶或活性氧化铝），下部带有盛油器，用以过滤、清除空气中的杂质和水分。当硅胶由蓝色变为淡红色时，表明吸附剂已经受潮，必须更换或干燥。

初次使用时，必须拧下下罩 8，拆除密封圈（运输、储存时用），按下罩 8 上油面线注入变压器油后，再将下罩拧上，并检查玻璃筒两端密封良好后即可投入使用。

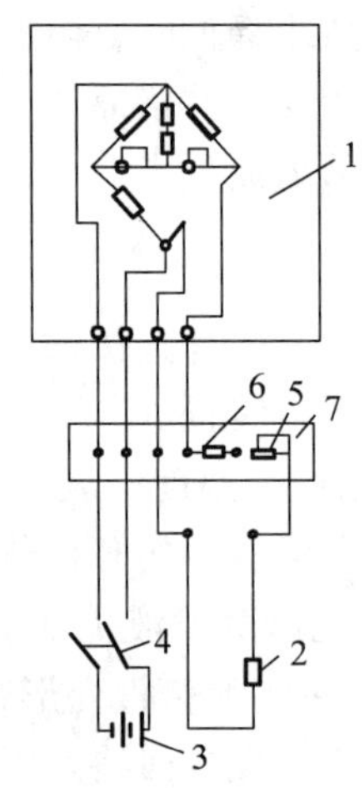

图 LC1-26　电子温度计的原理接线图

1—测温计；2—测温电阻；3—蓄电池；4—开关；5—校正电阻；6—平衡电阻；7—接线板

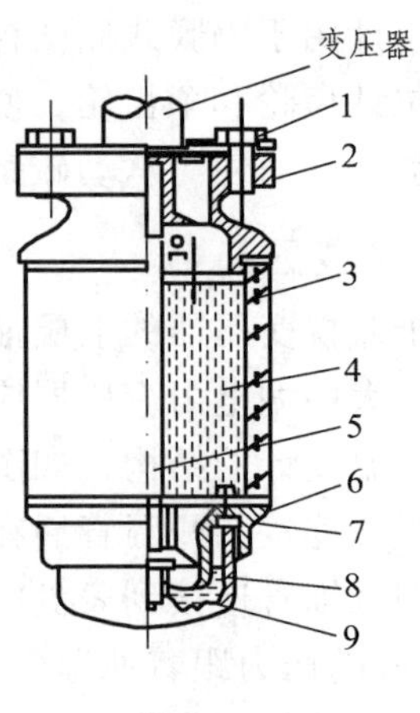

图 LC1-27　吸湿器结构

1—螺栓；2—法兰；3—玻璃筒；4—吸附剂；5—螺杆；6—下座；7—密封圈；8—下罩；9—变压器油

10）油浸式变压器绝缘结构

变压器的绝缘在运行中应能承受三种电压，即长期的工作电压，短时的内部过电压和外部过电压。不同电压等级的变压器都规定了相应的绝缘水平。

变压器的绝缘分为主绝缘和从绝缘两大部分。主绝缘是指绕组之间，绕组对铁心、油箱等接地部分，引线对铁心、油箱以及分接开关对铁心、油箱的绝缘。从绝缘是指同一电压等级的一个绕组匝间、层间、绕组对静电屏之间的绝缘。

变压器的绝缘结构分为全绝缘和分级绝缘两种，全绝缘结构指变压器中性点部分的绝缘水平与绕组端部的绝缘水平相同；分级绝缘又称半绝缘，指变压器绕组中性点部分的绝缘水平比绕组端部的绝缘水平低的一种绝缘结构。分级绝缘变压器主要用于 110 kV 及以上中性点直接接地系统中。

二、环氧树脂浇注干式变压器（简称“干变”）

早期的干变都是浸渍式的，由于所用绝缘材料价格昂贵，加之防潮性能很差，因而它的绝缘水平较油变要低得多，故障率也较高，价格也较贵，从而影响它的广泛使用。应当认为是形势的发展迫使人们去研究更新型的干式变压器。从 1964 年德国 AEG 公司研制出第一台 400 kVA、20 kV 的环氧浇注式干变起，干式变压器的发展就进入了一个新的阶段。在此后的第二年，德国 TU 公司又研制出了第一代 B 级绝缘的环氧浇注式干变，以后环氧浇注干变不断有新的发展，生产出许多新类型的产品，迄今在世界上环氧浇注式干变已成为干式变压器的主流型式。尤其是到了 20 世纪 70 年代末期，由于考虑对环境的影响，在法律上禁止了聚氯联苯（PCBS）这种液体绝缘介质的使用，从而给发展环氧浇注干变提供了契机。在 70 年代后期，美国也不断发展并改进了采用 NOMEX 纸作为绝缘材料的浸渍式 H 级干变。迄今为止，世界上的干式变压器主要是这两大类型。

环氧树脂作为一种早就广泛应用的化工原料，不仅是一种难燃、阻燃的材料，且具有优越的电气性能，后来逐渐为电工制造业所采用。自从环氧浇注式干变出现后，这项技术在欧洲发展得很快，并不断推出各种新的专利制造技术，这些技术也不断推向世界。由于我国的干变制造技术主要是从德国等欧洲国家引进的，所以迄今全国生产的干式变压器中，绝大多数都是环氧浇注式。这里应当强调的是：由于环氧树脂相比空气和变压器油来说具有很高的绝缘强度，加之浇注成型后又具有机械强度高以及优越的防潮、防尘性能，所以特别适合于制造干式变压器。目前，从全面的技术经济性来看，世界上公认的环氧浇注式干变的最高电压为 35 kV（个别产品曾达 66/77 kV），最大容量为 20 MVA。

1. 优　点

环氧树脂浇注式干式变压器具有油浸式变压器无法比拟的优点。

（1）绝缘强度高：浇注用环氧树脂具有 18 ~ 22 kV/mm 的绝缘击穿场强，且与电压等级相同的油浸式变压器具有大致相同的雷电冲击强度。

（2）抗短路能力强：由于树脂的材料特性，加之绕组是整体浇注，经加热固化成型后成为一个刚体，所以机械强度很高，经突发短路试验证明，浇注式变压器因短路而损坏的极少。

（3）防灾性能突出：环氧树脂难燃、阻燃并能自行熄灭，不致引发爆炸等二次火灾。

（4）环境性能优越：环氧树脂是化学上极其稳定的一种材料，即使在大气污秽等恶劣环境下也能可靠运行。可以在恶劣的环境下运行是环氧浇注式干变较浸渍式干变的突出优点之一。

（5）维护工作量很小：由于有了完善的温控、温显系统，目前环氧浇注式干变的日常运行维护工作量很小，从而可以大大减轻运行人员的负担，并降低运行费用。

（6）运行损耗低，运行效率高，噪声低。

（7）体积小、重量轻，安装调试方便。

（8）不需吊心检修，节约占地面积，相应节省土建投资。

缺点是树脂绝缘缺陷和损伤的不可恢复性和不可修复性，一般在制作过程中产生缺陷，在运行过程中会产生损伤。

2. 环氧树脂浇注式干式变压器的绝缘构成

1）固体绝缘

环氧树脂浇注式干式变压器的固体绝缘由浇注树脂加树脂浸渍材料（如玻璃纤维、薄膜等）组成。主要有绕组内部绝缘（如匝绝缘）、分段层式绕组的段间绝缘以及绕组和引线间的绝缘等部分，都采用固体绝缘。固体绝缘最严重的缺陷是在浇注件中出现空穴或运行中出现开裂而引起局部放电，从而引起绝缘的长期老化以致击穿。

2）复合绝缘

主要有高、低压绕组间的绝缘、高压绕组对铁心的绝缘（对地绝缘）以及高压绕组间的绝缘（相间绝缘）等部分的复合绝缘。

3）沿面绝缘

沿面绝缘指浇注绕组表面的端子之间，以及浇注绕组与支持绝缘间的表面之间的绝缘。

沿面绝缘的主要问题是沿面放电，这时表面的污秽以及吸潮对其都有较大的影响。

3. 常用干式变压器——SC（B）型

1）制　造

SC（B）型环氧浇注干式变压器，其高压绕组外层以网格玻璃纤维在高真空状态下浇注环氧树脂，经固化后形成一密封的整体。绕组具有很好的电气和机械性能。在短路和温度冷热变化情况下，由于网格纤维的作用免除绕组开裂之忧，并可防止化学物质腐蚀，不易受潮。低压绕组由铜箔绕制，层间采用F级半固化绝缘材料，绕组外层用玻璃纤维增强树脂包封。经固化后，形成一坚实的刚体，铜箔绕组与高压绕组安匝平衡处于最佳状态，大大降低了轴向短路电动力，增强其抗短路能力。

2）结　构

高压绕组直接绕在低压绕组上，导线采用H级绝缘漆包铜线（极限温度可达180 °C）。高压绕组层间以及外层均采用浸润树脂的玻璃纤维丝缠绕，直接与交叉束绕有机结合，经固化后，绕组整体十分坚固，径向、轴向的机械强度都十分高，抗短路能力强，高低温度下冲击稳定性极佳，防止热膨胀系数差异而造成开裂。高压绕组按散热需要设置单个或多个外轴向冷却气道。

3）材　料

其铁心采用晶粒取向优质硅钢片叠装成阶梯状，具有极佳的空间利用率和较低的空载损耗值。心柱与轭接缝45°交接使磁通方向与晶粒取向一致。铁轭不冲孔，消除了螺杆与铁轭相通而引起铁心多点接地的危险。在绕组与上、下铁心夹件之间设置缓冲弹性垫块，以降低变压器的噪声。

4）用　途

城市轨道供电系统中广泛使用该型号变压器作为配电变压器。干式配电变压器一次侧电压通常为10 kV或35 kV；二次侧电压通常为0.4/0.23 kV。为了保证用户端电压的稳定，可对一次侧电压进行适度调整。配电变压器是向配电网直接供电的，力求深入负荷中心，分散配置（如跟随所）既能缩小低压供电的半径，减少低压电缆的用量及低压网络的线损，又大大提高了供电的安全可靠性。

三、整流变压器

1. 整流变压器的结构

轨道交通供电系统一般选用的是干式变压器。24脉波牵引供电系统中常见的变压器型号为ZQSC-2500/35和ZQSC-2000/35两种整流牵引用变压器，均为双绕组双分裂形式，网侧线圈采取延边三角形连接，阀侧线圈为一角一星，2台双绕组双分裂变压器与2组整流器柜组成等效24脉波整流，变压器的短路阻抗为8%，网侧两组高压线圈用树脂浇注在一起，在外部并联，联结组别Dd0Dy11。一台双绕组双分裂变压器由铁心、两个独立的高压网侧线圈及两个独立的低压阀侧线圈组成。如图LC1-28所示。

1）铁 心

铁心采用45°全斜接缝结构，铁心柱与铁轭接缝处采用5级步进单片叠积结构，可改善接缝处的磁场分布。如图LC1-29所示。铁心柱自动叠积成型，有效减小铁心片的毛刺高度、保证铁心片的几何尺寸精度。采用槽钢夹件，夹件刚度高，铁心外观好，有很好的机械强度。上下铁轭采用四根穿芯螺杆固定，加紧力均匀，变压器线圈套装完成后与铁心成为一个整体，结构稳定性好。变压器铁心表面涂刷具有防锈、防潮、防止铁心表面结露功能的环氧树脂基涂料；金属构件及全部标准紧固件均进行表面防锈处理。

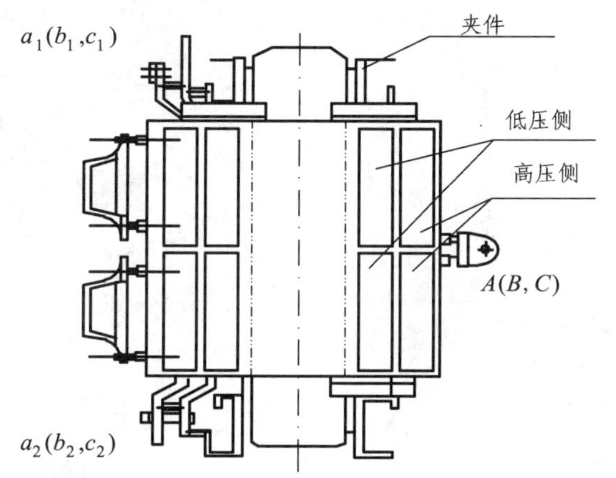

图LC1-28 整流变压器的结构

图LC1-29 整流变压器铁心结构

2）高压线圈

高压线圈环氧树脂浇注采用静态混料技术，绕制完的高压线圈经过预热后转入环氧树脂真空浇注设备的浇注舱中进行真空干燥以除去绝缘材料中的水分和气体。环氧树脂、固化剂等化工材料分别独立地进行真空脱气处理。计算机控制软件按照工艺要求设定的配比、重量和速度，将各种材料通过计量泵压入静态混料器，充分混合后注入带模具的线圈中，最后将浇注完毕的线圈加温固化。如图LC1-30所示。

3）低压线圈

变压器低压线圈采用箔绕树脂封端结构，并以予浸环氧树脂F级绝缘的DMD复合箔作为层间绝缘。如图LC1-31所示。热固化后完全成为一个刚体，有利于高、低压线圈之间磁势平衡，提高变压器的动稳定性；可以有效地减小低压阀侧线圈中的涡流损耗。

图LC1-30 整流变压器高压线圈

图LC1-31 整流变压器低压线圈

2. 整流变压器的移相

在保证 1#整流变压器和 2#整流变压器具有相同的基本结构基础上，要实现等效 24 脉波整流，就必须使两台整流变压器的低压输出之间移相 15°角，经过分析，我们在高压侧采用延边三角形移相方法。为了十二相整流系统并联的平衡运行，就必须保证其具有相同的电气参数。为此两台整流变压器在基本连接组别 Dd0y11 的基础上，分别移相+7.5°和 – 7.5°角，达到两台整流变压器输出低压移相 15°角的目的，又保证了几何尺寸和参数的对称。

图 LC1-32 是延边三角形移相$\beta=\pm 7.5°$的连接图和相量图。

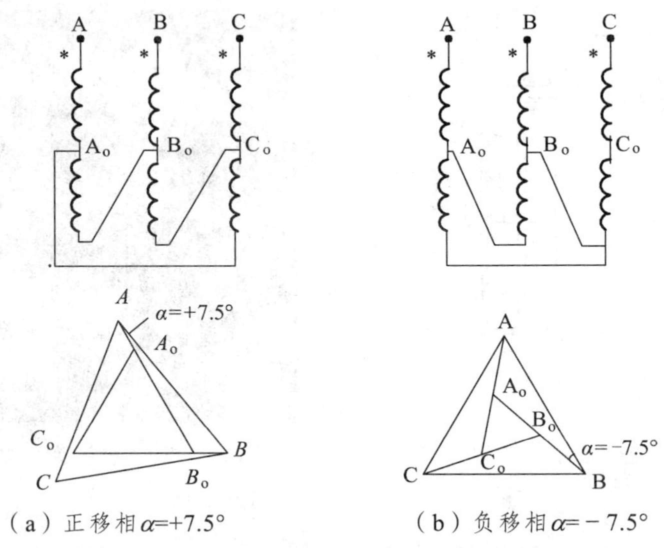

（a）正移相α=+7.5°　（b）负移相α= – 7.5°

图 LC1-32 移相绕组接线原理图与相量图

3. 整流变压器的分接头

高压网侧线圈由主线圈和移相线圈组成，风道内侧为移相线圈，外侧为主线圈。主线圈抽头、出头均在低压阀侧出线面，移相线圈出头及分接头在高压网侧进线面。

35 kV 整流变压器设置了五挡分接头，高压侧电压在 35（1 ± 2 × 2.5%）kV 范围内调整，分接头为无载调压，通过调整绕组上的分接连接片实现调压。出厂时设定为额定分接，当低压输出电压偏高时，将分接片向上调（匝数增加），电压将下降；当低压输出电压偏低时，将分接片向下调（匝数减少），电压将上升。由于整流变压器为四绕组变压器，在调整分接头时，必须同时调整两组高压绕组相对应的分接头，以保证两个低压绕组的输出线电压一致。

一台变压器的所有分接在变压器运行前应检查是否在同一位置，如果不在同一位置，必须进行调整，否则可能影响移相角的准确性，从而影响整流后直流波形的质量。

四、接地变压器

接地变压器三相绕组通常接成曲折形。它的结构与一般三相干式变压器相似，但只有一个绕组，每一铁心柱上绕组分成两半，然后把每一相绕组的一半与另一相绕组的下一半串联，组成曲折接线的一相，将 U、V、W 引出来作为出线，将 X、Y、Z 连在一起作为中性点。

1）绕组端子

接地变压器绕组用 U-X、V-Y、W-Z 作线端标号，U、V、W 为绕组的首端，X、Y、Z 为绕组的末端。绕组的端头通过 6 支出线套管接到外面，三个绕组末端 X、Y、Z 引出的目的是为了做绕组的相间绝缘试验。

2）原　理

接地变压器的特性是在电网正常运行时有很高的励磁阻抗，绕组中只流过较小的励磁电流或因中性点电压偏移引起的持续电流（此值一般较小）。当系统发生单相接地故障时，接地变压器绕组对正序、负序都呈现高阻抗，而对零序电流则呈低阻抗，这一零序电流经过接地变压器中性点电阻或消弧线圈起到减小电网的接地电流和抑制过电压发生的作用。为此，该接地变压器的结构就必须采用曲折形的绕组连接法，并在中性线处引出中性点套管，以加装接地电阻，其连接图如图 LC1-33 所示。

接地变压器由 6 个绕组组成，每一铁心柱上有 2 个绕组，然后反极性串联成曲折形的星形绕组。即 A_1 绕组的末端与 B_2 绕组的末端相连，同样，B_1 绕组末端与 C_2 绕组末端，C_1 绕组末端与 A_2 绕组末端相连，然后 A_2、B_2、C_2 的首端相连则形成曲折变压器的中性点 O。图 LC1-34 表示各绕组间的相量关系。

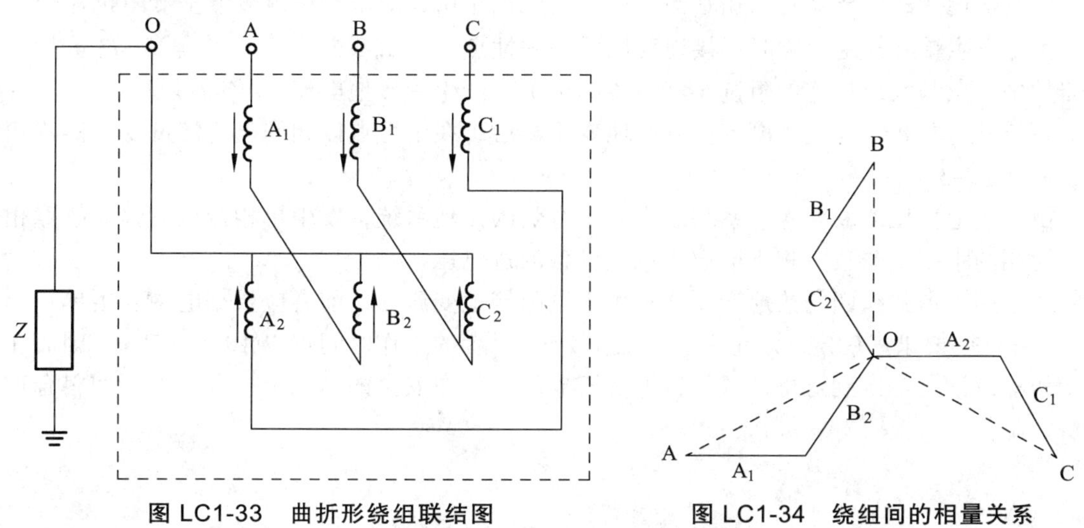

图 LC1-33　曲折形绕组联结图　　图 LC1-34　绕组间的相量关系

从相量关系可见，如果绕组 A、B、C 间的线电压为 35 kV，则其相电压符合星形绕组连接法应为 35 kV/$\sqrt{3}$=20.2 kV。而每一绕组的电压就不应为 20.2 kV/2，因为每相绕组中的两个绕组的夹角是 120°，故每个绕组的电压应是 20.2 kV/$\sqrt{3}$。如果曲折形连接的变压器通过三相平衡负荷，不考虑漏磁不平衡等因素，它流通的电流仅是本绕组励磁电流，中性点无电流流过，因而它对于正序和负序电流显示出高阻抗作用。而当单相接地时中性点出现电流，该绕组会出现极小的阻抗，因为每一铁心柱上的两个绕组反极性串联，它们在每一铁心柱上产生的磁通相互抵消，对接地电流没有阻抗。所以系统发生单相接地故障时，继电保护系统能够较灵敏检测出故障电流。

图 LC1-35 是曲折形连接的变压器接到系统中的接线图。假设系统 A 相对地发生故障，其接地电流 I_{jd} 通过曲折变的接地阻抗 Z，进入曲折变的中性点 O。由于该变三绕组通过的电流是流过相等的低阻抗通路，故三相绕组流过的 I_0 都相等，也即 $I_{jd}=3I_0$。由于电源为不接地系统，B 相和 C 相的电流 I_0 流进三相 D 连接的电源侧，再由 A 相电源侧流出 $2I_0$，经过系统的 X 点，与 A 相的 I_0 汇合，通过 X 点流出的 $3I_0$ 与故障接地形成闭合回路。

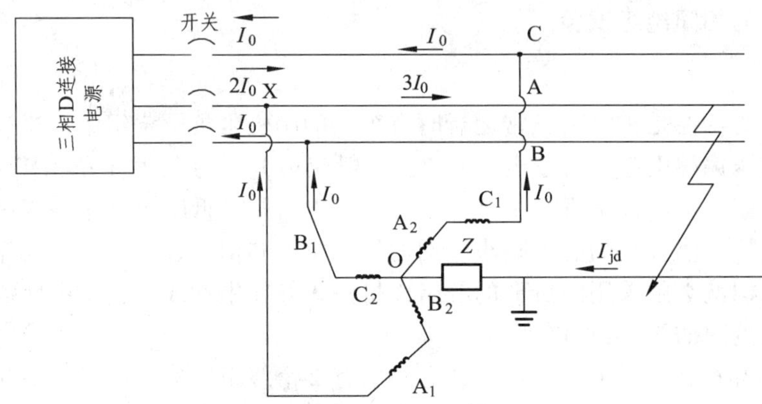

图 LC1-35　曲折形变压器接到系统中的接线图

从上述分析可知：

曲折形连接的变压器对三相平衡负荷呈高阻抗作用，对单相接地故障呈低阻抗作用。

系统发生单相接地故障时，接地变压器的中性点电位由零电位升到 $U_O=U/\sqrt{3}$。接地变压器的中性点与大地相连的阻抗（电阻线电抗）会产生一接地电流 $I_{jd}=U_O/Z$。

系统发生单相接地故障电流流过接地变压器后，在中性点以相同电流流过变压器各相绕组，亦即 $I_{jd}=3I_0$。

由于接地变压器的介入，系统成为一个有效的接地系统，发生单相接地后，非故障相保持相对相的水平，非故障相不会产生危及设备的过电压。

对于用于消弧线圈的接地变压器和用于电阻接地变压器，前者应根据电网发生单相接地运行 2 h 这一要求来确定，即允许连续工作 2 h，后者的工作时间仅以 10 s 来考虑，因而在接地变压器设计上应区别对待，以使接地变压器的设计在安全的基础上，尽量做到用料合理和经济，降低造价。

子模块 LC2　GIS 气体绝缘开关设备

一、GIS 概述

GIS 将一座变电所中除变压器以外的所有一次设备优化设计成一个有机组合的整体，一般为积木式结构。总体而言，它由断路器（CB）、隔离开关（DS）、接地开关（ES）、电压互感器（TV）、电流互感器（TA）、避雷器（LA）、母线（BUS）和套管（BSG）八大部件组成。

1. GIS 特点

（1）结构小型化。采用性能卓越的气体作绝缘和灭弧介质，大幅度缩小变电所的容积，实现变电所的小型化。

（2）可靠性高。带电部分全部密封于惰性气体 SF_6 中，与盐雾、积尘、积雪等外部影响隔离，大大提高了运行的可靠性。此外还具有优良的抗震能力。

（3）安全性好。带电部分密封于接地的金属壳内，因而无触电危险；SF_6 气体为惰性气体，所以无火灾危险。

（4）杜绝了对外部的不利影响。因带电部分全封闭在金属壳体内，对电磁和静电实现屏蔽，不会产生噪声和无线电干扰等问题。

（5）安装周期短：由于结构小型化，可以在制造厂实现整机装配，试验合格后，以单元或整个间隔的形式运达现场，因此可以缩短现场安装的工期。

（6）维护方便，检修周期长。因结构布置合理，灭弧系统先进，延长了检修周期，提高了产品的使用寿命。又由于其结构的小型化，安装位置距地面近，使维护更方便。

2. GIS 组合电器缺点

（1）GIS 组合电器前期投资较大，比分散式元件投资多 30%～40%。

（2）GIS 组合电器一旦发生故障，后果要比普通敞开式变电所设备严重得多，这是因为元件密集度高，一个元件的故障可能使整套设备失效或损毁。而且，GIS 的检修所需的时间也要比常规设备长得多。

3. GIS 整体结构

ELK-04 型 110 kV GIS 标准间隔的结构如图 LC2-1 所示。35 kV GIS 开关柜构造如图 LC2-2 所示。

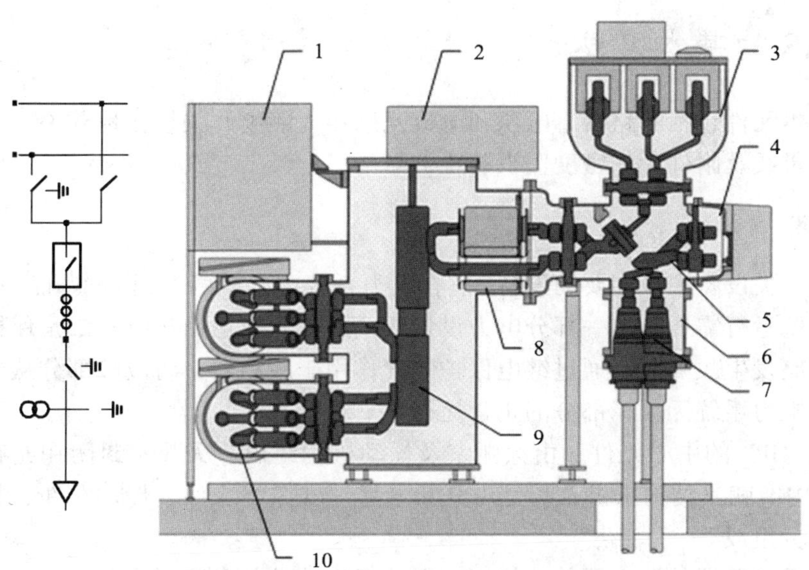

图 LC2-1　110 kV GIS 开关柜构造图

1—就地控制柜；2—断路器操作机构；3—电压互感器；4—快速接地开关；5—线路隔离/接地组合开关；6—电缆终端筒；7—电缆终端头；8—电流互感器；9—灭弧室；10—母线隔离/接地组合开关

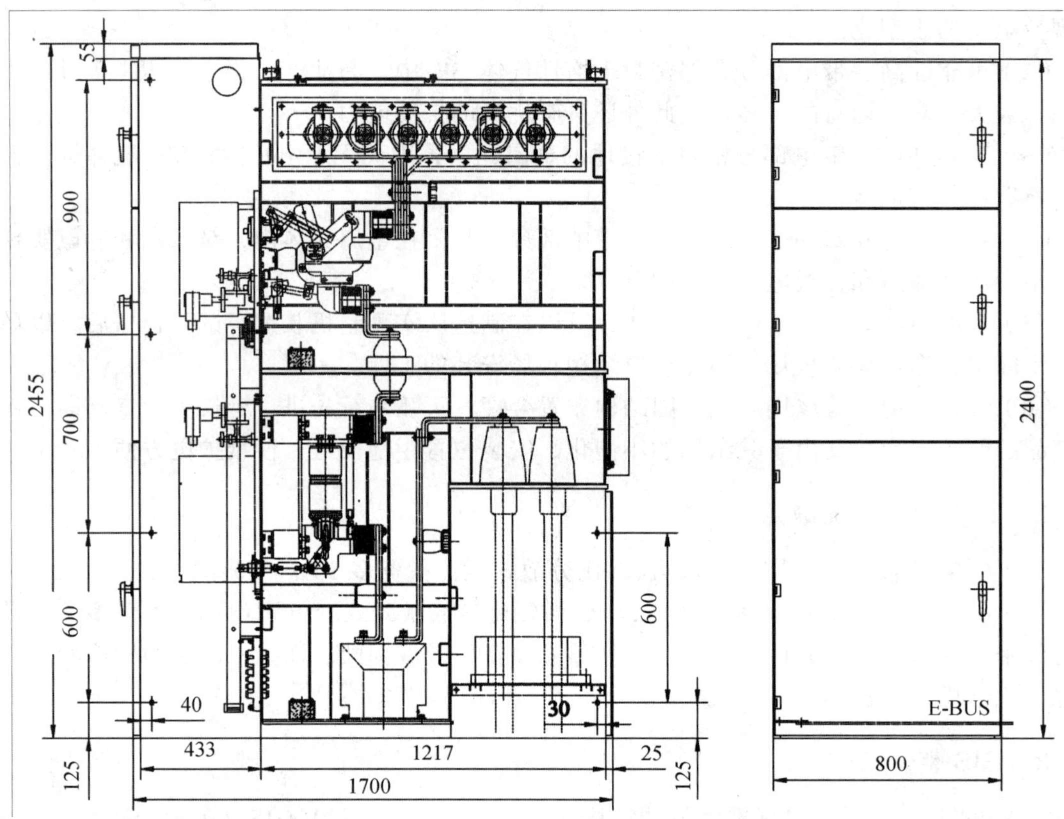

图 LC2-2　35 kV GIS 开关柜构造图

二、GIS 的基本组成

GIS 的基本元件包括断路器、电压和电流互感器、隔离开关、接地开关、避雷器、套管（电缆终端）、母线及附件（如密度监视装置）等。

1. 断路器

断路器是开关设备中最主要的设备。它在电力系统中起着两方面的作用：一是控制作用，即根据电力系统运行需要，将一部分电力设备或线路投入或退出运行；二是保护作用，即在电力设备或线路发生故障时，通过继电保护装置作用于断路器，将故障部分从电力系统中迅速切除，保证电力系统无故障部分的正常运行。

断路器是 GIS 的中心元件，由灭弧室及操动机构组成。灭弧室封闭在充有一定压力的 SF_6 气体壳体内。就其结构来讲，都是由开断元件、支撑绝缘件、传动元件、基座及操动机构五个基本部分组成。

开断元件是断路器的核心元件，控制、保护等方面的任务都需由它来完成。其他组成部分都是配合开断元件，为完成上述任务而设置的。

（1）开断元件是断路器进行关、合开断电路的执行元件，包括触头、导电部分及灭弧室等，通常由支撑绝缘件支撑。

（2）支撑绝缘件的作用是把处于高电位的开断元件与地电位部件在电气上隔绝，承受断路器的操作力与各种外力。支撑绝缘件通常指断路器的瓷柱、瓷套及其他固体绝缘件等部件。

（3）传动元件是将操作指令及操作力传递给开断元件的触头和其他部件的中间环节。它可由各种连杆、齿轮、拐臂、液压或空气管道等组成。

（4）基座是整台断路器的基础，一般指断路器的底座或底架。

（5）操动机构向开断元件的分、合操作提供能量，并实现各种规定顺序的操作。操动机构包括合闸机构、维持机构和分闸机构三个部件。断路器的操动机构常用的有电磁式、弹簧式、手动操动机构和液压操动机构等。

2. 断路器的灭弧原理

1）电弧的形成

当断路器断开电路时，在触头的分离过程中，一方面由于动、静触头间的接触压力和接触面积的不断下降，接触电阻迅速增大，所以接触处的温度将急剧升高；另一方面在触头初分瞬间，由于触头间的距离很小，所以其间电场强度很高。作为阴极的触头在高温和强电场的作用下，将发生热电子发射（电极的高温而使金属内的自由电子从金属表面逸出）和强电场发射（电场力的作用把金属中的自由电子从阴极表面拉出）。由阴极发射出的电子在电场力的作用下，逐渐加速运动，迅速奔向阳极。在高速运动的电子奔向阳极的过程中，不断与气体分子碰撞，当积累足够大的动能时，可使中性分子分离成自由电子和正离子，这一过程称为碰撞游离。新产生的电子将和原有的电子一起以极高的速度向阳极运动，当它们和其他中性气体分子相碰撞时，再次发生碰撞游离，由此连续不断的碰撞游离，触头之间的电子和正离子使触头之间的导电性能大大增加，电路中的电流也就愈来愈大，最后形成了电弧。

电弧的形成过程实际上是个连续的过程。最初由阴极借强电场和热电子发射提供起始自由电子，然后，由碰撞游离而导致介质击穿，产生电弧，最后靠热游离来维持。

2）断路器的灭弧

电弧燃烧过程中总是同时存在游离与去游离两种现象。灭弧就是设法控制电弧的电导率，使电导率有很大的变化范围和尽快的变化速度，促使电弧通道中的去游离作用增强，电导率降低。当电导率趋近于零时，电弧就将失去导电性而熄灭。断路器的灭弧正是利用电弧的游离和去游离的矛盾，加速去游离的进行，减弱热游离过程。在电弧电流过零后，一方面，灭弧介质使电弧冷却，迅速降低弧隙电导率与增强去游离，从而加速介质绝缘强度的恢复；另一方面，加在弧隙上的电力系统电压也在不断上升，企图增加弧隙电导率重新点燃电弧。当断路器弧隙中的介质绝缘强度大于电网恢复电压时，电弧才能熄灭。

3. 断路器的类型

断路器按灭弧介质进行分类，可分为油断路器、压缩空气断路器、真空断路器、SF_6断路器四种类型。目前，城市轨道交通供电系统变电所内广泛采用真空断路器和SF_6断路器。

利用真空介质的高绝缘强度来熄灭电弧的断路器，称为真空断路器。断路器触头在真空中不易氧化，具有寿命长，行程短，体积小等特点。

采用具有优良灭弧性能和绝缘性能的SF_6气体作为灭弧介质的断路器，称为SF_6断路器。

SF_6断路器具有开断能力强，断口电压较小，允许连续开断次数多，适于频繁操作，具有噪声小、无火灾危险等特点。

1）真空断路器

真空灭弧室是真空断路器的核心元件，具有开断、导电和绝缘等方面的功能。灭弧室主要组成部分如图 LC2-3 所示，基本元件有外壳、波纹管、动静触头和屏蔽罩等元件。

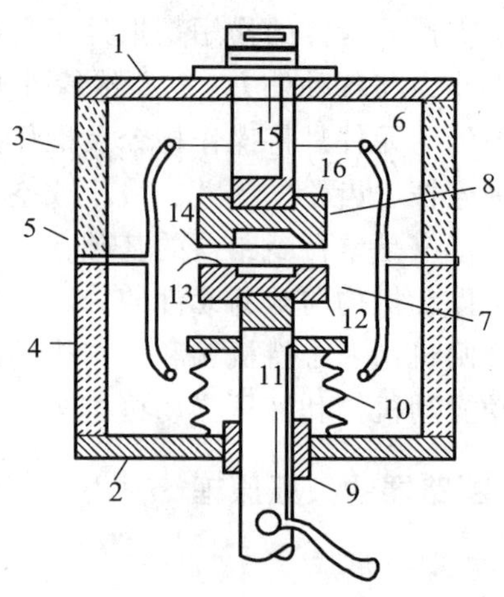

图 LC2-3 真空灭弧室基本结构图

1、2—灭弧室金属盖；3、4—灭弧室外壳；5—中间封接环状金属部件；6—金属屏蔽罩；7—动触头；8—静触头；9—导向管；10—金属波纹管；11—动触头导电杆；12—动触头金属基座；13、14—动静触头铜铬合金表层；15—静触头导电杆；16—静触头金属基座

真空灭弧室外壳能承受真空造成的压力，可用玻璃或套瓷制成。在真空灭弧室内装有一对动、静触头，既是关合时的通流元件，又是开断时的灭弧元件，其几何造型和金属元素成分随制造厂各不相同。铜铬合金的触头材料主要用于高电压，触头形状有横向磁场触头和纵向磁场触头。动端用波纹管密封，波纹管使动触头有一定的活动范围，而不使灭弧室内真空空间压强发生变化，它是灭弧室中最容易损坏的部件，决定了真空灭弧室的机械寿命，一般采用不锈钢制作。触头周围是屏蔽罩，在燃弧期间可冷凝吸附大量金属蒸汽和金属液滴，均匀电场分布，加速弧后间隙绝缘强度的恢复速度，提高灭弧室的开断能力，可防止触头间隙燃弧的生成物污损外壳，以保护外壳内表面绝缘。灭弧室不能拆开或换触头，有故障时只能全部更换。分合闸时通过动触杆运动，拉长或压缩波纹管而不破坏灭弧室内真空的装置。图 LC2-4 为真空断路器的典型结构图。

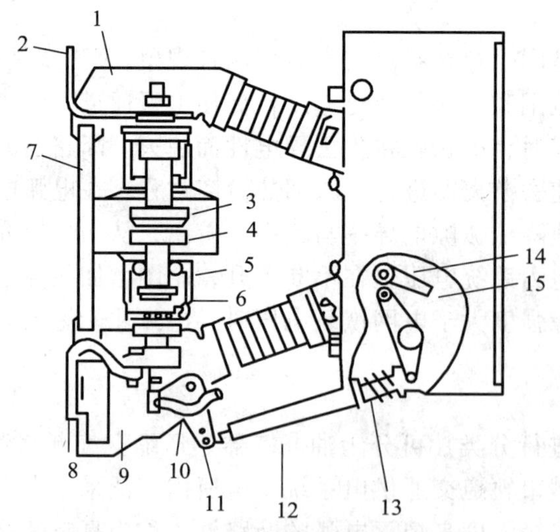

图 LC2-4 真空断路器的典型结构图

1—上支架；2—上接线端；3—静触头；4—动触头；5—灭弧室外壳；6—波纹管；7—绝缘杆；8—下接线端；9—下支架；10—导向杆；11—角杠丁；12—绝缘拉杆；13—触头弹簧；14—释放棘爪；15—合闸位置

真空断路器具有绝缘性能好、灭弧能力强、使用寿命长、结构简单、体积小、重量轻、噪声低、无污染、维修间隔时间长、维护方便等优点。同时也有不足之处，比如在满容量开段短路电流后，其冲击电压强度普遍存在下降趋势，在运行中对其真空尚无完善的检测手段，价格较贵，参数较低等。

（1）真空断路器的灭弧原理。

当断路器触头带电分断时，触头局部区域的温度随着接触电阻的增大很快上升到触头材料的熔点。随着触头的继续运动，该局部熔化的金属被拉成很细的液态桥。随着触头的进一步分离，金属桥截面变细，短路电流产生的热量使金属桥发生爆炸式汽化，产生大量的金属蒸汽、金属离子、炽热的金属液滴等，在间隙电场作用下，在很短的时间内燃弧，并且由电极本身蒸发的金属蒸汽维持，因此，只要使电极间和触头周围金属蒸汽的密度降到一定程度，真空电弧自然熄灭。

真空电弧的形态对灭弧至关重要，分扩散型和集聚型两种。电弧电流较小时，阴极上只存在一个称为阴极斑点的强烈发光点，并发射电子，产生金属蒸汽，电流密度很大，温度可达到金属沸点。当电流逐渐增大，斑点开始分裂，阴极斑点增多，并在阴极表面不停地运动，处于不断熄灭、产生和分裂的动态过程中，真空电弧由其燃烧而成。这种不断向四周扩散的真空电弧称为扩散型真空电弧。当阴极斑点移动后，熔化的金属在微秒数量级时间内就会凝固。在交流电流过零时，由于电子与金属原子碰撞形成的电弧极间的等离子体密度迅速降低，使触头间隙的介质强度迅速提高，电弧被开断。

当真空电弧电流超过一定极限（10 kA 左右）时，阳极表面严重过热，成为能量密集的阳极斑点，则原来扩散型的弧柱变成了集聚型的弧柱。电流过零时，残余等离子体向四周扩散，但其电极表面大面积的熔区在熄弧后数毫秒内仍向间隙输送大量金属蒸汽，集聚型真空电弧几乎不可能开断。

横向磁场触头结构和纵向磁场触头结构是目前比较普遍使用的两类触头的结构，具有较高的开断能力。

横向磁场触头的原理是利用电流流过触头本身产生横向磁场驱使集聚型电弧运动，避免触头表面局部过热，抑制或推迟阳极斑点的产生，这对提高开断能力有明显效果。横向磁场的触头有螺旋槽触头和杯状触头两类，如图 LC2-5 所示。

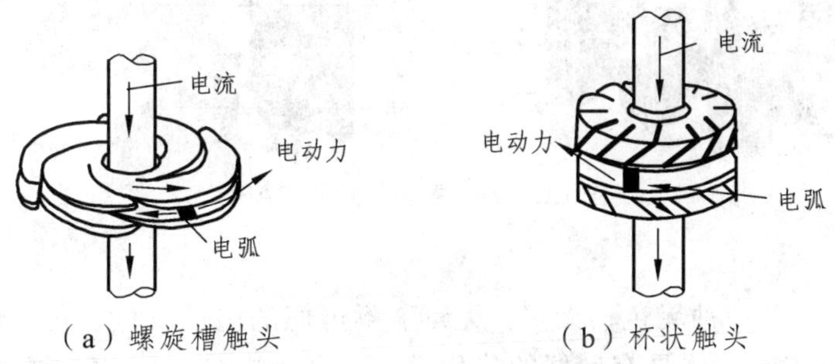

图 LC2-5　横向磁场的触头

纵向磁场触头是较新型的结构型式，触头结构如图 LC2-6 所示。线圈为轮状，有四个轮辐，中心与导电杆连接，阴影突起部分与盘形触头固定。盘形触头上八条槽用来减少涡流，保证交流电流过零时，纵向磁场强度同时为零。在分断短路电流时，电流经导电杆进入线圈的中心部分，然后分成四路经轮辐流向轮缘，再由突起部分流入盘形触头，经触头间的电弧进入上触头。电弧间隙中的纵向磁场由上下两个线圈共同产生，纵向磁场强度与电弧电流成正比。纵向磁场触头具有开断容量大、截流水平低、截流过电压小等优点，从而得到越来越广泛的使用。

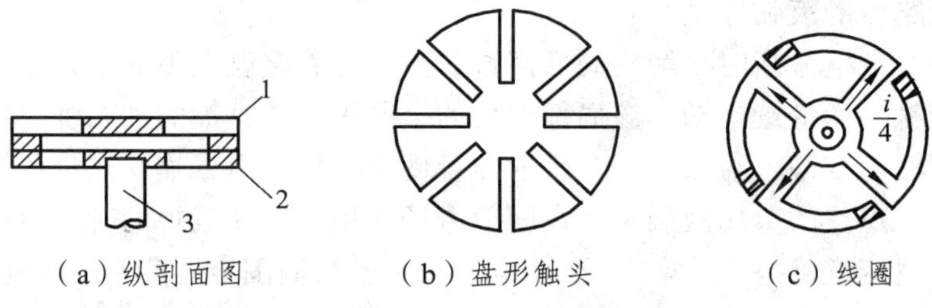

图 LC2-6　纵向磁场触头

1—盘形触头；2—线圈；3—导电杆

（2）常见断路器设备——西门子 3AF 型真空断路器。

3AF 型真空断路器由机械外壳（60）、带真空断路器（30）的三个开关极（19）、树脂浇注支撑绝缘子（16.1、16.2）、支柱（28）和操作杆（48）组成，如图 LC2-7 所示。机械外壳用可移动盖板（60.1）封装。机械室内部装有操作和控制元件，每个开关极都由两个绝缘子支撑，绝缘子分别用螺栓固定在横梁（14）和开关极板上。开关极由带有上出线端（27）的上部支撑（20）、真空断路器、带有下出线端（29）的下部支撑（40）、带有活动连接器（29.1）的夹钳以及角形杆组成。带有操作杆的接触压力弹簧（49）由玻璃纤维和环氧树脂制成，将操作机构的动作传动给开关极。

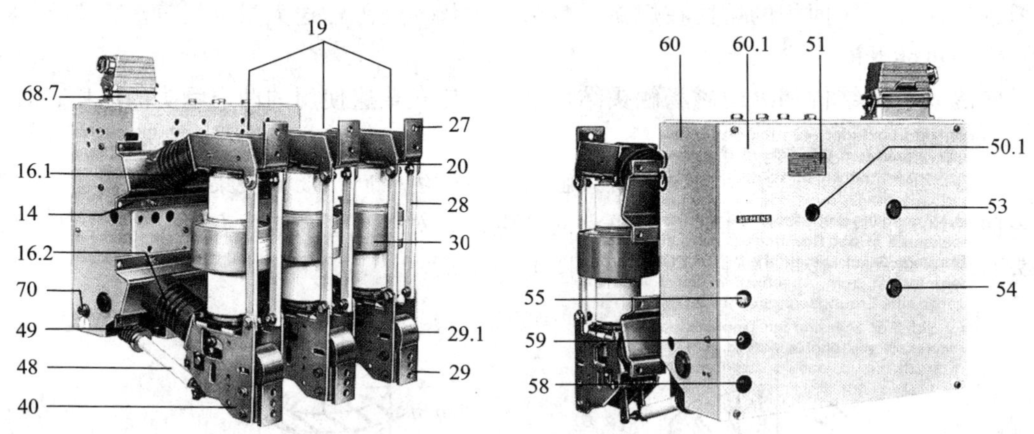

图 LC2-7　真空断路器 3AF

2）SF_6 断路器

六氟化硫（SF_6）是一种无色、无嗅、无毒、不可燃的惰性气体，化学性能稳定，有优良的灭弧和绝缘性能。SF_6 气体具有良好的热化学性与强负电性，因此是很好的灭弧介质。

热化学性是指 SF_6 气体有良好的热传导特性。由于 SF_6 气体导热率较高，弧芯表面具有很高的温度梯度，冷却效果显著，所以电弧直径较细，有利于灭弧。同时，SF_6 在电弧中热游离作用强烈，热分解充分，弧芯存在着大量单体的 S、F 及其离子和电子等，电弧燃烧过程中，电网注入弧隙的能量比空气和油等作灭弧介质的断路器低得多。因此，触头材料烧损较少，电弧比较容易熄灭。

强负电性是指 SF_6 气体分子或原子生成负离子的倾向性强。SF_6 气体和由它分解产生的卤族分子和原子强烈吸附由电弧电离所产生的电子，再与正离子复合还原为中性分子和原子。因此，弧隙电导率很快降低，从而促使电弧熄灭。

纯净的 SF_6 气体是无毒的，但断路器内的 SF_6 气体在开断电流过程中，在高温电弧的作用下使 SF_6 分解，与触头或容器金属化合，生成氟化物，同时 SF_6 气体中有少量的水分与氧气存在，又与之化合，生成多种有毒化合物，对人体有害。

（1）SF_6 断路器的灭弧室。

SF_6 断路器灭弧室从结构上可分为：双压式、压气式、旋弧式、自吹式。双压式 SF_6 断路器结构复杂，目前已被淘汰，下面介绍其他三种结构的灭弧室。

压气式灭弧室是按压气活塞的原理制成单压式。开断时，利用动触杆的活塞运动，将压气缸中的 SF_6 气体压缩，当喷口被打开时，在触头喷口间产生气流吹弧，当分断动作完毕，压力作用即停止，触头间又恢复为正常的气压状态，吹弧能量来自于操动机构。单压式压力较低，结构简单，动作可靠。

旋弧式灭弧室是在静触头附近设置磁吹线圈。开断时，线圈被电弧串入回路，在动静触头间产生磁场，使被开断的电弧围绕触头中心旋转，最终熄灭。旋弧式灭弧室结构简单，触头烧损轻微。

自吹式灭弧室是依靠磁场使电弧旋转或利用电弧阻塞原理，由电弧的能量加热 SF_6 气体，使之压力增高形成气吹，使电弧熄灭。由此可见，高压力气体是依靠电弧本身能量加热气体而产生，开断电流愈大，压力升高愈大，吹弧效果愈好，电弧熄灭也愈容易。但是这种灭弧室由于在开段小电流时电弧能量小，因此必须与压气式灭弧室结合使用。

（2）常见的断路器设备——HB12 型 SF_6 断路器。

该断路器的整体结构如图 LC2-8 所示，为自能型灭弧。

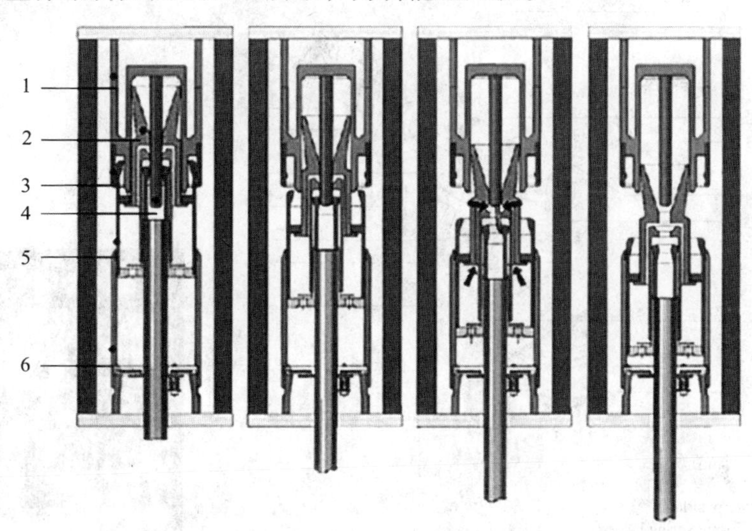

图 LC2-8　自能型灭弧室

1—静触头支座；2—灭弧喷口；3—主触头；4—弧触头；5—接触气缸；6—压气缸

灭弧室是永久性密封的，三极柱置于基座上，弹簧操动机构通过拐臂、绝缘拉杆使动触头导电管做上下运动。分闸操作时，动触头导电管向下运动，电弧由引弧接触指转移到引弧环上，磁吹线圈自动接入，电弧在径向磁场作用下轴向旋转，加热周围的 SF_6 气体，压力升高，高压力的 SF_6 气体通过动触头导电管的内腔排出，使电弧冷却而熄灭。为了提高小电流时的灭弧性能，HB 型断路器上设有辅助压力活塞，它随导电杆一起向下移动，压气室的气体经导电杆内腔向外喷出使电弧熄灭。

该断路器的操动机构是 KHB 型弹簧操动机构。由一组螺旋形压力弹簧组装而成，所储存的能量足以进行一次“合一分”操作，所释放的能量通过差动轮系传到驱动杆上，使该轴朝一个方向转动，固定在驱动轴上的凸轮将运动传给断路器。弹簧操动机构有手动和电动两种储能方式。如图 LC2-9、图 LC2-10 所示。

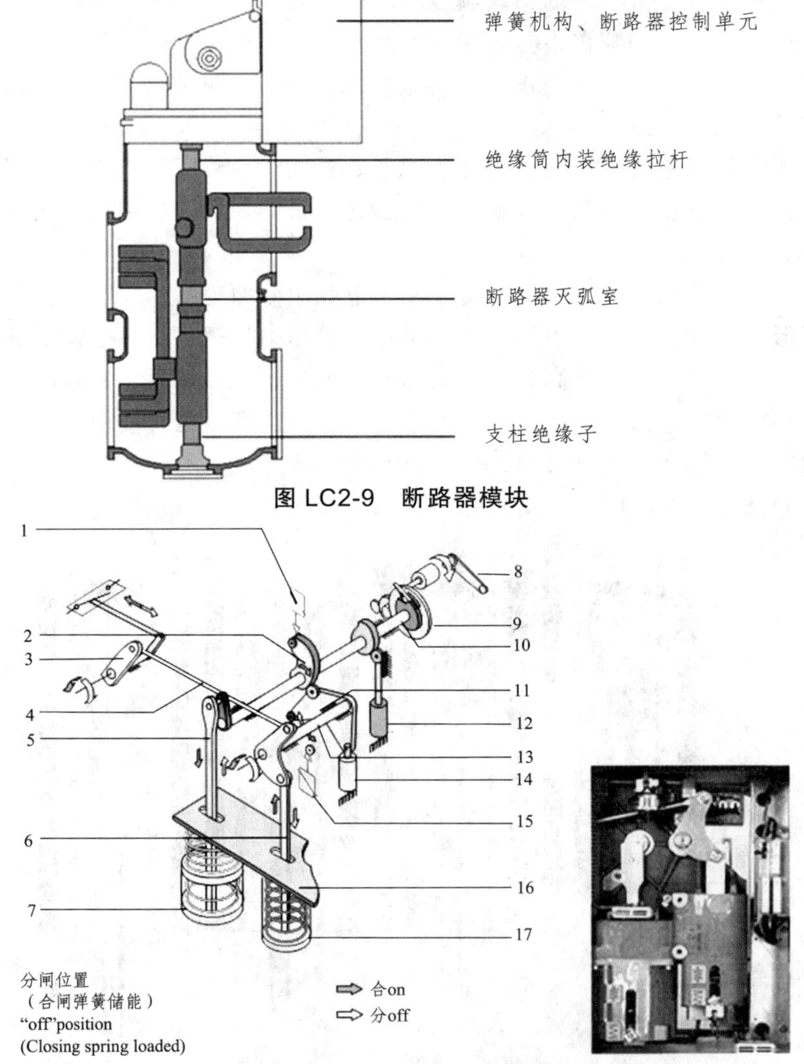

图 LC2-9 断路器模块

图 LC2-10 弹簧储能机构

1—合闸脱扣；2—凸轮；3—连杆；4—操作杆；5—合闸弹簧连杆；6—分闸弹簧连杆；7—合闸弹簧；8—手动储能柄；9—储能机构；10—储能轴；11—曲柄；12—合闸缓冲器；13—转轴；14—分闸缓冲器；15—分闸脱扣；16—操作机构箱体；17—分闸弹簧

4. 电流互感器

电流互感器是一种电流变换装置，用来将大电流变换成小电流，二次侧一般为 5 A 或 1 A。其工作原理与变压器相同，它的一次绕组匝数很少，串接在线路中。如图 LC2-11 所示。一次电流 I_1 经电磁感应变为二次绕组较小的电流 I_2，二次绕组匝数很多，与仪表及继电器电流线圈相串联。由于电流互感器二次回路的负荷阻抗很小，所以正常工作时二次侧接近于短路状态。

电流互感器在理想情况下，一次电流 I_1 与二次电流 I_2 之比等于匝数比的倒数，即 $I_1/I_2 = N_2/N_1$。但电流互感器在实际变流过程中，励磁的损耗会引起测量误差，即变比误差和相角误差。变比误差是指实测的二次电流乘以额定变比后与实测一次电流的差值，通常以一次电流的百分数表示。相角误差是指实测的一次电流和倒相 180°后的二次电流间的夹角，通常以分表示。

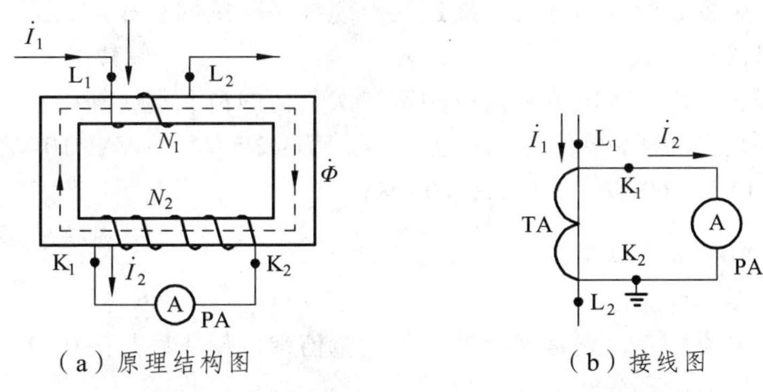

（a）原理结构图　　（b）接线图

图 LC2-11　电流互感器的原理图和接线图

1）分　类

按安装地点可分为户内式、户外式和装入式。

按绝缘方式可分为干式、浇注式、油浸式、充气式。

按安装方式可分为穿墙式和支持式。

按匝数可分为单匝和多匝式。

2）型号含义

电流互感器的型号含义如表 LC2-1 所示。

表 LC2-1　电流互感器型号含义

序号	含　义
第一个字母	L—电流互感器
第二个字母	A—穿墙式；Y—低压式；R—装入式；C—瓷箱式；B—支持式；F—贯穿复匝式 D—贯穿单匝式；J—接地保护；Q—线圈式；M—母线式；Z—支柱式
第三个字母	C—瓷绝缘；Z—浇注绝缘；L—电缆型；G—改进型；K—塑料壳；S—速饱和的
第四个字母	D—差动保护用；B—过流保护用；J—加大容量 Q—加强型；X—适用于配电箱；W—户外用

型号后数字表示产品的设计序号和电压等级。

例如：LDZB7-35 表示保护用贯穿单匝式浇注绝缘电流互感器，额定电压为 35 kV。

3）电流互感器的基本技术参数

（1）额定电流。

额定电流是作为电流互感器性能基准的电流值。额定一次电流的标准值为：10 A、12.5 A、15 A、20 A、30 A、40 A、50 A、60 A、75 A 及它们十进位的倍数或小数。额定二次电流的标准值为 5 A 或 1 A。

（2）额定变比。

额定变比是额定一次电流与额定二次电流之比。由于二次绕组的额定电流规定为 5 A 或 1 A。所以额定变比的大小取决于额定一次电流。

（3）额定一次负荷与实际二次负荷。

额定一次负荷是确定互感器准确等级所依据的一次负荷；实际二次负荷是电流互感器二次线圈所接仪表、装置、继电器等与二次连接电缆线路阻抗的总和。

（4）额定输出伏安。

额定输出伏安在额定二次电流和接有额定二次负荷的情况下，互感器在规定的功率因数下供给二次回路的视在功率，单位为 VA。其标准值为：2.5 VA、5 VA、10 VA、15 VA、20 VA、30 VA、40 VA、50 VA、60 VA、80 VA、100 VA。

4）电流互感器的误差与准确等级

（1）电流互感器的误差。

变比误差又叫电流误差，它是互感器电流测量值乘以变比后与一次电流实际值之间的差值，以一次电流实际值的百分数表示：

$$\Delta I\% = \frac{kI_2 - I_{1N}}{I_{1N}} \times 100\%$$

式中 k——电流互感器的变比；

I_{1N}——电流互感器一次额定电流；

I_2——二次电流实测值。

角误差是指二次电流相量旋转 180°后与一次电流相量之间的夹角δ。规定二次电流相量超前于一次电流相量时为正角差，反之为负角差。正常运行的互感器其 δ 一般都在 2°以下。

电流互感器的误差与下列因素有关：

① 与励磁安匝数（I_0N_1）的大小有关，也就是说与铁心的质量和结构形式有关，铁心质量差时 I_0 增大，误差增大。

② 与一次电流大小有关，在额定范围内一次电流增大，误差减小。

③ 与二次负载阻抗大小有关，阻抗加大，误差加大。

④ 与二次负载感抗有关，当功率因数 $\cos\varphi_2$ 减小时，电流误差增大，而角误差相对减小。

（2）电流互感器的准确等级。

电流互感器的准确等级是指规定的二次负荷范围内，一次电流为额定时的最大误差极限值。我国规定的标准准确级分为 0.1 级、0.2 级、0.5 级、1 级、3 级和 5 级六个等级，特殊使用要求的电流互感器的准确级有 0.2S 和 0.5S 级。

对于 0.1、0.2、0.5 和 1 级四个准确级次，当二次负荷在 25% ~ 100%额定负荷范围内变化时，在额定频率下其电流的误差极限分别为 ± 0.1%、± 0.2%、± 0.5%和 ± 1%，相应的角差

极限值分别为 ± 5°、± 10°、± 30°、± 60°。对于 3 级和 5 级，负荷在 50% ~ 100%范围内变化时，额定频率下电流误差的极限值分别为 ± 3%和 ± 5%，角差不作规定。

（3）保护用电流互感器的 10%误差曲线。

电流互感器的误差与励磁电流 I_0 有着密切的关系，为了保证继电保护装置在短路故障时能正确地动作，对于保护范围内可能出现的短路电流，要求保护用（B 级）电流互感器最大误差极限值不超过 10%。当短路电流增加到一次额定电流的 n 倍时，电流误差达到 10%，此时的一次电流倍数 n 称为 10%倍数。10%倍数越大表示该互感器的过电流性能越好，10%倍数与互感器二次允许最大负荷阻抗的关系曲线就是电流互感器的 10%误差曲线。

5）电流互感器的使用注意事项

（1）电流互感器在接入电路时，必须注意电流互感器的端子符号和极性，一般一次侧电流从 L1 流入，L2 流出时，二次侧从 K1 流出经测量仪表流向 K2，即 L1 与 K1、L2 与 K2 分别为同极性端子。

（2）电流互感器二次侧必须有一端接地，以防止互感器一、二次绕组绝缘击穿时，危及人身和设备安全。

（3）电流互感器二次侧在工作时不得开路。否则一次电流全部被用于励磁，总磁势比正常值增加几十倍，铁心过热并在二次绕组中感应出危险的高电压，其值可达几千伏甚至更高，严重威胁人身和设备的安全。因此，二次回路绝不允许开路，并不允许装熔断器。

5. 电压互感器

电压互感器是电力系统中供给测量仪表和保护装置使用的重要设备，将系统的高电压变成标准的低电压（100 V、$100/\sqrt{3}$ V 或 100/3V）用于给测量仪表和继电器供电。如图 LC2-12 所示。其工作原理与变压器一样，两个相互绝缘的线圈绕在公共的闭合铁心上，一次侧高电压 U_1 经电磁感应后，在二次侧感应出低电压 U_2。在理想情况下，电压互感器的电压比等于匝数比，即 $U_1/U_2=N_1/N_2$。

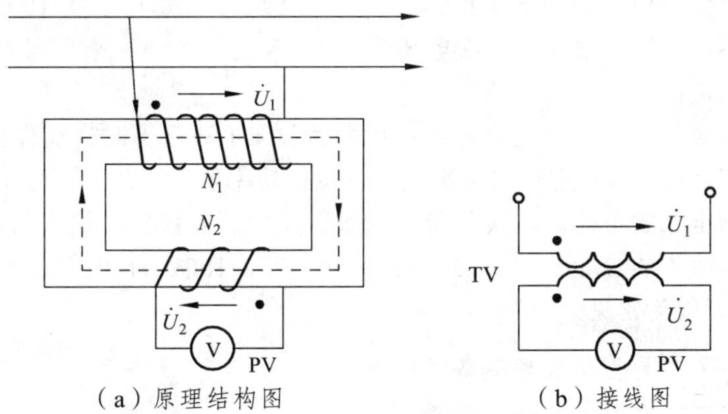

图 LC2-12 电压互感器的原理图和接线图

1）分 类

按工作原理可分为电磁感应式和电容分压式。

按结构形式可分为单相、三相、双绕组、三绕组。

按安装方式可分为户内式、户外式。

按绝缘方式可分为干式、浇注式、油浸式、充气式。油浸式又可分为普通式和串级式。

干式电压互感器结构简单，利于防火，但绝缘强度低，一般用于 3 ~ 10 kV 户内配电装置。浇注式电压互感器结构紧凑，维护方便，适用于 3 ~ 35 kV 户内装置。油浸式电压互感器技术成熟，价格便宜，广泛用于 10 ~ 220 kV 及以上的输变电所。充气式电压互感器技术先进，绝缘强度高，但价格较贵，主要用于 110 kV 及以上系统中。

2）型号含义

电压互感器的型号含义如表 LC2-2 所示。

表 LC2-2　电压互感器型号含义

序号	含　义
第一个字母	J—电压互感器；
第二个字母	C—串级结构；D—单相；S—三相；
第三个字母	C—瓷绝缘；J—油浸绝缘；Z—环氧树脂浇注绝缘；R—电容分压式；
第四个字母	J—有接地保护用辅助线圈；W—三相五线圈；B—有补偿角差的线圈

型号后数字表示产品的设计序号和电压等级。

3）电压互感器的基本技术参数

（1）额定一次电压。

电压互感器的额定一次电压与其连接系统的相关电压一致。三相电压互感器或用于三相系统线间，以及用于单相系统的电压互感器与它们所接系统的标称电压一致。用于三相系统线与地之间的单相电压互感器，额定一次电压为所接系统的相电压。

（2）额定二次电压和第三绕组二次电压。

单相接于线间的电压互感器的额定二次电压为 100 V，接于相对地间的电压互感器的额定二次电压为 $100/\sqrt{3}$ V。

用于中性点直接接地系统的电压互感器，第三绕组的二次电压为 100 V。用于小电流接地系统的电压互感器，第三绕组的二次电压为 100/3 V。

（3）额定二次负荷。

电压互感器的额定二次负荷是指在功率因数为 0.8（滞后）时，能保证二次线圈相应准确级次的基准负荷，又称为额定输出标准值，以视在功率伏安数表示。对于三相电压互感器，标准值为每相的额定二次负荷。二次负荷指二次回路中所有仪器、仪表及连接线的总负荷。

额定输出标准值（VA）有 10*、15、25*、30、75、100*、150、200*、250、300、400、500*，其中有*号者较为常见。

4）电压互感器的误差及准确度等级

（1）电压互感器的变比误差和角误差。

变比误差：电压互感器二次绕组的输出电压 U_2 与变比 k 的乘积和一次电压数值之间的误差称为比值误差。用公式表示：

$$\Delta U\% = \frac{U_2 k - U_{1N}}{U_{1N}} \times 100\%$$

式中 U_{1N} ——电压互感器一次额定电压；

U_2 ——二次电压实测值。

k ——电压互感器的额定电压比。

角差：二次侧电压相量 U_2 旋转 180°与一次侧电压相量 U_1 之间的夹角，用 δ 表示。如果二次侧电压转过后，超前于一次电压，角误差为正，反之为负。

电压互感器的两种误差与下列因素有关：

① 与励磁电流有关，励磁电流增大时，误差也增大。

② 与互感器的电阻、感抗及漏抗有关，阻抗和漏抗增大时误差加大。

③ 与负载和功率因数有关，负载加大，误差也增大；功率因数减小时，角误差明显加大。

④ 与电压波动有关，只有当一次电压在规定的范围内波动时，才能保证不超过准确度规定的允许值。

（2）电压互感器的准确度等级（级次）。

电压互感器供测量用绕组的准确度等级以额定电压和相应准确度等级所规定的额定负荷下最大允许电压误差的百分数来标称。我国电压互感器的标准准确级分为 0.1、0.2、0.5、1、3 五级，其规定条件下的电压误差极限分别为 ± 0.1%、± 0.2%、± 0.5%、± 1%、± 3%，相应的角误差分别为 5°、10°、20°、40°和不规定。

供保护用绕组的标准准确度有 3P 和 6P，其标称数字“3”与“6”表示在 5%~100%额定电压范围内相应准确级次最大允许电压误差的百分数，数字后面的标注 P 代表供保护用。3P 和 6P 相应的角误差为 120°和 240°。

电压互感器的每个准确等级，都规定有相应的二次负荷额定容量，用 VA 表示。不同的准确度等级与相应的额定容量在铭牌上都有标注。当实际二次负荷超过规定的额定容量时，电压互感器的准确度将会降低，所以运行时应注意互感器的二次侧所接总负荷不能超出所需准确度的额定容量。

5）电压互感器使用注意事项

（1）电压互感器在投入运行前要按照规程规定的项目进行试验检查。例如，测极性、连接组别、绝缘测试、核查相序等。

（2）电压互感器的接线应保证其正确性，一次绕组和被测电路并联，二次绕组应和所接的测量仪表、继电保护装置或自动装置的电压线圈并联，同时要注意极性的正确性。

（3）接在电压互感器二次侧负荷的容量应合适，接在电压互感器二次侧的负荷不应超过其额定容量，否则，会使互感器的误差增大，难以达到测量的正确性。

（4）电压互感器二次侧不允许短路。由于电压互感器内阻抗很小，若二次回路短路，会出现很大的电流，将损坏二次设备甚至危及人身安全。电压互感器可以在二次侧装设熔断器以保护其自身不因二次侧短路而损坏。在可能的情况下，一次侧也应装设熔断器以保护高压电网不因互感器高压绕组或引线故障危及一次系统的安全。

（5）为了确保人在接触测量仪表和继电器时的安全，电压互感器二次绕组必须有一点接地。因为接地后，当一次和二次绕组间的绝缘损坏时，可以防止仪表和继电器出现高电压危及人身安全。

6）电压互感器一、二次侧熔断器

在电压互感器一次侧安装熔断器的作用是为了防止高压系统受电压互感器本身或其引线

上故障的影响，以及保护电压互感器本身。装于室内配电装置的高压熔断器，是装有石英填料的，能切断 1 000 MVA 的短路功率。在 110 kV 及以上的配电装置中，电压互感器高压侧不安装熔断器，是由于高压系统灭弧问题较大，高压熔断器制造较困难，价格昂贵，且电压互感器故障机会较少。

电压互感器二次侧安装熔断器是为了保护电压互感器二次侧短路，但在一些情况下，二次侧不安装熔断器。如二次开口三角形的出线一般不装熔断器，这是为了避免接触不良导致发不出接地信号；中性线上不安装熔断器。110 kV 及以上的电压互感器二次侧现一般安装空气小开关而不用熔断器。

二次侧熔断器的熔断时间必须保证在二次回路发生短路时，小于保护装置动作时间。熔断器的容量应满足熔断器额定电流大于最大负荷电流，且取可靠系数为 1.5。

6. 隔离开关

1）隔离开关的用途

隔离开关是用来断开或切换电路的一种开关，没有专门的灭弧装置，所以不能断开负载电流和短路电流。其主要用途是保证电路中检修部分与带电体之间的隔离以及用隔离开关进行电路的切换工作或关合空载电路。在运行中，只有在断路器切断负载电流或短路电流后，才能进行隔离开关的分、合操作。但运行经验证明，隔离开关可以用来开闭电压互感器、避雷器、母线和直接与母线相连设备的电容电流。亦可以开闭励磁电流不超过 2 A 的变压器空载电流和不超过 5 A 的电容电流。

2）隔离开关的结构

以户外式中性点隔离开关为例，户外式隔离开关主要分为底座、支持绝缘子、导电系统和操动系统四个部分。常见的三工位开关如图 LC2-13 所示。

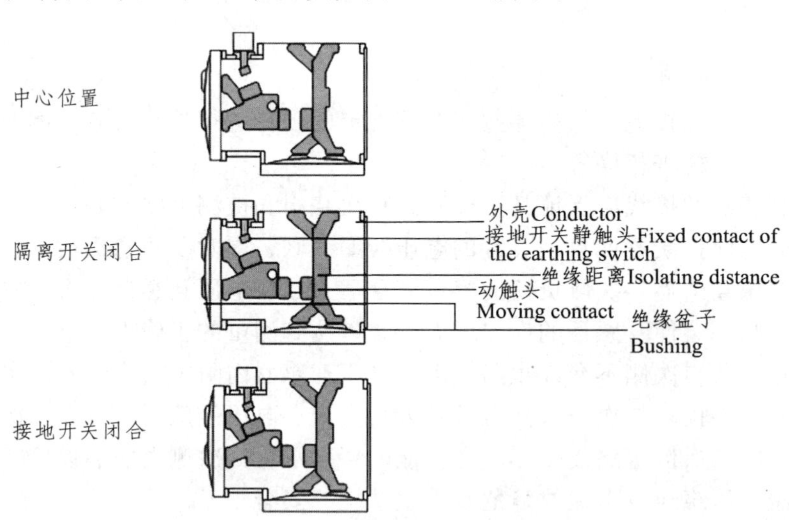

图 LC2-13　110 kV GIS 三工位开关原理图

7. 接地开关

110 kV GIS 接地开关（插入式）原理如图 LC2-14 所示。

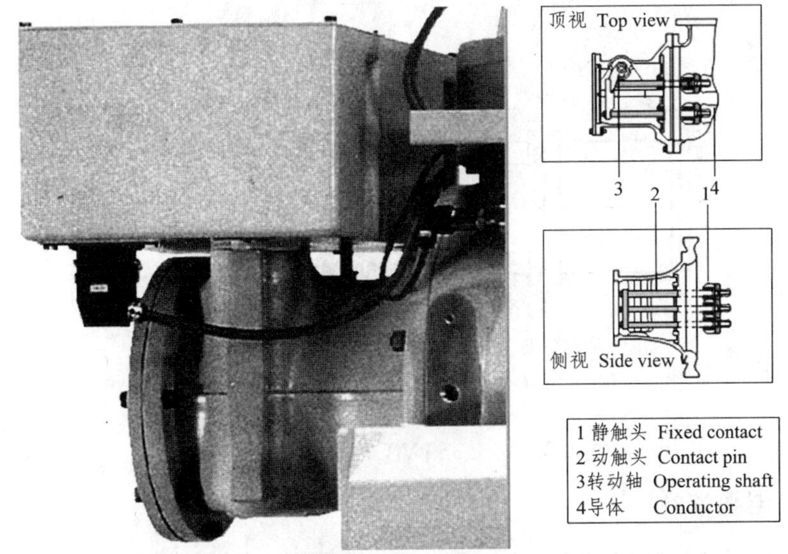

图 LC2-14　110 kV GIS 接地开关（插入式）原理图

8. 避雷器

电气设备在运行中除承受工作电压外，还会遭受过电压的作用，如由雷电引起的雷电过电压、开关操作引起的操作过电压等，其数值远远超过工作电压，容易使设备绝缘损伤，甚至直接导致损坏。因此，必须采取措施来限制过电压。

避雷器是用来限制过电压的一种保护电器，通常连接于被保护设备的导电端与地之间，既可保护电气设备免受瞬态过电压的危害，又能限制工频续流的持续时间和幅值。现多使用的是金属氧化锌避雷器。

（1）110 kV GIS 组合式避雷器，如图 LC2-15 所示。

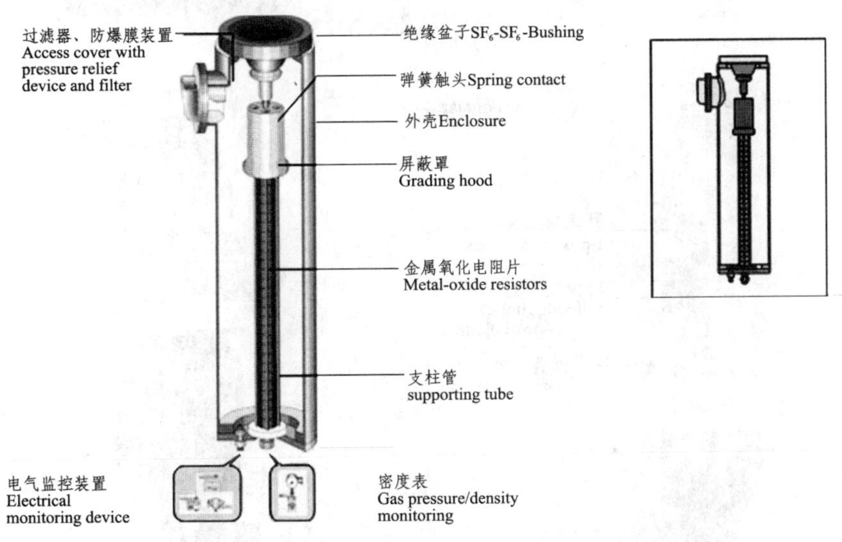

图 LC2-15　110 kV GIS 组合式避雷器结构图

（2）35 kV GIS 避雷器，如图 LC2-16 所示。

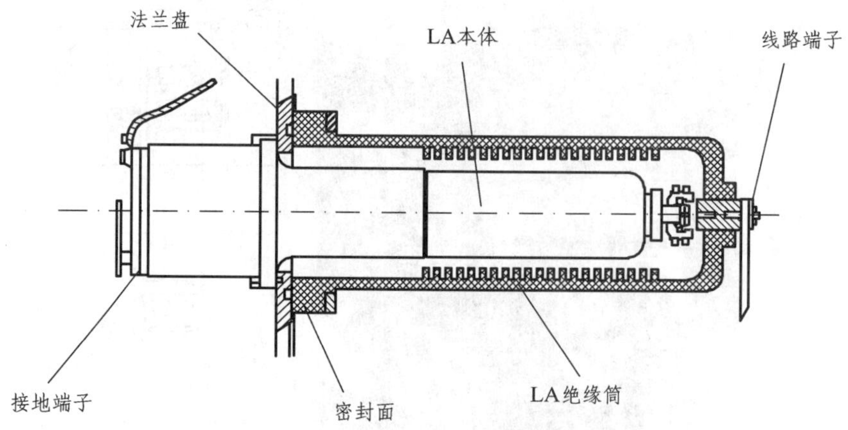

图 LC2-16　35 kV GIS 避雷器结构图

9. 插拔式电缆终端

插拔式电缆终端 3/S 52 kV/1 250 A，具有带电显示环、表带型触头、应力锥、法兰等。对于每一相开关柜最多可以连接 3 根单芯电缆，电缆横截面面积可达 630 mm^2。如图 LC2-17 所示。

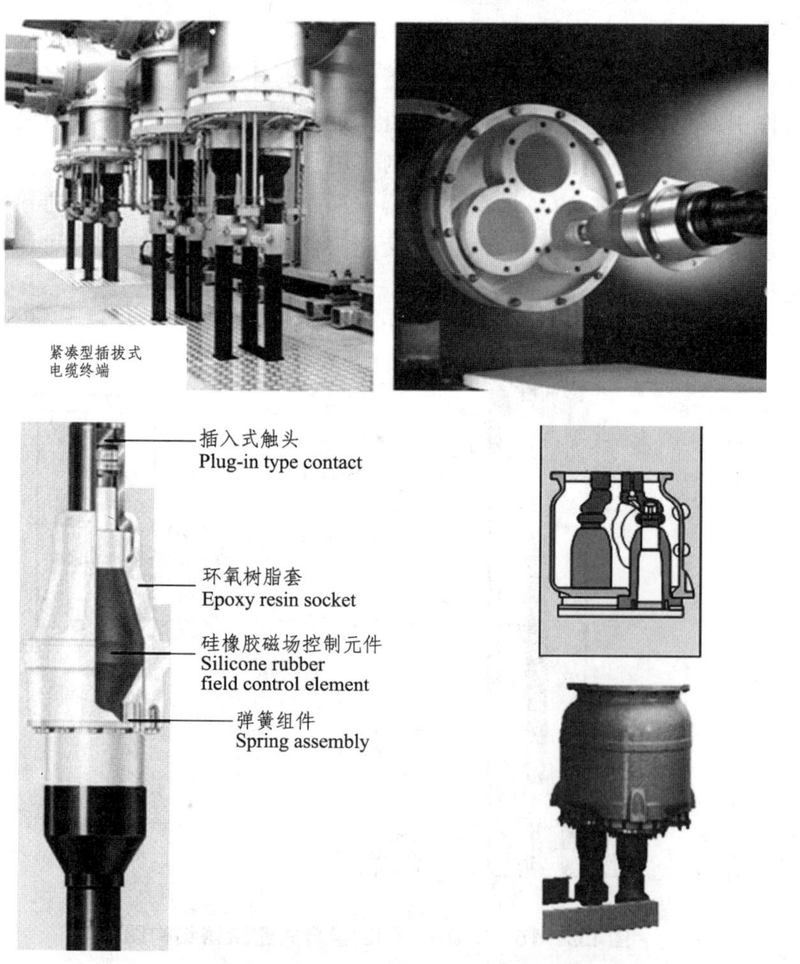

图 LC2-17　145 kV 全封闭组合电器插入式电缆连接

10. 其他附件

1）气体压力表

在 GIS 内充填绝缘性能优良的 SF_6 气体，大大减小了装置的体积，因此，气体系统起着重要的作用，需要通过压力装置对气体压力进行监控。正常运行时指针应指于绿色区域。如图 LC2-18 所示。

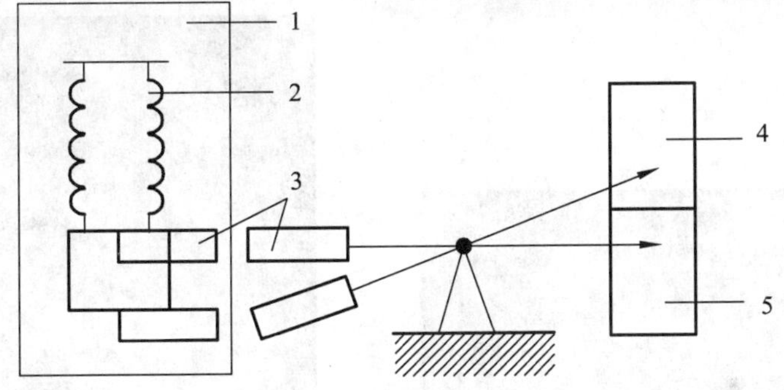

图 LC2-18　气体压力表

1—充满气体的开关柜容器，0.5 bar，20°C；2—充满气体的气体测试盒，0.5 bar，20°C；3—磁耦合元件；4—未准备就绪；5—准备就绪

2）密度继电器

本设备用于 110 kV GIS 设备，通过与封闭参考气室连续比较得到压力，比压力表更精确，无需机械式温度补偿；内部没有复杂的机械部件；不受环境气压影响，适用于高海拔的地区；小巧紧凑，坚固耐腐蚀。如图 LC2-19 所示。

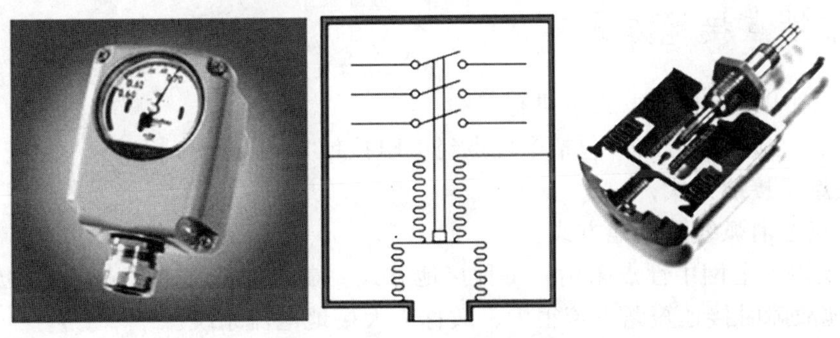

图 LC2-19　密度继电器

3）带电显示器

带电显示器是一种直接安装在室内电气设备上，直观显示出电气设备是否带有运行电压的提示性安全装置。该装置是利用高压电场与传感器之间的电场耦合原理，在安全距离外进行感应式（非接触式）测量。被测设备或网络带电时，“A、B、C”三相指示灯亮，“操作”指示灯熄灭，且输出强制闭锁信号。当被测设备或网络不带电时，“A、B、C”三相指示灯都熄灭，“操作”指示灯亮，同时解除闭锁信号，可以进行设备操作。装置采用分相控制，任何一相带电时即闪光报警，并输出强制闭锁信号。如图 LC2-20 所示。

当显示器失去控制电源时，显示器输出强制闭锁信号，保持闭锁状态。显示器上设有“自检”功能，即可自动检测传感器和显示器的各种功能模块，在装置发生任何故障时，“电源”指示灯长亮，“操作”指示灯不会亮，始终输出强制闭锁信号，保持闭锁状态。

4）避雷器动作计数器（在线监测仪）

牵引系统常用的避雷器动作计数器如图 LC2-21 所示。避雷器动作计数器主要用于记录避雷器动作次数，同时也反映了运行中的避雷器的泄漏电流，日常巡视中应注意观察，当大于规定值时要及时汇报检修部门。

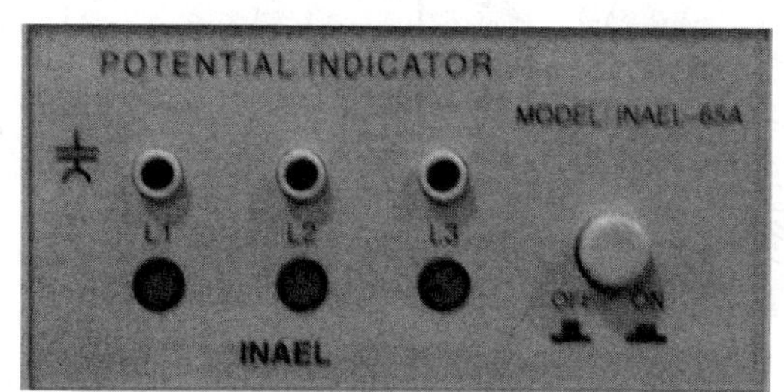

图 LC2-20　带电显示器

图 LC2-21　避雷器动作记录仪

子模块 LC3　中性点成套接地装置

一、中性点接地方式

中压配电网中性点接地方式主要有三种：

① 中性点直接接地方式（包括中性点经电阻接地方式）；

② 中性点不接地方式；

③ 中性点经消弧线圈接地方式。

110 kV 及以上电网中性点采用第①种接地方式。在这种系统中，由于中性点直接接地，发生单相接地故障时接地短路电流很大，故称为大接地电流系统。

3 ~ 35 kV 电网中性点采用第②或第③种接地方式.在这种系统中，当某一相发生接地故障时，由于不能构成短路回路，接地故障电流往往比负荷电流小得多，所以称这种系统为小接地电流系统。

大接地电流系统与小接地电流系统的划分标准，是依据系统的零序电抗 X_0 与正序电抗 X_1 的比值 X_0/X_1。规定：凡是 $X_0/X_1 \leqslant (4 \sim 5)$ 的系统属于大接地电流系统，$X_0/X_1 > (4 \sim 5)$ 的系统属于小接地电流系统.

在供电系统中，由于供电方式的特殊性，引入了一种特殊接地方式，110 kV 主变压器低压侧采用经接地变压器接地形成中性点，其原理如图 LC3-1 所示；高压侧采用的是中性点经放电间隙接地，原理图如图 LC3-2 所示。

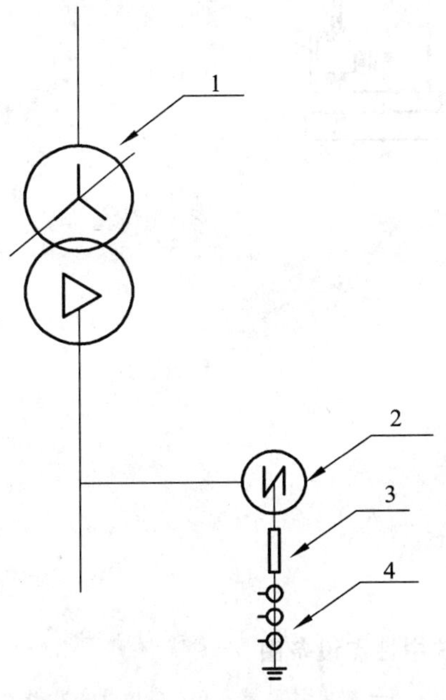

图 LC3-1　主变压器低压侧经接地变压器接地形成中性点示意图

1—主变压器；2—接地变压器；3—电阻；4—零序电流互感器；

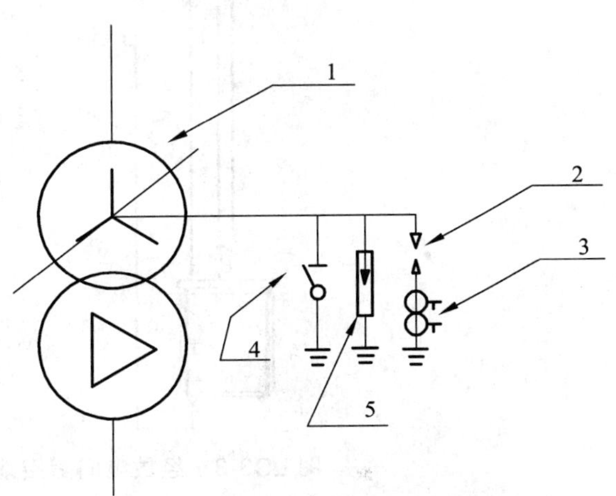

图 LC3-2　主变压器高压侧中性点经放电间隙接地示意图

1—主变压器；2—放电间隙；3—零序电流互感器；4—接地开关；5—避雷器

主变压器低压侧采用经接地变压器接地形成中性点的接法是为了抑制弧光接地过电压和补偿接地电容电流，为监测接地电流提供一个通道。如，城轨供电系统中变压器 35 kV 侧绕组用的是△的接法，在没有接入接地变压器前是不接地系统，没有零序监测通道。而接地变压器是一种特殊用途的三相变压器，可以为中性点不接地系统引出一个中性点，提供一个零序监测通道，当主变△侧接入接地变和电阻后就形成了小电流接地系统。

二、中性点成套接地保护装置

图 LC3-3 采用的是成套接地保护装置，将中性点隔离开关的高压侧接线端子与变压器中性点相连接，并与避雷器、放电间隙的高压侧相连接；中性点隔离开关的低压侧、避雷器的接地侧、放电间隙的低压侧分别与主接地网相连接。中性点经放电间隙接地方式，放电间隙的电极呈水平布置，电极间的距离可以调整。中性点经放电间隙接地方式分两种运行方式：

一种是合上接地开关为中性点直接接地运行；另一种是分开接地开关为中性点经放电间隙接地。城轨供电系统中 110 kV 变电所中主变高压侧采用的就是这种方式。

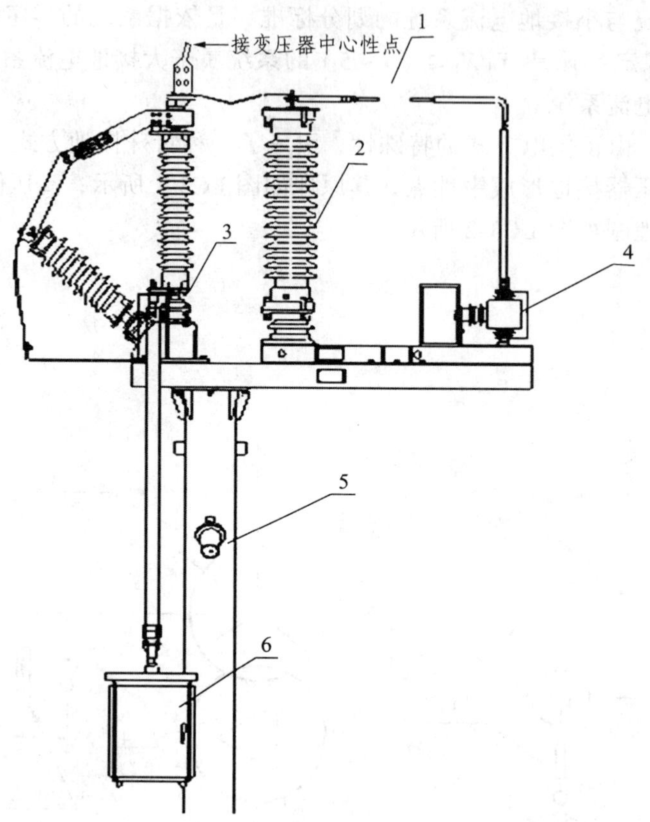

图 LC3-3 经放电间隙接地系统中性点设备图

1—放电间隙；2—避雷器；3—接地开关；4—零序电流互感器；5—放电计数器；6—接地开关操作机构

变压器中性点成套设备适用于 110 kV 和 220 kV 有效接地电力网中不接地变压器的中性点过电压保护。其功能如下：

1. 间隙放电保护功能

当变压器的中性点出现过电压，且过电压值超过间隙放电电压值时，间隙放电，放电电弧将变压器的中性点接地，使局部不接地电网转变为由电弧接地的有效接地电网。

放电间隙的主要作用是系统发生接地故障时，当有关中性点接地点跳闸后，而带电源的中性点不接地变压器仍保留在故障电网中，110 kV 系统变成一个不接地系统，电网零序电压升高（故障点零序电压最高可达到相电压），对变压器绝缘有较大危害情况下，放电间隙应能动作放电，降低对地电压，防止变压器绝缘破坏。同时，配合继电保护切除变压器。

间隙放电电压的大小，可以通过调整间隙距离的方式来实现，以适用于不同海拔的地区或电网运行要求。

2. 避雷器保护功能

避雷器是一种能释放雷电或兼能释放电力系统操作过电压能量，保护电工设备免受瞬时过电压危害，又能截断续流，不致引起系统接地短路的电器装置。避雷器通常接于带电导线和地之间，与被保护设备并联。当过电压值达到规定的动作电压时，避雷器立即动作，流过电荷，限制过电压幅值，保护设备绝缘。当电压值正常后，避雷器又迅速恢复原状，以保证系统正常供电。

3. 放电电流测量功能

设置在间隙放电回路中的电磁式电流互感器测量放电电流的大小，其二次信号供测量、控制、保护等系统使用，电网发生单相短路零序电压升高时及时监测零序电流继电保护装置可利用此信号，必要时将变压器快速退出电网。

子模块 LC4 防雷接地系统

避雷装置又称防雷装置，其作用是防止电气设备的雷电过电压。

雷电过电压是由于电力设备或建筑物遭受直接雷击或雷电感应而发生的过电压。

一、雷电的特点

全球任何时刻大约有 2 000 个地点遇上雷暴，平均每天约发生 800 万次闪电，每次闪电在微秒级的瞬间释放出约 55 kWh 的能量。

森林火灾有 50%以上因雷电引发；人们居住生活的建筑物屡遭雷击破坏；电力、石化等工业设施常因雷击而发生灾难性事故。

雷击放电在供电系统中引起很高的雷电过电压，它是造成供电系统绝缘故障和停电事故的主要原因之一。

1. 雷电流的特性

雷电放电速度很快，雷电流的幅值很大，陡度很高，且其电流的大小与土壤电阻率、雷击点的散流电阻有关。

2. 雷电危害的分类

直击雷 ——雷直接击在建筑物和设备上而发生的机械效应和热效应。

感应雷 ——雷电流产生的电磁效应和静电效应。

高电位的引入 ——雷电流沿电气线路和管道引入建筑物的内部。

二、变电所的防雷

一个完整的防雷设备一般由接闪器、避雷器、引下线和接地装置四个部分组成。

变电所的防雷设施主要有避雷器、避雷针、避雷线等。

变电所的直击雷防护主要是通过装设避雷针及避雷线来实现的。

避雷器是变电所保护设备免遭雷电冲击波袭击的主要常见设备。当沿线路传入变电所的雷电冲击波超过避雷器保护水平时，避雷器首先击穿放电，并将雷电流经过良导体安全的引入大地，利用接地装置使雷电压幅值限制在被保护设备雷电冲击水平以下，使电气设备受到保护。

常用避雷器主要有两种，一种是火花间隙型避雷器，另一种是氧化锌避雷器。变电所常用的避雷器目前主要为氧化锌避雷器，因为氧化锌避雷器具有通流能力大、保护特性优异、密封性能良好、运行可靠性高、工频耐受能力强的特点。

1. 避雷器

避雷器是用来限制过电压的一种保护电器，通常连接于被保护设备的导电端与地之间，既可保护电气设备免受瞬态过电压的危害，又能限制工频续流的持续时间和幅值。根据截断续流的方法不同，分为管型避雷器和阀型避雷器，其中阀型避雷器包括碳化硅式避雷器和金属氧化物避雷器。

2. 阀型避雷器

1）型号含义

阀型避雷器型号及含义如图 LC4-1 所示。

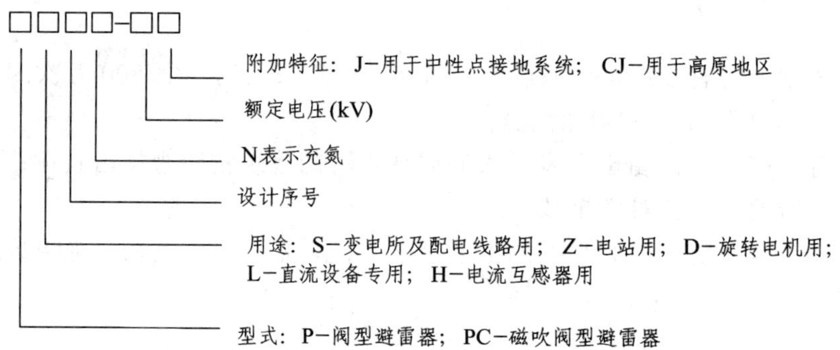

图 LC4-1 阀型避雷器型号及含义

2）基本元件

阀型避雷器的基本元件是装在密封瓷套中的火花间隙和碳化硅阀片。

阀片是由金刚砂和结合剂（如方解石、玻璃、瓷泥等）在一定的温度下烧结成直径为 5 ~ 100 mm 的圆柱形阀片。为了使各串联阀片之间保持良好的接触，阀片上下两面用铝粉喷涂。阀片侧面涂以无机绝缘涂料，以防发生沿面闪络。由于阀片易受潮变质，因此需装在密封的瓷套中。阀片具有非线性伏安特性，如图 LC4-2 所示，其非线性系数小于 1，一般在 0.2 左右，当很大的雷电流 I_{LD} 流过阀片时，阀片呈现很大的电导率，使避雷器上出现的残压 U_C 小于被保护设备的绝缘水平；雷电流消失后，在工频电压 U_X 作用下，其电导率陡然下降，使工频续流 I_{XL} 限制到很小

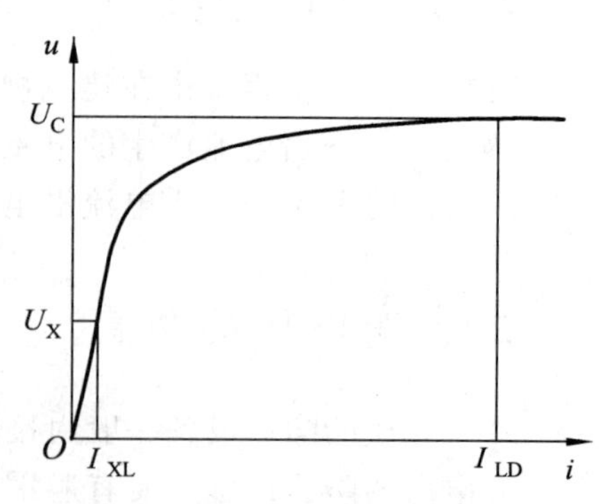

图 LC4-2 阀片的伏安特性

的数值（一般在 80 A 以下）。阀片可分成普通阀型避雷器的低温阀片和磁吹型阀型避雷器用的高温阀片。低温阀片非线性系数小，约为 0.2，通流容量小且易受潮；高温阀片通流能力较大，不易受潮，但非线性系数较高，约为 0.24。

火花间隙由两片电极及一个云母垫圈组成，如图 LC4-3 所示。云母垫圈的厚度仅为 0.5 ~ 1 mm，由于电极间的距离很小，电极间的电场比较均匀，所以间隙的伏安特性比较平坦，使避雷器易与被保护设备实现绝缘配合。火花间隙在正常情况下起隔离作用，以防阀片因长期通过工频电流而损坏；在冲击电压作用下间隙击穿放电，使雷电流顺利导入大地；在工频恢复电压下，间隙切断工频续流。

普通阀型避雷器内采用多个间隙串联，使工频续流电弧被分隔成多个短弧，在电流过零后就难于再燃。在每个火花间隙（或间隙组）上并联一个高温焙烧的非线性金刚砂电阻，其非线性系数为 0.35 ~ 0.45。这是由于各间隙电极片对地及高压端盖部分的杂散电容的影响，使各间隙上电压分配不均匀，且不稳定，影响避雷器工频放电电压的稳定性，只要每个均压电阻阻值相等，各个间隙上的电压也就基本相等。

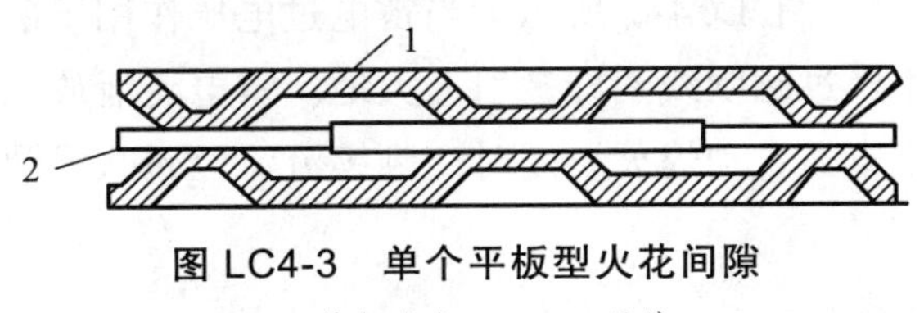

图 LC4-3　单个平板型火花间隙

1—黄铜电极；2—云母片

3）FS 系列避雷器

FS 系列阀型避雷器用来保护小容量的配电装置，其额定电压等级为 3 ~ 10 kV，采用平板间隙和低温阀片，其结构如图 LC4-4 所示。火花间隙和阀片同装在一个瓷套内，上部用螺旋形弹簧压紧，弹簧用铜片短接以减小避雷器的感抗。瓷套为密封式，并配有安装金具。

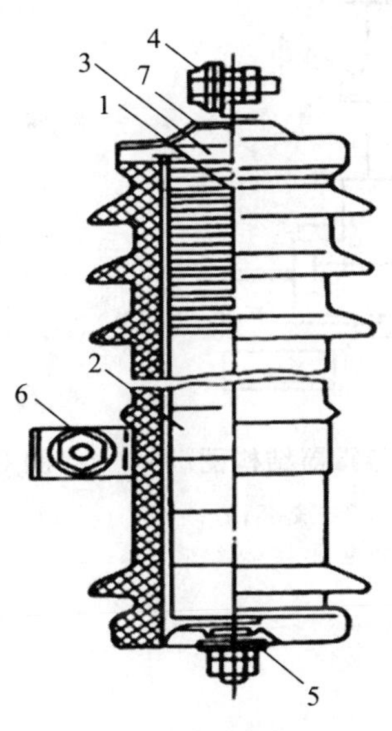

图 LC4-4　FS 系列阀型避雷器结构

1—间隙；2—阀片；3—弹簧；4—接线端子；5—接地端子；6—固定夹；7—铜片

FS 系列避雷器所用的阀片直径较小，火花间隙不配分路电阻，所以其通流容量小，伏安特性也比较陡。

4）FZ 系列避雷器

FZ 系列阀型避雷器用于保护变电所电气设备，其额定电压等级为 35～220 kV，由多级组合而成。避雷器的基本元件密封于瓷套内，其结构如图 LC4-5 所示。火花间隙采用标准火花间隙组，阀片直径为 100 mm，使其通流能力提高，其残压和冲击放电电压都较 FS 系列避雷器低。

5）磁吹式避雷器

为了进一步改善阀式避雷器的性能，采用磁吹间隙，即利用磁场使电弧运动加速去游离，以提高间隙的灭弧能力。常用的磁吹间隙有电弧旋转式和电弧拉长式两种。

为防止磁吹线圈在雷电流作用下发生损坏，通常在磁吹线圈 1 上并接一分流间隙（亦称辅助间隙）2，其结构原理如图 LC4-6 所示。当雷电过电压作用于磁吹避雷器时，主、辅间隙同时被击穿，雷电流不经过磁吹线圈即被引入大地。雷电流泄放入大地之后，工频续流仍然存在，首先辅助间隙中电弧自动熄灭，同时工频续流流经磁吹线圈并产生磁场，加速主间隙电弧的熄灭。

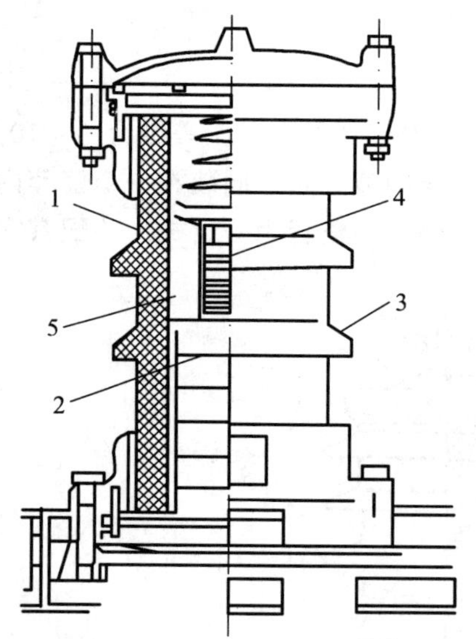

图 LC4-5　FZ 系列阀型避雷器结构图

1—火花间隙组；2—阀片；3—瓷套；4—云母片；5—并联电阻

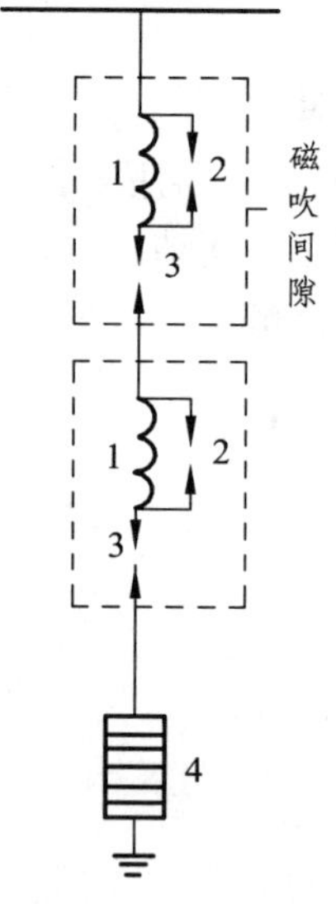

图 LC4-6　磁吹避雷器结构

1—磁吹线圈；2—分流间隙；3—主间隙；4—阀片

3. 金属氧化锌避雷器

1）型号含义

金属氧化锌避雷器型号及含义如图 LC4-7 所示。

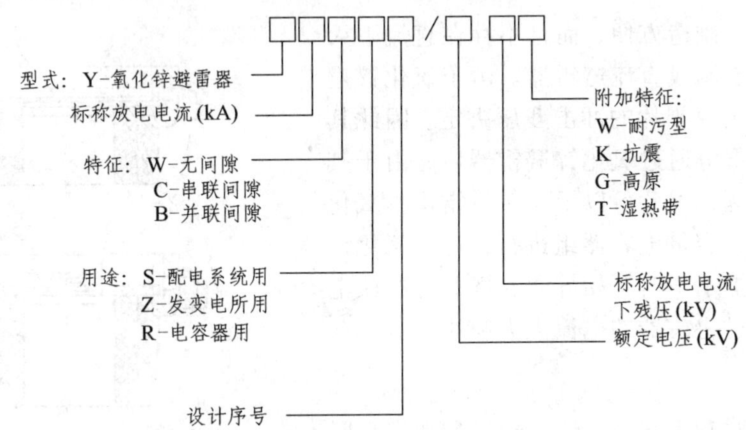

图 LC4-7　金属氧化锌避雷器型号及含义

2）结构原理

金属氧化锌避雷器和普通阀型避雷器在结构上的主要区别是阀片的材料不同，金属氧化锌避雷器是以氧化锌为主体，添加其他少量金属氧化物（如三氧化二铋、三氧化二钴、二氧化锰、三氧化二锑等），经过粉碎混合后至 1 000 °C 以上高温下烧结而成。氧化锌阀片比碳化硅具有更优良的非线性，非线性系数仅 0.01 ~ 0.04，即使在大电流下，非线性系数也不大于 0.1。在正常运行电压下，流过的电流很小，仅 1 mA 左右，不会使阀片过热烧坏，因此可以不用串联间隙来隔离工作电压。而在高电压下，其电阻瞬时变得很小，可以通过大量电流，残压也很低。

由于氧化锌阀片的通流容量大，阀片直径小，瓷套的内径比阀片的直径大得多，因此需要采取专门的固定措施，对于实心阀片，用 3 ~ 4 根绝缘拉杆放在阀片周围加以固定；对于中间有孔的阀片，用一根绝缘拉杆 4 将阀片 6 穿在其上加以固定，如图 LC4-8 所示，然后装入瓷套内，再在顶部用弹簧 2 压紧，使芯体牢固地固定在瓷套内。

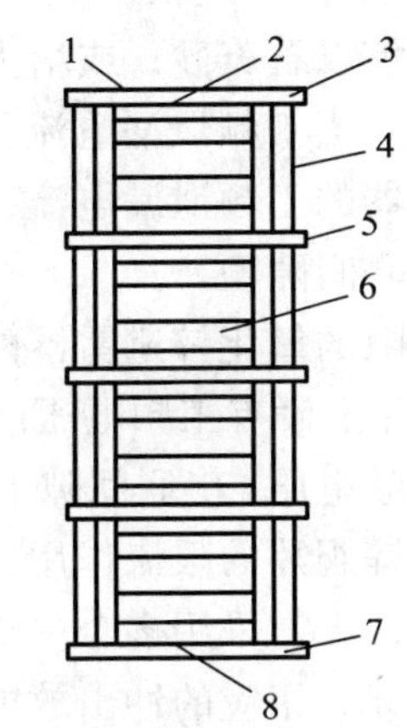

图 LC4-8　氧化锌避雷器芯体

1—上金属隔板；2—弹簧；3、7—螺栓；4—绝缘拉杆；5—绝缘固定套板；6—阀片；8—下金属隔板

氧化锌避雷器装有防爆装置，即在避雷器每节元件上设有由薄金属片或塑料片构成的薄弱环节和排气导弧孔。当元件内部发生阀片击穿和闪络时，内部气压骤然升高，此时薄弱环节防爆膜首先破坏，将内部高压气体放出，并沿着排气导弧孔的方向排放高温气体，瓷套内部压力迅速降低，避免瓷套发生爆炸。也有将金属盖板制成具有弹性特性的，当元件内部气压高于盖板预加的弹性变形压力时，盖板就被顶开，盖板起防爆和密封的双重作用，其结构原理如图 LC4-9 所示。

3）主要特点

氧化锌避雷器除了具有结构简单、体积小、重量轻、寿命长等优点外，由于没有间隙，

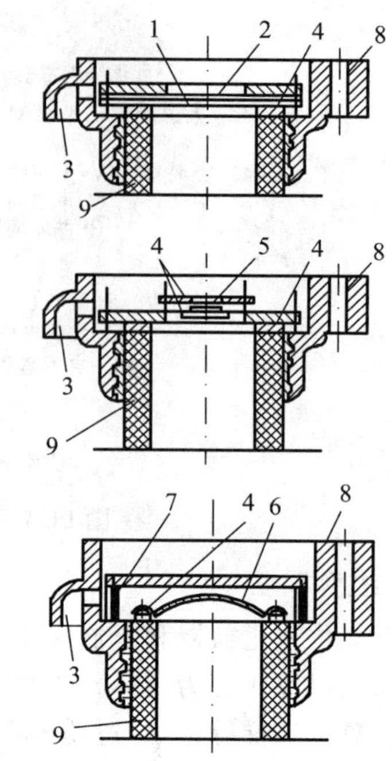

图 LC4-9 氧化锌避雷器的防爆结构原理

1—金属薄板；2—塑料薄板；3—排气导弧孔；4—橡皮垫圈；5—玻璃片；6—弹性盖板；7—定位垫圈；8—法兰；9—瓷套

因此其性能稳定、制造方便，而且不存在直流下灭弧难的问题，易于制成直流避雷器。由于氧化锌避雷器的保护性能仅由阀片的冲击残压决定，因此其保护性能好。当雷电通过氧化锌避雷器后，由于其没有工频续流问题，因此可以承受多重雷击。氧化锌避雷器可以对大容量电容器组进行保护，氧化锌避雷器在接近保护水平时开始导通，将电容器放电时间拉长，使通过避雷器的电流大大减小。

4）主要类型

氧化锌避雷器有无间隙、带并联间隙和带串联间隙三种结构形式，其中无间隙型是主要形式。

（1）无间隙型。

无间隙型氧化锌避雷器的内部主要元件仅有氧化锌阀片，运行中，阀片不断地有工频电流流过，产生热量，温度升高，使阀片阻值下降，如散热条件不好，温度会进一步升高，导致阀片老化，以致发生爆炸。为解决阀片的散热问题，可在瓷套内部空间填以固体绝缘物以提高热传导能力，或灌注硅橡胶将阀片侧面裹以硅胶后装入瓷套内使之紧贴瓷套表面；或填以石英砂，或增大瓷套表面积，以增加散热面积。当工频泄漏电流很小时，也可不采取上述措施。因此在运行中必须监测无间隙氧化锌避雷器的工频泄漏电流，以判断避雷器是否正常。

（2）带串联间隙型。

带串联间隙的氧化锌避雷器的结构与普通阀式避雷器的结构基本相同。在正常运行电压下，氧化锌阀片上没有工频电压的作用，不必考虑老化问题。但由于氧化锌阀片的阻值很大，分担了部分工频电压，串联间隙上的电压比普通阀式避雷器低，因而间隙距离可以大大缩短。另外由于氧化锌阀片的限流作用，工频续流很小，电弧完全可以自行熄灭，所以间隙也不必考虑灭弧问题，无需采用多个平板间隙或磁吹限流间隙。同时由于间隙距离小，过电压作用下可以迅速击穿，相应的冲击放电电压大大下降。由于氧化锌阀片的通流能力是碳化硅阀片的 4 倍，因此其直径可以大大缩小。

（3）带并联间隙型。

带并联间隙的氧化锌避雷器将阀片分成主阀片和并联阀片两部分，在并联阀片上有并联放电间隙。正常运行时，并联间隙不放电，通过阀片的电流很小，运行安全可靠；当遭受雷电过电压时，避雷器上残压尚未达到规定值之前，并联间隙开始放电，将并联阀片短接，避雷器的残压仅为主阀片上的残压，其值较低，保护性能便能满足要求。

按外绝缘材质的不同来区分，氧化锌避雷器有瓷套型和合成绝缘（硅橡胶）型两种。合成绝缘型的外壳与阀片浇注成一体，内部没有气隙，不会发生受潮，体积更小，重量更轻，合成套具有憎水性，并具有良好的防污性能和防爆性能。

三、接地装置的组成与作用

1. 接地及其分类

将电力系统或电气装置的某一部分经接地线连接到接地体称为“接地”。电力系统用的接地按作用不同可分为以下几类：

1）工作接地

工作接地是为了保证电力系统正常运行所需要的接地。例如，中性点直接接地系统中的变压器中性点接地，其作用是稳定电网对地电位，从而可使对地绝缘能力降低。

2）保护接地

保护接地也叫安全接地，是为了人身安全而设置的接地，电气装置的金属外壳、配电装置的构架和线路杆塔等不带电的金属部分，由于绝缘损坏有可能带电，为防止其危及人身和设备的安全，需将其与接地体相连接。

3）防雷接地

这是为了让强大的雷电流安全导入地中，避免雷电流流过时引起的高电位，如避雷针、避雷线以及避雷器等接地。

4）防静电接地

防静电接地是为了消除静电危险而设置的接地，由于摩擦而产生的静电荷聚集到一定数量会发生静电放电而引起爆炸，因此设备的外壳必须接地，电力变压器中的铁心接地即属此种接地。

2. 接地装置

变电所的接地装置与电力系统的安全运行密切相关，接地装置还关系到某些继电保护装置的正确动作。

直接与土壤接触，用以与大地作为一定流散电阻的电气连接的金属导体或导电组称为接地体，通常由金属管制成。

接地体与电气装置的接地部分间的金属连线称为接地线。

接地线和接地体总称接地装置。它是电气设备安装和运行的一个组成部分，优先利用自然接地体，即利用地下金属构件、金属管道等作为接地体，当不能满足要求时，再安装人工接地体，即按照设计规范要求埋设的金属接地极。

3. 接地电流和接地电阻

从带电体流入大地中的电流，称为接地电流。接地电流有正常工作接地电流和故障接地电流，正常工作接地电流是指正常工作中通过接地装置流入地下的电流，故障接地电流是指出现接地故障时的接地电流。

接地电阻是指电流经过接地体进入大地并向周围扩散时所遇到的电阻。大地具有一定的电阻率，如果有电流流过时，大地各处就具有不同的电位。电流经接地体注入大地后，它以电流场的形式向四处扩散，离接地点愈远，半球形的散流面积愈大，地中的电流密度就愈小，因此可认为在较远处（15～20 m 以外），单位扩散距离的电阻及地中电流密度已接近零，该处电位已为零电位。接地点处的电位 U_m 与接地电流 I 的比值定义为该点的接地电阻 R，$R=U_m/I$。接地电阻主要取决于接地装置的结构、尺寸、埋入地下的深度及当地的土壤电阻率。因金属接地体的电阻率远小于土壤电阻率，故接地体本身的电阻在接地电阻中可以忽略不计。

4. 电气装置接地的一般要求

（1）变电所内电气装置的下列金属部分均应接地或与 PEN 线相接：

① 变压器的金属底座和外壳；

② 电气设备的传动装置；

③ 配电装置的金属构架以及靠近带电部分的金属遮拦和金属门；

④ 配电、控制、保护用的屏（柜、箱）等的金属框架和底座；

⑤ 交、直流电力电缆的接头盒、终端头和膨胀器的金属外壳，电缆的金属护层、可触及的电缆金属保护管和穿线的钢管；

⑥ 电缆桥架、支架和井架；

⑦ 封闭母线的外壳及其他裸露的金属部分；

⑧ 六氟化硫封闭式组合电器和箱式变电所的金属箱体；

⑨ 控制电缆的金属护层。

（2）接地装置宜采用钢材。接地装置的导体截面应符合热稳定和机械强度的要求，但不应小于表 LC4-1 所列规格。110 kV 及以上变电所或腐蚀性较强场所的接地装置应采用热镀锌钢材，或适当加大截面。

表 LC4-1 钢接地体和接地线的最小规格

材料/规格		使用条件			
		地上		地下	
材料＼规格		室内	室外	交流电流回路	直流电流回路
圆钢直径/mm		6	8	10	12
扁钢	截面面积/mm^2	60	100	100	100
	厚度/mm	3	4	4	6
角钢厚度/mm		2	2.5	4	6
钢管管壁厚度/mm		2.5	2.5	3.5	4.5

（3）低压电气设备地面上外露的铜和铝接地线的最小截面应符合表 LC4-2 的规定。

表 LC4-2 低压电气设备地面上外露的铜和铝接地线的最小截面

名 称	明敷的裸导体	绝缘导体	电缆的接地芯或与相线包在同一保护外壳内的多芯导线的接地芯
铜/mm^2	4	1.5	1
铝/mm^2	6	2.5	1.5

（4）在地下不得采用裸铝导体作为接地体或接地线。

（5）蛇皮管、管道保温层的金属外皮或护网，以及电缆铅皮等不得作为接地线。

5. 手携式和移动式电气设备的接地

（1）手携式电气设备应用专用芯线接地，严禁利用其他用电设备的 PEN 线接地；PEN 线和接地线应分别与接地装置相连接。

（2）手携式电气设备的接地线应采用软铜绞线，其截面不小于 1.5 mm^2。

（3）由固定的电源或由移动式发电设备供电的移动式机械的金属外壳或底座，应和这些供电电源的接地装置有金属的连接；在中性点不接地的电网中，可在移动式机械附近装设接地装置，以代替敷设接地线，并应首先利用附近的自然接地体。

子模块 LC5　电力电缆

电缆通常是由几根或几组导线（每组至少两根）绞合而成的类似绳索的电缆，每组导线之间相互绝缘，并常围绕着一根中心扭成，整个外面包有高度绝缘的覆盖层。电线电缆是指用于电力、通信及相关传输用途的材料。

一、电缆的分类

1. 裸电线及裸导体制品

本类产品的主要特征是：纯的导体金属，无绝缘及护套层，如钢芯铝绞线、铜铝汇流排、电力机车线等；加工工艺主要是压力加工，如熔炼、压延、拉制、绞合/紧压绞合等；产品主要用在城郊、农村、用户主线、开关柜等。

2. 电力电缆

本类产品主要特征是：在导体外挤（绕）包绝缘层，如架空绝缘电缆，或几芯绞合（对应电力系统的相线、零线和地线），如二芯以上架空绝缘电缆，或再增加护套层，如塑料/橡套电线电缆。主要的工艺技术有拉制、绞合、绝缘挤出（绕包）、成缆、铠装、护层挤出等，各种产品的不同工序组合有一定的区别。产品主要用在发、配、输、变、供电线路中的强电电能传输中，通过的电流大、电压高。

3. 电气装备用电线电缆

该类产品主要特征是：品种规格繁多，应用范围广泛，使用电压在 1 kV 及以下的较多，面对特殊场合不断衍生新的产品，如耐火线缆、阻燃线缆、低烟无卤/低烟低卤线缆、防白蚁、防老鼠线缆、耐油/耐寒/耐温/耐磨线缆、医用/农用/矿用线缆、薄壁电线等。

4. 通信电缆及光纤

随着近二十多年来通信行业的飞速发展，产品也有惊人的发展速度。从过去的简单的电话电报线缆发展到几千对的话缆、同轴缆、光缆、数据电缆，甚至组合通信缆等。该类产品结构尺寸通常较小而均匀，制造精度要求高。

5. 电磁线（绕组线）

主要用于各种电机、仪器仪表等。

二、电力电缆的特点

电力电缆应能适应地下、水底等特殊敷设环境，能满足长期、安全传输电能的需要。其结构比架空线复杂，除有传输电能的导体外，还应能承受电网电压的绝缘；具有包覆在绝缘层外，使其不受外界环境的影响和防止机械损伤的保护覆盖层；电压等级在 6 kV 级以上的电缆，在导体绝缘层外，还有用半导体或金属材料制成的屏蔽层。

与架空线相比，电缆的优点有：电缆敷设在地下，基本不占用地面空间，同一电缆通道可以敷设多回路电缆线路；在城市道路和大型工厂采用电缆输配电，有利于市容、厂容的美化；电缆供电，对人身比较安全，自然环境对电缆的影响很小，因此电缆供电的可靠性较高，维护费用较小。

电缆线路的缺点：建设投资费用较高，一般电缆线路工程的总投资是相同输电架空线路的 5 ~ 7 倍；电缆线路故障测距和修复时间较长且不容易分支。

电缆在电网中的作用：是用于电力、通信及相关传输用途的材料。电缆的主要用在发、配、输、变、供电线路中的强电电能传输，通过的电流大、电压高。电缆的电容性能可以起到改善电力系统的功率因素的作用，有利于降低供电成本。

三、电力电缆的分类和结构

1. 电力电缆的分类

（1）按电压等级分：1 kV 及以下为低压电缆；3 kV、6 kV、10 kV、35 kV 为中压电缆；60 kV 及以上为高压电缆。

（2）按电缆导电线芯截面分：有多种规格。

（3）按电缆芯数分：有单芯、双芯、三芯、四芯。

（4）按传输电能的形式分：有直流电缆和交流电缆。

（5）按特殊需求分：有输送大容量电能的电缆、阻燃电缆和光纤复合电缆等品种。

（6）按电缆绝缘材料和结构分：可分为纸绝缘电缆、挤包绝缘电缆和压力电缆三大类。

2. 电缆结构及几种电缆介绍

电缆的型号以字母和数字为代号组合表示，电缆型号中字母的代号列于表 LC5-1 中。

表 LC5-1 电缆型号中字母含义

类别	电力电缆（不表示）K—控制电缆；P—信号电缆；B—绝缘电缆；R—绝缘软线；Y—移动式软电缆；H—市内电话电缆
导体	T—铜线（一般省略）；L—铝线
绝缘	Z—纸绝缘；X—橡胶绝缘；（X）D—丁基橡胶；（X）B—乙丙橡胶；V—聚氯乙烯；Y—聚乙烯；YJ—交联聚乙烯
内护层	Q—铅包；L—铝包；H—橡套；（H）F—非燃性橡套；V—聚氯乙烯护套；Y—聚乙烯护套
铠装层	0—无；2—双钢带；3—细圆钢带；4—粗圆钢带
外护层	0—无；1—纤维绕包；2—聚氯乙烯套；3—聚乙烯套
其他	D—不滴流；F—分相金属护套；P—屏蔽

电缆主要由导体、绝缘层、保护层、屏蔽层等组成。如图 LC5-1 所示。导体可以为铜或铝，由实心导体和绞线压制，由圆形或扇形导体组成，多为单导体和三导体。绝缘层是最容易发生故障的部位，所以采用多种绝缘方法提高电缆的安全性、经济性。保护层由护套（铅或铝）、衬垫、填料、铠装层、外被层等组成，使绝缘层避免受到潮气、水分、外力等的损伤。在中、高压电缆中屏蔽层是必需的，它的作用是防止由电晕形成的损坏；限制介质场进入电缆或导体绝缘内侧；平滑电压强度；减少感应电压；增加对人的安全性。屏蔽层可以由半导体带、薄铜带等组成，屏蔽必须接地。

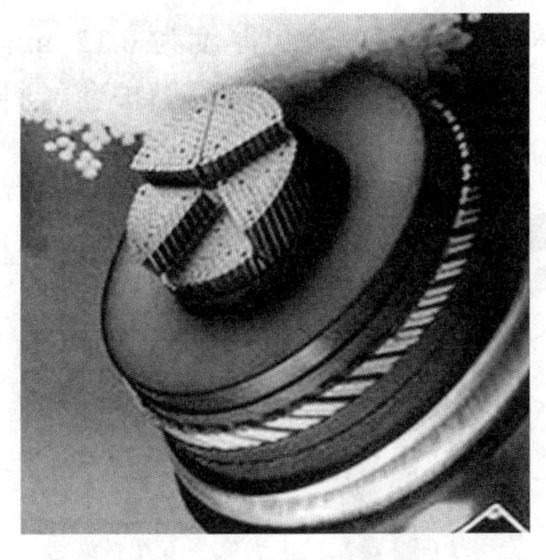

图 LC5-1 电缆

1）ZRA-GJYJAV-B/1500V 轨道交通用交联聚乙烯绝缘低烟低卤阻燃直流电缆

ZRA-GJYJAV-B 直流电缆结构如图 LC5-2 所示。导体采用多股圆形铜线绞合压紧型，绝缘采用交联聚乙烯材料，绝缘标称厚度为 2.0 mm。该电缆属于防水型电缆，具有径向和纵向阻水的防水层，防水层采用 0.2 mm 厚的阻水带重叠绕包；加 1.5 mm 厚的挤出型 PE 内套，组成综合防水结构。金属屏蔽采用重叠绕包的软铜带，内衬层采用挤包形式。防鼠铠装采用无卤低烟阻燃带+铜带+无卤低烟阻燃带重叠绕包组成，具有良好的阻燃性和防鼠咬功能，铜带厚度为 0.12 mm。护套采用低烟低卤阻燃 PVC 护套材料挤出外护层，不仅具有优良的低烟、低卤、阻燃性能，还具有良好的抗日照、紫外线、老化等性能。

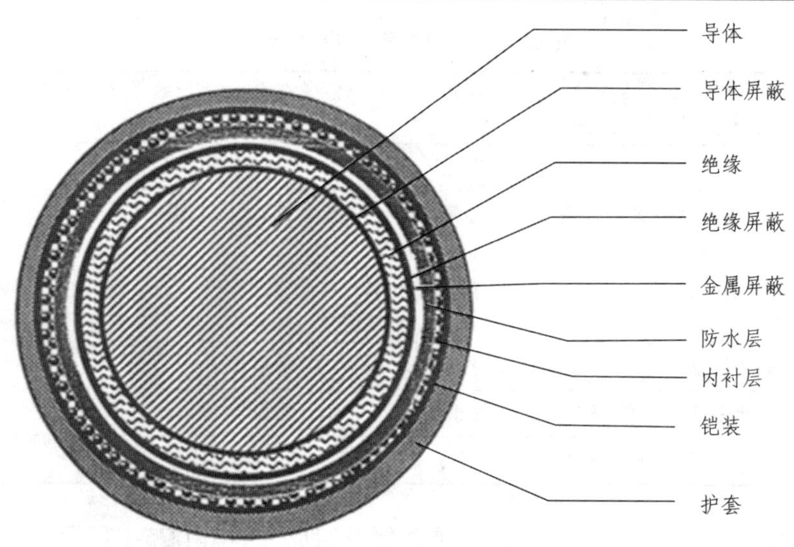

图 LC5-2 ZRA-GJYJAV-B 直流电缆

2）WDZB-YJE63（阻燃 B 类）26/35 kV 单芯交联聚乙烯绝缘低烟低卤阻燃交流电缆

WDZB-YJE63 单芯交联聚乙烯绝缘低烟低卤阻燃交流电缆结构如图 LC5-3 所示。导体采用多股圆形铜线绞合压紧型，导体表面有均匀挤包的交联型半导体层作为导体屏蔽层。绝缘采用交联聚乙烯材料，绝缘标称厚度 10.5 mm，绝缘表面有均匀挤包的交联型半导体层作为绝缘屏蔽层。金属屏蔽采用重叠绕包的软铜带，铜带标称厚度不小于 0.12 mm。纵包屏蔽铝带与护套黏结成一体，形成综合护套，采用一层重叠绕包厚度为 0.12 mm 的非磁性金属材料铠装，具有良好的阻燃性和防鼠咬功能，护套采用低烟低卤阻燃护套材料。

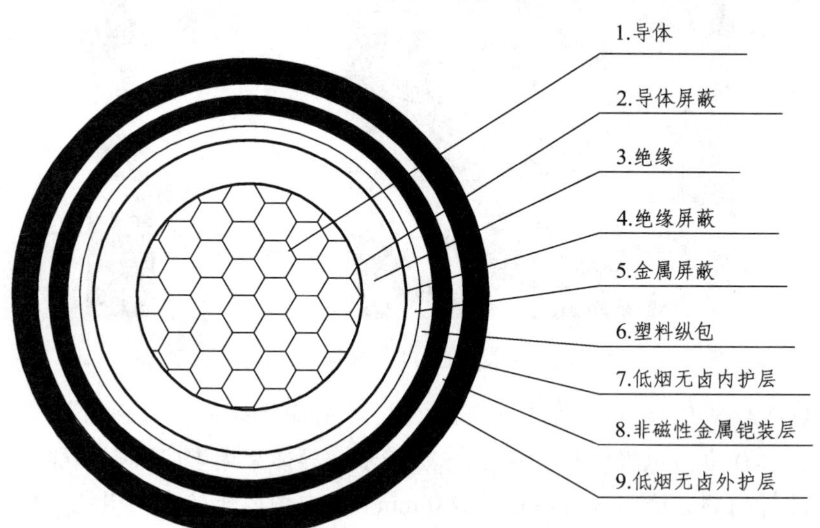

图 LC5-3 WDZB-YJE63 单芯交联电缆结构

3）YJV22 三芯交联聚乙烯绝缘钢带铠装聚氯乙烯护套交流电缆

YJV22 三芯交联聚乙烯绝缘钢带铠装聚氯乙烯护套交流电缆结构如图 LC5-4 所示。导体采用多股圆形铜线绞合压紧型，导体表面有均匀挤包的交联型半导体层作为导体屏蔽层。绝缘采用交联聚乙烯材料，绝缘表面有均匀挤包的交联型半导体层作为绝缘屏蔽层。金属屏蔽采用重叠绕包的软铜带。保护层由护套、铠装层、内护套、包带、填料等组成，采用一层重叠绕包的钢带铠装，护套采用 PVC 材料。

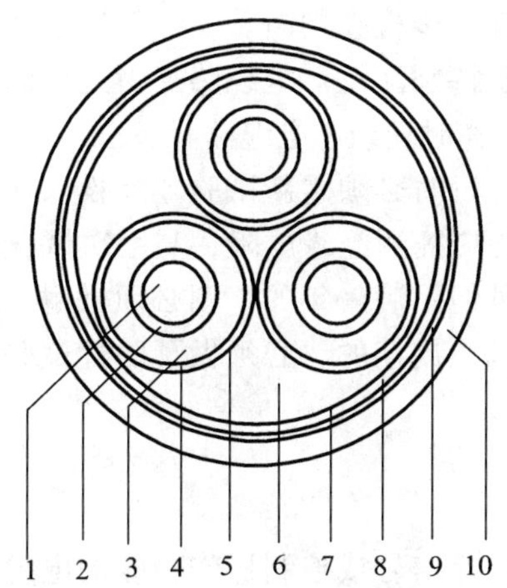

图 LC5-4 YJV22 三芯交联电缆结构

1—导体；2—内半导电屏蔽；3—交联聚乙烯绝缘；4—外半导电屏蔽；5—软铜带；6—填充；7—包带；8—聚氯乙烯内护套；9—钢带；10—聚氯乙烯护套

四、电力电缆附件

电缆终端头和中间接头统称为电缆附件，它们是电缆线路中不可缺少的部分。

1. 电缆终端

电缆终端是安装在电缆线路末端，具有一定的绝缘和密封性能，用以将电缆与其他电气设备相连接的电缆附件。

按使用场所不同，电缆终端可分为户内终端、户外终端、设备终端、GIS 终端；电缆终端按所用材料不同，可分为热缩型、冷缩型、橡胶预制型、绕包型、瓷套型、浇铸（树脂）型等几种。

2. 电缆接头

电缆接头是安装在电缆与电缆之间，使两根及以上电缆导体连通，并具有一定绝缘、密封性能的附件。

按其功能不同，电缆接头可分为普通接头、绝缘接头、塞止接头、分支接头、过渡接头、转换接头、软接头等；按所用材料不同，电缆接头有热缩型、冷缩型、绕包型、模塑型，预制件装配型、浇铸（树脂）型、注塑型等。

五、电力电缆的运行注意事项

（1）不要长时间过负荷运行或过热。因此，不要忽视电缆负荷电流及外界温度、接头温度的监测。

（2）电缆线路馈线保护不应投入重合闸。电缆线路的故障多为永久性故障，若重合闸动作，则必然会扩大事故，威胁电网的稳定运行。

（3）电缆线路的馈线跳闸后，不要忽视电缆的检查。重点检查电缆路径有无挖掘、电线有无损伤，必要时应通过试验进一步检查判断。

（4）直埋电缆运行检查时要特别注意：电缆路径附近地面不能随便挖掘；电缆路径附近地面不应有重物、腐蚀性物质、临时建筑；电缆路径标志桩和保护设施不能随便移动、拆除。

（5）电缆线路停用后恢复运行时必须重新试验才能投入使用。停电超过一星期但不满一个月的电缆，重新投入运行前，应摇测绝缘电阻，与上次试验记录相比不得降低 30%，否则应做耐压试验；停电超过一个月但不满一年的，则必须做耐压试验，试验电压可为预防性试验电压的一半；停电时间超过试验周期的，必须做预防性试验。

六、控制电缆

从控制中心连接到各系统传递信号或控制操作功能的电缆统称控制电缆。控制电缆早期的功能比较简单，包括指示灯显示、仪表指示、继电器和开关设备的操作、报警联锁系统等。近年来，由于弱电和计算机网络的广泛应用，对控制电缆的选择和应用提出了新的功能和更高的要求。

1. 控制电缆的主要系列

当今控制电缆的主产品为：聚氯乙烯绝缘控制电缆、天然一丁苯橡皮绝缘控制电缆和聚乙烯绝缘控制电缆三大系列。此外还有交联聚乙烯绝缘和乙丙橡皮绝缘的产品。早年生产的油浸纸绝缘铅包控制电缆已经淘汰。

控制电缆的额定电压用 U_0/U 表示。我国 1998 年颁发的国家标准对塑料绝缘控制电缆的额定电压规定为 450/750 V，国外已有德国等提出将 600 V/1 000 V 的产品作为控制电缆的常规产品系列。目前我国也能生产 600 V/1 000 V 的塑料绝缘控制电缆。橡皮绝缘控制电缆的额定电压则规定为 300 V/500 V。

控制电缆的线芯为铜芯，标称截面 2.5 mm^2 及以下，2~61 芯；4~6 mm^2，2~14 芯；10 mm^2，2~10 芯。控制电缆的工作温度：橡皮绝缘为 65 °C，聚氯乙烯绝缘为 70 °C 和 105 °C 两个等级。计算机系统使用的控制电缆一般选用聚氯乙烯、聚乙烯、交联聚乙烯以及氟塑料绝缘的产品。

2. 保证控制电缆正常工作，防止干扰的措施

为保证控制电缆在发生绝缘击穿、机械损伤或着火时，减少波及的范围，国家标准 GB 50217—91《电力工程电缆设计规范》规定：双重化保护的电流、电压以及直流电源和跳闸控制回路等需要增强可靠性的两套系统，应采用各自独立的控制电缆。

控制电缆投入运行后，同一电缆的不同线芯之间，紧邻平行敷设的电缆之间都存在电气干扰的问题，引起电气干扰的主要原因有：① 外施电压在线芯间电容耦合的作用下产生的静电干扰；② 通电电流产生的电磁感应干扰。总的来讲，当邻近存在高电压、大电流干扰源时，电气干扰更严重，由于同一电缆的线芯之间的距离较小，其干扰程度也远大于平行敷设的紧邻电缆。例如，某超高压变电所分相操作断路器的控制回路，三相合用一根电缆，曾发生过

这样的事故，由分相操作的脉冲使其他相的晶闸管触发，误导致三相联动，以后改用分别独立的电缆，就未再发生误动事故。又如，某电厂的计算机监测系统，由于将模拟量低电平的信号线与变送器的电源线合用一根四芯电缆，曾引起在信号线产生 70 V 的干扰电压，这对以毫伏计的低电平信号回路，显然会影响正常工作。

防止或减轻电气干扰的措施，主要有以下三个方面。

（1）控制电缆的一个备用芯接地。

实践证明，控制电缆中一个备用芯接地时，干扰电压的幅值可降低到 25%～50%，且实施简便，而对电缆的造价增加甚微。

（2）对电气干扰时会发生严重后果的电路，不合用一根控制电缆。

其中包括：① 弱电信号控制回路与强电信号控制回路；② 低电平信号与高电平信号的回路；③ 交流断路器分相操作的各相弱电控制回路，都不应使用同一根控制电缆。但对弱电回路的每一对往返导线如分属不是同一根的控制电缆，在敷设时有可能形成环状布置，在相近电源的电磁线交链下会感生电势，其数值可能对弱电回路低电平的参数干扰影响较大，因此对往返导线仍应以合用一根控制电缆为宜。

（3）金属屏蔽与屏蔽层接地。

金属屏蔽是减弱和防止电气干扰的重要措施，包括对线芯的总屏蔽、分屏蔽和双层式总屏蔽等。控制电缆金属屏蔽型式的选择，应按可能产生的电气干扰影响的强弱，计入综合抑制干扰的措施，以满足降低干扰和过电压的要求。对防干扰效果的要求越高，则相应的投资也越大，当采用钢带铠装、钢丝编织总屏蔽时，电缆的价格一般增加 10%～20%。

子模块 LC6　整流器

整流器是将交流电能转换成直流电能的重要设备。城轨供电系统每座牵引变电所都配置有 2 台整流器。由于牵引负载是较为典型的冲击负载，所以对整流器来说要求有一定的过载能力，过载能力符合负载等级Ⅵ的要求，即 100%额定输出电流连续；150%额定输出电流 2 h；300%额定输出电流 1 min。牵引变电所 750 V 直流母线为单母线接线形式，2 台整流器并列运行。

一、整流电路

我们把从交流电到直流电的变换称为整流，整流器中实现电能形式转换的元件是硅整流二极管。把交流电变换为直流电的电路称为整流电路。

1. 二极管的单向导电性

硅整流管核心是 PN 结，PN 结具有单向导电性。当 P 极电位高于 N 极电位，空穴或电子形成电子流，电流由 P 极流向 N 极处于正向导通，此时，PN 结的阻值很小，可以忽略。当 P 极电位等于或小于 N 极电位时，空穴或电子形成的电子流消失，PN 结形成高阻态反向截止。电子流开始流动时的电压称为二极管的门槛电压，随着 P 级电位的升高，电流的数值也随之增大。

在反向电压的作用下，PN 结有极少的电子在外加电场的作用下由 N 极向 P 极流动，称之为反向漏电流。当反向电压增加到一定数值时，电子在外加电场的作用下溢出数量增加，最后形成很大的反向电流，称之为反向击穿。击穿后的二极管 PN 结结片烧坏，不再具有单向导电的性能，正、反向均能导电。二极管的伏安特性如图 LC6-1 所示。图中符号所代表的特性参数的名称及含义如表 LC6-1 所示。

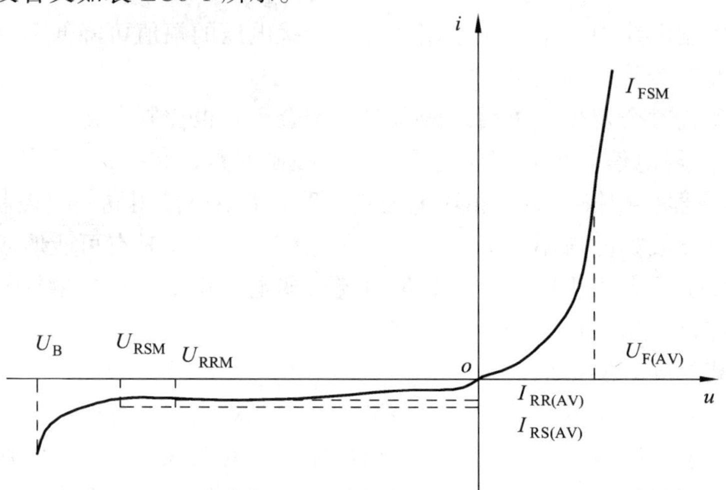

图 LC6-1 硅整流管的特性参数示意图

表 LC6-1 图中符号所代表的特性参数的名称及定义

特性参数名称	符 号	定 义
额定正向电流	$I_{F(AV)}$	硅整流管在电阻性负载的单相工频正弦半波电路中，在环境温度+40°C 和规定冷却条件下，结温稳定且不超过额定结温时，所允许的最大正向平均电流
正向平均电压	$U_{F(AV)}$	硅整流管通以额定正向平均电流，待结温稳定后，阳极—阴极间电压的平均值
正向峰值电压	U_{FM}	硅整流管通以额定正向平均电流，待结温稳定后，阳极—阴极间电压的峰值
浪涌电流	I_{FSM}	硅整流管通以额定正向平均电流，待结温稳定后，在工频正弦半波周期间能承受的最大过载峰值电流
反向不重复峰值电压	U_{RSM}	不可重复且持续时间不大于 10 ms 的最大脉冲电压
反向重复峰值电压	U_{RRM}	可施加重复率为每秒 50 次且每次持续时间不大于 10 ms 的最大脉冲电压，其值为 80%U_{RSM}
反向不重复平均电流	$I_{RS(AV)}$	对应于 U_{RSM} 的平均漏电流
反向重复平均电流	$I_{RR(AV)}$	对应于 U_{RSM} 的平均漏电流

2. 单相桥式整流电路及其直流输出波形

如图 LC6-2 所示，单相桥式整流电路由四个二极管组成。

当 U_2 为上正下负时，电流经 D_1、R、D_3、U_2 形成回路。D_2、D_4 受反压截止，电阻两端的电压波形与 U_2 电压波形一致，为正半周的正弦波。

当 U_2 为上负下正时，即交流电的负半周时，电流经 D_2、R、D_4 形成回路，D_1、D_3 受反压截止，电阻两端的电压波形与 U_2 电压波形一致，为负半周的正弦波。

这样通过四个二极管就可以将交流电变换成脉动的直流电。

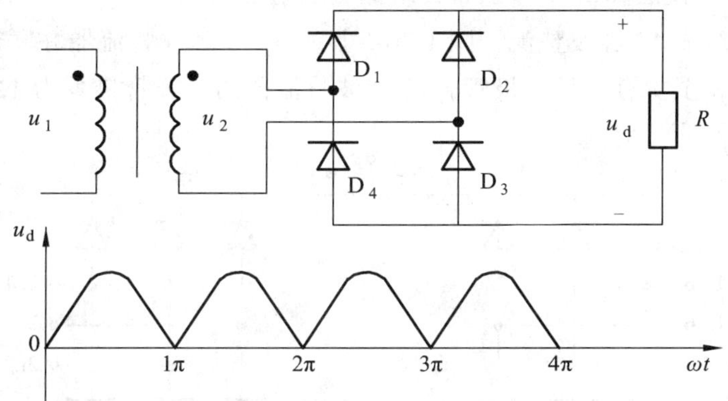

图 LC6-2 桥式整流电路及其输出波形

3. 三相桥式整流电路

从单相桥式整流电路可以看出，其输出的直流电压脉动很大，与直流电的波形要求相差甚远，为了改善直流脉动系数，一般采用三相整流或增加滤波装置。

三相桥式整流电路如图 LC6-3 所示。由六个二极管组成，三个阴极相连的 D_1、D_3、D_5 称为共阴组，三个阳极相连的 D_6、D_2、D_4 成为共阳组，R 为负载电阻，整流二极管利用交流电线电压的交变，实现自然换相，将三相交流电变换成六脉波脉动的直流电。三相桥式整流电压输出波形如图 LC6-4 所示。

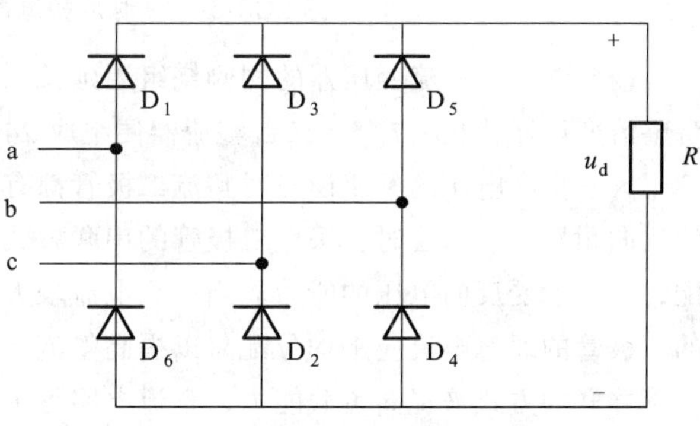

图 LC6-3 三相桥式整流电路

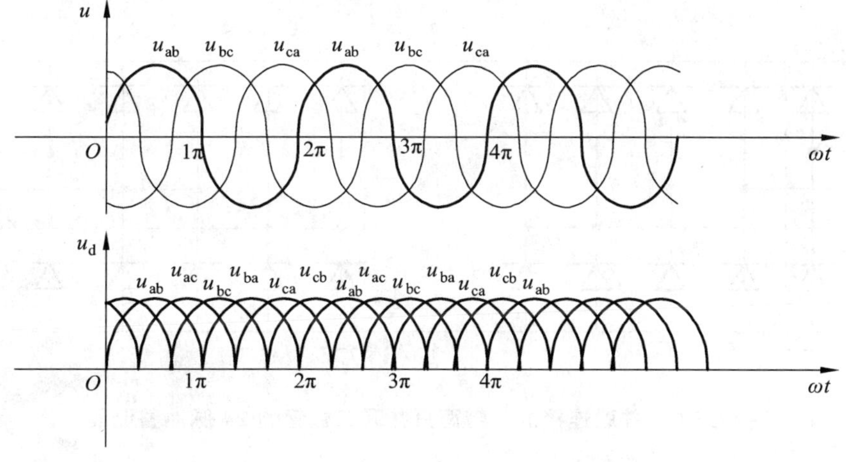

图 LC6-4 三相桥式整流电路输出波形

4. 十二相、二十四相整流电路

我们知道利用变压器接线组别的不同，可以获得不同相序的线电压。整流变压器两组高低压绕组分别为△/△接法和△/Y 接法，二组低压绕组之间相位差 30°引入整流器，两个三相桥式整流电路并联组成 12 脉波整流。图 LC6-5 显示了 12 脉冲整流器并联连接的基本排列，在阴极和阳极侧每相至少有一只二极管，12 脉波整流器的二极管最少为 12 个。

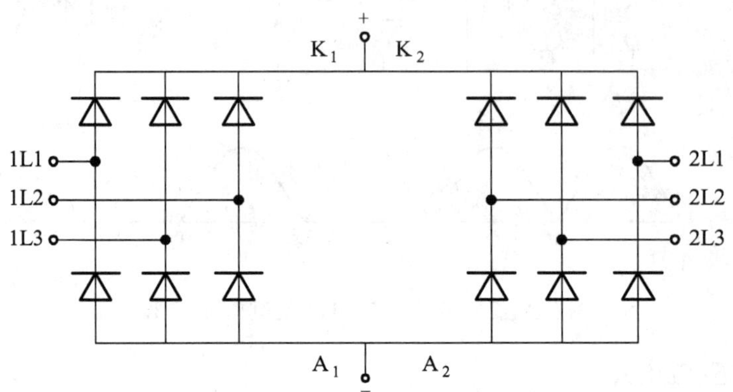

图 LC6-5　12 脉冲整流器并联连接基本排列

两台并联的整流变压器的网侧绕组用延长三角形接线，一台整流变压器移相+7.5°，另一台整流变压器移相 – 7.5°，二台整流器便组成 24 脉波整流。

大容量高电压的整流设备对整流二极管都有特殊的要求。当遇到整流电压较高，二极管的反向耐压无法承受时，采用二极管的串联方式连接，要求串联的二极管的反向电压平均分配，提高承受反向电压的能力。当遇到电流较大的情况，采用二极管的并联连接，要求并联的二极管的通态电流应平均分配，以提高整流器的负载能力。城轨牵引采用的整流器是用二极管并联的方式来提高负载能力，整流电路每个桥臂由 2 个或 3 个正向峰值压降值相近的平板压接式整流管并联，以获得相近的电流分配。整个整流电路共有 24 个面接触平板式环氧封装的整流二极管。图 LC6-6、图 LC6-7 为一台整流器中的二极管布置图。

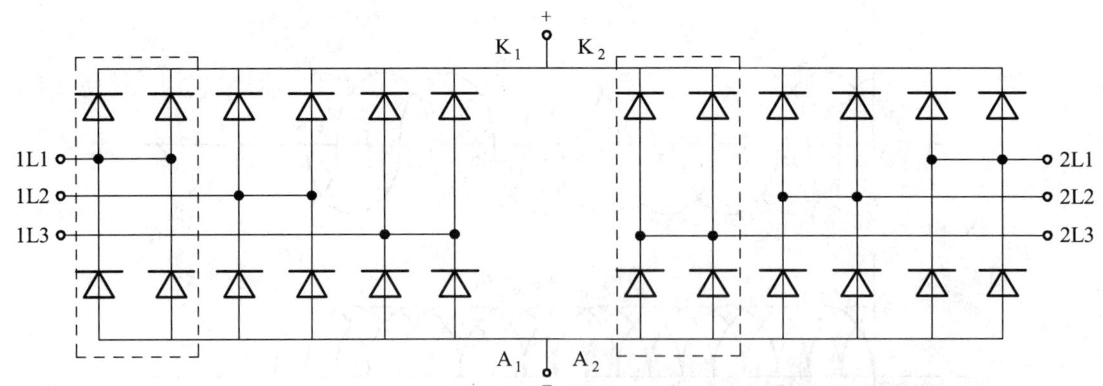

图 LC6-6　并联连接的，带两只并联二极管的 24 脉冲整流器

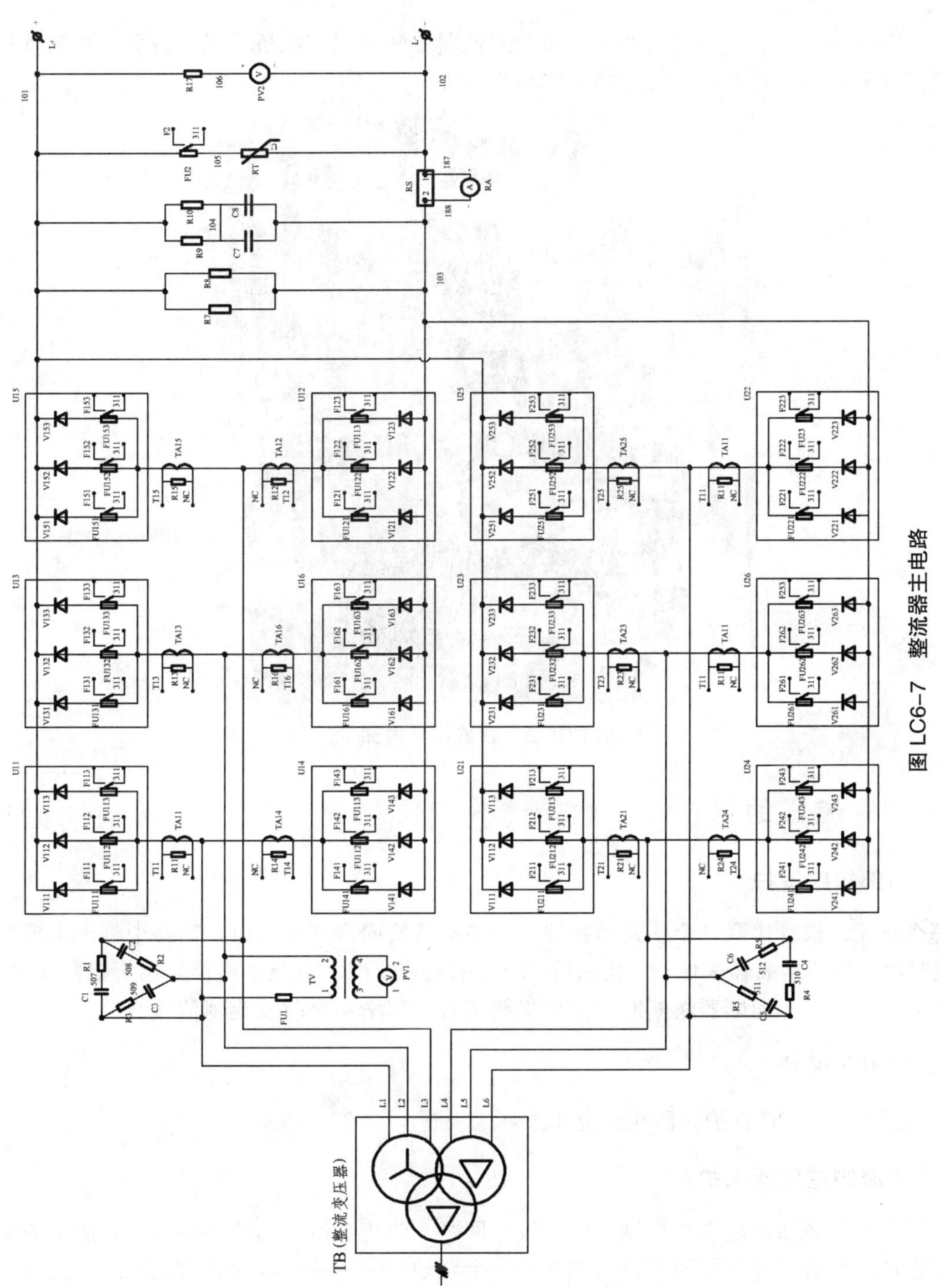

图 LC6-7　整流器主电路

二、整流器柜结构

图 LC6-8 为整流器柜内部的视图。每台整流器由两个三相电桥组成，每个三相电桥与相应整流变压器输出两路电压系统中的一路相连，分别为 1L1、1L2、1L3；2L1、2L2、2L3。

图 LC6-8 整流器柜内部

三、整流器的保护

1. 内部短路保护

每个整流二极管串联一个快速熔断器，当二极管反向击穿短路时，回路中将产生短路电流，此时由二极管熔断器来保护。快速熔断器带有接点，熔断后能给出信号用于报警或跳闸。当一个臂内只有一个熔断器熔断时，发出报警信号，超出一个时发跳闸信号。

2. 过电压保护

在直流侧并联 *RC* 保护，防止过电压损坏二极管。

3. 交流侧过电压保护

在交流侧加装 *RC* 过电压抑制回路和放电回路，防止直流快速断路器开合时产生的操作过电压损坏二极管，并在整流器输出端并联一个压敏电阻，抑制残余的过电压。

4. 直流侧过电压保护

在直流侧加氧化锌压敏电阻，把交流侧过电压抑制在两倍额定电压以内，防止交流侧开关操作或变压器感应产生过电压损坏二极管；另加装 *RC* 过电压抑制回路和放电回路。

5. 温度保护

在整流器条形散热器上端设置温度继电器，用于监视二极管散热器的温度。当散热器温度超过 130 °C 时，温度继电器的常开触点闭合，发出报警信号。

6. 短路后备保护

整流器使用桥臂串联的电流互感器作短路后备保护，当发生短路时，如果快速熔断器不能及时断开，则通过电流互感器发出跳闸信号。

7. 逆流保护

在整流器每个桥臂装设一个电流互感器，当桥臂支路整流元件击穿出现逆向电流时，熔断器出现故障未熔断，作为后备保护的电流互感器给出逆流保护跳闸信号。

四、压敏电阻器

1. 压敏电阻器的结构特性

压敏电阻器与普通电阻器不同，它是根据半导体材料的非线性特性制成的。普通电阻器遵守欧姆定律，而压敏电阻器的电压与电流则呈特殊的非线性关系。当压敏电阻器两端所加电压低于标称额定电压值时，压敏电阻器的电阻值接近无穷大，内部几乎无电流流过。当压敏电阻器两端电压略高于标称额定电压时，压敏电阻器将迅速击穿导通，并由高阻状态变为低阻状态，工作电流也急剧增大。当其两端电压低于标称额定电压时，压敏电阻器又能恢复为高阻状态。当压敏电阻器两端电压超过其最大限制电压时，压敏电阻器将完全击穿损坏，无法再自行恢复。

2. 压敏电阻器的作用

过电压保护、防雷、抑制浪涌电流、吸收尖峰脉冲、限幅、高压灭弧、消噪、保护半导体元器件。

子模块 LC7　直流开关设备

一、直流开关设备的发展

随着中国经济的飞速发展和轨道交通技术的成熟，越来越多的中国一、二线城市开始修建地铁、轻轨等轨道交通，轨道交通行业欣欣向荣。直流开关柜是城轨直流供电系统中重要的一环。目前国内的直流开关柜基本上都是引进国外的技术，国内的直流开关柜还处在起步阶段。国内份额最大的直流开关柜生产商是大全赛雪龙，依托瑞士赛雪龙的成熟技术，大全赛雪龙在国内直流开关柜的占有率很高，其他如西门子、上海电气成套（庞巴迪）、上广电（GE）、广州白云电气（FKI）等共同瓜分运营线路的其他份额，维修线和试验线的市场份额则被国内的一些大型开关柜生产厂家占有，如苏州万龙、株洲南车时代、沈开、川开和上海立新等。

二、直流开关设备的作用

直流开关设备为标称工作电压 DC 1 500 V 及以下、户内安装、空气绝缘的金属封闭式成套设备。它主要用来使直流电路在正常负荷下接通和断开，以及在短路时切断短路电流，其主要用于直流牵引供电系统的直流电能分配，实现对馈线，接触网或接触轨等设备的测控、保护和上位监控设备的总线通信。

三、直流开关设备的组成和分类

通常轨道交通的供电系统是 35 ~ 38 kV 高压交流电通过变压器和高负荷牵引整流器转换为 1 500 V 或 750 V 的直流电压，然后将直流电压引入直流开关柜，通过开关柜分配到各个输电轨或者顶部接触网供电系统对机车进行供电。

1. 直流开关柜的分类

直流开关柜按照用途可以分为：进线柜、馈线柜、负极柜三种基本类型。目前主流的直流开关柜的额定工作电压 DC750 V 及 DC 1 500 V，额定工作电流为 6 000 A 及 6 000 A 以下。直流系列开关设备按结构分类，可分为两大类：

（1）由断路器手车组成的抽出式开关柜；

（2）由隔离开关组成的固定式开关柜。

2. 直流开关柜的主要组成部件

（1）开关柜体；

（2）断路器；

（3）分流器；

（4）隔离变送器；

（5）终端保护。

直流开关柜属于快速开断设备，它是空气绝缘、户内安装的封闭分隔式成套设备。开关柜由一系列标准化单元组合，开关柜内按用户要求可隔成不同的功能小室，功能小室通常有低压控制室、断路器手车室、主母线室。一次电缆室、隔离开关室等。直流高速断路器主要用来使直流电路在正常负荷下接通和断开，以及在短路时切断短路电流。直流高速断路器和交流断路器相似，一般由导电部分、灭弧部分、操作和传动部分等组成。触头系统一般分为二级，动、静触头上覆有银复合材料，弧触头及弧杆为铜制且易于更换，弧触头通过编织铜带接到主触头上。断路器“分”、“合”时，主动触头动作在先，不会被电弧灼损，电弧迅速通过弧触头引弧杆引向灭弧室，受损的仅是弧触头及引弧杆，它们可定期方便地予以更换。

四、SITRAS 8MF 型直流开关柜

1. 概　述

SITRAS 8MF 750 V 直流开关柜为户内型金属封闭式开关柜，用于直流牵引供电系统直流电能的传输和控制。开关柜具有 IP32 的防护等级，由断路器手车室、母排电缆室和低压元

件室和测试元件室等组成。如图 LC7-1 所示。

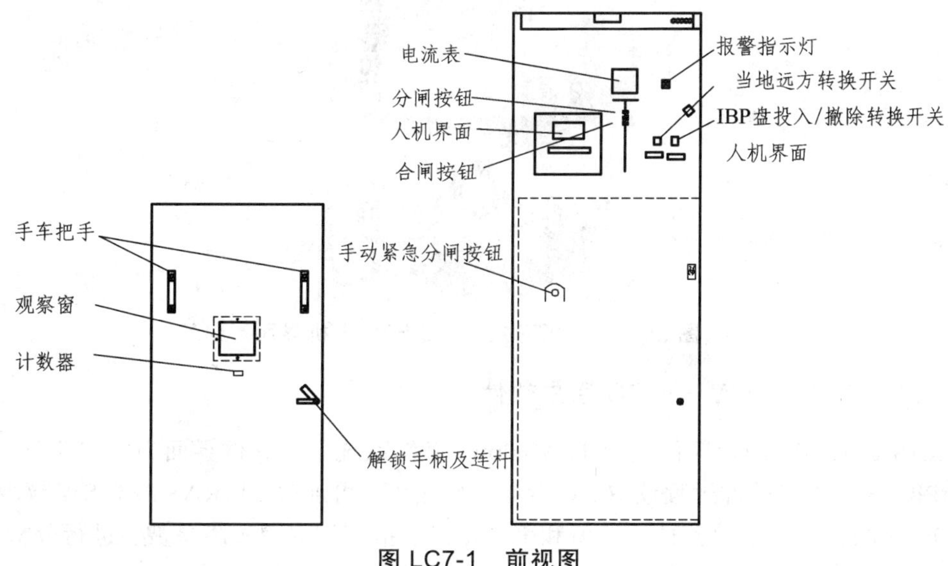

图 LC7-1　前视图

柜体后封板可快速开启，卸去后板（可用钥匙锁定）可以接触到需要维护和检修的部分（母排电缆室），这些部位均设有明显的警告标识，并安装绝缘板。

2. 开关柜体

750 V 直流开关柜为金属封闭式结构，高、低压室间采取电气或光电隔离，低压室为金属全封闭结构，以防高压回路对低压控制回路的干扰。所有的直流快速断路器均提供直接瞬时脱扣器和间接快速脱扣器，进、馈线柜断路器可互换。断路器为电保持型。主母排系统额定电流达 6 600 A，采用高强度绝缘子支撑。

五、SITRAS 8MF 直流开关柜主要元件

1. 快速断路器手车

断路器手车配置瑞士赛雪龙 UR40-81S 直流快速断路器，可安置于下述三个位置："工作"位置；"试验"位置；"移出"位置。如图 LC7-2 所示。

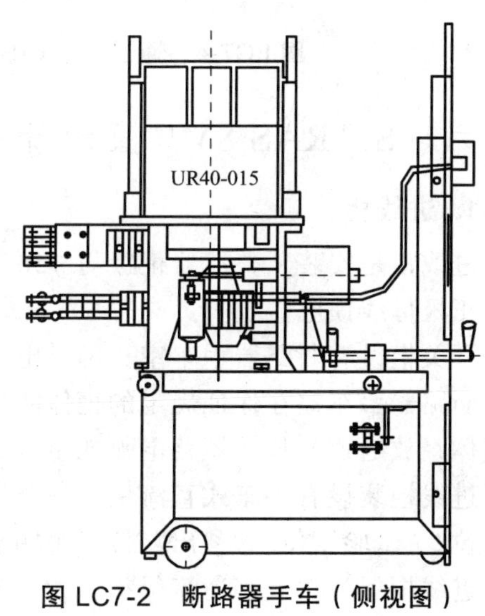

图 LC7-2　断路器手车（侧视图）

2. 微机测控保护装置及二次回路基本性能

馈线开关柜采用数字综合保护控制装置 SITRAS PRO，进线开关柜采用 SIMATIC S7 系列 PLC。SITRAS PRO 保护控制单元人机界面系统为中文菜单显示，可显示主接线图并可修改，所有显示指示灯定义和功能键定义均可设置。

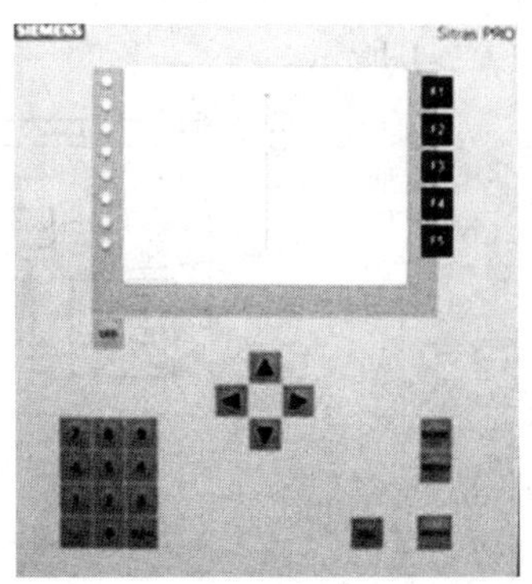

图 LC7-3　SITRAS PRO HMI 人机界面

3. SITRAS PRO SW——PC 用户软件

SITRAS PRO SW 用户软件安装于 Windows 操作系统下，软件界面为中文菜单。可通过 SITRAS PRO SW 用户软件远程读取、设置参数整定值。可通过 SITRAS PRO SW 读取存储在 SITRAS PRO 保护单元中的各种测量值和事件记录、报警记录、故障录波，进行分析、处理。如图 LC7-4 所示。

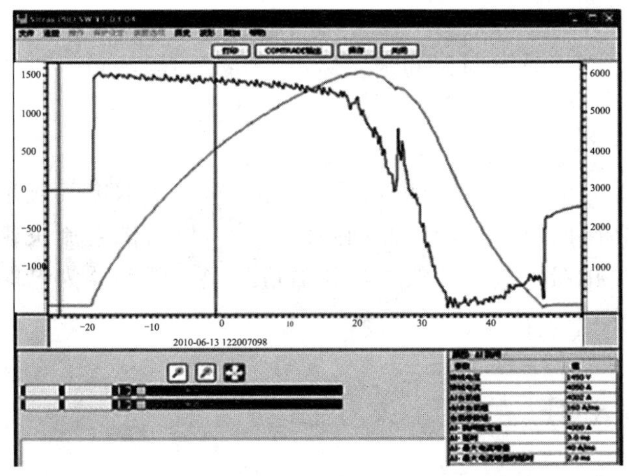

图 LC7-4　通过 SITRAS PRO SW 软件下载的故障波形示意图

六、SITRAS 8MF 直流开关柜配置

1. 进线柜

进线柜是安装于整流器正极与 750 V 正极母线间的开关设备，实现由整流机组向 750 V 直流正极母线馈电。

开关柜设有断路器手车室、母排电缆室、低压元件室。

断路器手车室在保证规定的柜体防护等级的前提下，顶部装设带有网孔的顶板，形成压力气体释放通道，释放短路电弧能量，保护系统不受损坏。

进线柜装设有手车式直流快速断路器，手车能方便地拉出和推入。断路器手车具有“工作”位、“试验”位、“移出”位三个明显位置。

进线柜保护功能：逆流保护；大电流脱扣保护。

2. 馈线柜

馈线柜安装于750 V正极母线与接触轨上网隔离开关之间，实现750 V直流母线向接触轨馈电的控制和保护。

开关柜设有断路器手车室、母排电缆室、测试元件室、低压元件室。

馈线柜保护功能包括以下几个方面：过流保护（I_{max}）；电流增量保护（ΔI）；电流上升率保护（di/dt）；定时限过流（I_{DMT}）；低电压保护（U_{min}）；过电压保护（U_{max}）；双边联跳保护；接触轨过负荷保护；大电流脱扣保护。

故障录波功能：故障录波可记录电流、电压等模拟量信号，录波数据可以以波形方式输出。可存储的录波长时间为68.26 min，当采样间隔设为0.1 ms时，总的记录时间为409.6 ms，故障后记录时间为10 ~ 180 ms（可整定）。

3. 负极柜

负极柜是连接于整流器负极与回流钢轨之间的开关设备，柜内装设2台电动隔离开关，可实现远动操作。

保护功能（逻辑如图LC7-5所示）如下：

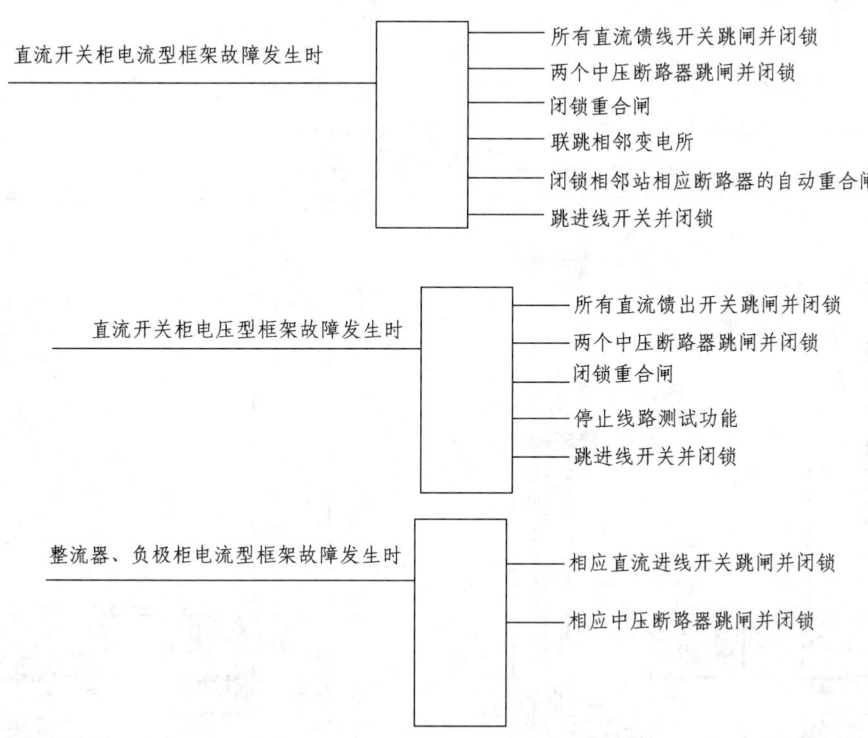

图LC7-5 框架保护启动跳闸开关

全所设两套低阻抗框架泄漏保护装于负极柜内。框架泄漏保护由两套电流元件（包括电流采集装置）和一套共用的电压元件组成；一套电流元件用750 V开关柜保护，另一套电流元件用于整流器柜及负极柜保护。耐受容量满足50 kA、250 ms的要求，电压元件可当地投入/切除，并可分别整定为报警和跳闸二段。框架保护动作跳闸后，闭锁被跳开的断路器（馈线、进线、相应35 kV断路器）的合闸，只有当故障消失，复归当地框架保护后，断路器才能合闸。报警和跳闸值及其他参数可通过装于柜门上的人机界面 SIMATIC TP177 进行整定。

七、SITRAS 8MF 直流开关柜操作

（一）断路器柜（进线柜、馈线柜）

1. 断路器手车位置

1）“工作”位

当断路器手车处于“工作”位时：开关柜一次回路、二次回路均连通，在满足相应联锁条件的情况下，可以进行分、合闸操作。如图 LC7-6 所示。

断路器主触头与母排上主触头连接良好，线路测试回路触头连接良好。

开关柜下部断路器手车室的门与上部低压室的门均可关闭，构成开关柜完整的前部面板。断路器手车室柜门可挂锁。

在断路器手车室柜门上设有断路器手车位置指示（一个突出约 5 mm 的红针），此时红针收回到断路器手车室内部时，在开关柜外部无法看到红针，表示断路器手车在“工作”位。

2）“试验”位

当断路器手车处于“试验”位时：开关柜一次回路断开，二次回路连通，在满足相应联锁条件的情况下，可以进行相应的操作。如图 LC7-7 所示。

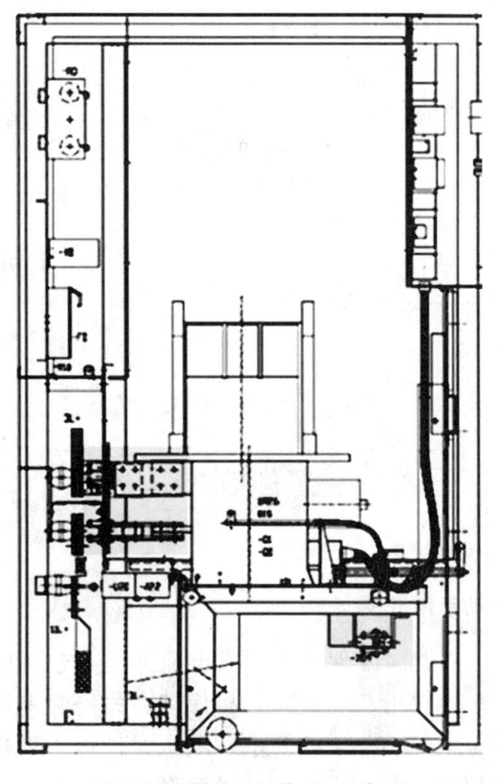

图 LC7-6 “工作”位示意图

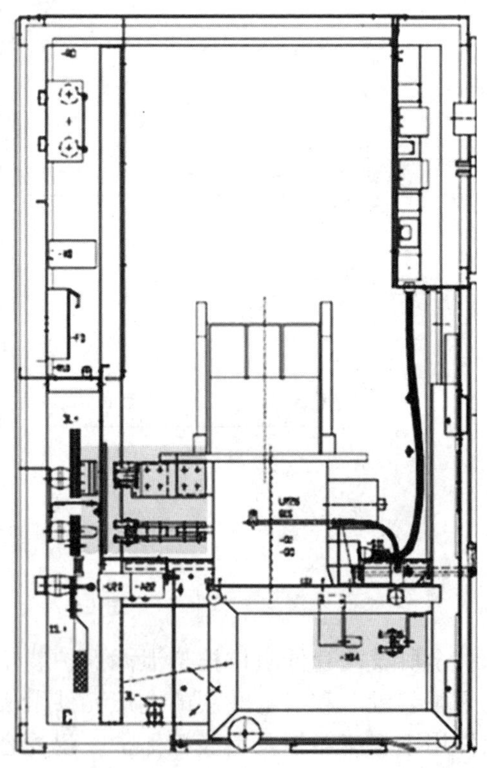

图 LC7-7 “试验”位示意图

断路器主触头与母排上主触头断开连接，线路测试回路触头断开连接。

断路器手车从“工作”位置被向外拉出约 90 mm，但仍然位于开关柜内，柜门可用挂锁锁住。

断路器手车室与主母排及电缆室通过透明绝缘板隔离，绝缘板可加挂锁固定。

此时，指示断路器手车位置的红针露出断路器手车室柜门约 5 mm，在开关柜外部可以看到红针，表示断路器手车在“试验”位。

3）“移出”位

当断路器手车处于“移出”位时：开关柜一次回路、二次回路均断开，不能进行操作。断路器手车被从固定柜体部分完全拉出。如图 LC7-8 所示。

从断路器手车上取下控制电缆航空插头。

断路器手车室与主母排及电缆室通过透明绝缘板隔离，绝缘板可加挂锁固定。

将断路器手车完全拉出开关柜后，手车室柜门可以关闭并可用挂锁锁住。

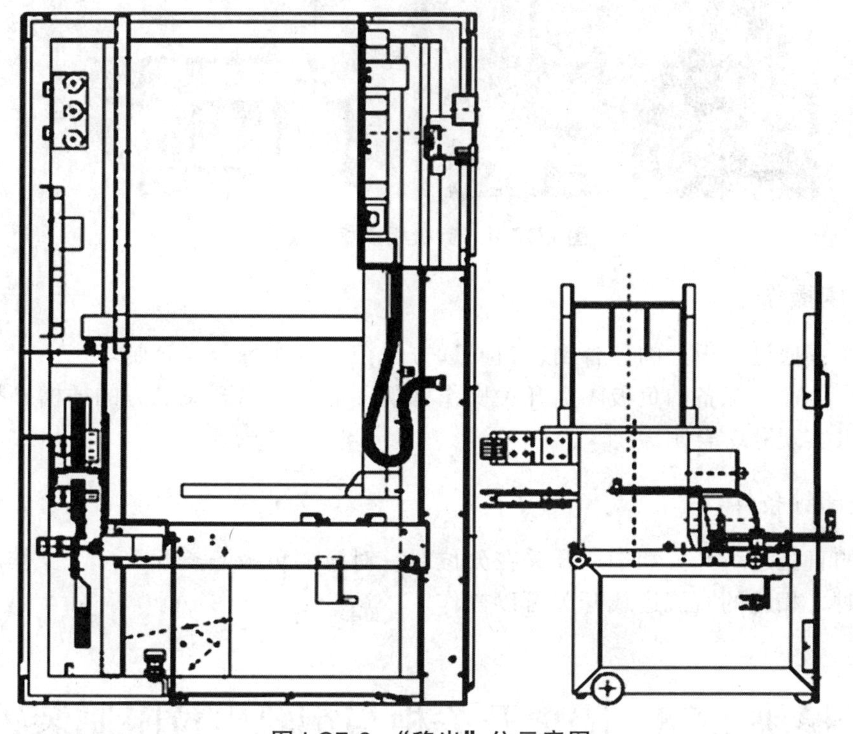

图 LC7-8 “移出”位示意图

2. 机械联锁条件

只有当直流快速断路器处于分闸位置时，才能将断路器手车“试验”位推至“工作”位。

在“工作”位和“试验”位时，控制电缆航空插头不能被拉出，在这些位置时，操作人员无法接触到航空插头。只有在快速断路器处于分闸位置时，才能将断路器手车自“工作”位拉出至“试验”位。

（二）负极柜

负极柜面板上布置有负极柜总回流电流表：0 ~ 12 000 A 负极柜总回流电流表、0 ~ 800 A

隔离开关分、合闸按钮当地、遥控转换开关、电压型框架投入、撤除转换开关、加热器手动、自动转换开关、温湿度控制器。如图 LC7-9 所示。

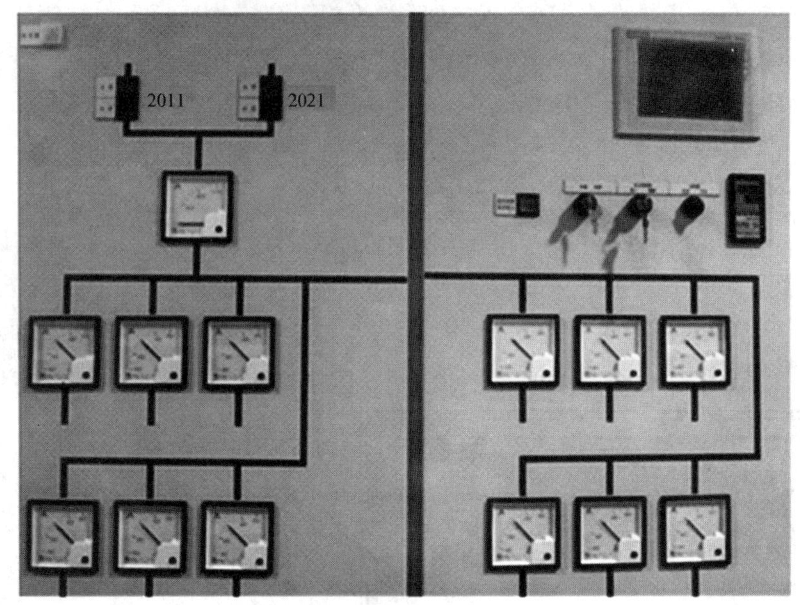

图 LC7-9 负极柜面板布置

1. 分合闸操作

电气操作：通过面板上的分合闸按钮或远方遥控命令实现分、合闸。

机械操作：通过配备的负极隔离开关操作手柄，插入隔离开关前方的插槽，按指示方向进行旋转即可实现分、合闸。

2. 联锁闭锁条件

当对应的直流进线开关和中压开关在分位时，对应的负极隔离开关可以操作。负极隔离开关在合位时，相应的直流进线开关可以操作。

子模块 LC8 隔离开关柜与钢轨电位限制装置

一、隔离开关柜

（一）概 述

隔离开关柜安装于变电所内、区间、车辆段等，用于连接直流馈线开关柜和接触轨，实现电能向接触轨的馈送。

隔离开关柜按操作方式可分为电动隔离开关柜和手动隔离开关柜。

主要参数：

系统额定电压：DC750 V；

系统最高工作电压：DC900 V；

系统最高电压（再生制动时短时电压）：DC1 000 V；

系统持续额定电流：DC4 000 A。

（二）柜型结构

1. 电动隔离开关柜

电动隔离开关安装在开关柜柜体内，安装分为两种型式：一种是三台连接安装，其中两边两台为正线牵引变电所馈电上网开关，中间一台为联络开关（越区开关）；另一种是单台安装，为正线与停车场电分段处、正线与车辆段电分段处，停车场、车辆段牵引变电所馈电上网开关。如图 LC8-1 所示。

开关柜采用正面检修方式，开关柜外壳防护等级为 IP55。

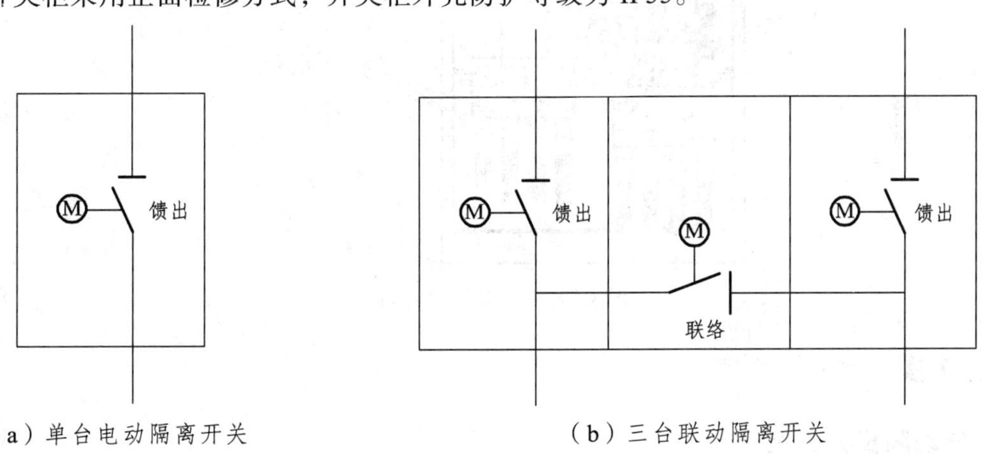

（a）单台电动隔离开关　　（b）三台联动隔离开关

图 LC8-1　电动隔离开关

2. 手动隔离开关柜

手动隔离开关柜分为两种类型，一种是普通手动隔离开关柜，柜内设单台隔离开关，主要用在正线存车线、车辆段库外、库内电源引入；另一种为带接地刀闸的手动隔离开关柜（又称为检修开关柜），柜体内增设一台接地刀闸，主要用于停车列检库内股道端头。如表 LC8-1 所示。

表 LC8-1　手动隔离开关

序号	地点	规格	接线图	备注
1	正线存车线、车场库外和库内	手动隔离开关柜		户内、户外型 4 000 A
2	停车列检库内股道端头	带接地刀闸的手动隔离开关柜		户内型 2 150 A

开关柜采用正面检修方式，开关柜外壳防护等级为 IP55。

3. 电缆连接

电力电缆和控制电缆必须从柜体底部预留的电缆开孔接入。如图 LC8-2 所示。

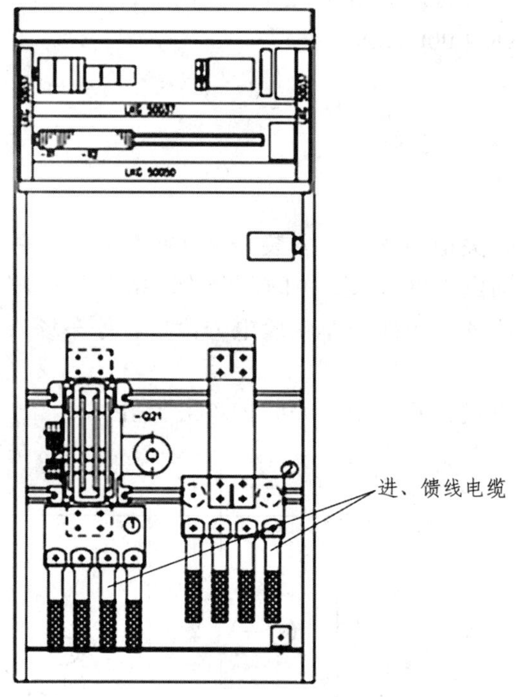

图 LC8-2 电缆连接图

（三）操 作

1. 电动隔离开关柜

上网隔离开关柜面板布置有第 3 轨有压指示灯、电压表：0 ~ 1 000 V、分合闸按钮、本地、遥控转换开关。如图 LC8-3 所示。

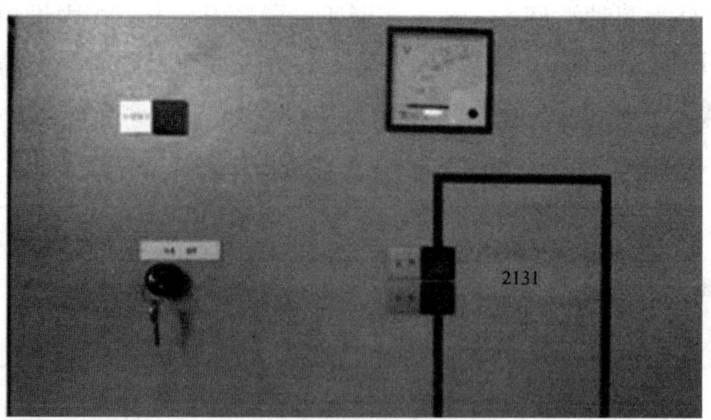

图 LC8-3 上网隔离开关柜面板布置图

2. 联络（越区）隔离开关柜

联络（越区）隔离开关柜面板布置有报警指示灯、湿度控制器、分合闸按钮、本地、遥控转换开关、加热器手动、自动转换开关。

3. 分、合闸操作

电气操作：在满足联锁闭锁条件下，可通过开关柜面板上的分合闸按钮或远方遥控命令进行分合闸操作。

机械操作：通过配备的隔离开关柜手动操作手柄，插入隔离开关前方的插槽，按指示方向进行旋转即可实现分、合闸操作。

4. 联锁闭锁条件

馈线断路器分位，则对应的上网隔离开关可以操作。

上网隔离开关在操作中时，对应的馈线断路器不可以操作。

本站相应供电区间的两台上网隔离开关分闸且相应三轨区间无压时，纵联（越区）隔离开关可以操作。

5. 手动隔离开关柜

手动隔离开关柜正面设观察窗，可观察隔离开关分、合闸位置。如图 LC8-4 所示。

柜内设操作手柄，向上推动手柄可使开关合闸；向下拉动手柄可使开关分闸。开关在合位、分位可加挂锁锁定。

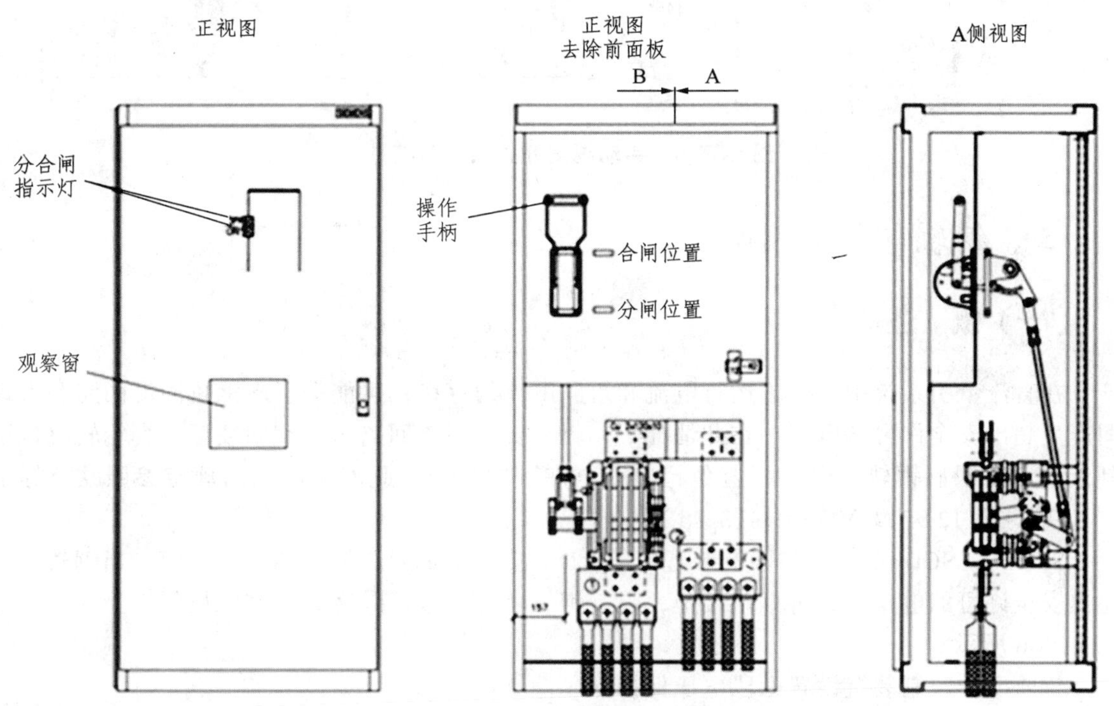

图 LC8-4　手动隔离开关柜

6. 手动带接地刀闸隔离开关柜

手动隔离开关柜侧面设观察窗，可观察隔离开关分、合闸位置。如图 LC8-5 所示。

柜内设操作手柄，向上推动手柄可使开关合闸；向下拉动手柄可使开关接地。开关在合位、接地位可加挂锁锁定。

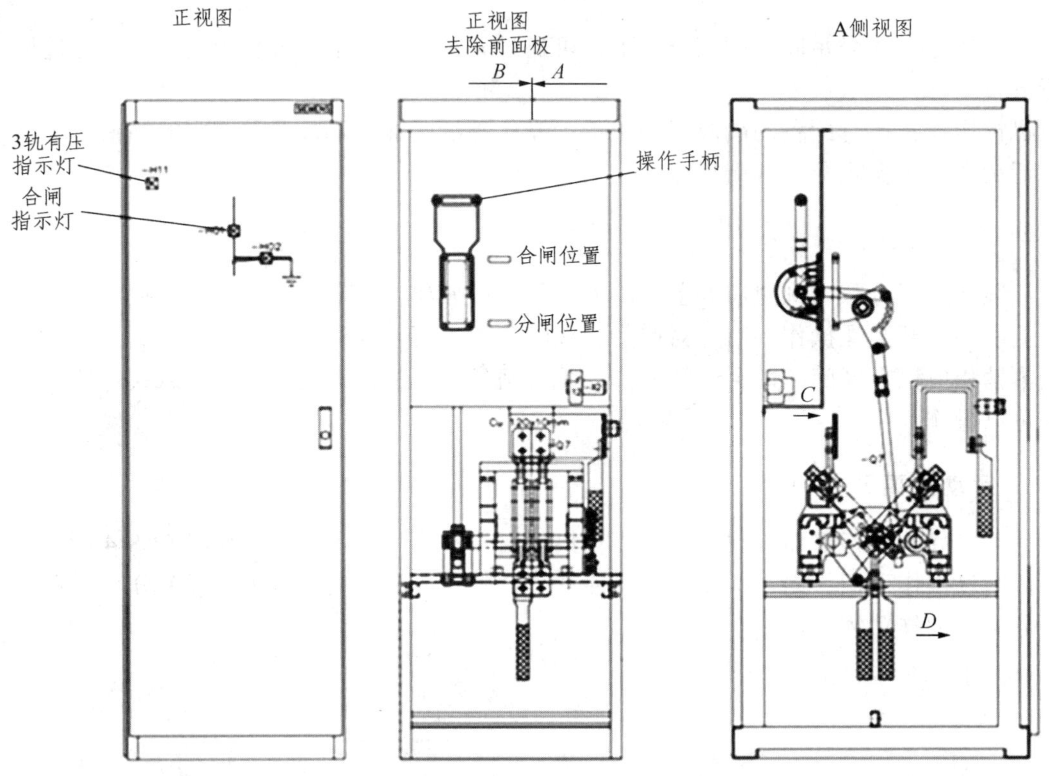

图 LC8-5 手动隔离开关柜（带接地）

二、钢轨电位限制装置

（一）概 述

在直流牵引系统中，由于运行电流和短路电流的存在，可能会引起钢轨回流回路和大地间产生超出安全许可的电压。在此情况下，就需要在回流回路与大地间装配一套钢轨电位限制装置，以限制钢轨的电位，避免超出安全许可的范围（此安全电压的规定参照欧洲标准 EN50122-1，12.97 及 VDE011-T3，12.97 标准）。

SITRAS SCD 钢轨电位限制装置（RVLD）接在车站回流钢轨和大地之间，当钢轨电位超出安全许可的电压时，将钢轨接地，限制钢轨电位，保证乘客和工作人员的人身安全。如图 LC8-6 所示。

钢轨电位限制装置设置三段电压保护：

第一段（延时短接），U>动作电位：DC 25 ~ 250 V 可调；

第二段（延时短接），U>>动作电位：DC 25 ~ 250 V 可调；

第三段（无延时短接，晶闸管导通），*U*>>>动作电位：DC 120 V、240 V、360 V、480 V、600 V 可调。

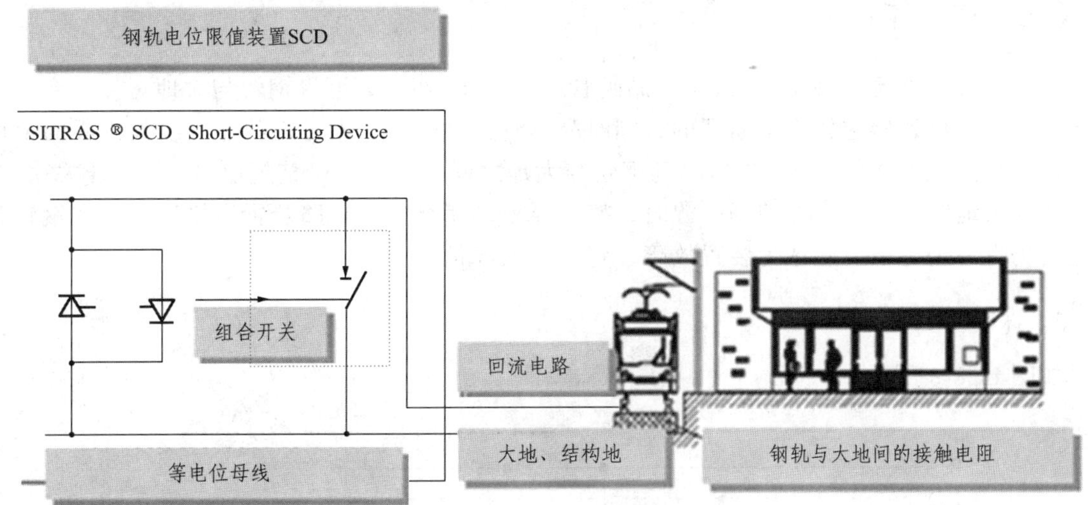

图 LC8-6　钢轨电位限制装置工作原理

（二）结构和组成元件

主要元件：直流接触器、晶闸管组、SIMATIC S7-200 控制单元、人机界面显示单元 TD400C、操作计数器、“闭锁/复位”带灯按钮、直接合闸按钮、“分闸”指示灯（绿色）、“合闸”指示灯（红色）、“故障”指示灯（黄色）、“电源”指示灯（蓝色）、湿度控制器。如图 LC8-7 所示。

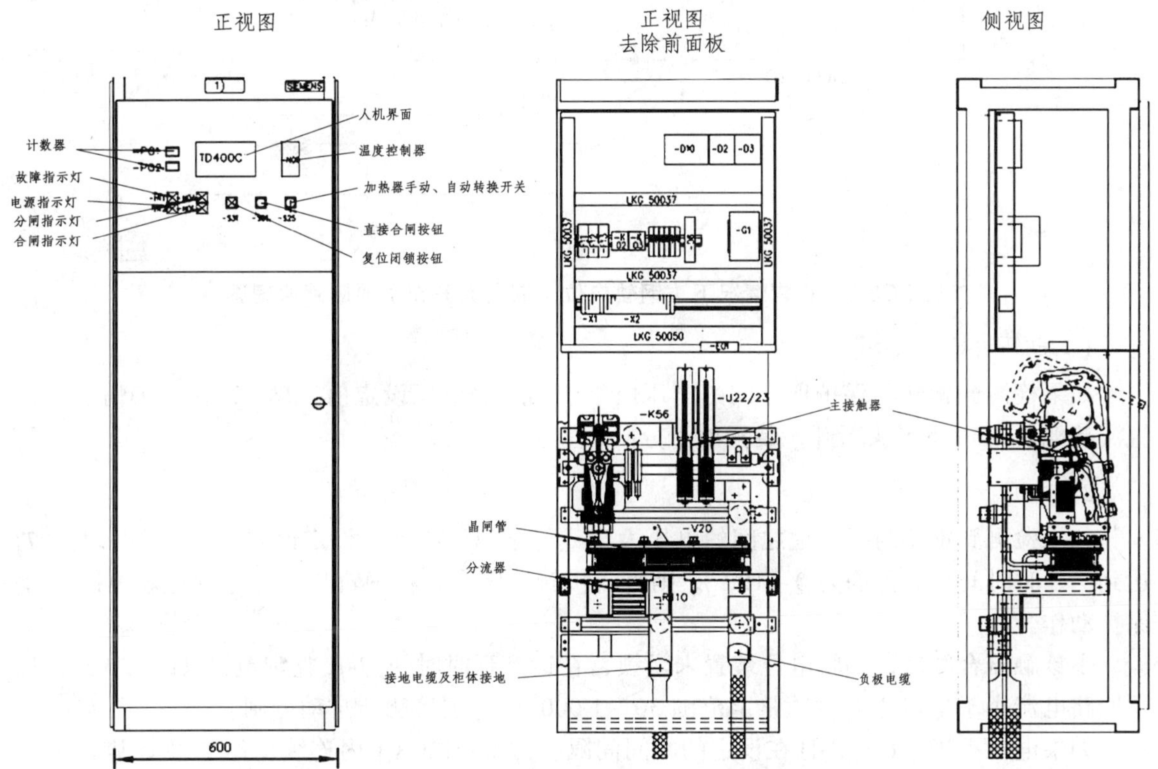

图 LC8-7　钢轨电位限制装置前视图

（三）功　能

复合开关由直流接触器（K56）和晶闸管组（V20）组成，可将钢轨与大地短接。在正常情况下，直流接触器主触头是断开的，同时晶闸管元件也处于不导通状态。在人机界面上可显示钢轨与大地之间的电压。当检测到钢轨与大地之间的电压大于整定值时，复合开关动作，将钢轨与大地短接。当失去控制电源时，接触器自动闭合。当短路装置短接后，若在钢轨和大地间仍有一定电压，则认为装置故障，将发出故障信号。

1. 保护功能

如图 LC8-8 所示。

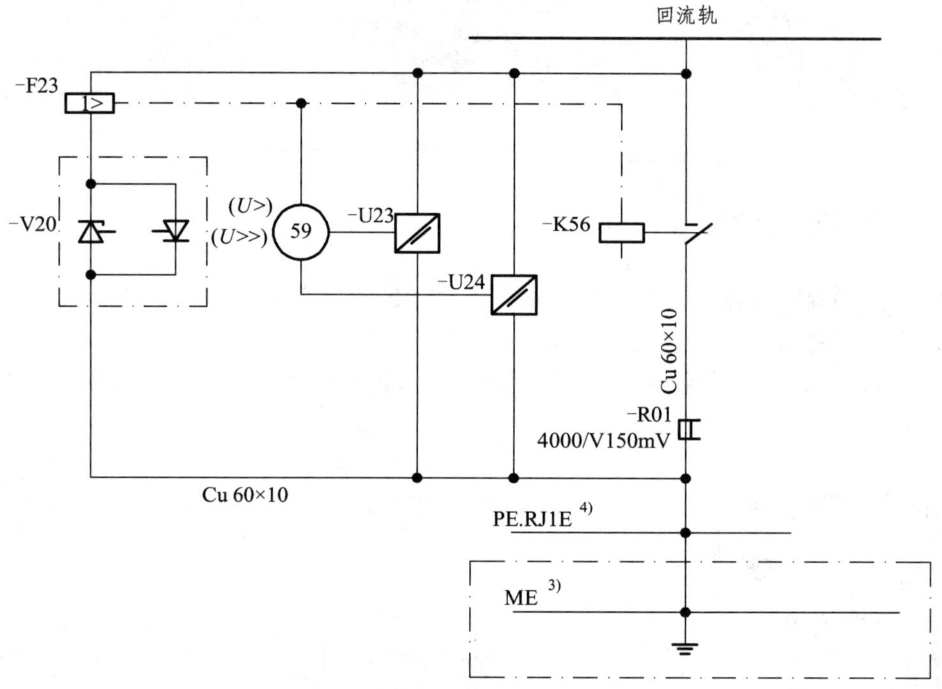

图 LC8-8　正常情况下（钢轨电位限制装置开断）的回路原理图

1）电压小于“U>”

如果检测到钢轨与保护地之间的电压值小于第一级电压设定值“U>”，在这种情况下，直流接触器 K56 主触头断开，装置处于分闸位置。

2）电压大于或等于“U>”

如果检测到钢轨与保护地之间的电压大于或等于第一级电压设定值“U>”，延时时间 T_1 达到（延时时间整定范围为 0～10 s），则直流接触器闭合，将钢轨与大地进行有效短接，U> 保护动作。

主接触器合闸后，如轨电位装置未闭锁，在达到延时时间 T_2（整定范围 0～120 s），且主回路电流小于整定值 I_1 时（整定范围 30～1 000 A），主接触器自动分闸。

如果电压大于“U>”，且在设定的时间间隔 T_3（0～120 s）内连续动作 3 次，则轨电位装置闭锁，接触器不再分开，直到复位闭锁后才能分闸。

3）电压大于或等于“*U*>>”

如果检测到钢轨与保护地之间的电压大于或等于“*U*>>”整定值，直流接触器合闸并闭锁。

4）电压大于或等于“*U*>>>”

当钢轨与保护地之间的电压差大于第三级设定值“*U*>>>”时，钢轨电位限制装置触发板直接触发晶闸管回路导通，快速将钢轨与地短接。晶闸管导通后，晶闸管回路电流继电器将动作（设定值为 60 A），主触器合闸并闭锁。

5）主接触器手动直接合闸

通过按钢轨电位限制装置面板上的直接合闸按钮，可直接命令主接触器合闸并闭锁，直到按下复位闭锁按钮后可恢复开断。

6）控制电源故障

钢轨电位限制装置的控制回路采用闭环原理，保证一旦控制电源发生故障，装置会自动将钢轨与大地有效短接。这样，在控制电源发生故障时，人员及设施安全得到了保障。

2. 钢轨电位限制装置动作测试

电压测量回路中的 2 个电压变送器如果测量值相差 20 V 及以上超过 1 s 后或报警电压测量值连续 60 h 低于 10 V 则报警。装置故障报警后，面板上的报警指示灯及人机界面将显示报警信息。

3. 测量和操作回路

钢轨电位限制装置有电压和电流测量回路，测量钢轨和地之间的电位差以及短路装置短接时流过的电流值。

在面板上有嵌入式表计显示测到的电压和电流值。人机界面可用中文显示钢轨电位限制装置状态、电压、电流值。

4. 信号及接口端子

钢轨电位限制装置内设有信号接口端子，接点信号包括钢轨电位限制装置的状态、装置故障/闭锁信号可通过信号接口端子送出。

5. 保护装置

装置设有辅助交流电源的 MCB 保护，一旦电源发生故障，可发出报警信号。装置控制回路辅助电源消失时，直流接触器将自动闭合。

6. 防凝露加热器

钢轨电位限制装置内设有防凝露加热器和湿度控制器。加热器的控制方式可选择为自动控制和人工手动投入的方式。

7. 指示灯

钢轨电位限制装置柜面板前面设有指示灯，显示钢轨电位限制装置的状态、辅助电源的状态。如图 LC8-9 所示。

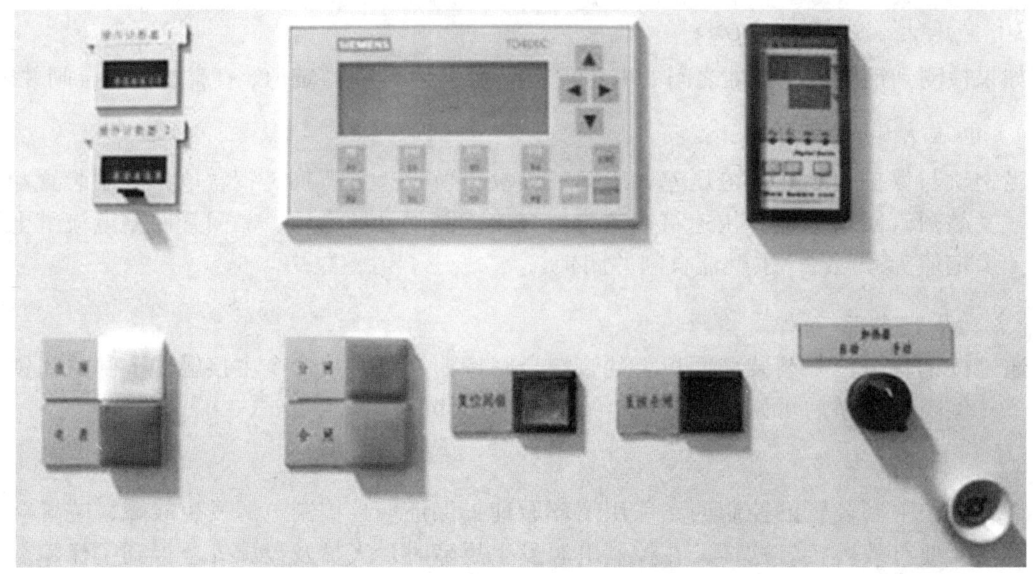

图 LC8-9 钢轨电位限制装置面板布置示意图

8. 计数器

装设两个动作次数计数器。一个为可复归式，量程为 0～99999（5 位）；另一个为不可复归式，量程为 0～999999（6 位），可记录钢轨电位装置动作次数。

9. 辅助电源

装置的辅助电源、加热器采用 AC 220 V。

（四）操　作

钢轨电位限制装置面板布置有操作计数器 1（6 位），操作计数器 2（5 位），可复位人机界面 TD400C、“合闸”指示灯（红色）、“分闸”指示灯（绿色）、“故障”指示灯（黄色）、“电源”指示灯（蓝色）、“复位/闭锁”带灯按钮（白色）、直接合闸按钮、加热器控制开关：可选择加热器手动模式或自动模式、温湿度控制器在分闸状态，可通过直接合闸按钮测试钢轨电位限制装置的分合闸功能。当钢轨电位限制装置闭锁时，带灯按钮“复位/闭锁”亮起。需在当地按下此按钮方复归闭锁状态。

子模块 LC9　400 V 低压配电系统

一、400 V 配电系统

400 V 配电系统根据负荷等级分类直接向车站、区间的低压设备供电，从负荷分类来讲，一、二级负荷占绝大多数，因此 400 V 配电系统的可靠性、保护选择性高。

400 V配电系统包括进线开关、母联断路器、馈出开关、三级负荷总开关、电流互感器、多功能仪表等设备。采用单母线分段连接，设母联断路器，两段母线上的负荷尽量均衡分配，与配电变压器安装容量匹配。每段母线设置一、二级负荷母线及照明、三级负荷小母线。

正常运行时，两个独立的低压进线电源同时供电，两段母线分列运行。当一个低压进线电源失压时，进线开关与母联断路器可实现“自投自复，手投手复”等投入方式。常见低压开关柜为封闭式户内成套设备，其功能为向除电动车辆以外的所有低压用电设备供电，保证各种用电设备安全地、可靠地、连续地运行。

二、分 类

1. 400 V进线柜

接受电能并传递给主母线、配电母线。

2. 400 V母联柜

分段母线之间投切。

3. 400 V馈线柜

馈线引出。

三、保护与测量

400 V 配电系统的第一级和第二级保护开关，具有动作选择性，避免越级跳闸或上、下级同时跳。当发生非正常过流时，保护具有选择性的跳开关。进线开关的过负荷特性与配电变压器允许的过负荷相配合，使得变压器容量得到充分利用，而又不影响运行寿命。400 V进线开关与配电变压器高压侧保护及低压馈线回路保护之间具有良好的动作选择性。

（一）400 V开关柜的配置

400 V进线、母联、三级负荷总开关设三相功能智能测量仪表；400 V照明母线及收费类广告照明、商业开发回路、民用通信、公安通信等馈线设三相智能电度表；其余馈线开关采用显示单相电流数显式电流表计。各测量电流、电压、电度等均为模拟量。

进线开关、母联开关、三级负荷总开关设电动操作机构。

母联开关设置自动投入装置，当进线电压恢复时，母联开关自动撤除，进线开关投入。开关间实现联锁，保证在任何情况下开关不得同时处于合闸状态（当地和远方手动分闸及母线故障不允许母联自动投入）。

（二）400 V开关柜的保护

1. 进线、母联保护

1）400 V进线

400 V进线设有瞬时短路保护（I）、短延时短路保护（S）、过流（长延时）保护（L）和零序（接地）保护（N/G）。

2）400 V 母联保护

400 V 母联设有瞬时短路保护、短延时短路保护、过流（长延时）保护。

2. 馈线保护

由于 400 V 馈线路较长，远端接地故障电流较小，一般短路保护难以满足接地故障保护灵敏度的要求，所以线路末端设备保护采用零序电流保护或漏电保护。

3. 人机界面

（1）低压开关柜的功能单元设有明显的三个位置：工作位置、试验位置和抽出位置。各个位置设有明显的标志。

（2）低压开关柜的面板上设有指示灯，并分别表示断路器的合、分闸位置。

（3）低压开关柜的面板上设置必要的测量表计。

（4）低压开关柜内相同规格的功能单元具有互换性，即使在出线端短路事故发生后，其互换性也不会破坏。

四、400 V 开关柜的主要零部件及性能要求

（一）概　述

断路器（包括框架断路器和塑壳断路器）及一、二次插接件等主要部件以西门子公司的产品为主流。开关柜内的材料为阻燃和不燃的优质产品。为满足初期、近期、远期等不同阶段用电负荷的调整和变化，框架式开关的脱扣整定电流采用现场可调型，并有宽阔的电流和时间调节范围。为便于开关电器上下级保护的配合和方便管理，低压开关柜内的框架开关、塑壳开关为西门子公司 SIVACON-8PV 低压开关柜。如图 LC9-1 所示。

图 LC9-1　400 V 开关柜

（二）低压交流框架式断路器

低压交流框架式断路器主要用于主进线、母线分段断路器及馈出电流大于630 A的回路。其外形如图LC9-2所示。

图LC9-2 低压交流框架式断路器

1. 低压交流框架式断路器的结构特点

低压交流框架式断路器SENTRON 3WL系列结构如图LC9-3所示。

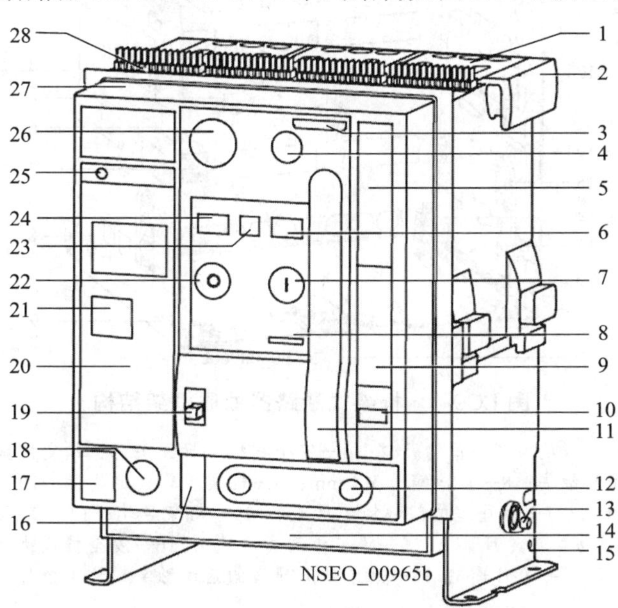

图LC9-3 框架式断路器结构

1—灭弧罩；2—搬运手柄；3—标签板；4—电机切断开关或“电气合闸”按钮（可选）；5—断路器铭牌；6—储能状态指示器；7—“机械合闸”按钮；8—额定电流指示；9—定位图；10—动作次数计数器（可选）；11—操作手柄；12—伸缩式摇出手柄；13—抽出式传动轴；14—设备面板；15—接地连接；16—位置指示器；17—用于接地故障保护的参数表格；18—用于曲柄手柄的安全锁（可选）；19—用于曲柄手柄的机械解锁装置（可选）；20—电子脱扣器；21—额定电流插入模块；22—“机械分闸”按钮或“急停”蘑菇状按钮（可选）；23—合闸准备就绪指示器；24—触头位置指示器；25—脱扣指示器（复位按钮）；26—“安全分闸”锁定装置（可选）；27—操作面板；28—辅助连接插头

断路器抽屉座结构如图 LC9-4 所示。

框架断路器的结构特点：

① 分闸位置锁定装置。

该功能可防止断路器合闸，只要断路器处于分闸状态，锁定装置即激活。当断路器合闸时，锁定装置即取消激活。挂锁只有拔出钥匙才有效。安全钥匙只有在分闸位置方可拔出。

②“电气合闸”锁定装置。

可防止从操作面板未授权电气合闸。使用该装置，仍可进行机构合闸和遥控合闸。挂锁只有拔出钥匙才有效。

③“机械合闸”锁定位置。

这可防止未授权机械合闸。只有在插入钥匙时（钥匙操作），方可使用机械合闸按钮。使用该装置，仍可使用电气合闸按钮合闸和遥控合闸。联锁只有拔出钥匙才有效。

④ 弯曲手柄的锁定装置。

可防止拆除曲柄，防止断路器移动。只有拔出钥匙联锁才有效。

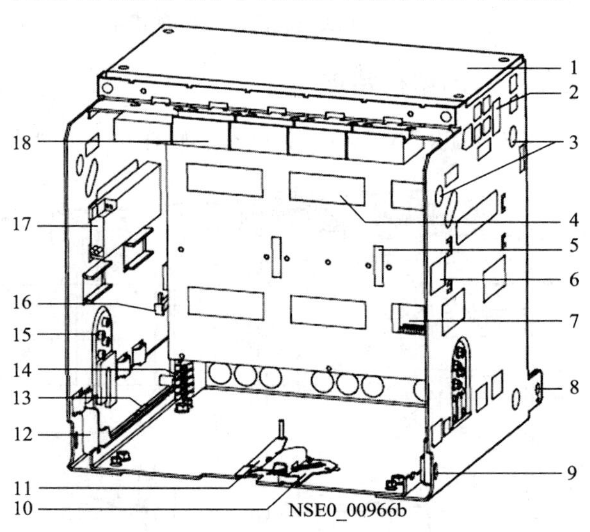

图 LC9-4 框架式断路器抽屉框架结构

1—灭弧罩盖（可选）；2—散热孔；3—吊钩开口；4—安全挡板（标配）；5—锁定装置（安全挡板）（可选）；6—抽屉座铭牌；7—隔离触头；8—接地端子 ϕ14 mm；9—机架导轨锁定装置；10—防止控制柜门打开时移动的锁定装置（可选）；11—抽屉座的门联锁（可选）；12—机架导轨；13—工厂设置额定电流编码；14—断路器接地滑动触头（可选）；15—设备编码（可选）；16—安全挡板执行机构（可选）；17—位置指示器开关（可选）；18—用于辅助导线的活动触头模块（数量取决于装置）

⑤“机械分闸”锁定装置。

可防止未经授权机械分闸。只有钥匙插入时（钥匙操作），机械分闸按钮方可动作，此时仍可使用遥控分闸。只有钥匙拔出时联锁才有效。

⑥ 操作手柄的锁定装置。

操作手柄使用挂锁锁定。储能弹簧不能手动加载。

⑦ 防止脱扣指示器复位的锁定装置。

用于防止过电流脱扣后脱扣指示器手动复位。该锁定装置供货时配有用于电子脱扣器的透明盖。

⑧ 防止控制柜门打开时抽出式断路器移动的闭锁装置。

在柜门打开时，曲柄手柄即被锁定，不能移动。抽出式断路器也不能移动。该锁定装置仅针对插入的弯曲手柄

⑨ 控制柜门的锁定。

在以下情况下，控制柜门不能打开：固定式断路器合闸时（锁定信号通过钢缆线传送），或抽出式断路器处于连接位置。

2. 低压交流框架式断路器 SENTRON 3WL 系列的功能特点

① 满足系统电压、电流、频率以及分断能力的性能水平要求。

② 3WL 框架式断路器控制单元电子脱扣器 ETU 是一个微处理器控制，操作独立的执行机构，采用模块化设计，从而可以随时对整体功能升级。

功能包括：可调整长延时保护、可调整短延时保护、可调整瞬时脱扣及零序保护。在短延时保护和零序（接地）保护时具有区域选择性闭锁功能。还具有电流、电压和功率的测量、故障显示和自检功能。具有断路器主触头磨损检测功能。包含单独的外接电源模块。各馈出回路（除与火灾消防有关的馈出回路外）开关设置分励脱扣器。

③ 有宽阔的电流和时间调节范围。

④ 所有 3WL 断路器为模块化设计结构，方便断路器功能的扩充而无需改变断路器结构和低压开关柜结构。对于不同框架等级额定电流的 3WL 断路器全部采用标准化、模块化的附件，附件具有高度统一性，对于附件安装只用简单操作就能实现，从 250 ~ 6 300 A 的断路器相同附件可以互换，非常便于运营维护和管理，节省维护成本。

⑤ 具有故障诊断功能，可快速确定故障类型，以最短时间隔离故障影响的范围。

⑥ 通过通信口实现对断路器的遥测、遥信、遥控、遥调的功能（控制单元可以关闭远方遥控功能），而且可以通过上位机直接修改断路器的所有保护整定值和工作参数。

断路器的遥测功能：电压、电流、功率。

断路器的遥信功能：抽架信号、弹簧储能信号、准备合闸信号、当地/远动转换信号、自投投入/撤除信号、分合闸信号和故障信号。

断路器的遥控功能：分闸、合闸

⑦ 具有测量功能。断路器控制单元具有电压、电流、功率及最大、最小值的记录，且可以用可编程触点输出报警信号，所有测量值均可以在控制单元上读取。

⑧ 具有可编程的输出接点，不少于 2 个。

3. 低压交流塑壳式断路器

低压交流塑壳式断路器主要用于固定（抽插分隔）柜及抽屉柜的馈出回路。

3VL 断路器采用标准化模块化设计，保护功能齐全，具有高可靠性、安全性特点。

塑壳式断路器符合下列主要技术特点：

（1）满足系统电压、电流、频率以及分断能力的性能水平要求。

（2）3VL 断路器为模块化设计结构，方便断路器功能的扩充而无需改变断路器结构和低压开关柜结构。对于不同框架等级额定电流的断路器尽量采用标准化、模块化的附件，以便运营维护和管理。

（3）3VL 断路器无飞弧。

（4）电动机出线回路选用有电动机保护特性的塑壳断路器。

（5）3VL 塑壳式断路器保护功能包括：长延时保护、瞬时脱扣，断路器的脱扣暂定全部采用电子脱扣器。保护整定值可在脱扣器面板上调整。

子模块 LC10　变电所用交直流系统

在变电所中所用电系统是保证变电所安全可靠输送电能的一个必不可少的环节，其作用主要是为变电所内的一次、二次设备提供电源。

一、交流系统

1. 组　成

（1）所用变压器及所用变馈线；

（2）交流电源屏、馈线及用电元件。

包括：直流系统用交流电源；交流操作电源（包括电动隔离开关操作用交流电源等，GIS 设备除外）；主变压器强迫油循环风冷系统用交流电源；UPS 逆变电源用交流电源；主变有载调压装置用交流电源；设备加热、驱潮、照明用交流电源；检修电源箱、试验电源屏用交流电源；SF_6监测装置用交流电源；配电室正常及事故排风扇电源；生活、照明等交流电源。

2. 接线方式

一般采用单母线分段接线方式，两台站用变互为备用，接线方式如图 LC10-1 所示。

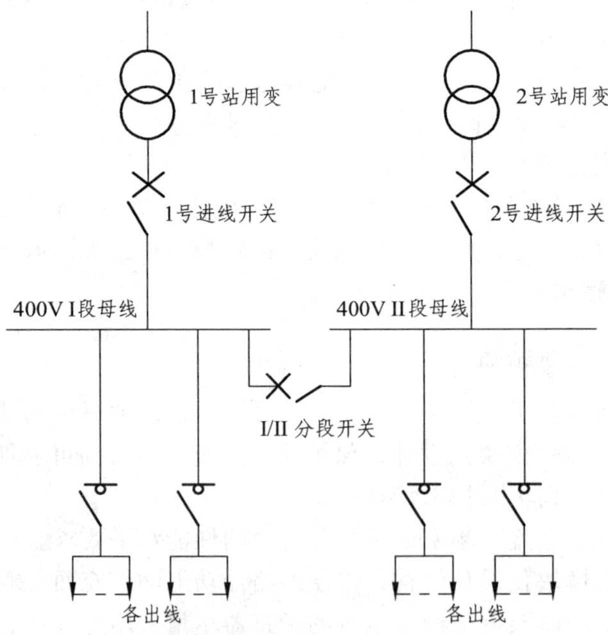

图 LC10-1　所用交流系统图

二、直流系统

变电所的直流系统是独立的重要操作电源，主要用于开关的控制、继电保护、自动装置、信号装置、监控系统、事故照明等。

1. 直流系统的组成

（1）蓄电池：是变电所直流系统的备用电源。正常情况下，变电所的直流负载是由充电装置供电，蓄电池处于浮充电状态，以补充蓄电池的自放电，处于备用状态，当直流充电装置失去交流电源或充电装置故障，那么变电所的直流负载的供电就由蓄电池供给。变电所蓄电池配置的容量为 100 Ah，以 10 A 电流放电，理论上既可以放 10 h，有足够的时间进行直流系统故障处理。

（2）充电装置：是供给变电所直流负载的主要电源。正常情况下充电装置向直流负载供电的同时，以很小的电流向蓄电池以浮充电。充电装置每季度还向蓄电池进行一次均衡充电，以解决因蓄电池间自放电不同，出现部分电池电压过低的问题，延长蓄电池的寿命。

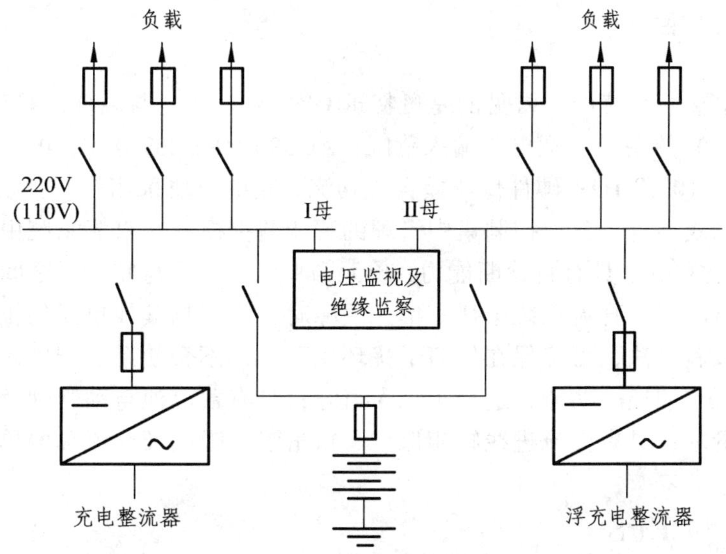

图 LC10-2　单母线分段的直流系统接线

（3）直流母线：是汇集和分配直流电能的设备。充电装置将输出的直流电汇集到直流母线，再通过直流母线将电能分配到各个直流负载中去。

（4）绝缘监察装置：是监察直流系统正极和负极电源对地绝缘情况的一套装置。当直流正极或负极绝缘下降，某极对地电压达到设定的整定值时（一般整定为 150 V），绝缘监察装置发出报警信号，便于值班员检查处理。

（5）电压监察装置：是监察直流母线电压的一套装置。当直流母线电压高于或低于设定的整定值时（一般整定为直流母线电压高于 250 V、低于 170 V），电压监察装置发出“直流电压过高”或“直流电压过低”报警信号，便于值班员及时调整直流母线电压。

（6）闪光装置：是反映断路器与控制开关所对应位置的一种灯光指示装置。

2. 直流系统接线方式

直流母线一般采用单母分段方式，Ⅰ、Ⅱ段母线之间分别装有分段开关。充电装置通过直流Ⅰ、Ⅱ段母线开关分别向直流Ⅰ、Ⅱ段母线供电。直流母线还接有绝缘监察装置、降压装置（降压硅链）和蓄电池组。

绝缘监察装置分别接于直流母线正负极之间，用于监察整个直流系统正负极对地的绝缘情况。

降压装置（调压硅链）的作用：因 4 个充电模块接于母线，当控制母线负荷比较大，电压下降时，可通过降压装置（调压硅链）（调压硅链）调节直流母线的电压。

3. 直流负载的接线方式

（1）重要负载采用双回路电源供电，如控制回路、自动化遥控遥信电源、监控装置电源、监控系统逆变电源、保护电源、故障录波器直流电源等。

（2）一般负荷采用单电源供电，如信号电源、事故照明电源、直流试验电源等。

三、技术特点

目前城市轨道交通系统中，常见的是奥特迅 GZDW 系列电源系统，其具有以下特点：

充电模块 $N+1$ 热备份；宽电压输入范围：AC380（1 ± 20%）V，电网适用性强；交流输入频率：50（1 ± 10%）Hz；硬件低压差自主均流；充电模块采用软开关技术，效率高；监控系统采用串行总线结构、分散控制集中管理的智能监控模式；直流系统中各功能单元均为具有 CPU 的智能化单元，具有自诊断能力；单元与单元、单元与监控器之间全部是数字通信且输入输出电气全隔离；直流系统中任一单元故障时，不影响其他单元的正常运行。先进的控制逻辑和通信校验算法，可确保在任何干扰环境下，都不会使系统产生误动；方便与远程监控系统通信实现“四遥”功能，适合于无人值守；具有蓄电池自动管理及自动温度补偿功能，智能化电池管理；具有交流进线缺相保护、雷击浪涌吸收及交流配电单元。

四、UPS 和 EPS

1. UPS 与 EPS 的区别

UPS 电源（Uninterruptible Power Supply），就是我们经常所说的 UPS 不间断电源，即一种含有储能装置，以逆变器为主要组成部分的恒压恒频的电源设备。主要用于给计算机、网络系统或其他精密电力电子设备提供稳定的不间断的电力供应。能提供安全、净化、无间断的电源。当市电压输入正常时，UPS 将市电稳压后供应给负载使用，此时的 UPS 就是一台交流稳压器，同时它还向蓄电池充电；当进线电源中断时，UPS 立即将蓄电池的电能，通过逆变转换的方法向负载继续供应交流电，使负载维持正常工作，最大限度保护负载软、硬件不受损坏。市场上常见的 UPS 电源主要有在线式和后备式两种。

EPS 电源（Emergency Power Supply）是以解决应急照明、事故照明、消防设施等一级负荷供电设备为主要目标，提供一种符合消防规范的具有独立回路的应急供电系统，该系统能够在应急状态下提供紧急供电，用来解决照明用电或只有一路电源供电的问题。

2. EPS 是 UPS 的应用

使用 EPS 供电，其节能效果是非常显著的。同时，EPS 的逆变器是处于启动状态，但不输出功率，类似休眠状态，EPS 逆变器较 UPS 逆变器能连续输出功率大大延长寿命。其实，EPS 的高端产品就是休眠状态下的 UPS。在市电正常时，EPS 除了输电质量不及 UPS 外，但在市电并网的今天，能满足大部分用电设备的要求。因此，人们关心节电这个永恒的主题以及高可靠性两大因素，大多数情况下 EPS 是优于 UPS 的。如果电网质量良好，供电可靠，用电设备规范，在我国许多场合下有可能用 EPS 取代双逆变在线式 UPS，而不是用 UPS 代替 EPS。当然，在某些非常关键的设备，仍需用双逆变在线式 UPS。

3. EPS 与 UPS 的差异

（1）我国 EPS 的发展是起源于电网突发故障时，为确保电力保障和消防联动的需要，它能即时提供逃生照明和消防应急，保护用户生命或身体免受伤害，其产品技术要求受公安部消防认证监督，并接受安装现场消防验收。而 UPS 只是用来保护用户设备或业务免受经济损失，其产品技术要求受信息产业部认证。两者适用的安全规范明显不同，因而具有不同的价值观。

（2）EPS 和 UPS 均能提供两路选择输出供电，UPS 为保证供电优质，是选择逆变优先；而 EPS 是为保证节能，是选择市电优先。当然两者在整流/充电器和逆变器的设计指标上是有差异的。如图 LC10-3 所示。

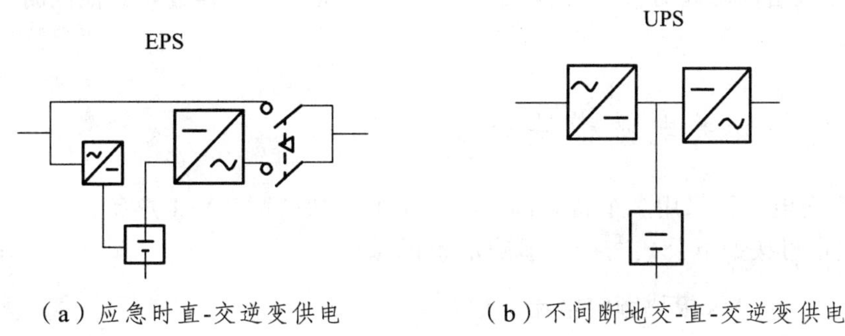

（a）应急时直-交逆变供电　　（b）不间断地交-直-交逆变供电

图 LC10-3　EPS 与 UPS 的区别

（3）UPS 由于是在线式使用，出现故障可以及时报警，并有市电作后备保障，使用者能及时掌握故障并排除故障，不会对事故造成更大的损失。而 EPS 是离线式使用，是最后一道供电保障，因而其可靠性设计要求更高，不能简单理解为后备式 UPS，否则就把 EPS 的重要性一笔勾销了。如果 EPS 在市电故障时，不能通过蓄电池应急供电，则 EPS 如同虚设，造成的后果将不堪设想。

（4）UPS 的供电对象是电力、计算机及网络设备，负载性质（输入功率因数）差别不大，所以国标规定 UPS 输出功率因数为 0.8。而 EPS 供电对象则是电力保障及消防安全，负载性质为感性、容性及整流式非线性负载，其输出功率因数就不能设定为 0.8（EPS 国标将规定其数值），而且有些负载是停市电后才投入工作的，因而要求 EPS 能提供很大的冲击电流，需要 EPS 的输出动态特性要好，抗过载能力更强。因此 EPS 与 UPS 各组成部分的技术设计指标分配是不同的。

4. EPS 容量与负载配比要求

1）风机水泵

① 有变频启动风机水泵，总容量选配比为 1∶1。

② 负载有星-三角降压启动器，选配比为 3∶1。

③ 无任何降压、变频措施启动，选配比为 5∶1。

④ 适用负载为排风机、进风机、消防泵、喷淋泵等。

2）电　梯

有变频启动的电梯拖动电机总容量与 EPS 的选配比为 1∶1。

3）卷帘门

① 牌号、卷帘门运行时间短，配置电池小于 30 min。

② 卷帘门在实际使用中不需要同时启动，因此卷帘门电机容量总和与 EPS 容量的选配比为 1∶1。

4）混　合

① 若电机均有变频启动功能，则各负载容量总和与 EPS 容量的选配比为 1∶1。

② 若最大单台电机的容量小于各类负载容量的 1/7，不论其有无变频启动功能，EPS 容量与负载总容量的选配比为 1∶1。

③ 无变频启动功能时，EPS 的容量等于 3 倍电机负载总容量与其他同时工作的各类负载总容量之和。

五、高频开关电源模块配置原则

充电/浮充电装置采用多个智能高频开关电源模块并联，N+1 热备份工作。智能高频开关电源模块数量可按如下公式选择（即确定 N 的数值）：

$$N \times 模块额定电流 \geqslant I_j + I_{C10}$$

式中　I_j——直流系统最大经常性负荷；

I_{C10}——满足蓄电池要求的充电电流[阀控式铅酸电池为（0.1 ~ 0.2）C_{10}]。

充电电流（$0.1C_{10} \times 300$ Ah）+最大经常性负荷（约 7 A）=37 A。“C_{10}”表示 10 小时放电速率下的容量，“$0.1C_{10}$”指充放电流为 0.1 倍 10 h 率容量值的电流，一般用容量值的倍数表示充放电电流。若选用 ATC230M20 电源模块，2 台即可满足负荷需求（N=2），再加一个备用模块共 3 个电源模块并联即可构成所需系统。

六、开关电源模块的分类

直流操作电源发展的历程基本可分为线性稳压电源、相控电源和现在全面应用的高频开关操作电源。

（一）线性稳压电源

图 LC10-4 为线性稳压电源常用原理图，交流电源经过工频变压器变压、整流、滤波，再经过晶体调整管整定输出直流电压。

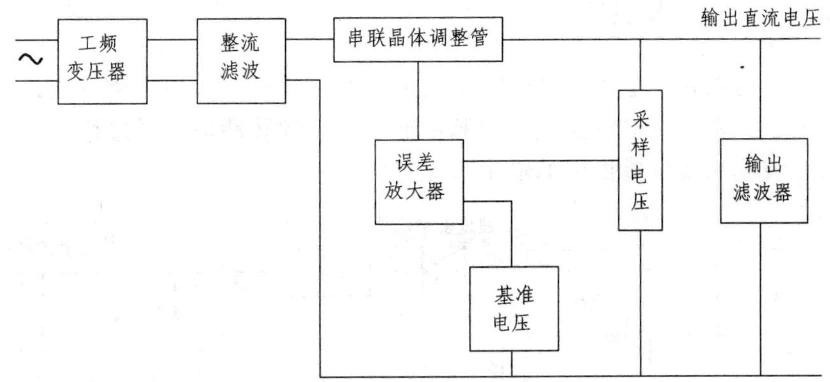

图 LC10-4 线性稳压电源原理框图

（二）晶闸管可控硅相控电源

图 LC10-5 是晶闸管可控硅相控电源常用原理图，交流电源经过工频变压器变压隔离，再经过晶闸管转换成 50 Hz 脉冲电压，再经过电抗器及输出滤波器滤波，将输入转换成稳定的直流输出电压。

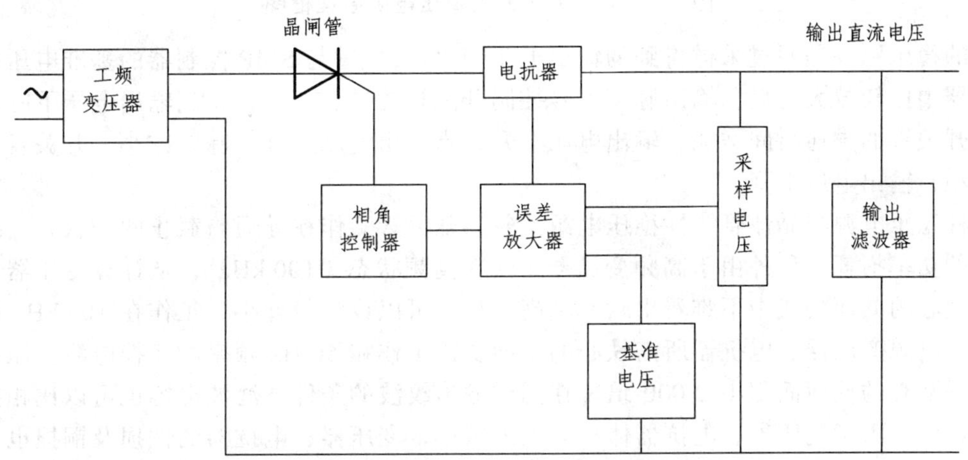

图 LC10-5 晶闸管可控硅相控电源原理框图

稳压原理是通过采样得到的输出电压变化量，经过与基准电压值在误差放大器中比较放大之后，输出脉冲信号控制晶闸管的导通角，当输出电压下降，晶闸管的导通角增大，晶闸管的导通时间增加，输出电压上升；当输出电压上升，晶闸管的导通角减小，晶闸管的导通时间减小，输出电压下降。

这种稳压电源与线性稳压电源比较，晶闸管工作在开通与截止两种状态，减小了晶体管的功率损耗。但电源变压器同样工作在工频频率，为了使输出电压纹波较小及减小导通时的电流冲击，要求有较大电感量的电抗器及较大容量的滤波电容，同样的在输出较大功率时，变压器、电抗器及电容的体积大且笨重，变压器、电抗器铁损及铜损较大，有温升、散热、通风的问题。这种形式的电源效率一般在 60%～80%。

（三）高频开关稳压电源

图 LC10-6 为高频开关电源原理图，交流电源经过整流、滤波变成直流，再经过高频变压器及高频开关管，将直流电转换成高频脉冲输出，高频脉冲信号经过快恢复整流管整流、电抗器及输出滤波器滤波变成稳定的输出直流电压。

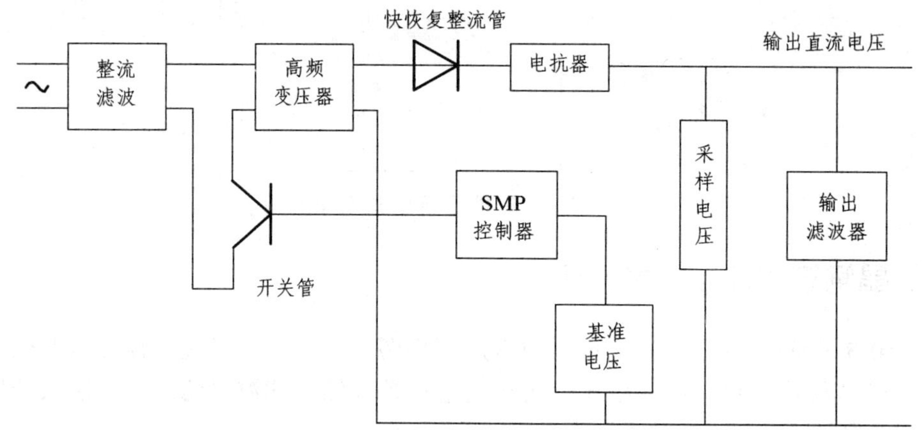

图 LC10-6　高频开关稳压电源原理框图

它的稳压原理是通过采样得到的输出电压变化量，经过与 SMP 控制器的基准电压值在误差放大器中比较放大之后，输出脉宽信号控制开关管的导通与截止，当输出电压下降，脉宽展宽，开关管的导通时间增加，输出电压上升；当输出电压上升，脉宽减小，开关管的导通时间减小，输出电压下降。

这种稳压电源与晶体管线性稳压电源比较，开关管工作在导通与截止两种状态，减小了晶体管的功率损耗。另外由于高频变压器工作在高频状态（100 kHz），从计算变压器、电抗器所需铁心的截面公式中不难看出频率越高，截面可以设计得越小，工作在 100 kHz 频率的高频开关电源变压器、电抗器所需铁心的截面要比工作在 50 Hz 频率的相控电源变压器、电抗器所需铁心的截面面积小 2 000 倍。在同样输出纹波的条件下滤波电容也可以比相控电源小 2 000 倍。由于变压器、电抗器体积大大地减小，变压器、电抗器的铁损及铜损也大大地减小，这种形式的电源效率在 80%～94%。

（四）高频开关电源

1. 高频开关电源原理介绍

开关电源的基本电路框图如图 LC10-7 所示。开关电源的基本电路包括两部分：一部分是主电路，是指从交流电网输入到直流输出的全过程，它完成功率转换任务；另一部分是控制电路，通过为主电路变换器提供的激励信号控制主电路工作，实现稳压。

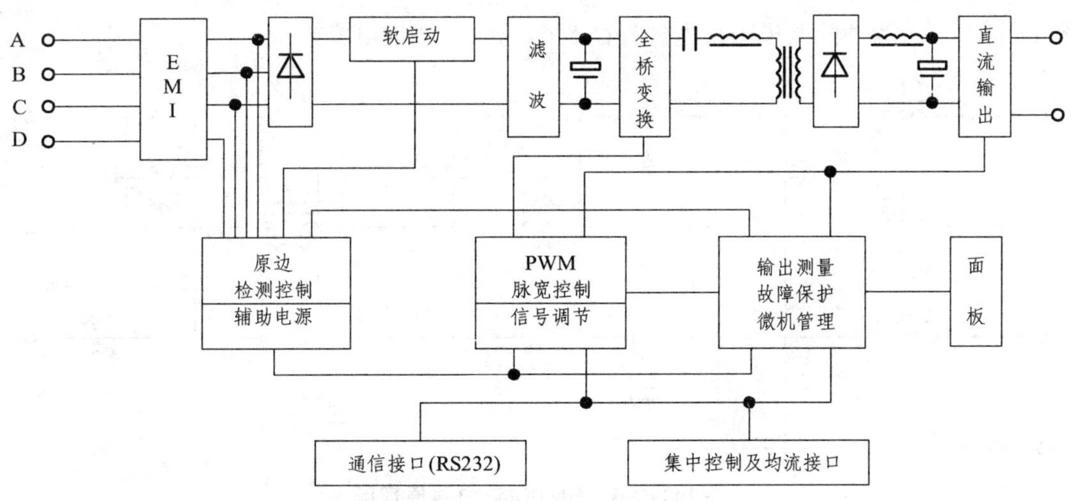

图 LC10-7 开关电源的基本电路框图

2. 高频开关电源的组成

1）主电路

从交流电网输入、直流输出的全过程，包括：

原边检测控制电路：监视交流输入电网的电压，实现输入过压、欠压、缺相保护功能及软启动的控制。

EMI 输入滤波器：其作用是将电网存在的杂波过滤，同时也阻碍本机产生的杂波反馈到公共电网。

软启动：消除开机浪涌电流。

整流与滤波：将电网交流电源直接整流为较平滑的直流电，以供下一级变换。

全桥变换：将整流后的直流电变为高频交流电，这是高频开关电源的核心部分，频率越高，体积、重量与输出功率之比越小。

输出整流与滤波：根据负载需要，提供稳定可靠的直流电源。

2）控制电路

一方面从输出端取样，经与设定标准进行比较后，去控制逆变器，改变其频率或脉宽，达到输出稳定；另一方面，根据测试电路提供的数据，经保护电路鉴别，提供控制电路对整机进行各种保护措施。

3）检测电路

除了提供保护电路中正在运行中的各种参数外，还提供各种显示仪表数据。

4）辅助电源

提供所有单一电路的不同要求电源。

3. 高频开关电源各部分电路

1）EMI 滤波电路

图 LC10-8 为 EMI 输入滤波电路，L_1、L_2、L_3 为常态滤波，L_4、L_5 为纵向共模扼流线圈，

电容 C_1、C_2、C_3 为滤除共模干扰电容，C_4 ~ C_9 为常态滤波电容。

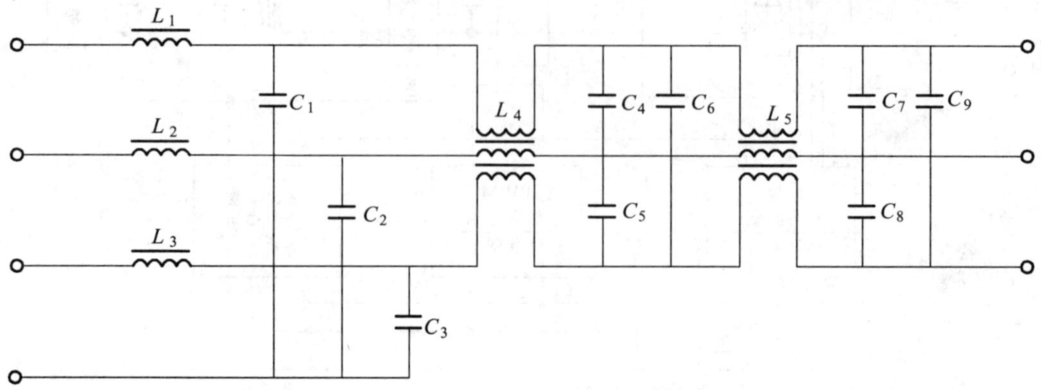

图 LC10-8 EMI 滤波电路原理图

2）三相整流电路

图 LC10-9 为三相整流电路，采用一块三相整流集成电路。

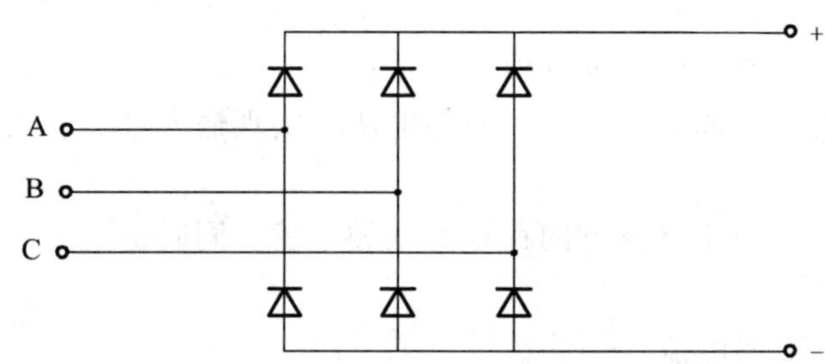

图 LC10-9 三相整流电路原理图

3）输入软启动

图 LC10-10 为输入软启动电路，继电器 J 为常开触点，合上交流输入时，交流电源经整流后通过限流电阻 R 对电容充电，当电容充满后，控制继电器 J 闭合，避免大电流对电容的冲击。

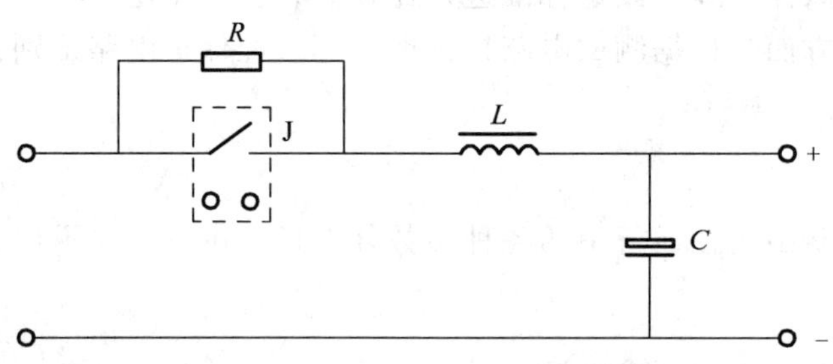

图 LC10-10 软启动电路原理图

4）输出直流滤波

图 LC10-11 为输出直流滤波电路。

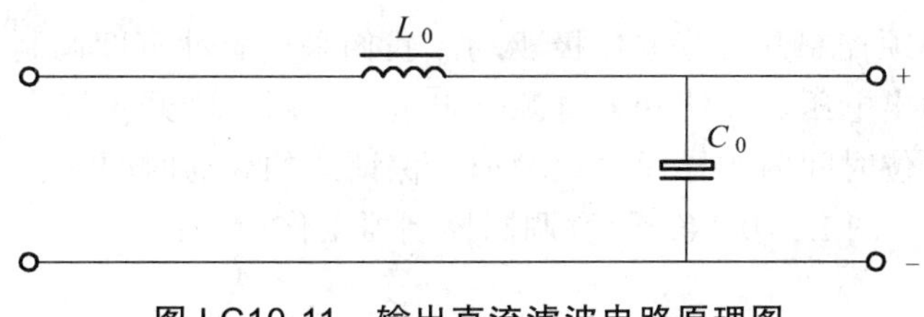

图 LC10-11　输出直流滤波电路原理图

5）DC/DC 全桥变换

图 LC10-12 为 DC/DC 全桥变换电路原理图。高频开关管 A、D 和 B、C 组成桥的两臂，高频变压器 T 连接在它们中间。通过加在 A、C 和 B、D 两组开关管栅极的对称倒相脉冲实现该两组开关管的依次导通或截止，以实现 DC/DC 的高频变换过程。

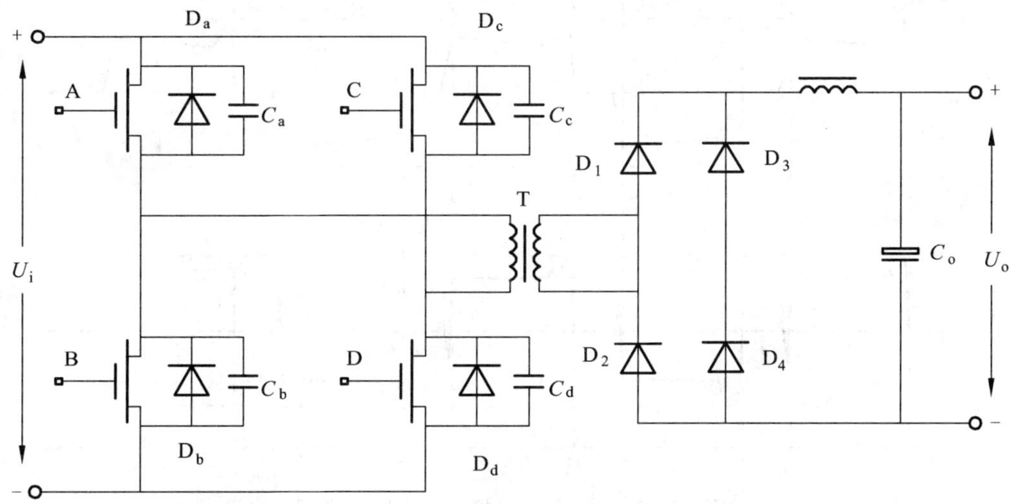

图 LC10-12　DC/DC 全桥变换电路原理图

下面以 4 个时间段来说明它的工作过程：

$t_0<t<t_1$：$t=t_0$ 时，主回路中 A、D 两管同时导通，B、C 两管处于关断状态，电源电压 U_i 加在变压器两端，通过变压器加在输出电感 L_o 和负载上，主回路的电流 I_t 线性增加，电源向负载输送能量。

$t_1<t<t_2$：$t=t_1$ 时，A、D 两管同时关断，主回路的电流 I_t 迅速减小到零，变压器两端的电压 V_t 也迅速减小到零，此时靠输出电感 L_o 及电容 C_o 的续流储能向负载输送能量。

$t_2<t<t_3$：$t=t_2$ 时，主回路中 B、C 两管同时导通，A、D 两管处于关断状态，电源电压加在变压器两端，通过变压器加在输出电感 L_o 和负载上，主回路的电流 I_t 线性增加，电源再次向负载输送能量。

$t_3<t<t_4$：$t=t_3$ 时，B、C 两管同时关断，主回路的电流 I_t 迅速减小到零，变压器两端的电压 V_t 也迅速减小到零，此时再次靠输出电感 L_o 及电容 C_o 的续流储能向负载输送能量。

以此种方式交替运行，保证向负载输送能量。

6）脉宽调制控制器

开关电源输出电压的变化取决于功率变换电路的开关管导通时间，导通时间越长，则电容两端电压升高越多；开关管关闭时间越长，则电容两端电压降低越多。所以为了调节开关电源输出电压，就必须控制开关管的栅极驱动。我们采用脉冲宽度调制方式（PWM 方式）来控制开关电源的输出电压。如使开关电源输出电压升高，则开关管驱动的脉冲要加宽，即脉冲宽度固定，在单位时间内的导通次数增加，保证总的导通时间加长。反之亦然。

参考图 LC10-13、图 LC10-14，脉宽调制控制器工作原理：

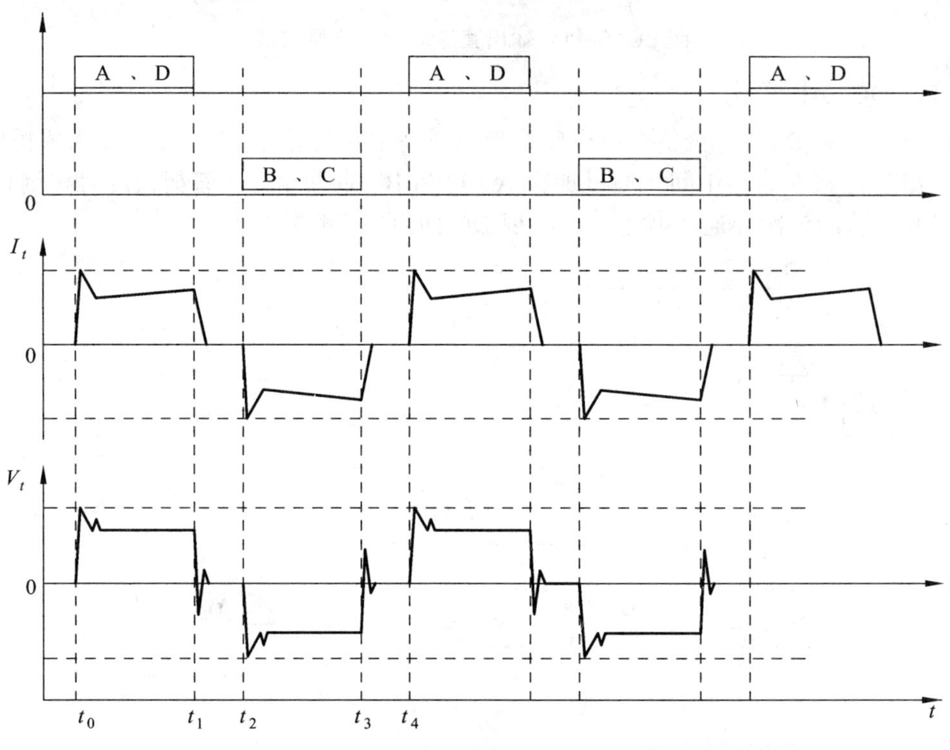

图 LC10-13 全桥变换 V/I 波形示意图

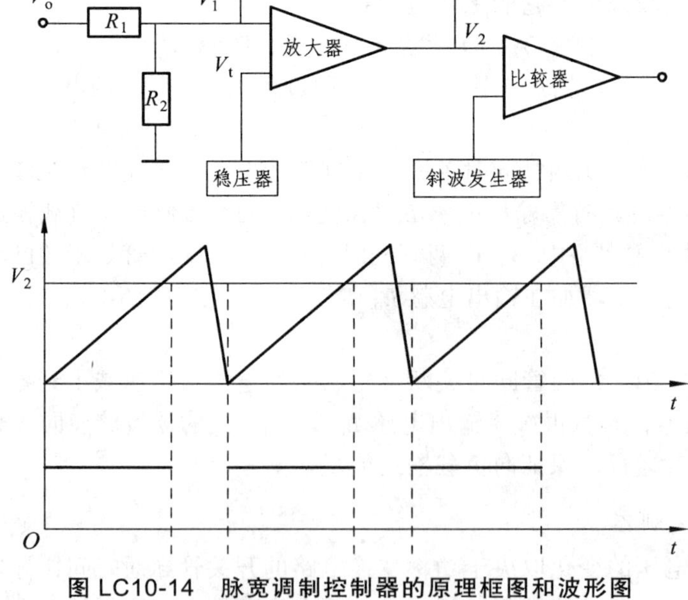

图 LC10-14 脉宽调制控制器的原理框图和波形图

开关电源输出电压 V_o 通过电阻分压，分压后的电压为 V_1，接到放大器的负端，放大器的正端接标准稳压电源（例如LM7805）输出 V_t，放大器输出电压为 V_2，接比较器正端，比较器负端接斜波发生器。斜波发生器产生一个固定频率和幅度的斜波，V_2 与斜波比较后输出脉冲波形。

稳压原理：

$V_o\uparrow\rightarrow V_1\uparrow\rightarrow V_2\uparrow\rightarrow$比较器输出脉宽变窄$\rightarrow V_o\downarrow$；

$V_o\downarrow\rightarrow V_1\downarrow\rightarrow V_2\uparrow\rightarrow$比较器输出脉宽变宽$\rightarrow V_o\uparrow$。

七、电源智能监控系统的操作

智能监控系统是电力操作电源的核心控制部分，相当于整个直流系统的“大脑”。其本身的性能关系到整个直流系统的智能化程度及稳定性。本节主要介绍奥特迅公司智能集中监控系统的工作原理、性能特点及电池智能管理模式，同时介绍其直流系统串行总线全数字通信方式。

（一）智能监控系统概述

监控系统主要由监控调度中心计算机及安装在直流系统上的集中监控器组成，监控调度中心可通过电话网、光纤或标准串行口对直流系统进行遥测、遥信、遥调、遥控。监控调度人员可在监控调度中心监视各个现场的直流系统的运行情况，一旦发现某个系统出现异常或告警，则可以直接访问该系统的集中监控器，获取必要的详细信息，实施必要的应急操作，然后根据需要做好准备，再赴现场进行故障处理，实现无人值守，提高维护工作的效率。

（二）集中监控器工作原理

1. 型号命名

奥特迅公司直流屏智能监控系统通称为集中监控器，有DJKQ和JKQ两种系列。其命名如图LC10-15所示。DJKQ系列用于220 kV及以下变电所、用户站等场所。

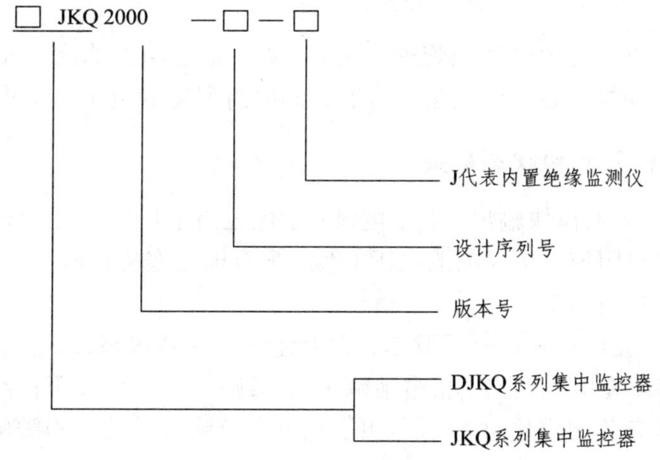

图 LC10-15 集中监控器型号命名

2. 集中监控器工作原理

集中监控器装于直流电源屏内，负责对直流系统各单元（如电压电流采集单元、充电模块、绝缘监测、电池巡检等）运行状态与数据的采集、显示；系统单元运行参数的设置，并控制各单元的正常运行；接收监控中心计算机发送来的命令及参数，并将系统运行状态及参数发送给监控中心计算机。图 LC10-16 为集中监控器原理框图。

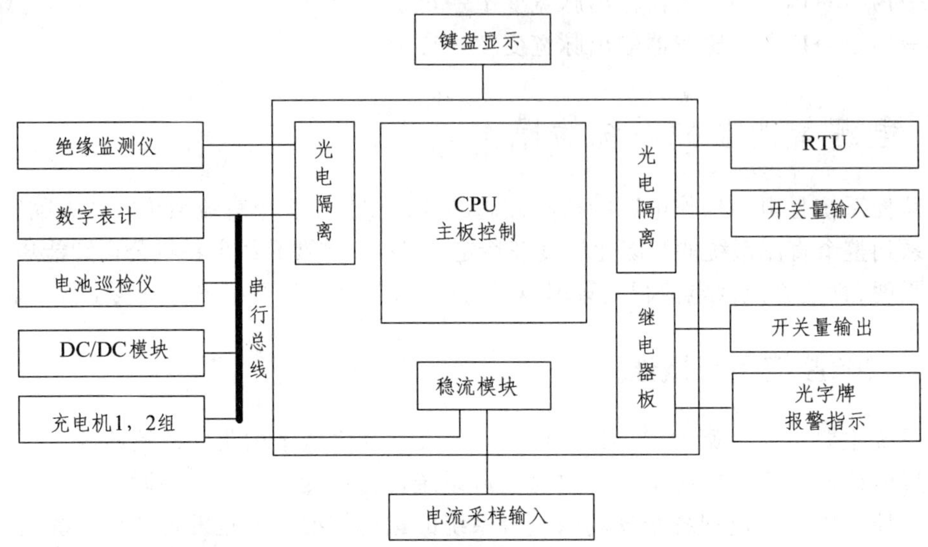

图 LC10-16 集中监控器原理框图

DJKQ 及 JKQ 两种系列集中监控器采用数字总线控制方式，对所监测的模拟量、数字量无数量上的限制，即通道数可任意扩展。该装置采用智能控制技术，具有容错能力。在控制过程中自动检测电压、电流变送器的状态，当变送器故障时，它会以其他的相关变送器和各个模块的上报参数为控制依据，而不会中断对直流系统的控制。当监控器故障时，其本身具有声光报警和空接点输出。

（三）集中监控器功能

集中监控器作为直流屏内的智能管理单元，负责采集各功能单元输入/输出数据量、状态量，并根据其本身程序控制各单元的运行状态，同时将所得直流屏数据上传至后台。

1. 直流系统各信号量和状态量采集

① 信号量采集：充电模块输出电压、电流；蓄电池组电压、电流；母线电压、负荷电流；正负母线电压、接地电阻值；单只电池电压（系统配有电池巡检仪时）；交流进线电压、电流等（配交流表）；其他选配信号量。

② 状态量采集：充电机输出开关状态；蓄电池输出开关状态；母线联络开关状态；绝缘故障状态；熔丝故障（充电机输出、蓄电池输出）；两路交流进线失压；各馈线开关分合闸状态（系统配有馈线状态监测模块时）；馈线开关脱扣（馈线开关装有报警触点）等；其他选配信号量。

2. 开关量输出（无源硬接点方式）

集中监控器接受系统各输入量后与设定值进行比较，当系统出现异常时以硬接点形式送至后方监控中心，同时监控器本身相应光字牌点亮，液晶显示屏报故障，并做历史记录。如表 LC10-1 所示。

表 LC10-1　集中监控器开关量输出

两路交流失压、三相不平衡、缺相报警	母线电压异常（过、欠压）
熔断器故障（蓄电池、充电机熔丝故障）	馈线开关脱扣故障（配报警触点）
熔丝故障（充电机输出、蓄电池输出）	绝缘故障
充电模块故障（单只）	集中监控器故障（装置本身报警）
直流系统故障（总故障硬接点，包含以上所有故障）	

3. 充电模块监控

充电模块通过串行总线接受监控器的监控，实时向监控器传送工作状态和工作数据，并接受监控器的控制。如表 LC10-2 所示。

表 LC10-2　监控的功能

遥控充电模块的开/关机及均/浮充	遥测充电模块的输出电压和电流
遥信充电模块的运行状态	遥调充电模块的输出电压

（四）电池管理

电池的管理功能主要有如下内容：

显示蓄电池电压和充放电电流，当出现过、欠压时告警。

设有温度变送器，测量蓄电池环境温度，当温度偏离 25 °C 时（或根据蓄电池厂家提供值），由监控器发出调压命令到充电模块，调节充电模块的输出电压，实现浮充电压温度补偿。

温度补偿系数可通过键盘任意设定。

温度补偿系数一般设定为负的（3 ~ 5）mV/ °C 单只电池。即当环境温度高于电池厂家设定值时，充电电压降低 $V-$；反之，则充电电压升高 $V+$。温度变化后充电电压变化 $V\pm$ 的计算公式如下：

$$V\pm = nK_cT$$

式中　n——蓄电池组个数；

K_c——温度补偿系数，一般取 5 mV；

T——温度较基准温度 25 °C 的变化。

手动定时均充，可通过监控器键盘预先设置均充电压，然后启动手动定时均充。

手动均充程序：以整定的充电电流进行稳流充电，当电压逐渐上升到均充电压整定值时，自动转为稳压充电，当达到预设时间时转为浮充运行。充电曲线如图 LC10-17 所示，均充时间可通过键盘任意设定。

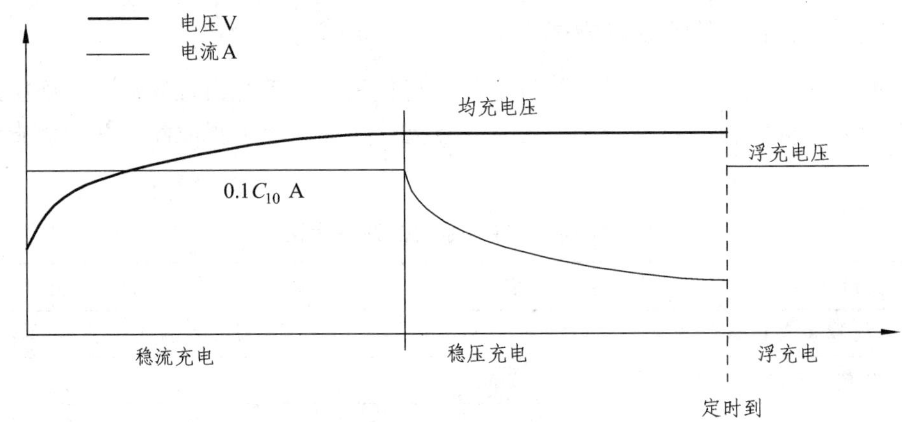

图 LC10-17 手动均浮充曲线图

自动均充，当下述的条件之一成立时，系统自动启动均充：

（1）系统连续浮充运行超过设定的时间（3 个月）；

（2）交流电源故障，蓄电池放电超过 10 min。

自动均充电程序：以整定的充电电流进行稳流充电，当电压逐渐上升到均充电压整定值时，自动转为稳压充电，当充电电流小于 $0.01C_{10}$ A 后延时一定时间后（出厂设定值为 15 min），自动转为浮充运行。充电曲线如图 LC10-18 所示。

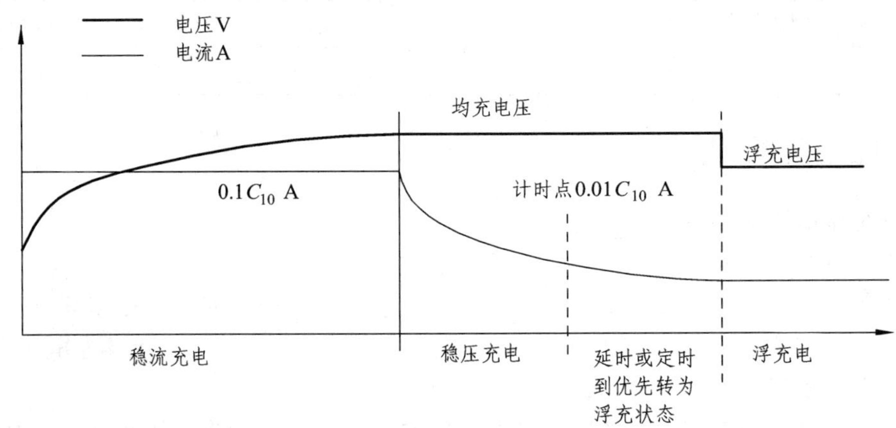

图 LC10-18 自动均浮充曲线图

（五）绝缘监测

集中监控器的绝缘监测功能主要包括监控器内置绝缘监测仪和监控器与外配微机绝缘监测仪通信两种方式。当集中监控器内置绝缘监测仪时，型号为在监控器后加字母“J”。

监控器内置绝缘监测仪时，可监测并数字显示两段母线正负对地电压、电阻值；

当外配微机绝缘监测仪时，可通过 RS485 串口与绝缘监测仪通信，并将数据量上传。

（六）通　信

集中监控器设有多种通信规约（奥特迅规约、部颁规约、用户指定规约等）。监控器统一汇总系统及各功能单元的实时数据、故障告警信号和设置参数，并完成与上位计算机的通信，实现直流系统的“四遥”功能。

（七）历史记录

能将系统运行过程中一些重要的状态、数据和时间等信息存储起来，以备后查，装置掉电后信息不丢失。

（八）串行总线数字通信方式

监控系统采用串行总线结构，分散控制集中管理模式，直流系统中各功能单元均为具有 CPU 的智能化单元，均具有自诊断能力；单元与单元、单元与监控器之间全部是数字通信且输入输出之间电气全隔离；任一单元故障时，不会影响其他单元的正常运行。先进的控制逻辑和通信校验算法，可确保在任何干扰环境下，都不会使系统产生误动。如图 LC10-19 所示。

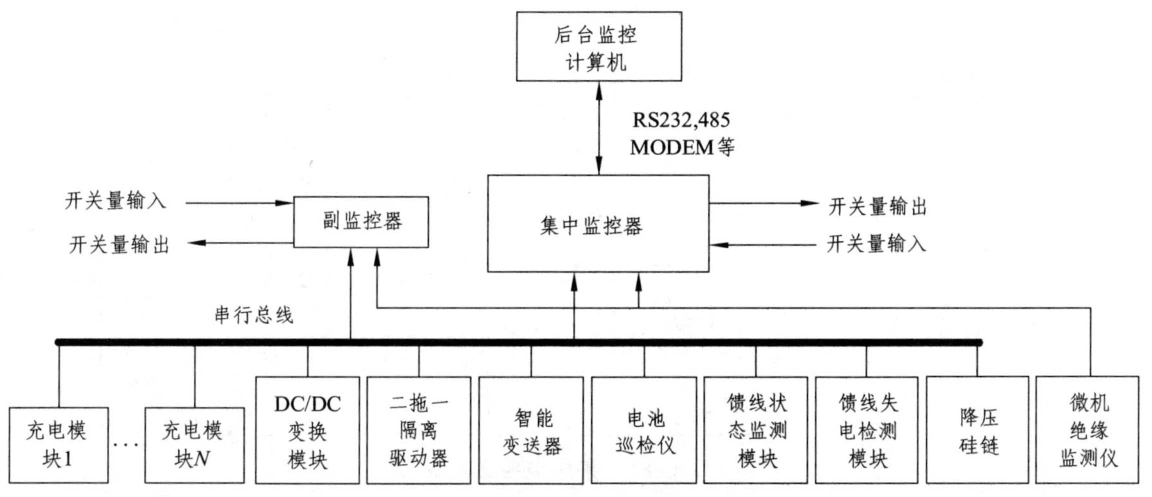

图 LC10-19　串行总线数字通信方式原理框图

（九）副监控器

副监控器是直流电源智能监控系统的配件，主要应用于 135 MW 及以上发电厂、330 kV 及以上变电所、核电站、大型水电站等重要场所，作为主监控器热备份部件。其特点主要有：

具有自学习与记忆功能，当集中监控器正常时，副监控器学习和监视集中监控器的控制方法与运行状态，当集中监控器故障时，副监控器能自动投入运行，并严格遵循集中监控器的控制策略。

副监控器作为系统的可选设备，其正常与否均不影响系统的正常运行。

副监控器热备份运行。

（十）集中监控器面板

集中监控器前面板如图 LC10-20 所示。

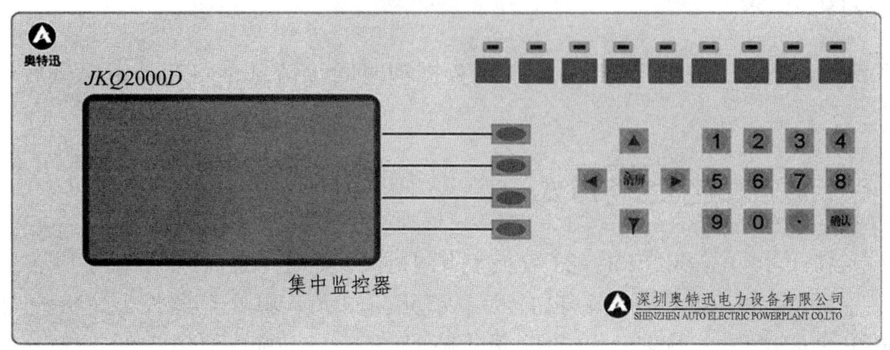

图 LC10-20 集中监控器前面板

集中监控器后面板如图 LC10-21 所示。

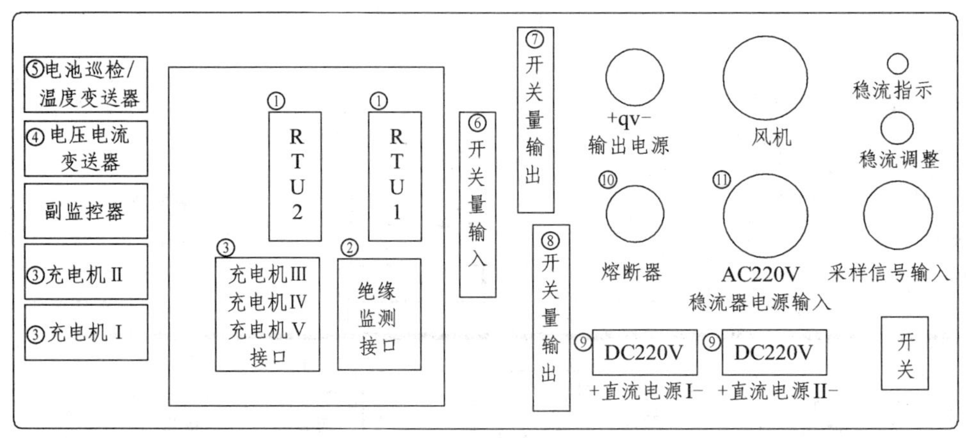

图 LC10-21 集中监控器后面板

① RTU 接口-DB9：可接到 PC 机、MODEM 或综合自动化系统；② 绝缘监测仪接口-DB9：与监控器通信接口；③ 充电机接口-DB15：与监控器通信接口；④ DC/DC 模块接口；⑤电池巡检仪或温度变送器与监控器通信接口；⑥ 开关量输入接口；⑦ 开关量输出 1（独立的常开触点）；⑧ 开关量输出 2（独立的常开触点）；⑨ 工作电源：直流输入接口，分别接控母 1 和控母 2，DC220 V/DC110 V/DC48 V；⑩ AC220 V（稳流控制器电源接口）；⑪ 采样输入接口：采集蓄电池充放电电流，插孔内接分流器正极，外接分流器负极。

八、电度表

电度表是于测量消耗了多少电能的一种表计，计量单位为每单位消耗的电能值，也就是度或者 kWh。电度表有机械式和电子式两种，图 LC10-22 为变电所内交直流盘所用的三相四线电子式电度表。

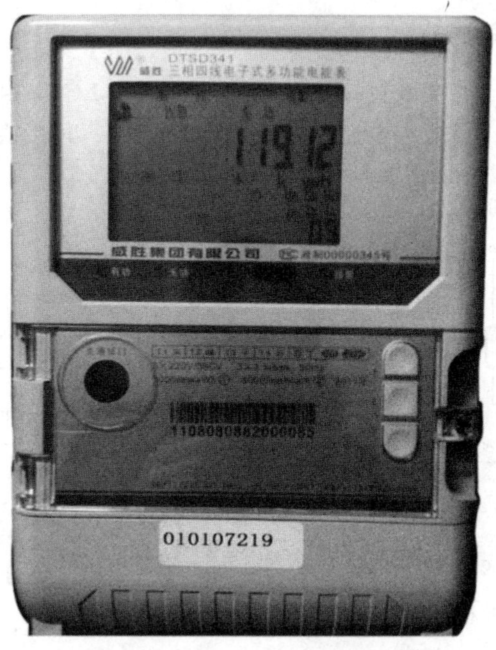

图 LC10-22　电子式电度表

按结构分，有单相表、三相三线表和三相四线表三种；
按用途分，有有功电度表和无功电度表二种；
常用规格：3 A、5 A、10 A、25 A、50 A、75 A、100 A 等多种。

1. 电度表的结构和工作原理

结构：以交流感应式电度表为例，主要由励磁、阻尼、走字和基座等部分组成。
工作原理：如图 LC10-23（a）所示，铝盘受力情况如图 LC10-23（b）所示。

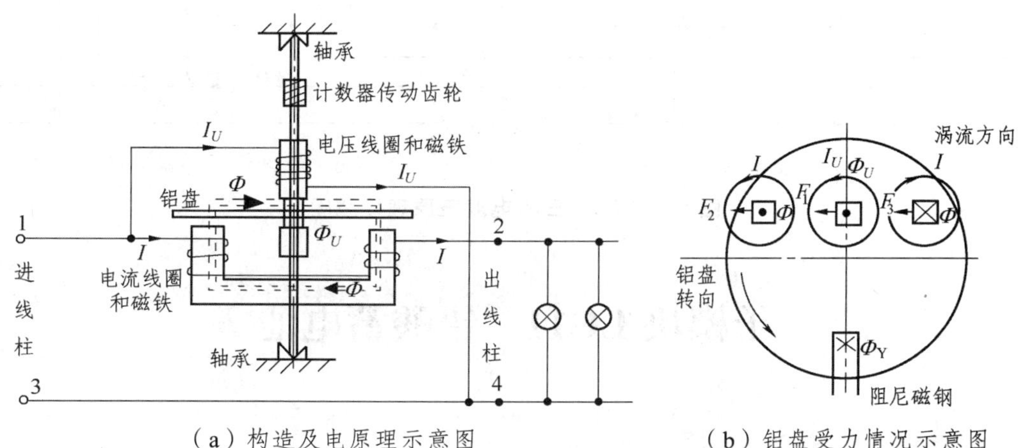

（a）构造及电原理示意图　　（b）铝盘受力情况示意图

图 LC10-23　交流感应式电度表结构及原理示意图

三相三线表、三相四线表的构造及工作原理与单相表基本相同。三相三线表由两组如同单相表的励磁系统集合而成，由一组走字系统构成复合计数；三相四线表则由三组如同单相表的励磁系统集合而成，也由一组走字系统构成复合计数。

2. 单相电度表的接线方法

在低压小电流线路中，电度表直接接在线路上，如图 LC10-24（a）所示。

在低压大电流线路中，必须用电流互感器将电流变小，其接线如图 LC10-24（b）所示。

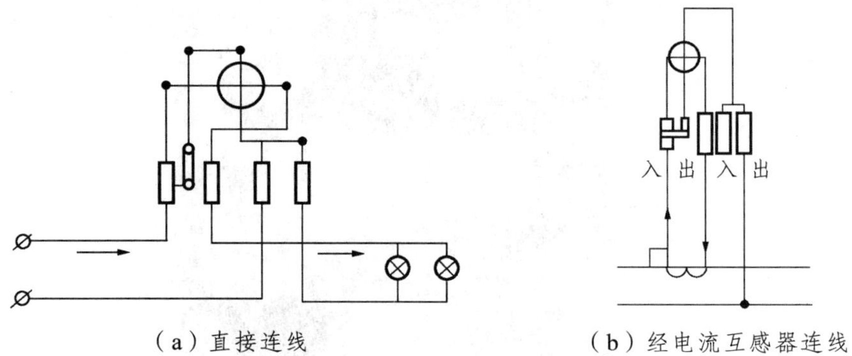

（a）直接连线　　（b）经电流互感器连线

图 LC10-24　单相电度表的接线方法

3. 三相电度表的接线方法

低压三相四线制线路中，常用三元件的三相电度表。若线路上负载电流未超过电度表的量程，可直接接在线路上，其接线如图 LC10-25（a）所示。

若负载电流超过电度表量程，须用电流互感器将电流变小，其接线如图 LC10-25（b）所示。

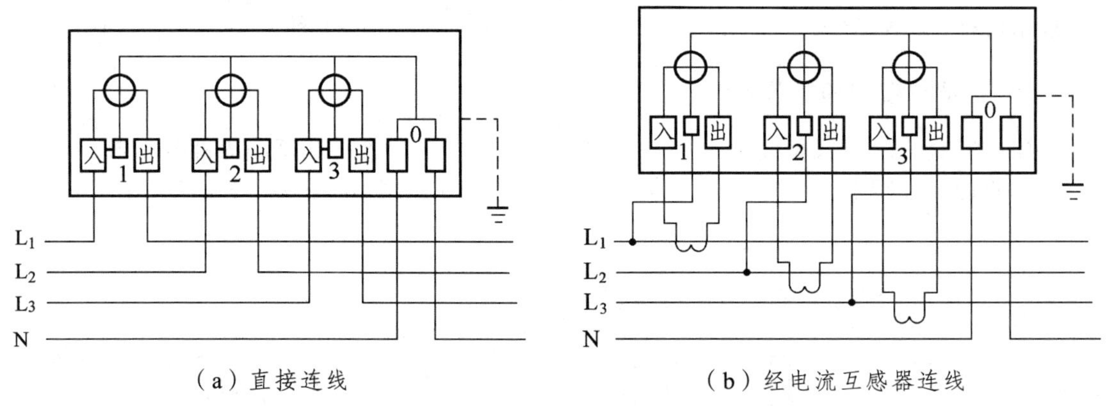

（a）直接连线　　（b）经电流互感器连线

图 LC10-25　三相电度表原理接线图

子模块 LC11　铅酸蓄电池

一、铅酸蓄电池概述

铅酸蓄电池是用稀硫酸作电解液，用二氧化铅和绒状铅分别作为电池的正极和负极的一种酸性电池。铅酸蓄电池由于其优良的可逆（反复接受、储存、释放电能）、较高的能量转换效率，运行无噪声，可根据工作需要灵活地变换输出压、电流和容量，内阻低，价格低廉，使用方便等突出优点而被广泛应用于各种需要直流电源的场合。尽管交流供电逐渐普及，但蓄池的要求仍然在不断增长。近年来，在蓄电池领域里，尽管新型锌银体系电池、碱性镉镍蓄电池等已发展成熟，但由于原材料缺乏、造价高等原因，使用面和使用量受到限制。唯有铅酸蓄电池无论在总量上和应用范围方面仍占有绝对优势。

1. 铅酸蓄电池的定义

阀控式铅酸蓄电池的英文名称为 Valve Regulated Lead Battery（简称 VRLA 电池），其基本特点是使用期间不用加酸加水维护，电池为密封结构，不会漏酸，也不会排酸雾，电池盖子上设有单向排气阀（也叫安全阀），该阀的作用是当电池内部气体量超过一定值（通常用气压值表示），即当电池内部气压升高到一定值时，排气阀自动打开，排出气体，然后自动关阀，防止空气进入电池内部。如图 LC11-1 所示。

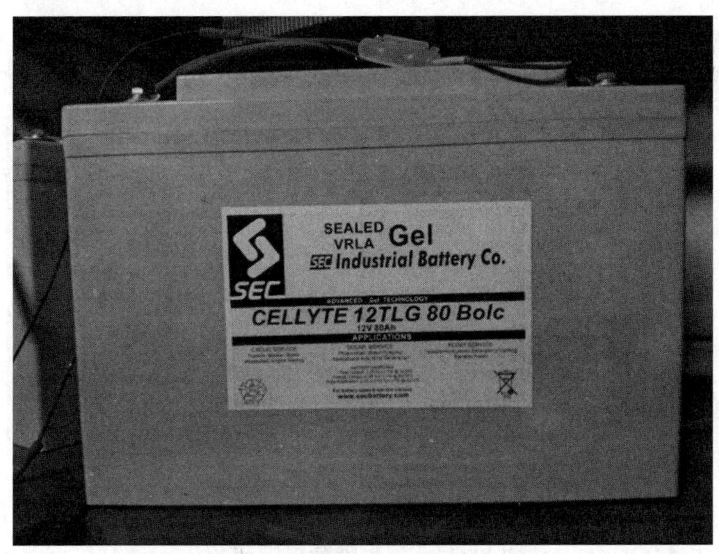

图 LC11-1　铅酸蓄电池

2. 铅酸蓄电池的分类及特点

常用的铅酸蓄电池主要分三大类：

（1）普通蓄电池：普通蓄电池的极板由铅和铅的氧化物构成，电解液是硫酸的水溶液。它的主要优点是电压稳定、价格便宜；缺点是比能低（即每公斤蓄电池存储的电能）、使用寿命短和日常维护频繁。

（2）干荷蓄电池：它的全称是干式荷电铅酸蓄电池，它的主要特点是负极板有较高的储电能力，在完全干燥的状态下，能在两年内保存所得到的电量，使用时，只需加入电解液，等 20 ~ 30 min 就可使用。

（3）免维护蓄电池：免维护蓄电池由于自身结构上的优势，电解液的消耗量非常小，在使用寿命内基本不需要补充蒸馏水。它还具有耐震、耐高温、体积小、自放电小的特点。使用寿命一般为普通蓄电池的两倍。市场上的免维护蓄电池也有两种：第一种在购买时一次性加入电解液后使用中不需要维护（添加补充液）；另一种是电池本身出厂时就已经加好电解液并封死，用户在使用中不能加入补充液。

铅酸电池有 2 V，4 V，6 V，8 V，12 V，24 V 等系列，容量为 200 mAh ~ 3 000 Ah。常见的阀控式密封铅酸蓄电池 VRLA 型是基于 AGM（吸液玻璃纤维板）技术和钙栅板的可充电电池，具有优越的大电流放电特性和超长的使用寿命。它在使用中不需加水。

除此之外，蓄电池的分类还有很多种，例如按蓄电池极板结构分类：有形成式、涂膏式和管式蓄电池；按蓄电池盖和结构分类：有开口式、排气式、防酸隔爆式和密封阀控式蓄电池；按蓄电池维护方式分类：有普通式、少维护式、免维护式蓄电池等。

二、铅酸蓄电池结构

铅酸蓄电池主要由正负极板、隔板、硫酸电解液、排气栓、极柱、电池壳体等主要部件组成。如图 LC11-2 所示。

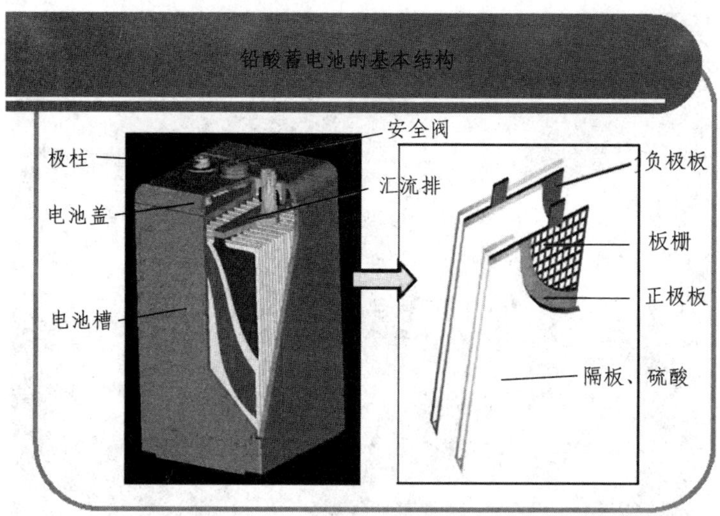

图 LC11-2 铅酸蓄电池结构

1. 正负极板

正负极板是由板栅和活性物质二氧化铅和铅（PbO_2 和 Pb）构成的。

板栅的作用：支承活性物质、传导电流，使电流分布均匀。

板栅的材料一般采用铅锑合金，免维护电池采用铅钙合金。

2. 隔　板

电池用隔板是由微孔橡胶、塑料玻璃纤维等绝缘材料制成的，它的主要作用是：防止正负极板短路，使电解中的负离子顺利通过，阻援正负极活性物质的脱落，防止正负极板因震动而损伤。因此要求隔板要有孔率高，孔径小，耐酸，不分泌有害杂质，有一定强度，在电解液中电阻小，具有化学稳定性特点。

3. 电解液

电解液是蓄电池的重要组成部分，它的作用是：传导电流，参加电化学反应。电解液是浓硫酸和净化水配制而成的，电解液的纯度和密度对电池容量和寿命有重要影响。

4. 电池壳、盖

电池壳、盖是盛正、负极板和电解液的容器，主要由塑料和橡胶材料制成。

5. 排气栓

由塑料材料制成，对电池起密封作用，阻止空气进入，防止极板氧化，使用前必须将排气栓上的盲孔用铁钉刺穿，以保证气体逸出通畅。

6. 其　他

蓄电池除上述主要部件外，还有链条、端子、极柱、液面指示器等零部件。

三、铅酸蓄电池工作原理

1. 铅酸蓄电池电动势的产生

（1）铅酸蓄电池充电后，正极板是二氧化铅（PbO_2），在硫酸溶液中水分子的作用下，少量二氧化铅与水生成可离解的不稳定物质——氢氧化铅[$Pb(OH)_2$]，氢氧根离子在溶液中，铅离子（Pb）留在正极板上，故正极板上缺少电子。

（2）铅酸蓄电池充电后，负极板是铅（Pb），与电解液中的硫酸（H_2SO_4）发生反应，变成铅离子（Pb^{+2}），铅离子转移到电解液中，负极板上留下多余的两个电子（$2e$）。可见，在未接通外电路时（电池开路），由于化学作用，正极板上缺少电子，负极板上多余电子，两极板间就产生了一定的电位差，这就是电池的电动势。

2. 铅酸蓄电池放电过程的电化反应

（1）铅酸蓄电池放电时，在蓄电池的电位差的作用下，负极板上的电子经负载进入正极板形成电流 I，同时在电池内部进行化学反应。

（2）负极板上每个铅原子放出两个电子后，生成的铅离子（Pb^{+2}）与电解液中的硫酸根离子（SO_4^{-2}）反应，在极板上生成难溶的硫酸铅（$PbSO_4$）。

（3）正极板的铅离子（Pb^{+4}）得到来自负极的两个电子（$2e$）后，变成二价铅离子（Pb^{+2}）与电解液中的硫酸根离子（SO_4^{-2}）反应，在极板上生成难溶的硫酸铅（$PbSO_4$）。正极板水解出的氧离子（O_2）与电解液中的氢离子（H^+）反应，生成稳定物质水。

（4）电解液中存在的硫酸根离子和氢离子在电力场的作用下分别移向电池的正负极，在电池内部形成电流，整个回路形成，蓄电池向外持续放电。

（5）放电时，H_2SO_4的浓度不断下降，正负极上的硫酸铅（$PbSO_4$）增加，电池内阻增大（硫酸铅不导电），电解液浓度下降，电池电动势降低。

3. 铅酸蓄电池充电过程的电化反应

化学反应方程式如下：

总反应

$$PbO_2 + Pb + 2H_2SO_4 \xleftrightarrow{\text{充放电}} 2PbSO_4 + 2H_2O$$

正极反应

$$PbO_2 + HSO_4^{-1} + 3H^+ + 2e \xleftrightarrow{\text{充放电}} PbSO_4 + 2H_2O$$

负极反应

$$Pb + HSO_4^{-1} - 2e \xleftrightarrow{\text{充放电}} PbSO_4 + H^+$$

（1）充电时，应在外接一直流电源（充电极或整流器），使正、负极板在放电后生成的物质恢复成原来的活性物质，并把外界的电能转变为化学能储存起来。

（2）在正极板上，在外界电流的作用下，硫酸铅被离解为二价铅离子（Pb^{+2}）和负硫酸根离子（SO_4^{-2}）由于外电源不断从正极吸取电子，则正极板附近游离的二价铅离子（Pb^{+2}）不断放出两个电子来补充，变成四价铅离子（Pb^{+4}），并与水继续反应，最终在正极极板上生成二氧化铅（PbO）。

（3）在负极板上，在外界电流的作用下，硫酸铅被离解为二价铅离子（Pb^{+2}）和负硫酸根离子（SO_4^{-2}），由于负极不断从外电源获得电子，则负极板附近游离的二价铅离子（Pb^{+2}）被中和为铅（Pb），并以绒状铅附在负极板上。

（4）电解液中，正极不断产生游离的氢离子（H^+）和负硫酸根离子（SO_4^{-2}），负极不断产生负硫酸根离子（SO_4^{-2}），在电场的作用下，氢离子向负极移动，硫酸根离子向正极移动，形成电流。

（5）充电后期，在外电流的作用下，溶液中还会发生水的电解反应。

4. 铅酸蓄电池充放电后电解液的变化

（1）从上面可以看出，蓄电池放电时，电解液中的硫酸不断减少，水逐渐增多，溶液比重下降。

（2）从上面可以看出，蓄电池充电时，电解液中的硫酸不断增多，水逐渐减少，溶液比重上升。

（3）实际工作中，可以根据电解液比重的变化来判断铅酸蓄电池的充电程度。

四、阀控式铅酸蓄电池的性能参数

1. 开路电压与工作电压

1）开路电压

电池在开路状态下的端电压称为开路电压。电池的开路电压等于电池正极的电极电势与负极电极电势之差。

2）工作电压

工作电压指电池接通负载后在放电过程中显示的电压，又称放电电压。在电池放电初始的工作电压称为初始电压。电池在接通负载后，由于欧姆电阻和极化过电位的存在，电池的工作电压低于开路电压。

2. 容　量

电池在一定放电条件下所能给出的电量称为电池的容量，以符号 C 表示。常用的单位为安培小时，简称安时（Ah）或毫安时（mAh）。电池的容量可以分为理论容量、额定容量、实际容量。理论容量是把活性物质的质量按法拉第定律计算而得的最高理论值。为了比较不同系列的电池，常用比容量的概念，即单位体积或单位质量电池所能给出的理论电量，单位为 Ah/l 或 Ah/kg。实际容量是指电池在一定条件下所能输出的电量，它等于放电电流与放电时间的乘积，单位为 Ah，其值小于理论容量。额定容量也叫保证容量，是按国家或有关部门颁布的标准，保证电池在一定的放电条件下应该放出的最低限度的容量。

3. 内　阻

电池内阻包括欧姆内阻和极化内阻，极化内阻又包括电化学极化与浓差极化。内阻的存在，使电池放电时的端电压低于电池电动势和开路电压，充电时端电压高于电动势和开路电压。电池的内阻不是常数，在充放电过程中随时间不断变化，因为活性物质的组成和电解液浓度不断地改变。欧姆电阻遵守欧姆定律，极化电阻随电流密度增加而增大，但不是线性关系，常随电流密度和温度不断地改变。

4. 能　量

电池的能量是指在一定的放电条件下，蓄电池所能给出的电能，通常用瓦时（Wh）表示。电池的能量分为理论能量和实际能量。理论能量 $W_{理}$ 可用理论容量和电动势（E）的乘积表示，即 $W_{理}=C_{理}E$。电池的实际能量为一定放电条件下的实际容量 $C_{实}$ 与平均工作电压 $U_{平}$ 的乘积，即 $W_{实}=C_{实}U_{平}$。

常用比能量来比较不同的电池系统，比能量是指电池单位质量或单位体积所能输出的电能，单位分别是 Wh/kg 或 Wh/l。比能量有理论比能量和实际比能量之分，前者指 1 kg 电池反应物质完全放电时理论上所能输出的能量，后者指 1 kg 电池反应物质所能输出的实际能量。由于各种因素的影响，电池的实际比能量远小于理论比能量。实际比能量和理论比能量的关系可表示如下：

$$W_{实}=W_{理}K_{\mathrm{v}}K_{\mathrm{R}}K_{\mathrm{m}}$$

式中　K_{v} ——电压效率；

K_{R} ——反应效率；

K_{m} ——质量效率。

电池的比能量是综合性指标，它反映了电池的质量水平，也表明生产厂家的技术和管理水平。

5. 功率与比功率

电池的功率是指电池在一定放电条件下，于单位时间内所给出的能量大小，单位为瓦（W）或千瓦（kW）。单位质量电池所能给出的功率称为比功率，单位为 W/kg 或 kW/kg。比功率也是电池重要的性能指标之一。一个电池比功率大，表示它可以承受大电流放电。蓄电池的比能量和比功率性能是电池选型时的重要参数。因为电池要与用电的仪器、仪表、电动机器等互相配套，为了满足要求，首先要根据用电设备要求的功率大小来选择电池类型。当然，最终确定选用电池的类型还要考虑质量、体积、比能量、使用的温度范围和价格等因素。

6. 电池的使用寿命

在规定条件下，某电池的有效寿命期限称为该电池的使用寿命。蓄电池发生内部短路或损坏而不能使用，以及容量达不到规范要求时蓄电池使用失效，这时电池的使用寿命终止。蓄电池的使用寿命包括使用期限和使用周期。使用期限是指蓄电池可供使用的时间，包括蓄电池的存放时间。使用周期是指蓄电池可供重复使用的次数。

五、阀控铅酸蓄电池的充放电特性

铅酸蓄电池以一定的电流充、放电时，其端电压的变化如图 LC11-3 所示。

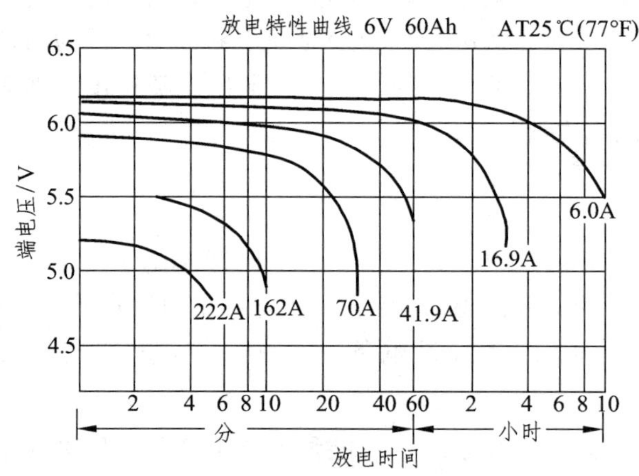

图 LC11-3 电池的放电特性

1. UPS 电池的放电特性

以单节电池 60 Ah、6 V 为例，该电池的放电特性是一组曲线（见图 LC11-3）。在一定的环境温度下（图中为 25 °C），随放电电流的不同，电池端电压与放电时间的关系称为放电曲线。由放电曲线可以看出如下特性：

（1）放电时间最长的曲线，放电时间为 10 h，电流恒定，我们称之为 10 h 放电率曲线，由此测定的电池容量用 C_{10} 表示：

$$C_{10}=6\ \text{A}\times 10\ \text{h}=60\ \text{Ah}$$

如果用 1 h 恒流放电来测定同一只电池，则：

$$C_{1}=41.9\ \text{A}\times 1\ \text{h}=41.9\ \text{Ah}$$

由此可见电池的容量是在标定了放电制式之后才是一个可比的确定值。

（2）无论放电电流的大小，在放电的初始阶段都会有端电压下降较多，然后略有回升的现象，这是因为电池从充电状态转变为放电状态的瞬间，电池极板附近的电荷快速释放出来，而离极板较远的电荷需要逐渐运送到极板附近，然后才能释放出来，这个过程形成了电池端电压的较大低谷。

（3）无论放电电流的大小，电池端电压最终将出现急剧下降的拐点，以这些曲线的拐点连接得到的曲线就称为安全工作时的终止电压曲线，UPS 的电池电压工作终点都是设计在这条拐点曲线附近的。拐点之后的曲线具有电压急剧下降的趋势，直到放电曲线的终点，这些终点连接得到的曲线称为最小终止电压曲线，它表示放电电压低于此曲线后将造成电池的永久性失效，即电池不能再恢复储电能力。由此可见，UPS 设计中有防止电池深度放电的保护功能是极为必要的。

2. 蓄电池的充电特性

蓄电池的充电特性曲线也是在 25 °C 温度下测量和标度的。如图 LC11-4 所示，充电曲线通常有三条：

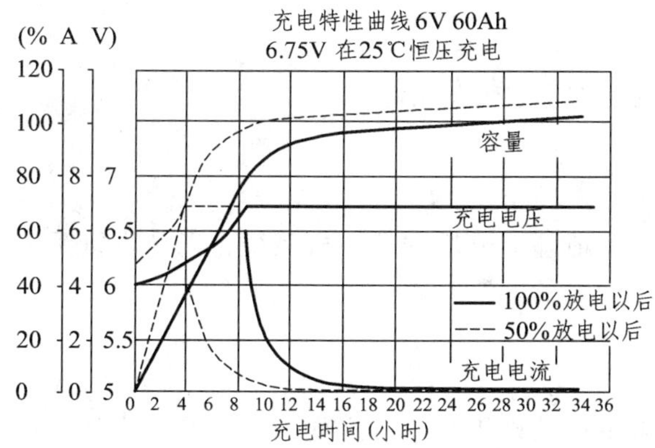

图 LC11-4　电池的充电特性

（1）充电电流曲线：在充电开始阶段，充电电流是一个恒定值，随着充电时间的推移，充电电流逐渐下降，并最终趋于零。这是由于在放电过程中，电池内的电荷大量流失，由放电转变为充电时，电荷的增长速度较快，化学反应将产生大量的气体和热量，对于密封电池来说，即使通过安全阀可以将气体和热量排放掉，但氢离子和水将同时损失掉，使电池的储能下降，因此必须限定充电的电流值，随着电池容量的恢复，充电电流将自动下降。充电电流下降 10 mA/Ah 以下时即认为电池已基本充满，转入浮充电状态。电池放电越深，则恒流充电的时间越长，反之则较短。

（2）充电电压曲线：在电池恒流充电阶段，电池的电压始终是上升的，因此有时又称为升压充电。当恒流充电结束时，电池的电压基本保持不变，称为恒压充电。在恒压充电阶段，电池的电流逐渐减小，并最终趋于零，结束恒压充电阶段，转入浮充电，以保持电池的储能，防止电池的自放电。

（3）充电容量曲线：在恒流充电阶段，电池的容量基本呈线性增长；在恒压充电阶段，容量增长的速度减慢；恒压充电结束后，容量基本恢复到 100%大约需要 24 h 左右；转入浮充电后，容量基本不再明显增长。由充电曲线还可以看到一组虚线，是电池放电 50%后的充电特性，与 100%放电后的充电特性相比，恒流充电时间明显缩短，恒压充电 9 h 左右，容量基本恢复到 100%。由以上可知：

① 恒流充电是为了恢复电池的电压；

② 恒压充电是为了恢复电池的储能；

③ 浮充电是为了抑制电池的自放电或保持储能。

UPS设计的电池放电容量通常为50%～70%额定容量，一般放电后最好连续充电24小时。无论50%放电还是100%放电，恒流充电都是$0.1C_{10}$，恒压充电都是2.25V/节，这是在25 °C环境温度下进行的。如果温度上升，则充电电压必须下降；否则电池内的化学反应会加强，产生大量的气体，使电池内的压力增加，并经减压阀将气体释放，使电池内的电解液减少，将造成电池的提早老化，减少电池的使用寿命。许多品牌UPS正是根据这一原理，设计了浮充电压随温度而变化的功能，以优化电池的使用寿命。

子模块LC12 变电所综自系统

一、计算机网络的基本知识

1. 计算机网络

利用各种通信手段，把地理上分散的计算机系统，以共享资源为目标有机地结合起来，而它们各自又是具有独立功能的网络系统。

2. 计算机网络的特点

（1）地理分散：如果中央处理机在1 m之内，就不能称为计算机网络，而是多机处理系统。

（2）独立处理：构成计算机网络的各台计算机具有独立功能。

（3）通信协议：网络中的各台计算机要能相互通信必须遵守的规则和约定。

（4）资源共享：包括软件和硬件的资源共享。

3. 计算机网络的分类

（1）按地理位置分：局域网和广域网。

（2）按功能分：通信子网（负责整个网络的数据通信）和资源子网（各种网络资源的集合），主机通过通信子网连接，通信子网的功能是把消息从一台主机传到另外一台主机。

4. 计算机网络的拓扑结构

计算机网络的拓扑结构指计算机网络中各节点之间的相互位置以及它们互连的几何布局。简单来说，就是指节点的几何结构。可分为六类：星形、总线型、环形、树形、网状和混合拓扑结构。

1）总线型拓扑结构

采用单根线作为传输介质，所有计算机工作站都通过相应的硬件接口直接连接到传输介质（总线）上。任何一个站点发送的信号都可以沿着介质传播，而且能被其他站点接收。结构简单、成本低廉、布线容易。但某台机器出问题会影响到整个网络的正常运转。

2）星形拓扑结构

网络中所有节点都连接在一个中央集线设备上，网络中计算机的信息交换和管理都是通过该中央集线设备来实现的。网络中的计算机都是通过集线设备来连接的，即使某台计算机出现了问题都不会影响到网络中的其他计算机。但一旦集线设备出问题，将会导致整个网络瘫痪。

3）环形拓扑结构

网络中所有节点都连接成一个封闭的回路，所有节点都和它左右相邻的节点连接。环形网中的信息流只能是单向的，每个收到信息包的站点都向它的下游站点转发该信息包。能高速运行，为了避免冲突，其结构相当简单。如果环网中的一个节点出现故障，整个网络通信将终止。

5. 计算机网络基本硬件及构成

组建一个计算机网络，需要的基本硬件包括：传输介质、常用接头、网卡、集线设备。

1）传输介质

传输介质指从一个网络设备连接到另一个网络设备的用于传递信息的传输媒介，是网络中收发双方的物理通路。

常用的传输介质有：双绞线、同轴电缆和光纤，下面以光纤做简单介绍。

光纤是光导纤维的简称，由直径大约为 0.1 mm 的细玻璃丝构成。

光纤裸纤一般分为三层：中心高折射率玻璃芯（芯径一般为 50 μm 或 62.5 μm），中间为低折射率硅玻璃包层（直径一般为 125 μm），最外是加强用的树脂涂层。

按光在光纤中的传输模式可分为：单模光纤和多模光纤。

① 多模光纤（Multi-mode Fiber），如图 LC12-1 所示。

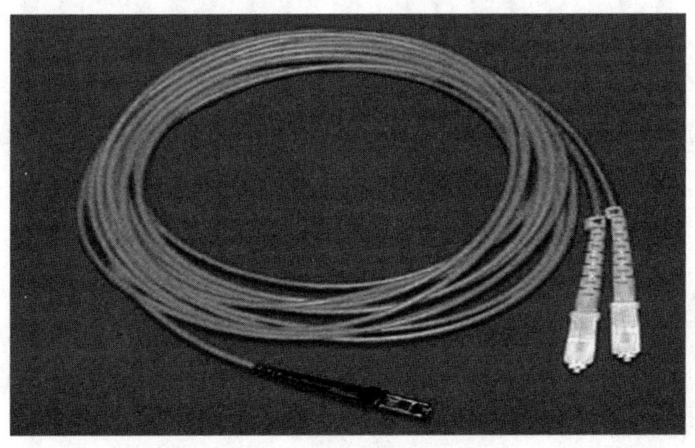

图 LC12-1　多模光纤图

中心玻璃芯较粗，芯的直径是 15 ~ 50 μm，大致与人的头发粗细相当，可传多种模式的光。但其模间色散较大，这就限制了传输数字信号的频率，而且随距离的增加会更加严重。因此，多模光纤传输的距离就比较近，一般只有几公里。一般光纤跳纤用橙色表示，也有的用灰色表示，接头和保护套用米色或者黑色。

② 单模光纤（Single-mode Fiber），如图 LC12-2 所示。

中心玻璃芯较细，芯的直径为 8～10 μm。只能传一种模式的光。因此，其模间色散很小，适用于远程通信，最远为 10 km。一般光纤跳纤用黄色表示，接头和保护套为蓝色。

光纤传输具有频带宽、损耗低、重量轻、抗干扰能力强、保真度高、工作性能可靠的特点。

2）常用接头

在计算机网络中常用的接头是双绞线的接头，专业称呼为 RJ45 接头，通常称为水晶头，是一种只能固定方向插入，并带防脱落的塑料接头，如图 LC12-3 所示。

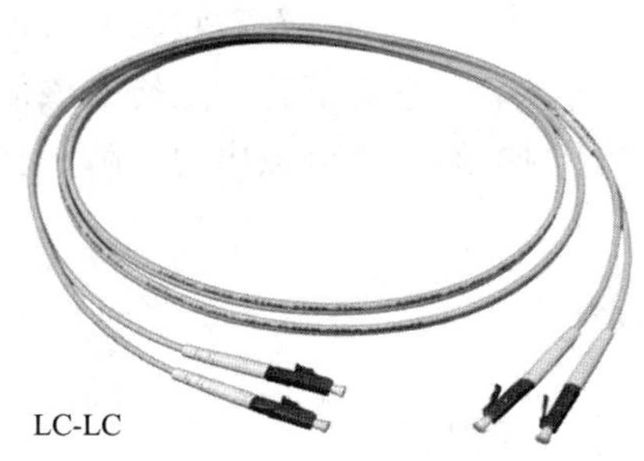

图 LC12-2　单模光纤图

图 LC12-3　双绞线的接头图

双绞线的做法有两种国际标准：EIA/TIA586A 和 EIA/TIA586B

标准 568B：橙白—1，橙—2，绿白—3，蓝—4，蓝白—5，绿—6，棕白—7，棕—8；

标准 568A：绿白—1，绿—2，橙白—3，蓝—4，蓝白—5，橙—6，棕白—7，棕—8。

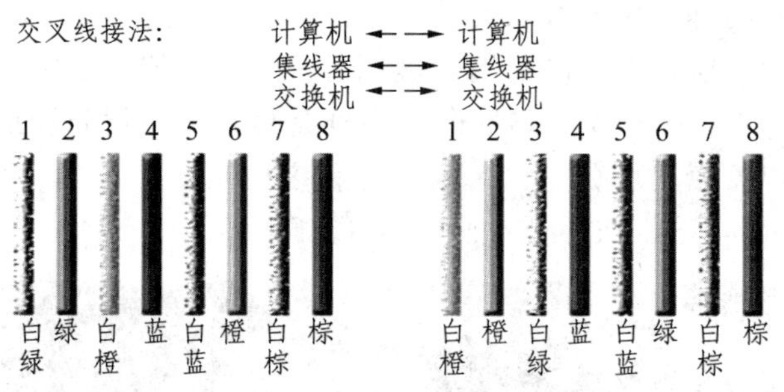

图 LC12-4　交叉法接线图

交叉线的连接，一端采用 568A，另一端采用 568B。

3）网　卡

网卡也称为网络适配器，是局域网中连接计算机和传输介质的接口，用于发出和接收信息。

4）集线设备

集线设备主要有集线器和交换机。

二、数据通信系统

1. 数据通信基本概念

1）并行传输与串行传输

① 并行传输：用 8 根线（另 1 根公共线）将数字通信双方连接起来，每 1 次可以同时传

送8位码元，这种方式称为并行传输。

特点：速度快（高达百兆字节），但信号线多，不适于远距离传输（<10 m）。

② 串行传输：用1回线将数字通信双方连接起来，每1次传送1位码元，这种方式称为串行传输。

特点：信号线少，适于远距离传输，但速度慢，适于少量数据的传送。目前电网调度自动化中大量使用的是串行传输（上行2根，下行2根）。

2）数据通信的工作方式

按数据传输方向分为三种方式：

① 单工方式（Simplex）：固定单向；

② 半双工方式（Half Duplex）：同时仅一方向；

③ 全双工方式（Full Duplex）：同时两个方向。

3）异步通信和同步通信

① 异步通信。

由于通信收、发两端的时钟很难完全同步，为了满足这种条件下的通信，提出异步通信的方式。指两端时钟不需要精确同步，最多是标称值相同而已（16倍、32倍）。

特点：设备要求低，广泛应用，但附加码导致传输效率降低。

② 同步通信。

收发二端的时钟要严格保持同步，发送的每个数据字节不需要特殊的附加位，形成真正的数据流（有效数据位紧密排列）。可用数字锁相电路原理实现。

2. 数据通信系统的构成

数据终端→调制解调器→通信处理机……（通信线路）……通信处理机→调制解调器→主计算机

① 数据终端：厂站端RTU设备。现场被监控设备与数据通信网络之间的接口。

② 调制解调器：二进制数据与模拟信号的转换设备，模拟信号适于远传。

③ 通信线路：传送数据信号的线路。公网或专网。直接连接或经通信处理机网络连接。

④ 通信处理机：承担通信控制任务（缓冲匹配、误码检测、故障检测、路由选择、信道建立等）。

⑤ 主计算机：类似于数据终端，指调度计算机系统。汇集数据终端采集到的电力运行数据，进行判别、分析与控制。

3. 通信信道

按传输媒介分为有线信道和无线信道二类，有线信道包括：电力线载波、通信电缆、光纤、现场总线等。无线信道包括有：无线电广播、微波、卫星通信等。

4. 信息的调制

1）模拟通信和数字通信

① 模拟通信：传输模拟信号（信号取连续值）的系统称为模拟通信系统。

② 数字通信：直接（离散）数字通信的系统，或者数字信号调制成模拟信号传输后再解调成数字信号的系统，都称为数字通信系统。直接数字信号脉冲经过远距离传输会发生波形畸变，仅适于近距离传输。

2）调制与解调

调制与解调如图 LC12-5 所示。

① 信号调制（Modulate）：发送端将数字信号变换成适合于传输的模拟信号（一般音频范围）的过程。实现调制功能的设备称调制器（Modulator）。

② 信号解调（Demodulate）：接收端将收到的模拟信号转还原成数字脉冲信号的过程。实现解调功能的设备称解调器（Demodulator）。

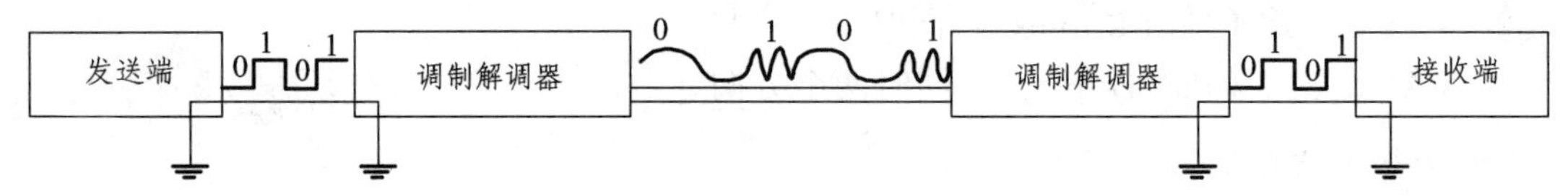

图 LC12-5 调制与解调图

5. 串行接口

串行接口简称串口，也称串行通信接口（通常指 COM 接口），是采用串行通信方式的扩展接口。串行接口按电气标准及协议来分包括 RS232-C、RS422、RS485 等。RS232-C、RS422 与 RS485 标准只对接口的电气特性做出规定，不涉及接插件、电缆或协议。

1）RS232

RS232 也称标准串口，是最常用的一种串行通信接口。它的全名是“数据终端设备（DTE）和数据通信设备（DCE）之间串行二进制数据交换接口技术标准”。传统的 RS232-C 接口标准有 22 根线，采用标准 25 芯 D 型插头座（DB25），其传送距离最大为约 15 m，最高速率为 20 kb/s。RS232 是为点对点（即只用一对收、发设备）通信而设计的，其驱动器负载为 3～7 kΩ。所以 RS232 适合本地设备之间的通信。

2）RS422

RS422 的标准全称是“平衡电压数字接口电路的电气特性”，它定义了接口电路的特性。典型的 RS422 是四线接口。实际上还有一根信号地线，共 5 根线。RS422 四线接口由于采用单独的发送和接收通道，因此不必控制数据方向。RS422 的最大传输距离为 1 219 m，最大传输速率为 10 Mb/s。一般 100 m 长的双绞线上所能获得的最大传输速率仅为 1 Mb/s。

3）RS485

RS485 是从 RS422 基础上发展而来的，所以 RS485 的许多电气规定与 RS422 相仿。如都采用平衡传输方式，都需要在传输线上接终接电阻等。RS485 可以采用二线与四线方式，二线制可实现真正的多点双向通信，而采用四线连接时，与 RS422 一样只能实现点对多的通信，RS485 与 RS422 一样，其最大传输距离约为 1 219 m，最大传输速率为 10 Mb/s。一般 100 m 长双绞线最大传输速率仅为 1 Mb/s。

6. 数据传输规约

通信规约：为了有效地实现双方的通信，通信的发送方与接收方需要预先对数据的传输速率、数据结构、同步方式等进行约定，两侧通信设备应符合和遵守的这些约定，称为通信规约。RTU与主站的通信规约主要分为两种类型：循环式和应答式。

三、电力监控系统的基本硬件组成

控制中心主要由主机、外围设备、人机联系设备、通信设备组成。

远方被控站主要由主机、外围设备、过程输入/输出设备、人机接口设备和通信设备等组成。

1. 主　机

由中央处理器（CPU）和内存储器（RAM、ROM）组成的主机是系统的核心。在内存储器中预先存入了实现信号输入、运算控制和命令输出的程序，这些程序反映了系统设计人员远程监控的意图。

2. 外部设备

按功能可分为：输入设备、输出设备和外存储器三类。

常用的输入设备：键盘、鼠标；

常用的输出设备：打印机、绘图仪、显示器等；

常用的外存储器：磁盘、光盘、U盘等。

3. 过程输入/输出设备（PIO）

计算机与现场之间的信息传递是通过过程输入/输出设备进行的，它在两者之间起到纽带和桥梁作用。

过程输入通道包括模拟量输入通道（A/D）和开关量输入通道（DI）。

过程输出通道包括模拟量输入通道（D/A）和开关量输出通道（DO）。

4. 人机联系设备

操作员和计算机之间的信息交换是通过人机联系设备进行的。例如，显示器、键盘和鼠标等。其作用一是显示现场运行状况；二是供生产操作人员操作；三是显示操作结果，也称为人机接口。

5. 通信设备

主要是由交换机、通信控制器及通信线路等组成。

1）通信控制器

通信控制器是变电所综合自动化系统的信息中心，它通过不同的通信介质和通信规约，对变电所内各种设备的信息进行采集处理，形成标准的信息并通过数据通道传送到变电所监控的计算机和综合监控系统。城轨供电系统采用冗余的通信控制器 C306L，具有可靠性高、处理能力强、实时响应快的特点。主变电所采用两台通信处理装置，主备完全相同，采用热备冗余的方式运行。如图 LC12-6 所示。

图 LC12-6 通信控制器

2）网络交换机

交换机是一种用于电信号转发的网络设备。它可以为接入交换机的任意两个网络节点提供独享的电信号通路。主变电所有两套交换机，该交换机实现与车站/车辆段/停车场综合监控系统的连接，连接设备包括车站/车辆段/停车场综合监控系统交换机、主备通信处理装置和便携式维护计算机。如图 LC12-7 所示。

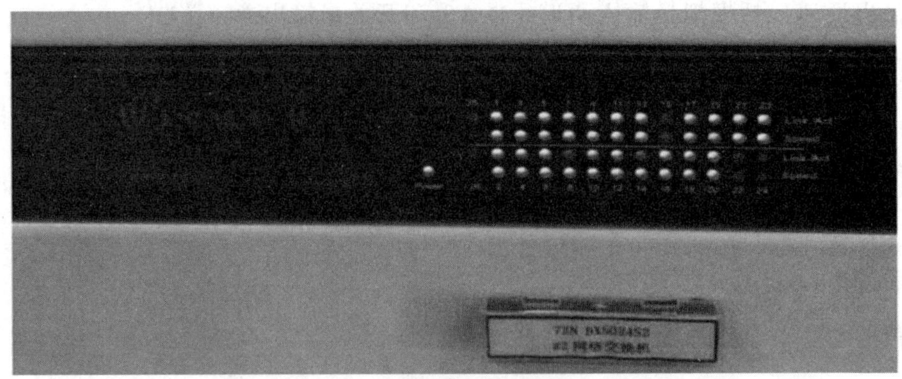

图 LC12-7 交换机

3）光电转换器

光电转换器是将光信号转换为电信号，或将电信号转换为光信号的一种设备，它可以将外部的光纤信号转换后通过电接口（RJ45）输出到计算机或者相应的网络设备上。如图 LC12-8 所示。

图 LC12-8　光电转换器

4）光纤熔接盒

光纤熔接盒是将 4 芯的铠装光缆通过熔接后变成 4 根光纤尾纤，接入光纤转换器中。4 芯光纤构成网络 A 和网络 B。每个网络用 2 根光纤：1 根接收数据、1 根发送数据。

四、电力监控系统的主要性能

（一）系统软件

目前，城市轨道交通 PSCADA 系统所用的操作软件主要有 Windows XP 和 Linux 两种，Windows XP 系统是我们常见的操作系统，在此不再介绍。下面对 Linux 操作系统作简单介绍。

1. Linux 操作系统

Linux 操作系统是 Unix 操作系统的一种分支系统，Linux 是一套免费使用和自由传播类的 Unix 操作系统，是一个基于 POSIX 和 Unix 的多用户、多任务、支持多线程和多 CPU 的操作系统。它能运行主要的 Unix 工具软件、应用程序和网络协议。它支持 32 位和 64 位硬件。Linux 继承了 Unix 以网络为核心的设计思想，是一个性能稳定的多用户网络操作系统。它主要用于基于 Intel x86 系列 CPU 的计算机上。

Linux 操作系统软件包不仅包括完整的 Linux 操作系统，而且还包括了文本编辑器、高级语言编译器等应用软件。它还包括带有多个窗口管理器的 X-Windows 图形用户界面，如同我们使用 Windows NT 一样，允许我们使用窗口、图标和菜单对系统进行操作。

Linux 系统具有完全兼容 POSIX 1.0 标准、多用户、多任务、良好的界面、支持多种平台的特性。

2. Linux 硬盘分区

硬盘分区一共有三种：主分区，扩展分区和逻辑分区。

在一块硬盘上最多只能有四个主分区。可以另外建立一个扩展分区来代替四个主分区的其中一个，在扩展分区下可以建立更多的逻辑分区。扩展分区只不过是逻辑分区的“容器”。实际上只有主分区和逻辑分区进行数据存储。

3. Linux 常用命令

1）文件管理基本命令

find 路径 -name *SGI -exec rm -fr {} \; 查找并删除；

find 路径 -name *SGI -exec cp {} 目标路径 \; 查找并拷贝；

ls -a 列出当前目录下的所有文件，包括以.头的隐含文件；

ls -l 或 ll 列出当前目录下文件的详细信息；

pwd 查看当前所在目录的绝对路经；

cd .. 回当前目录的上一级目录；

cd - 回上一次所在的目录；

mkdir 目录名 创建一个目录；

rm -rf 目录名 删除一个目录；

rm 文件名 文件名 删除一个文件或多个文件；

cat 文件名 一屏查看文件内容；

more 文件名 分页查看文件内容；

less 文件名 可控分页查看文件内容；

grep 字符 文件名根据字符匹配来查看文件部分内容；

mv 路经/文件 /经/文件移动相对路经下的文件到绝对路经下 mv 文件名 新名称 在当前目录下改名；

cp /路经/文件 ./ 复制绝对路经下的文件到当前目录下；

find 路经 -name “字符串” 查找路经所在范围内满足字符串匹配的文件和目录。

2）用户管理基本命令

chmod 777 file 为 file 的属主设为完全权限，属组设成读写执行权限；

Passwd 用户名 为用户创建密码；

fdisk -l 查看系统分区信息；

id 用户名 查用户信息

3）软件管理基本命令：

-c 创建包 -x 释放包 -v 显示命令过程 -z 代表压缩包；

tar -cvf benet.tar /home/benet 把/home/benet 目录打包；

tar -zcvf benet.tar /mnt 把目录打包并压缩；

tar -tf benet.tar 看非压缩包的文件列表；

tar -tf benet.tar.gz 看压缩包的文件列表；

tar　-xf benet.tar 非压缩包的文件恢复；

tar　-xcvf benet.tar.gz 把压缩文件解压缩。

4）保存与退出命令

：w 保存当前文件；

：e filename 打开文件；

filename 进行编辑；

：x 保存当前文件并退出；

：q! 不保存文件并退出 vi。

（二）系统硬件技术特点

（1）控制信号盘。

控制信号盘主要由主监控单元、以太网交换机、液晶显示器、声光报警装置等组成。其保护等级不低于 IP40。

① 主监控单元。

电源模块：容量及输出电压应满足各模块正常运行要求，对不能采用变电所直流屏电源的主监控单元应辅以 UPS。

主处理器：采用 32 位以上 CPU，具有强大的数据处理及存储能力。采用具有掉电数据保护的存储器，操作系统采用实时多任务操作系统。

所内通信网模块：其容量满足各间隔单元的接口要求；其标准应满足现场组网的要求。

数字输入模块：每路输入带有 10 ms 的滤波器、采用光电隔离方式，每块模块具有过压过流保护功能。

数字输出模块：输出接点闭合时间在 20 ms ~ 5 s 可调，如果接点闭合的时间超出硬件设置的时间，控制输出自动中断。

具备人机接口。容量满足综自系统要求。

远程通信模块：主备配置，彼此间具备防干扰功能，通信速率满足系统配置要求。

② 液晶显示器。

③ 声光报警装置。

在控制信号盘上设预告/事故信号、音响及灯光显示，声光在无人值班时可以切除。预告采用间断的蜂鸣器，事故采用连续的警笛声；

④ 以太网交换机。

容量满足变电所综合自动化以太网组网和接口要求，并留有一定的裕量。

（2）系统维护用便携机。

系统配置具有输入、输出、测量等功能的便携式模拟器。

（3）间隔层设备。

间隔层设备包括 110 kV 保护测控装置、35 kV 保护测控装置、0.4 kV 保护测控装置、DC750 V 保护测控装置等。

（4）模拟屏。

在各车站（车辆段）变电所设置模拟屏，以宏观显示变电所主接线。

（5）UPS。

在主变电所、车辆段牵引降压混合变电所设置 UPS，以保证变电所综自系统后台监控计算机的不间断供电。UPS 采用两路独立的三相四线制 380 V 电源供电，输出电压为 AC220 V，容量为 1 kVA，在交流失电后，UPS 装置能维持供电的时间应不少于 30 min。电池采用全封闭免维护蓄电池。

（6）打印机。

（7）后台监控机。

在主变电所、车辆段牵引降压混合变电所设置后台监控机，用于当地事故分析和调度管理。

五、电力监控系统的基本概念

1. SCADA 系统

以微型计算机为主构成的远方监视控制和数据收集系统，对现场的运行设备进行监视和控制，以实现数据采集、设备控制、测量、参数调节以及各类信号报警等功能，简称远方监控系统。

2. 轨道交通电力监控 PSCADA 系统

主要由控制中心调度主站系统、各变电所内的综合自动化系统和通信网络三部分构成，主要是保证城市轨道交通供配电系统的安全正常运行，使城市轨道交通的调度、管理、运行、检修、技术等部门了解和掌握供配电设备的运行状态及设备的完好状况，并在系统出现故障时能及时分析原因，做出科学合理的判断并制定抢修方案。

3. 电力监控系统的优越性

（1）电力监控系统利用计算机技术和通信技术，改变了传统二次系统模式，实现了信息共享，简化了系统，减少了连接电缆，减少了占地面积，降低了造价，改变了变电所的面貌。

（2）提高了变电所的自动化水平，减轻了值班人员和技术人员的工作量。

（3）先进的通信功能为各级调度提供了更多变电所的信息以便调度中心及时掌握复杂电网及变电所的运行情况，实现对电力电能的合理调配。

（4）为无人值班管理模式提供了更好的条件，提高了劳动生产率，减少了人为误操作的可能。

六、电力监控系统的基本结构和组成形式

（一）轨道交通电力监控系统的基本结构

城轨交通电力监控系统一般采用两级管理（车站级、控制中心级）和三级监控（控制中心、车站级、现场级）的结构。

整个电力监控自动化系统由控制中心的主站监控系统、各个变电所中的综合自动化子系统及网络通信层构成。系统结构如图 LC12-9 所示。

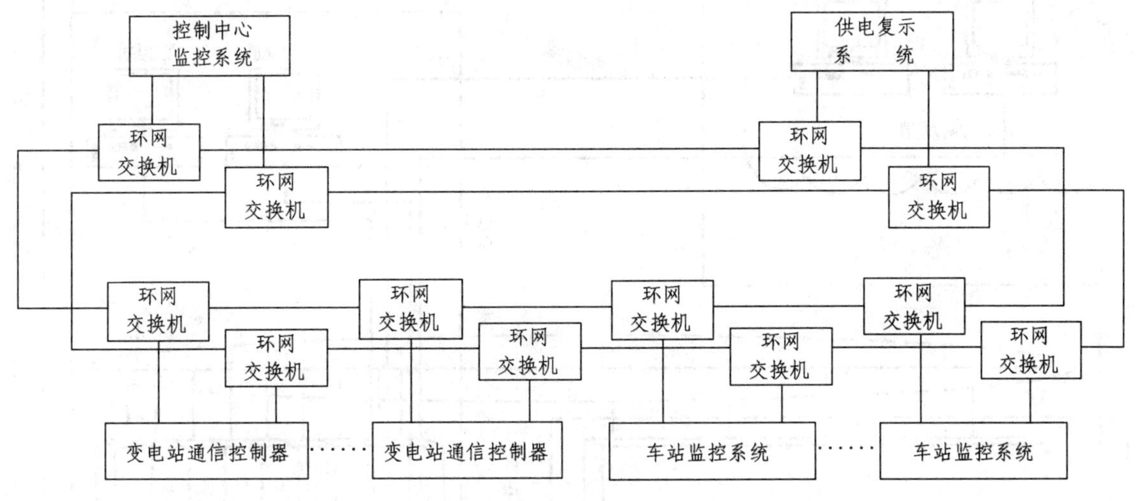

图 LC12-9 系统结构图

（二）控制中心的结构形式

控制中心调度主站系统主要包括 SCADA 前置机、数据库服务器、操作员工作站、报表工作站、维护工作站、网关等主要节点和打印机。

一般控制中心调度主站系统采用 100 M 以太网体系结构，网络通信协议采用 TCP/IP 协议。在正常的情况下，两个网同时工作，传送不同的系统信息。当其中一个网络发生异常和故障时，系统将全部需要传送的信息切换到另一个网络上。

（三）变电所综合自动化系统的结构形式和配置

1. 变电所综合自动化的概念

变电所综合自动化系统是利用微机保护代替常规的继电保护，改变常规继电保护装置不能与外界通信的缺陷；利用多台微机和大规模集成电路组成的自动化系统，代替常规的测量和监视仪表，代替常规控制屏、中央信号系统和远动屏；变电综合自动化系统可以采集到比较齐全的数据和信息，利用计算机的高速计算能力和逻辑判断功能，可方便地监视和控制变电所内各种设备的运行和操作。

2. 变电所综合自动化系统的基本结构形式

变电所综合自动化采用集中管理、分散(层)分布和集中相结合式系统结构。如图 LC12-10 所示。110 kV 线路和主变压器部分集中组屏于控制室内；35 kV 以下间隔的综合测控保护单元，均直接安装在开关柜上；在控制室内集中组屏（可与控制信号盘共用）对接触轨隔离开关等设备进行监控。系统分三层设置：站级管理层，网络通信层，间隔设备层。

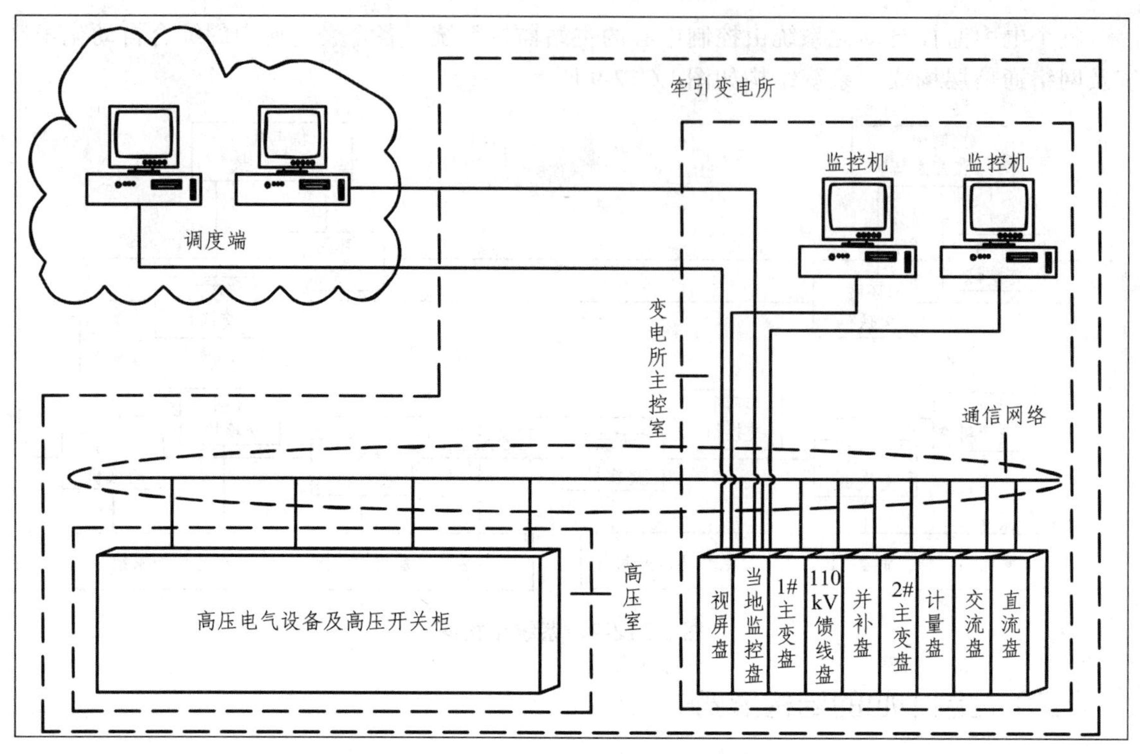

图 LC12-10 结构布置图

1）分布分散式与集中相结合的结构形式

按每个电网元件（如一条馈线、一台变压器、一组电容器等）为对象，把控制、保护、测量等功能设计安装在同一个微机装置中，对于 6 ~ 35 kV 的中低压线路，可以将这个微机保护监控装置分散安装在各个开关柜上，然后通过通信网络和监控主机进行信息交换；对于高压线路或变压器等重要设备的保护监控装置仍然采用集中组屏方式安装在主控室内。这也是当前综合自动化的主要结构形式。

2）分布分散式与集中相结合的结构特点

6 ~ 35 kV 的中低压线路保护监控采用分散式结构，就地安装在开关柜中，通过现场总线与主控室监控机交换信息，可以节约控制电缆。

高压线路、变压器等重要设备的保护监控采用集中组屏方式，安装在主控室或保护室中，使这些设备的保护监控装置处于比较好的工作环境中，可以提高供电的可靠性。

其他的自动装置，如备用电源自投装置和电压、无功综合控制装置采用集中组屏方式，安装于主控室或保护室中。电能计量采用集中组屏方式，安装于主控室或保护室中。

变电所站级管理层由安装于控制信号盘上的主监控单元、液晶显示器以及当地监控系统等组成，间隔层由全所 110 kV、35 kV 主要设备的全套微机测控、保护单元以及直流电源智能监控单元等组成。

（1）站级管理层。

① 主监控单元。

主监控单元是综合自动化系统的通信枢纽，它是整个变电所的信息综合点，它连接着不同的间隔层设备、综合监控系统、后台监控计算机或便携式维护计算机，协调这些设备间数据传输。主监控单元收集来自现场的不同类型的实时数据，向综合监控系统、后台监控设备转发，同时，它也接收来自综合监控系统、后台监控设备的命令，转发至相应的间隔层设备。主监控单元的配置方案有单机配置和主备冗余配置两种。

主变电所担负着向全线牵引变电所供电的任务，一旦故障，将直接影响轨道交通全线的运行，故障影响面广，供电可靠性要求很高。此外，主变电所设备数量多、数据信息量大、数据处理任务繁重，所以主变电所方案选择应将可靠性和高效性放在第一位。因此对于主变电所综合自动化系统，主监控单元采用主备冗余配置。

主监控单元单机配置软、硬件简单，安装调试方便，故障率低，满足运行要求，而且采用单主监控单元可使全线的牵引、降压变电所的综自投资规模大幅降低。因此，牵引、降压变电所主监控单元采用单机配置。

② 人机接口。

主变电所按近期有人值班、车辆段牵引降压混合变电所有人值班配置后台监控计算机，以及相应的UPS、打印机设备。主监控单元与后台监控计算机采用冗余以太网方式，网络协议采用TCP/IP协议，网络通信速率采用10/100 Mb/s自适应。

正线牵降压混合变电所按照无人值班，人机接口以配置具有信息显示功能的液晶显示器最为合理，故在本工程中采用液晶显示器作为牵引降压混合变电所及主变电所站级管理层的人机接口设备。

（2）网络通信层。

网络通信层是变电所内信息流动的动脉，起着上传信息和下达控制命令及定值参数等的桥梁作用。

变电所综合自动化系统网络通信层的选择要从组网模式、数据传输模式、网络拓扑结构、传输介质等四方面分别进行比较，应充分考虑网络的实时性、统一性、可靠性、高效性和合理性等因素。

① 组网模式。

主变电所对网络的可靠性要求高，所以主变电所网络选择应将可靠性和高效性放在第一位。据此，在主变电所内使用双网结构。

单网结构软、硬件简单，安装调试方便，故障率低，满足运行要求，采用单网模式可使全线的牵引、降压变电所的网络投资规模大幅降低。因此，牵引降压混合变电所采用单网结构。

② 数据传输模式。

标准化、开放性、具有良好互操作性是变电所综合自动化系统的目标，实现这一目标的必要手段是做到传输规约和传输网络的统一。采用的模式是能支持以太网通信的间隔层设备采用以太网结构，尚不支持以太网通信的间隔层设备采用现场总线结构，对于部分节点量的传送可以采用屏蔽电缆。网络结构如图LC12-11所示。

该共存模式实施简单、投资低，但主监控单元的工作量较大，软件相对复杂。

③ 传输媒介。

在间隔层，保护测控设备支持光纤传输以及区间变电所等远距离数据传输时，采用光缆作为变电所综合自动化系统网络传输介质；当间隔层保护测控设备不支持光纤传输，且传输距离较近时，采用屏蔽双绞线作为传输介质。

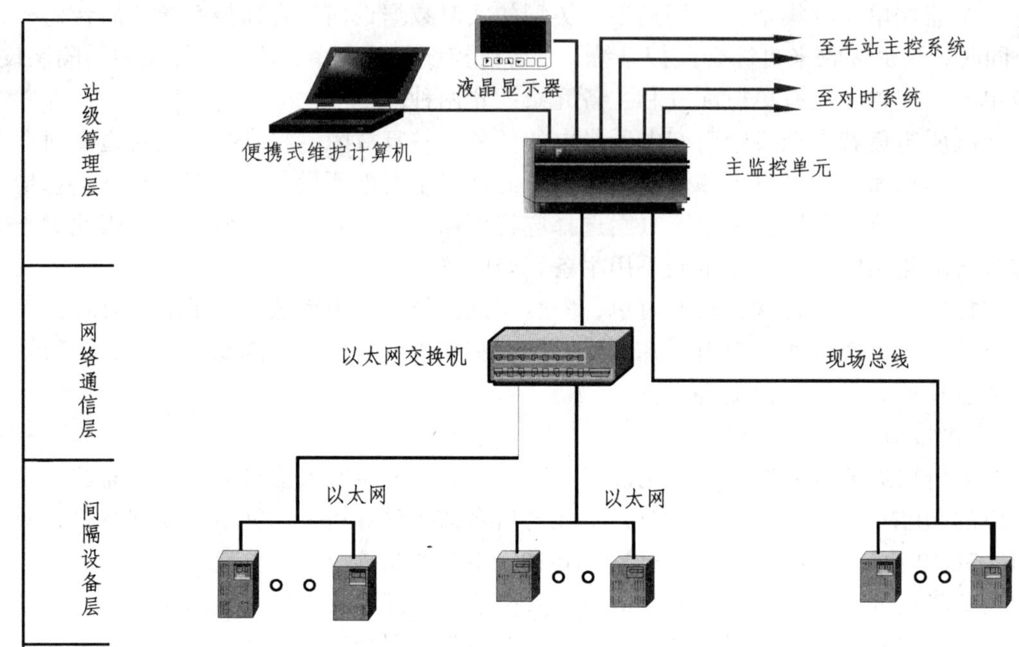

图 LC12-11 以太网与现场总线相结合模式示意图

④ 网络拓扑结构。

变电所综合自动化系统网络方案，可以采用总线与星形结合的网络拓扑结构。对采用现场总线传输的间隔层设备，首先按设备类型在开关柜内部组成总线拓扑，然后与主监控单元连接。对采用工业以太网传输的间隔层设备，在各类开关柜内分别设置以太网交换机，各间隔层设备以交换机为中央节点，构成星形拓扑，然后通过交换机的上连口与安装于控制信号盘内的交换机通信。

（3）间隔设备层。

间隔层能实现保护、测量和控制功能，并能发送测量和保护信息，接收控制命令和定值信息，是整个系统与一次设备的接口。间隔层设备包括保护、测控装置和自动装置，牵引降压混合变电所间隔层设备采用保护测控一体化设置方案。主变电所 110 kV 间隔层设备采用保护、测控设备独立设置方案，以保证保护的可靠性。

① 变电所综合自动化系统时钟同步系统方案。

变电所综合自动化系统对时方案有与 GPS 对时、与通信系统对时和与综合监控系统对时三种方案。

考虑到时间概念在供电系统事故分析中的重要性，在选择变电所综合自动化系统对时方案时，应确保对时精度能够满足系统的要求。根据轨道交通工程的特点，变电所综合自动化系统正常情况下采用与车站（车辆段）通信系统二级母钟对时的方案。

② 变电所综合自动化方案。

变电所综合自动化系统采用分散（层）分布与集中相结合式系统结构。系统分三层设置：站级管理层，网络通信层，间隔设备层。变电所站级管理层由安装于控制信号盘上的主监控单元、液晶显示器以及当地监控系统(车辆段、主变电所设)等组成,间隔层由 110 kV、35 kV 全所主要设备的全套微机测控、保护单元以及直流电源智能监控单元等组成。变电所综合自动化系统与车站(车辆段)通信系统二级母钟对时,同时预留与综合监控系统对时功能。

③ 主变电所综合自动化系统构成方案。

站级管理层由安装于控制信号盘上的主监控单元、液晶显示器等组成。主监控单元采用双机冗余配置。所内通信网采用工业以太网和现场总线相结合的数据传输模式,星形与总线形并存的拓扑结构,在设备支持双网结构的条件下,采用双网结构,传输介质以光缆为主。110 kV 间隔层设备采用保护和测控独立配置,35 kV 及以下间隔层设备采用保护测控一体化配置。另外,在主变电所还配置后台监控机、打印机和 UPS 等设备。

④ 牵引降压混合变电所系统构成方案。

站级管理层由安装于控制信号盘上的主监控单元、液晶显示器等组成。主监控单元采用单机配置。所内通信网采用工业以太网和现场总线相结合的数据传输模式,星形与总线型并存的拓扑网络,单网结构,传输介质以光缆为主。间隔层设备采用保护测控一体化配置。

七、电力监控系统的功能和监控内容

(一)电力监控系统的监控内容

1. 电力监控的主要任务

① 集中监视。

正常状态下,实现系统的合理运行方式;故障状态下,及时了解事故发生原因和范围,加快事故处理。

② 集中控制。

调度人员可以借助监控通信系统对设备进行遥控或遥调,提高运行操作质量,改善运行人员的劳动条件,提高劳动生产率。

2. 电力监控系统的监控对象

电力监控系统主要是对“五遥”信号进行监视、控制。

① 遥测(YC,Tele-measurement):对被测对象的某些参数进行远程测量,然后将采集到的厂站运行参数按规约传送给调度中心(上传)。包括:P、Q、U、I、挡位、温度等,容量达几十到上百个(路)。

② 遥信(YX,Tele-indication,Tele-signalization):远程状态信号。监控系统将采集到的厂站设备运行状态按规约传送给调度中心(上传)。包括:断路器和隔离刀闸的位置信号、继电保护和自动装置的动作状态、发电机和远动设备的运行状态等。容量达几十到几百个。

③ 遥控(YK,Tele-command):远程命令。调度中心发给各被控站的改变设备运行状态的命令。包括:操作厂站各电压回路的断路器、投切补偿电容器和电抗器、发电机组的启停

等。对于牵引变电所来说主要有 750 V 直流快速断路器、直流电源总隔离开关、降压变电所的进线断路器、母联断路器等。容量可达几十个设备。遥控的种类分为：选点式、选站式和选线式三种。

④ 遥调（YT，Tele-adjusting）：远程调节命令。调度中心发给被控站的调整设备运行参数的命令。包括：改变变压器分接头位置（调压）、改变发电机组 P 或 Q 的整定值（调节出力）、自动装置整定值的设定等。容量可达几个到十几个设备。

⑤ 遥视（YS）：调度中心直接对被控站进行远程监视。变电所的遥视主要涉及以下场所和设备：变电所内场区环境；主变压器外观及中性点接地开关；变电所的户外断路器、隔离开关以及接地开关；变电所内的各主要设备间。

通常来说，在牵引供电系统中主要实现除遥调外的其他“四遥”功能。

（二）电力监控系统的功能

变电所综合自动化广泛采用微机保护和微机远动技术，对变电所的模拟量、脉冲量、开关状态量及一些非电量信号分别进行采集，经过功能的重新组合，并按照预定的程序和要求对变电所实现自动化监视、测量、协调和控制的集合体和全过程。实现变电所各种设备的保护、控制、信号、闭锁、（电流、电压、功率）测量、电度计量以及通信等综合性的自动化功能。

（1）数据的采集。

电力监控系统对现场的运行设备进行监视和控制，以实现数据采集、设备控制、测量、参数调节及各类信号报警等功能，对供电系统设备运行状态的实时监视和故障报警，实现对遥控对象的遥远控制。数据采集是电力监控系统最基本的功能。

（2）数据处理。

调度中心将各厂、站传输来的实时数据进行处理，并给出各种图表、电脑显示器画面显示潮流功率图、事故报警、统计报表等，实现了对供电系统中主要运行参数的遥测。

（3）继电保护功能。

（4）自动装置功能。

（5）控制功能。

对控制范围内的断路器、电动隔离开关、保护功能投退、闭锁解除、自动装置等实现改变运行状态的所内控制，或执行远程控制命令。

（6）信号功能。

对开关位置、故障信息、保护动作信号等设备运行状态进行实时采集、显示、报警、存储等处理，并转发至控制中心。

（7）测量与计量功能。

对必要的测量与计量量适当地显示，并能通过变电所综合自动化系统发送遥测信息。

（8）事件顺序记录 SOE 功能。

（9）故障记录及故障录波功能。

（10）所内通信功能。

通过所内通信网络实现控制信号盘内主监控单元与开关柜内保护测控单元等各种智能电

子装置之间的数据交换。

（11）远程通信功能。

通过通信功能提供的数据传输通道实现变电所与控制中心的数据交换。

（12）液晶显示器及事故、预告音响功能。

液晶显示器采用数字通信方式与主监控单元通信，显示所内主接线图、所有事故、预告信号及柜号、所内各智能电子装置的运行状态、各种开关状态及动态实时数据等内容。所内任何事故、预告信号均发音响信号，音响在一定的时间内自动解除，时间可调，音响设备设置“投入”、“撤除”功能。

（13）系统故障诊断功能。

所内任何智能电子装置发生故障，均应报警，单个智能电子装置的故障，不影响整个网络的运行。任何智能电子装置的故障报警信息均能在控制中心监控系统的综合自动化系统结构画面上显示并报警。

（14）系统维护功能。

通过外接便携式维护计算机能对控制信号屏内主监控单元软件进行编程、修改、调试及对各微机保护测控单元（或监控单元）软件进行日常维护。

（15）后台监控管理功能（适用于主变电所、车辆段）。

控制功能、调节功能、主要画面/信息显示功能、数据归档和统计报表功能、数据打印功能、模拟盘功能、故障处理指导功能等。

（16）时钟同步功能。

变电所综合自动化系统正常情况下采用与车站（车辆段）通信系统二级母钟对时的方案，误差要求不大于±10 ms，同时预留变电所综合自动化系统与综合监控系统进行软件对时功能。

（17）容错、自检、自恢复功能。

（18）网络管理功能。

系统具有对网络通道及通信接口故障进行实时监测功能。

（19）良好的人机接口功能。

（20）在线检测功能。

能够采集和传输二次设备、开关柜内机构及系统运行参数，并拟在站级管理层预留在线检测设备数据接口及上传信息接口用于维护维修管理系统。

（21）杂散电流监测功能。

杂散电流监测系统通过设在各车站牵引变电所内的杂散电流监测装置及设在供电车间的杂散电流微机管理系统，实现对全线杂散电流的集中监测。通信专门留有对杂散电流监测装置的以太网接口。监测装置将传感器采集的数据经通信通道传输至供电车间微机管理系统。全线自成网络。同时，传感器采集的数据也经监测装置接入变电所综合自动化系统，经SCADA数据传输通道传至控制中心。

（22）复示系统功能。

为使车辆段综合维修基地供电车间供电维修人员及时掌握全线供电系统的运行状况，正确指挥供电系统的维护和抢修，提高维修人员对设备的维护管理水平及工作效率，在综合维修基地供电车间设置可以实现电力监控复示系统功能的复示系统。复示系统应具备遥信、遥测、调度事务管理、数据归档及报表统计、主要用户画面显示、数据打印及画面拷贝、信息查询、报警及汉化等功能。

八、控制中心主站及被控站控制、监视、测量范围及系统容量

1. 变电所综合自动化系统控制、监视、测量范围

（1）主变电所，见表 LC12-1。

表 LC12-1　主变电所监控范围表

名称	内　　容
遥测	110 kV 进线电流、电压、有功功率、无功功率、有功电度、无功电度；主变低压侧电流、主变油温和绕组温度、主变电所谐波测量；35 kV 馈线电流、有功电度；35 kV 母线电压；直流辅助电源装置直流母线电压
遥信	110 kV 进线有压信号；110/35 kV 主变保护信号；35 kV 馈线保护信号；断路器、隔离开关状态信号；交直流系统保护信号；当地/远方选择开关信号；保护设备自检信号；断路器控制回路断线信号；断路器手车工作/试验位置信号； 断路器气体压力报警信号；断路器弹簧机构储能状态信号；有载开关挡位信号；接地开关位置信号
遥控	110 kV 断路器、电动隔离开关；35 kV 断路器、隔离开关；35 kV 母联断路器；35 kV 母联自投；主变压器有载调压开关

（2）牵引降压混合变电所，见表 LC12-2。

表 LC12-2　牵引降压混合变电所监控范围表

名称	内　　容
遥测	35 kV 进线电流、母线电压；DC750 V 母线电压、馈线电流；整流机组输入输出电流、有功功率、有功电度；35/0.4 kV 变压器电流、有功功率、有功电度；0.4 kV 进线电流、母线电压、功率因数；回流电流；直流辅助电源装置直流母线电压；钢轨对地电位；整流变各相温度；电力变各相温度；
遥信	35 kV、DC750 V 断路器保护装置动作、报警信号；DC750 V 断路器双边联跳（保护启动）；DC750 V 断路器双边联跳（框架电流启动）；框架泄漏保护信号；35 kV、DC750 V 断路器分、合状态；35 kV 接地刀闸分、合状态；750 V 隔离开关分、合状态；整流变、整流器、电力变温度报警及跳闸信号；交直流系统故障信号
遥控	35 kV、DC750 V、0.4 kV 断路器；35 kV、DC750V 隔开；35 kV 进线及联络线的自动投切；35 kV、0.4 kV 母联自动投切

（3）牵引变电所，见表 LC12-3。

表 LC12-3 牵引变电所监控范围表

名称	内　　容
遥测	35 kV 进线电流、母线电压；整流机组输入输出电流、有功功率、有功电度；DC750 V 母线电压、馈线电流；35/0.4 kV 变压器电流、有功功率、有功电度；回流电流；直流辅助电源装置直流母线电压；钢轨对地电位；整流变各相温度；电力变各相温度
遥信	35 kV、DC750 V 断路器保护装置动作、报警信号；DC750 V 断路器双边联跳（保护启动）；DC750 V 断路器双边联跳（框架电流启动）；框架泄漏保护信号；35 kV、DC750 V 断路器分、合状态；35 kV 接地刀闸分、合状态；750 V 隔离开关分、合状态；整流变、整流器、电力变温度报警及跳闸信号；交直流系统故障信号
遥控	35 kV、DC750 V；35 kV、DC750V 隔离开关；35 kV 进线及联络线的自动投切；35 kV 交流电源母联自动投切

（4）跟随变电所，见表 LC12-4。

表 LC12-4 跟随变电所监控范围表

名称	内　　容
遥测	35/0.4 kV 变压器电流、有功功率、有功电度；0.4 kV 进线电流、母线电压、功率因数；电力变各相温度
遥信	电力变温度报警及跳闸信号；交直流系统故障信号
遥控	0.4 kV 断路器；0.4 kV 母联自动投切

2. 系统容量

（1）主变电所，见表 LC12-5。

表 LC12-5 主变电所监控容量表

被控站类型	可遥控对象	可遥信对象	可遥测对象
主变电所	60	500	150

（2）牵引降压混合变电所，见表 LC12-6。

表 LC12-6 牵引降压混合变电所监控容量表

被控站类型	可遥控对象	可遥信对象	可遥测对象
牵引降压混合变电所	80	800	180

（3）跟随变电所，见表 LC12-7。

表 LC12-7 跟随变电所监控容量表

被控站类型	可遥控对象	可遥信对象	可遥测对象
跟随变电所	50	400	150

九、电力监控系统的技术特点

1. 容　量

通常把“五遥”等对象的数量，统称为装置的容量。它要满足实际用户的远动化的需求，容量越大，所完成的功能就越多；另外，也要能扩充，还需要完成事件记录、数据处理、信息转发等功能。

2. 实时性

实时性常用“传输时延”来衡量。指从发送端事件发生到接收端正确收到该事件信息的这一段时间。遥信和遥测为：2 ~ 10 s；状态变化时为：0.5 ~ 5 s；遥控、遥调为：0.1 ~ 2 s。

3. 抗干扰能力

在有干扰的情况下，远动系统仍能保证技术指标的能力。

子模块 LC13　SVG 无功补偿装置

SVG 是柔性交流输电技术的主要装置之一，它代表着现阶段电力系统无功补偿技术新的发展方向。动态补偿装置能够快速连续地提供容性和感性无功功率，实现适当的电压和无功功率控制，保障电力系统稳定、高效、优质地运行。

一、SVG 的运用

城市轨道交通供电系统一般采取两级供电制式，建有专用的 110 kV 主变电所，计费在 110 kV 侧，属于高压用电用户，月平均功率因数应在 0.9 以上。城市轨道交通用电负荷主要有列车牵引负荷和车站动力与照明负荷，其中牵引负荷的功率因数一般在 0.95 以上；动力与照明负荷主要为电动机和照明设备，功率因数较低。其供电系统的无功补偿原则应是分散补偿与集中补偿相结合，以分散为主。所谓集中补偿，主要是指补偿主变压器本身的无功损耗，以及减少变电所以上输电线路的无功电力，从而降低供电网络的无功损耗，但不能降低配电网络的无功损耗。而用户需要的无功通过各车站变电所以下的配电线路向负荷端输送，因此，为了有效地降低线损，必须做到无功功率在哪里发生，就应在哪里补偿，做到无功就地平衡，减少其长距离输送。事实上，在国内既有城轨线路供电系统的设计中，基本上采用的也是低压集中就地补偿原则，即在每个车站和区间的变电所内，根据负荷无功情况设置低压电容无功补偿柜，使得车站变电所的功率因数达到 0.9 以上。但是从各地城轨的实际运营情况来看，由于在无功补偿调容的方式上，依然采用整组电容器进行投切的方式，而且，受城轨变电所空间的限制，各车站变电所补偿间隔受限，不可能将电容器组分组太多，所以经常出现投则过补，将会受到供电部门的处罚；不投则欠补，使系统的功率因数偏低，并可能不满足电力部门的考核要求。且电容补偿装置如果频繁投切，会使补偿装置寿命缩短。

SVG 是新一代静止无功补偿器产品，是无功补偿领域最新技术应用的代表。SVG 并联于电网中，相当于一个可变的无功电流源，通过调节逆变器交流侧输出电压的幅值和相位，或者直接控制其交流侧电流的幅值和相位，迅速吸收或者发出所需要的无功功率，实现快速动态调节无功的目的。当采用直接电流控制时，不仅可以跟踪补偿冲击型负载的冲击电流，而且可以对谐波电流也进行跟踪补偿。利用电力电子逆变技术产生一个与被补偿对象大小相等而方向相反的电流，相互抵消，功率因数可接近 1。

二、SVG 的原理及运行方式

1. 基本原理

SVG 的原理接线图如图 LC13-1，SVG 的基本原理就是将自换相桥式电路通过变压器或者电抗器并联在电网上，适当地调节桥式电路交流侧输出电压的幅值和相位，或者直接控制其交流侧电流，就可以使该电路吸收或者发出满足要求的无功电流，实现动态无功补偿的目的。SVG 的运行方式见表 LC13-1。

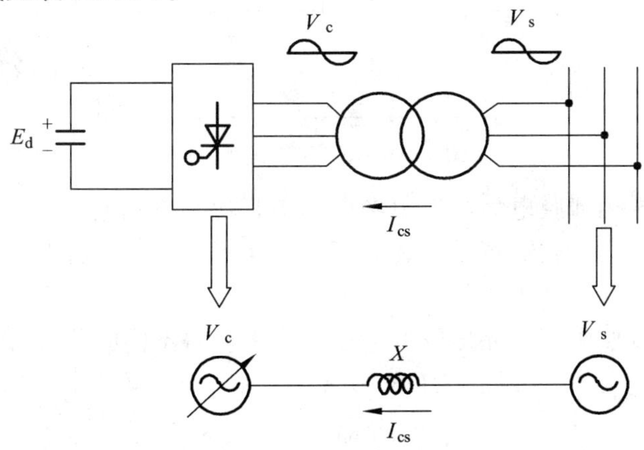

图 LC13-1　基本原理图

表 LC13-1　SVG 的运行方式

运行模式	波形	相量图	说明
空载运行模式	V_s　V_c　(a)$V_s=V_c$	V_s　V_c	如果 $V_s=V_c$，则 $I_{cs}=0$
容性运行模式	V_s　V_c　I_{cs}= Leading current　(b)$V_c>V_s$	I_{cs}　V_s　$jX\cdot I_{cs}$　V_c	如果 $V_c>V_s$，则 I_{cs} 为超前的电流。因为该电流的幅值能够通过 V_c 而连续控制，所以装置起到电容器的作用，且其容抗可以连续控制
感性运行模式	V_s　V_c　(c)$V_c<V_s$	V_s　I_{cs}　V_c　$jX\cdot I_{cs}$	如果 $V_c>V_s$，则 I_{cs} 为滞后的电流。此时装置起到电抗器的作用，且其感抗可以连接控制

2. SVG 的电气原理

SVG 动态补偿装置的主电路采用链式逆变器拓扑结构。运行方式为 $N+1$ 模式，即任一功率单元故障情况下，装置自动启动旁路故障单元，不会影响装置的正常工作。35 kV 装置星形连接时链节数为 21 个，三角形连接时链节数为 35 个，单个链节输出交流电压 960 V，每个链节对应一个功率单元。功率单元的电气原理如图 LC13-2 所示。

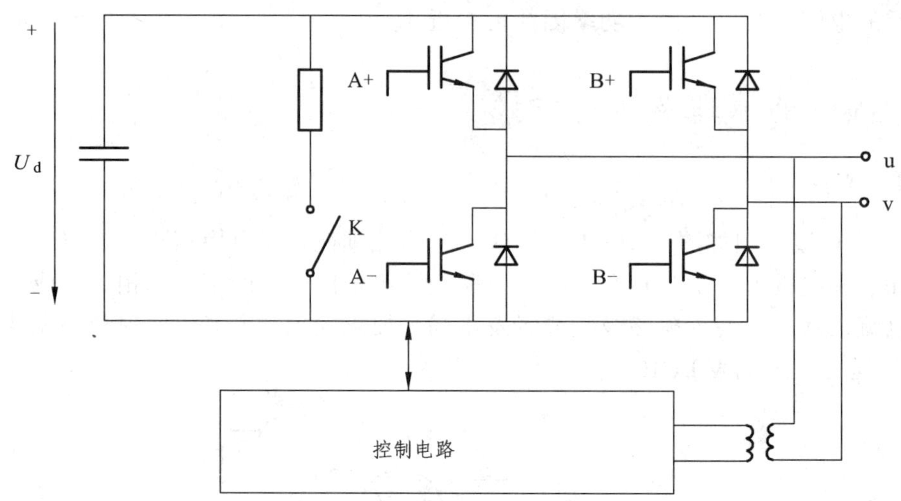

图 LC13-2 电气原理图

图中，直流电容选用薄膜电力电容。考虑到串联功率单元电容器的均压问题，设计中采用功率电阻和开关串联的方式进行放电，不但可以实现均压，而且在输入开关断开后，可以给直流电容放电，避免人身伤害事故的发生。

控制电路通过控制图中四个晶体管的导通时间来获得不同幅值、方向的输出电压，并以阶梯波或调制波逼近正弦波，如图 LC13-3 所示。

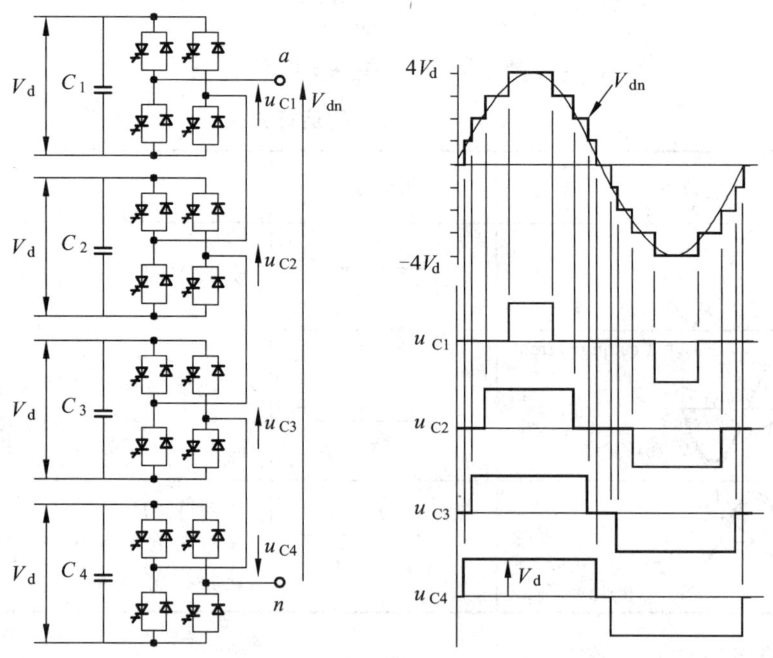

图 LC13-3 波形调整方式

3. SVG 装置的运行状态

SVG 装置带电时，运行在五种工作状态：待机、充电、运行、跳闸、放电。各状态说明和转换关系如下：

（1）待机状态。装置上电后立即进入待机状态，然后进行自检。若无任何故障且状态正常，则点亮就绪灯。若在就绪情况下收到启动命令，则闭合主断路器。主断路器闭合后即转入充电状态。

（2）充电状态。表示装置的直流电容正在充电，由于装置为自励启动，主断路器闭合即表示装置已经进入了充电状态。当充电电压达到额定值的 80%后，控制系统闭合启动开关，将充电电阻旁路启动开关闭合后延时 10 s 自动转入并网运行状态。

（3）运行状态。表示装置处于并网运行的工作状态，可以在各种控制方式下输出电流，达到补偿无功、负序或谐波的效果。若在此过程中出现报警，报警指示灯亮，不影响装置的正常运行；若在此过程中出现过流、同步丢失等可恢复故障，装置将闭锁，待手动或自动复位消除故障后，装置将重新解锁运行；若在此过程中出现严重故障或收到停机命令，装置将发跳闸命令，并转到跳闸状态。

（4）跳闸状态。表示装置正在执行跳闸指令。一进入跳闸状态，装置就立刻发跳闸命令。检测到主断路器断开后进入放电状态。

（5）放电状态。表示装置正在放电。主断路器断开后，直流电容将缓慢下降直至为零。该状态时持续 10 s 后装置自动转入待机状态。

4. SVG 装置的运行方式

（1）恒无功运行方式：该方式用于令装置输出恒定大小的无功，相当于作为纯电抗或纯电容使用。

（2）恒功率因数运行方式：该方式根据设定的功率因数目标值，通过控制无功输出的大小来达到控制功率因数的目的。

（3）恒电压运行方式：该方式用于将系统的电压稳定在一定水平的场合，装置以系统的电压稳定在用户设定电压值为目标调节装置的无功输出。当系统电压低于用户设定的电压参考时，装置输出容性无功以提升系统电压；当系统电压高于该值时，装置输出感性无功以降低系统电压。

（4）负荷补偿运行方式：运行于该方式时，装置通过检测负荷侧的电流自动调节电流输出，以提高负荷电流的电能质量。

以上方式可以通过控制单元的参数整定来实现切换。考虑到设备运行的稳定情况，目前在变电所中主要应用第（1）、（2）两种方式。

其中，恒无功方式仅在电压较高时作为电抗器使用，平常一般均在恒功率因数运行方式，在这种方式下 SVG 根据 110 kV 侧不同电压设定不同功率因数控制值，如当 110 kV 侧电压高于 118 kV 时，功率因数控制在 0.95 ~ 0.90，当 110 kV 侧电压在 118 ~ 116 kV，功率因数控制在 0.97 ~ 0.94，用户可以根据实际情况设定多挡控制参数，从而将功率因数控制在允许范围内。

5. SVG 装置的主要功用

（1）故障或突增负荷时，动态地提供电压支撑，确保母线电压稳定性，提高电力系统暂态电压稳定水平，减少低压释放负荷数量。

（2）动态维持输电线路端电压，提高输电线路稳态传输功率极限。

（3）抑制系统过电压，改善系统电压稳定性。

（4）阻尼电力系统功率振荡。

（5）在负荷侧，抑制电压波动与闪变、补偿负荷不平衡、提高功率因数、改善电能质量。

（6）具备抗谐波功能：SVG 是可控电流源，只补偿基波无功电流，系统谐波电流不会造成补偿设备损坏，使其寿命延长、维护工作量少。同时避免串抗电容器组可能造成的谐波放大，防止系统其他设备及补偿设备因谐波过电压而损坏。

（7）动态无功补偿功能：SVG 可跟随负载变化，动态连续补偿功率因数，同时避免投切电容器组可能造成的谐波放大，防止系统其他设备及补偿设备因谐波过电压而损坏。

三、SVG 的特点

1. 优　点

（1）具备抗谐波功能，保障系统的安全。SVG 是可控电流源，只补偿基波无功电流，动态连续平滑补偿。SVG 可跟随负载变化，可以发无功，也可吸收无功，彻底杜绝了无功倒送的情况；能够解决负荷的不平衡问题；不仅不产生谐波，而且能在补偿无功功率的同时动态补偿谐波；传统的电容无功补偿装置采用的是电容电抗式，可以滤除某些频率的谐波，SVG 不产生谐波更不会放大谐波，并且可以滤除更多的谐波。

电流源特性，输出无功电流不受母线电压影响，含阻抗型特性，输出电流随母线电压线性降低。

（2）无极补偿。传统的电容无功补偿装置基本上采用的是 3 ~ 10 级的有级补偿，每增减一级就是几十千法，不能实现精确的补偿。SVG 可以从 100 F 开始进行无极补偿，完全实现了精确补偿；而且无论有功无功均能进行双向调节，充分适应供电系统负荷变化大的特点，能交换有功功率，使装置的性价比得到更高提升。

（3）补偿后的功率因数高。采用传统的电容无功补偿装置进行无功补偿，补偿后的功率因数一般在 0.8 ~ 0.9。SVG 采用的是电源模块进行无功补偿，补偿后的功率因数一般在 0.98 以上。

（4）补偿时间少。采用传统的电容无功补偿装置进行无功补偿，完成一次补偿最快也要 200 ms 的时间，SVG 在 5 ~ 20 ms 的时间就可以完成一次补偿。无功补偿需要在瞬时完成，如果补偿的时间过长会造成该要无功的时候没有，不该要无功的时候反而来了的不良状况。

（5）使用寿命长。传统的电容无功补偿装置一般采用接触器或可控硅控制，造成使用寿命较短，一般在三年左右，自身损耗大而且要经常进行维护。SVG 使用寿命在十年以上，自身损耗极小且基本上不要维护。

2. 缺　点

SVG 目前尚未大规模应用，一方面是由于该类无功补偿装置的工程造价高；另外，此类无功补偿装置还有许多技术问题有待解决。譬如，如何扩大 SVG 装置的容量以符合系统的要求；如何增加输出电压，以便SVG装置接入更高电压等级的系统。这些都有待进一步研究。

子模块LC14　杂散电流防护

一、概　述

城市轨道交通在给人们生活带来方便的同时，也出现了一些不容忽视的问题，由直流牵引供电而引发的杂散电流腐蚀问题就是其一。在直流牵引供电系统中，接触轨与牵引变电所的正极连接，走行轨作为负极回流导体，与牵引变电所负极连接。在列车实际运行中，由于钢轨不可能对地完全绝缘，有少量的泄漏电流不沿回流钢轨回到牵引变电所的负极，而是从轨道泄漏到地中，再沿着大地回到牵引变电所负极或流向大地低电位处，这部分电流像迷失方向一样，哪里电位低就流向哪里。这部分由钢轨散流到大地的电流叫做杂散电流，又称为迷流。

列车运行时所产生的杂散电流，对轨道交通钢轨及其附属部件、周围土壤中埋设的通信电缆、金属管线以及区间隧道主体结构中的钢筋等产生的电化学腐蚀，不仅破坏了钢轨及各类金属管线本身的强度，降低了其使用寿命；而且对轨道交通区间隧道主体结构而言，危害更重要的是钢筋发生腐蚀后，腐蚀产物对周围混凝土挤压产生的破裂和由此形成的贯穿到混凝土保护层表面的裂缝。混凝土被腐蚀开裂后其力学性能显著下降。因此，加强对杂散电流的特性和分布的研究，对杂散电流进行防护和监测是十分必要的。

二、杂散电流产生的原因

在城轨牵引供电系统中，机车所需电流由牵引变电所提供，通过接触轨向机车送电，并利用走行轨把牵引电流返回牵引变电所。由于钢轨很难做到完全对地绝缘，所以牵引电流并非全部由钢轨流回牵引变电所，而是有一部分通过钢轨与大地之间的绝缘不良点流经大地流向大地低电位处，再由大地流回钢轨并返回牵引变电所，从而形成没有任何规律的杂散电流。

单边供电时产生的杂散电流和走行轨对地电位如图LC14-1所示。由图可以看出，列车在区间运行，从接触轨上取流，走行轨作为回流轨，由于走行轨和大地绝缘不是足够好，部分电流泄漏到大地中，再沿着大地回到变电所的负极。走行轨中列车取流处的电位最高（$+U$），牵引变电所处电位最低（$-U$），O点即为地电位（规定电流流出钢轨为正电位，流入钢轨为负电位）。

双边供电时产生的杂散电流如图LC14-2所示。由图中可以看出，列车在区间运行，从接触轨上取流，并利用走行轨把牵引电流返回牵引变电所，有一部分电流通过钢轨与大地之间的绝缘不良点流入大地，流向大地低电位处电流再沿着大地流回两边牵引变电所的负极。双边供电时，杂散电流要比单边供电时少得多。

从图可以看出杂散电流的分布规律，即沿走行轨回流的电流连续向大地中泄漏，之后又相继流回走行轨。沿着走行轨中的回流是两端多中间少，地中的电流是两端少中间多。在两变电所中点处电位为 0，但这一点的结构钢筋的杂散电流是最多的。

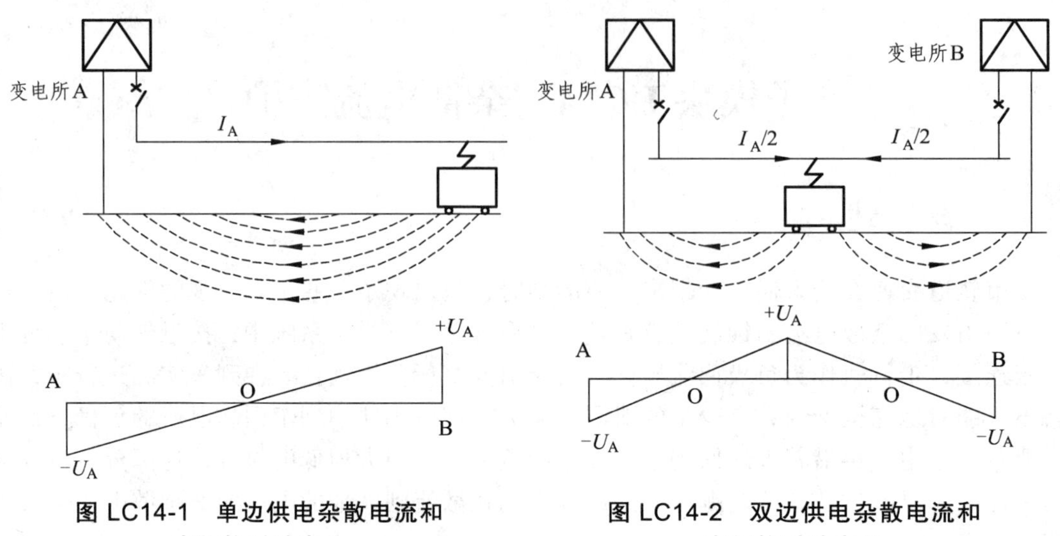

图 LC14-1　单边供电杂散电流和走行轨对地电位

图 LC14-2　双边供电杂散电流和走行轨对地电位

三、杂散电流的危害

1. 杂散电流腐蚀造成混凝土结构破坏

杂散电流在流过主体结构钢筋时，使金属体对地电位形成阴极区，阴极析氢且氢气不能从混凝土逸出，就会形成等静压力，使钢筋与混凝泥土脱开；在电流离开钢筋流回走行轨和变电所时，使金属体对地电位形成阳极区，钢筋发生腐蚀并形成腐蚀产物 $Fe_2O_3 \cdot 2H_2O$（红锈）、Fe_3O_4（黑锈）等，日积月累，对主体结构钢筋和其他金属管道造成严重的腐蚀。

2. 杂散电流腐蚀钢轨及其附件

杂散电流对轨道交通系统隧道结构钢筋及地下钢铁金属设施，产生严重的腐蚀。在列车下部，列车处于阳极区，容易发生电蚀。资料表明，钢轨的杂散电流腐蚀在隧道内及道岔等部位尤为显著，在有些地方 2～3 年就要更换轨道。道钉也有杂散电流腐蚀现象，而且多发生在钉入部位，从地上难以发现。

3. 杂散电流腐蚀埋地管线

轨道交通系统内或沿线的埋地管线主要有自来水管线、煤气管线、供电管线、供暖管线、石油管线等。据调查这些管线不同程度地存在杂散电流腐蚀问题，有些管线数年内甚至数月内即发生点蚀。

4. 对其他电气设备的影响

杂散电流流入电气接地装置将会引起过高的接地电位，使某些设备无法正常工作；杂散电流还会对附近的信息设备和精密仪器造成干扰，对通信造成影响。

四、杂散电流的防护措施

通常控制杂散电流腐蚀结构物的方法归纳起来可分为三大类：“堵”、“排”和“测”。

1. 控制和减小杂散电流产生的根源，隔离所有可能的杂散电流的泄漏途径（俗称“堵”）

控制和减小杂散电流产生的根源，隔离所有可能的杂散电流的泄漏途径，即所谓“源控制”类，减少杂散电流的漫延。在前述的3种方法中，以“堵”为根本，若“堵”未处理好，那么“排”与“测”仅是无奈之举。杂散电流的产生有两个必要的条件：一是走行轨对地电位，二是走行轨对地过渡电阻。如果走行轨对地存在电位差，而对地是完全绝缘的，则不会产生杂散电流，同样，如果走行轨对地没有电位差，也不存在杂散电流。显然，走行轨对地电位越高，杂散电流越大，过渡电阻越高，杂散电流越小。所以，要控制杂散电流的产生，就得减小走行轨对地电位，提高走行轨对地的过渡电阻。根据以上分析可得的防护措施有：

（1）缩短供电距离。

杂散电流和用电列车与供电牵引变电所之间的距离的平方成正比，因此缩短牵引变电所与电车之间的距离可以大大减小杂散电流的值；同时随着供电距离的减小，牵引网络上的电压降亦随之降低，轨道上的电压降就同时降低，因此杂散电流也减小，其危害也就降低了。

（2）提高牵引网压。

根据公式 $P=UI$ 可以知道，提高直流牵引电压，在相同牵引功率的情况下也可以按相同的比例降低负荷电流，从而达到减小杂散电流的目的。

（3）提供畅通的低电阻回流电路。

减小回流走行轨的纵向电阻 R 也可以达到减小杂散电流值的目的。因为钢轨本身具有电阻，当电流流过钢轨时在电阻上就产生电位差，又因钢轨对地绝缘电阻不可能是无穷大，故产生电位差和杂散电流。所以要降低杂散电流的数量就要减小钢轨压降，而要降低钢轨压降就应减小回流通路的阻值。减小回流通路的阻值有两种方法：一是增加走形轨的长度，采用长钢轨，钢轨越长，钢轨接头就越少，钢轨的阻抗也就越小，钢轨阻抗越小，从钢轨向外流失的杂散电流也越小；二是对各钢轨之间设置畅通的电气连接以保证低阻值的回流路径，另外，也可以安装平行加强回流线，也就是与走行轨并行的导线，并将其在较短距离间隔内与走行轨连接。

（4）增加钢轨对地过渡电阻。

钢轨绝缘的好坏是决定杂散电流大小的根源，钢轨对地过渡电阻对杂散电流的分布影响最大，过渡电阻越小，杂散电流越大。当过渡电阻大于 3 Ω·km 时，轨道电压，轨道电流以及泄漏杂散电流总量均无明显变化，且杂散电流泄漏很小，可以忽略；当过渡电阻小于3Ω·km时，杂散电流的泄漏比较严重，必须采取有效的措施进行处理。

2. 从电流的流通途径中控制，为杂散电流提供一条畅通的低电阻流通途径（俗称“排”）

1）排流法

只有当杂散电流从钢筋流出时会对钢筋产生腐蚀，而杂散电流流出的区域集中在阴极区（即牵引所附近）。若在牵引所将结构钢筋或其他可能受到杂散电流腐蚀的金属结构与钢轨或牵引所负母线相连，则由于杂散电流总是走电阻最小的通路而直接流至牵引所，从而在阳极区范围内大大减小了杂散电流从钢筋再扩散至混凝土的可能，减少了杂散电流流出钢筋导致的电化学反应，这被称为排流法。

排流法的实现是通过在轨枕以下的混凝土整体道床内设置迷流收集钢筋网，将迷流排流回到供电所的负极，防止迷流流向区间隧道混凝土结构中的结构钢筋和其他金属导体。排流网与结构钢筋、埋地金属管线绝缘，并在每个牵引变电所车站的 2 个端头处设置外引排流接线的预埋端子，排流的原理如图 LC14-3 所示。

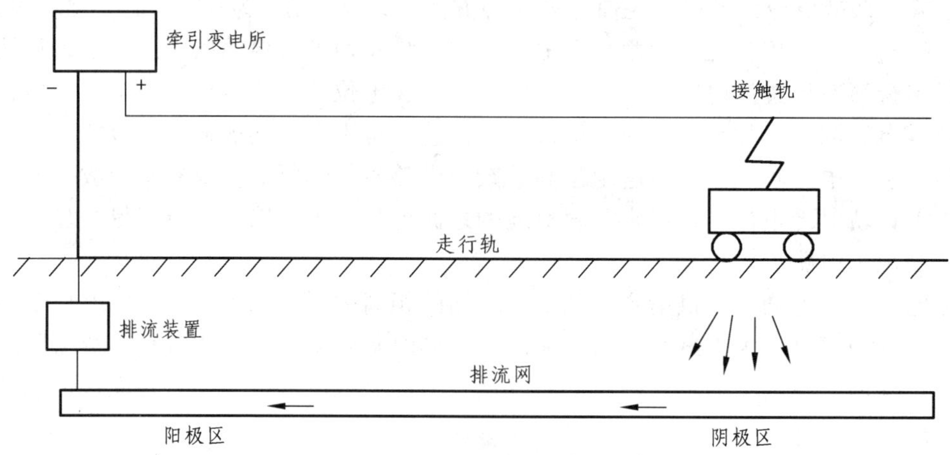

图 LC14-3　排流装置作用原理图

排流装置安装于变电所内，排流装置一端接负极柜内的直流负母排，另一端接隧道结构钢筋（或高架结构钢筋）、整体道床结构钢筋、牵引变电所地母排。以排流装置 KDPL-2 型排流柜为例，其排流原理如图 LC14-4 所示。

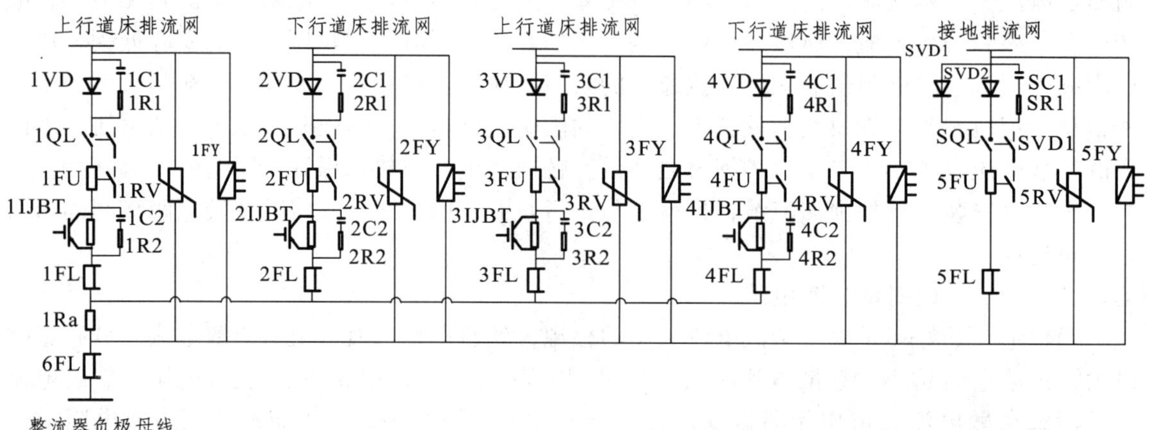

图 LC14-4　排流装置控制原理图

排流柜安装于正线牵引变电所内，排流柜的一端接负极柜内的直流负母排，另一端接整体道床结构钢筋、牵引变电所地母排。将结构钢筋中的杂散电流单方向经金属回路引回牵引变电所内的负极柜，减少杂散电流对结构钢筋的腐蚀。

排流柜主要由二极管、限流电阻、IGBT、控制部分、显示部分和保护部分组成，把排流网与轨道连接在一起，使排流网中的杂散电流流回牵引变流所的负母线。二极管的作用是保证进行极性排流，杂散电流只能从排流网流进负母线，不允许从负母线中流出，即只有当埋地结构钢相对于钢轨的电位为正时，才有电流通过，从而减少杂散电流的腐蚀。主回路的主体为硅二极管，另配以保护和检测电路。

采用极性排流的原理，为实现合理排流和自动排流，要求排流电流的大小根据极化电位的高低进行自动调节。当杂散电流在额定值范围内时，排流柜正常排流；当杂散电流超过额定值时，通过控制 IGBT 的导通时间，保证排流元件不损坏的情况下，同时能继续排流，并产生报警信号；当排流电流小于额定排流电流时，排流柜恢复正常的自动排流状态。

2）利用单向导通装置对特殊区段进行防护

在车场、车辆段等特殊的轨道区域，由于没有设置排流网，正线的杂散电流可以从正线经走行轨流向车库，由车场泄漏至大地，增加了杂散电流腐蚀，同样在城轨正线的一些特殊地段，隧道内杂散电流泄漏比其他地段要严重得多，由于城轨轨道是连通的，一旦列车在轨道上运行，在隧道内都有可能造成严重的被杂散电流泄漏，导致埋地金属结构尤其是钢轨和钢轨紧固件严重的杂散电流腐蚀，解决以上问题采用的手段是在轨道上设置绝缘结，并在绝缘结两端连接单向导通装置，用于连接绝缘接头两端的钢轨，使钢轨中电流只流向一个方向，即保证轨道电流由车库或隧道等特殊区域流向正线，其原理如图 LC14-5 所示。

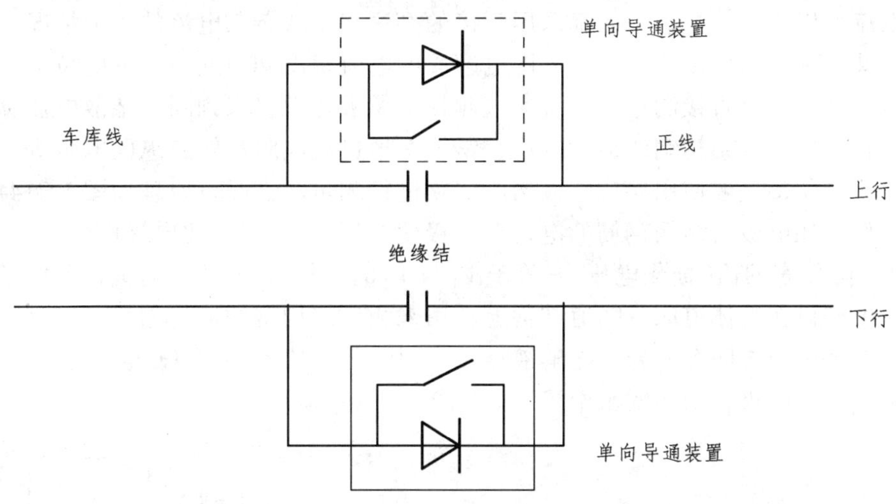

图 LC14-5　单向导通装置的作用原理图

单向导通装置的保护装置包括短路保护、断路保护、阻容及压敏电阻过电压保护，短路保护采用快速熔断器进行保护。短路保护由快速熔断器完成，在单向导通装置主回路的每个二极管支路串联一个快速熔断器，快速熔断器自身带有反映其通断状态的辅助接点，接点信号进入数据采集控制及远程通信系统。当出现接触网与钢轨短路时，单向导通装置流过短路电流，此时快速熔断器熔断，保护了主回路的二极管不受损坏，同时数据采集控制及远程通信系统采集熔断信号；单向导通装置主回路的每个二极管支路并联一组 *RC* 阻容吸收回路，以抑制在直流系统短路或电力机车启动时可能出现的涌流而造成的过电压，同时为防止过电压，在线路两端并联一个压敏电阻，当线路两端的反向电压超过其阈值时，压敏电阻将二极管短接，可以保证二极管不受损坏，当电压恢复正常时，压敏电阻恢复正常。如图 LC14-6 所示。

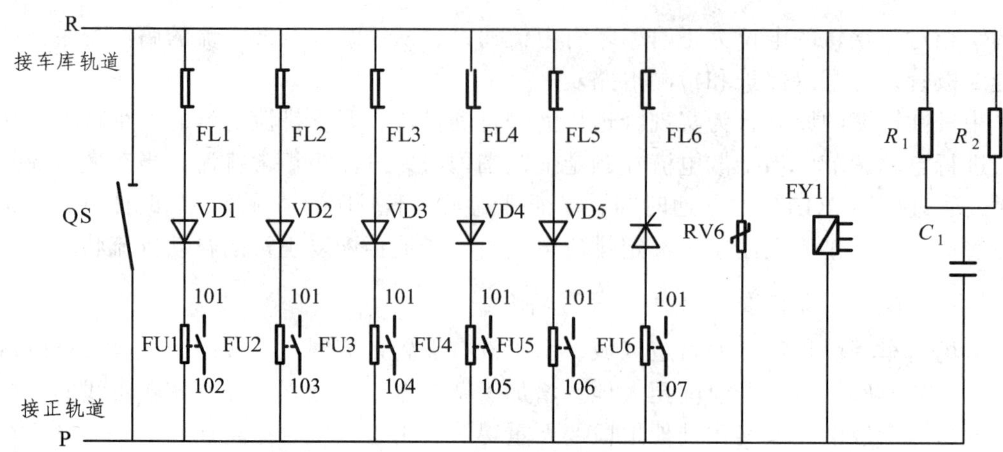

图 LC14-6 单向导通装置的控制原理图

3. 监测杂散电流大小，以便超标时及时采取措施（俗称“测”）

1）杂散电流检测的原理

杂散电流难以直接测量，一般都采用间接的办法来反映杂散电流的腐蚀情况。杂散电流腐蚀的危险性指标，是由结构表面向周围电解质的电流密度和由此引起的电位极化偏移来确定的。而电流密度难以直接测量，只有通过测量电位极化偏移来判断。杂散电流腐蚀主要监测的参数有轨道电位、结构钢的极化电位、钢轨对地过渡电阻和轨道纵向电阻等。为了测量结构钢的极化电位，一般使用参比电极构成回路进行测量。其测量原理如图 LC14-7 所示。

通过采集参比电极对结构钢筋的电位差（极化电压），其中参比电极电位为 V_1，金属结构电位为 V_2，电压表的值（极化电压）V 等于 V_1 与 V_2 的电位差，V 的正向偏移不能超过 0.5 V。

参比电极安设在整体道床、隧道结构上，用来测试结构钢的极化电位，以反应结构钢的腐蚀情况。参比电极由陶瓷外壳、电解液、接头引线等组成，如图 LC14-8 所示。安装使用前必须将要安装的电极在洁净的水中浸泡 8 ~ 10 h。

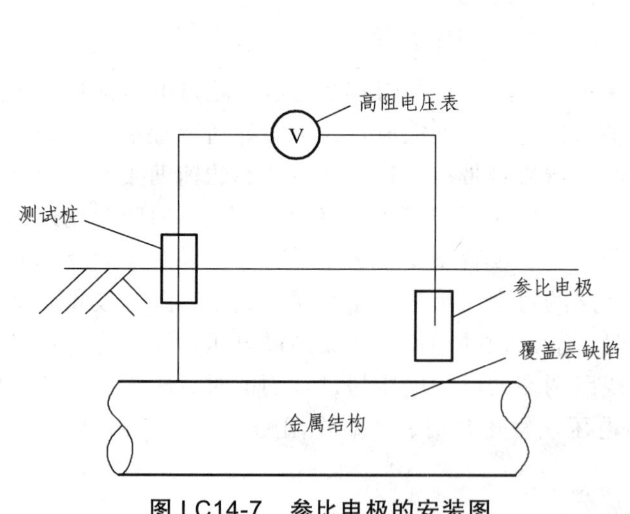

图 LC14-7 参比电极的安装图

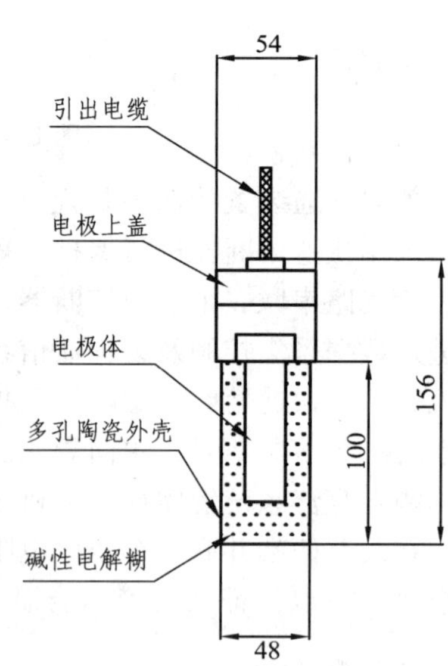

图 LC14-8 参比电极结构图

隧道参比电极必须埋设在被测结构物的钢筋附近，道床参比电极埋设在侧防端子附近，距钢筋（或钢）的距离小于 15 mm。电极垂直放置，将电极全部埋置在混凝土介质中；参比电极引线为 6 m，采用 $1 \times 2.5\ mm^2$ 电缆。将电极引线穿过 PVC 套管引向传感器，并与传感器内接线端子连接。传感器电路板的测量端子有三根引出线，其中一根接道床结构钢筋，一根接参比电极，最后一根接钢轨；另外，左侧的两个端子接相邻的传感器，右侧端子接工作电源，连接原理如图 LC14-9 所示。

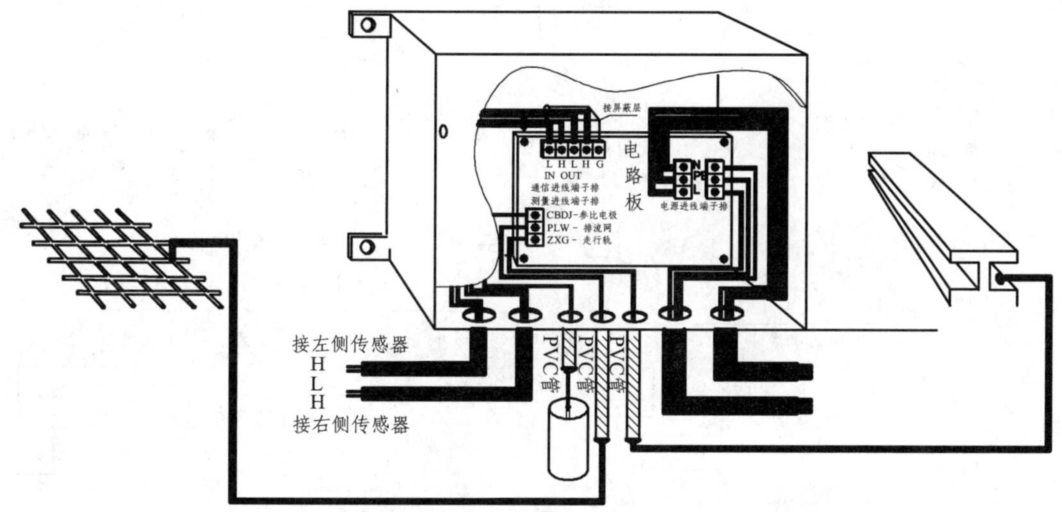

图 LC14-9　传感器接线原理图

传感器对城市轨道交通运行期间有关杂散电流的相关参数进行自动监测、实时上报，并存储监测数据。当出现杂散电流相关参数超标等异常情况时，自动上传报警信息，通过上位机提醒值班工作人员注意并采取相应的处理措施，保障城市轨道交通的安全可靠运行。传感器的工作原理图如图 LC14-10 所示，各测量信号经过放大、AD 转换等变换电路，由模拟量转换为数字量，CPU 通过采集的数字量进行相应计算，并存储判断，最终将结果通过通信网络上传监测装置。

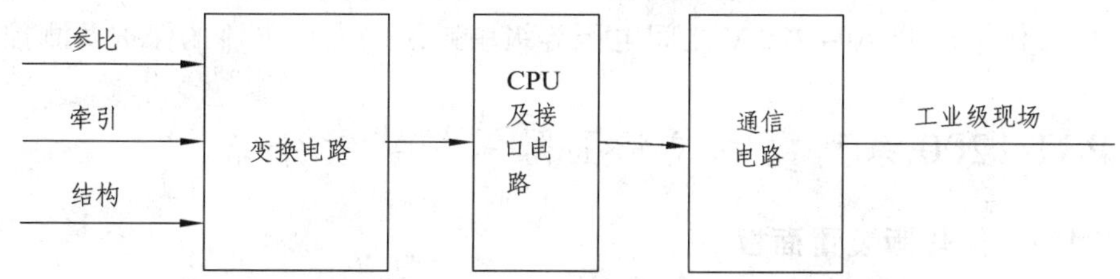

图 LC14-10　传感器工作原理图

2）杂散电流监测系统

常见城轨供电系统采用了分布式杂散电流监测模式，该系统由参比电极、传感器、信号转接器、通信电缆、综合测试装置和微机管理系统组成，其构成如图 LC14-11 所示。

在隧道结构钢筋附近以及道床侧防端子附近埋设参比电极，通过传感器实时采集牵引钢轨对结构钢筋的电位差（接触电压）、参比电极对结构钢筋的电位差（极化电压），通过通信电缆上传至监测装置，监测装置完成向杂散电流微机管理系统上传传感器采集的数据并完成传感器与变电所综合自动化系统间信号传输转换，实时检测杂散电流干扰状态和发生杂散电流腐蚀的情况。排流网结构钢筋的极化电位应保持在 0.5 V 左右，使结构钢极化电位维持在 0.5 V 以下，结构钢处于钝化状态，同时钢轨对地电位处于安全范围内。当结构钢极化电位超过 0.5 V 时，检测装置会发出报警信号，控制排流柜进行排流和提醒工作人员做出相应的处理。

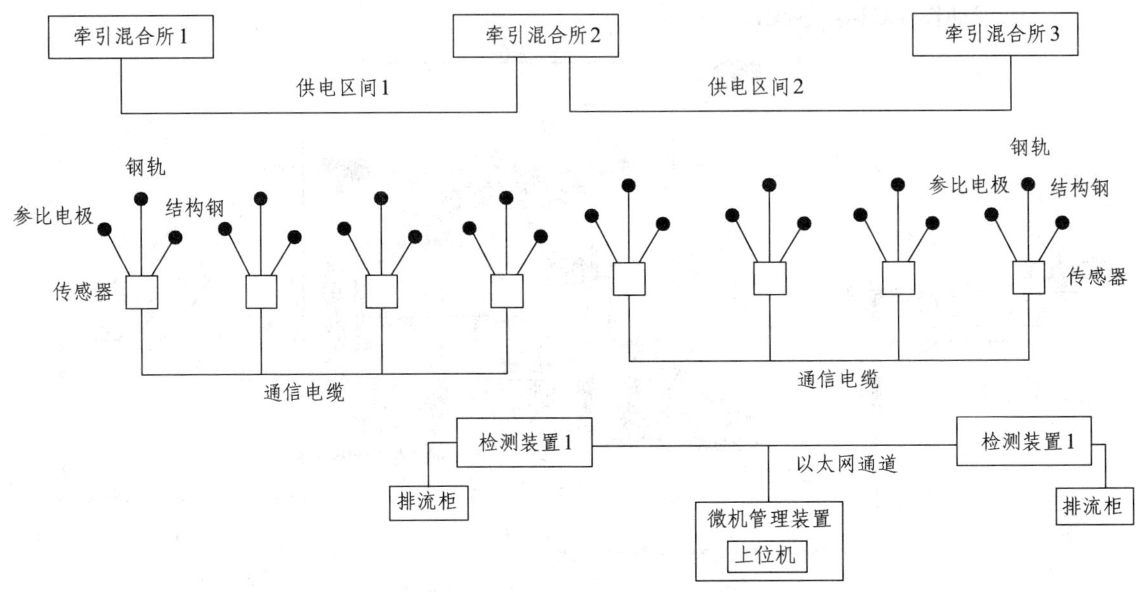

图 LC14-11　分布式杂散电流检测系统

子模块 LC15　常见微机保护测控装置介绍

微机保护是由高集成度、高精度电流电压互感器、高绝缘强度出口中间继电器、高可靠开关电源模块等部件组成。微机保护装置主要作为 110 kV 及以下电压等级的发电厂、变电所、配电站等，也可作为部分 70 ~ 220 V 之间电压等级中系统的电压电流的保护及测控。

一、PST-1200 系列数字式变压器保护装置介绍

1. PST-1260 简化版装置面板

PST-1260 面板如图 LC15-1 所示。

2. 串行接口

对于简化版，本系列装置对外通信有三个端口一个设置在面板上，两个设置在通信接口模件的背板上。在面板上的为 RS232 串口，用于和 PC 机连接。在通信接口模件背板上的两路通信端口采用以太网接口，其一以太网接口构成以太网络通信系统，通信规约可采用 IEC870-5-103 规约；其二以太网接口构成用于与工程师站通信或集中打印。如图 LC15-2 所示。

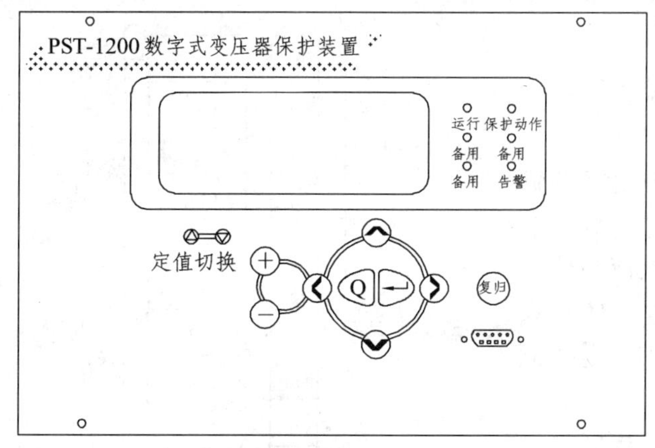

图 LC15-1 面板

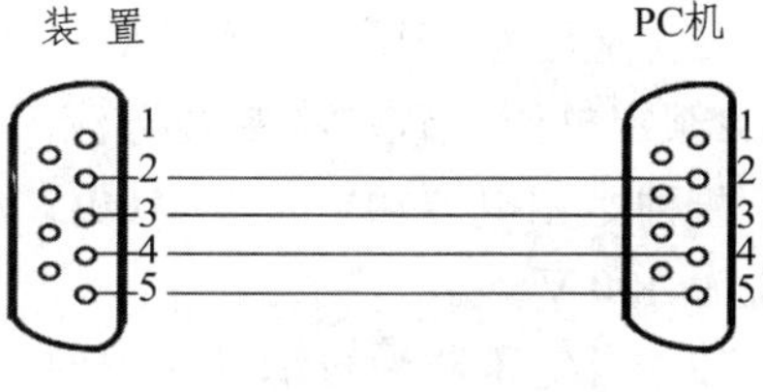

图 LC15-2 串口

3. 键 盘

键盘分布如图 LC15-3 所示。

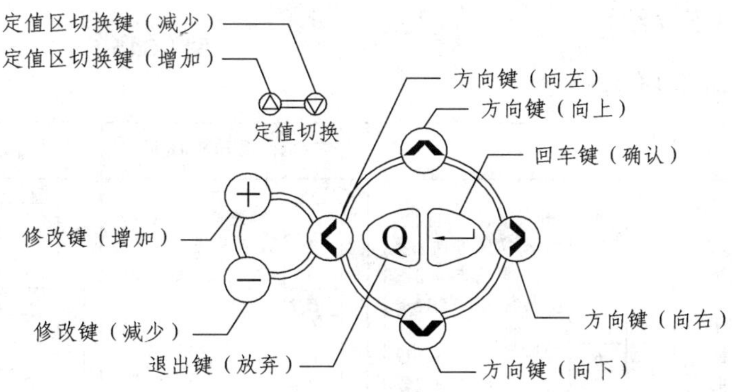

图 LC15-3 键盘

4. 信号灯

信号灯如图 LC15-4 所示。

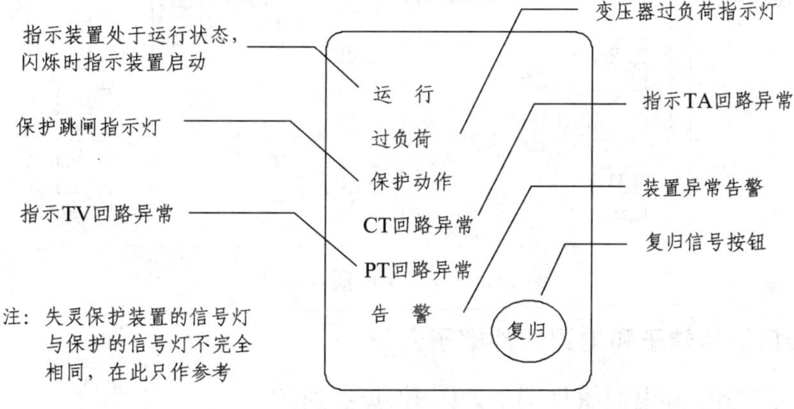

图 LC15-4 信号灯

5. 交流输入插件端子介绍

交流输入插件端子如图 LC15-5 所示。

注意：（1）I_a、I_b、I_c、$3I_0$和 I_0为 A 相电流、B 相电流、C 相电流、零序电流和间隙电流的输入端。

（2）应注意变压器各侧 TA 的额定电流与保护 TA 的额定电流一致，本装置电流额定输入有 1 A、5 A 两种。相电压额定值为 100/3 V，零序电压额定值为 300 V。

（3）当变压器为自耦变压器时，高压侧间隙电流通道改为中性点电流通道。

（4）当变压器为自耦变压器时，中压侧间隙电流通道改为公共绕组电流通道。

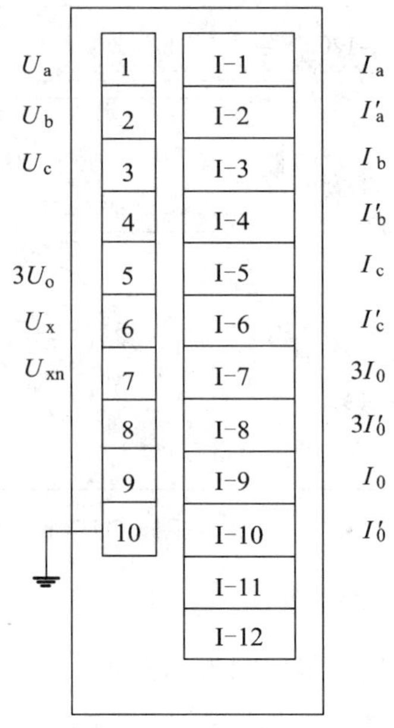

图 LC15-5 交流输入插件端子

6. 保护插件端子介绍

保护插件端子如图 LC15-6 所示。

端子	差动保护	高后备保护HB3	中/低后备保护HB4	低后备保护HB5
1	开关量电源自检	开关量电源自检	开关量电源自检	开关量电源自检
2	投入差动保护	投入复压方向1段	投入复压过流1段	投入一复压过流1段
3	本体重瓦斯	投入复压方向2段	投入复压过流2段	投入一复压过流2段
4	调压重瓦斯	投入复压过流保护		投入二复压过流1段
5	压力释放1			投入二复压过流2段
6	本体轻瓦斯	投入零序方向1段		
7	调压轻瓦斯	投入零序方向2段		
8	压力释放2	投入零序过流保护		
9	冷却器故障			
10	油温高	投入中性点过流		
11	本体油位异常	投入非全相保护		
12	风冷消失	投入间隙保护		
13	绕组温度高			投入1复压闭锁
14	调压油位异常	投入复压闭锁	投入复压闭锁	投入2复压闭锁
15				
16				
17	公共端	公共端	公共端	公共端
18				
19				
20				
21				
22				

图 LC15-6 保护插件端子

7. 通信接口插件端子和电源模件端子介绍

通信接口插件端子和电源模件端子如图 LC15-7 所示。

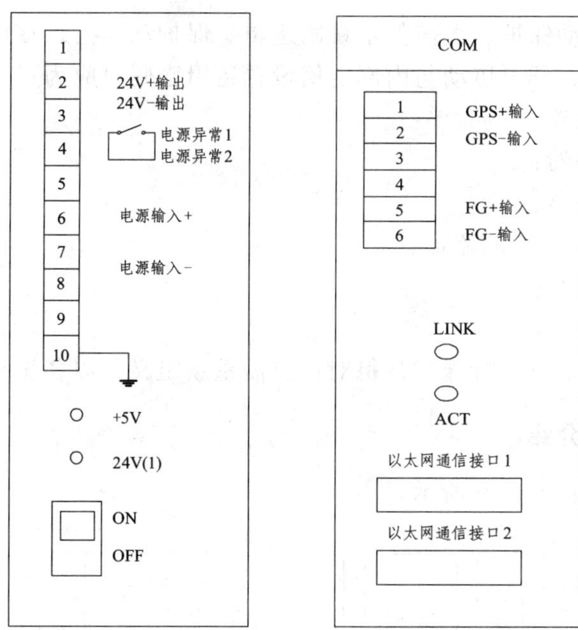

图 LC15-7 通信接口插件端子和电源模件端子

注意：装置电源接地端应可靠接地。

+24 V（2）主要作为本装置状态量输入（压板）电源。每一路状态量输入约需 6 mA 电流，该电源容量有限，若还需接入其他负载时，应注意不要过载。

8. 跳闸模件和信号模件端子

跳闸模件和信号模件端子如图 LC15-8 所示。

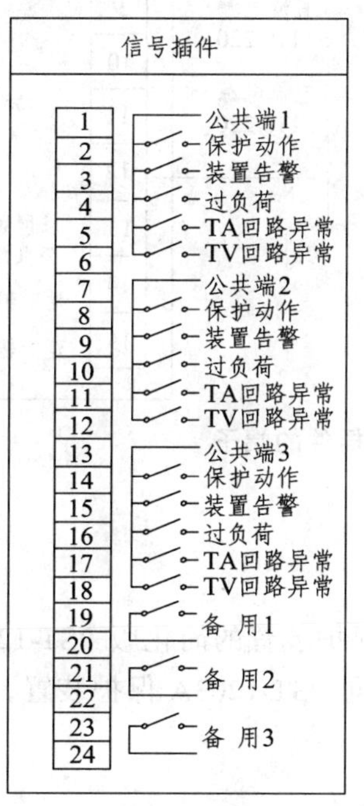

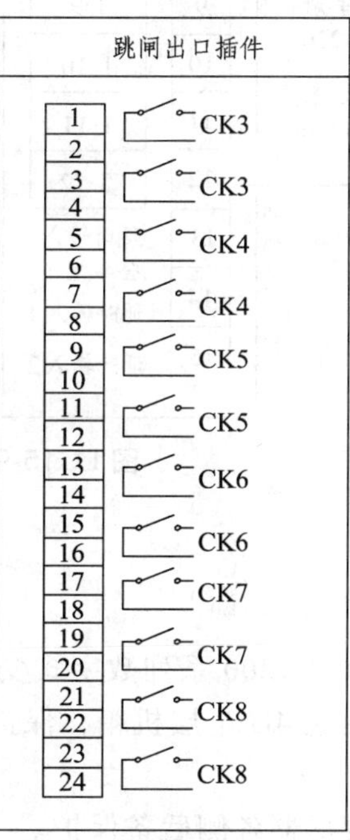

图 LC15-8 跳闸模件和信号模件端子

注意：（1）对于差动保护，无需整定跳闸逻辑。保护动作为跳变压器各侧断路器。

（2）对于后备保护，开出传动与内部定值设置逻辑密码对应为：

CK3 跳高压侧断路器；

CK4 跳中压侧断路器；

CK5 跳低压侧断路器；

CK6 跳本压侧母联/分段断路器；

CK7 闭锁本压侧备自投；

CK8 跳备用断路器。

（3）当跳闸接点需求较为特殊时，每对接点需重新定义，以各工程蓝图为准。

9. SL 插件的端子介绍

SL 插件的端子如图 LC15-9 所示。

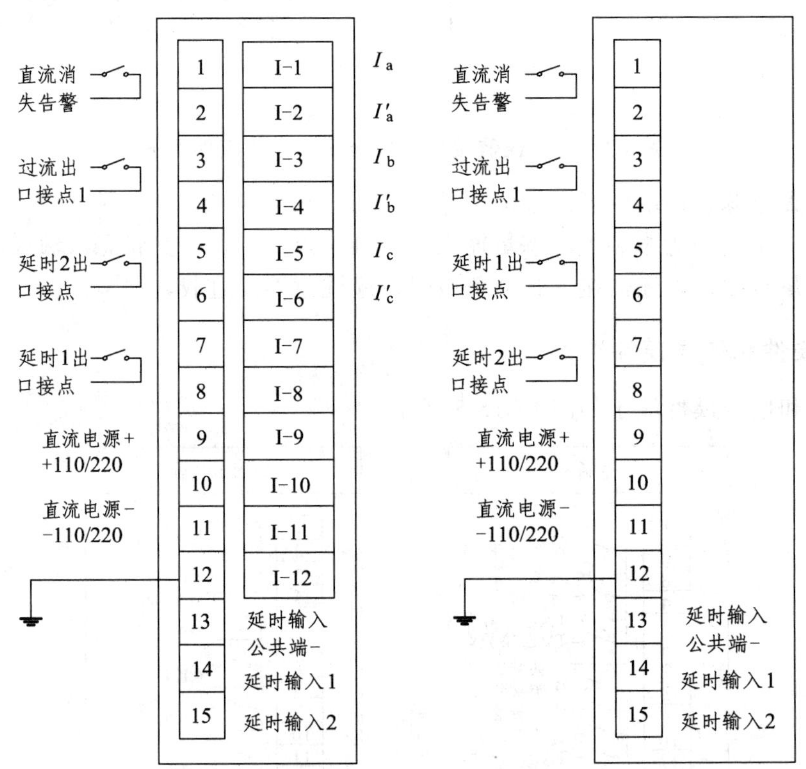

图 LC15-9 SL 插件的端子

10. 功 能

1）PST-1260A

本保护装置为 PST-1200 系列数字式变压器保护装置的简化版 PST-1260 系列数字式变压器保护装置，采用独立 4U 半层机箱，保护配置同 PST-1203A 保护装置，为二次谐波闭锁原理的差动保护单机。

本保护适用于变压器各侧后备保护。

表 LC15-1　后备保护

	保护类型	段数	每段时限数	备　注
后备保护	复合电压闭锁方向过流保护	1	3	方向元件可经控制字选择、投退变压器各侧复合电压元件可并联
	复合电压闭锁过流保护	1	3	复合电压元件可经控制字投退
	零序方向过流保护	1	3	方向可经控制字选择、投退
	零序过流保护	1	3	
	间隙保护	1	2	间隙过流、零序过压“或”方式出口

① 复压过流保护。

复压过流保护的复合电压元件可通过控制字投退；当复合电压元件退出时，复压过流保护变为定时限速断过流保护。

② 复压方向过流保护。

复压方向过流保护的复合电压元件和功率方向元件可通过控制字投退；当功率方向元件退出，复压方向过流保护变为复压过流保护；当复合电压元件和功率方向元件都退出时，复压方向过流保护变为定时限速断过流保护。

③ 零序方向过流保护。

零序方向过流保护的方向元件可通过控制字投退；当方向元件退出，零序方向过流保护变为零序过流保护；零序方向过流保护方向元件的电压和电流全部采用自产值，零序方向过流保护的电流定值可通过控制字选择自产或通道。

④ 零序过流保护。

零序过流保护的电流定值可通过控制字选择自产或通道。

2）PST-1210C

本保护装置包括非电量保护和变压器各侧断路器操作回路；适用于 110 ~ 35 kV 电压等级的变压器。

本保护完全独立于电气保护，仅反应变压器本体开关量输入信号，驱动相应的出口继电器和信号继电器，为本体保护提供跳闸功能和信号指示。

保护包括：本体重瓦斯、调压重瓦斯、压力释放 1、本体轻瓦斯、调压轻瓦斯、压力释放 2、冷却器故障、油温高、本体油位异常、风冷消失、绕组温度高、调压油位异常。

本保护可提供两个时间延时回路，延时回路通过“SL”插件来实现，时间继电器与信号继电器并联，时间继电器的接点串接于压板前面，时间可整定。

二、PST-1200 系列数字式变压器保护装置操作

PST-1200 系列数字式变压器保护装置的键盘操作和液晶显示界面采用对话框结合的菜单式操作方式，如图 LC15-10 所示。功能如下：

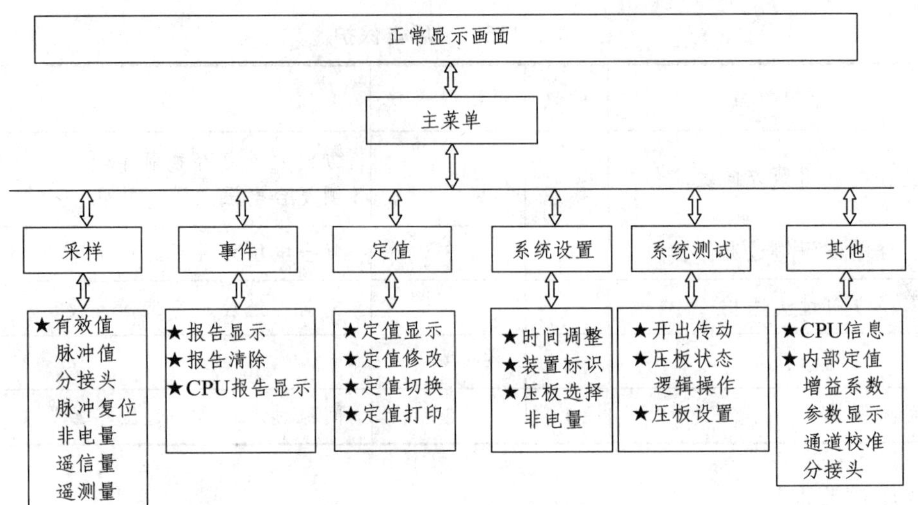

图 LC15-10 菜单结构示意图

注意：有★标记的菜单项为本系列装置所用的具体功能。用不到的功能菜单，此处不作详述。

1. 主要操作说明

进入主菜单后，可以用“∧”上、“∨”下、“<”左、“>”右键选择相应的菜单项，按“←┘”键进入相应的子菜单或执行相应的操作，按“Q”键返回到前一画面。

2. 附加说明

（1）按复归键可以复归灯光信号及所有开出量。

（2）按“Q”键持续 1 s 可直接返回主画面。

（3）正常运行时运行灯绿灯常亮，作为运行指示；保护在启动时，运行灯绿灯有规律的闪烁。

三、PST-646 数字式接地变压器保护装置介绍

1. 装置简介

PST-646 数字式接地变压器保护装置是以电流电压保护为基本配置的成套接地变压器保护装置，适用于 66 kV 及以下电压等级的接地变压器或兼作站用的接地变压器。

本保护装置的基本配置为两个 CPU 模件，其一为由 32 位微处理器构成的保护，该单元配置了大容量的 RAM 和 Flash Memory，具有极强的数据处理、逻辑运算和信息存储能力；另一 CPU 由总线不出芯片的单片机构成通用的人机接口单元 。两个 CPU 模件之间相互独立，无依存关系。各种保护功能及自动化功能均由软件实现，保护的逻辑关系符合“四统一”设计原则。

2. 保护功能配置

反应相间故障的速断和一段过电流保护；反应单相接地故障的两段零序电流保护；反应

低压侧单相接地故障的一段零序电流保护；反应接地故障的一段零序电压保护 ；变压器的非电量保护。

3. 面板布置

PST-1200 系列数字式保护装置面板布置如图 LC15-11 所示。

4. 键盘简介

保护装置键盘示意图如图 LC15-12 所示。

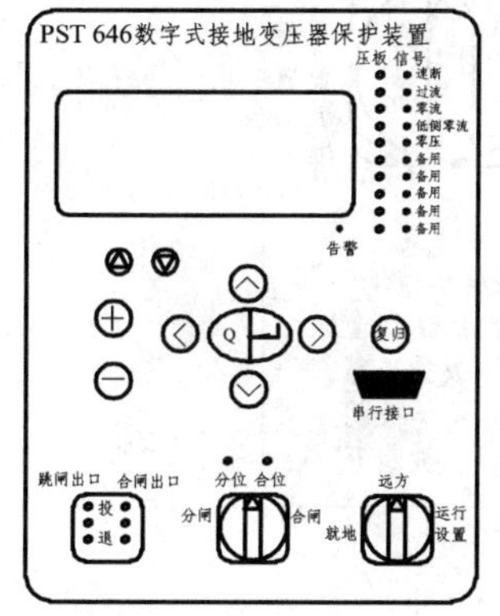

图 LC15-11　面板

定值区切换键（减少）
定值区切换键（增加）
修改键（增加）
修改键（减少）
Q键（放弃）
方向键（向左）
方向键（向上）
回车键（E键）
方向键（向右）
方向键（向下）
Q

图 LC15-12　PS 640 系列保护装置键盘示意图

5. 信号灯简介

信号灯如图 LC15-13 所示。

6. 串行接口

串行接口如图 LC15-14 所示。

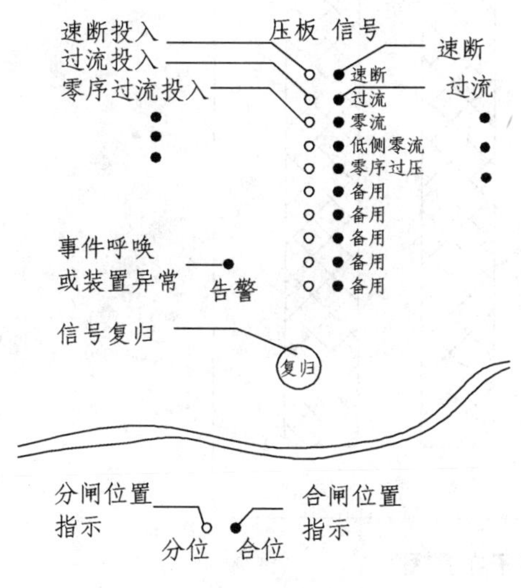

图 LC15-13　信号灯

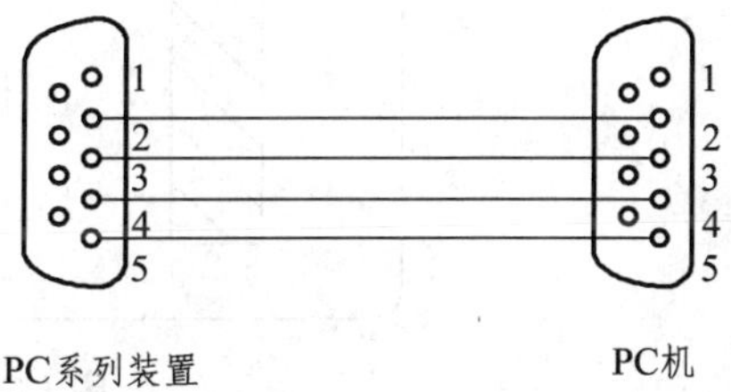

图 LC15-14　串口

7. 操作区简介

操作区介绍如图 LC15-15 所示。

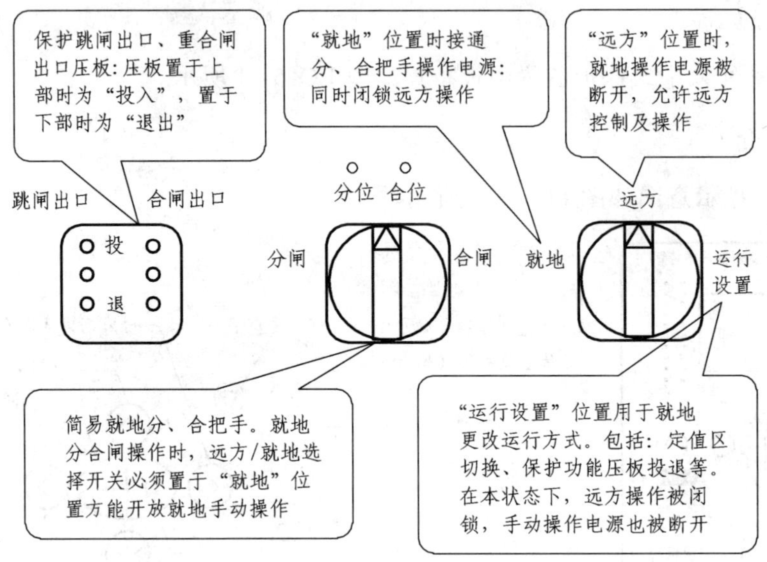

图 LC15-15　操作区

8. 背板与端子简介

（1）端子布置图，见图 LC15-16。

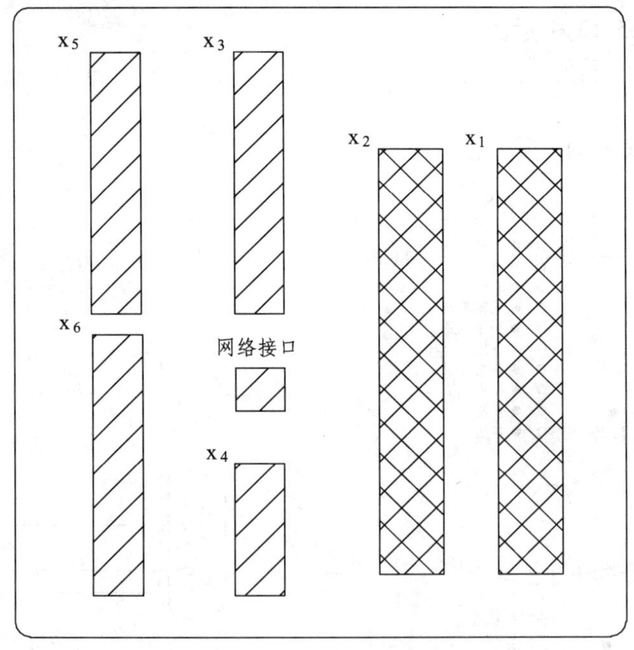

图 LC15-16　端子布置图

（2）交流输入端子说明，见图 LC15-17。

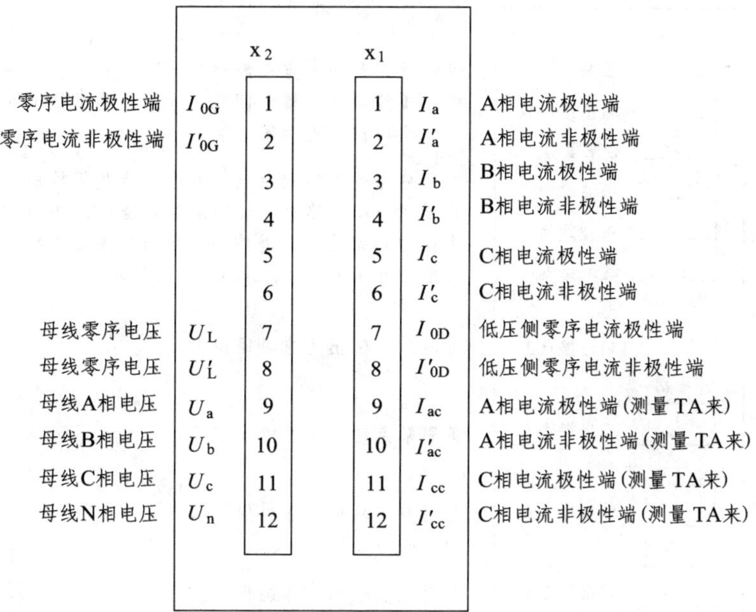

图 LC15-17　交流输入端子

（3）开关量输入端子说明，见图 LC15-18。

（4）电源输入输出端子说明，见图 LC15-19。

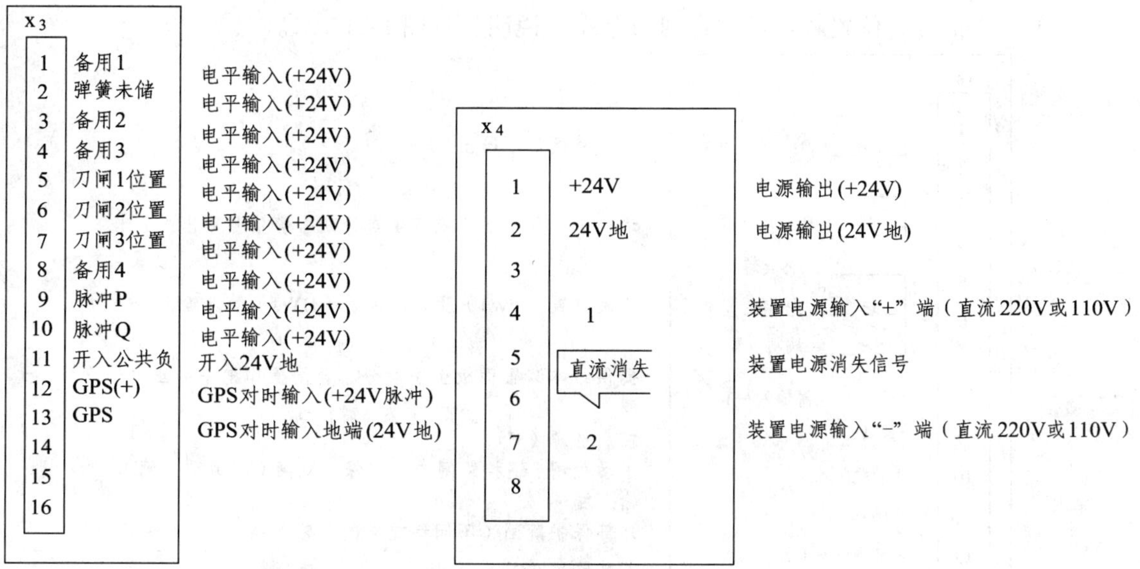

图 LC15-18　开关量输入端子　　**图 LC15-19　电源输入输出端子**

（5）触点输出端子说明，见图 LC15-20。

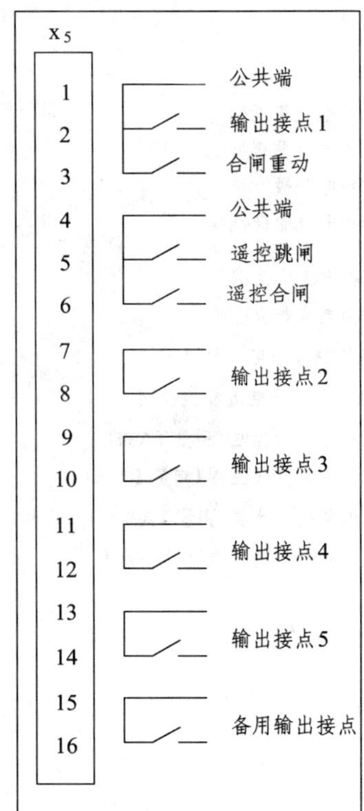

保护跳闸动作触点已经过安装于装置面板上的出口压板直接接至内部操作回路，本部分端子仅为保护跳闸和合闸动作的重动输出触点。

本部分为遥控输出触点，其中遥控跳闸输出端接至本装置跳合闸回路的手动跳闸输入端（X6-10）或外部操作箱的相关端子：遥控合闸输出端接至本装置跳合闸回路的合闸入端（X6-13）或操作箱的相关端子。

备用触点输出（非磁保持）

备用触点输出（非磁保持）

备用触点输出（非磁保持）

备用触点输出（非磁保持）

本部分端子为保护动作信号（磁保持）的另一副触点输出，用于扩展功能。

图 LC15-20 触点输出端子

（6）中央信号、位置触点及跳合闸回路端子说明，见图 LC15-21。

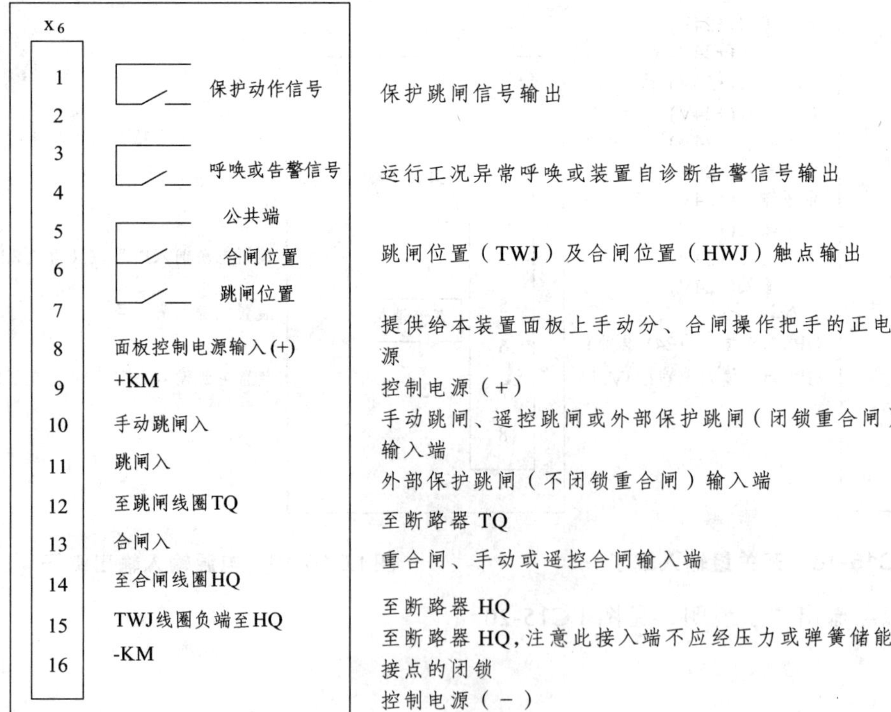

图 LC15-21 中央信号、位置触点及跳合闸回路端子

本装置配置了包括手动分、合闸操作把手及跳合闸出口压板在内的完备的就地操作回路。此回路完全独立于装置的弱电回路，以满足紧急情况的需要。此举简化了组屏及安装于开关柜上时的接线工作。

考虑到不同运行方式的需要，本装置对传统的接线方式仍保留了接入端。例如，设置 X6-10（手动跳闸入）、X6-11（跳闸入）、X6-13（合闸入）端子后，以跳合闸重动触点输出（X5-2，X5-3）作为保护跳、合闸中间出口，经外部跳合闸出口压板后分别接至跳合闸操作回路的入口，即可实现传统接线方式。注意，此时需把装置面板上的跳闸及合闸出口压板打至退出位置。装置面板上的手动分、合闸操作把手的停用也只需断开面板控制电源输入路（X6-8），外部装设的手动操作把手可由 X6 的相关端子接入本装置的操作回路。

四、PST-646 系列数字式保护装置操作

PST-646 系列数字式保护的键盘操作和液晶显示界面采用对话框结合菜单式操作方式。功能如图 LC15-22 所示。

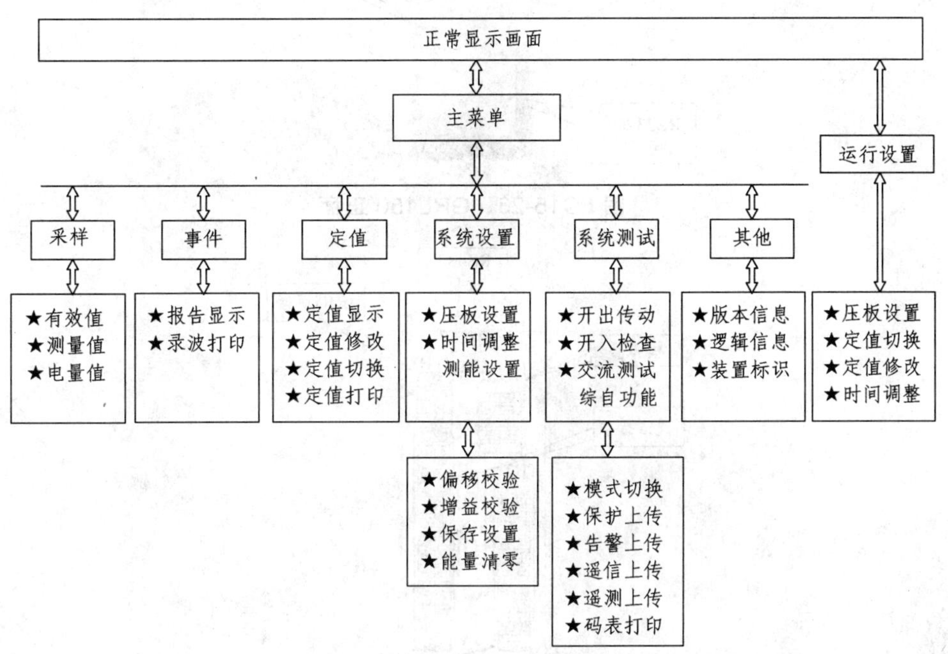

图 LC15-22 显示画面总体结构示意图

1. 主要操作说明

进入主菜单后，可以用“∧”上、“∨”下、“<”左、“>”右键选择相应的菜单项，按“←┘”键进入相应的子菜单或执行相应的操作，按“Q”键返回到前一画面。

2. 附加说明

（1）按复归键可以复归灯光信号及所有开出量。

（2）按“Q”键持续 1 s 可直接返回主画面。

五、35 kV 线路差动保护装置 GRL150

1. 用户界面

GRL150 正面与后部分别见图 LC15-23、LC15-24。

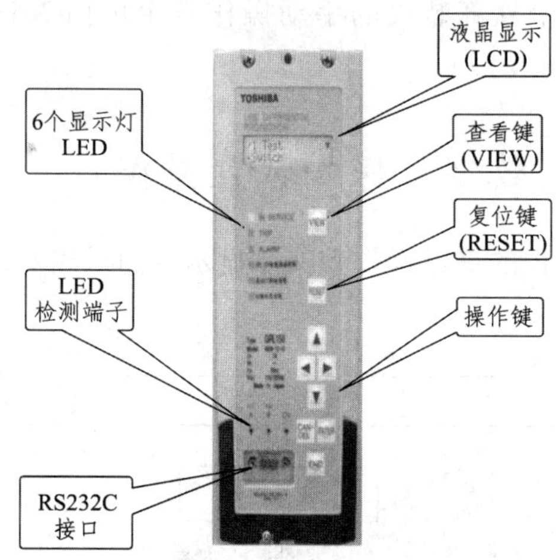

图 LC15-23　GRL150 正面

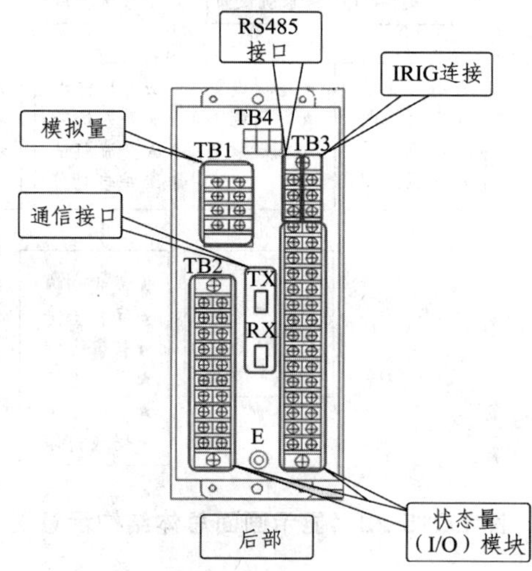

图 LC15-24　GRL150 后部

2. 主菜单

主菜单见图 LC15-25。

主菜单:

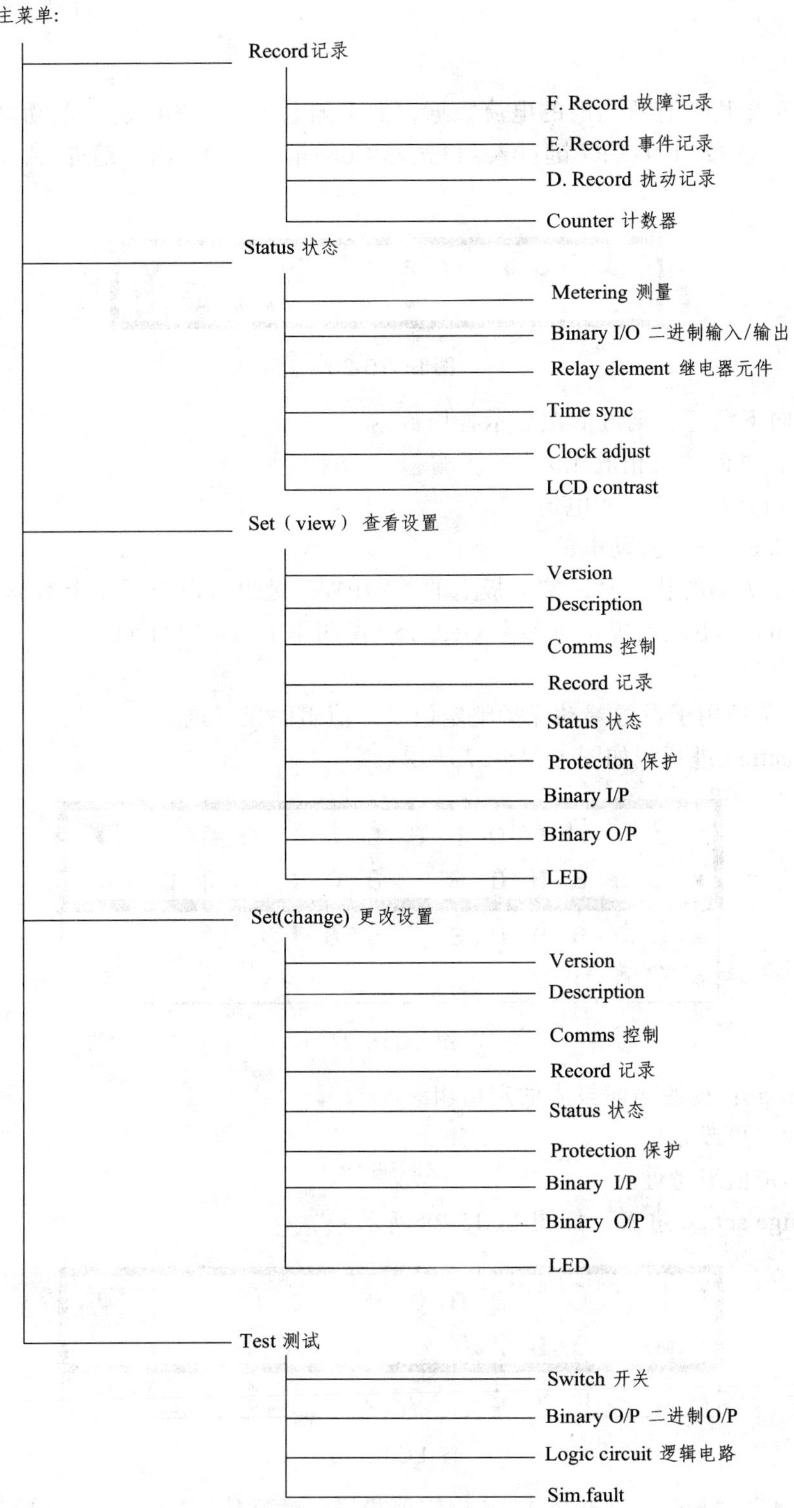

图 LC15-25 菜单

3. 常用菜单说明

1. Status 状态

Metering 测量。

Metering 菜单用于查看当前的电流数据，如本侧电流、对测电流、差动电流等。

选择 Metering 按“ENTER”键进入，再选择 Current 按“ENTER”键进入，则如图 LC15-26 所示。

图 LC15-26

按“▼”向下翻行，则可依次显示各项数据。

|a、|b、|c：本侧的三相电流。

|ar、|br、|cr：对侧的三相电流。

|da、|db、|dc：三相差动电流。

当装置处于关屏的状态时，按面板上的“VIEW”键也可以查看以上数据。

2. Set (change) 更改设置（可参考 GRL 150 说明书 P98 ~ P111 页）

Protection 保护。

Protection 菜单用于设置差动保护整定值及定值组的投、退。

选择 Protection 进行，如图 LC15-27 所示。

/2 Protection ▼
• Change act.gp.
• Change set.
• Copy gp.

图 LC15-27

Change act.gp：更改当前投入的定值组。

Change set：更改定值。

Copy gp：定值组拷贝。

选择 Change act.gp 进入，如图 LC15-28 所示。

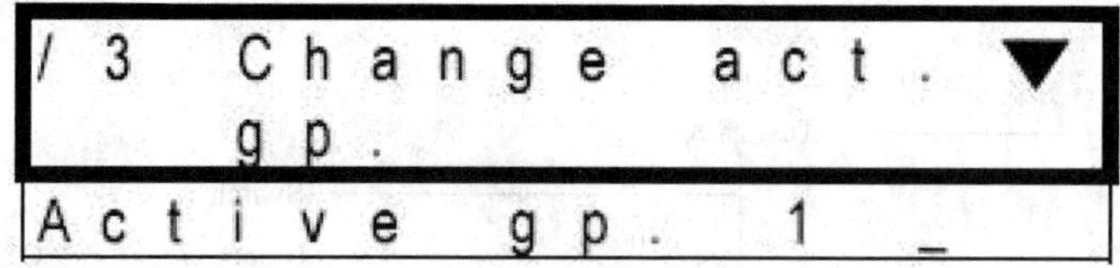

图 LC15-28

此时按“◀”、“▶”键可选择 1 ~ 4 组定值投退，然后按“ENTER”键确认。

选择 Change set 进入，如图 LC15-29 所示。

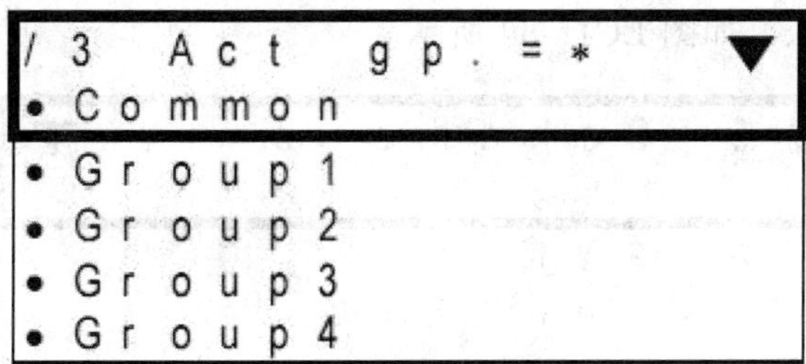

图 LC15-29

选择需要改的定值进入（一般为第 1 组），如图 LC15-30 所示。

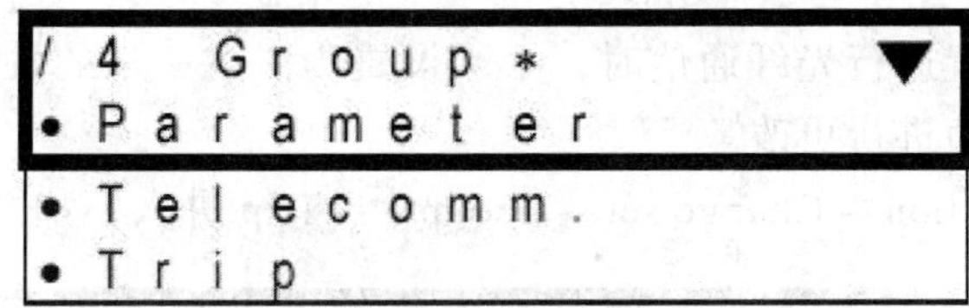

图 LC15-30

注意：图中的*代表当前的定值组号。

（1）更改差动 CT 的变比。

Set (change) --Protection --Change set -- Group 1 -- Parameter 进入，如图 LC15-31 所示。

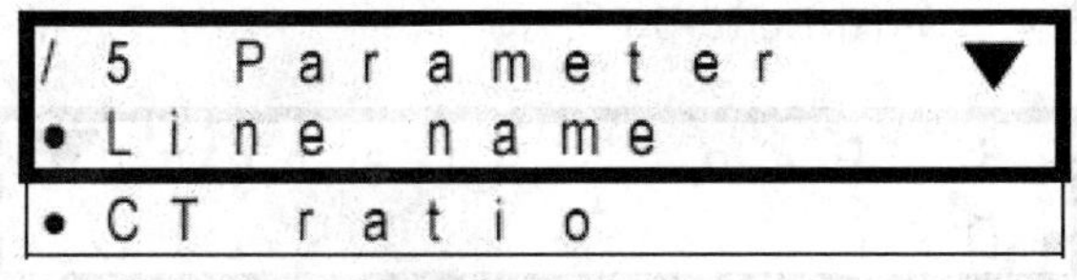

图 LC15-31

选择 CT ratio 进入可修改差动 CT 的变比（因与一次 CT 对应，故此处不能随便更改），如图 LC15-32 所示。

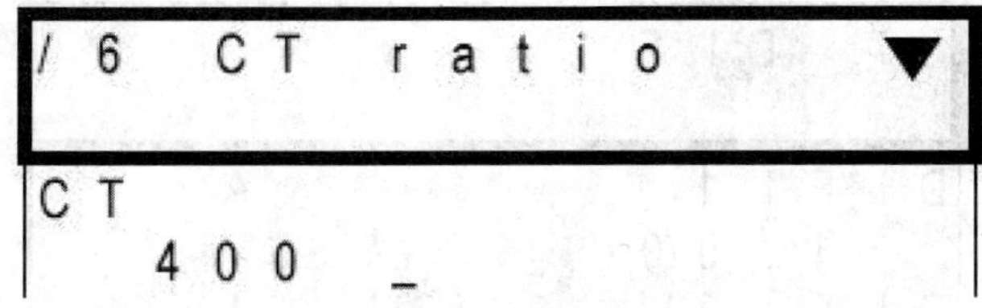

图 LC15-32

按“◀”、“▶”键进行修改，按“ENTER”键确认。

（2）设置差动装置的主、从关系。

Set (change) --Protection -- Change set -- Group 1 -- Telecomm 进入，如图 LC15-33 所示。

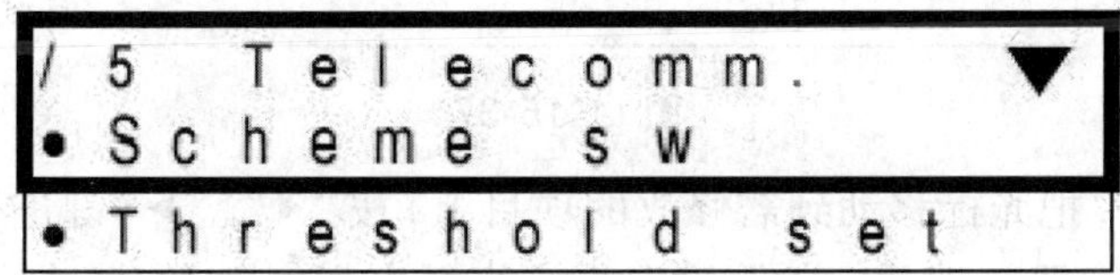

图 LC15-33

选择 Scheme sw 进入，如图 LC15-34 所示。

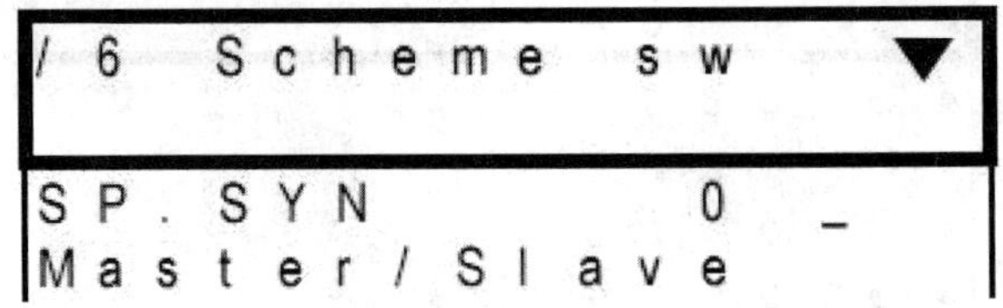

图 LC15-34

SP.SYN 设置差动装置光纤通信的主（Master）、从（Slave）关系，按“◄”、“►”键进行修改，0 为主（Master），1 为从（Slave）。

注意：两台差动装置进行光纤通信时，必须设置为一主一从的关系，否则不能通信。

（3）对差动的整定值进行更改。

Set (change) --Protection -- Change set -- Group 1 -- Trip 进入，如图 LC15-35 所示的界面。

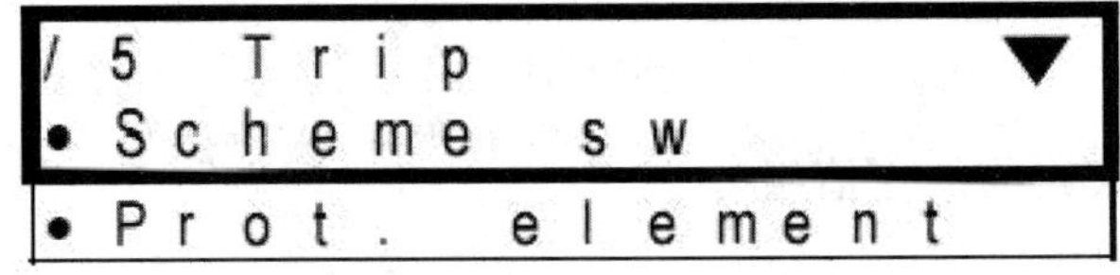

图 LC15-35

选择 Prot element 进入，如图 LC15-36 所示。

/6 Prot.element ▼
• DIF

图 LC15-36

选择 DIF 进入，如图 LC15-37 所示。

/7 DIF ▼
DIFI1 A
1.00
DIFI2 A
10.0
DIFSV %
50
TIDSV s
10

图 LC15-37

按“▼”向下翻行，把光标移动到需修改的项目上，按“◄”、“►”键进行修改，按“ENTER”键确认。修改完之后，要一直“END”键退出，直至出现如图 LC15-38 的显示。

```
Change settings?
ENTER=Y  CANCEL=N
```

图 LC15-38

此时按“ENTER”键即可保存退出。

（4）GRL 150 装置的测试状态，不用进行两台装置之间的光纤通信，单台装置就可以进行保护试验。

Test -- Swith-- L.Test 进入，如图 LC15-39 所示。

```
L.Test          0
Off/On
```

图 LC15-39

“0”为关闭，“1”为打开，按“◄”、“►”键进行修改，按“ENTER”键确认。当打开测试状态时，装置运行灯闪烁，光纤纵差通道故障灯及 ALRAM 灯灭。

注意：此处不需要保存退出，只要按“ENTER”键即可进入测试状态。

（5）更改查看模拟量的状态。（可设置查看电流的一次值或二次值）。

Set (Change) -- Status – Metering 进入，如图 LC15-40 所示。

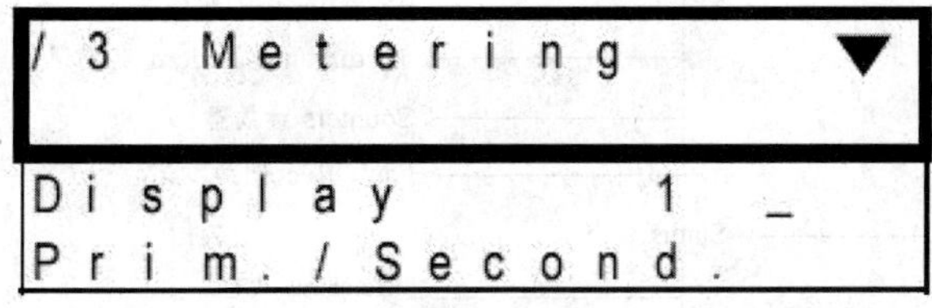

图 LC15-40

Prim.：显示一次值，代码为“0”。

Second.：显示二次值，代码为“1”。

按“◄”、“►”键进行修改，按“ENTER”键确认。

最后一点要注意的是：所有更改过的参数，必须先按“ENTER”键进行确认，然后一直按“ENTER”键退出，直到出现提示：“是否保存设定”，再按“ENTER”键退出，才是完成参数的更改。

3. 装置功能

分相电流差动保护（DIF）；过电流后被保护（OC、OCI、EF、EFI）；失调保护（OST）；断路器失灵保护（BF）；自动重合闸功能（ARC）；故障定位（FL）。

其投入功能只有差动保护。

六、35 kV 微机综合保护装置 GRD 150

1. 用户界面

正面视图如图 LC15-41 所示。

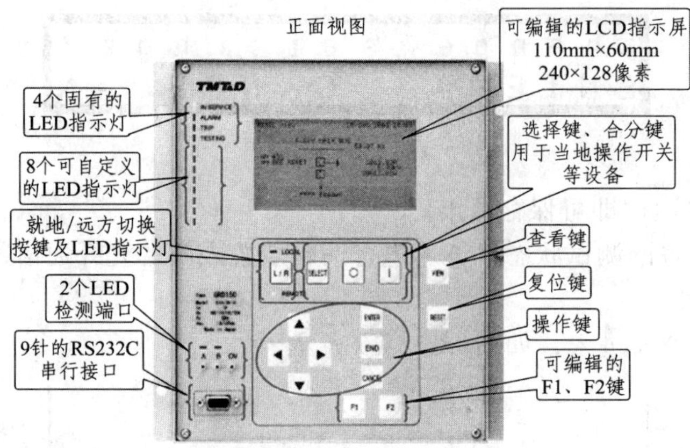

图 LC15-41 正面视图

2. 主菜单

主菜单如图 LC15-42 所示。

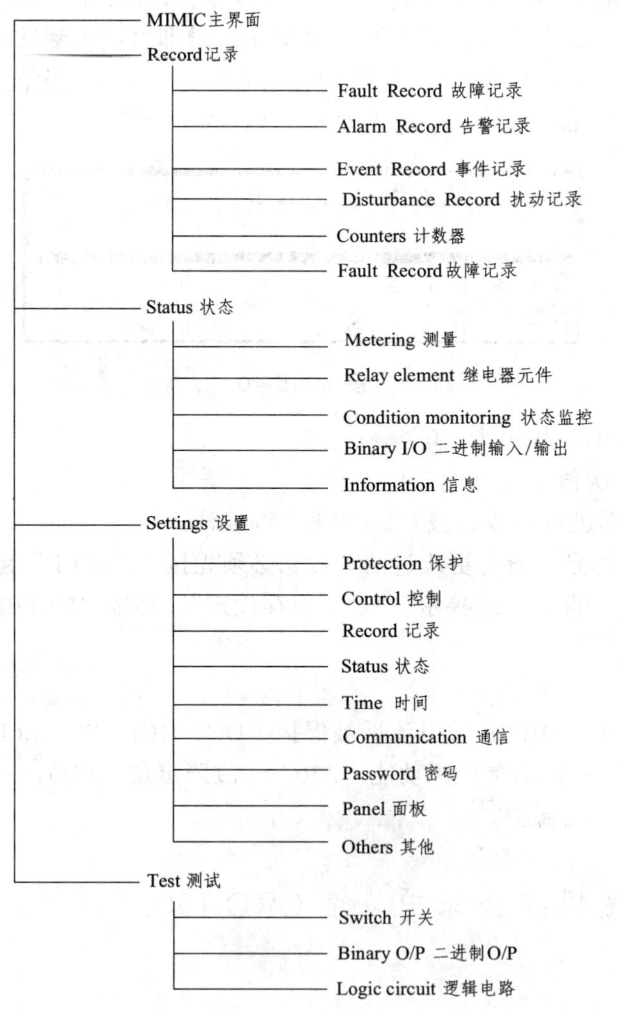

图 LC15-42 菜单说明

3. 操作说明

1）主界面操作

MIMIC 菜单用于查看 MIMIC 配置，并以本地模式显示开关（断开或闭合）的状态。如图 LC15-43 所示。

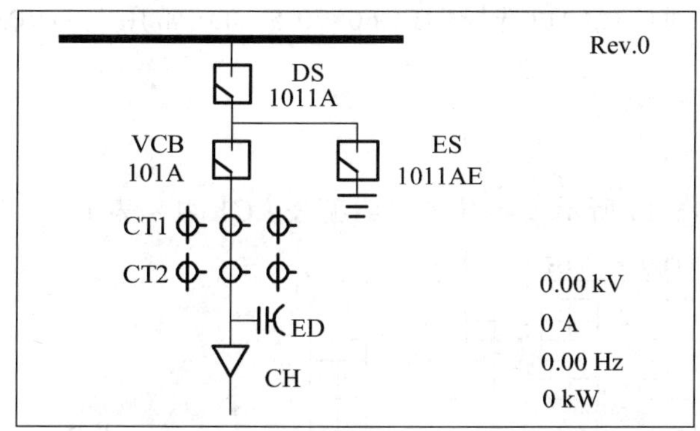

图 LC15-43 操作说明

当要操作开关时按面板上的“▲”“▼”按键，把光标移到要操作的相应的开关上面，然后按“SELECT”键选中；然后按“0”“1”键进行开关的合、分操作。

注意：若在操作时屏幕左下方出现提示（通常为开关闭锁或回路不通），这时可按“ENTER”键取消该提示，否则不能进行其他操作。

2）定值修改

进入菜单后选择 Settings→Protection→change Settings 进入修改运行定值组页面，选择定值类型确认进入后，按“VIEW”键翻页。

3）逻辑出口设置

进入菜单后选择 Test→Logic circuit→Term A。

4. 主要特性

1）保护功能

4 段无方向和方向性的过电流保护；4 段无方向和方向接地故障和灵敏的接地故障保护；2 段过电压和欠电压保护；过负荷保护；断线检测元件；断路器失灵保护；2 段无方向和方向负序过电流保护；6 段低频和过频保护；冷负载（长期停电后启动）保护和瞬间起峰电流（2f）检测器；低电流保护；自动重合闸功能。

2）控制功能

断路器、隔离开关、接地开关等开关设备的状态显示；断路器、隔离开关、接地开关等开关设备的合、分闸命令；利用 LCD 显示屏中的单线图进行就地操作。

3）测量和监测功能

断路器状态监测；跳闸回路检测；测量值：I，V，f，P，Q，W，Wh，V_{arh}，pF；高精度测量（I，V=0.5% P，Q=1%）。

4）故障记录

10 个模拟量波形记录及 32 组二进制信号；6 个最新扰动数据，时标分辨率为 1 ms。

5）通信接口

就地便携 PC 用的前部 RS232C 接口；就地打印用的后部 RS232C 接口（选项）；远方 PC 用的后部 RS485 接口；通信规约可选择：IEC60870-5-103（常用）、DNP3.0、ModBus®（RTU）、TCP/IP。

5. 端子说明

背板视图如图 LC15-44 所示。各端子说明见表 LC15-1 ~ 表 LC15-4。

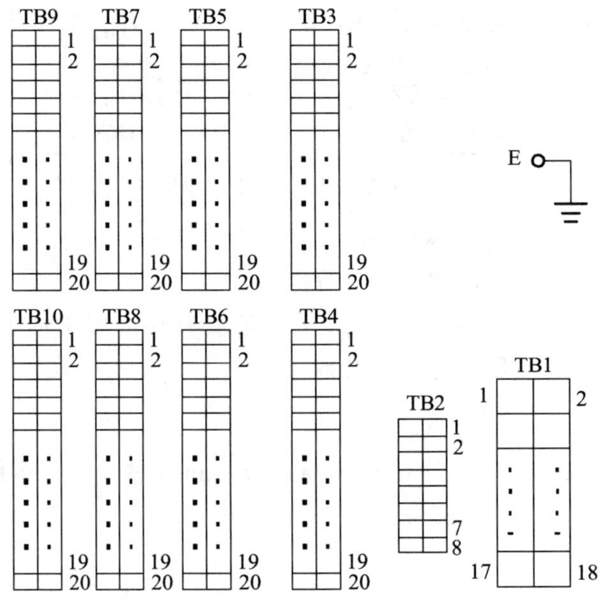

图 LC15-44 背板视图

表 LC15-1 进线柜端子说明

端子号	功能	端子号	功能
TB1：1/2	A 相电流输入	TB6：1	备用
TB1：3/4	B 相电流输入	TB6：2	
TB1：5/6	C 相电流输入	TB6：3	
TB1：7/8	零序电流输入	TB6：4	
TB1：11/12	A 相电压输入	TB6：5	差动保护动作 VCB 跳闸信号
TB1：13/14	B 相电压输入	TB6：6	
TB1：15/16	C 相电压输入	TB6：7	DS 完全分（输出至母联）
		TB6：8	
TB2：1/2/3	RS455 接口 1	TB6：9	VCB 储能故障指示
TB2：4/5/6	RS455 接口 2	TB6：10	

续表 LC15-1

端子号	功能	端子号	功能
TB2：7/8	时钟对时接口	TB6：11	备用
		TB6：12	
TB3：1	转换开关在当地位	TB6：13	备用
TB3：2		TB6：14	
TB3：3	转换开关在远方位	TB6：15	备用
TB3：4		TB6：16	
TB3：5	气室压力过高报警	TB6：17	
TB3：6		TB6：18	备用
TB3：7	气室压力过低报警	TB6：19	
TB3：8		TB6：20	
TB3：9	VCB 合位	TB7：1	失灵保护联跳信号输入回路
TB3：10	VCB 分位	TB7：2	
TB3：11	VCB 储能	TB7：3	I/II 母排维护接地输入回路
TB3：12		TB7：4	
TB3：13	DS 合位	TB7：5	备用
TB3：14	DS 分位	TB7：6	
TB3：15	手动/电动切换	TB7：7	备用
TB3：16		TB7：8	
TB3：17		TB7：9	MCB 跳闸信号
TB3：18		TB7：10	电缆测无压信号
TB3：19	VCB 合闸回路	TB7：11	电缆测有压信号
TB3：20		TB7：12	
		TB7：13	GRL150 闭锁信号
TB4：1	VCB 分闸回路	TB7：14	差动保护动作信号
TB4：2		TB7：15	备用
TB4：3		TB7：16	
TB4：4		TB7：17	
TB4：5	DS 合闸回路	TB7：18	
TB4：6		TB7：19	备用
TB4：7	DS 分闸回路	TB7：20	
TB4：8			
TB4：9	ES 合闸回路	TB8：1	备用

续表 LC15-1

端子号	功能	端子号	功能
TB4：10		TB8：2	
TB4：11	ES 分闸回路	TB8：3	
TB4：12		TB8：4	
TB4：13	备用	TB8：5	远方复归
TB4：14		TB8：6	
TB4：15	GRD150 内部故障信号	TB8：7	备用
TB4：16		TB8：8	
TB4：17		TB8：9	备用
TB4：18	GRD150 装置电源	TB8：10	
TB4：19		TB8：11	备用
TB4：20		TB8：12	
TB5：1	备用	TB8：13	备用
TB5：2		TB8：14	
TB5：3	备用	TB8：15	备用
TB5：4		TB8：16	
TB5：5	PT 分位状态输入	TB8：17	
TB5：6		TB8：18	备用
TB5：7	PT 在工作位置状态输入	TB8：19	
TB5：8		TB8：20	
TB5：9	ES 合位		
TB5：10	ES 分位		
TB5：11	手动/电动切换		
TB5：12			
TB5：13	备用		
TB5：14	备用		
TB5：15	备用		
TB5：16			
TB5：17			
TB5：18			
TB5：19	备用		
TB5：20			

表 LC15-2　出线、馈线柜端子说明

端子号	功能	端子号	功能
TB1：1/2	A 相电流输入	TB6：1	备用
TB1：3/4	B 相电流输入	TB6：2	
TB1：5/6	C 相电流输入	TB6：3	
TB1：7/8	零序电流输入	TB6：4	
TB1：11/12	A 相电压输入	TB6：5	差动保护动作 VCB 跳闸信号（输出至母联）
TB1：13/14	B 相电压输入	TB6：6	
TB1：15/16	C 相电压输入	TB6：7	DS 完全分（输出至母联）
		TB6：8	
TB2：1/2/3	RS455 接口 1	TB6：9	VCB 储能故障指示（输出至指示灯）
TB2：4/5/6	RS455 接口 2	TB6：10	
TB2：7/8	时钟对时接口	TB6：11	备用
		TB6：12	
TB3：1	转换开关在当地位	TB6：13	备用
TB3：2		TB6：14	
TB3：3	转换开关在远方位	TB6：15	备用
TB3：4		TB6：16	
TB3：5	气室压力过高报警	TB6：17	
TB3：6		TB6：18	备用
TB3：7	气室压力过低报警	TB6：19	
TB3：8		TB6：20	
TB3：9	VCB 合位		
TB3：10	VCB 分位	TB7：1	失灵保护联跳信号输入回路
TB3：11	VCB 储能	TB7：2	
TB3：12		TB7：3	I/II 母排维护接地输入回路
TB3：13	DS 合位	TB7：4	
TB3：14	DS 分位	TB7：5	备用
TB3：15	手动/电动切换	TB7：6	
TB3：16		TB7：7	备用
TB3：17		TB7：8	
TB3：18		TB7：9	MCB 跳闸信号
TB3：19	VCB 合闸回路	TB7：10	电缆测无压信号
TB3：20		TB7：11	电缆测有压信号
		TB7：12	

续表 LC15-2

端子号	功能	端子号	功能
TB4：1	VCB 分闸回路	TB7：13	GRL150 闭锁信号
TB4：2		TB7：14	差动保护动作信号
TB4：3		TB7：15	备用
TB4：4		TB7：16	
TB4：5	DS 合闸回路	TB7：17	
TB4：6		TB7：18	
TB4：7	DS 分闸回路	TB7：19	备用
TB4：8		TB7：20	
TB4：9	ES 合闸回路		
TB4：10		TB8：1	备用
TB4：11	ES 分闸回路	TB8：2	
TB4：12		TB8：3	
TB4：13	备用	TB8：4	
TB4：14		TB8：5	远方复归
TB4：15	GRD150 内部故障信号	TB8：6	
TB4：16		TB8：7	备用
TB4：17	GRD150 装置电源	TB8：8	
TB4：18		TB8：9	备用
TB4：19		TB8：10	
TB4：20		TB8：11	
		TB8：12	
TB5：1	备用	TB8：13	备用
TB5：2		TB8：14	
TB5：3	备用	TB8：15	备用
TB5：4		TB8：16	
TB5：5	I/II 母三相 PT（MCB）分位状态输入	TB8：17	
TB5：6		TB8：18	备用
TB5：7	I/II 母三相 PT 在工作位置状态输入	TB8：19	
TB5：8		TB8：20	
TB5：9	ES 合位		
TB5：10	ES 分位		

续表 LC15-2

端子号	功能	端子号	功能
TB5：11	手动/电动切换		
TB5：12			
TB5：13	备用		
TB5：14	备用		
TB5：15	备用		
TB5：16			
TB5：17			
TB5：18			
TB5：19	备用		
TB5：20			

表 LC15-3　整流变柜端子说明

端子号	功能	端子号	功能
TB1：1/2	A 相电流输入	TB6：1	备用
TB1：3/4	B 相电流输入	TB6：2	
TB1：5/6	C 相电流输入	TB6：3	
TB1：7/8	零序电流输入	TB6：4	
TB1：11/12	A 相电压输入	TB6：5	DS 完全分（输出致母联）
TB1：13/14	B 相电压输入	TB6：6	
TB1：15/16	C 相电压输入	TB6：7	保护动作联跳另一整流变输出信号
		TB6：8	
TB2：1/2/3	RS455 接口 1	TB6：9	DC750 V 进线开关柜保护动作联跳信号（输出致负极柜）
TB2：4/5/6	RS455 接口 2	TB6：10	
TB2：7/8	时钟对时接口	TB6：11	备用
		TB6：12	
TB3：1	DC750 V 进线逆流跳闸	TB6：13	VCB 储能故障指示（输出至指示灯）
TB3：2		TB6：14	
TB3：3	框架泄漏保护 1 跳闸	TB6：15	备用
TB3：4		TB6：16	
TB3：5	框架泄漏保护 2 跳闸	TB6：17	
TB3：6		TB6：18	备用
TB3：7	备用	TB6：19	

续表 LC15-3

端子号	功能	端子号	功能
TB3：8		TB6：20	
TB3：9	VCB 合位		
TB3：10	VCB 分位	TB7：1	备用
TB3：11	VCB 储能	TB7：2	
TB3：12		TB7：3	备用
TB3：13	DS 合位	TB7：4	
TB3：14	DS 分位	TB7：5	备用
TB3：15	手动/电动切换	TB7：6	
TB3：16		TB7：7	I/II 母排维护接地输入回路
TB3：17		TB7：8	
TB3：18		TB7：9	转换开关在当地位
TB3：19	VCB 合闸回路	TB7：10	转换开关在远方位
TB3：20		TB7：11	来自另一台整流变联跳信号
		TB7：12	
TB4：1	VCB 分闸回路	TB7：13	整流变绕组温度跳闸
TB4：2		TB7：14	整流器开门闭锁
TB4：3		TB7：15	整流器故障总跳闸
TB4：4		TB7：16	
TB4：5	DS 合闸回路	TB7：17	
TB4：6		TB7：18	
TB4：7	DS 分闸回路	TB7：19	备用
TB4：8		TB7：20	
TB4：9	ES 合闸回路		
TB4：10		TB8：1	备用
TB4：11	ES 分闸回路	TB8：2	
TB4：12		TB8：3	
TB4：13	失灵联跳信号输出回路	TB8：4	
TB4：14		TB8：5	DC750V 进线开关柜保护动作联跳信号（输出至负极柜）
TB4：15	GRD150 内部故障信号	TB8：6	
TB4：16		TB8：7	备用
TB4：17		TB8：8	
TB4：18	GRD150 装置电源	TB8：9	备用

续表 LC15-3

端子号	功能	端子号	功能
TB4：19		TB8：10	
TB4：20		TB8：11	备用
		TB8：12	
TB5：1	备用	TB8：13	备用
TB5：2		TB8：14	
TB5：3	备用	TB8：15	备用
TB5：4		TB8：16	
TB5：5	备用	TB8：17	
TB5：6		TB8：18	备用
TB5：7	备用	TB8：19	
TB5：8		TB8：20	
TB5：9	ES 合位		
TB5：10	ES 分位		
TB5：11	手动/电动切换		
TB5：12			
TB5：13	气室压力过高报警		
TB5：14	气室压力过低报警		
TB5：15	MCB 跳闸信号		
TB5：16			
TB5：17			
TB5：18			
TB5：19	备用		
TB5：20			

表 LC15-4　母联柜端子说明

端子号	功能	端子号	功　能
TB1：1/2	A 相电流输入	TB7：1	I 母失灵保护联跳信号输入回路
TB1：3/4	B 相电流输入	TB7：2	
TB1：5/6	C 相电流输入	TB7：3	II 母失灵保护联跳信号输入回路
TB1：7/8	零序电流输入	TB7：4	
TB1：11/12	I 母电压 U_{ab} 输入	TB7：5	I 母 PT 在抽出位置状态输入
TB1：13/14	I 母电压 U_{bc} 输入	TB7：6	
TB1：15/16	II 母电压 U_{ab} 输入	TB7：7	II 母 PT 在抽出位置状态输入

续表 LC15-4

端子号	功能	端子号	功 能
TB1：17/18	II 母电压 U_{bc} 输入	TB7：8	
		TB7：9	2ES 合位
TB2：1/2/3	RS455 接口 1	TB7：10	2ES 分位
TB2：4/5/6	RS455 接口 2	TB7：11	手动/电动切换
TB2：7/8	时钟对时接口	TB7：12	
		TB7：13	气室压力过高报警
TB3：1	转换开关在当地位	TB7：14	气室压力过低报警
TB3：2		TB7：15	MCB 跳闸信号
TB3：3	转换开关在远方位	TB7：16	
TB3：4		TB7：17	
TB3：5	备用	TB7：18	
TB3：6		TB7：19	备用
TB3：7	备用	TB7：20	
TB3：8			
TB3：9	VCB 合位	TB7：1	备用
TB3：10	VCB 分位	TB7：2	
TB3：11	VCB 储能	TB7：3	
TB3：12		TB7：4	
TB3：13	1DS 合位	TB7：5	I 母排维护接地信号输出回路
TB3：14	1DS 分位	TB7：6	
TB3：15	手动/电动切换	TB7：7	II 母排维护接地信号输出回路
TB3：16		TB7：8	
TB3：17		TB7：9	备用
TB3：18		TB7：10	
TB3：19	VCB 合闸回路	TB7：11	备用
TB3：20		TB7：12	
		TB7：13	备用
TB4：1	VCB 分闸回路	TB7：14	
TB4：2		TB7：15	备用
TB4：3		TB7：16	

续表 LC15-4

端子号	功能	端子号	功　能
TB4：4		TB7：17	
TB4：5	1DS 合闸回路	TB7：18	备用
TB4：6		TB7：19	
TB4：7	1DS 分闸回路	TB7：20	
TB4：8			
TB4：9	1ES 合闸回路	TB9：1	出线 1 差动动作 VCB 跳闸信号
TB4：10		TB9：2	
TB4：11	1ES 分闸回路	TB9：3	I 母上 DS 完全分闸信号
TB4：12		TB9：4	
TB4：13	备用	TB9：5	进线 1 差动动作 VCB 跳闸信号
TB4：14		TB9：6	
TB4：15	GRD150 内部故障信号	TB9：7	进线 3 差动动作 VCB 跳闸信号
TB4：16		TB9：8	
TB4：17		TB9：9	备用
TB4：18	GRD150 装置电源	TB9：10	备用
TB4：19		TB9：11	备用
TB4：20		TB9：12	
		TB9：13	进线 2 差动动作 VCB 跳闸信号
TB5：1	I 母 PT 工作状态输入	TB9：14	进线 4 差动动作 VCB 跳闸信号
TB5：2		TB9：15	出线 2 差动动作 VCB 跳闸信号
TB5：3	I 母 PT 分位状态输入	TB9：16	
TB5：4		TB9：17	
TB5：5	II 母 PT 工作状态输入	TB9：18	
TB5：6		TB9：19	备用
TB5：7	II 母 PT 分位状态输入	TB9：20	
TB5：8			
TB5：9	1ES 合位	TB9：1	备用
TB5：10	1ES 分位	TB9：2	
TB5：11	手动/电动切换	TB9：3	
TB5：12		TB9：4	

续表 LC15-4

端子号	功能	端子号	功　能
TB5：13	2DS 合位	TB9：5	备用
TB5：14	2DS 分位	TB9：6	
TB5：15	手动/电动切换	TB9：7	备用
TB5：16		TB9：8	
TB5：17		TB9：9	备用
TB5：18		TB9：10	
TB5：19	备用	TB9：11	备用
TB5：20		TB9：12	
		TB9：13	备用
TB6：1	备用	TB9：14	
TB6：2		TB9：15	备用
TB6：3		TB9：16	
TB6：4		TB9：17	
TB6：5	2DS 合闸回路	TB9：18	II 母上 DS 完全分闸信号
TB6：6		TB9：19	
TB6：7	2DS 分闸回路	TB9：20	
TB6：8			
TB6：9	2ES 合闸回路		
TB6：10			
TB6：11	2ES 分闸回路		
TB6：12			
TB6：13	备用		
TB6：14			
TB6：15	备用		
TB6：16			
TB6：17			
TB6：18	备用		
TB6：19			
TB6：20			

七、35 kV 综合保护装置 PSL 641U

1. 装置介绍及保护功能配置

PSL 641U 线路保护装置由国电南京自动化股份有限公司提供，以电流电压保护为基本配置，同时集成了各种测量和控制功能，操作简单，查看数据直接明了。

1）保护功能配置

三段式低压闭锁过流；二段式零序保护及零序告警；过流加速保护和零序加速保护；三相重合闸功能；同期功能；自投功能；低压功能；过负荷保护（告警或跳闸可选）；小电流接地选线功能；非电量保护（告警或跳闸可选）；TV 断线判别。

2）测量和控制

电流、电压、功率、功率因素等测量；14 路外部开关量输入遥信采集（最大 22 路可选）；断路器位置、手动分闸及事故遥信；正常断路器遥控分合；电度量累计；GPS 对时输入。

3）主变电所投入保护功能

低压闭锁过流；零序保护及零序告警；低压闭锁过流保护和零序保护均跳本侧断路器。

2. 保护功能及原理

装置的保护和自动功能动作于跳断路器时，一般输出接点“跳闸”，动作于合断路器时，输出接点为“合闸”。同时输出中央信号（X5：11，X5：12）。

1）过电流保护

装置在执行三段过流判别时，各段判别逻辑一致，其动作条件如下：

$I_{\varphi} > I_{dn}$；I_{dn} 为 n 段电流定值，I_{φ}为相电流；

$T > T_{dn}$；T_{dn} 为 n 段延时定值。

装置可设置过流闭锁母联备投，当定值控制字 2 的 KG2.9 位选择过流闭锁母联备投投入时，过流元件或其加速动作后会启动接点（X5：7，X5：8），可以来闭锁母联备投。

低电压元件在三个线电压中的任意一个低于低电压定值时动作，开放被闭锁保护元件。利用此元件，可以保证装置在电动机反馈等非故障情况下不出现误动作。

2）零序过电流

当零序电流用作跳闸或告警时，零序电流可以由运行参数中的控制字 1 的 KG1.7 位选择零序电流由外部专用的零序 CT 引入，或者由软件自产生成，装置默认为零序电流外接。

零序过电流保护在满足以下条件时出口跳闸：

$3I_0>I_{0n}$，I_{0n} 为接地 n 段定值；

$T>T_{0n}$，T_{0n} 为接地 n 段延时定值。

装置可设置零序闭锁母联备投，当定值控制字 2 的 KG2.10 位选择零序闭锁母联备投投入时，过流元件或其加速动作后会启动接点（X5：7，X5：8），可以来闭锁母联备投。

零序电流在软压板投入时满足“零流告警”定值并经延时时间定值后发告警信号。

3）端子说明

总端子图如图 LC15-45 所示，各端子定义见表 LC15-5 ~ LC15-10。

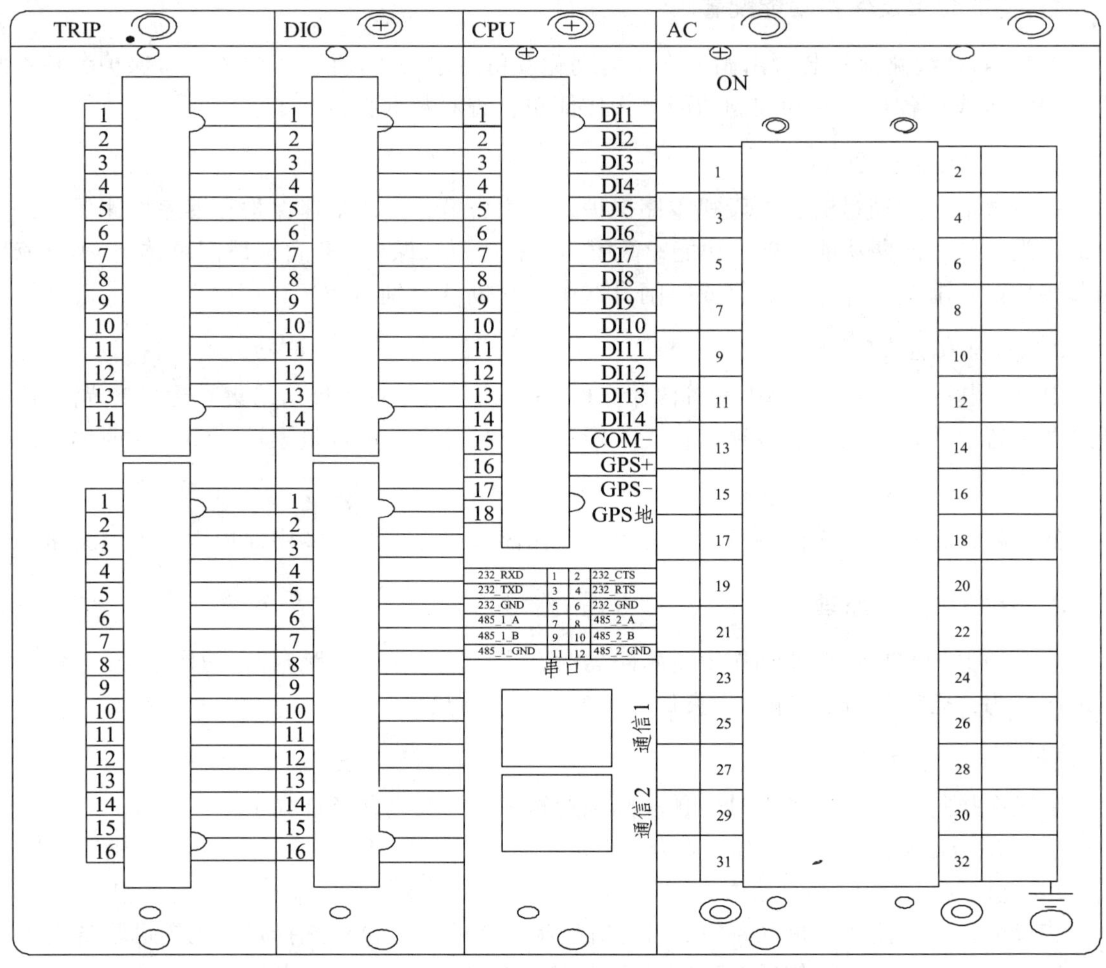

图 LC15-45 总端子图

表 LC15-5 交流模件端子 X1 定义

端子 X1	定义	说 明
1	L^+	装置电源正端
2	L_-	装置电源负端
3	DYGJ1	装置失电输出接点
4	DYGJ2	
5	$24V^+$	
6	$24V_-$	
7	保留	预留
8	保留	预留
9	I_a	A 相电流输入极性端

续表 LC15-5

端子 X1	定义	说　明
10	I_a'	A 相电流输入非极性端
11	I_b	B 相电流输入极性端
12	I_b'	B 相电流输入非极性端
13	I_c	C 相电流输入极性端
14	I_c'	C 相电流输入非极性端
15	I_0	零序电流输入极性端
16	I_0'	零序电流输入非极性端
17	CI_a	A 相测量电流输入极性端
18	CI_a'	A 相测量电流输入非极性端
19	CI_b	B 相测量电流输入极性端
20	CI_b'	B 相测量电流输入非极性端
21	CI_c	C 相测量电流输入极性端
22	CI_c'	C 相测量电流输入非极性端
23	U_{xa}	线路 A 相电压输入极性端
24	U_{xa}'	线路 A 相电压输入非极性端
25	U_{xb}	线路 B 相电压输入极性端
26	U_{xb}'	线路 B 相电压输入非极性端
27	U_{xc}	线路 C 相电压输入极性端
28	U_{xc}'	线路 C 相电压输入非极性端
29	U_a	A 相电压输入极性端
30	U_b	B 相电压输入极性端
31	U_c	C 相电压输入极性端
32	U_n	电压输入公共端

表 LC15-6　CPU 模件端子 X2 定义

端子 X2	定义	说　明
1	闭锁重合闸	
2	弹簧未储能	
3	远方状态	0：就地方式　1：远方状态
4	检修状态	0：正常运行　1：检修状态
5	接地选跳	可通过运行参数设置为普通遥信
6	开入 X2：6	可通过运行参数设置为启动进线自投
7	开入 X2：7	可通过运行参数设置为开入闭锁备自投

续表 LC15-6

端子 X2	定义	说　明
8	开入 X2：8	
9	开入 X2：9	
10	开入 X2：10	
11	开入 X2：11	可由运行参数设置为同期开入
12	开入 X2：12	可由运行参数设置为脉冲 P 输入
13	开入 X2：13	可由运行参数设置为脉冲 Q 输入
14	开入 X2：14	可由运行参数设置为外部复归输入
15	公共负端	
16	GPS（+）	GPS 对时输入正端
17	GPS（－）	GPS 对时输入负端
18	屏蔽地	

串口端子接线图（该端子说明只针对 EDP 03-CPU.B-A 插件）			
定义	端子号		定义
232_RXD	1	2	232_CTS
232_TXD	3	4	232_RTS
232_GND	5	6	232_GND
485_1_A	7	8	485_2_A
485_1_B	9	10	485_2_B
485_1_GND	11	12	485_2_GND

表 LC15-7　DI0 模件端子 X3 定义

端子 X3		定义	说　明
1 2		X3：1-2	备用
3 4		X3：3-4	备用
5 6		X3：5-6	备用
7 8		X3：7-8	备用
9 10		X3：9-10	备用输出接点，跳线器 JUMP1=1-2 选择不经 QDJ 闭锁。JUMP1=2-3 选择经 QDJ 闭锁（默认设置）
11 12		X3：11-12	X3：9-10 的重动接点
13 14		X3：13-14	备用输出接点，跳线器 JUMP2=1-2 选择不经 QDJ 闭锁。JUMP1=2-3 选择经 QDJ 闭锁（默认设置）

表 LC15-8　DI0 模件端子 X4 定义

端子 X4		定义	说　明
1		X4：1-2	X3：13-14 的重动接点
2			
3	开入 X4：3		
4	开入 X4：4		
5	开入 X4：5		
6	开入 X4：6		
7	开入 X4：7		
8	开入 X4：8		非电量 1（可通过控制字选择跳闸或告警）
9	开入 X4：9		非电量 2（可通过控制字选择跳闸或告警）
10	开入 X4：10		非电量 3（可通过控制字选择跳闸或告警）
11	开入公共负端		
12～16	备用		

注：DIO 模件为选装模件，标配没有此模件。

表 LC15-9　TRIP 模件端子 X5 定义

端子 X5		定义	说　明
1		X5：1-2	遥控分闸输出接点
2			
3		X5：3-4	遥控合闸输出接点
4			
5		X5：5-6	进线低压跳闸出口或跳闸重动出口
6			
7		X5：7-8	过流闭锁母联或重合信号
8			
9		X5：9-10	手分输出接点（STJ 接点）
10			
11		X5：11	信号节点公共端
12		X5：12	保护动作信号
13		X5：13	告警信号
14		X5：14	控制回路断线

表 LC15-10　TRIP 模件端子 X6 定义

端子 X6	定义		说　明
1		事故总信号	由 TWJ 与 KKJ 接点串联输出
2			
3		公共端	位置信号输出节点
4		跳位	
5		合位	

续表 LC15-10

<table>
<tr><th>端子 X6</th><th colspan="2">定义</th><th>说　明</th></tr>
<tr><td>6</td><td rowspan="3"></td><td>公共端</td><td rowspan="3">保护跳合闸输出节点</td></tr>
<tr><td>7</td><td>跳闸重动</td></tr>
<tr><td>8</td><td>合闸重动</td></tr>
<tr><td>9</td><td rowspan="8">断路器分合闸操作回路</td><td>+KM</td><td>控制电源输入正端</td></tr>
<tr><td>10</td><td>手动跳闸入</td><td>手动跳闸、遥控跳闸或外部保护跳闸（闭锁重合闸）输入端</td></tr>
<tr><td>11</td><td>跳闸入</td><td>保护跳闸输入（不闭锁重合闸）</td></tr>
<tr><td>12</td><td>至跳闸线圈 TQ</td><td>接入断路器跳闸线圈</td></tr>
<tr><td>13</td><td>合闸入</td><td>重合闸、手动或遥控合闸输入端</td></tr>
<tr><td>14</td><td>至合闸线圈 HQ</td><td>接入断路器合闸线圈</td></tr>
<tr><td>15</td><td>TWJ 线圈负端至 HQ</td><td>至断路器合闸线圈，此接入端不应经压力或弹簧储能接点的闭锁</td></tr>
<tr><td>16</td><td>-KM</td><td>控制电源输入负端</td></tr>
</table>

3. 操作说明

1）面板说明

面板左边是信号灯提示，左下角是复位键，右上角是液晶显示屏，下面有方向键，返回键“Q”，确认键“◁—┘”，数值选择用“+”和“—”，可以通过 USB 端口连接 PC 机对装置进行程序的导入和读出，读出的时候可以下载备份，再往下是断路器的分位与合位指示。如图 LC15-46 所示。

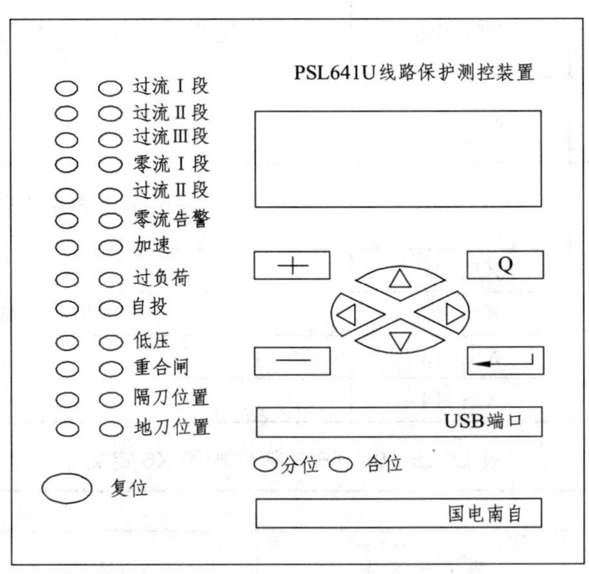

图 LC15-46　面板

2）操　作

进入 PSL641U 的主界面，将提示如表 LC15-11 所示的主菜单，再依次进入主菜单的每一项，可以看到画面显示相应的子菜单。

表 LC15-11 菜单

主菜单	子 菜 单					
运行状态	有效值	测量值	计算值	开入量	电度量	
定值管理	定值显示	定值切换	定值删除	定值修改	定值打印	
出厂设置	开入强制	测量调校	压板方式	内部定值	保护调校	
事件录波	保护事件	保护告警	遥信记录	操作记录	录波打印	
运行设置	压板设置	时间调整	设备标识	运行参数	电度清零	HMI 设置
系统测试	开出传动	开入检查	交流测试	灯光测试	综自功能	通道采样
其　他	程序版本	文件传输	控制操作	装置工况	码表打印	

进入相应的子菜单，根据显示屏的提示就可以进行相应的设置、阅读、修改。如果选择“就地”方式分合闸，需进入菜单：“其他”—“控制操作”—“隔刀—地刀—断路器”。

3）操作规程

送电操作程序：分 VCB—分 ES—合 DS—合 VCB。

停电维护接地操作程序：分 VCB—分 DS—合 ES—合 VCB。

注意：进出线柜一次电缆失压时，方可合 ES，维护接地状态时，VCB 操作电源 MCB 失电。

恢复送电操作程序：手动分 VCB（合 MCB）—分 ES—合 DS—合 VCB。

4）机械电磁联锁

VCB 处于合闸位置时，DS/ES 不能操作。

DS/ES 合闸时，VC B 不能操作。

DS（ES）在操作过程中，ES（DS）不能操作。

DS（ES）处于合闸时，ES（DS）不能合闸。

DS（ES）手动操作和电动操作互锁。

八、备用电源自投装置 PSP 641U

1. 装置介绍及功能配置

PSP 641U 备用电源自投装置是以典型电源自投方式为基本配置的，同时集成了各种测量和控制功能的多功能装置，适用于各电压等级的变电所自动化系统。

1）备投及保护功能配置

7 种典型备用电源自投方式；过负荷联切；二段式复压闭锁母联过流保护；一段式零序过流保护；充电保护；TV 断线判别。

2）测控功能配置

22 路外部开关量输入遥信采集；断路器位置、手动分闸及事故遥信；正常断路器遥控分合；2 路脉冲输入、电度量累计；GPS 对时输入。

2. 备投功能及保护原理

PSP 641U 备用电源自投装置（以下简称备投装置）提供了 14 路模拟量输入，22 路开关量输入，6 个电压定值，13 个电流定值，15 个时间定值，13 副独立的触点输出。定值及所有输入量都可以成为控制备投动作的可编程元件。为防止备投重复动作，采用保护装置中重合闸逻辑的做法，只有在充电完成后才允许自投。

Ⅰ段母线失电，在Ⅱ段母线有压的情况下，跳开 1DL，合 3DL；Ⅱ段母线失电，在Ⅰ段母线有压的情况下，跳开 2DL，合 3DL。为防止 TV 断线时备自投误动，取线路电流作为母线失压的闭锁判据。本方式可由运行参数控制字 KG1.5 和 KG1.6 设置为单向备投的方式，默认设置为双向互投的方式。如图 LC15-47 所示。

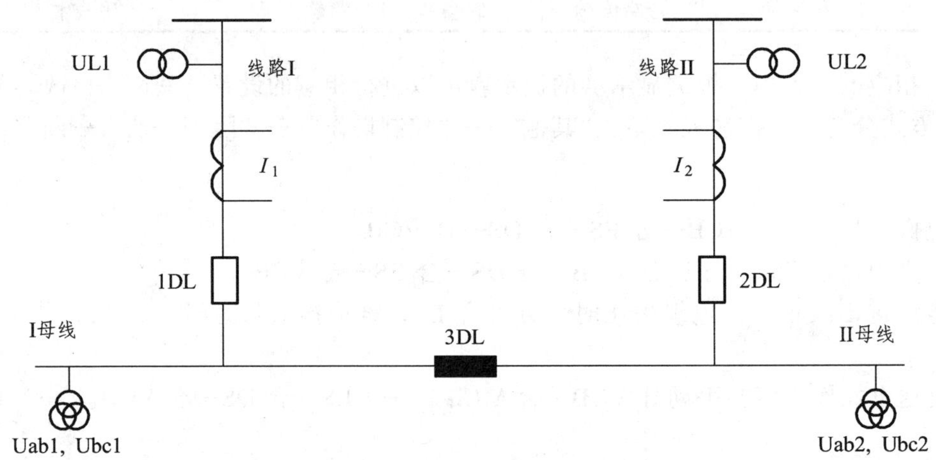

图 LC15-47　母联开关备投示意图

1）充电条件

1DL、2DL 合位，3DL 分位；Ⅰ母、Ⅱ母均三相有压；经 10″后充电完成。

2）放电条件

3DL 在合位；Ⅰ、Ⅱ母均无压（延时 60 s 放电）；有外部闭锁信号；手跳 1DL 或 2DL。

3）动作逻辑，当充电完成后

Ⅰ母无压，1#进线无流，Ⅱ母有压则经 T_1 延时后跳开 1DL，确认 1DL 跳开后经延时 T_3 合上 3DL；

Ⅱ母无压，2#进线无流，Ⅰ母有压则经延时 T_2 后跳开 2DL，确认 2DL 跳开后经延时 T_3 合上 3DL；

当“备投加速”控制字 KG2.7 投入，备投启动时，若工作进线开关已处于跳位，则备投逻辑不经延时补跳工作开关，经延时 T_3 合上 3DL；

3DL 合上后 200 s 内，Ⅰ线电流大于电流定值 I_{dz3}，或Ⅱ线电流大于电流定值 I_{dz4}，经延时 T_4，第一轮联切出口；（此逻辑由联切压板投退）

Ⅰ线电流大于电流定值 I_{dz5}，或Ⅱ线电流大于电流定值 I_{dz6}，经延时 T_5，第二轮联切出口（此逻辑由联切压板投退）。

4）端子接线

电压输入端子X1-23，X1-24，X1-25：分别接Ⅰ段母线TV电压U_{a1}，U_{b1}，U_{c1}；
电压输入端子X1-26，X1-27，X1-28：分别接Ⅱ段母线TV电压U_{a2}，U_{b2}，U_{c2}；
电流输入端子X1-7，X1-8：　接线路Ⅰ电流；
电流输入端子X1-9，X1-10：　接线路Ⅱ电流；
电流输入端子X1-11，X1-12：　接母联或桥开关电流I_a；
电流输入端子X1-13，X1-14：　接母联或桥开关电流I_b；
电流输入端子X1-15，X1-16：　接母联或桥开关电流I_c；
开关量输入端子X2-1：　备自投总闭锁；
开关量输入端子X2-2：　1#变压器保护动作信号，闭锁本备投；
开关量输入端子X2-5：　接1DL跳位TWJ常开触点；
开关量输入端子X2-6：　接2DL跳位TWJ常开触点；
开关量输入端子X2-7：　接3DL跳位TWJ常开触点；
开关量输入端子X2-10：　2#变压器保护动作信号，闭锁本备投；
触点输出端子X6-6，X6-7：　接至母联3DL操作箱跳闸输入；出口1
触点输出端子X6-6，X6-8：　接至母联3DL操作箱合闸输入；出口2
触点输出端子X3-9，X3-10：　接至1DL操作箱跳闸输入；出口12
触点输出端子X3-11，X3-12：　接至线路保护闭锁重合闸输入；出口12重动接点
触点输出端子X3-13，X3-14：　接至2DL操作箱跳闸输入；出口13
触点输出端子X4-1，X4-2：　接至线路保护闭锁重合闸输入；出口13重动接点
触点输出端子X5-5，X5-6：　第一轮联切出口；出口5
触点输出端子X5-7，X5-8：　第二轮联切出口。出口6

5）相关定值说明

控制字：整定为方式1（KG1.0=1）。
电压定值U_{dz1}：Ⅰ母或Ⅱ母失压定值（默认为30V）；
电压定值U_{dz2}：Ⅰ母或Ⅱ母有压定值（默认为70V）；
电流定值I_{dz1}：Ⅰ线无电流定值，用于Ⅰ母失压判别（区别于TV断线）；
电流定值I_{dz2}：Ⅱ线无电流定值，用于Ⅱ母失压判别（区别于TV断线）；
电流定值I_{dz3}：Ⅰ线过负荷Ⅰ段定值，用于联切第一轮负荷；
电流定值I_{dz4}：Ⅱ线过负荷Ⅰ段定值，用于联切第一轮负荷；
电流定值I_{dz5}：Ⅰ线过负荷Ⅱ段定值，用于联切第二轮负荷；
电流定值I_{dz6}：Ⅱ线过负荷Ⅱ段定值，用于联切第二轮负荷；
时间定值T_1：跳1DL的延时时间；
时间定值T_2：跳2DL的延时时间；
时间定值T_3：合3DL的延时时间；
时间定值T_4：第一轮联切负荷延时时间；
时间定值T_5：第二轮联切负荷延时时间。

3. 端子说明

总端子图如图 LC15-48 所示。各端子定义见表 LC15-12 ~ LC15 ~ 17。

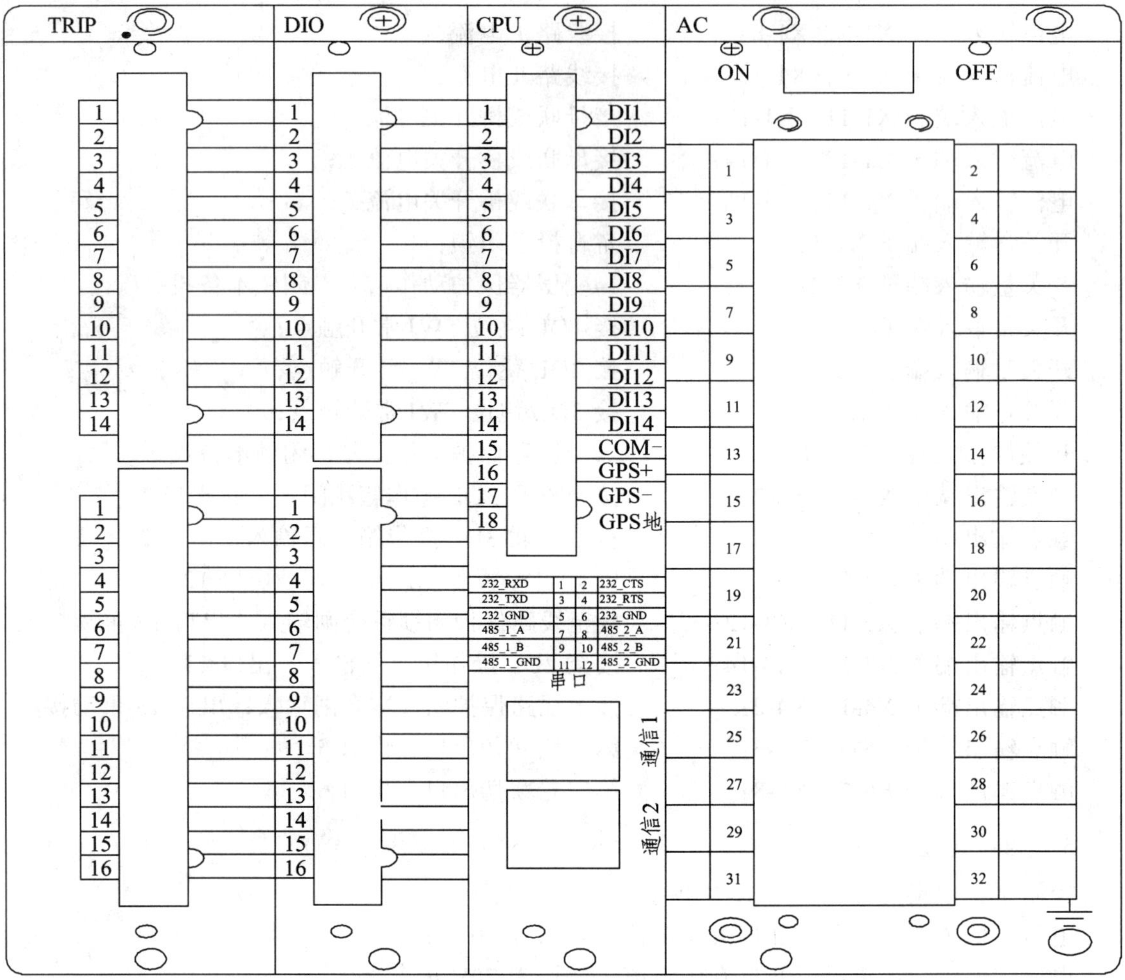

图 LC15-48　总端子图

表 LC15-12　交流模件端子 X1 定义

端子 X1	定义	说明
1	L+	装置电源正端
2	L-	装置电源负端
3	DYGJ1	装置失电输出接点
4	DYGJ2	
5	24 V^{+}	
6	24 V_{-}	
7	I_1	进线 1 电流输入极性端

续表 LC15-12

端子 X1	定义	说明
8	I_1'	进线 1 电流输入非极性端
9	I_2	进线 2 电流输入极性端
10	I_2'	进线 2 电流输入非极性端
11	I_3	母联 A 相电流输入极性端
12	I_3'	母联 A 相电流输入非极性端
13	I_4	母联 B 相电流输入极性端
14	I_4'	母联 B 相电流输入非极性端
15	I_5	母联 C 相电流输入极性端
16	I_5'	母联 C 相电流输入非极性端
17	CI_a	A 相测量电流输入极性端
18	CI_a'	A 相测量电流输入非极性端
19	CI_b	B 相测量电流输入极性端
20	CI_b'	B 相测量电流输入非极性端
21	CI_c	C 相测量电流输入极性端
22	CI_c'	C 相测量电流输入非极性端
23	U_{a1}	Ⅰ母 A 相电压输入极性端
24	U_{b1}	Ⅰ母 B 相电压输入极性端
25	U_{c1}	Ⅰ母 C 相电压输入极性端
26	U_{a2}	Ⅱ母 A 相电压输入极性端
27	U_{b2}	Ⅱ母 B 相电压输入极性端
28	U_{c2}	Ⅱ母 C 相电压输入极性端
29	$U\mathrm{L}_1$	进线 1 电压输入极性端
30	$U\mathrm{L}_1'$	进线 1 电压输入非极性端
31	$U\mathrm{L}_2$	进线 2 电压输入极性端
32	$U\mathrm{L}_2'$	进线 2 电压输入非极性端

表 LC15-13 CPU 模件端子 X2 定义

端子 X2	定义	说 明
1	备投总闭锁	
2	开入 X2：2	1#变压器保护动作闭锁备投开入
3	远方状态	0：就地方式；1：远方状态
4	检修状态	0：正常运行；1：检修状态
5	开入 X2：5	
6	开入 X2：6	
7	开入 X2：7	
8	开入 X2：8	
9	开入 X2：9	

续表 LC15-13

端子 X2	定义		说　明
10	开入 X2：10		2#变压器保护动作闭锁备投开入
11	开入 X2：11		
12	开入 X2：12		可由运行参数设置为脉冲 P 输入
13	开入 X2：13		可由运行参数设置为脉冲 Q 输入
14	开入 X2：14		可由运行参数设置为外部复归开入
15	公共负端		
16	GPS（+）		GPS 对时输入正端
17	GPS（－）		GPS 对时输入负端
18	屏蔽地		
串口端子接线图（该端子说明只针对 EDP 03-CPU.B-A 插件）			
定义	端子号		定义
232_RXD	1	2	232_CTS
232_TXD	3	4	232_RTS
232_GND	5	6	232_GND
485_1_A	7	8	485_2_A
485_1_B	9	10	485_2_B
485_1_GND	11	12	485_2_GND

表 LC15-14　DI0 模件端子 X3 定义

端子 X3		定义	说　明
1 2		X3：1-2	
3 4		X3：3-4	
5 6		X3：5-6	
7 8		X3：7-8	
9 10		X3：9-10	跳线器 JUMP1=1-2 选择不经 QDJ 闭锁； JUMP1=2-3 选择经 QDJ 闭锁（默认）
11 12		X3：11-12	X3：9-10 重动接点
13 14		X3：13-14	跳线器 JUMP2=1-2 选择不经 QDJ 闭锁； JUMP1=2-3 选择经 QDJ 闭锁（默认）

表 LC15-15 DI0 模件端子 X4 定义

端子 X4		定义	说明
1		X4：1-2	X3：13-14 重动接点
2			
3	开入 X4：3		
4	开入 X4：4		
5	开入 X4：5		
6	开入 X4：6		
7	开入 X4：7		
8	开入 X4：8		
9	开入 X4：9		
10	开入 X4：10		可通过控制字 KG2.6 设置为充电保护硬压板
11	开入公共负端		
12～16	备用		

表 LC15-16 TRⅠP 模件端子 X5 定义

端子 X5		定义	说明
1		X5：1-2	遥控分闸输出触点
2			
3		X5：3-4	遥控合闸输出触点
4			
5		X5：5-6	跳线器 JUMP1=1-2 选择不经 QDJ 闭锁；JUMP1=2-3 选择经 QDJ 闭锁（默认）
6			
7		X5：7-8	跳线器 JUMP2=1-2 选择不经 QDJ 闭锁；JUMP1=2-3 选择经 QDJ 闭锁（默认）
8			
9		X5：9-10	跳线器 JUMP3=1-2 选择不经 QDJ 闭锁；JUMP3=2-3 选择经 QDJ 闭锁（默认）
10			
11		X5：11	信号节点公共端
12		X5：12	保护动作信号
13		X5：13	告警信号
14		X5：14	控制回路断线

表 LC15-17 TRIP 模件端子 X6 定义

端子 X6		定义	说 明
1		事故总信号	由 TWJ 与 KKJ 接点串联输出
2			
3		公共端	位置信号输出节点
4		跳位	
5		合位	
6		公共端	保护跳合闸输出节点
7		跳闸	
8		合闸	
9	断路器分合闸操作回路	+KM	控制电源输入正端
10		手动跳闸入	手动跳闸、遥控跳闸或外部保护跳闸（闭锁重合闸）输入端
11		跳闸入	保护跳闸输入（不闭锁重合闸）
12		至跳闸线圈 TQ	接入断路器跳闸线圈
13		合闸入	重合闸、手动或遥控合闸输入端
14		至合闸线圈 HQ	接入断路器合闸线圈
15		TWJ 线圈负端至 HQ	至断路器合闸线圈，此接入端不应经压力或弹簧储能接点的闭锁
16		－KM	控制电源输入负端

4. 操作说明

装置左侧是隔刀与地刀的位置指示，左下角是复位按钮，右上角是液晶显示屏，往下有一个告警指示灯，返回键“Q”，确认键“⊲—┘”，数值选择用“＋”和“—”，可以通过 USB 端口连接 PC 机对装置进行程序的导入和读出，读出的时候可以下载备份，再往下是断路器的分位与合位指示。如图 LC15-49 所示。

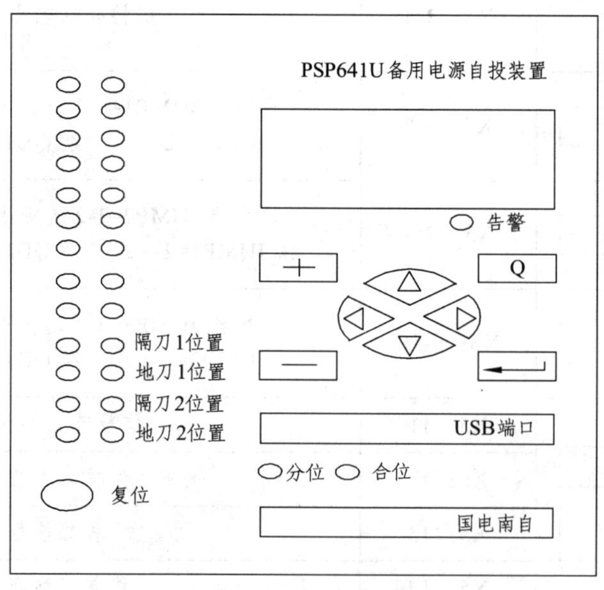

图 LC15-49 正面视图

根据表 LC15-18，进入相应的子菜单，根据显示屏的提示就可以进行相应的设置、阅读、修改。如果选择“就地”方式分合闸，需进入菜单：“其他”—“控制操作”—“隔刀 1—地刀 1—隔刀 2—地刀 2—断路器”。

表 LC15-18 菜单

主菜单	子菜单					
运行状态	有效值	测量值	计算值	开入量	电度量	
定值管理	定值显示	定值切换	定值删除	定值修改	定值打印	
出厂设置	开入强制	测量调校	压板方式	内部定值	保护调校	
事件录波	保护事件	保护告警	遥信记录	操作记录	录波打印	
运行设置	压板设置	时间调整	设备标识	运行参数	电度清零	HMI 设置
系统测试	开出传动	开入检查	交流测试	灯光测试	综自功能	通道采样
其　它	程序版本	文件传输	控制操作	装置工况	码表打印	

PSL641U 的断路器出口没有联锁，但母联柜的 PSP641U 不一样，需要合上两边的隔刀后，才能合断路器。

主变低后备保护跳闸闭锁 35 kV 母联备自投，另外，在柜体面板上的硬压板投入时，将闭锁两段母线的自投。

分模块 LD　非正常故障处理

子模块 LD1　供变电设备故障应急处理

一、主变电所供电设备故障的处理预案

（一）主变电所 110 kV 两回进线电源同时停电

1. 动作现象

1）工控机现象

工控机屏（后台电脑）音响报警并显示：一次模拟图上各电压等级设备均无电压与电流指示。（并根据现场实际情况查看故障报文和设备开关状态）

2）现场设备动作现象（以下现象可判断全站已失电）

110 kVGIS 二回路进线电源间隔，穿墙套管上的带电显示器 ABC 三相均不显示有压信号。

主变 110 kV 系统、35 kV 系统、400 V 系统柜面表计均无电压、电流显示。

本站主变、站用变、接地变无电磁声。

1#站用变 400 V 开关、2#站用变 400 V 开关跳闸，柜面绿色分闸指示灯亮。400 V 系统站用电失去，直流屏蓄电池放电，EPS 系统逆变器工作，站内一般照明不工作、仅有事故照明工作。

2. 故障处理

1）故障记录

记录全站失电的时间，详细记录各种信号及各种开关的跳闸现象，查看直流屏工作情况。

2）汇报及处理

将上述现象及时汇报电调及值班站长，在电调命令指挥下，一般可按下列方法处理：

合上 1#主变中性点接地闸刀、2#主变中性点接地闸刀。

将 1#主变 110 kV 开关、2#主变 110 kV 开关、110 kV 线路开关改热备用或冷备用。

35 kV 一/二分段改冷备用，停用 35 kV 母联“自切”。

将 35 kV 一段母线，35 kV 二段母线清排（断开所有开关）。

停用 400 V 双电源切换装置。

询问电调了解 110 kV 线路失电性质及本站恢复送电方案。

3. 处理方案一

110 kV 一回线路和二回线路具备先后送电条件情况下：

1）第一路，一回线路能及时恢复送电

110 kV一回进线间隔、1#主变110 kV开关改运行。

主变有电磁声后，拉开1#主变110 kV中性点接地闸刀。

1#主变35 kV开关改运行，恢复35 kV一段35 kV馈线开关送电（暂不送SVG无功补偿柜）。

合上1#站用变400 V开关；检查直流系统，EPS系统工作恢复正常。

2）第二路，二回线路能及时恢复送电

110 kV二回线路恢复送电方式与110 kV一回线路恢复送电方式相同；后将35 kV一/二分段开关改为热备用，自切投入；投入400 V双电源切换功能。检查站用变400 V系统，直流系统，EPS系统恢复正常运行方式。最后恢复35 kV一、二段SVG无功补偿系统工作。

4. 处理方案二

只恢复某一路110 kV线路供电，其送电方法可参照上述“方案一”中第一路（110 kV一回线路）恢复送电方法。

另一段35 kV母线供电方式应采用投入35 kV母联开关，使用1#主变或2#主变带35 kV一、二段母线运行。（只能投运一段SVG无功补偿装置）。

（二）主变差动保护动作处理方案

重瓦斯及各种内部严重故障。

1. 动作现象（1#主变为例）

1）工控机现象

工控机屏内（后台电脑）音响报警并显示：1#主变差动动作（重瓦斯及各种内部严重故障）。（并根据现场实际情况查看故障报文内容）

工控机屏一次模拟图显示为：1#主变110 kV开关、1号主变35 kV开关分闸，母联开关合闸。

2）1#主变110 kV保护屏内

PST-12操作箱及本体保护屏“主变差动”（重瓦斯及各种内部严重故障）动作光字牌亮红光，差动继电器PST-1200S数字式差动保护装置跳闸信号指示灯亮。

3）现场设备

1#主变110 kV开关跳闸，柜面110 kV开关位置显示装置由合位“｜”变为分位“－”。1#主变110 kV开关控制屏柜面电流表显示为零。

1#主变35 kV开关跳闸，柜面绿色分闸指示灯亮。35 kV一/二分段开关自切合闸，柜面红色合闸指示灯亮。

1#站用变400 V开关跳闸，柜面绿色分闸指示灯亮。400 V双电源切换装置切换，失压线路红色指示灯熄灭。

1#主变、1#接地变均无电磁声。

2. 故障处理

迅速记录故障发生的时间，全面判断各种开关跳、合闸现象及信号显示内容。由此可基本判断 1#主变的保护动作性质。同时，到 1#主变室检查变压器的本体及高低压侧，三点差动保护范围内的一次回路，确认故障现象。

向电力调度及值班站长汇报，并做好详细记录。因上述 1#主变差动保护动作（重瓦斯及各种内部严重故障）发生后，主变压器必须停电检修，如果是重瓦斯动作跳闸，严禁将瓦斯内的气体随意放气（弃），可作色谱分析，一般在电力调度的指挥命令下，按以下方案流程处理。

3. 处理方案

合上 1#主变中性点接地闸刀，将 1#主变由热备用改检修，1#主变 35 kV 侧挂临时接地线一副。

110 kV 一回进线间隔开关由运行改冷备用。

直流系统和 EPS 系统应在正常运行方式。

不得投入 1#SVG 无功补偿。

（三）主变接地变故障处理方案

1. 动作现象（1#接地变为例）

1）工控机现象

工控机屏（后台电脑）音响报警并显示：1#接地变故障（过流，零流）。（并根据现场实际情况查看故障报文内容）

工控机屏内一次模拟图显示为：1#主变 110 kV 开关分闸、1#主变 35 kV 开关分闸、35 kV 一/二分段开关合闸。

2）1#主变保护屏

1#主变保护屏内：1#接地变 PST646 过流继电器显示跳闸内容（过流，零流）、跳闸指示灯亮。

1#主变保护屏内：静态信号组合继电器显示接地变过流Ⅰ段或Ⅱ段（接地变零流Ⅰ段或Ⅱ段）光字牌亮。

3）现场设备

1#主变 110 kV 开关跳闸，柜面 110 kV 开关位置显示装置由合位“|”变为分位“–”。1#主变 110 kV 控制屏柜面电流表显示为零。

1#主变 35 kV 开关跳闸，35 kV 一/二分段开关自切合闸，柜面红色合闸指示灯亮，35 kV 1#SVG 无功补偿开关跳闸，柜面绿色指示灯亮。

1#站用变 400 V 开关跳闸，柜面绿色分闸指示灯亮。400 V 双电源切换开关切换，柜面模拟图显示 400 V 电源由 2#站用变提供。

1#主变、1#接地变均无电磁声。

2. 故障处理

迅速记录故障发生的时间，全面判断各种开关跳、合闸现象及信号显示内容，至接地变室检查在该保护动作范围内的故障点。

将上述现象及时汇报电调及值班站长，故障处理及倒闸操作听从电调指挥命令。

（四）2台主变110 kV线路故障同时退出运行

1. 动作现象

1）工控机现象

工控机屏（后台电脑）音响报警并显示：110 kV1#线路差动保护动作、110 kV2#线路差动保护动作、1#主变110 kV侧线路开关跳闸、2#主变110 kV侧线路开关跳闸。

2）现场设备动作现象（以下现象可基本判断，全站已失电）

110 kVGIS二回路进线电源间隔，进线侧的带电显示器A、B、C三相均不显示有压信号。

主变110 kV系统、35 kV系统、400 V系统柜面表计均无电压、电流显示。

本站主变、站用变、接地变无电磁声。

1#站用变400 V开关、2#站用变400 V开关跳闸，柜面绿色分闸指示灯亮。400 V系统站用电失去，直流屏蓄电池放电，EPS系统逆变器工作，站内一般照明不工作，仅有事故照明工作。

2. 故障处理

1）故障记录

记录全站失电的时间，详细记录各种信号及各种开关跳闸现象查看直流屏工作情况。

2）汇报及处理

将上述现象及时汇报电调及值班站长，在电调命令指挥下，一般可按下列方法处理：

合上1#主变中性点接地闸刀、2#主变中性点接地闸刀。

将1#主变110 kV线路开关、1#主变压器35 kV母线侧开关、2#主变110 kV线路开关、2#主变压器35 kV母线侧开关改冷备用。

35 kV一/二分段改冷备用，停用35 kV母联“自切”。

以首期南段一号线为例：五腊村变电所所合上 35 kV1#、2#联络开关，由小王家营主所带首期南段一号线全线负荷。

二、混合所供电设备故障处理预案

（一）电压型框架保护动作处理预案

1. 动作现象

1）工控机现象

某变电所工控机屏（后台电脑）音响报警并显示：直流开关柜框架泄漏电压动作，直流开关柜框架泄漏电压告警，35 kV 1#、2#整流变开关跳闸，201、202直流进线开关及211～214直流馈线开关跳闸。

2）现场设备

201、202及211～214直流开关跳闸、绿色分闸指示灯亮、黄色故障报警指示灯亮。

35 kV 1#、2#整流变开关跳闸，微机综合保护模块 GRD150 框架泄漏跳闸指示灯亮。

负极柜柜面电压型框架保护动作，黄色报警指示灯亮。

2. 有人值守状态下故障处理流程

中央信号屏音响复位，查看显示屏设备状态及事故信息，查看现场设备状态，记录事故类型及发生时间。

向电力调度、维修事业部调度及主管领导汇报事故类型、设备状态、继电保护动作情况及发生时间。

按照电调指令进行下一步操作（隔离故障点）。

运行人员与检修人员共同查找引起电压型框架保护的故障点。

在处理完毕确认送电前，需确认已进行下列操作：

将负极柜柜面黄色电压型框架保护复位按钮复位，然后将 35 kV 1#、2#整流变开关 GRD150 模块复位按钮复位。

将处理结果汇报电力调度、维修调度及专业负责人。

记录处理过程，写故障报告。

3. 巡检制状态下故障处理流程

值守点人员接受调度命令赶到事故现场，将中央信号屏音响复位，查看显示屏设备状态及事故信息，查看现场设备状态，记录事故类型及发生时间。

向电力调度、维修事业部调度及主管领导汇报事故类型、设备状态、继电保护动作情况及发生时间。

按电调指令进行下一步操作（隔离故障点）。

运行人员与检修人员共同查找引起电压型框架保护的故障点。

在处理完毕确认送电前，需确认已进行下列操作：

将负极柜柜面黄色电压型框架保护复位按钮复位，然后将 35 kV1#、2#整流变开关 GRD150 模块复位按钮复位。

将处理结果汇报电力调度、维修调度及专业负责人。

记录处理过程，写故障报告。

（二）电流型框架保护动作处理预案

电流型框架保护：两套电流元件（包括电流采集装置）：一套电流元件用于整流器柜及负极柜保护（框架 Ⅰ 段），另一套电流元件用于 DC750 V 开关柜保护（框架 Ⅱ 段）。

1. 动作现象（框架 Ⅰ 段）

1）工控机现象

工控机屏（后台电脑）音响报警并显示：整流柜框架泄漏电流 Ⅰ 段动作，35 kV 1#、2#整流变开关跳闸，201、202 直流开关跳闸。

2）现场设备

201、202直流正极进线开关跳闸、绿色分闸指示灯亮、负极柜黄色电流型框架故障报警指示灯亮。

35 kV 1#、2#整流变开关跳闸、微机综合保护模块GRD150框架泄漏保护动作指示灯亮。

2. 动作现象（框架Ⅱ段）

1）本所工控机情况

工控机屏（后台电脑）音响报警并显示：直流开关柜框架泄漏电流Ⅱ段动作，35 kV 1#、2#整流变开关跳闸，201、202及211 ~ 214直流开关跳闸。

2）本所现场设备

201、202正极直流进线开关跳闸、211 ~ 214馈线直流开关跳闸、绿色分闸指示灯亮，负极柜黄色电流型框架故障报警指示灯亮。

35 kV 1#、2#整流变开关跳闸、微机综合保护模块GRD150框架泄漏保护动作指示灯亮。

3）上一个相邻变电所工控机情况

工控机屏（后台电脑）音响报警并显示：211、212DC750 V开关被某变电所框架保护联跳，211、212DC750 V开关跳闸。

4）上一个相邻变电所现场设备

现场设备：211、212DC750 V馈线开关跳闸，绿色分闸指示灯亮。

5）下一个相邻变电所工控机情况

工控机屏（后台电脑）音响报警并显示213、214DC750 V开关被某变电所框架保护联跳，213、214DC750V开关跳闸。

6）下一个相邻变电所现场设备

现场设备：213、214DC750 V馈线开关跳闸，绿色分闸指示灯亮。

3. 有人值守状态下故障处理流程

1）查看故障信息

中央信号屏音响复位，查看显示屏设备状态及事故栏的事故信息，查看现场设备状态，记录事故类型及发生时间。

2）汇报故障

向电力调度、维修事业部调度及主管领导汇报事故类型、设备状态、继电保护动作情况及发生时间。

3）隔离故障点

按电调指令进行下一步操作。

4）框架Ⅰ段动作具体操作

框架Ⅰ段动作不跳DC750 V馈线开关，可通过直流母排越区形成大双边供电而不需人工干涉。若需退出故障变电所进行故障查找，可由电力调度遥控操作故障所 211、214 馈线直流开关、双边供电的相邻两所（上一个相邻变电所 211、212，下一个相邻变电所 213、214）直流馈线开关，共八台直流开关。分开故障所 2111、2141 接触轨闸刀，合上上下行 2113、2124 接触轨越区闸刀，由相邻两所实现接触轨大双边供电。

5）框架Ⅱ段动作具体操作

框架Ⅱ段动作后，故障所两台整流机组退出运行，DC750 V 馈线开关跳闸，并联跳相邻两混合所对应直流馈线开关，上下行共四个供电区间失电。框架Ⅱ段动作信号未解除，不能对四个供电区间送电。

（1）单边供电方式。

可由电力调度命令本变电所值班员将 DC750 V 开关柜上 211 ~ 214 开关联跳功能选择开关打至退出位，或由上一个相邻变电所值班员将本所 DC750 V 接口柜 211、212 开关联跳功能选择开关打至退出位，下一个相邻变电所值班员将本所 DC750 V 接口柜 213、214 开关联跳功能选择开关打至退出位。拉开本变电所 2111 ~ 2141 接触轨闸刀，合上上一个相邻变电所 211、212 直流馈线开关，合上下一个相邻变电所 213、214 直流馈线开关，上一个相邻变电所至下一个相邻变电所上下行四个供电分区接触轨恢复单边供电方式。

（2）大双边供电方式。

可由电力调度命令本变电所值班员将 DC750 V 上 211 ~ 214 开关联跳功能选择开关打至退出位，或由上一个相邻变电所值班员将本所 DC750 V 直流开关柜 211、212 开关联跳功能选择开关打至退出位，下一个相邻变电所值班员将本所 DC750 V 接口柜 213、214 开关联跳功能选择开关打至退出位。拉开本变电所 2111、2141 接触轨闸刀，合上本变电所 2113、2124 越区接触轨闸刀，合上上一个相邻变电所 211、212 直流馈线开关，合上下一个相邻变电所 213、214 直流馈线开关，上一个相邻变电所至下一个相邻变电所上下行四个供电分区实现接触轨大双边供电。

6）查找故障点

故障变电所退出运行后，运行人员与检修人员共同查找引起电流型框架保护的故障点。

7）再次送电前的操作

负极柜柜面电流型框架保护复位按钮复位。

若未能复归，则断开负极柜控制电源，使 DCP09BC 复归。

将 35 kV 1#、2#整流变开关柜 GRD150 模块上复位按钮复位。

8）汇报和记录

将处理结果汇报电力调度、维修调度及专业负责人。

记录处理过程，写故障报告。

4. 巡检制状态下故障处理流程

1）框架Ⅰ段处理方式一

值守点人员接调度命令赶到事故现场，将中央信号屏音响复位，查看显示屏设备状态及事故信息，查看现场设备状态，记录事故类型及发生时间。

向电力调度、维修事业部调度及主管领导汇报事故类型、设备状态、继电保护动作情况及发生时间。

按电调指令进行下一步操作（隔离故障点）。

运行人员与检修人员共同查找引起框架Ⅰ段保护的故障点。

在处理完毕确认送电前，需确认已进行下列操作：

将负极柜柜面黄色电流型框架保护复位按钮复位，然后在 35 kV 1#、2#整流变开关 GRD150 模块复位按钮复位。

将处理结果汇报电力调度、维修调度及专业负责人。

记录处理过程，写故障报告。

2）框架Ⅰ段处理方式二

电力调度遥控操作隔离故障所，拉开直流馈线开关及接触轨闸刀，合上本变电所上下行 2113、2124 接触轨越区闸刀及上一个相邻变电所 211、212，下一个相邻变电所 213、214 直流快速开关，上下行接触轨停电区段恢复大双边供电模式。

值守点人员接受调度命令赶到事故现场，将中央信号屏音响复位，查看显示屏设备状态及事故信息，查看现场设备状态，记录事故类型及发生时间。

向电力调度、维修事业部调度及主管领导汇报事故类型、设备状态、继电保护动作情况及发生时间。

运行人员与检修人员共同查找引起框架Ⅰ段保护的故障点。

在处理完毕确认送电前汇报电力调度、维修事业部调度及主管领导需确认已进行下列操作：

将负极柜柜面黄色电流型框架保护复位按钮复位，然后再将 35 kV 1#、2#整流变开关 GRD150 模块复位按钮复位。

将处理结果汇报电力调度、维修调度及专业负责人。

记录处理过程，写故障报告。

3）框架Ⅱ段处理方式

框架保护未被复归及联跳方式不解除的情况下，停电区段无法送电，电调应立即安排就近人员抵达框架保护动作变电所，复归框架保护或解除 DC750 V 接口柜 211 ~ 214 直流馈线开关联跳，分开接触轨隔离开关，合上上一个相邻变电所及下一个相邻变电所被联跳的直流快速开关，停电区间恢复单边供电方式。

值守点人员接受调度命令赶到事故现场，查看并确认故障条文，查看设备状态。

向电调汇报现场情况。

按电调指令进行下一步操作。

运行人员与检修人员共同查找引起电流型框架保护的故障点。

在事故处理完毕确认送电前，需确认已进行下列操作：

断开负极柜控制电源，使 DCP09BC 复归；将负极柜柜面复位按钮复位；将 35 kV 1#、2#整流变开关柜 GRD150 模块上复位按钮复位。

将处理结果汇报电力调度、维修调度及专业负责人。

记录处理过程，写故障报告。

备注：发生电流型框架保护站的左右邻站同一供电区域的直流开关将联跳，中央信号屏事故报警栏显示：“XXX 邻站框架泄漏故障、XXX 联跳输入”，跳闸后故障站联跳信号不解除，无法对失电区间送电。

（三）DC750 V 开关馈出电缆故障处理预案

以 211 直流开关馈出电缆故障为例，212、213、214 直流开关馈出电缆故障处理方法同 211。

1. 动作现象

1）工控机现象

工控机屏（后台电脑）音响报警并显示：211 直流开关分闸，事故报警栏显示：211DDL+动作、211 自动合闸失败、211 线路测试被闭锁（电压无效）、211 线路测试被闭锁（永久性故障）。

2）现场设备

DC750 V211 馈线开关跳闸，绿色分闸指示灯亮。

DC750 V211 馈线开关柜面 DCP07BC 显示屏显示：DDL+保护动作，红色指示灯亮。

2. 有人值守状态下故障处理流程

1）查看故障信息

中央信号屏音响复位，查看显示屏设备状态及事故栏的事故信息，查看现场设备状态，记录事故类型及发生时间。

2）汇报故障

向电力调度、维修事业部调度及主管领导汇报事故类型、设备状态、继电保护动作情况及发生时间。

3）隔离故障点

按电调指令进行事故处理：

拉开 2111 接触轨闸刀。

将 DC750 V 接口柜 211 直流开关联跳功能选择开关打至退出位。

将 211 直流开关柜上 DCP07BC 模块复位按钮进行复位。

根据电调命令对 211 直流开关进行试送电一次，以查找故障点。

在无 PSCADA 的情况下根据电调命令对 211 直流开关进行试送电 1 次。

若线路测试接触器连续 3 次测试开关合闸不成功并闭锁，则可判断为 211 直流开关至 2111 接触轨闸刀之间的电缆故障，摇出 211 直流开关小车至试验位置。

若线路检测后开关合闸成功，则可判定 211 直流开关的馈电缆正常，故障点在接触轨上。

4）查找故障点

合上 2111 接触轨闸刀。

将 2111 接触轨闸刀至接触轨电缆连接接触轨的所有电缆头甩开。

将 211 直流开关柜上 DCP07BC 模块复位按钮进行复位。

根据电调命令对 211 直流开关进行试送电一次，以查找故障点。

在无 PSCADA 的情况下根据电调命令对 211 直流开关进行试送电 1 次。

若线路测试接触器连续3次测试开关合闸不成功并闭锁,则可判断为2111接触轨闸刀至接触轨之间的电缆故障。

若线路检测后开关合闸成功,则可判定2111接触轨闸刀至接触轨之间的电缆正常,故障点在接触轨上。

5）继续查找故障点

将处理结果汇报电力调度、维修调度及专业负责人。

记录处理过程，写故障报告。

6）巡检制状态下故障处理流程

电力调度远动复位解除闭锁，遥控拉开失电区段的2111接触轨闸刀，合上211直流快速开关，判断故障点。（若遥控无法复位，命令值守点人员赶到现场手动复位及判断故障点）

值守点人员接受电力调度命令赶到事故现场，查看并确认故障条文，查看设备状态，查看211直流开关柜上DCP07BC显示屏（及站控PC）上开关跳闸的性质、时间、动作电流值。

向电力调度、维修事业部调度及主管领导汇报现场情况。

按电调指令进行后续处理。

将处理结果汇报电力调度、维修调度及专业负责人。

记录处理过程，写故障报告。

（四）整流器故障处理预案

以1#整流器故障为例，2#整流器故障处理方法同1#整流器。

1. 动作现象

1）工控机现象

工控机屏（后台电脑）音响报警并显示：35 kV 1#整流变开关分闸，750 V 201正极直流进线开关分闸。事故报警栏显示：35 k V 1#整流器相应故障内容（如Rt1 FX快速熔断器损坏、Rt1整流管超温跳闸、Rt1母排超温跳闸、Rt1压敏电阻损坏跳闸等）。

2）现场设备

1#整流柜柜面黄色报警灯亮，保护模块显示屏显示整流器故障跳闸相应内容（如，Rt1整流管超温跳闸、Rt1母排超温跳闸、Rt1压敏电阻损坏跳闸、Rt1整流器综合故障跳闸输出等）。

35 kV 1#整流变开关跳闸，保护模块GRD150 1#整流器故障指示灯亮。

750 V 201正极直流进线开关跳闸，柜面绿色分闸指示灯亮。

2. 有人值守状态下故障处理流程

中央信号屏音响复位，查看显示屏设备状态及事故栏的事故信息，查看现场设备状态，记录事故类型及发生时间。

向电力调度、维修事业部调度及主管领导汇报事故类型、设备状态、继电保护动作情况及发生时间。

按电力调度指令进行事故处理：将 35 kV 1#整流器组改冷备用，隔离故障点，拉开 35 kV 1#整流变开关母线侧闸刀至中间位置，分开 1#整流器 201 正极直流进线开关并摇至试验位，拉开 1#整流机组负极闸刀。

将处理结果汇报电力调度、维修调度及专业负责人。

记录处理过程，写故障报告。

3. 巡检制状态下故障处理流程

值守点人员接受调度命令赶到事故现场，将中央信号屏音响复位，查看显示屏设备状态及事故信息，查看现场设备状态，记录事故类型及发生时间。

向电力调度、维修事业部调度及主管领导汇报事故类型、设备状态、继电保护动作情况及发生时间。

按电力调度指令进行后续处理。

将处理结果汇报电力调度、维修调度及专业负责人。

记录处理过程，写故障报告。

（五）35 kV 电力变故障处理预案

以 1#电力变故障为例，2#电力变故障处理方法同 1#电力变。

1. 动作现象

1）工控机现象

工控机屏（后台电脑）音响报警并显示：35 kV 1#电力变开关分闸，400 V 1#电力变进线开关分闸，400 V Ⅰ、Ⅱ段三类负荷总开关分闸，400 V 母联分段开关合闸。

中央信号屏事故报警栏显示：35 kV 1#电力变故障内容（如电流速断、过流保护、零序保护、变压器超温跳闸）。

2）现场设备

35 kV 1#电力变 111 开关跳闸，柜面绿色分闸指示灯亮，微机保护模块 GRD150 保护动作（如电流速断、过流保护、零序保护、变压器超温跳闸）红色指示灯亮。

1#电力变无电磁声。

400 V 1#电力变进线开关绿色分闸指示灯亮，400 V 母联分段开关红色合闸指示灯亮，400 V Ⅰ、Ⅱ段三类负荷总开关绿色分闸指示灯亮。

2. 有人值守状态下故障处理流程

中央信号屏音响复位，查看显示屏设备状态及事故栏的事故信息，查看现场设备状态，记录事故类型及发生时间。

向电力调度、维修事业部调度及主管领导汇报事故类型、设备状态、继电保护动作情况及发生时间。

按电力调度命令进行事故处理：将 35 kV 1#电力变 111 开关改冷备用（拉开 35 kV 1#电力变开关母线侧 1111 三位置闸刀至中间位置）；将 400 V 1#电力变进线开关改冷备用（400 V 1#电力变进线开关小车摇至试验位置）；待 35 kV 1#电力变故障消除后，需将 35 kV 1#电力变 111 开关 GRD150 模块复位后方可送电。

将处理结果汇报电力调度、维修调度及专业负责人。

记录处理过程，写故障报告。

3. 巡检制状态下故障处理流程

值守点人员接受调度命令赶到事故现场，将中央信号屏音响复位，查看显示屏设备状态及事故信息，查看现场设备状态，记录事故类型及发生时间。

向电力调度、维修事业部调度及主管领导汇报事故类型、设备状态、继电保护动作情况及发生时间。

按电调指令进行后续处理。

将处理结果汇报电力调度、维修调度及专业负责人。

记录处理过程，写故障报告。

（六）400 V 电力变进线开关保护跳闸处理预案

以 400 V 1#电力变进线开关保护跳闸为例，400 V 2#电力变进线开关保护跳闸处理方法同 400 V 1#电力变开关。

1. 动作现象

1）I 控机理象

中央信号屏报警，站控 PC 显示为：400 V 1#电力变进线开关分闸。站控 PC 报警报文显示 400 V 1#进线开关（过负荷，过流，速断，接地）故障跳闸。

2）现场设备

400 V 1#电力变进线开关跳闸，绿色分闸指示灯亮，400 V 开关本体红色保护复位键向外弹出。

400 V 分段开关不自投（400 V 电力变进线开关保护跳闸，经 PLC 逻辑判断，闭锁 400 V 分段开关自投电气合闸回路）。

2. 有人值守状态下故障处理流程

中央信号屏音响复位，查看显示屏设备状态及事故栏的事故信息，查看现场设备状态，记录事故类型及发生时间。

向电力调度、维修事业部调度及主管领导汇报事故类型、设备状态、继电保护动作情况及发生时间。

在电力调度许可后进行下列操作：

400 V 分段开关自切方式撤除；

将 400 V 1#电力变进线开关改至冷备用，400 V 分段开关改至冷备用；

将 400 V 1#电力变进线开关保护复位；

确认中央信号屏事故报警栏的“400 V 1#电力变进线开关故障”信号已显示正常（变绿色）。

查找故障点方法：

拉开故障 400 V 一段所有抽屉开关；

检查 400 V 一段母排、母排连接点及母排绝缘是否良好；

对 400 V 一段大容量抽屉开关及馈线电缆进行检查，并进行绝缘测试；

检查 400 V 一段所有 400 V 抽屉开关电缆连接点是否完好正常，并进行绝缘测试；

检查 400 V 1#电力变进线开关本体是否有异常情况，开关保护是否正常；

在母排及 400 V 1#电力变进线开关都正常的情况下，在电力调度许可下合上 400 V 1#电力变进线开关，并检查 400 V 一段三相电压是否异常；

在所有 400 V 馈出电缆绝缘合格的情况下，检查需送电抽屉开关本体是否良好，对 400 V 一段抽屉开关逐个送电，并监视 400 V 1#电力变进线开关三相电流变化情况；

当送上某个抽屉开关时，400 V 1#电力变进线开关跳闸，则该抽屉故障。拉出该抽屉柜，其余抽屉柜逐个送电。

将处理结果汇报电力调度、维修调度及专业负责人。

记录处理过程，写故障报告。

3. 巡检状态下故障处理流程

值守点人员接受调度命令赶到事故现场，将中央信号屏音响复位，查看显示屏设备状态及事故信息，查看现场设备状态，记录事故类型及发生时间。

向电力调度、维修事业部调度及主管领导汇报事故类型、设备状态、继电保护动作情况及发生时间。

在电力调度许可下按 2. 中的步骤 3 进行操作。

故障点方法按 2. 中的步骤 4 进行检查。

将处理结果汇报电力调度、维修调度及专业负责人。

记录处理过程，写故障报告。

子模块 LD2　设备维护和故障处理

在本章节讲述了设备维护和故障原因及其排除方法。若故障频发，应根据实际情况缩短维护时间间隔。

一、安全提示

（1）接触导电部件有直接生命危险。绝缘部件或个别部件损坏也可导致生命危险。

（2）电气装置的工作应当由专业电气人员完成。

（3）设备绝缘部件损坏的立即关闭电源并安排修理。

（4）工作开始前电气装置及工具应处于无压状态，并在工作期间保证以下几点：断开所有可能来电的电气连接；禁止重合闸；确定无压；接地及短路；遮盖或隔离附近带电部件；决不可跨接或停止使用保险；更换保险时应遵守正确的电流强度及电压说明；避免导电零件受潮。

二、排除故障时的正确操作

（1）工作开始前保证足够大的工作空间，按要求正确使用各类工器具。

（2）注意操作空间的整洁有序，许多事故是由随意放置的零件及工具引起的。

（3）若零件卸下，应注意正确安装，所有固定部分应由原拆卸人员重新安装，并注意遵守紧固件拧紧扭矩的要求。

三、GIS 开关柜的维护和故障处理

在 GIS 的运行中，通过控制电缆（或光缆）将就地控制柜和变电所主控室相连接，并将 GIS 的运行参数传送给主控室，可以在主控室对 GIS 设备进行远方操作。GIS 设备的监控信号（如气体压力/密度、操作机构状态等）也可以在主控室监控，及时掌握设备的运行状态；GIS 设备在投入运行后，维护检修工作量很少。一般情况下厂家不推荐解体检查，除非有意外故障发生；为了保证设备的安全运行，对设备的运行状态进行监控是非常必要的；应对 GIS 设备进行维护检查，遵循如下原则。

1. GIS 设备维护

（1）日常运行注意认真巡视。

（2）第一次停电检查（小修）：气室气压检查（应按照温度换算）；就地控制柜功能检查；隔离/接地开关、快速接地开关的手动操作；操作机构外观检查；气室 SF_6气体微水含量测量。

（3）第二次停电检查（中修）：在设备运行五年后，建议停电检查：气室气压检查（应按照温度换算）；密度继电器校验；气室气体微水含量检查；就地控制柜功能检查；远方控制以及保护联调；二次回路绝缘耐受；隔离/接地开关、快速接地开关的手动操作；操作机构外观检查；断路器特性参数试验；一次回路电阻试验。

（4）第三次停电检查（大修）：在设备运行八年后，建议停电检查：气室气压检查（应按照温度换算）；SF_6气体密度继电器校验；气室气体微水含量检查；就地控制柜功能检查；远方控制以及保护联调；二次回路绝缘耐受；隔离/接地开关、快速接地开关的手动操作；操作机构外观检查；断路器特性参数试验；一次回路电阻试验；接地回路检查；一次回路工频耐受电压试验（选择）。

（5）根据 GIS 设备的运行状态计划来解体检修（以 ELK-04 型 GIS 为例）：

断路器：开断短路电流 20 次或操作次数超过 5 000 次；

快速接地开关：关合短路电流 2 次或操作次数超过 2 000 次；

隔离/接地开关：操作次数超过 5 000 次；

内部故障原因：短路闪络、异常声音；

密封原因：气体泄漏大于规定值。

2. GIS 设备故障分类

GIS 金属全封闭 SF_6 绝缘组合电器的故障大致可以分成两种故障：

（1）GIS 设备控制操作回路故障。包括现地控制柜二次回路接触不良及控制继电器损坏故障；隔离/接地开关机构、快速接地开关机构、断路器操作机构故障等。

（2）GIS 设备本体故障。包括气室密封紧密性、SF_6 气体微水超标、导体接触不良、绝缘击穿等与主回路密切相关的元件的故障等。

3. GIS 设备故障处理

1）GIS 设备控制操作回路故障

对于这种故障，检修时不需要打开 GIS 设备气室。

其处理方式一般为：检查控制回路，更换损坏的元器件如继电保护装置元件、继电器、马达、微动开关、操作线圈等，或更换整台操作机构。

通过以下几种途径可以发现这种故障。

① 运行监控及巡视；

② 外观目视检查；

③ 控制回路功能试验。

案例 1： 隔离/接地开关分合闸操作时开关到位后操作马达不会停止运转。

故障点：开关位置微动开关损坏拒动；开关位置微动开关固定位发生微量偏移等。

案例 2： 断路器操作机构无法储能。

故障点：电源故障、卡簧机构卡涩导致马达启动超时保护等。

2）气室漏气故障

GIS 设备通过隔离绝缘子分成多个独立的绝缘气室，有效地减少故障的波及范围，能最大限度地减少气室受到相邻气室故障的影响。

案例 3： 密度继电器压力明显下降；检漏找出漏点。

可能的故障点：法兰螺栓拧紧扭矩不均，密封圈缺陷，法兰密封面缺陷，气室容器缺陷等。

找到故障点后做相应的处理，此时需要打开气室进行作业。

3）微水超标

水分引起设备化学腐蚀。当 SF_6 气体含有较多的水分时，温度在 200 °C 以上就开始水解，其化学反应式为

$$2SF_6+6H_2O=2SO_2+12HF+O_2$$

水分在电器设备中，除了对绝缘件和金属部件产生腐蚀外，还在它的表面产生凝结水，附在绝缘件的表面而造成沿面闪络，危害设备的绝缘。

SF_6 气体微水含量测试仪是有效测量微水超标的仪器。

采用纯氮气对气室进行干燥处理，更换干燥剂等都是有效处理气室微水超标的方法。

4）绝缘击穿类

防爆阀动作；SF_6气体泄漏；绝缘体表面击穿爆裂或闪洛留下的痕迹；电弧放电后的SF_6气体具有非常强烈的刺激味。

此类故障处理需要打开气室进行作业。

案例4：隔离开关带负荷误分闸。

某变电所运行人员打开现地控制柜进行卫生清洁时，误触动隔离开关分闸控制继电器，导致隔离开关带负荷误分闸。保护装置未动作，GIS设备防爆阀未动作。

事故可能引起的设备损伤分析：电弧引起短路，电弧烧伤触头，绝缘隐患等。

检修处理方法：检查SF_6气体是否分解；通过观察孔观察触头及周围导体情况；隔离开关主回路绝缘交流耐压试验。

案例5：气室短路击穿事故。

此类事故大多是由于绝缘材料绝缘性能下降引起的单线接地或线间短路。比较明显的特征是该气室防爆阀动作，SF_6气体泄漏且伴有强烈的刺激气味。

该事故发生时，人员务必撤离GIS室且保持GIS室通风。待SF_6气体散尽后才能进入，人员不允许接触任何的分解物。在短路弧光作用下，SF_6气体会分解生成剧毒且有强烈腐蚀性的气体及分解物。

四、油浸式变压器的维护和故障处理

变压器在日常的供电系统中有着很重要的作用，所以变压器故障将对供电系统造成巨大的影响，影响居民的正常生活和企业的正常生产。因此，加强变压器的定期维护，采取切实有效的措施防止变压器故障的发生，对确保变压器的安全稳定运行有重要的意义。

1. 变压器日常的维护工作

变压器日常的维护工作包括：① 检查套管和磁裙的清洁程度并及时清理，保持磁套管及绝缘子的清洁，防止发生闪络。② 冷却装置运行时，应检查冷却器进、出油管的蝶阀在开启位置；散热器进风通畅，入口干净无杂物；风扇运转正常；冷却器控制箱内分路电源自动开关闭合良好，无振动及异常声音；冷却器无渗漏油现象。③ 保证电气连接的紧固可靠。④ 定期检查分接开关，并检查触头的紧固、灼伤、疤痕、转动灵活性及接触的定位。⑤ 每3年应对变压器的线圈、套管以及避雷器进行检测。⑥ 每年检查避雷器接地的可靠性，避雷器接地必须可靠，而引线应尽可能短。旱季应检测接地电阻，其值不应超过5 Ω。⑦ 更换呼吸器的干燥剂和油浴用油。⑧ 定期试验消防设施。

2. 变压器常见的故障现象分类及原因

（1）变压器本身出厂时就存在的问题。如端头松动、垫块松动、焊接不良、铁心绝缘不良、抗短路强度不足等。

（2）线路干扰。线路干扰在造成变压器事故的所有因素中属于最重要的。主要包括：合闸时产生的过电压，在低负荷阶段出现的电压峰值，线路故障，由于闪络以及其他方面的异常现象等。这类故障在变压器故障中占有很大的比例。因此，必须定期对变压器进行冲击保护试验，检测变压器抗励磁涌流的强度。

（3）由于使用不当造成的变压器绝缘老化的速度加快。一般变压器的平均寿命只有 17.8 年，大大低于预期为 35 ~ 40 年的寿命。

（4）遭雷击造成过电压。

（5）过负荷。过负荷是指变压器长期处于超过铭牌功率的工作状态。过负荷经常会发生在发电厂持续缓慢提升负荷的情况下，冷却装置运行不正常，变压器内部故障等，最终造成变压器超负荷运行。由此产生过高的温度则会导致绝缘的过早老化，当变压器的绝缘纸板老化后，纸强度降低。因此，外部故障的冲击力就可能导致绝缘破损，进而发生故障。

（6）受潮。如有洪水、管道泄漏、顶盖渗漏、水分沿套管或配件侵入油箱以及绝缘油中存在水分等。

3. 变压器运行中常见故障分析及处理措施

（1）绕组的主绝缘和匝间绝缘故障。变压器绕组的主绝缘和匝间绝缘是容易发生故障的部位。主要原因是：由于长期过负荷运行或散热条件差或使用年限长，使变压器绕组绝缘老化脆裂，抗电强度大大降低；变压器多次受到短路冲击，使绕组受力变形，隐藏着绝缘缺陷，一旦遇有电压波动就有可能将绝缘击穿；变压器油中进水，使绝缘强度大大降低而不能承受允许的电压，造成绝缘击穿；在高压绕组加强段处或低压绕组部位，由于绝缘膨胀，使油道阻塞，影响了散热，使绕组绝缘由于过热而老化，发生击穿短路；由于防雷设施不完善，在大气过电压作用下，发生绝缘击穿。

（2）变压器套管故障。主要是套管闪络和爆炸，变压器高压侧一般使用电容套管，由于套管瓷质不良或者有沙眼和裂纹，套管密封不严，有漏油现象；套管积垢太多等都有可能造成闪络和爆炸。

（3）铁心绝缘故障。变压器铁心由硅钢片叠装而成，硅钢片之间有绝缘漆膜。由于硅钢片紧固不好，使漆膜破坏产生涡流而发生局部过热。同理，夹紧铁心的穿心螺丝、压铁等部件，若绝缘损坏也会发生过热现象。此外，若变压器内残留有铁屑或焊渣，使铁心两点或多点接地，都会造成铁心故障。

（4）分接开关故障。变压器分接开关故障是变压器常见故障之一。由于开关长时间靠压力接触，会出现弹簧压力不足，使开关连接部分的有效接触面积减小，以及接触部分镀银层磨损脱落，引起分接开关在运行中发热损坏。分接开关接触不良，经受不住短路电流的冲击而造成分接开关烧坏而发生故障；在有载调压的变压器，分接开关的油箱与变压器油箱一般是互不相通的。若分接开关油箱发生严重缺油，则分接开关在切换中会发生短路故障，使分接开关烧坏。

（5）瓦斯保护故障。瓦斯保护是变压器的主保护，轻瓦斯作用于信号，重瓦斯作用于跳闸。下面分析瓦斯保护动作的原因及处理办法：第一，轻瓦斯保护动作后发出信号。其原因是：变压器内部有轻微故障；变压器内部存在空气；二次回路故障等。运行人员应立即检查，如未发现异常现象，应进行气体取样分析。第二，瓦斯保护动作跳闸时，变压器内部可能发生严重故障，引起油分解出大量气体，也可能是二次回路故障等。出现瓦斯保护动作跳闸，应先进行应急处置，然后对变压器进行外部检查。检查油枕防爆门，各焊接缝是否裂开，变压器外壳是否变形；最后检查气体的可燃性。

（6）变压器自动跳闸的处理。当变压器各侧断路器自动跳闸后，首先将跳闸断路器的控制开关操作至跳闸后的位置，并调整运行方式和负荷分配，维持运行系统和设备处于正常状态。再检查保护动作情况，进行外部检查。经检查不是内部故障而是由于外部故障（穿越性故障）或人员误动作等引起的，则可不经内部检查即可投入送电。如属差动、重瓦斯、速断等主保护动作，应对该保护范围内的设备进行全部检查。在未查清原因前，禁止将变压器投入运行。

（7）变压器着火也是一种危险事故。由于变压器套管的破损或闪络，使油在油枕油压的作用下流出，并在变压器顶盖上燃烧；变压器内部发生故障，使油燃烧并使外壳破裂等。因变压器有许多可燃物质，不及时处理可能引起爆炸或使火灾扩大。发生这类事故时，变压器保护应动作使断路器断开。若因故断路器未断开，应手动立即断开断路器，拉开可能通向变压器电源的隔离开关，并迅速投入备用电源，恢复供电，停止冷却设备的运行，进行灭火。变压器灭火时，最好用泡沫式灭火器或者干粉灭火器，必要时可用消防沙灭火。

五、干式变压器的维护和故障处理

1. 干式变压器的运行

干式变压器在运行前，应清扫擦拭各个部位，检查所有紧固件是否紧固，高低压线圈间及线圈风道内有无异物，使用 2 500 V 的兆欧表测量变压器铁心拆除接地片后的绝缘电阻及线圈对地绝缘电阻。铁心拆除接地片后的绝缘电阻应不小于 5 MΩ；线圈绝缘电阻不小于 300 MΩ。温控仪传感器件（Pt100）在进行工频耐压试验前一定从线圈中出；所有附件一定要经测试正常后，变压器方能投入运行。

干式变压器在运行过程中，应经常对其进行监视和检查，若发现有异常现象或有碍于变压器正常运行的情况发生，应立即停电处理。主要监视以下项目：变压器运行时的声音及温度；线圈、铁心，封线的外观，查看线圈有无损伤、变色的现象发生；灰尘堆积的程度以及线圈上各类标志损坏，脏污的情况；温控装置等各个部件的状况。

运行过程中，禁止人手及身体触摸线圈树脂层的表面。虽然线圈树脂层的绝缘电阻相当大，当人摸、触时可将充电电流限制到很小的数值，但仍会受到强烈的电冲击，导致其他的危险情况出现。

2. 干式变压器的维护

干式变压器在运行一段时间后，应停电进行以下必要的检查和保养：

检查线圈、铁心、封线、分接端子及各部位的紧固件，查看有无损伤、变形、变色、松动、过热痕迹及腐蚀等现象产生，若有不正常的情况，应查明原因，采取必要的对策。

清除变压器上的灰尘。手能触及的部位都应用干布擦拭，但不得使用挥发性的清洁剂。铁心、线圈内部难以擦拭到的部位用吹风机将灰尘吹净。压缩空气的流动方向与变压器运行时冷却空气的流动方向相反。

检查、保养完毕，变压器再次投入运行前，认真检查有无金属或非金属异物掉落，遗留在线圈、铁心内及绝缘件上，应进行绝缘电阻测试。

温控装置在出现误报警、误跳闸的情况时，现场人员应参考温控器使用说明书检查报警和跳闸的设定温度是否正确。若设置温度正确，则立即通知专业人员进行处理。

3. 干式变压器的常见故障处理

干式变压器的常见故障情况与油浸式变压器相同。但因故障发生和扩大后，对干式变压器造成的损伤更难修复，因此，在设备运行过程中应重视对其进行定期维护和预防性试验。

六、变压器的噪声

变压器在正常运行时，会发出连续均匀的“嗡嗡”声。如果产生的声音不均匀或有其他特殊的响声，就应视为变压器运行不正常，并可根据声音的不同查找出故障，进行及时处理。主要有以下几方面造成变压器声音的异常：

1. 电 压

原因：电压高，会使变压器过励磁，响声增大且尖锐，直接严重影响变压器的运行。

判断方法：先查看低压输出电压，但不能看低压柜上的电压表，该电压表只起指示作用，应该采用万用表进行测量。

解决方法：现在城市电网电压普遍偏高，测量低压侧输出电压，应该把分接开关放在适合档位。高压分接向上调，低压电压降低；分接向下调，低压电压升高。

2. 风机、外壳、其他零部件

原因：风机、外壳、其他零部件的共振将会产生噪声，一般会误认为是变压器的噪声。

判断方法：

（1）外壳：用手按一下外壳铝板（或钢板），看噪声是否变化，如发生变化就说明外壳在共振。

（2）其他零部件：用合格的相应电压等级绝缘杆顶一下变压器每个零部件（如轮子、支架等），看噪声是否变化，如发生变化就说明零部件在共振。

解决方法：

（1）看外壳铝板（或钢板）是否松动，有可能安装时变形，需要紧固外壳的螺丝，将外壳的铝板固定好，对变形的部分进行校正。

（2）如变压器零部件松动，则需要固定。

3. 安 装

原因：安装不好会加剧变压器振动，增加变压器的噪声。

判断方法：

（1）变压器基础不牢固或不平整（一个角悬空），或者楼板太薄。

（2）变压器安置在槽钢上，会增加噪声。

（3）变压器的噪声传递很远，通过建筑的结构能传递到 5 层楼以上。

解决方法：

（1）由安装单位对原安装方式进行改造。

（2）在变压器下面加防震胶垫，可解决部分噪声。

4. 环　境

原因：运行环境影响变压器的噪声，环境不利使变压器噪声增大 3～7 dB。

判断方法：

（1）变压器室很大又很空旷，没有其他设备，有回音。

（2）变压器离墙太近，不到 1 m。变压器放在拐角处，墙面反射噪声与变压器噪声叠加，使噪声增大。

解决方法：室内加装吸音材料。

5. 母线桥架振动

原因：由于并排母线有大电流通过，因漏磁场使母线产生振动。母线桥架的振动将严重影响变压器的噪声，使变压器的噪声增大 15 dB 以上，比较难判断，一般用户和安装单位会误认为是变压器的噪声。

判断方法：

（1）噪声随负荷大小的变化而变化。

（2）用合格的相应电压等级绝缘杆用力顶母线桥架，如果噪声发生变化就认为是母线桥架在共振。

（3）母线在桥架内振动，需要打开母线桥架盖板，检查母线是否固定。

解决方法：

（1）主要是破坏母线桥架共振的条件，紧或者是松吊杆螺丝。

（2）打开母线桥架盖板，将母线紧固。

（3）低压出线采用软连接。

6. 变压器铁心自身共振

原因：硅钢片接缝处和叠片之间存在因漏磁而产生的电磁吸引力。

判断方法：

（1）变压器噪声偏大，正常噪声中夹杂着其他噪声。

（2）变压器噪声成波浪状。

解决方法：

（1）紧固变压器上的螺丝，包括夹件两头螺丝、穿心螺丝、垫块压钉螺丝。

（2）在变压器小车下面加防振胶垫，可解决部分噪声。

7. 变压器线圈自身共振

原因：当绕组中有负载电流通过时，负载电流产生的漏磁引起绕组的振动。

判断方法：

（1）变压器噪声偏大，噪声较为低沉。

（2）当变压器的负荷达到一定时，开始出现噪声，有时会出现时有时无现象。

解决方法：

（1）将垫块压钉螺丝全部紧一遍，增加线圈的轴向压紧力。

（2）将垫块压钉螺丝全部松掉，把出线铜排和零线铜排上的螺栓全部松掉，调整高低压线圈位置，再将所有的螺栓拧紧。

8. 负　荷

原因：变压器的电压波形发生畸变，产生噪声。

判断方法：

（1）噪声中除变压器本身的噪声之外，还夹杂着“咯咯、咯咯”的噪声。检查负荷中是否带有整流设备及变频设备。

（2）当投入某一负荷（如整流设备）时变压器噪声变大。

（3）当变压器的负荷为容性电流时，会产生容升效应使二次电压升高，铁心过激磁产生较大噪声。

（4）当二次侧投入电容补偿时变压器噪声变大。

解决方法：

（1）把噪声大的原因告诉用户。申请加装减小谐波的装置。

（2）更换整流设备控制部分。

（3）变压器二次侧加装电抗器。

9. 变压器缺相运行

原因：变压器不能正常励磁，产生噪声。

解决方法：变压器停电，检查电源是否缺相。

10. 接触不良

原因：一是由于高压柜内接触不良造成；二是刀闸没有合到位。

判断方法：变压器发出断断续续不正常的噪声。

解决方法：

（1）检查高压开关柜的触头以及整个高压回路。

（2）对高压开关柜进行相关试验。

11. 悬浮电位

原因：变压器的夹件槽钢、压钉螺栓、拉板等零部件都有喷漆，各零部件接触不是很好，在电场的作用下各零部件之间产生悬浮电位放电发出响声。

判断方法：悬浮电位放电发出很轻微“吱吱、吱吱”的响声，仔细听才能听见，现场人员往往会误认为是变压器高压或低压在放电。

解决方法：

（1）这种放电不会对变压器正常运行造成影响。

（2）可以在停电检修时将接触不好的地方的漆刮掉或进行打磨，让变压器各零部件接触良好。

12. 低压线路发生接地或出现短路

当低压线路发生接地或出现短路事故时，变压器就发出“轰轰”的声音；短路点距离变压器越近声音越明显；如果短路点靠近变压器，变压器将发出像老虎一样的吼叫声。变压器发生的异常响声因素很多，故障部位也不尽相同，只有不断地积累经验，才能做出准确的判断。

七、整流器的维护和故障处理

整流器是城轨供电系统中的一个环节，它前面有交流开关接入电网，后面有直流开关接通负荷。所以在通电或断电时，整流器虽然没有直接操作，但是为了安全起见，通电前和断电后必须对其进行检查。原则上，整流器及其部件可以免维护，只需定期停电检查、清扫灰尘。因此，检修工作主要是定期检查、故障处理和大修。

1. 故障处理

整流器柜的故障处理如表 LD2-1 所示。

表 LD2-1　整流器柜的故障处理

<table>
<tr><th>现象</th><th colspan="2">原　　因</th><th>处理方法</th><th>备注</th></tr>
<tr><td rowspan="5">报警</td><td rowspan="2">温度过高</td><td>通风网孔堵塞</td><td>清扫通风网孔</td><td rowspan="5">照常运行</td></tr>
<tr><td>环境温度过高</td><td>打开室内排气扇</td></tr>
<tr><td>DC110 V 断电</td><td>控制电源失电</td><td>检查 DC110 V 电源</td></tr>
<tr><td rowspan="2">一个快速熔断器断开</td><td>桥臂一个二极管损坏</td><td rowspan="2">记录二极管损坏位置</td></tr>
<tr><td>不同桥臂各一个二极管损坏</td></tr>
<tr><td rowspan="2">跳闸</td><td>同一桥臂两个快速熔断器断开</td><td>同一桥臂有两个二极管损坏</td><td>更换逆流二极管，检查其他通过正向短路电流的二极管</td><td>停运</td></tr>
<tr><td>桥臂有一个二极管损坏</td><td>快熔不开断，逆流保护动作跳闸</td><td>更换不能正常开断的快速熔断器、损坏的二极管</td><td>停运</td></tr>
</table>

2. 二极管更换

二极管备品：从整流器出厂履历本中找出损坏二极管的峰值电压或压降分级，并从备品中找出与其相同等级的二极管，将该二极管在反向测试仪上施加反向重复电压 3 000 V，其反向重复峰值电流 I_{RRM} 不大于出厂值的 2 倍即可使用。

更换步骤：

（1）拆下装在块状散热器前的快速熔断器和母排的连接线。

（2）从块状散热器端用 M16 套筒扳手松开螺母。

（3）退出螺母、弹簧垫圈、平垫圈和压块。

（4）用左手托住中间的二极管，并夹紧两根双头螺杆。

（5）用右手把块状散热器、绝缘垫块、导柱和蝶形垫圈向外移出一定距离，使损坏的二极管刚好能取出，新的能放入。

注意：外移块状散热器时，双头螺杆不能向左移动，否则置于条状散热器后的钢珠、垫块等可能掉落。

（6）用纱布沾酒精将块状散热器和条状散热器与二极管接触的台面擦干净，并晾干。

（7）把备品二极管按原来的极性方向放入散热器之间，注意二极管极性，大裙边是阴极，小裙边是阳极。极性千万不能放错，否则通电就会短路。

（8）将各附件按原来顺序逐个放入，并使用 M16 套筒扳手拧紧螺母。加到一定程度后，改用力矩扳手施压，每个螺母压力保持在 23 ~ 25 kN。

（9）把快速熔断器与连接线装上恢复原位。

3. 大　修

（1）整流堆由一个条形散热器与多个块状散热器和二极管及其附件组成，大修应将其从架构上拆下进行检查测量。

（2）清扫或清洗散热片间、绝缘套管、二极管瓷环表面的灰尘。

（3）检查紧固件的压装状态，如蝶形垫圈有无裂纹、绝缘套管、绝缘垫块有无放电痕迹。

（4）用反向测试仪对每个二极管施加反向峰值电压 4 400 V，其反向峰值电流应在使用范围之内。

（5）用微欧表测量快速熔断器电阻，阻容表测电容、电阻等。

（6）对压敏电阻进行测试。

（7）组装复原并作以下试验：绝缘电阻测量、绝缘耐压试验、桥臂均流试验、保护器件协调检查。

八、直流设备的维护和故障处理

以西门子直流设备为例，包括：负极柜、直流开关柜、轨电位装置、隔离开关柜。

1. 维护和保养

此设备的机械部分不需特别维护。正常运行阶段主触头上无磨损和损耗，主触头出现磨损和损耗时（短路电流 25 ~ 50 kA，2 次等值跳闸以上）需更换弧触头。

应注意保持开关柜内的清洁。在正常情况下，1 年的检查周期即可满足要求。

根据环境情况（温度、湿度、积尘）及断路器手车移动次数，定期对设备进行清洁工作。在检修保洁期间，所有的移动连接部分、轴承等应进行仔细检查并涂抹润滑油脂。

此外，在用苯或类似物清洁隔离开关的触头后，应将触头脂（或替代物）涂抹于隔离开关触头和断路器手车的接触系统上。

2. 直流开关常见故障处理

（1）SITRAS PRO 保护单元报警显示“故障：光纤丢失-BA1”。

检查 SITRAS PRO CU 主机至 SITRAS PRO BA 间的光缆连接是否正常或更换 SITRAS PRO BA。

（2）SITRAS PRO 保护单元报警显示“故障：分流器丢失”。

检查分流器与 BA 间的连接。

（3）SITRAS PRO HMI 无任何显示，且面板分、合闸指示灯都不亮。

检查 SITRAS PRO CU 主机电源输入是否正常；

检查 SITRAS PRO CU 主机保险管是否熔断；

更换 SITRAS PRO CU。

（4）SITRAS PRO HMI 无显示，但分闸或合闸指示灯亮。

检查 SITRAS PRO 人机界面与 SITRAS PRO CU 主机间的电缆连接或更换 SITRAS PRO 人机界面。

（5）SITRAS PRO 保护单元报警显示“报警：断路器故障”。

检查开关柜与断路器小车连接的航空插头是否连接良好；

检查 SITRAS PRO CU 主机的二次线接插件是否连接良好。

（6）断路器合闸后无法保持并立即分闸。

检查是否有保护动作；

检查并调整断路器的“Y”间隙及“J”间隙。

（7）SITRAS PRO 报警显示“线路测试接触器故障”。

检查线路测试接触器 K0 的动作情况及其辅助触点的接触电阻。

（8）断路器小车推到试验位或工作位后 SITRAS PRO 仍报警“断路器小车故障”。

检查断路器小车是否推到位；

检查行程开关-S01 及开关-S02 的触点接触电阻。

注意：行程开关触点接触电阻过大可导致断路器自动分闸。

3. 钢轨电位限制装置

钢轨电位限制装置如果产生故障信号，可能是轨电位限制装置未正确连接，或者回流回路与结构地之间出现内、外部短路，或钢轨电位限制装置故障。

（1）钢轨电位限制装置 $U<$报警。

检查钢轨电位内部主回路是否短路；

检查钢轨电位对地绝缘情况。

（2）钢轨电位限制装置报警：变送器测量不一致。

检查柜内电压测量变送器是否正常；

检查 PLC 模拟量输入是否正常。

4. 负极柜

（1）框架故障：测量电路断线，检查电缆，若有必要需更换；装置内部错误，检查装置功能。

（2）框架泄漏电压：电压变送器故障，检查电压变送器，必要时更换；装置内部错误，检查装置功能。

5. 隔离开关

（1）电动隔离开关操作困难：传动装置老化，超过使用寿命；

（2）终端位置信号错误：检查辅助触头及其触发装置（PLC）；
（3）控制电源故障：检查电源回路；
（4）驱动电路故障：断线，连接松动。

九、电缆的维护和故障处理

1. 电缆线路的运行维护

电缆线路运行维护着重要做好负荷监视、电缆金属套腐蚀监视和绝缘监督三个方面工作，保持电缆设备始终在良好的状态和防止电缆事故突发。主要项目包括：建立电缆线路技术资料、进行电缆线路巡视检查、电缆预防性试验、防止电缆外力破坏，分析电缆故障原因、电缆故障测寻、电缆故障修理等。另外电缆线路还需进行一些特殊检查项目，如诱杀白蚁、人井水样分析、水树枝切片检查和带电测量并监视绝缘等。

（1）负荷监视。一般电缆线路根据电缆导体的截面面积、绝缘种类等规定了最大电流值，利用各种仪表测量电线线路的负荷电流或电缆的外皮温度等作为主要负荷监视措施，防止电缆绝缘超过允许最高温度而缩短电缆寿命。

（2）温度监视。测量电缆的温度，应在夏季或电缆最大负荷时进行。测量直埋电线温度时，应测量同地段无其他热源的土壤温度。电缆同地下热力管交叉或接近敷设时，电缆周围的土壤温度，在任何情况下不应超过本地段其他地方同样深度的土壤温度 10 °C 以上。检查电缆的温度，应选择电缆排列最密处、散热最差处或有外热源影响处。

（3）腐蚀监视。用专用仪表测量邻近电缆线路的周围土壤，如果属于阳极区，则应采取相应措施，以防止电缆金属套的电解腐蚀。电缆线路周围润湿的土壤或以生活垃圾填覆的土壤，电缆金属套常发生化学腐蚀和微生物腐蚀，根据测得阳极区的电压值，选择合适的阴极保护措施或排流装置。

（4）绝缘监督。对每条电缆线路按其重要性，编制预防性试验计划，及时发现电缆线路中的薄弱环节，消除可能发生电缆事故的缺陷。金属套对地有绝缘要求的电缆线路，一般在预防性试验后还需对外护层分别另作直流电压试验，以及时发现和消除外护层的缺陷。

2. 电缆故障的测寻

电缆发生故障后，一般的测寻步骤如下：

（1）确定故障性质。

根据故障发生时出现的现象及一些简单试验，初步判断故障的性质，确定故障电阻是高阻还是低阻，是闪络还是封闭性故障，是接地短路、断线，还是它们的混合，是单相、两相还是三相故障。例如，运行中的电缆发生故障时，只有接地信号，则有可能是单相接地故障；若继电保护过流动作跳闸，则有可能发生两相或三相短路，或者是发生了短路与接地混合故障。通过初步判断，尚不能完全将故障的性质定下来，则必须测量绝缘电阻和进行导通试验。

（2）故障点的烧穿。

即通过烧穿将高阻故障或闪络故障变成低阻故障，以便进行粗测。

（3）粗测。

在电缆的一侧使用仪器测量故障距离，并利用电缆线路技术资料计算出故障点的位置。

（4）路径的测寻。

对于图纸资料不齐全或电缆路径不明的，可通过音频感应探测法和脉冲磁场法，找出故障电缆的敷设路径和埋没深度，以便进行定点精测。音频感应探测法是向电线中通入音频信号电流，根据接收线圈中接收机接收到的音频信号的强弱来确定路径。

（5）故障点的精测定点。

通过冲击放电声测法、音频感应法、声磁同步检测法等方法确定故障点的精确位置。声测法只适用于低阻接地的电缆故障，对金属性接地故障的效果不佳。感应法适用于金属性接地故障和相间短路故障。

上述五个步骤是一般的测寻步骤，实际测寻时可根据具体情况省略其中的一些步骤。例如，电缆敷设路径很准确可不必测寻路径；对于高阻故障，可不经烧穿而直接使用闪络法进行；对于一些闪络性故障，不需要进行定点，可根据测寻得到的距离数据查阅资料，可直接对中间接头检查判断；对于电线沟或隧道内的电缆故障，可进行冲击放电，直接监听来确定故障点。

3. 电缆常见故障及原因

（1）机械损伤：主要是建设管理不严，施工不善等引起的，约占电缆事故的50%。

（2）铅包疲劳、龟裂、胀裂：是由于电缆安装条件不良、制造质量差的电缆长期过负荷等原因引起的。

（3）户外终端头进水爆炸：主要是由于因施工和维护不当，造成终端头凝结水结聚在电缆头内，最终导致绝缘受潮击穿，引起爆炸。

（4）电缆中间接头爆炸：大多是过负荷引起接头盒内绝缘胶膨胀而胀裂壳体，或是导体连接不良使接头过热而爆炸。

十、交直流系统的维护和故障处理

1. 运行维护

交直流系统的运行应符合防震、防潮、防火的要求；通风良好，室温控制在 -5 °C ~ 40 °C；机柜前后保持1 m以上通道；无导电尘埃；无腐蚀性气体。

根据环境情况（温度、湿度、积尘）及运行条件，定期对设备进行清洁工作。在检修保洁期间，所有的接线端子、熔断保险、空气开关等应进行仔细检查。交流输入中线（N）严禁与保护地（机壳）混接。

2. 交流故障处理

交流故障常常是因为交流缺相或者三相电压不平衡引起的。当发生交流故障时：

（1）检查外部输入电源：用万用表检查进线端子 A、B、C 三相电压是否在正常范围，确认外部两路交流输入电源是否全部通电。

（2）检查交流配电单元：检查交流采样线是否松脱，用万用表检查交流配电单元交流检测端 A、B、C 三相是否有电压，且在正常范围内。

（3）检查监控器交流故障开关量输入接线是否正确。

（4）检查交流电压表是否正常，检查监控器中交流电压显示值是否正常。

（5）检查监控单元报警设置

3. 控母过（欠）压故障处理

（1）检查硅降压装置在自动状态下是否工作正常，可将硅降压装置运行在手动挡的合适位置，保证控母电压在系统标称电压的 ±5 V 之内。

若硅降压装置运行在手动挡任何挡位也不能使电压降下，则很有可能是硅降压装置内部有部分二极管击穿短路，导致整个装置压降不够。

若硅降压装置运行在 0 档位置时，控母与合母电压相等，则很有可能是馈线外部接线有误，将控母与合母连接在一起。

（2）用万用表实测控制母线输出电压值，判断是否在规范范围内。

（3）检查蓄电池是否过充或过放。

（4）检查控母电压表采样和显示是否正常，检查监控器中控母电压显示值是否正常。

（5）检查监控单元报警设置，检查控母告警参数设置是否正常。

4. 充电机故障处理

（1）充电模块工作正常但通信灯不亮，检查地址拨码是否正确或通信线是否松动。

（2）充电模块运行灯不亮，检查交流输入电源是否有电压偏高、偏低或缺相。

（3）充电模块故障灯亮，则模块故障。

（4）充电模块开机无反应，检查交流输入正常后可以确认为模块故障。

（5）蜂鸣器长鸣，检查模块参数，可能输出电压整定值太高后过压报警，如没有则为模块故障。

（6）充电模块故障更换处理步骤：

① 确认充电机内部故障后，将故障模块关机；

② 拔掉通信插头，拔掉交流输入插头，拔掉直流输出插头，松开模块固定螺丝后抽出模块；

③ 为了消除报警，可以更改集中监控器里充电机参数的设置，将故障模块地址码屏蔽；

④ 更换新的模块并安装完毕后，首先接上充电模块的交流输入插头，模块的通信线和直流输出插头暂不接；

⑤ 检查交流输入线是否连接正确，通电延时 1 ~ 2 s 后，模块“运行”指示灯点亮，检查模块是否开始正常工作；

⑥ 用万用表在模块后面板上的输出电压测试孔上测试模块的输出电压；将模块的输出电压调整至监控器设置的模块均浮充电压值，并检查设置模块的过欠压和限流等值（可参考其他模块的参数进行设置）；

⑦ 将该模块的地址码设定成和换下来的故障模块一致，新模块开机投入运行，关机后接上该模块的直流输出插头和通信线，将模块开机，集中监控器的地址屏蔽打开后即可投入运行。

5. 绝缘故障处理

（1）外部接地故障检查

绝缘装置上如能直接读出接地回路编号可确认是外部接地故障，断开相应回路编号馈线开关，若接地告警消失，可确认是外部回路接地。

（2）直流屏内部检查

如确认是直流屏内部接地故障，应重点检查充电模块、降压硅链散热片、柜内导线有无破损、电缆接头部分有无导线毛刺等。

（3）蓄电池检查

检查蓄电池是否漏液。

6. 熔丝故障、馈线开关脱扣、防雷器故障处理

（1）熔断器故障

用万用表检查熔断器是否真的熔断（有指示器弹出），否则检查监控单元检测端是否有导线松脱。若确认是熔断器真的熔断，则需找出原因并排除后，再更换新的相同规格的熔断器。

（2）馈线开关脱扣

核对空开投退情况，找出跳闸的馈线开关，找出跳闸原因并排除后，合上该馈线开关。若没有馈线开关跳闸，则可能是馈线开关的报警触点有问题，更换处理。

（3）防雷器击穿

观察防雷器是否有击穿指示，否则检查监控单元检测端是否有导线松脱。若为防雷器击穿，则更换相同规格的防雷模块。

7. 表计故障处理

（1）检查相应表计是否有显示，若无显示，则检查采集模块的工作电源回路，继续检查对应表计采样线和端子熔断器是否熔断、接触不良或电源线松动，可用万用表直接在模块端子上测量求证。

（2）检查和集中监控器的通信线是否松动，表计的通信地址是否正确。

（3）若以上步骤都不能排除故障，则属于表计内部故障，需要立即更换。

十一、蓄电池的维护和故障处理

1. 铅酸蓄电池的日常保养

（1）铅酸蓄电池的保养

每次正确的充放电就是对铅酸蓄电池最好的保养。

（2）均衡充电

所谓均衡充电，就是均衡电池特性的充电，是指在电池的使用过程中，因为电池的个体差异、温度差异等原因造成电池端电压不平衡，为了避免这种不平衡趋势的恶化，需要提高电池组的充电电压，对电池进行活化充电。每季度根据日常统计的资料以及施工情况安排一次均衡充电。

（3）铅酸蓄电池的运输与储存

① 由于有的电池重量较重，必须注意运输工具的选用，严禁翻滚和摔掷有包装箱的电池组。

② 搬运电池时不要触动极柱和安全阀。

③ 蓄电池如果为带液荷电出厂，运输中应防止电池短路。

④ 电池在安装前可在 0 °C ~ 35 °C 的环境下存放，但存放不能超过 6 个月，超过 6 个月储存期的电池应充电维护，存放地点应清洁、通风、干燥。

2. 蓄电池报警故障处理

（1）蓄电池欠压报警

① 检查是否因为交流电源输入故障，导致蓄电池过放电；

② 检查是否为操作原因，导致整组充电机关机或其输出开关未合闸导致蓄电池过放电；

③ 检查是否为蓄电池放电试验期间蓄电池放电到预定电压值时发出的信号；

④ 检查监控单元报警设置，检查蓄电池欠压参数设置是否合理。

（2）蓄电池单节过欠压报警故障处理

① 实测蓄电池电压；

② 用万用表直接检测告警编号的蓄电池端电压，若实测值确实超标，则应检查电压；

③ 检查蓄电池检测线，检查蓄电池极柱到电池巡检的连线是否松脱，电池巡检仪的端子是否松脱；

④ 检查监控单元报警设置，检查电池电压告警参数设置是否正常；

⑤ 经以上步骤检查均没有问题，则为电池巡检模块故障，更换处理。

3. 蓄电池故障处理

（1）蓄电池壳体异常：蓄电池壳体在运行中出现过大的膨胀鼓肚或变形现象。

造成的原因：充电电流过大，充电电压超过了 2.4 V/节，内部有短路或局部放电、温升超标、阀控失灵。

处理方法：减小充电电流，降低充电电压，检查安全阀是否堵死。

（2）蓄电池漏液：蓄电池的极柱、栓、槽盖封合线处、安全阀口或排气口出现漏液。

造成的原因：结构上有组装的极柱受力问题，技术上可能有钙合金的成分稳定性问题。

处理方法：更换蓄电池。

（3）单体浮充电压不平衡：根据标准，运行中的蓄电池的浮充电压偏差允许范围为 ± 0.05 V，超过此范围，则可判断为单体浮充电压不平衡。

造成的原因：新电池内氧复合通道的差异或不正确的充电电压；方法或环境条件造成单体温度相差大于 3 °C 或产品质量问题。

处理方法：新电池安装后差异属于正常现象，需运行 6 ~ 12 个月以后再观察；对整组蓄电池进行均衡充电，均衡充电需要脱离系统进行。低压的电池经均衡充电无效后应单独增压充电处理，需要用到单电池充电机。

（4）蓄电池内部开路：内部开路的现象是蓄电池充电电流为零，同时某一只蓄电池端电压异常高，远远大于 2.4 V。

造成的原因：充电电流过大，内部有短路或局部放电。

处理方法：应使用备用短路线对该蓄电池进行短接或更换电池。

注意：短接开路电池后，应对充电机均、浮充电压做相应调整后才能恢复对蓄电池组进行充电，以免造成对电池过充。

（5）蓄电池更换方法

① 停电后更换：在蓄电池退出直流系统后大修时更换，注意蓄电池的正负极，注意安全防止短路。

② 在线不停电更换：事先需要准备一只二极管，可选择额定电流 200 ~ 1 000 A、耐压 400 V 以上的元件，需要带散热器，两端连线带大电流夹子，组装好后注意绝缘处理。更换时先将充电机浮充电压适当调低 3 ~ 5 V，将二极管正极夹子夹在与故障蓄电池负极相连电池的正极上，将二极管负极夹子夹在故障蓄电池正极相连电池的负极上，此时即可开始带电拆除故障蓄电池，再带电安装新的蓄电池。

十二、综合监控系统的维护和故障处理

1. 综合监控系统的维修管理

综合监控系统的维修管理按照定期检修、故障维护和在线检修等模式进行。

1）定期维护

综合监控系统的设备定期维护由维修工作人员根据检修日程安排，定期（如周、月、季、年等）对设备进行维护。这些维护包括线路检查、设备运行情况检查、计算机设备磁盘清理等。

2）故障维护

综合监控系统的设备故障维护由维修工作人员根据维修调度人员或值班人员报告的设备故障信息进行设备更换、线缆更换或现场维修等。此种维护主要是针对设备突发故障进行的修护操作。

3）在线维护

综合监控系统的设备在线维护主要是指软件的维护。由技术工作人员根据地铁运营的需要进行一些功能调整，或监控对象的变化导致修改综合监控软件。这些检修一般由软件工程师来完成，但在正常运营期间不能对软件进行修改，由软件测试平台编制并测试通过在非运营段（如夜间）进行下载更新。另外，综合监控的维修人员可以通过维护管理系统的终端了解设备运行状况，可以查看设备模块级别的相关信息，通过这些信息进行组织相应的维修。

2. 综合监控系统维护实例

以南京南瑞后台为例进行讲述。

1）系统开启、关闭步骤

系统开启步骤：

① 通电、按下主机箱上的电源按钮，启动 SuSE-Linux 操作系统。

② 提示输入用户名（iscs）和口令（rt21）。

③ 打开终端，输入 bin 后敲回车键，再输入 sys_ctl start 启动 RT21 系统。

④ 双击桌面上的 HMI 图标，提示输入用户名、选择相应用户组和密码，进入 RT21-HMI 浏览界面。

系统关闭步骤：

① 打开终端，输入 bin 后敲回车键，再输入 sys_ctl stop 关闭 RT21 系统。

② 用鼠标点击左下角的计算机图标，选择关机按钮，在弹出的提示框中选中关闭系统按钮，再提示输入停止系统密码：nari，再按回车键计算机自动关机。

2）数据库开启、关闭步骤

数据库开启步骤：

① 通电等指示灯不再闪烁后，按下机体上的电源按钮启动 Linux 操作系统 。

② 提示输入用户名（iscs）和口令（rt21）。

③ 打开终端，输入 bin 后敲回车键，再输入 su-oracle 和口令 naritech 切换到 oracle 用户，输入./startdb 启动数据库。

④ 等数据库启动完毕，输入 exit 敲回车。

⑤ 输入 startfv 启动全景库。

⑥ 等启动成功后再输入 sys_ctl start down 启动 RT21 系统。

数据库关关闭步骤：

① 打开终端，输入 bin 后敲回车键，再输入 sys_ctl stop 关闭 RT21 系统。

② 输入 stopfv 停全景库。

③ 输入 su - oracle 和口令 naritech 切换到 oracle 用户，输入./stopdb 停数据库。

④ 再输入 su 和口令 nari 切换到 root 用户，输入 shutdown -F 后服务器就自动关机。

分模块 LE　新知识

子模块 LE1　局部放电在线检测技术

一、局部放电

（一）局部放电的特征

局部放电是指发生在电极之间但并未贯穿电极的放电，它是由于设备绝缘内部存在弱点或生产过程中造成的缺陷，在高电场强度作用下发生重复击穿和熄灭的现象。它表现为绝缘内气体的击穿、小范围内固体或液体介质的局部击穿或金属表面的边缘及尖角部位场强集中引起局部击穿放电等。这种放电的能量是很小的，所以它的短时存在并不影响电气设备的绝缘强度。但若电气设备绝缘在运行电压下不断出现局部放电，这些微弱的放电将产生累积效应使绝缘的介电性能逐渐劣化并使局部缺陷扩大，最后导致整个绝缘击穿。

局部放电是一种复杂的物理过程，除了伴随着电荷的转移和电能的损耗之外，还会产生电磁辐射、超声波、光、热以及新的生成物等。从电性方面分析，产生放电时，在放电处有电荷交换、有电磁波辐射、有能量损耗。最明显的是反映到试品施加电压的两端，有微弱的脉冲电压出现。当试品中的气隙放电时，相当于试品失去电荷 q，并使其端电压突然下降ΔU，这个一般只有微伏级的电源脉冲叠加在千伏级的外施电压上。所有局部放电测试设备的工作原理，就是将这种电压脉冲检测出来。其中，电荷 q 称为视在放电量。

以变压器为例：变压器绝缘结构复杂，内部发生局部放电的原因很多，如果设计不当，局部场强过高，工艺上有缺陷使绝缘中含有气泡，在运行中绝缘介质劣化分解出气泡，机械振动和热胀冷缩造成局部开裂出现气泡。在这些情况下，在外施电压下都会发生局部放电。一旦发生局部放电，放电就会持续发展，造成绝缘老化，严重的会造成绝缘击穿。

（二）局部放电的危害

局部放电是绝缘介质中的一种强场效应，它在电介质现象和电气绝缘领域均有重要意义。通常介质在局部放电的作用下能引起电气性能的老化（电老化）和击穿，它对绝缘的严重影响是不容忽视的。大致有以下几方面的作用：

（1）电的作用，亦即带电粒子（电子、离子等）的直接轰击作用。空气中的局部放电从放电形式看属于流柱状的高压辉光放电，其中产生大量的带电粒子，在这些粒子的轰击下，对于固体介质来说，这些粒子在电场作用下加速运动轰击介质表面，使介质发生老化。由于加速运动的电子的轰击作用能使高分子固体介质的分子主键断裂而分解成低分子，同时又使介质温度升高发生热降解外，还在介质表面形成凹坑且不断加深，最后导致介质击穿。

（2）热的作用。在靠近介质表面的局部体积中因发生一次局部放电，在 1 ~ 7 s 内能使介质温度升为 170 °C，有时因放电作用甚至达到 1 000 °C 的高温，因此有可能引起介质的热熔解或化学分解。除热的作用之外，局部放电产生的光作用（主要在紫外线范围），还能使塑料有机介质发生光老化、龟裂等现象。

（3）化学作用。由于局部放电产生的受激分子或因二次生成物的作用，介质受到的侵蚀可能比电、热的作用结果更大，如对电缆绝缘层材料聚乙烯进行局部放电试验，在作用下发生化学反应的结果是，所生成的氧离子、受激的氧分子或氧原子对曝露在外的介质表面的作用，发生氧化使聚乙烯分解出 H_2O 和 CO 等，表现为重量减轻。因为这些活性氧的寿命很短，所以仅限于对直接曝露表面的作用，而二次生成的臭氧 O_3、NO 则与聚乙烯反应生成羰基化合物，特别是 O_3 与空气和水分作用所产生的硝酸和亚硝酸等硝基化合物，不仅对介质有强烈的腐蚀破坏作用，而且对金属材料如铜导体，能在其表面形成铜绿及硝酸铜粉末等不良后果。

从以上的分析可见，局部放电使绝缘材料老化，所以必须加以防止。

（三）描述局部放电的主要参量

（1）视在放电电荷 q：是指将该电荷瞬时注入试品两端时，引起试品两端电压的瞬时变化量与局部放电本身所引起的电压瞬时变化量相等的电荷量，视在电荷一般用 pC（皮库）来表示。

（2）局部放电的试验电压：是指在规定的试验程序中施加的规定电压，在此电压下，试品不呈现超过规定量值的局部放电。

（3）局部放电能量 W：是指因局部放电脉冲所消耗的能量。

（4）局部放电起始电压 U_i：当加于试品上的电压从未测量到局部放电的较低值逐渐增加时，直至在试验测试回路中观察到产生这个放电值的最低电压。实际上，起始电压 U_i 是局部放电量值等于或超过某一规定的低值的最低电压。

（5）局部放电熄灭电压 U_e：当加于试品上的电压从已测到局部放电的较高值逐渐降低时，直至在试验测量回路中观察不到这个放电值的最低电压。实际上，熄灭电压 U_e 是局部放电量值等于或小于某一规定值时的最低电压。

（四）局部放电的分类

局部放电可能出现在固体绝缘的空穴中，也可能在液体绝缘的气泡中，或不同介电特性的绝缘层间，或金属表面的边缘尖角部位。所以以放电类型来分，大致可分为绝缘材料内部放电、表面放电及电晕放电。

1）内部放电

在电气设备的绝缘系统中，各部位的电场强度往往是不相等的，当局部区域的电场强度达到电介质的击穿场强时，该区域就会出现放电，但这种放电并没有贯穿施加电压的两导体，即整个绝缘系统并没有击穿，仍然保持绝缘性能，发生在绝缘体内的称为内部局部放电。

2）表面放电

如在电场中介质有一平行于表面的场强分量，当其这个分量达到击穿场强时，则可能出现表面放电。这种情况可能出现在套管法兰处、电缆终端部，也可能出现在导体和介质弯角表面处。

3）电晕放电

电晕放电是在电场极不均匀的情况下，导体表面附近的电场强度达到气体的击穿场强时所发生的放电。在交流电压下，当高压电极存在尖端，电场强度集中时，电晕一般出现在负半周，或当接地电极也有尖端点时，则出现负半周幅值较大，正半周幅值较小的放电。

（五）局部放电的检测方法

当高压电气设备中绝缘体内（如电缆绝缘内部）或高压导体附近在高电压作用下，如果存在缺陷，在缺陷处出现局部放电，伴随局部放电会出现许多现象：电气方面的如电流脉冲、介质损耗增大、电磁波辐射等；非电方面的如光、热、噪声、气压变化、化学变化等，利用这些派生现象可以对局部放电进行测量。总的来说可分为电测法和非电测法两大类，电测法包括脉冲电流法、无线电干扰法、介质损耗分析法等，非电测法包括声测法、光测法、化学检测法和红外热测法等。

1. 非电检测法

1）超声波检测法

工作原理：通过检测局放产生的声波信号实现局放测量。特点：抗干扰能力强，使用方便，可以在运行中或耐压实验时检测局部放电，常用作放电定位。目前体外特高频传感的 GIS 局部放电在线检测、定位和诊断的研究很活跃。

2）光检测法

原理：通过测量局放产生的光辐射实现局放测量。光电转换后，通过检测光电流的特性，可以实现局放类型识别。例如，聚乙烯绝缘电缆芯通过水介质扫描用光电倍增管观察。但该方法灵敏度较低，局限性大，较适宜于检测暴露在外表面的电晕放电。

3）测分解物——色谱分析

利用气相色谱仪，通过检测变压器油分解出的各种气体的组成和浓度来确定故障（局放、过热等）状态。局部放电引起的气相色谱特征是 C_2H_2 和 H_2 的含量较大。特点：灵敏度高，操作简单，且设备不需要停电，适合在线绝缘监测。

2. 电气检测法

局部放电最直接的现象即引起电极间的电荷移动。每一次局部放电都伴有一定数量的电荷通过电介质，引起试样外部电极上的电压变化。另外，每次放电过程持续时间很短，在气隙中一次放电过程在 10 ns 量级；在油隙中一次放电时间也只有 1 μs。根据麦克斯维尔电磁理论，如此短持续时间的放电脉冲会产生高频的电磁信号向外辐射。局部放电电检测法即是基于这两个原理。常见的检测方法有脉冲电流法、无线电干扰法、介质损耗分析法等。

1）脉冲电流法

发生局部放电时，试品两端出现瞬时的电压降落，在检测回路中引起一高频脉冲电流，将它变换成电压脉冲后用示波器等测量其波形或幅值，由于其大小与视在放电量成正比，经过校准就能得到视在放电量，一般单位用 pC。此方法灵敏度高，应用广泛。

2）无线电干扰电压法（包括射频检测法）

电晕放电会发射电磁波，通过无线电干扰电压表可以检测到局部放电的发生。国外目前仍有采用无线电干扰电压表检测局部放电的应用，在国内，常用射频传感器检测放电，故又叫射频检测法。较常用的射频传感器有电容传感器、Rogowski 线圈电流传感器和射频天线传感器等。该方法能定性检测局部放电是否发生，甚至可以根据电磁信号的强弱对电机线棒和没有屏蔽层的长电缆进行局部放电定位。

3）介质损耗分析法

局部放电对绝缘材料的破坏作用是与局部放电消耗的能量直接相关的，局部放电的现象将导致介质的损坏，从而使得 $\tan\delta$大大增加。因此可以通过测量 $\tan\delta$的值来测量局部放电能量，从而判断绝缘材料和结构的性能情况。

6. 局部放电检测的发展及应用

电气设备检修技术的发展大致可以分为三个阶段，即故障检修、定期检修、状态检修。状态检修是以可靠性为中心的检修，并逐步取代以往的定期预防性检修，它是根据设备的状态而执行的预防性作业。状态检修通过对设备关键参数的测量来识别其已有的或潜在的劣化迹象，可在设备不停运的情况下对其进行状态评估。这种策略不必对设备进行定期大修，提高了检修的针对性和有效性，能发现问题于萌芽状态，有效延长设备的使用寿命，合理降低设备运行维护费用。目前，避雷器全电流和阻性电流的检测技术、容性设备介损和电容量的检测技术、变压器本体油中溶解气体、局部放电的监测技术以及输电线路的红外检测技术使用相对较为广泛。随着电力电缆在城市电网建设中的普遍应用，对提高电力电缆检测手段的需求日益迫切，尤其是在线检测。

二、电力电缆局部放电在线检测技术

1. 电力电缆局部放电量的在线测量

局部放电检测越来越被看作是一种最有效的绝缘诊断方法，在线检测应用中更是如此，目的是观察和研究局部放电引起的绝缘老化问题。电缆发生局部放电时，引起局部放电的空穴形成实阻抗，这是电缆的浪涌阻抗，在开始时是纯阻性的。其产生的脉冲基本上是单极性脉冲，上升时间很短，并且脉冲宽度也很窄。脉冲从产生的位置向外传播，由于在电缆中传播时的衰减和散射，当到达测量点时，脉宽增加，幅值减小。一般情况下，在测量时能检测到较好的脉冲波形，其保留了很多与源波形相同的特性。图 LE1-1 显示了一段典型的电缆局放脉冲波形，其上升时间以及脉冲特性可以通过计算机生成光标测量。

如果上升时间和脉冲宽度在电缆局部放电脉冲的通常范围内，那么就可以把脉冲看成是电缆局部放电。一般来说，电缆局部放电的上升时间在 50 ns ~ 1 s 内，而脉宽小于 2 s。实际上，对于交联聚乙烯（XLPE）电缆来说，其对应值会比这小些。这是由于交联聚乙烯电缆的损耗和散射比较小的缘故。

图 LE1-2 所示为用于 33 kV 交联聚乙烯电缆检测的电流传感器，传感器可以夹绕在接地线之上的每一个线芯上，也可以将电流传感器夹绕在接地线上。局部放电脉冲沿电缆传至终端，在导体上它们的极性相同，在屏蔽上相反，关键问题是能在接地线或导体电流两者之间截取其中一个。

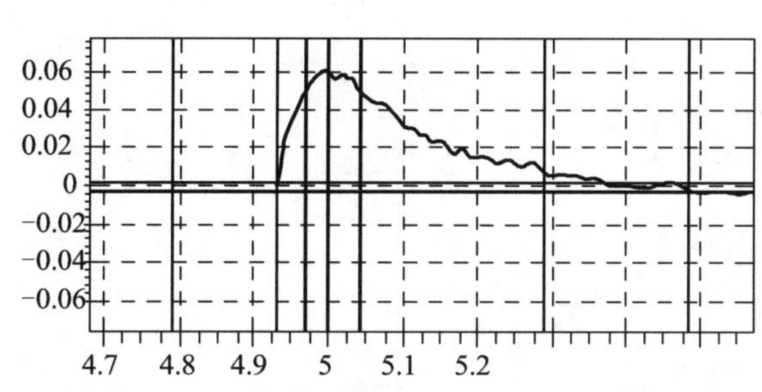

图 LE1-1　电缆中的局部放电脉冲波形

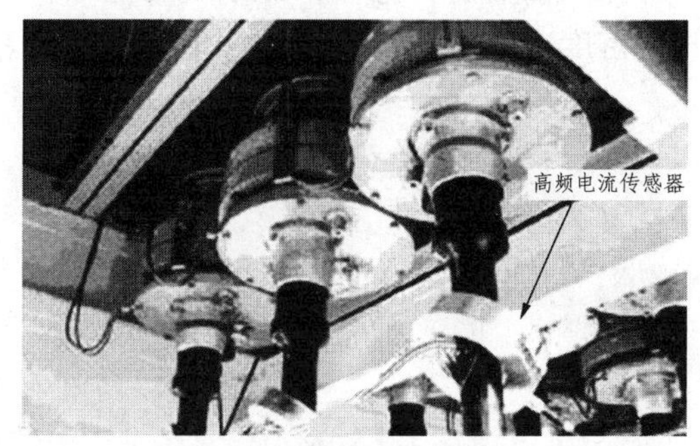

图 LE1-2　高频电流传感器检测电缆局部放电

利用局部放电脉冲波形检测局部放电的最大优势就在于：几乎可以不用考虑因脉冲在电缆中传播的衰减而造成的测量误差，尤其是对于衰减很大的纸绝缘电缆。局部放电脉冲在电缆上传播一段距离以后幅值很快会衰减 10 ~ 20 倍。

2. 电缆局部放电单端定位法

在检测到电缆局放时，如果能对局部放电源进行定位，那么局部放电活动测量的实效性就会大大提高。当局部放电发生时，局放脉冲从放电点向电缆两侧传播（平均速度为 150 ~ 160 m/μs）。首先要达到测量端的脉冲是直接向该方向传播的脉冲（直达脉冲），而完成局部放电定位还要测量向反方向传播后被反射回来的脉冲（反射脉冲），如图 LE1-3 所示。

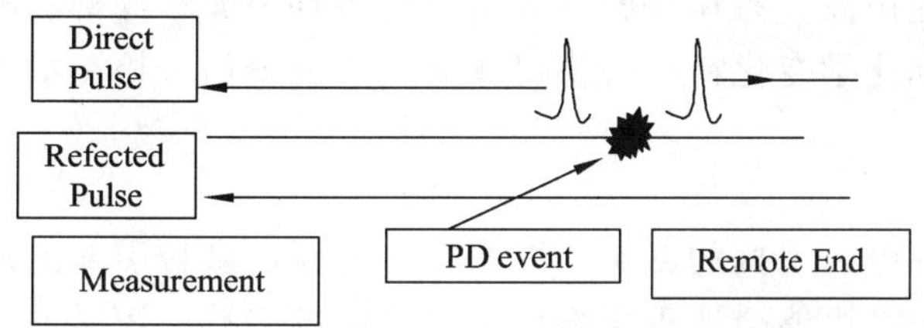

图 LE1-3　“单端”电缆局部放电定位方法

理想状态下，如果直达脉冲和反射脉冲都能被识别，就能很容易地确定局部放电位置。即计算两个脉冲的时间差（ΔT），就可确定局部放电位置。但在实际应用中，使用这种简单的单端测量方法，很难实现局放点的定位。这是由于反射的脉冲太弱，或存在其他反射脉冲、噪声以及波形失真带来的干扰。因此，如果第二个脉冲（反射脉冲）能够明显强于噪声信号，定位就会容易得多。

3. 利用同步收发仪进行电缆局部放电双端定位

在测量时，为了增强反射脉冲，使之能够从背景噪声中突显出来，可以使用同步收发仪。该仪器包括一套放电触发单元和一个脉冲发生器，其基本工作原理是利用放电触发单元探测到一个小的脉冲后，再利用脉冲发生器注入一个很大的脉冲，这样便可确保在电缆的测量端能够检测到一个“反射”的脉冲。

图 LE1-4 所示为使用同步收发仪进行电缆局放定位的示意图，这里利用高频电流传感器作为探测和发射传感器，此系统可用于 5 km 长的电缆。当触发器在上升边沿触发时，设备的精密度决定了局部放电脉冲上升时间的精度。

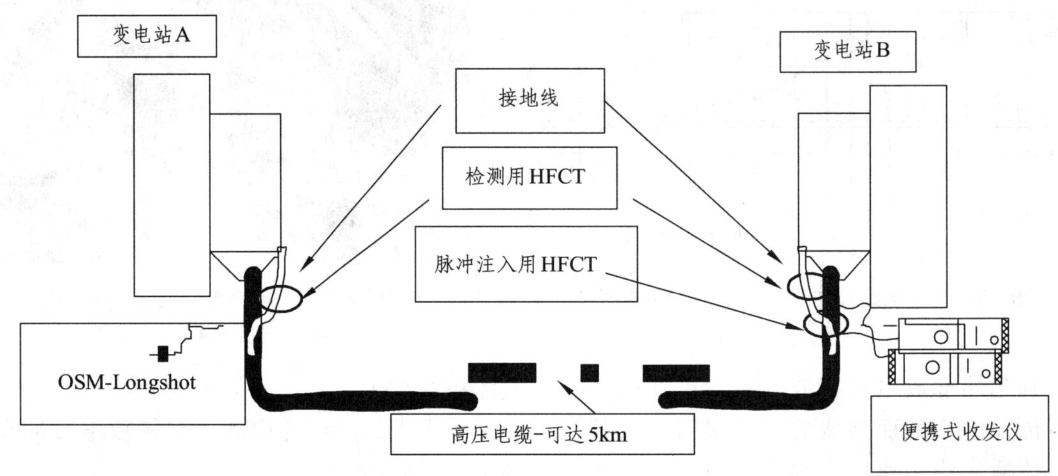

图 LE1-4 利用同步收发仪定位电缆局部放电示意图

三、GIS 局部放电在线检测技术

以 SF_6 作为绝缘介质的气体绝缘金属封闭开关设备（GIS）的局部放电会在外壳上产生微弱的电流，使接地线上有高频放电脉冲流过；局部放电还会使通道气体压力骤增，在 GIS 内部气体中产生纵波或超声波，并在金属外壳上出现各种声波；局部放电还会导致 SF_6 气体分解或发光，这些物理和化学变化特征，都可作为局部放电信号检测的对象。

1. 化学检测法

检测结果不受外界电磁干扰的影响。缺点是：对自由微粒引起的局部放电测量效果差；GIS 中的吸附剂和干燥剂可能会严重影响化学测量的准确性；短脉冲放电不一定能够产生足够的分解物；一次实验需要做多种分解物的气相色谱实验和红外谱图分析；断路器动作时产生的电弧亦会影响测量准确性。

2. 超声波检测法

传感器与 GIS 设备的电气回路无任何联系，不受电气方面的干扰。缺点是：在现场中除了局部放电以外，还存在不少其他原因可能引起的外壳振动，而且有的振动还很强烈。然而不同原因引起的振动频率特性不同，可采用带通滤波器来减小外界的影响。

3. 脉冲电流检测法

可以在很宽的频率范围内保持很好的传输特性，灵敏度高，放电量可以标定。缺点是：地线需穿过线圈，现场使用不便，最小检测量为 100 pC。

4. 特高频检测法

这是目前局部放电检测技术的一种新方法，该方法通过天线传感器接收局部放电检测中的电晕、开关操作等多种电气干扰。检测频带宽，检测灵敏度很高，而且可以识别故障类型和进行定位；特高频传感器相对于超声检测法而言，其局部放电有效检测范围大，需要安装传感器的检测点少。特高频检测法在近几年得到了迅速发展和广泛应用。

四、变压器在线检测技术

变压器在线检测即利用传感技术和微电子技术，对运行中的变压器进行监测，获取反映运行状态的各种物理量，并进行分析处理，对变压器的运行状况作出预测，必要时提供报警和故障诊断。从而尽量避免故障的进一步扩大而导致严重事故，指导变压器的最佳维修时机，为状态检修提供实时数据和重要的参考依据。因此，在线检测是从预防性检修向状态检修过渡的纽带和必备的技术手段。

1. 变压器局部放电在线检测

局部放电不仅是绝缘老化的现象和表征，而且又是促使绝缘老化的一个重要因素，故值得进行在线检测。研究表明，超高压变压器在工作电压下的长期运行寿命与其绝缘中有无局部放电密切联系，即局部放电越弱，正常运行的寿命越长。同时，在线检测局部放电可以及时预防或发现突发性故障。现有的局部放电在线测量方法主要分为电脉冲测量和超声波测量，最近国内外又出现了甚高频（VHF）、超高频（UHF）等方法，但应用最广泛、技术最成熟的则是依据离线测量标准 IEC270 的电脉冲测量方法。图 LE1-5 是电力变压器局部放电在线检测系统图。

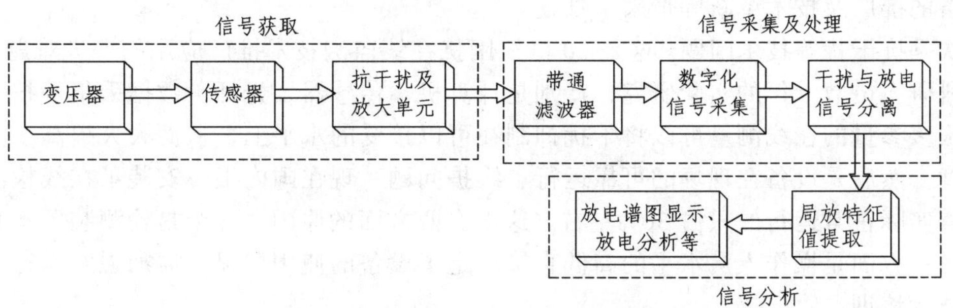

图 LE1-5 电力变压器局部放电在线检测系统图

目前，国内局部放电在线检测系统的水平和国外比较接近，大多使用嵌式传感器，不改变变压器的接线，这一点受到了欢迎。武汉高压研究所研制的局部放电系统，采用带宽为 10～1 000 kHz 的电流传感器从套管末屏、中性点及铁心等接地线处耦合脉冲信号，组成平衡对以消除外来脉冲干扰，同时获得局放脉冲幅值及次数。西安交通大学研究的 BYT 型局部放电系统，测量频带为 40 kHz ~ 2 MHz，在每相高压套管底座及套管末屏处分别安装一大一小两路传感器，系统通过鉴别这两路脉冲信号的极性来定向耦合变压器内部的局部放电信号，从而有效的抑制外来干扰。变压器局部放电在线监测的灵敏度一般为 1 000 pC 以上，高于离线下的变压器出厂试验规定值。所以现有系统主要依据局部放电的长期发展趋势来对变压器绝缘状况进行分析，而不完全是某次的单一测量值。此外，还可以利用局部放电椭圆图、二维、三维等谱图对局部放电的类型进行分析。

另外，可以通过对变压器铁心接地电流的在线监测来判断变压器铁心是否有多点接地故障；GE 公司生产的 LTC-MAP 系统，可以在线监测变压器有载调压开关的状况，以及在线测量套管的介质损耗等。但诸如变压器油中微水、绕组温度分布（以决定绕组最热点温度）及其纸绝缘的老化参量（如糠醛）等的在线监测，目前尚无好的解决方法，国内外都在积极探索中。

五、在线检测与离线检测的关系

在线检修比定期检修“先进”，但不应该不分重要性、可能性，都去搞在线检测。如对于影响很小的次要设备，仍以事故维修最经济为首要。即使被测设备很重要，但其故障的发生如果很突然，至今仍无法预测，目前也无法实施在线监测及状态维修。因此一切都需从实际出发。

六、在线检测技术存在的一些问题

在线检测技术已经发展了几十年，但从成熟产品的角度来考察，国内外的在线检测系统都存在一些共同的问题：

首先缺少统一的技术标准，这是它最大的缺陷。绝大多数在线检测系统测量原理基本上都是依据离线试验时的 IEC、IEEE 标准或者国家标准，但其产品制造、检验、校正、数据分析判断等都没有在线检测技术标准，这使用户很难识别其产品性能是否达到实际监测要求，也给设备的推广及技术革新等带来了难题。

其次是抗干扰等技术问题。这是 20 世纪困扰在线监测技术推广应用的一大难题。但是随着大量科研人员数十年的实验研究，特别是计算机、传感器、光纤、数据采集等技术的飞速发展，很多参量的在线测量可以将干扰抑制在可以接受的水平上，从而大大提高了测量数据的可信度。然后是设备在现场的可靠运行、维护问题。现在国内很多安装了在线检测装置，但据调查实际正常运行的只占 30%左右。这里有两方面的原因：一个是检测装置本身稳定性较差；另一方面是操作人员水平的高低直接决定了设备的使用情况，需加强对运行人员的在线检测技术培训。

最后是应用在线检测技术的经济效益问题。在线检测能否大面积推广应用，还需进行投资和效益的综合比较。一般在线检测设备价格不应超过变压器的 2%，目前很多检测设备特别是国外设备往往价格很贵，超过 5%，寿命较低（比如，一些油中气体检测装置），而且运行后还需要加上维护的成本。所以应在分析被监测设备故障的统计概率的基础上有选择的安装在线检测设备。

七、在线检测技术的前景

根据目前在线监测技术及用户使用的情况，今后它将在以下几个方面有所突破。

1. 技术层面

硬件设备将向智能化、网络化、总线化方向发展，软件故障分析系统将与离线试验信息、设备本身信息及运行信息等进行综合化、专家化、智能化诊断，不同系统的在线测量数据将能够共享；具体表现为具有数据接口的智能型传感器、干扰将得到有效抑制、色谱分析用的透气膜寿命将会延长等。

2. 政策层面

将会出现统一的技术标准，同时相应的设备检修规程、检修管理等也会改变，从而会建立相对中国电机工程学会高电压专业委员会 2004 年学术会议论文完善的状态检修管理系统；现在 IEEE 的在线检测标准已经讨论到第十稿，国内的在线检测行业标准也在起草之中，而国电公司、科研院所、在线监测公司等都在积极推动在线监测产品的研究及应用，这反过来也会促使状态维修体制的早日实现。

3. 经济层面

产品的硬件成本将会大幅下降，软件故障分析系统愈显重要。随着越来越多国内在线检测设备生产公司、状态检修软件开发公司的参与，加上同国外公司产品的竞争，同时国内电力用户的需求量大大增加，从而产生规模效应，这些竞争和规模经济等市场因素必将促使在线监测产品的性价比得到提高。

子模块 LE2　变电所防误系统

一、五防系统

1. 五防系统的特点

随着计算机及网络通信技术的发展，变电所自动化技术对电气五防系统的要求进一步提高，传统电气防误闭锁方式已经不能满足要求，而作为变电所自动化运用发展方向的微机五防系统，在功能上还有待进一步完善和提高。从目前的运行情况来看，为了安全可靠起见，在大力推广应用微机五防系统的同时，适当保留间隔的电气闭锁回路或将五防系统接点引入到电动操作回路中，应该是比较有效的防误闭锁措施。

微机五防，就是微机防误操作系统，也就是防止一、二次电力误操作的系统。其主要有硬件和软件两部分，硬件主要是各种锁具（包括机械锁、电控锁、遥控锁等），用来闭锁现场的所有一、二次设备的手动和遥控操作机构。

软件主要是防误系统，系统调试时预先输入变电所的接线图以及适合现场的防误规则，通过监控系统或 RTU 系统获取现场设备的实时状态，无法得到实时状态的设备，也可以根据系统记忆保存状态，以确保防误操作系统中的设备与现场设备状态保持一致。当运行人员接到操作任务时，首先以合法的用户身份登录到防误系统，然后在系统接线图上点击将要操作的设备进行模拟，点击的设备操作必须符合预先输入的防误规则方可加入到操作票中，一旦操作不符合防误规则，系统拒绝将该操作加入到操作票中，保证任何一步的操作都能满足防误规则的要求。

防误主机形成了正确的操作票后，将会把操作任务下传给电脑钥匙，运行人员即可持电脑钥匙到现场操作。操作时，电脑钥匙严格根据防误主机形成的操作顺序解锁对应闭锁锁具，从而操作一次设备，达到防止误操作的功能。

2. 五防基础概念

电力系统中的五防概念：防止误拉合断路器；防止误入带电间隔；防止带负荷拉合隔离开关；防止带接地刀闸或接地线合隔离开关；防止带电挂接地线或合接地刀闸。实际倒闸操作时，必须满足三条基本规则来防止上述误操作事故。

（1）为了防止带负荷拉合隔离开关，在拉合隔离开关时必须保证：

与隔离开关某一侧直接相连的所有断路器都在断开位置。

合负荷侧隔离开关时，应确认电源侧的隔离开关已经合好；拉电源侧隔离开关时，应确认负荷侧的隔离开关已经断开。

隔离开关在合上或断开时，如果能确认其两侧电压大小相等且相位相同，就可以操作（例如倒换母线的操作），不受其他条件限制。

（2）为了防止带地线合隔离开关，在合隔离开关时应保证：

所有与隔离开关两侧相连的（经过变压器或断路器而未经隔离开关隔离的仍认为是相连的）临时接地线和接地刀闸都在断开位置。

为满足在检修过程中断路器做拉合闸试验的需要，在断路器的任何方向都有断开的隔离开关的情况下，允许试拉合断路器。

（3）为了防止带电挂地线或合接地刀闸，在挂地线或合接地刀闸时，应保证：

接地点的任何方向都有断开的隔离开关。

3. 逻辑公式编写的基本规则

（1）“=0”表示等号前面的设备必须在断开位置。“=1”表示等号前面的设备必须在合闸位置。如操作的设备是临时接地线，则“=0”表示地线已拆除，“=1”表示地线已装设。

（2）“,”表示在逗号两边的逻辑条件之间的逻辑关系为逻辑与，也就是说必须所有条件都满足才能进行操作。

（3）“+”表示在加号两边的逻辑条件之间的逻辑关系为逻辑或，也就是说两个条件只要有一个满足就可以进行操作。

（4）“( )”：括号中间的逻辑关系应该优先进行判别。

（5）整个表达式结束的标志是“!”。

（6）在一行表达式中经常会同时出现“,”、“+”和“( )”，这时应注意运算的顺序为“( )”、“,”、“+”。

二、微机五防系统的应用

1. 系统组成

计算机防误系统主要由电脑主机（里面安装五防图形操作系统+操作票系统一体）、五防工控机（工控主机、用于五防主机和电脑钥匙传输操作票信息的中间介体）、电脑钥匙（五防解锁用）、跳步钥匙（用来跳过电脑钥匙里不要的操作步骤）、机械挂锁解锁钥匙、电编码锁解锁钥匙、机械挂锁（非电动操作的五防锁）、电编码锁（如本站所有开关的电动操作的五防锁）、打印机（打印操作票）等组成。如图 LE2-1 所示。

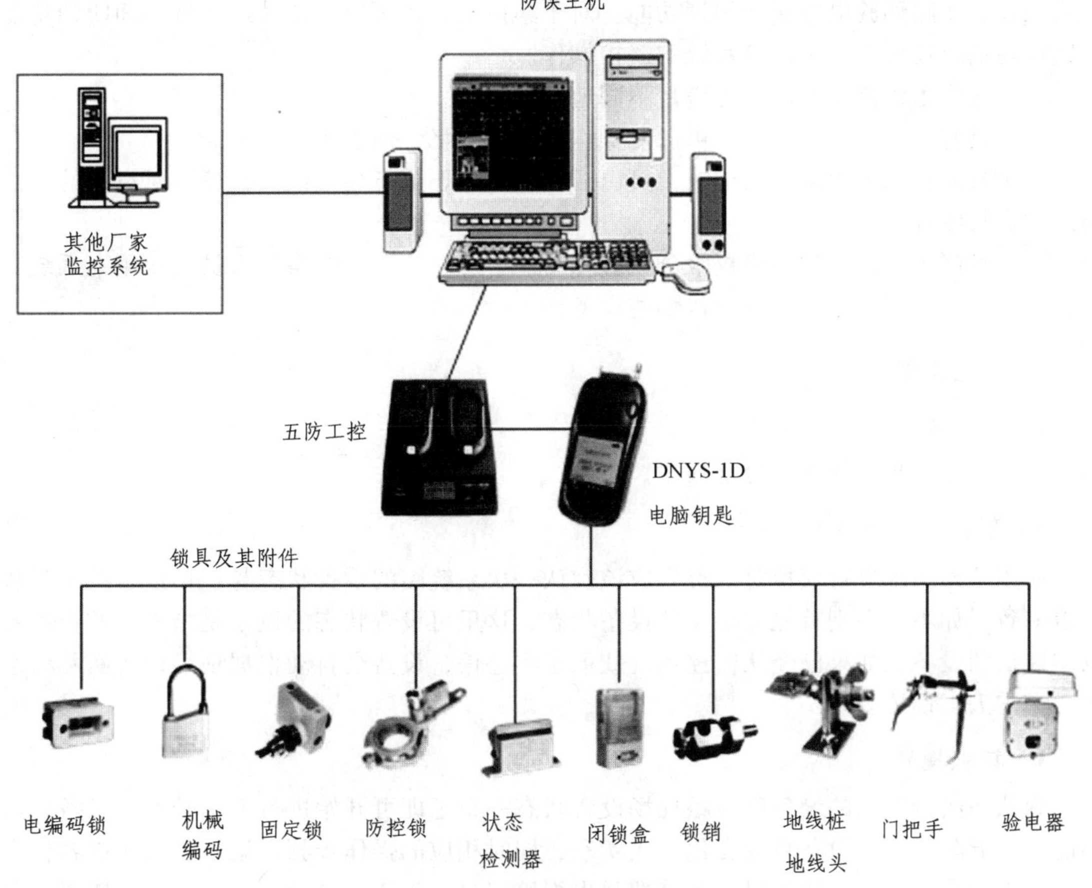

图 LE2-1 微机五防系统图

微机五防系统由三层结构组成，分别是防误主机（计算机）、传输适配器及电脑钥匙、闭锁锁具及附件。

防误主机负责存储一次系统图以及闭锁逻辑关系，对模拟过程进行逻辑判断，形成合乎逻辑要求的操作步骤，通过传输适配器将正确的操作步骤传输给电脑钥匙进行操作。

传输适配器是防误主机跟电脑钥匙之间的枢纽，一面负责将防误主机的正确步骤传输给电脑钥匙，一面负责将电脑钥匙的回传信息返回给防误主机，另外还负责给电脑钥匙充电。

电脑钥匙负责严格按照防误主机下发的操作步骤进行逐步解锁操作，还负责将最终的操作结果通过传输适配器回传到防误主机。

锁具及附件是最终的闭锁元件，负责使用机械或者电气的方式对各种一次设备实施有效闭锁，可以通过获得了正确操作步骤的电脑钥匙开启或者通过万能解锁钥匙开启。

2. 系统特点

（1）使用PC机，投资少，安装简单，升级方便。

（2）系统自带图形工具，可方便接线图修改，可以定义新的设备类型及设备画法。

（3）有完善的闭锁功能，能够对断路器、隔离开关、接地刀闸、临时接地线、网门等实现强制闭锁。不仅能满足基本的“五防”闭锁功能，还可实现旁路母线充电、带路操作、倒母线操作、线路测验电等复杂闭锁功能。对于集控站，还可以有条件地实现站间闭锁功能。与监控通信时还可以闭锁监控系统的遥控操作。

（4）操作术语修改方便，可满足不同地区的需要。

（5）具有“黑匣子”功能，可以对操作票进行追忆，便于事故分析。

（6）有完整的历史操作票记录，可以对历史操作票进行检索统计，可以对设备的分、合闸次数进行统计。

（7）有严密、完善的用户权限分级管理功能，可以定义每个操作人员在使用本系统时所具有的权限，能够具体到可以操作哪些设备。

3. 系统使用

1）正常操作流程

正常操作流程，如图LE2-2所示。

2）设置设备状态

使用防误系统进行模拟时，首先应该确认一次系统图的设备状态与现场设备的实际状态是否一致，如不一致则首先需要设置设备状态，这里可设置状态的设备是指未从监控系统获取实遥信的设备，如果已经从监控系统获取了实遥信，设备会自动根据现场设备实际状态变化，无需人工设置。

3）模拟操作

确认一次接线图的设备已经跟现场设备状态一致了即可开始进行模拟开票。设备的操作不能违反五防逻辑，设备将会变化一次状态，同时相应的操作步骤即记录在操作内容栏中。如果点击的设备违反五防逻辑，系统即弹出报警窗口，告知可能的误操作原因，错误步骤不会记录在操作步骤中。关闭报警窗口后可继续后面的正常模拟。

4）倒闸操作

电脑钥匙接收到操作票后，把电脑钥匙从传输适配器上拿起，电脑钥匙显示屏上将显示出第一项应操作的内容，此时即可按其显示的内容到现场逐项操作。

5）手操设备的操作

手操设备（手动隔离开关、接地刀闸、临时接地线、网门等）的闭锁，一般采用机械锁或者固定锁闭锁。

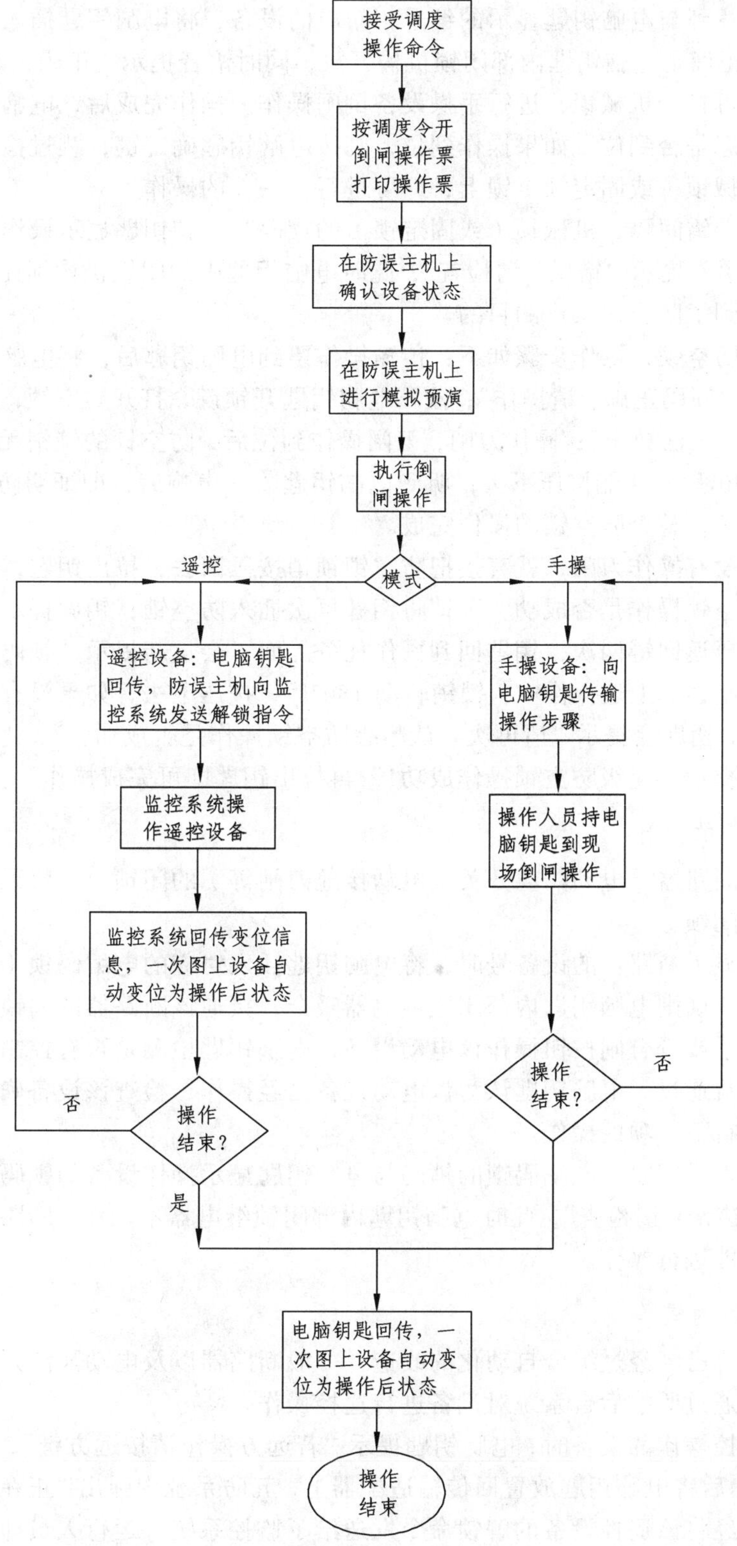

图 LE2-2　防误系统正常操作流程图

在运行现场找到与电脑钥匙显示的编号相对应的设备，将电脑钥匙插入机械锁（或固定锁）中，如锁码正确则电脑钥匙内部闭锁机构开放，同时语音提示“正确，请操作”，此时按下开锁按钮，即可打开机械锁，进行手操设备倒闸操作。操作完成后，电脑钥匙将提示检查被操作设备的状态是否到位，如果操作到位，则按电脑钥匙确定键，跳过检查的提示，然后将刚才打开的机械锁（或固定锁）锁上，即可进行下一项的操作。

如运行人员走错间隔，机械锁（或固定锁）的锁码与电脑钥匙显示操作设备的锁码不对应，则电脑钥匙语音提示“错误！请检查”，此时电脑钥匙中的闭锁机构锁死，不能进行开锁操作。这样即达到了防止误操作的目的。

如果是超级防空锁，操作步骤如下：传输操作票到电脑钥匙后，将电脑钥匙插入对应防空锁，钥匙提示“锁码正确，请操作”；按压电脑钥匙开锁键，打开防空锁，防空锁的锁销弹起（此时电脑钥匙无法拉出）；操作刀闸，刀闸操作到位后，防空锁的锁销无法按压下去，必须将锁销转动 180°后，才能按压下去，听到电脑钥匙嘀一声响后，即证明防空锁操作到位，可以拉出电脑钥匙，整个防空锁的操作完成。

注意：如果没有操作刀闸，就直接把防空锁锁销按压回去，拉出钥匙，钥匙会提示“请再次确认操作防空锁操作是否成功？”请将钥匙再次插入防空锁，钥匙提示“超级防空锁操作不成功!”，按压返回键两次，钥匙回到操作任务界面，会重新提示“锁码正确，请操作”，可以再次打开防空锁。上述操作中，锁销转动 180°后，按压下去，如果没有听到钥匙嘀一声响就把钥匙拉出，钥匙会提示“请再次确认超级防空锁操作是否成功？”，此时再次将钥匙插入防空锁，钥匙提示“超级防空锁操作成功!”再拉出钥匙即可完成操作。

6）电动设备的操作

电动设备（断路器、电动隔离开关、电动接地刀闸等）的闭锁，一般采用电编码锁或者遥控闭锁继电器闭锁。

当电脑钥匙显示断路器的设备号时，将电脑钥匙插入对应的电编码锁（或遥控闭锁继电器）中，如锁码正确则电脑钥匙内部闭锁继电器吸合，接通该断路器的闭锁回路。此时，运行人员可通过把手或分合闸按钮操作该电动设备，电脑钥匙检测是否有控制回路电流流经电脑钥匙，如有电流通过，电脑钥匙认为该电动设备已经操作，检查该设备确已变位后，拔出电脑钥匙即可进行下一项的操作。

如运行人员走错间隔，电编码锁的锁码与电脑钥匙显示操作设备的锁码不对应，则电脑钥匙语音提示“错误！请检查”，此时电脑钥匙内部闭锁继电器不动作，断路器闭锁回路依然在分断状态，不能进行操作。

7）遥控设备的操作

现有变电所都已经经过综合自动化的改造，一般断路器以及电动隔离开关具备远方遥控功能，可以直接通过监控后台系统对设备进行遥控操作。

遇到可以遥控操作的设备时，电脑钥匙提示“若远方操作请按远方键”，此时按压电脑钥匙“远方”键，然后将电脑钥匙放置回传输适配器上，五防系统中弹出“正在等待监控操作”。此时五防系统已经将该遥控设备的解锁命令发送给了监控系统，运行人员即可到后台机处对该设备进行正常的遥控操作，如果运行人员点击到别的遥控设备，后台机将会提示五防禁止操作（不同的监控系统提示的信息会有差异）而不能遥控。后台机遥控完成该设备后，会把相应变位的实遥信发送给五防系统，上述等待窗口自动消失，电脑钥匙即可进行后续操作。

如果后台机操作的是正确的设备，但是还是提示五防禁止操作的信息，运行人员可以回到五防机处点击“重发一次遥控解锁命令”按钮，然后再次尝试到后台机处进行遥控操作。如果最终确定后台机无法对该设备进行正常遥控操作，只能进行就地操作时，可以在五防机处点击“改为通过电脑钥匙操作”按钮，此时电脑钥匙又获得了该设备的操作权，即可拿电脑钥匙到就地操作相应机械锁或者电编码锁。

电脑钥匙型号不一样，具体的提示或者使用有些区别。

8）状态检测操作

为了强制让运行人员对所操作设备进行状态确认，防止开了锁不操作（即走空程序），很多站还在隔离开关或者接地刀闸上安装了状态检测器。

打开隔离开关或接地刀闸的锁具后，电脑钥匙将会显示“检查XX设备合位状态检测器”，此时如果设备还没有进行相应操作，合位状态检测器肯定是被遮挡物遮挡而无法插入电脑钥匙进行确认状态的，因而就无法提示下一个设备的操作，以此达到防止空程序的作用。设备正常操作变位后，合位状态检测器露出，分位状态检测器被遮挡，此时将电脑钥匙插入相应设备的合位状态检测器中，判断锁码正确后，电脑钥匙即会继续提示下一个设备的操作。

当电脑钥匙提示“检查XX设备分位状态检测器”时，操作方式一样，需要插入相应设备的分位状态检测器中进行状态确认。

注意：五防的状态检测器仅仅是防止走空程序的一个手段，而不能用来实际判断该设备是否操作到位，设备是否操作到位必须靠运行人员实际目测判断。

9）验电器操作

为了达到带电闭锁线路地刀或者母线地刀的操作，很多站在线路地刀或者母线地刀处安装了验电器，在操作相应的地刀时，电脑钥匙需要先对验电器进行操作。

电脑钥匙接收到带验电器的地刀操作任务时，首先在电脑钥匙中显示“检查××验电器”，此时将电脑钥匙插入相应的验电器中，电脑钥匙首先判断验电器的码值是否正确，如果错误，钥匙将会提示“锁码错误，请检查”。

如果电脑钥匙判断验电器锁码正确了，就进入验电过程，电脑钥匙根据验电器内的带电信息判断线路或者母线是否带电，如果有电，电脑钥匙提示“有电！禁止操作”，并且音响连续报警，不能进行相应地刀的解锁操作，以此达到带电闭锁的功能。

验电过程中，如果线路或者母线无电，电脑钥匙将提示“验电通过”并发出两声音响，此时即可将电脑钥匙从验电器中拔出，解锁相应的地刀进行操作。

注意：验电器的带电信息是从线路（或母线）电压互感器中获取的，一旦电压互感器提供的带电信息不准确，将直接影响验电器的带电结果判断，因此验电器只能作为检验是否带电的辅助手段，建议以现场拿验电棒检验的带电结果为最终判断标准。

10）终止操作

由于某种原因，当调度发出终止当前操作票的命令时，运行人员需终止当前任务操作，通过电脑钥匙可以进行终止操作，五防系统会自动根据电脑钥匙的回传结果，正确设置相应设备的状态。

如果遇到需要终止的任务，请运行人员通过正常的终止过程进行操作，不要直接清票操作，一旦电脑钥匙进行清票操作了，就需要对五防系统也进行一次清票操作，而且五防系统相关设备的状态将会回到未操作前的状态，可能跟现场实际状态有出入，还要进行一次设置设备状态操作。

11）回传操作

五防系统在把任务传输给电脑钥匙后，五防系统中的设备状态就处于“不确定状态”，需要电脑钥匙回传后才能恢复正常的合分状态。

电脑钥匙中的任务全部操作完成后，将显示“钥匙等待回传”，此时将电脑钥匙放回传输适配器中，任务回传即自动完成，五防软件提示“1 号任务操作完成”。

电脑钥匙完成一次设备操作后，都应该放回传输适配器中进行回传，不应该随意放置，以确保五防系统的一次，设备状态能跟现场保持一致。

多任务并行操作时，无论哪个任务先操作完成，都可以回传模拟屏，不一定要照任务的先后顺序回传。

12）重复开锁操作

三种情况需要使用重复开锁功能：一是电脑钥匙开机械锁后，没有确认机械锁已经打开，就把电脑钥匙拔出，电脑钥匙已经提示到下一个操作步骤了才发现刚才需要解锁的机械锁没有打开；二是设备已经操作过，锁具也已经处于闭锁状态，此时才发现设备没有操作到位，需要重新打开锁具对设备进行再操作；三是一个设备使用多个同样码值的锁具闭锁时（例如，一个隔离开关使用 2 把机械锁闭锁机构前门跟侧门、一个电容器间隔使用 4 把同样的机械锁闭锁围栏）。

对于上述第三种情况，如果需要打开一个设备对应的所有同样码值的锁具时，就需要多次使用重开锁功能，直到所有需要解锁的锁具全部打开。

注意：重开锁操作实现的前提是电脑钥匙未跳过紧跟的一个步骤（可能是提示项也可能是操作项），如果后续步骤已经跳过或者已经操作，那么就无法再重开上次锁具。

13）跳步操作

当电脑钥匙在操作过程中遇到锁具的故障而导致某个步骤无法使用电脑钥匙正常解锁，而又不想影响到后续步骤的操作时，就需要用到跳步操作，跳步操作是一个特殊操作，需要得到授权。

注意：跳步操作并非是指跳过某个步骤不操作，而是指某个步骤由于锁具问题不通过电脑钥匙来操作，实际该步骤还是必须通过解锁的手段实际操作，否则将不保证后续操作的逻辑正确性，产生误操作事故。

14）多任务并行操作

多任务并行操作是指一个变电所需要同时对两个或两个以上的任务进行倒闸操作。

此时即要进行第二个任务的模拟操作，模拟以及传票的过程跟第一个任务是完全一样的。内容传输给第二把电脑钥匙后，两把电脑钥匙即可分别进行两个任务的并行操作。

多任务的功能需要电脑钥匙支持，因为电脑钥匙一次只能接收一张操作票，如果需要两个任务并行操作，就必须准备两把电脑钥匙。

注意：多任务之间是不允许出现逻辑关联的，也就是说，任务一经形成后，开始任务二的模拟时，任务二中的设备逻辑关系不能跟任务一中任何一个设备的逻辑关系有关联，否则五防系统会提示禁止模拟。这样就避免了任务之间由于设备状态不明确而可能导致的误操作。

4. 系统防误维护

1）使用五防系统的注意事项

为了保证可以正常使用五防系统，运行人员应该注意如下事项：

① 不允许频繁进行非正常关机，确保操作系统稳定；

② 不使用时，软件应处于启动但未登录状态，确保不被无关人员误用；

③ 随时保持一次系统图中的设备与现场设备实际状态一致，特别在解锁、事故处理等非正常操作后，一定要通过设置设备状态功能置成与现场状态一致；

④ 五防计算机应专机专用，不得安装任何影响防误软件运行的其他软件，特别是游戏软件；

⑤ 保证计算机及外围设备的运行良好；

⑥ 不允许带电插拔所有相关连线，如通信线；

⑦ 定期做五防软件备份，以防数据遭破坏后无法恢复，有条件的还应做操作系统备份；

⑧ 定期检查五防软件一次图与现场实际接线方式是否一致；

⑨ 定期对计算机系统进行病毒库升级，查杀病毒。

五防系统连接了监控系统，该设备状态是从监控系统获取的，监控系统如果发送了错误的状态给五防系统，就会导致无法使用设置设备状态功能，此时应该检查监控系统该设备的采集状态是否有误，进行监控系统维护，修改完成后五防系统的设备状态即可恢复正常。

2）系统管理

根据用户级别调试人员>技术人员>值班长>值班员（“>”表示级别高于）。不同的级别有不同缺省使用权限，但级别不等同于权限，高级别的用户可以根据具体情况设置低级别的用户权限。在此可以进行增加用户和删除用户的操作。

3）五防计算机使用注意事项

不允许频繁非正常通信关机，平时处于启动但未登录状态，操作系统偶尔死机，一般情况下重新启动电脑即可正常使用。

子模块 LE3　再生能源制动系统

一、概　述

随着我国城市轨道交通建设的迅速发展，地铁及轻轨电动客车控制技术也得到长足的进步。目前，应用得较为广泛的调速技术主要有直流斩波调压、再生-电阻制动系统，交流 VVVF 变频变压调速、再生电制动系统。城轨列车运行具有站间运行距离短、运行速度较高、启动及制动频繁等特点。城轨车辆的制动一般有电制动（即再生制动）和空气制动两级制动，运行中以再生制动为主，空气制动为辅。在列车运行速度较高时，使用再生制动，当列车减速到一定速度再生制动不起作用时，使用空气制动。传统的再生制动做法是将再生制动电阻装设在车辆底部，当再生电阻不再起作用时采用空气制动。这种做法的缺点是再生电阻产生的大量热量散发在隧道内，加剧了洞体的温升，提高了对通风系统的要求，空气制动时将产生大量粉尘，造成环境污染。与再生电能回收技术相比同时又加大了车辆的维修工作量，增加了运营成本。牵引电站再生制动能量吸收设备是城轨交通供电控制系统的重要组成部分，对抑制洞内温升、减少车载设备、减小车辆维修量带来了较大的便利。原地铁、轻轨车辆电制动采用再生制动或再生-电阻制动模式，对于车流密度不大的线路，再生制动功能得不到充分发挥，造成电气制动投入频繁，使得洞内或沿线闸瓦灰尘较多，严重污染环境，且造成隧道内温度不断升高。同时，为了减少电阻制动逸散在洞内的温度，工程中不得不加大洞内排、通风量或增大空调功率，造成工程建设费用及运营费用昂贵。再生制动吸收就是在牵引电站设置集中吸收设备，使车辆再生能量消耗在地面空间。

二、类　型

目前，实现再生制动通常有三种做法：再生电能电阻消耗制动、再生电能存储制动和再生电能回馈制动。

1. 再生电能电阻消耗制动

此法在列车制动时可将约 75%的动能转换成电能。目前城市轨道交通系统中这部分能量中的大部分是通过制动电阻被消耗掉。

日本一些地铁公司及我国很多城轨公司就采用再生电能电阻消耗制动方式，其实质上是将原来装设在城轨车辆上的吸收电阻装设在牵引变电所内，把吸收电阻支路接在变电所直流母线上。这套装置由隔离开关、快速断路器、滤波装置、吸收电阻、IGBT 斩波器、续流二极管、电流电压互感器、工控机及避雷器装置等构成。其工作原理是先使控制系统投入工作，微机控制系统自动检测各个传感器的信号，根据各系统不同情况来设置再生电能装置投入运行的条件，一旦控制系统判定再生电能消耗装置需要投入，斩波器马上投入，吸收电阻开始吸收再生电能。

电阻消耗装置主要采用多相 IGBT 斩波器和吸收电阻，采用恒压吸收方式，将直流电压恒定在某一设定值的范围内，并将制动能量消耗在吸收电阻上。

该装置的优点是国内有成功的使用经验，并已实现国产化，价格较低；该装置的主要缺点是再生制动能量消耗在吸收电阻上，未加利用。

现代车辆的交流传动系统采用再生制动技术已将大多数的车辆动能转化为电能，送到直流牵引网供其他车辆牵引用。由于无法使送到直流牵引网的再生制动能量恰好被附近的车辆吸收，在车上和牵引所设有专门吸收这部分能量电阻装置，将这部分能量转化为了热能。

制动能量约 30%被列车利用，其余的都被电阻消耗掉。

电阻吸收制动能量带来的后果：热量在隧道中积聚使隧道不断升温。长期运营的结果是隧道温度已上升到 40 °C ~ 50 °C。需要通风设备消耗额外的能量来耗散这些热量。

2. 再生电能存储制动

再生电能存储制动是将再生电能回馈至交流供电系统，其主要工作单元是 IGBT 回馈单元。其工作原理是控制系统根据直流牵引电网网压、电流方向等控制条件，控制系统判定列车处于再生电能制动工况时，再生电能回馈装置需要投入运行，则回馈装置投入工作回路。将列车再生制动电能由直流电转换为与系统等电压、同频率、同相位的交流电供给变电所负荷，即采用逆变装置。

逆变装置主要采用大功率晶闸管三相逆变器，将再生直流电能逆变成工频交流电回馈至交流电网。

该装置充分利用了列车再生制动能量，提高了再生能量的利用率，其能量直接回馈到电网。目前，逆变+电阻混合型再生制动方式已在国内已有线路开始挂网试运行，其逆变方式是向车站 400 V 系统反馈能量，回馈功率不能被完全吸收时，由电阻吸收装置辅助吸收。

3. 再生电能回馈制动

再生电能回馈制动是在直流母线上接一电容器单元存储列车再生制动时产生的能量。当控制系统判定线路上有制动车辆产生再生电能时，接在直流母线上的电容器组处于工作状态，将列车再生制动电能存储在电容器组中，当过一段时间牵引网上又有列车制动时，列车动能转换为再生电能，该装置能将列车再生电能存储在电容器组中，列车制动时动能约为列车能量消耗的 40%。列车牵引用电时，存储在电容器组的电能可以释放出来供给牵引列车。电容器采用双层电容器，控制技术采用 IGBT 控制技术。

电容储能装置主要采用 IGBT 逆变器将列车的再生制动能量吸收到大容量电容器组中，当有列车启动、加速需要取流时，该装置将所储存的电能释放出去并进行再利用。

电容储能的优点为充电速度快，无污染，维护成本低，使用寿命长。电容储能的缺点是电容器的容量不可能太大，一次性投资高，占地面积较大。仅在北京地铁五号线有应用，目前还没有国产化。

另外，当采用吸收—储能—回馈这种方式来实现再生能回馈制动时，以飞轮储能作储能装置，也不失为一种可行的方案。

飞轮储能装置主要采用 IGBT 逆变器将列车的再生制动能量吸收到大容量飞轮电机中，当有列车启动、加速需要取流时，该装置将所储存的电能释放出去并进行再利用。

该装置储能密度大，能量转换率高，使用寿命长，其节能效果明显，占用面积也较小，价格也较低。

总模块 S 实作技能

分模块 SA　基本技能

子模块 SA1　常用仪表

一、万用表

万用表是一种便捷的测量仪表，它可以测量交、直流电压、电流、电阻等，还可以测量导体是否破损，设备接线是否导通或者开合是否正常等，其集多功能于一身，携带方便、操作简单，可以说是电工工作中的万金油。万用表种类繁多，一般可分为数字类和指针类，不过随着科技的发展指针式的逐步退出市场。

1. 仪表结构

数字万用表是一种多用途电子测量仪器，一般包含安培计、电压表、欧姆计等功能，有时也称为万用计、多用计、多用电表，或三用电表，如图 SA1-1 所示。数字万用表有用于基本故障诊断的便携式装置，也有放置在工作台的装置，有的分辨率可以达到七、八位数。这样的设备，在实验室很常见，一般被用作电压或电阻的基准，或用来调校多功能标准器的性能。

图 SA1-1　数字万用表

2. 使用方法

使用前，应认真阅读有关的使用说明书，熟悉电源开关、量程开关、插孔、特殊插口的作用。

（1）按下表上的电源按钮，检查电池（9 V），如果电池电压不足，显示在显示器上，这时则需更换电池。如果显示器没有显示，则按以下步骤操作。

（2）测试笔插孔旁边的符号，表示输入电压或电流不应超过指示值，这是为了保护内部线路免受损伤。

（3）测试之前，功能开关应置于你所需要的量程。

3. 直流电压测量

（1）将黑表笔插入 COM 插孔，红表笔插入 V/Ω插孔。

（2）将功能开关置于直流电压挡 V－量程范围，并将测试表笔连接到待测电源（测开路电压）或负载上（测负载电压降），红表笔所接端的极性将同时显示于显示器上。

4. 直流电压测量注意事项

（1）如果不知被测电压范围，将功能开关置于最大量程并逐渐下降。

（2）如果显示器只显示“1”，表示过量程，功能开关应置于更高量程。

（3）不要测量高于 1 000 V 的电压，显示更高的电压值是可能的，但有损坏内部线路的危险。

（4）当测量高电压时，要格外注意避免触电。

5. 交流电压测量

（1）将黑表笔插入 COM 插孔，红表笔插入 V/Ω 插孔。

（2）将功能开关置于交流电压挡 V～量程范围，并将测试笔连接到待测电源或负载上。测试连接图同直流电压测量。测量交流电压时，没有极性显示。

6. 电阻测量

（1）将黑表笔插入 COM 插孔，红表笔插入 V/Ω 插孔。

（2）将功能开关置于Ω量程，将测试表笔连接到待测电阻上。

7. 注　意

（1）如果被测电阻值超出所选择量程的最大值，将显示过量程“1”，应选择更高的量程，对于大于 1 MΩ 或更高的电阻，要几秒钟后读数才能稳定，这是正常的。

（2）当没有连接好时，例如开路情况，仪表显示为“1”。

（3）当检查被测线路的阻抗时，要保证移开被测线路中的所有电源，所有电容已放电完毕。被测线路中，如有电源和储能元件，会影响线路阻抗测试正确性。

8. 保　养

数字万用表是一台精密电子仪器，不要随意更换线路，并注意以下几点：

（1）不要接高于 1 000 V 直流电压或高于 700 V 交流有效值电压。

（2）不要在功能开关处于Ω位置时，将电压源接入。

（3）在电池没有装好或后盖没有上紧时，请不要使用此表。

（4）只有在测试表笔移开并切断电源以后，才能更换电池或保险丝。

二、相位表

1. 仪表结构

该仪表是专为现场测量电压、电流及相位而设计的一种高精度、低价位、手持式、双通道输入测量仪表。使用该表可以很方便地在现场测量 U-U、I-I 及 U-I 之间的相位，判别是感性、容性电路及三相电压的相序，检测变压器的接线组别，测试二次回路和母差保护系统，读出差动保护各组 CT 之间的相位关系，检查电度表的接线正确与否等。采用钳形电流互感器转换方式输入被测电流，因而测量时无需断开被测线路。测量 U_1、U_2 之间的相位时，两输入回路完全绝缘隔离，因此完全避免了可能出现的误接线造成的被测线路短路，以致烧毁测量仪表。如图 SA1-2 所示。

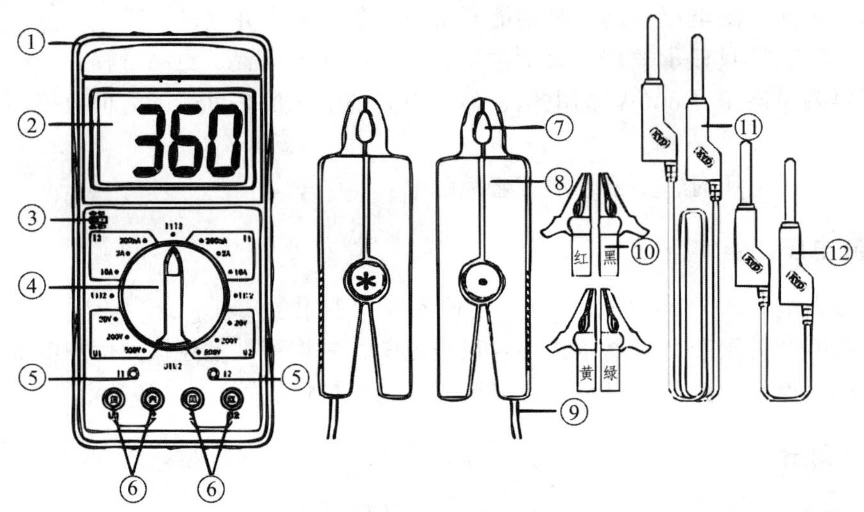

图 SA1-2 典型相位表

1—绝缘护套；2—三位半显示屏；3—ON/OFF 按钮；4—功能量程开关；5—电流钳插孔（2 路）；6—电压输入插孔（2 路）；7—电流钳钳口；8—电流钳；9—电流钳引线；10—测试鳄鱼夹（4 个）；11—测试线（4 根）；12—短接线（1 根）

2. 使用操作

按下 ON-OFF 按钮，旋转功能量程开关正确选择测试参数及量限。

1）测量交流电压

将功能量程开关拨至参数 U_1 对应的 500 V 量限，将被测电压从 U_1 插孔输入即可进行测量。若测量值小于 200 V，可直接旋转开关至 U_1 对应的 200 V 量限测量，以提高测量准确性。

两通道具有完全相同的电压测试特性，故亦可将开关拨至参数 U_2 对应的量限，将被测电压从 U_2 插孔输入进行测量。

2）测量交流电流

将旋转开关拨至参数 I_1 对应的 10 A 量限，将标号为 I_1 的钳形电流互感器副边引出线插头插入 I_1 插孔，钳口卡在被测线路上即可进行测量。同样，若测量值小于 2 A，可直接旋转开关至 I_1 对应的 2 A 量限测量，提高测量准确性。

测量电流时，亦可将旋转开关拨至参数 I_2 对应的量限，将标号为 I_2 的测量钳接入 I_2 插孔，其钳口卡在被测线路上进行测量。

3）测量两电压之间的相位角

测 U_2滞后 U_1的相位角时，将开关拨至参数 U_1U_2。测量过程中可随时顺时针旋转开关至参数 U_1各量限，测量 U_1输入电压，或逆时针旋转开关至参数 U_2各量限，测量 U_2输入电压。

注意： 测相时电压输入插孔旁边符号 U_1、U_2及钳形电流互感器红色“*”符号为相位同名端。

4）测量两电流之间的相位角

测 I_2滞后 I_1的相位角时，将开关拨至参数 I_1I_2。同样测量过程中可随时顺时针旋转开关至参数 I_1各量限，测量 I_1输入电流，或逆时针旋转开关至参数 I_2各量限，测量 I_2输入电流。

5）测量电压与电流之间的相位角

将电压从 U_1输入，用 I_2测量钳将电流从 I_2输入，开关旋转至参数 U_1I_2位置，测量电流滞后电压的角度。测试过程中可随时顺时针旋转开关至参数 I_2各量限测量电流，或逆时针旋转开关至参数 U_1各量限测量电压。

也可将电压从 U_2输入，用 I_1测量钳将电流从 I_1输入，开关旋转至参数 I_1U_2位置，测量电压滞后电流的角度。同样测量过程中可随时旋转开关，测量 I_1或 U_2之值。

6）三相三线配电系统相序判别

旋转开关置 U_1U_2位置。将三相三线系统的 A 相接入 U_1插孔，B 相同时接入与 U_1对应的 ± 插孔及与 U_2对应的 ± 插孔，C 相接入 U_2插孔。若此时测得相位值为 300°左右，则被测系统为正相序；若测得相位为 60°左右，则被测系统为负相序。

换一种测量方式，将 A 相接入 U_1插孔，B 相同时接入与 U_1对应的 ± 插孔及 U_2插孔，C 相接入与 U_2对应的 ± 插孔。这时若测得的相位值为 120°，则为正相序；若测得的相位值为 240°，则为负相序。

7）三相四线系统相序判别

旋转开关置 U_1U_2位置。将 A 相接 U_1插孔，B 相接 U_2插孔，零线同时接入两输入回路的 ± 插孔。若相位显示为 120°左右，则为正相序；若相位显示为 240°左右，则为负相序。

8）感性、容性负载判别

旋转开关置 U_1I_2位置。将负载电压接入 U_1输入端，负载电流经测量钳接入 I_2插孔。若相位显示在 0° ~ 90°内，则被测负载为感性；若相位显示在 270° ~ 360°内，则被测负载为容性。

三、钳形电流表

钳形电流表以下简称钳表，钳表是一种用于测量正在运行的电气线路的电流大小的仪表，可在不断电的情况下测量电流。

1. 结构原理

钳表实质上是由一只电流互感器、钳形扳手和一只整流式磁电系反作用力仪表所组成的。

如图 SA1-3 所示。

图 SA1-3 钳形电流表

2. 使用方法

（1）测量前要机械调零。

（2）选择合适的量程，先选大，后选小量程或看铭牌值估算。

（3）当使用最小量程测量，其读数还不明显时，可将被测导线绕几匝，匝数要以钳口中央的匝数为准，则读数 =（指示值 × 量程）/（满偏 × 匝数）。

（4）测量时，应使被测导线处在钳口的中央，并使钳口闭合紧密，以减少误差。

（5）测量完毕，要将转换开关放在最大量程处。

3. 注意事项

（1）被测线路的电压要低于钳表的额定电压。

（2）测高压线路的电流时，要戴绝缘手套，穿绝缘鞋，站在绝缘垫上。

（3）钳口要闭合紧密不能带电换量程。

四、接地电阻测试仪

1. 接地电阻测试仪概念

接地电阻就是电流由接地装置流入大地再经大地流向另一接地体或向远处扩散所遇到的电阻，它包括接地线和接地体本身的电阻、接地体与大地的电阻之间的接触电阻以及两接地体之间的大地电阻或接地体到无限远处的大地电阻。接地电阻大小直接体现了电气装置与“地”接触的良好程度，也反映了接地网的规模。

接地电阻测试仪是检验测量接地电阻的常用仪表，也是电气安全检查与接地工程竣工验收不可缺少的工具，近年来由于计算机技术的飞速发展，因此接地电阻测试仪也渗透了大量的接地电阻测试仪微处理机技术，其测量功能、内容与精度是一般仪器所不能相比的。目前，先进的电阻测试仪能满足所有接地测量要求。运用新式钳口法，无需打桩放线进行在线直接测量。一台功能强大的地阻测试仪均由微处理器控制，可自动检测各接口连接状况及地网的干扰电压、干扰频率，并具有数值保持及智能提示等独特功能。

2. 钳形接地电阻仪

钳形接地测试仪是传统接地电阻测量技术的重大突破，广泛应用于电力、电信、气象、油田、建筑及工业电气设备的接地电阻测量中。钳形接地电阻仪在测量有回路的接地系统时，不需断开接地引下线，不需辅助电极，安全快速、使用简便。钳形接地电阻仪能测量出用传统方法无法测量的接地故障，能应用于传统方法无法测量的场合，因为钳形接地电阻仪测量的是接地体电阻和接地引线电阻的综合值。钳形接地电阻仪有长钳口及圆钳口之分。长钳口特别适宜于扁钢接地的场合。

3. 使用接地电阻测试仪的准备工作

（1）熟读接地电阻测量仪的使用说明书，应全面了解仪器的结构、性能及使用方法。

（2）备齐测量时所必需的工具及全部仪器附件，并将仪器和接地探针擦拭干净，特别是接地探针，一定要将其表面影响导电能力的污垢及锈渍清理干净。

（3）将接地干线与接地体的连接点或接地干线上所有接地支线的连接点断开，使接地体脱离任何连接关系成为独立体。

图 SA1-4　数字接地电阻测试仪

4. 数字接地电阻测试仪

数字接地电阻测试仪如图 SA1-4 所示。

5. 使用方法（以 MI 2124 型数字式接地测试仪为例）

1）标准四导线测试法

被测电极到电流测量探头的距离至少是接地桩接地电极深度的 5 倍，或者是接地带电极的 5 倍，试验原理如图 SA1-5 所示。

（1）根据试验原理图按照图 SA1-6 将测试线连接到测试仪接线端子和测量对象上。

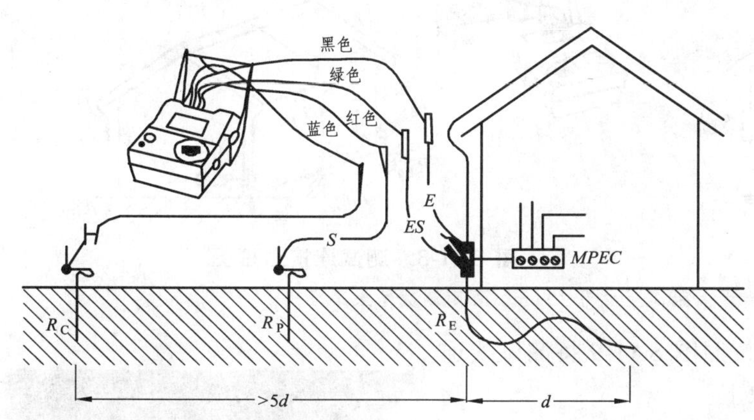

图 SA1-5　长 20 m 的标准测试导线的连接原理图

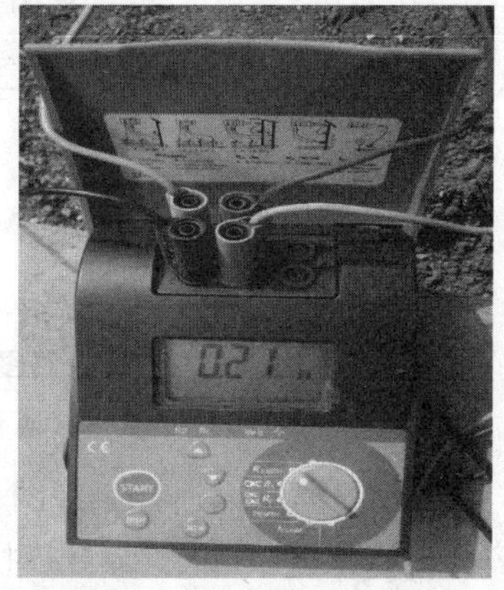
图 SA1-6　测试仪接线方法

注意：接被测体时，蓝色与红色两根线互不交叉的往同一方向延伸出去分别与两测试接地桩相连接。

（2）使用方法。

① 把旋转开关打到“REARTH”的挡位，可测量被测接地系统的总接地电阻。

② 接好线之后按“START”键启动测量，一段时间后仪表上就会自动显示出所测量出来的电阻值，若数值超出量程将显示信息“>19.99 kΩ”。

③ 按“DISP”键可以检查电流和电势测试探头的电阻。在显示完 rC、接着显示电流探头的数值后，将自动显示 R_P 和电势探头的数值。过一会儿后，将再次显示主要结果。

如果 H 与 E 或 ES 与 S 测试端子之间的外加电压高于 20 V ac./dc.，按下“START（启动）”

后，仪表将不能进行接地电阻测量，但显示信息“＞20V”，并标有“⚠”符号。

如果当前噪声电压比 H 与 E 或 ES 与 S 测试端子之间的噪声电压高出 5 V，将显示标有光标的“(噪声)”符号，表示测试结果可能不正确。

如果电流或电压接地桩的电阻太高[＞（4 kΩ+100R_E）或＞50 kΩ]，测试结果将标有“⚠”符号，并且将在 rC 和/或 rP 上出现光标。

2）使用两个测试夹钳测量法

使用双夹钳测试原理，可以不用打接地桩进行测量。例如，在建满房屋的地区，很难或不可能将测试探头插入地面并进行接地系统的测量。此测试法优点在于不必插入测量探头，也不必将被测电极分开。

（1）等效电路图如图 SA1-7 所示。

如果并联电极 R_{E1}、R_{E2} 和 R_{E3} 的总接地电阻远低于被测电极 R_{E4} 的电阻，可以记录下面的结果。

$$R_{result} = R_{E4}+(R_{E1}//R_{E2}//R_{E3}) \approx R_{E4}$$

该公式可用于计算选择性电阻 R_{E4} 的非常近似值。

将测试夹钳移到其他电极上，可以测量其他几个电极的电阻率。

（2）试验原理如图 SA1-8 所示。

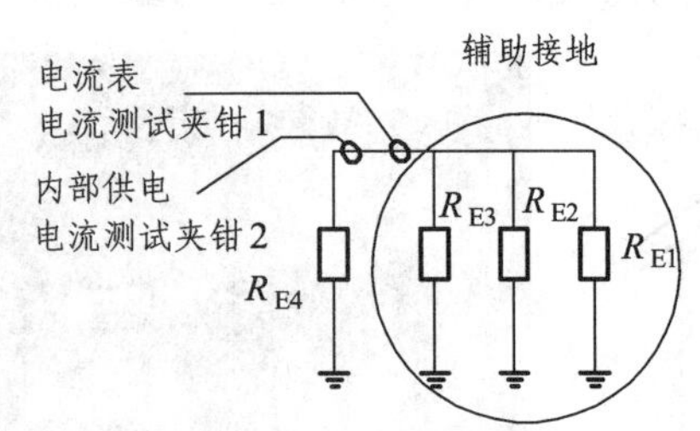

图 SA1-7　等效电路图

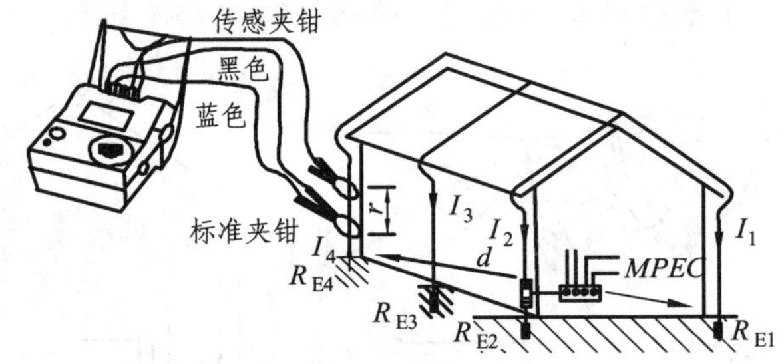

图 SA1-8　测试连接原理图

（确保测试夹钳之间距离至少为 30 cm，否则测试结果不准确）

（3）根据测试连接原理图，按照图 SA1-9 将测试线连接到测试仪接线端子和测量对象上。

（4）使用方法：

① 把旋转开关打到“REARTH”的挡位，可测量被测接地系统的总接地电阻。

② 接好线之后按“START”键启动测量，一段时间后仪表上就会自动显示出所测量出来的电阻值，若数值超出量程将显示信息“>19.99 kΩ”。

按“DISP”键可以检查电流和电势测试探头的电阻。在显示完 rC、接着显示电流探头的数值后，将自动显示 R_ρ和电势探头的数值。过一会儿后，将再次显示主要结果。

若测量结果超出量程将显示信息“>19.99 kΩ”。

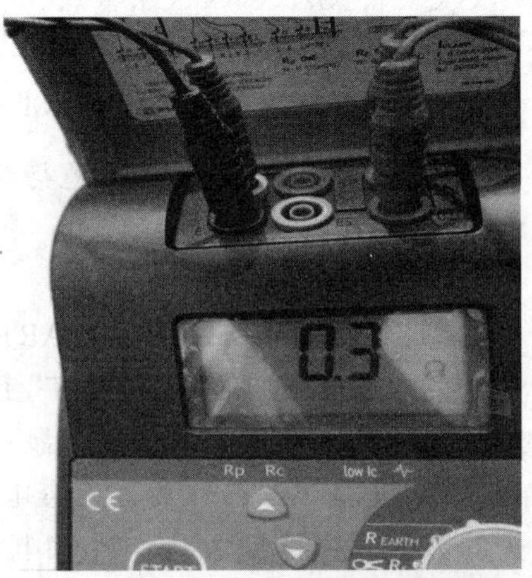

图 SA1-9　测试仪接线方法

如果传感测试夹钳测得的电流低于 0.5 mA，将在“Low IC（低电流）”上出现光标，表示测试结果可能不正确。

如果噪声电流/测量电流之比大于 100 或 I_{noise} 大于 2.1 A，将显示标有光标的“ （噪声）”符号，表示测试结果可能不正确。噪声电流的值也可以在“CURRENT（电流）”功能中测量。

6. 注意事项

（1）本试验设备应由专业技术人员使用，使用前应仔细阅读使用说明书，按使用说明书方法使用仪表，并经反复操作训练。

（2）严禁使用发现有任何损坏的仪表和附件。

（3）严禁将仪表连接至高压上。

（4）在打开电池盖之前，应断开电源及仪表与仪表连接的任何测量附件。

（5）测试前确保测试夹钳之间距离至少为 30 cm，否则测试结果可能不准确。

（6）接被测体时，蓝色与红色两根线互不交叉的往同一方向延伸出去分别与两测试接地桩相连接。

（7）测试点土壤不能太过干燥，否则测量结果有较大差别。

（8）操作人员进行操作时必须要有人在现场监护，使用时应严格遵守有关试验的安全作业规程。

（9）为了保证试验的安全正确，除必须熟悉本产品说明书外，还必须严格按国家有关标准和规程进行试验操作。

（10）各连接线不能接错，否则可能导致试验装置损坏。

（11）本装置使用时，输出的电压较高，必须可靠接地，注意操作安全。

（12）测试完毕后先拆开测试仪端的接线，再拆接在接地极上的线，最后设备器件人员工具出清。

五、红外线测温仪

1. 作　用

红外线测温仪是非接触式测温设备，测量时无须接触被测物体，只需将测温仪发出的光线对准被测物体，测温仪就可以将入射红外线强度转换为对应的温度读数显示出来。红外线测温仪操作简单，可以用于测量带电、高温等危险设备的温度。红外线测温仪外形如图 SA1-10 所示。

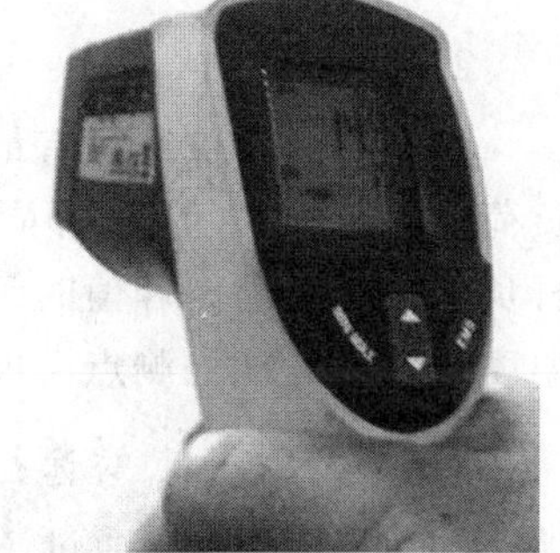
图 SA1-10　红外线测温仪

2. 原理介绍

利用任何物品，只要温度高于绝对温度，都会向外辐射红外线，其温度越高，辐射红外线的强度越强的原理，检测物体向外发射红外线的强度，从而判别其温度的设备就是红外线测温仪。红外线测温仪属于非接触式测温设备，测量时无须接触被测物体，将测温仪的光学系统（相当于望远镜）对准被测物体，被对准处释放的红外线及可见光进入测温仪内，其中，可见光被滤光片滤除，仅让红外线照射到光敏元件上，相应的电子电路将入射红外线强度转换为对应的温度读数显示出来，部分测温仪可以将读数保存备查，这样就完成了测温过程。如图 SA1-11 所示。

早期的光学测温仪并不单测量红外线强度，进入测温仪的光线直接照射到内部的光电池上，光电池产生的电压直接连接到灵敏的电压表上，电压表上刻度直接表示对应的温度读数。因为这种设备使用时受环境因素影响较大，所以一般作为辅助设备使用。实际上，我们日常用手靠近一个物体，通过手的感觉，判断物体温度高低，也是利用了红外测温原理。

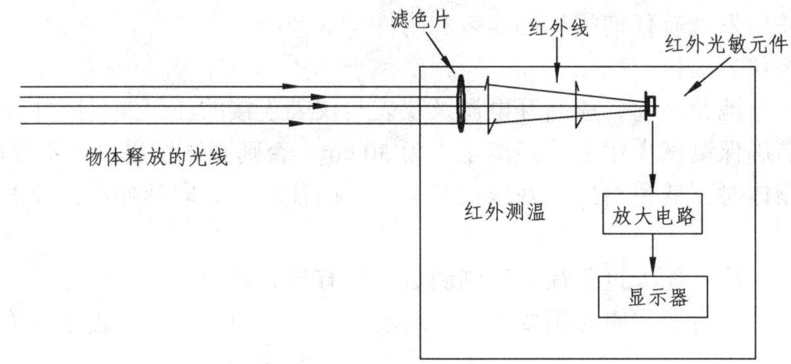

图 SA1-11 红外测温原理图

3. 红外线测温仪的选择

（1）性能指标方面，如温度范围、光斑尺寸、工作波长、测量精度、窗口、显示和输出、响应时间、保护附件等。

（2）环境和工作条件方面，如环境温度、窗口、显示和输出、保护附件等。

（3）其他选择方面，如使用方便、维修和校准性能以及价格等，也对测温仪的选择产生一定的影响。

4. 使用方法

1）测温对象

测温对象主要指牵引供电设备所有通过电流的接续部位。具体有：牵引所高压一次设备接续线夹、牵引所的馈线、供电电缆上网连接线夹。

2）测温方法

测温必须在被测点有最大（或较大）持续负荷电流时进行（可综合分析查找出所内近期负荷电流集中时间段，即同一供电臂内有多趟电力机车同时运行时），可根据所内进线或馈线日负荷曲线在出现峰值时间段范围内进行。记录测温结果时应待仪器显示稳定后读取被测点温度数，当发现被测点温度超常时，应对该点进行反复测量和确认。

3）查找过热点的途径

同一环境温度（通过读取测温仪等确定，数据精确到小数点后 1 位）、同一负荷电流情况下，测量同一位置的两个线夹，当该两个线夹温差达到 5 °C ~ 10 °C 以上时认为有隐患。

同一负荷电流情况下，测量线夹的温度与环境温度对比，若温差超过 10°时，线夹有可能存在问题。

同一负荷电流情况下，测量与该线夹连接的线索温度，以此作为环境温度，与测得的线夹温度相差对比，若温差超过 5°时，线夹有可能存在问题。

根据经验公式：$T_{测} \geqslant T_{环}+5\ °C+0.015 \times I_{负荷}$进行判断。设备温度规定标准如表 SA1-1 所示。

表 SA1-1　设备温度限定标准

测试季节	正常状态点		危险状态点	
	夏季	冬季	夏季	冬季
变电所一次设备连接点测试温度	+45 °C 左右	+30 °C 左右	+80 °C 左右	+60 °C 左右

4）测温周期

每月测温一次部位：所内出线上网点处电缆连接线夹，牵引变电所主导电回路及其他回路。

当有特殊情况如每年春融、连续阴雨天气，以及运输超负荷，跳闸次数频繁等情况下视实际情况增加对重点部位的测温。

5）测温结果与数据处理

测温结果需及时填写“设备测温记录”。发现过热点时及时报告。

“设备测温记录”要求采用标准计量单位及符号进行填写，且项目完整，字迹清楚，不得涂改。

测温发现过热点，按设备缺陷处理，由检修车间及时联系电调安排处理；处理情况在设备缺陷登记簿上记录。测温温度超过直射温度 10 °C ~ 30 °C 可在第二天或随后近期处理，30 °C 以上确认缺陷后应当天要点处理。

过热点处理后，应在尽可能短的时间内进行复测，一般不超过三天，关键地点或烧伤严重处跟踪测温。

5. 测温工作的注意事项

（1）测温人员应掌握测温范围内设备状态，并结合日常测温工作探索测温的各种规律，不断总结经验。

（2）每年需对测温仪器进行一次全面的性能校验。保证电源充足，显示准确，使之始终处于良好状态。

（3）严格按照使用说明书操作测温仪器，不能省略正确步骤，程序不能颠倒，确认处于良好状态后方可开始测温。

（4）测温仪器不宜在阳光直射下使用，夏天烈日直射情况下应采取打伞遮阳等措施。任何时间测温镜头不能对着温度超过 300 °C 的热源。雨天禁止测温作业。

（5）测温仪器严禁磕碰和剧烈振动，不使用时存放于干燥通风、无腐蚀、温度在 – 5 °C ~ 30 °C 的环境中。

子模块 SA2　供电设备电力试验综述

随着电力工业的飞速发展，机组参数、系统电压等级逐步提高，电气设备的绝缘强度、系统过电压的限制水平对系统安全经济运行的影响日益突出；而高压电网的各种故障多是由于高压电气设备绝缘的损坏所致；因此了解设备绝缘特性，掌握绝缘状况，不断提高电气设备绝缘水平是电力系统安全经济运行的根本保证。

高压电气设备在运行中必须保持良好的绝缘，为此从设备的制造开始，要进行一系列绝缘测试。这些测试包括：在制造时对原材料的试验、制造过程的中间试验、产品的定性及出厂试验、在使用现场安装后的交接试验、使用中为维护运行而进行的绝缘预防性试验等。其中电气设备的交接试验和预防性试验是两类最重要的试验，中华人民共和国电力行业标准和国家标准 DL/T 596—1996《电力设备预防性试验规程》和 GB 50150—91《电气设备交接试验标准》详细地介绍了各项试验的内容和标准。

一、电气设备的绝缘试验

对电气设备进行绝缘试验是保证设备安全运行的重要措施。通过试验，掌握设备绝缘状况，及时发现绝缘内部隐藏的缺陷，并通过检修加以消除，严重者必须予以更换，以预防设备在运行中发生绝缘击穿，造成停电或设备损坏等不可挽回的损失。

绝缘试验可分为两大类：一类是非破坏性试验或称绝缘特性试验，是在较低的电压下或用其他不会损坏绝缘的办法来测量的各种特性参数，主要包括测量绝缘电阻、泄漏电流、介质损耗角正切值等，从而判断绝缘内部有无缺陷。实验证明 ，这类方法是行之有效的，但目前还不能只靠它来可靠的判断绝缘的耐电强度。另一类是破坏性试验或称耐压试验，试验所加电压高于设备的工作电压，对绝缘考验非常严格，特别是揭露那些危险性较大的集中性缺陷，并能保证绝缘有一定的耐电强度，主要包括直流耐压、交流耐压等。耐压试验的缺点是会给绝缘造成一定的损伤。

二、电气设备的绝缘试验要求

为适应电气装置安装工程和电气设备试验的需要，促进电气设备交接试验新技术的推广和应用，国家标准 GB 50150—91《电气设备交接试验标准》详细地介绍了各项试验的内容和标准。电气设备交接试验除了包含部分绝缘预防性试验还有其他一些特性试验，例如变压器直流电阻和变比测试、断路器回路电阻测试等。

一般地说，如果电气设备各项预防性试验结果（也包括破坏性试验和特性试验）能全部符合规定，则认为该设备绝缘状况良好，能投入运行。但是对非破坏性试验而言，有些项目往往不作具体规定，有的虽有规定，但试验结果却又在合格范围内出现“异常”，即测量结果合格但极不稳定，增长率很快。对这些情况如何作出正确判断，则是每个试验人员非常关心的问题。根据现场试验经验，一般采用比较法将电气设备绝缘预防性试验结果进行综合分析判断。它概括为下列内容：

（1）与设备历年（次）试验结果相互比较，因为一般的电气设备都应定期地进行预防性试验，如果设备绝缘在运行过程中没有什么变化，则历次的试验结果都应当比较接近。如果有明显的差异，则说明绝缘可能有缺陷。

（2）与同类型设备试验结果相互比较。因为对同一类型的设备而言，其绝缘结构相同，在相同的运行和气候条件下，其测试结果应大致相同。若差别很大，则说明绝缘可能有缺陷。

（3）同一设备相间的试验结果相互比较。因为同一设备，各相的绝缘情况应当基本一样，如果三相试验结果相互比较差异明显，则说明有异常的绝缘，可能有缺陷。

（4）与《电力设备预防性试验规程》规定的“允许值”相互比较。对有些试验项目，《电力设备预防性试验规程》规定了“允许值”，若测量值超过“允许值”，应认真分析，查找原因，或再结合其他试验项目来查找缺陷。

总之，应当坚持科学态度，对试验结果必须全面地、历史地综合分析，掌握设备性能变化的规律和趋势，这是多年来试验工作者总结出来的一条综合分析判断试验结构的重要原则，并以此来正确判断设备绝缘状况，为检修提供依据。

三、绝缘试验的基本项目

1. 绝缘电阻的测试

绝缘电阻的测试是电气设备绝缘测试中应用最广泛、试验最方便的项目。绝缘电阻值的大小能有效地反映绝缘的整体受潮、污秽以及严重过热老化等缺陷。绝缘电阻的测试最常用的仪表是绝缘电阻测试仪（兆欧表）。

绝缘电阻测试仪（兆欧表）通常有 100 V、250 V、500 V、1 000 V、2 500 V 和 5 000 V 等类型。使用兆欧表应按照 DL/T596《电力设备预防性试验规程》的有关规定。

2. 介质损耗因数 tanδ 测试

介质损耗因数 tanδ 是反映绝缘性能的基本指标之一。介质损耗因数 tanδ 反映绝缘损耗的特征参数，它可以很灵敏地发现电气设备绝缘整体受潮、劣化变质以及小体积设备贯通和未贯通的局部缺陷。

介质损耗因数 tanδ 与绝缘电阻和泄漏电流的测试相比具有明显的优点，它与试验电压、试品尺寸等因素无关，更便于判断电气设备绝缘变化情况。因此介质损耗因数 tanδ 为高压电气设备绝缘测试的最基本的试验之一。

3. 泄漏电流的测试

一般直流兆欧表的电压在 2.5 kV 以下，比某些电气设备的工作电压要低得多。如果认为兆欧表的测量电压太低，还可以采用加直流高压来测量电气设备的泄漏电流。当设备存在某些缺陷时，高压下的泄漏电流要比低压下的大得多，亦即高压下的绝缘电阻要比低压下的电阻小得多。测量设备的泄漏电流和绝缘电阻本质上没有多大区别，但是泄漏电流的测量有如下特点：

（1）试验电压比兆欧表高得多，绝缘本身的缺陷容易暴露，能发现一些尚未贯通的集中性缺陷。

（2）通过测量泄漏电流和外加电压的关系有助于分析绝缘的缺陷类型。
（3）泄漏电流测量用的微安表要比兆欧表精度高。

4. 直流耐压试验

直流耐压试验电压较高，对发现绝缘某些局部缺陷具有特殊的作用，可与泄漏电流试验同时进行。直流耐压试验与交流耐压试验相比，具有试验设备轻便、对绝缘损伤小和易于发现设备的局部缺陷等优点。与交流耐压试验相比，直流耐压试验的主要缺点是由于交、直流下绝缘内部的电压分布不同，直流耐压试验对绝缘的考验不如交流更接近实际。

5. 交流耐压试验

交流耐压试验对绝缘的考验非常严格，能有效地发现较危险的集中性缺陷。它是鉴定电气设备绝缘强度最直接的方法，对于判断电气设备能否投入运行具有决定性的意义，也是保证设备绝缘水平、避免发生绝缘事故的重要手段。

交流耐压试验有时可能使绝缘中的一些弱点更加发展，因此在试验前必须对试品先进行绝缘电阻、吸收比、泄漏电流和介质损耗等项目的试验，若试验结果合格方能进行交流耐压试验。否则，应及时处理，待各项指标合格后再进行交流耐压试验，以免造成不应有的绝缘损伤。

6. 不同试验方法的区别（见表 SA2-1）

表 SA2-1 不同试验方法的区别

试验方法	能发现的缺陷	不能发现的缺陷	评价
测量绝缘电阻	贯通的集中性缺陷，整体受潮或有贯通性的受潮部分	未贯通的集中性缺陷，绝缘整体老化及游离	基本方法
测量吸收比	受潮，贯通的集中性缺陷	未贯通的集中性缺陷，绝缘整体老化	应用于判断变压器受潮
测量泄漏电流	同绝缘电阻测量，但较灵敏	同绝缘电阻测量	基本方法
介质损耗	整体受潮、劣化，小体积被试品的贯通及未贯通缺陷	大体积被试品的集中性缺陷	基本方法

四、特性试验

通常把绝缘以外的试验统称为特性试验。这类试验主要是对电气设备的电气、机械方面的某些特性进行测试，如变压器的变比试验、极性试验；线圈的直流电阻试验；断路器的导电回路电阻试验、分合闸时间和速度试验等。

五、电气试验的技术及安全措施

1. 技术措施

（1）周密的准备工作。包括拟定试验程序，准备试验设备仪器等。
（2）合理整齐的布置试验场地。试验器具靠近试品设备，带电部分互相隔开，面向试验人员并处于视线之内。

（3）试验接线清晰明了无误。

（4）操作顺序有条不紊。在操作中，除非有特殊要求，均不得突然加压或失压，当发生异常，应立即停止升压，立即进行降压，断电，放电，接地等。而后检查分析。

（5）做好试验的善后工作。包括清理现场，妥善保管试验器具。

（6）试验记录。对试验项目，测量数据，试品名称，仪器编号，气象条件及试验时间等应进行详细的记录，作为分析和判断设备状态的依据，然后整理成试验报告。

2. 安全措施

（1）已投运电气设备的现场工作必须严格执行工作票制度、工作许可制度、工作监护制度、工作间断和转移及终结制度。

（2）在试验现场应装设遮拦或围栏，悬挂警示牌，并派专人看守。

（3）高压试验不得少于两人，试验负责人应由有经验人员担任。开始前，负责人应对全体试验人员详细交代试验中的安全事项。

（4）因试验需要断开电气设备接头时，应做好标记，恢复后应进行检查。

（5）实验器具的外壳应可靠接地，高压引线应尽可能短，必要时用绝缘物支持，为了在试验时确保高压回路的任何部分不对接地体放电，高压回路与接地体必须留有足够的距离。

（6）加压前须认真检查接线，表计量程，确认调压器处于零位，仪表开始状态正确无误，并确认所有有关人员远离被试设备及其电气连接，得到负责人许可后，方可加压。

（7）变更接线或试验结束，应首先降下电压，断开电源，并将升压装置的高压部分短路接地。

（8）未装接地线的大容量试品，应先放电再进行试验并于试验后充分放电。

六、预防性试验的要求和结果分析

每一项预防性试验项目对反映不同绝缘介质的各种特点及灵敏度各不相同，因此，对各项预防性试验结果不能孤立地、单独地对绝缘介质作出试验结论，而必须将试验结果联系起来，进行系统地、全面地分析比较，并结合各种试验方法的有效性及设备的历史情况，才能对被试设备的绝缘状态和缺陷性质作出科学的结论。

一般地说，如果电气设备各项预防性试验结果能符合《电气设备预防性试验规程》的规定，则认为该设备状况良好，能投入运行。但是，有些试验项目在规程中不作具体规定，有的虽有规定，试验结果却在规程范围内出现异常，及测量结果合格，增长率却很快，对这些情况，应使用比较法进行综合分析判断。

子模块SA3　绝缘电阻测试

绝缘电阻试验是对设备主绝缘性能的试验，主要诊断设备受机械、电场、温度、化学及潮湿污秽等作用的影响程度，能灵敏反映绝缘整体受潮、整体劣化和绝缘贯穿性缺陷，是设备能否投运的主要参考判据之一。

一、电介质

所谓电介质，是指不导电的物质，即绝缘体，内部没有可以移动的电荷。电介质按其物质形态，可分为气体介质、液体介质和固体介质。当超过某种限度，电介质就会逐步丧失其原有的绝缘性能，甚至演变成导体。下面主要讲述电气装置绝缘失效的原因及预防措施。

（一）由击穿引起的绝缘失效

1. 气体的击穿

当电场强度超出一定值时，会造成间隙击穿。如果间隙过小，也会使电场强度增加而造成气体击穿。常见的有：电容器因施加电压过高而击穿，因电线裸露而产生的电火花，闭合开关时产生的电弧。出现这些情况均说明其气体电介质不再具有绝缘性能。

2. 液体电介质的击穿

纯净的液体电介质的电气强度比标准状态下气体的要高得多。但在工程中实际使用的液体介质并不是完全纯净的，往往含有水分、气体、固体微粒和纤维等杂质，其电气强度将严重下降，极易发生击穿现象。

3. 固体电介质的击穿

固体电介质的击穿形式有：电击穿、热击穿和电化学击穿。同一种电介质在不同的外界条件下，可以发生不同的击穿形式。

1）电击穿

固体介质的电击穿是指仅仅由于电场的作用而直接使介质破坏并丧失绝缘性能的现象。由于外电场的存在，固体介质中存在的少量电离电子在强电场中积累起足够的能量，使其相互间发生碰撞导致电击穿。其特点是过程快，击穿电压高。

2）热击穿

击穿电压随温度和电压作用时间的延长而迅速下降，这时的击穿过程与电介质中的热过程有关，称为热击穿。随环境温度和电压作用时间的增加，热击穿电压下降；电介质厚度增加，平均击穿场强将下降。

3）电化学击穿

在电场作用下，电介质内部发生局部放电等原因，使绝缘劣化、电气强度逐步下降并引起击穿的现象，称为电化学击穿。

4. 沿面击穿

在实际的绝缘结构中，固体介质周围往往有气体或液体介质，击穿常常沿着两种电介质交界面并在电气强度较低的一侧发生，称为沿面击穿。沿面击穿电压比单一介质击穿电压要低。电容器电极边缘，电机线（棒）端部绝缘体很容易发生沿面放电，对绝缘的损害很大。

（二）老化引起的绝缘失效

电气设备的绝缘在长期运行过程中会发生一系列物理变化（如固体介质软化或熔解等）和化学变化（如氧化、电解、电离、生成新物质等），致使其电气、机械及其他方面的性能逐渐劣化（如电导和介质损耗增大、变脆、开裂等），这种现象统称为绝缘的老化。促使绝缘老化的原因很多，主要有热、电和机械力的作用，此外还有水分、氧化、各种射线、微生物等因素的作用。

1. 热老化

在高温的作用下，电介质在短时间内就会发生明显的劣化；即使温度不太高，但作用时间很长，绝缘性能也会发生不可逆的劣化，这就是介质的热老化，温度越高，绝缘老化得越快，寿命越短。

固体介质受热后，内部带电粒子的热运动加剧，使介质中出现更多的载流子并且给载流子创造了更好的迁移条件，因而电导增大，极化损耗也增大，总的介质损耗急剧上升，从而使介质温度进一步升高，电导和损耗进一步增大。如果散热条件不良，非但会加速热老化，还可能直接导致热击穿。以电缆、导线为例，随着温度的升高，绝缘体变软，其抗剪强度就会丧失。在高温下如果被其他物体挤压，则绝缘体有可能会发生塑变甚至使导体外露，最终酿成短路；当温度超过绝缘体的额定值时，将导致绝缘退化（寿命缩短），还可能造成塑变或炭化，引起过度退化；因过热而老化并硬化的绝缘体如受到弯曲，就有可能出现裂纹。若温度低于绝缘体的额定值时，如果冷导线或电缆受到剧烈弯曲或冲击时，绝缘体也会破裂。

液体介质的热老化主要表现为油的氧化，油温越高，氧化速度越快。对于变压器油来说，大约每增高 10 °C，氧化速度增加一倍。当油温达 115 °C ~ 120 °C 时，油开始热裂解，这一温度称为油的临界温度。此外，局部过热使变压器油老化的主要原因则是油中会分解出多种能溶于油的微量气体。

2. 电气老化

电气老化系指在外加高电压或强电场作用下发生的老化。介质电气老化的主要原因是：介质中出现局部放电。局部放电引起固体介质腐蚀、老化、损坏，导致绝缘下降，引起绝缘油油温升高而导致油的裂解和产生出一系列微量气体。此外，油中的局部放电还可能产生聚合蜡状物，它附着在固体介质的表面上而影响散热，加速固体介质的热老化。

3. 机械老化

机械应力对绝缘老化的速度有很大的影响。如电机绝缘在制造过程中可能多次受到机械力的作用，在运行过程中长期受到电动力和机械振动的作用，它们会加速绝缘的老化，缩短电机的寿命。

机械应力过大时还可能使固体介质内部产生裂缝或气隙而导致局部放电。如瓷绝缘子的老化往往与机械应力有明显的关系，通常悬式绝缘子串中最易损坏的元件是靠近横担的那一片，而该片绝缘子在串中分到的电压并不高，不过受到的机械负荷是最大的。

4. 环境因素引起的老化

环境条件对绝缘的老化也有明显的影响，如紫外线的照射会使包括变压器油在内的一些绝缘材料加速老化，有些绝缘材料不宜用于日晒雨淋的户外条件等。对在湿热地区应用的绝缘材料还应注意其抗生物（霉菌、昆虫等）作用的性能。

（三）绝缘失效的预防

根据以上分析，绝缘失效的预防主要应在提高绝缘材料的电阻率和增强电介质的击穿场强两方面入手。

1. 液体电介质的预防

保持液体电介质的纯净度，防止杂质混入。在配制蓄电池电解液时应选用蓄电池用硫酸和纯水。盛装电解液的容器必须是陶瓷、玻璃、耐酸塑料或纯铅容器。切不可用铜、铁容器盛装电解液。同时，调配和加注电解液时应严防杂质混入。这就相对减少了电介质中的自由离子，从而降低了电介质工作时的电流密度。

对于工业用油来说，应设法减少杂质的影响，提高油的品质。通常可以采用过滤、防潮、祛气等方法提高油的品质。

2. 固体电介质的预防

固体电介质绝缘失效主要由以下几个方面的原因造成：一是绝缘材料本身的内在原因，比如制作时材料的纯度不够以及固体内部产生了一些结构缺陷等；二是外电场的场强过大或者电场两极间距离太小；三是导体发热造成的电介质材料老化引起绝缘失效；四是酸、碱、盐、湿度以及交变磁场和交变应力、冷热冲击等环境因素。

因此，为防止固体电介质绝缘失效，应避免电介质受到振动、冲击、压力和其他环境因素所产生的应力，防止固体电介质变形、移位；应使固体电介质远离酸、碱等腐蚀性很强的液体，或免受强烈射线的照射；电介质所处环境温度不能过高，这就要求电气设备超负荷工作时间不能过长。

此外，应尽量避免在不均匀电场中使用固体电介质，防止固体电介质的电击穿。在选择绝缘材料时也应有所侧重，比如聚合物绝缘体在高温环境下趋向于加速退化，而热固性塑料绝缘材料如酚醛塑料比聚碳酸酯、聚丙烯或乙缩醛树脂等工作性能好。

3. 气体电介质的预防

对于某些电气设备内部需要真空介质的情况，必须确保设备的严格密封，保持其真空度；保持电介质工作环境无污染、无粉尘等颗粒性物质。

湿气和污物积聚会形成腐蚀性物质，损害电容器和其他电子元器件。即使是在标准湿度的大气条件下，湿气也很可能围绕污物积聚起来。不工作时设备还要承受潮湿侵蚀，必须有充分的防湿措施（如涂层）来加以保护。

根据击穿理论可知，在某些情况下，即使电容器电压不是很高，也会发生击穿现象，就是因为两极板之间的距离太小。因此，保持正负两极板间的距离不过小也是防止气体击穿的重要手段。

二、绝缘电阻的试验原理

绝缘电阻是加直流电压于电介质，经过一定时间极化过程结束后，流过电介质的泄漏电流对应的电阻称绝缘电阻。它用以表征绝缘体阻止电流流通的能力。它与绝缘结构在直流电压作用下所产生的充电电流、吸收电流和泄漏电流有关。绝缘结构在直流电压下的三种电流的等效电路如图 SA3-1 所示。

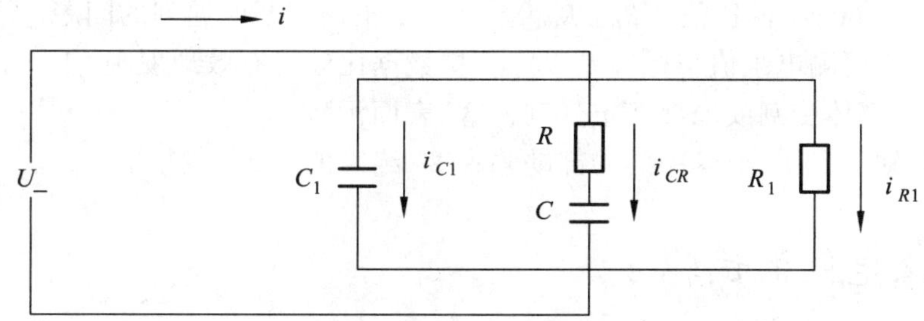

图 SA3-1　绝缘介质的等效电路

U—外施直流电压；C_1—等值几何电容；C，R—表征不均匀程度和脏污等的等值电容、电阻；R_1—绝缘电阻；i_{C1}—电电流；i_{CR}—吸收电流；i_{R1}—泄漏电流；i—总电流

（1）充电电流是当直流电压加到被试品上时，对绝缘结构的几何电容进行充电形成的电流，其值决定于两极之间的几何尺寸和结构形式，并随施加电压的时间衰减很快。当去掉直流电压时，电路中便会产生与充电电流极性相反的放电电流。因此，测试时需要在绝缘测试完成后对被试品进行放电。

（2）吸收电流是当直流电压加到被试品上时，绝缘介质的原子核与电子负荷的中心产生偏移，或偶极于缓慢转动并调整其排列方向等而产生的电流，此电流随施加电压的时间衰减较慢。

（3）泄漏电流是当直流电压加到被试品上时，绝缘内部或表面移动的带电粒子、离子和自由电子形成的电流，此电流与施加电压的时间无关，而只决定于施加的直流电压的大小。总电流为上述三种电流的合成电流。几种电流的时间特性曲线如图 SA3-2 所示。

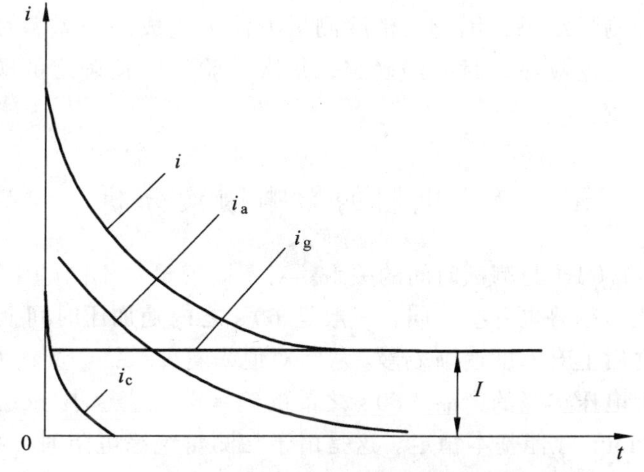

图 SA3-2　直流电压作用下绝缘介质中的等值电流

i—总电流；i_a—吸收电流；i_c—充电电流；i_g—泄漏电流

三、吸收比和极化指数

绝缘电阻的变化决定于电流 i 的变化，它直接与施加直流电压的时间有关，一般均统一规定绝缘电阻的测定时间为 1 min。因为，对于容量较小的变压器，绝缘电阻值 1 min 即可基本稳定；而对于大型变压器则需要较长时间才能稳定。对于供电载流设备因其电抗较小不易受潮，上述电流变化现象不显著。

电力变压器绝缘电阻试验，过去采用测量绝缘电阻的 R_{60}。（1 min 的绝缘电阻值），同时对大中型变压器测量吸收比值（R_{60}/R_{15}）。这对判断绕组绝缘是否受潮起到过一定作用。但近几年来，随着大容量电力变压器的广泛使用，且其干燥工艺有所改进，出现绝缘电阻绝对值较大时，往往吸收比偏小的结果，造成判断困难。吸取国外经验，采用极化指数，即 10 min（600 s）与 1 min（60 s）的比值（R_{600}/R_{60}）。有助于正确判断所遇到的问题。

吸收比试验将所测电阻值与标准及以往历史数据比较可有效地发现：① 两极间有穿透性的导电通道；② 整体受潮或局部严重受潮；③ 表面污秽。

不能发现的缺陷：① 绝缘中的局部缺陷；② 绝缘的老化。

四、绝缘电阻的试验方法

（1）对于双绕组变压器，应分别测量高压绕组对低压绕组及地的绝缘电阻；低压绕组对高压绕组及地的绝缘电阻；高、低绕组对地的绝缘电阻，共三次测量。

（2）对于三绕组变压器，应分别测量高压绕组对中、低压绕组及地的绝缘电阻；中压绕组对高、低压绕组及地的绝缘电阻；低压绕组对高、中压绕组及地的绝缘电阻；高、中压绕组对低压绕组及地的绝缘电阻；高、低压绕组对中压绕组及地的绝缘电阻；低压绕组对高压绕组及地的绝缘电阻；高、中、低压绕组对地的绝缘电阻，共七次测量。确定测量部位是因为测量变压器绝缘电阻时，无论绕组对外壳还是绕组间的分布电容均被充电，当按不同顺序测量高压绕组和低压绕组绝缘电阻时，绕组间的电容重新充电的过程不同而影响测量结果，因此为消除测量方法上造成的误差，在不同测量接线时测量绝缘电阻必须有一定的顺序，且一经确定，每次试验均应按确定的顺序进行，便于对测量结果进行合理的比较。

五、绝缘电阻的影响因素分析

（1）与测试时间的关系。对不同容量、不同电压等级的变压器的绝缘电阻随加压时间变化的趋势也有些不同，一般是 60 s 之内随加压时间上升很快，60 ~ 120 s 上升也较快，120 s 之后上升速度逐渐减慢。从绝对值来看，产品容量越大的电压等级越高，尤其是 220 kV 及以上电压等级的产品，60 s 之前的绝缘电阻值越小、60 s 之后达到稳定的时间越长，一般需要 8 min 才能基本稳定。这是由于在测量绝缘电阻时，兆欧表施加直流电压，在试品复合介质的交界面上会逐渐聚集电荷，这个过程的现象称为吸收现象，或称界面极化现象。通常吸收电荷的整个过程需经很长时间才能达到稳定。吸收比（R_{60}/R_{15}）反映测量刚开始时的数据，不能或来不及反映介质的全部吸收过程。而极化指数（R_{600}/R_{60}）时间较长，在更大程度上反映了介质吸收过程，因此极化指数在判断大型设备绝缘受潮问题上比吸收比更为准确。由此可见，220 kV 及以上电压等级的变压器应该测量极化指数。

（2）与测试温度的关系。当变压器的温度不超过 30 °C 时，吸收比随温度的上升而增大，约 30 °C 时吸收比达到最大极限值，超过 30 °C 时吸收比则从最大极限值开始下降。但 220 kV、500 kV 产品的吸收比和极化指数达到最大极限值的温度则为 40 °C 以上。

（3）与变压器油中含水量的关系。变压器油中含水量对绝缘电阻的影响比较显著，反映在含水量增大，绝缘电阻减小、绝缘电阻吸收比降低，因此变压器油的品质是影响变压器绝缘系统绝缘电阻高低的重要因素之一。

（4）与变压器容量和电压等级的关系。在变压器容量相同的情况下，绝缘电阻常随电压等级的升高而升高，这是因为电压等级越高，绝缘距离越大的缘故。在变压器电压等级相同的情况下，绝缘电阻值常随容量的增大而降低，这是因为容量越大，等效电容的极板面积也越大，在电阻系数不变的情况下，绝缘电阻必然降低。

吸收比和极化指数能够有效反映绝缘受潮，是对变压器诊断受潮故障的重要手段。相对来讲，单纯依靠绝缘电阻绝对值的大小，对绕组绝缘作出判断，其灵敏度、有效性比较低。这一方面是因为测量时试验电压太低难以暴露缺陷；另一方面也是因为绝缘电阻值与绕组绝缘的结构尺寸、绝缘材料的品种、绕组温度等有关。但是，对于铁心、夹件、穿心螺栓等部件，测量绝缘电阻往往能反映故障。主要是因为这些部件的绝缘结构比较简单，绝缘介质单一。

六、绝缘电阻的试验方法

兆欧表又称摇表，是用来测量被测设备的绝缘电阻和高值电阻的仪表，它由一个手摇发电机、表头和三个接线柱（即 L：线路端、E：接地端、G：屏蔽端）组成。目前一般分为两种，一种为手摇兆欧表，另一种为电子式兆欧表（简称电动摇表）。

1. 手摇式兆欧表

兆欧表是利用电流比较法的原理进行绝缘电阻的测量的，电压线圈和电流线圈相互垂直地固定在同一转轴上，并处在同一永磁场中，仪表指针固定在转轴上。如图 SA3-3 所示。

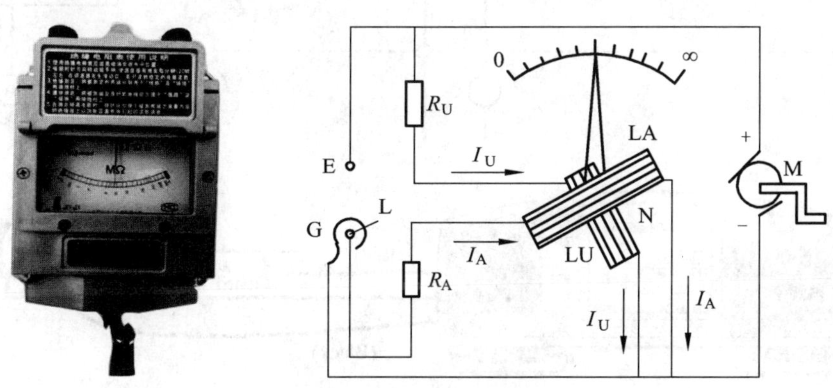

图 SA3-3　手摇兆欧表

当以 120 r/min 速度均匀摇动手柄时，表内的直流发电机输出该表的额定电压，在动圈被测电阻 R_A 间有电流 I_A，在动圈表内附加电阻 R_U 有电流 I_U，两种电流与磁场作用产生相反的力矩，当 I_A 电流最大（即被测电阻为 0），指针指向刻度 0。当 I_U 电流最大（即开路状态），指针指向刻度∞。当被测电阻为一定值时，指针指在被测电阻的数值，由于兆欧表没有游丝，不能产生反作用力矩，所以兆欧表在不测时停留在任意位置（即不定位），而不是回到零，这跟其他指针式的仪表是有区别的。

兆欧表有三个端子：高压端子 L、接地端子 E 和屏蔽端子 G。其中屏蔽电极的作用是吸收套管表面的漏电流，从而减小测量误差，屏蔽电极越靠近高压端对被试绝缘电场的畸变越小，测量效果越好。

2. 电子式兆欧表

以 MI 2077 型（见图 SA3-4）兆欧 5 kV 测试仪为例进行讲述。

图 SA3-4　MI 2077 型兆欧 5 kV 测试仪

（1）该仪表“INSULATION RESISTANCE”挡位测试一定电压下被试品的电压值、电流值、电容与电阻值。如图 SA3-5 所示。

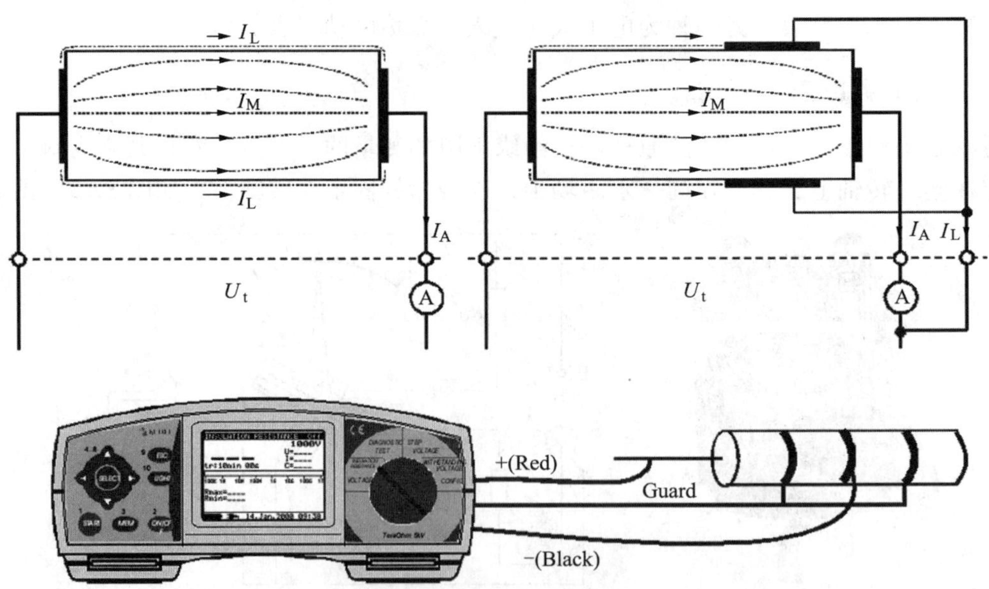

图 SA3-5　MI 2077 型兆欧 5 kV 测试仪测试原理及接线图

$$R_{ins}=U_t/I_A=U_t/(I_M+I_L)$$

式中　U_t——测试电压；

I_L——泄漏电流；

I_M——材质电流；

I_A——仪表电流。

"GUARD（保护）"连接器可以导出泄漏电流，使测量结果不受泄漏电流的影响。在使用"GUARD"端子的测试结果时，$R_{ins}=U_t/I_A=U_t/I_M$ 测量结果准确。

（2）第三挡"DIAGNOSTIC TEST"测试极化指数，通过设置电压值、测量时间来得出相应的值，DAR 为吸收比，PI 为极化指数，DD 为放电测试值。

$$PI = R_{INS}(t_2)/R_{INS}(t_1)$$
$$DAR = R_{01\min}/R_{15s}$$
$$DD = I_{dis(1\min)}/C \cdot U$$

DAR 吸收比为 60 s 时被测物电阻值与 15 s 时被测物电阻值之比，测试结果反映出被测物局部绝缘情况；

PI 极化指数为 600 s 时被测物电阻值与 60 s 时被测物电阻值之比，测试结果反映出被测物整体绝缘情况，以此判断该测试物品是否受潮等；

DD 是继绝缘电阻测试完成后的绝缘诊断测试，一般是试验进行 600 s 以上后，放电时进行的，如果发现电流回收能力强，表明污染绝缘的大部分是水气。

3. 选用原则

1）额定电压等级的选择

测量绝缘电阻一般使用绝缘电阻表。绝缘电阻表的输出电压通常有 250 V、500 V、1 000 V、2 500 V 和 5 000 V 等多种，如果有关规程没有特殊规定，各种电压等级的电气设备在测试绝缘电阻时，应按以下规定选用绝缘电阻表的电压等级和绝缘电阻量程。

① 100 V 以下的电器设备选用 250 V、量程 50 MΩ及以上的绝缘电阻表。

② 100 ~ 500 V 的电气设备选用 500 V、量程 100 MΩ及以上绝缘电阻表。

③ 500 ~ 3 000 V 电气设备选用 1 000 V、量程 2 000 MΩ及以上绝缘电阻表。

④ 3 000 ~ 10 000 V 的电气设备选用 2 500 V、量程 10 000 MΩ及以上绝缘电阻表。

⑤ 10 000 V 及以上的电气设备选用 2 500 V 或 5 000 V、量程 10 000 MΩ及以上绝缘电阻表。

2）电阻量程范围的选择

摇表的表盘刻度线上有两个小黑点，小黑点之间的区域为准确测量区域。所以在选表时应使被测设备的绝缘电阻值在准确测量区域内。

4. 使用步骤

以 MI 2077 型兆欧 5 kV 测试仪为例，如图 SA3-6 所示。

（1）用测试线连接测试仪和测试对象。红色测试线接到正极端子，黑色测试线接负极端子，绿色测试线接接地端子。测试线另一端正极红色线夹接电缆芯，负极黑色线夹接电缆屏蔽层。

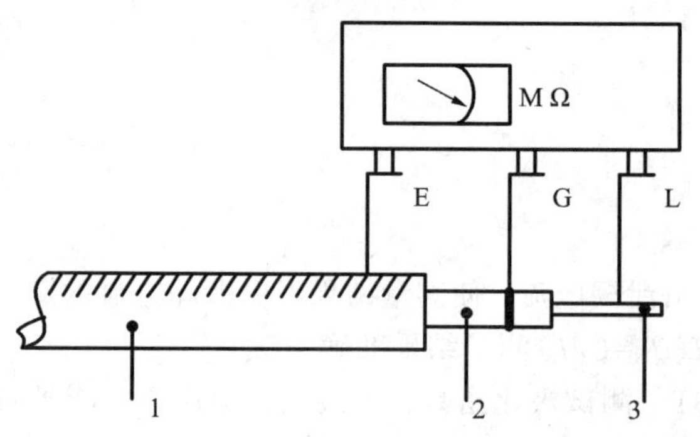

图 SA3-6 测试仪接线方法

（2）用旋钮开关选择“INSULATION RESISTANCE”（绝缘电阻）挡。

（3）按“START”键，进行连续测试。

（4）测试结果后，或计时器设置时间到后，再次按“START”键停止测试。

（5）显示器显示“Please wait，discharging”，等待测试电缆放电。

（6）按“MEM”键两次保存测试结果。

（7）测试完毕后先用放电地线对电缆放电，然后拆开电缆和测试仪端的接线再拆接在接地探针上的线，最后设备器件人员工具出清。

5. 注意事项

（1）禁止在雷电时或高压设备附近测绝缘电阻，只能在设备不带电，也没有感应电的情况下测量。用干燥清洁的柔软布擦去被试物的表面污垢，必要时可先用汽油洗净套管的表面积垢，以消除表面的影响。

（2）摇测过程中，被测设备上不能有人工作。

（3）当试品电容较大时，测量后须先将兆欧表从测量回路中断开，然后才能停止，以免试品电容电流反充损坏仪器。

（4）摇表线不能绞在一起，要分开。接好线，如用手摇式兆欧表时，应用恒定转速（120 r/min）转动摇柄，兆欧表指针逐渐上升，待稳定后读取其他绝缘电阻值。

（5）摇表未停止工作之前或被测设备未放电之前，严禁用手触及。拆线时，也不要触及引线的金属部分。

（6）测试时应记录被试设备的铭牌、规范、所在位置及气象条件等。

（7）测量结束时，对于大电容设备要放电。

（8）要定期校验相关表计的准确度。

子模块 SA4 电容相对介电常数及损耗因数的测量

一、基本概念

相对介电常数和介质损耗因数是电介质与绝缘体的两个主要特性。

介电常数：又称为电容率，是描述电介质极化的宏观参数。

介质损耗：介质中的极化包括瞬间极化（电子位移极化、离子位移极化）和松弛极化（热离子极化、转向极化、界面极化）。当介质上施加较高频率的电场时，往往只有瞬间极化能跟得上电场的变化，此时，由于极化建立过程相对电场的滞后作用，引起一部分的电能转化为热能，这种形式的能量损耗称为介质损耗。

在不同应用场合下，对这两个特性的要求也不同，用于储能元件，要求相对介电常数要大，使单位体积中的储能大；在用于一般绝缘体时，要相对介电常数小，以减小流过的电容电流。

在一般电气设备中用的电介质和绝缘体，都要求损耗因数小，因为损耗因数大，不但浪费电能，而且使介质发热，容易造成老化或损坏，这在工作电场强度高、电压频率高的条件下尤为突出。为了检验评定电工设备、元件的性能，选择合适的绝缘材料，就必须对其相对介电常数或电容、损耗因数进行测量。

二、电介质介电常数

介电常数又叫介质常数，介电系数或电容率它是表示绝缘能力特性的一个系数，以字母ε表示，单位为法/米（F/m）。

定义为电位移D和电场强度E之比，即$\varepsilon=D/E$。电位移D的单位是库/二次方米（c/m^2）。

相对介电常数ε_r是在同一电极结构中，电极周围充满介质时的电容C_x与周围是真空的电容C_0之比，即

$$\varepsilon_r=\frac{C_x}{C_0}$$

真空介电常数：$\varepsilon_0=\frac{1}{36\pi}\times 10^{-9}(F/m)=8.854\times 10^{-12}(F/m)$

介质在外加电场时会产生感应电荷而削弱电场，原外加电场（真空中）与最终介质中电场比值即为相对介电常数，如果有高相对介电常数的材料放在电场中，电场的强度会在电介质内有可观的下降。

电介质经常是绝缘体。例如瓷器（陶器）、云母、玻璃、塑料和各种金属氧化物。有些液体和气体可以作为好的电介质材料。干空气是良好的电介质，并被用在可变电容器以及某些类型的传输线中。蒸馏水如果保持没有杂质的话是好的电介质，其相对介电常数约为 80。

在标准大气压下，干燥空气的相对介电常数为 1.005 3，因此工程上可以用空气电容代替真空电容C_0，故C_0也称为几何电容。

三、电介质的损耗因数

介质损耗因数是试品在施加电压时所消耗的有功功率与无功功率的比值，若绝缘体或介质本身没有损耗，则在电场中通过它的电流与它两端的电压相位差为 90°。

若有损耗则相位差为 $90°-\delta$，如图 SA4-1 所示。δ为介质损耗角，介质损耗角的正切 $\tan\delta$即为介质损耗因数。用电路的概念来描述，可以把介质损耗的绝缘体看成是电容和电阻并联

或串联的等效阻抗，如图 SA4-2 所示。

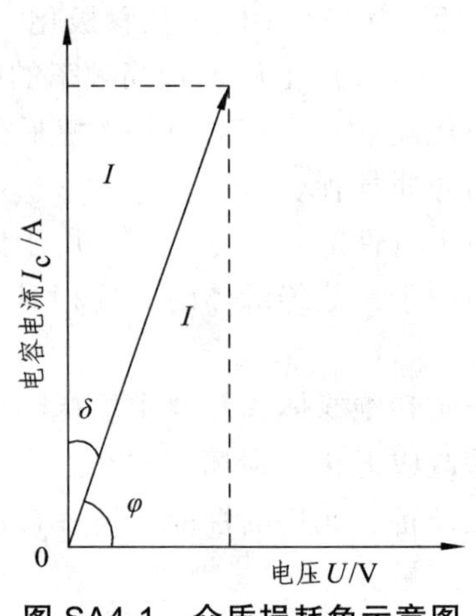

图 SA4-1　介质损耗角示意图

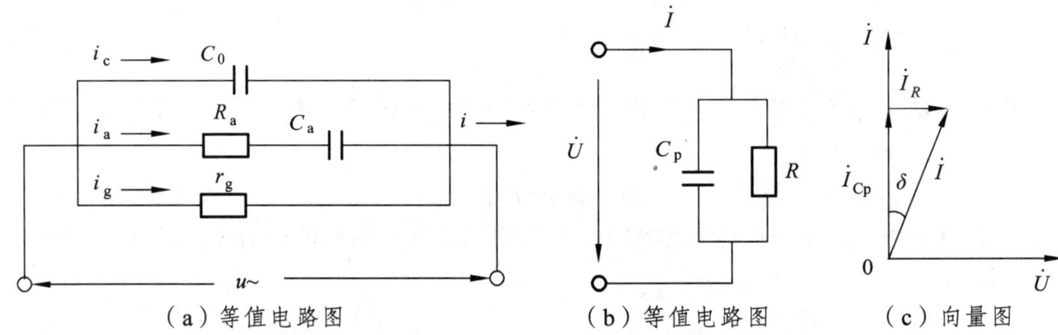

（a）等值电路图　（b）等值电路图　（c）向量图

图 SA4-2　交流电压下的电介质等值电路及向量图

流过介质的电流 i 由 i_c、i_a、i_g 三个分量组成，则介质损耗 P 为

$$P = UI_R = UI_{C_p}\tan\delta = U^2\omega C_p\tan\delta$$

其中，① P 值与试验电压 U 的高低等因素有关；② $\tan\delta$ 是与电压、频率、绝缘尺寸无关的量，而仅取决于电介质的损耗特性；③ $\tan\delta$ 可以用高压电桥等仪器直接测量。

所以表征介损用介质损失角的正切 $\tan\delta$ 来表示，而不是用有功损耗 P 来表示。

四、介质损耗角的测量方法——西林电桥

介质损耗角正切的测量方法很多，从原理上来分，可分为平衡测量法和角差测量法两类。传统的测量方法为平衡测量法，即高压西林电桥法。由于技术的发展和检测手段的不断完善，角差测量法使用的越来越普遍。

在《电力设备预防性试验规程》中对电机、电缆等绝缘，因为缺陷的集中性及体积较大，通常不做此项试验；而对套管、电力变压器、互感器、电容器等则做此项试验。

1. 西林电桥原理

如图 SA4-3 所示，被试品以并联等值电路表示，其等值电容和电阻分别为 C_x 和 R_x；R_3

为可调的无感电阻；C_N为高压标准电容器的电容；C_4为可调电容；R_4为定值无感电阻；P为交流检流计。

调节R_3和C_4，使电桥达到平衡，即通过检流计P的电流为零，此时有

$$U_{CA}/U_{AD}=U_{CB}/U_{BD}$$

$$Z_1=\frac{1}{\frac{1}{R_x}+j\omega C_x}$$

$$Z_2=\frac{1}{j\omega C_N}$$

$$Z_3=R_3$$

$$Z_4=\frac{1}{\frac{1}{R_4}+j\omega C_4}$$

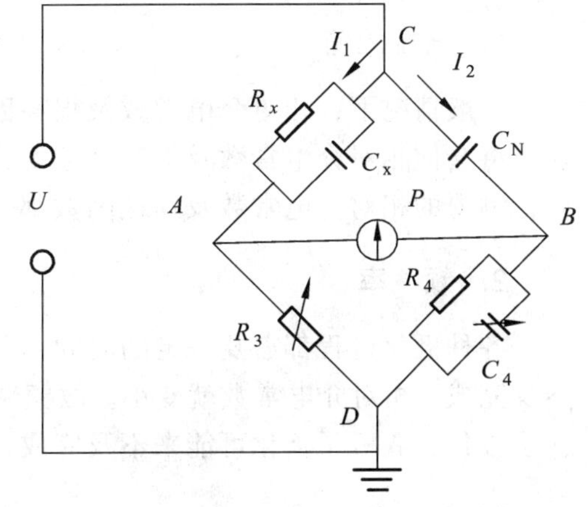

图 SA4-3　西林电桥原理图

由于通过桥臂CA和AD，CB和BD的电流均为I_1和I_2，所以各桥臂电压之比即相应的桥臂阻抗之比，即

$$Z_1/Z_3=Z_2/Z_4 \quad 或 \quad Z_1Z_4=Z_2Z_3$$

可求得试品电容C_x和等值电阻R_x：

$$C_x=\frac{R_4C_N}{R_3(1+\omega^2C_4^2R_4^2)}$$

$$R_x=\frac{R_3(1+\omega^2C_4^2R_4^2)}{\omega^2C_4R_4^2C_N}$$

介质并联等值电路的介质损耗角正切：

$$\tan\delta=\frac{1}{\omega C_xR_x}=\omega C_4R_4$$

因为$\omega=2\pi f=100\pi$，若取$R_4=1\,000/\pi$（Ω）；则有

$$\tan\delta=C_4$$

由于$\tan\delta\ll1$，所以

$$C_x=\frac{R_4C_N}{R_3(1+\tan^2\delta)}\approx\frac{R_4}{R_3}C_N$$

2. 西林电桥接线

正接线：D点接地，C点接高压，试品两端不能接地。电桥可调部分处于低电位，调试方便安全，主要用于实验室试验。

反接线：D点接高压，C点接地，试品一端直接接地。电桥本体应有高绝缘强度，有可靠的接地线，适用于现场试验

五、影响相对介电常数与介质损耗因数的因素

1. 电压幅值

一般情况下，相对介电常数及损耗因数与施加的电压幅值无关；若有夹层极化，在高场强下将会使相对介电常数及损耗因数增大；若在绝缘体中有气泡，在电压超过起始放电电压后，测得的相对介电常数及损耗因数都会增大。

2. 频 率

各种极化过程都需要一定的时间，若这时间比交变电场的周期长得多时，这种极化就来不及完成，相对介电常数就变小。故频率低时，各种极化都存在，所以ε_r就大，而频率高时，夹层极化、偶极子极化可能来不及完成，只剩下电子极化、原子极化，所以ε_r就小了。

3. 温 度

温度升高会使分子间的束缚力减小，极化容易形成，因而介电常数增大；但当温度升高时，物质密度降低，而且分子间的热运动加剧，从而使极化强度降低。

4. 湿 度

水的相对介电常数很大（$\varepsilon_r = 81$），同时水分渗入会起增塑作用，使极化更容易形成，使得介电常数明显增大，再加上水的电导也较大，损耗因数也明显增大。

5. 被试品的实际情况

如被试品表面泄漏较大，测量的介质损耗也会变大；对于对电容量大的试品，测量 $\tan\delta$ 不灵敏，应分别测量各部分的 $\tan\delta$。

六、测量方法

现场主要用 AI-6000 自动抗干扰精密介质损耗测量仪进行测量。

AI-6000 一体机应用于现场抗干扰测量，内置了介损电桥、变频电源、试验变压器和标准电容器。采用变频干扰和傅里叶变换全数字处理技术，全自动高度智能化测量，干扰下测量数据非常稳定。测量结果由面板液晶显示屏显示，内置微型打印机可自动打印结果。此仪器的主要特点是能够自动分辨电容、电感、电阻型试品并进行测量。电容型试品则显示 C_x 和 $\tan\delta$；采用变频技术，解决了抗干扰问题。其特有的 45 ~ 55 Hz 自动双变频测量能在 50 Hz 强干扰环境中直接得出 50 Hz 的结果。数控变频电源，测量电压从 500 V ~ 10 kV 连续设定，仪器自动缓慢升降压，整个测量过程只需要大约 1 min 时间。另外，当高压短路、击穿或测试电流波动时，仪器能快速切断高压。仪器设有断电保护，突然断电不会引起过电压。

1. 测量接线

AI-6000 自动抗干扰精密介质损耗测量仪一体机的主要测量接线方式有如图 SA4-4、图 SA4-5 所示两种。

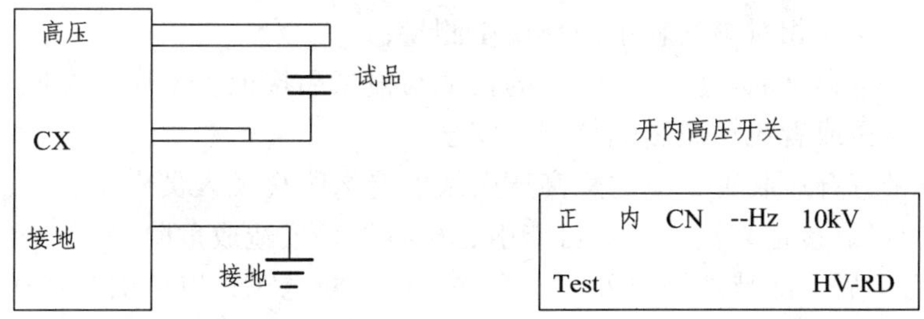

图 SA4-4　接线一：正接线、内标准电容、内电压（标准正接线）

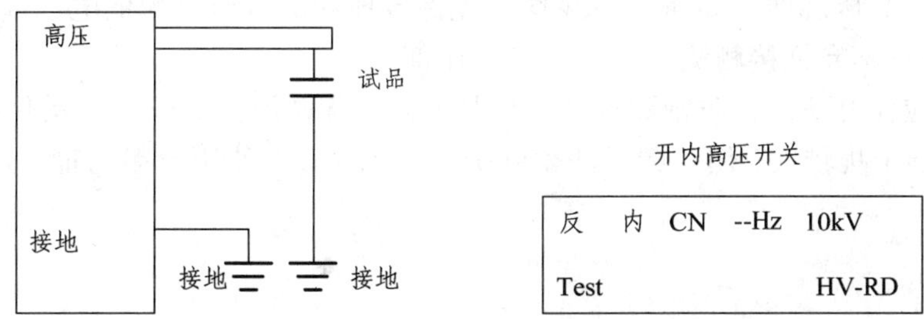

图 SA4-5　接线二：反接线、内标准电容、内电压（标准反接线）

现场根据测量需要，选择合适的接线。

2. 测量方法（以正接法为例）

正接线方式测量时，高压线芯线和屏蔽都可接到 C_x 高压端，此时试品输入 C_x 插座输入试品电流，测试线芯线接 C_x 低压信号端，屏蔽接 C_x 屏蔽端；反接线时高压线芯线接到 C_x 信号端，屏蔽接到 C_x 屏蔽端（无屏蔽试品屏蔽悬空），然后根据该测量方式选择需要的菜单选项。移动光标到相应菜单，用方向键修改光标处菜单内容。光标必须停在 Test 处按启/停键一秒钟以上开始升压测量。不显示 Test 项，则表示设置不正确，不允许测量。（菜单项设定好后自动记忆，试验人员不必反复修改菜单）整个测量过程大约需要 1 min。测量的任何时候，仪器必须可靠接地，以防外壳带电。紧急情况下应立即关闭“总电源开关”。反接线法适用于一端接地的被试设备，但此方法受外界环境因素及设备表面脏污情况的影响较大。

3. 注意事项

（1）仪器尽量选择在宽敞、安全可靠的地方使用；

（2）被试设备从运行状态断开高压引线转为检修状态，并对其清扫，初步绝缘试验良好后，方可进行试验，以防被试设备绝缘低劣，使仪器在加压过程中损坏；

（3）根据设备的安装情况确定采用哪种接线，并在相应的菜单选项中选择其接线方法；

（4）根据不同设备正确选择测试电压等级，并在相应的菜单选项中选择所需电压；

（5）测试过程中如遇危及安全的特殊情况时，应立即紧急关闭总电源；

（6）断开面板上电源开关，并明显断开 220 V 试验电源，才能进行接线更改或工作结束；重复对同一试验设备进行复测时，可按下复位后，重新测量，也可以在上一次测试完成后选择重复进行；

（7）为保证测量精度，特别当小电容量试品损耗小时，一定要保证被试设备低压端（或二次端）绝缘良好，在相对湿度较小的环境中测量；

（8）在进行大电容试品实验时，仪器的接地与被试品接地，不应该在同一接地点，以防接地放电时反击电压或者流动波影响仪器的安全；

（9）仪器自带有升压装置，应注意高压引线的绝缘距离及人员安全；

（10）仪器应可靠接地，接地不好可能引起机器保护或造成危险；

（11）仪器启动后，除特殊情况外，不允许突然关断电源，以免引起过压损坏设备；

（12）仪器所配专用高压电线（HV_x）虽出厂时已检测合格，但测量时仍需远离人体及低压测试线（C_x）；高压芯线与高压屏蔽线均不允许接地和测试回路的低电位部分，C_x 输入线的芯线和屏蔽线均不允许接触测试回路的带高压部分；

（13）仪器应注意防潮，防剧烈振动；试品短路将无法测量，仪器自动保护；

（14）当现场干扰较大，用工频无法得到确定结果时，应使用异频测量，其他情况应使用工频测量。

子模块 SA5　泄漏电流和直流耐压试验

一、泄漏电流

由于绝缘电阻测量的局限性，所以在绝缘试验中就出现了测量泄漏电阻的项目。由于试验电压高，所以就容易暴露绝缘本身的弱点，用微安表直测泄漏电流，这可以做到随时进行监视，灵敏度高。并且可以用电压和电流、电流和时间的关系曲线来判断绝缘的缺陷。因此，它属于非破坏性试验。

由于电压是分阶段地加到绝缘物上，便可以对电压进行控制。当电压增加时，薄弱的绝缘将会出现大的泄漏电流，也就是得到较低的绝缘电阻。

二、泄漏电流的测量特点

测量泄漏电流的原理和测量绝缘电阻的原理本质上是完全相同的，而且能检出缺陷的性质也大致相同。但由于泄漏电流测量中所用的电源一般均由高压整流设备供给，并用微安表直接读取泄漏电流。因此，它与绝缘电阻测量相比又有自己的特点：

（1）试验电压高，并且可随意调节。测量泄漏电流时是对一定电压等级的被试设备施以相应的试验电压，这个试验电压比兆欧表额定电压高得多，所以容易使绝缘本身的弱点暴露出来。因为绝缘中的某些缺陷或弱点，只有在较高的电场强度下才能暴露出来。如图 SA5-1 所示，对于良好的绝缘，泄漏电流随电压而直线上升，而且电流值较小，如曲线 1 所示；如果绝缘受潮，那么电流值加大，如曲线 2 所示；曲线 3 表示绝缘有集中性缺陷存在。当泄漏电流超过一定标准时，应尽可能找出原因加以消除。如果在电压尚不到直流耐压试验电压 U_t 的 1/2 时，泄漏电流就已急剧上升，如曲线 4 所示，则这台设备在运行电压下就可能发生击穿。

（2）泄漏电流可由微安表随时监视，灵敏度高，测量重复性也较好。

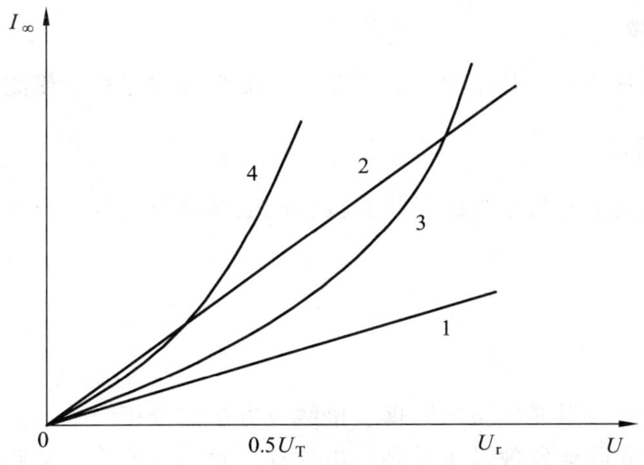

图 SA5-1　某试品的泄漏电流随所耐受直流电压变化的曲线

1—绝缘良好；2—绝缘受潮；3—绝缘有集中性缺陷；4—绝缘有危险的集中性缺陷；U_t—直流耐压试验电压

（3）根据泄漏电流测量值可以换算出绝缘电阻值，而用兆欧表测出的绝缘电阻值则不可换算出泄漏电流值。因为要换算首先要知道加到被试设备上的电压是多少，兆欧表虽然在铭牌上刻有规定的电压值，但加到被试设备上的实际电压并非一定是此值，而与被试设备绝缘电阻的大小有关。当被试设备的绝缘电阻很低时，作用到被试设备上的电压也非常低，只有当绝缘电阻趋于无穷大时，作用到被试设备上的电压才接近于铭牌值。这是因为被试设备绝缘电阻过低时，兆欧表内阻压降使“线路”端子上的电压显著下降。

三、泄漏电流的影响因素

1. 高压连接导线

由于与被试品连接的导线通常暴露在空气中，被试品的加压端也暴露在外，所以周围空气有可能发生游离，产生对地泄漏电流，尤其在海拔高、空气稀薄的地方更容易发生游离，这种对地泄漏电流将影响测量的准确度。用增加导线直径、减少尖端或加防晕罩、缩短导线、增加对地距离等措施，可减少对测量结果的影响。

2. 表面泄漏电流

当空气湿度大时，表面泄漏电流远大于体积泄漏电流，被试品表面脏污易于吸潮，使表面泄漏电流增加，所以必须擦净表面，并应用屏蔽电极。

3. 温　度

温度对高压直流试验结果的影响是极为显著的，因此对所测得的电流值均需换算至相同温度下，才能进行分析比较。

最好在被试品温度为 30 °C ~ 80 °C 时做试验，因为在这样的温度范围内泄漏电流变化较明显，而低温时变化较小，如电机刚停运后，在热状态下试验，还可在冷却过程中对几种不同温度下测量的数值进行比较。

4. 直流电压质量

如电源电压非正弦波形、升压速度、试验电压极性有偏移都会使测量产生误差。

5. 残余电荷的影响

被试品绝缘中的残余电荷是否放尽将直接影响泄漏电流的数值，因此，试验对被试品必须进行充分放电。

四、直流耐压试验

直流耐压试验和直流泄漏试验的原理、接线及方法完全相同，差别在于直流耐压试验的试验电压较高，所以它除能发现设备受潮、劣化外，对发现绝缘的某些局部缺陷具有特殊的作用，往往这些局部缺陷在交流耐压试验中是不能被发现的。

直流耐压试验与交流耐压相比有以下几个特点：

（1）设备较轻便。

（2）绝缘无介质极化损失。

（3）可制作伏安特性。

（4）在进行直流耐压试验时，一般都兼作泄漏电流测量，由于直流耐压试验时所加电压较高，故容易发现缺陷。

（5）易于发现某些设备的局部缺陷。对电缆来说，直流试验也容易发现其局部缺陷。

综上所述，直流耐压试验能够发现某些交流耐压所不能发现的缺陷。但交流耐压对绝缘的作用更近于运行情况，因而能检出绝缘在正常运行时的最弱点。因此，这两种试验不能互相代替，必须同时应用于预防性试验中，特别是电机、电缆等更应当作直流试验。

五、直流高压的产生原理

下面以电路图 SA5-2 为例简单说明其工作原理。

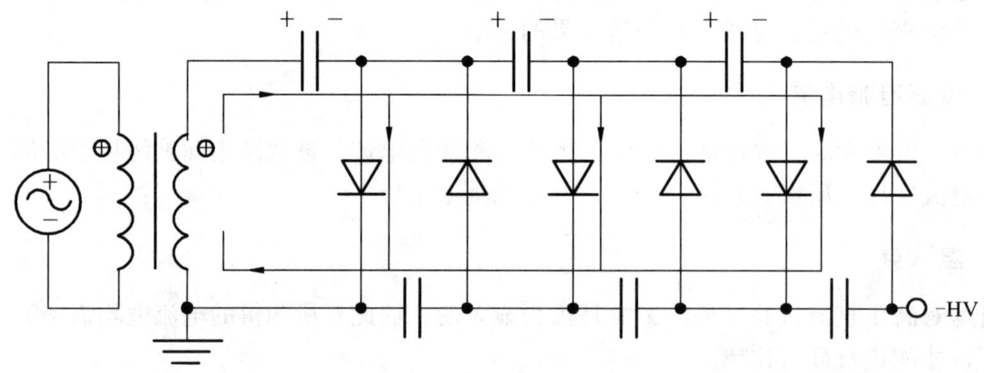

图 SA5-2 倍压电路原理图（次级上正下负）

当变压器次级输出为上正下负时，电流流向如图 SA5-2 所示。变压器向上臂三个电容充电储能。

当变压器次级输出为上负下正时，电流流向如图 SA5-3 所示。上臂电容通过变压器次级向下臂充电。

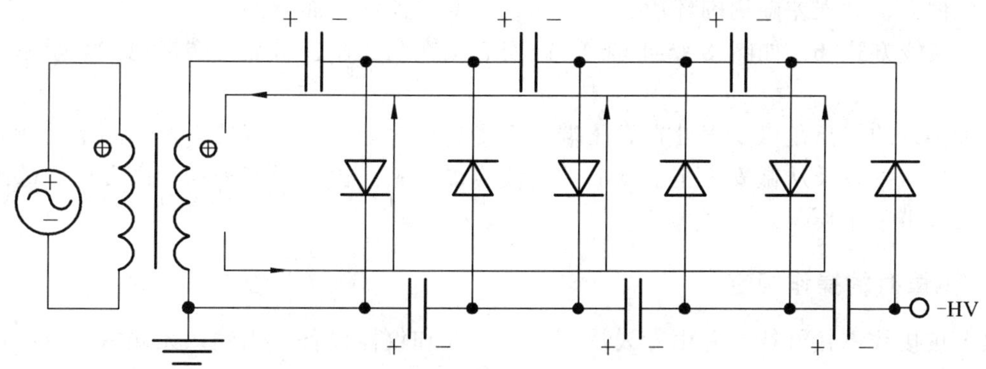

图 SA5-3　倍压电路原理图（次级上负下正）

如果不带负载，稳态时，除了最左边的那个电容，其他每个电容上的电压为 $2U$，所以总的输出电压为 $6U$。事实上，由于高阶倍压整流电路带载能力很差，输出很小的功率就会导致输出电压的大幅度跌落。假设输出电流为 I，每个电容的容量相同，均为 C，交流电源频率为 f，则电压跌落为

$$\Delta U=\frac{\mathrm{I}}{6fC}(4N^3+3N^2+2N)$$

六、泄漏电流和直流耐压试验方法

目前在中高压环境中进行的试验多为半波整流试验接线，其接线图如图 SA5-4 所示。

1. 泄漏电流测试接线方式

（1）接线方式 a：如图 SA5-4（a），测量准确，微安表在低压侧，这种接线具有读数安全、切换量程方便等优点。

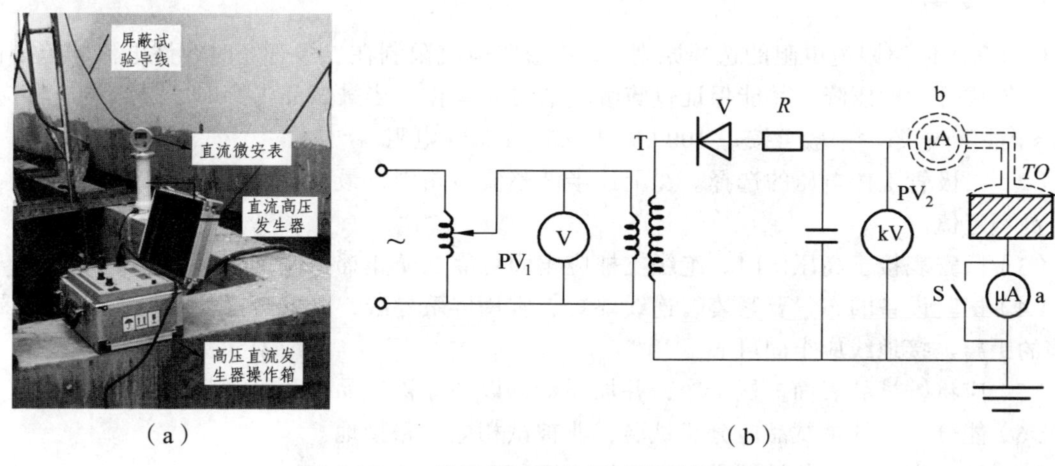

图 SA5-4　常见泄漏电流测试接线及原理

当被试品的接地端能与地分开时宜采用图 SA5-4（a）的接线方式，若不能拆开，则采用图 SA5-4（b）的接线方式，由于这种接线的高压引线对地的杂散电流将流经微安表，从而使测量结果偏大，其误差随周围环境、气候和试验变压器状况而异。

（2）接线方式 b：如图 SA5-4（b），微安表接在高压侧，试品一端接地，测量系统在高压侧。

这种接线的特点是微安表处在高压端，不受高压对地杂散电流的影响，测量的泄漏电流较准确。但微安表及从微安表至被试品的引线应加屏蔽。由于微安表处于高压侧，故给读数及切换量程带来不便。

2. 测量时的操作规定

（1）按接线图接好线，并由专人认真检查接线和仪器设备，当确认无误后，方可通电及升压。

（2）在升压过程中，应密切监视被试设备、实验回路及有关表计。微安表的读数应在升压过程中，按规定分阶段进行，且需要有一定的停留时间，以避开吸收电流。

（3）在测量过程中，若有击穿、闪络等异常现象发生，应马上降压，以断开电源，并查明原因，详细记录，待妥善处理后，再继续测量。

（4）实验完毕、降压、断开电源后，均应对被试设备进行充分放电。

（5）若是三相设备，同理应进行其他两相测量。

（6）按照规定的要求进行详细记录。

3. 操作方法

（1）被试品额定电压 35 kV 及以下施加 10 ~ 30 kV 直流电压；

（2）被试品额定电压 110 kV 及以上施加 40 kV 直流电压；

（3）试验时按每级 0.5 倍试验电压分阶段升高；

（4）每阶段停留 1 min，读微安表读数，即为泄漏电流；

（5）绘制泄漏电流与加压时间、泄漏电流与试验电压关系曲线后进行分析。

4. 注意事项

（1）高压回路限流电阻的选择原则。应将短路电流限制在二极管短时容许电流的范围内，又不致造成过大的压降，并能保证过流继电器可靠动作，当被试品击穿时，过流继电器应在 0.02 s 内切断电源。一般可按每 100 kV 选 0.5 ~ 1 MΩ 电阻。

（2）二极管工作电压的选择。在上述半波整流线路中，最高试验电压不得超过其试验设备最高额定值。

（3）微安表接于高压侧时，绝缘支柱应牢固可靠、防止摇摆倾倒。

（4）试验设备的布置要紧凑、连线要短，宜用屏蔽导线，既安全又便于操作；对地要有足够的距离，接地线应牢固可靠。

（5）应将被试品表面擦拭干净，并加屏蔽，以消除被试品表面脏污带来的测量误差。

（6）能分相度的被试品应分相试验，非被试相应短路接地。

（7）试验电容量小的被试品应加稳压电容。

（8）试验结束后，应对被试品进行充分放电。

（9）对电力电缆、电容器、发电机、变压器等大电容被试品，必须先经适当的放电电阻对试品进行放电，如果直接对地放电可能产生频率极高的振荡过电压，对试品的绝缘有危害。

子模块 SA6　交流耐压试验

一、交流耐压试验

电气设备的绝缘在运行中除了长期受到工作电压（工频交流电压或直流电压）的作用外，还会受到电力系统中可能出现的各种过电压的作用，所以在高压试验室内应能产生出模拟这些作用电压的试验电压（工频交流高压、直流高压、雷电冲击高压、操作冲击高压等），用以考验各种绝缘耐受这些高电压作用的能力。

交流耐压试验是在电气设备绝缘外加交流试验电压，该试验电压比设备的额定工作电压要高，并持续一定的时间（一般为 1 min）。交流耐压试验是一种最符合电气设备实际运行条件的试验，是避免发生绝缘事故的一项重要的手段。因此，交流耐压试验是各项绝缘试验中具有决定性意义的试验。

但是，交流耐压试验也有缺点，它是一种破坏性的试验；同时，在试验电压下会引起绝缘内部的累积效应。因此，对试验电压值的选择是十分慎重的，对于同一设备的新旧程度和不同的设备所取的数值是不同的，在我国《电力设备预防性试验规程》中已作了有关的规定。

1. 工频交流耐压实验的意义

（1）它是考察电气设备主绝缘裕度的主要方法。能对 220 kV 及以下电压等级的电气设备绝缘承受过电压的能力综合判据。

（2）能有效地发现绝缘中较危险的集中性缺陷。

（3）它是工程中最易实现和最常用的实验方法。

2. 交流耐压试验的分类

（1）交流工频耐压试验。

（2）0.1 Hz 试验。

（3）冲击波耐压试验。

（4）倍频感应电压试验和操作波试验。

（5）局部放电试验。

二、工频交流耐压试验

1. 试验接线

图 SA6-1 中给出工频交流耐压试验的接线图。

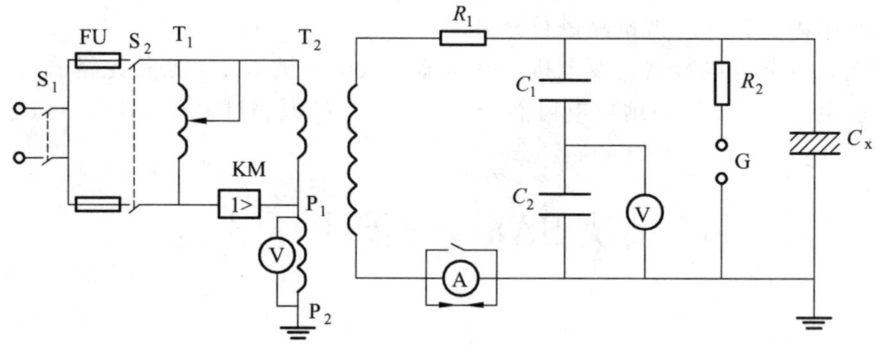

图 SA6-1 交流耐压试验接线图

S1，S2—开关；FU—熔断器；T_1—调压器；T_2—试验变压器；KM—过流继电器；
P_1、P_2—测量线圈；R_1—保护电阻；R_2—球隙保护电阻；G—保护球隙；
C_1、C_2—电容分压器；C_x—被试绝缘

2. 试验设备

（1）调压设备：使实验电压能均匀的在 0 ~ U_0 之间升降，不引起波性畸变和无很大的电压损耗。调压设备通常用自耦变压器和移圈式调压器。

（2）高压试验变压器：产生工频高电压，大多为油浸式。

（3）测量装置。

（4）保护装置。

3. 试验注意事项

（1）必须在被试设备的非破坏性试验都合格后才能进行此项试验，如果有缺陷（如受潮），应排除缺陷后进行。

（2）被试设备的绝缘表面应擦干净，对多油设备应使油静止一定的时间。

（3）应控制升压速度，在 1/3 试验电压以前可以快一些，其后应以每秒钟 3%的试验电压连续升到试验电压值。

（4）实验前后应比较绝缘电阻、吸收比，不应有明显的变化。

（5）应排除湿度、温度、表面脏污等影响。

4. 操作规定

（1）试验前应了解被试设备的非破坏性试验项目是否合格，应在所有非破坏试验项目全部做完，且合格以后才做交流耐压试验，若有缺陷或异常，应在排除缺陷（如受潮时要干燥）或异常后再进行试验。

（2）试验现场应围好遮栏，挂好标志牌，并派专人监视。

（3）试验前应将被试设备的绝缘表面擦拭干净。对多油设备应按有关规定使油静止一定时间，如大容量变压器，应使油静止 12 ~ 20 h；3 ~ 10 kV 变压器，应使油静止 5 ~ 6 h 后再做试验。

（4）调整保护间隙，使其放电电压为试验电压的 105% ~ 110%，连续试验三次，应无明显差别，并检查过流保护装置动作的可靠性。

（5）根据试验接线图接好线后，应由专人检查，确认无误（包括引线对地距离、安全距离等）后方可准备加压。

（6）加压前要检查调压器是否在“零位”，若在“零位”方可加压，而且要在高呼“加高压”后才能实施操作。

（7）升压过程中应监视电压表及其他表计的变化，当升至 0.5 倍额定试验电压时，读取被试设备的电容电流；当升至额定电压时，开始计算时间，时间到后缓慢降下电压。

（8）对于升压速度，在 1/3 试验电压以下可以稍快一些，其后升压应均匀，约按每秒 3% 试验电压升压，或升至额定试验电压的时间为 10 ~ 15 s。

（9）实验中若发现表针摆动或被试设备、实验设备发出异常响声、冒烟、冒火等，应立即降下电压，在高压侧挂上地线后，查明原因。

（10）被试设备无明显规定者，一般耐压时间为 1 min，对绝缘棒等用具，耐压时间为 5 min，实验后应在挂上接地棒后触摸有关部位，应无发热现象。

（11）试验电压值要认真确定，特别是发电机的耐压试验，一定要严格监督不要升高到规定值以上。

（12）实验前后应测量被试设备的绝缘电阻及吸收比，两次测量结果不应有明显差别。

5. 交流试验中的异常问题

1）调压器

当接通电源，合上电磁开关，接通调压器后，调压器便发出沉重的声响，这可能是将 220 V 的调压器错接到 380 V 的电源上；若此时电流出现异常读数，则又可能是调压器不在零位，并且其输出侧有短路或类似短路的情况，最常见的是接地棒忘记摘除。

2）电压表

① 电压表有指示。接通电源后，电压表马上就有指示，这说明调压器不在零位，若电压表指示甚大，且伴有声响，则可能电压表烧损。

② 电压表无指示，接通电源后，调节调压器，电压表无指示，这可能是由于自耦变压器碳刷接触不良，或电压表回路不通，若变压器测量线圈（或变压器输入线圈）有断线的地方所致。

3）升压过程中出现的异常情况

① 在升压过程中，电压缓慢上升，而电流急剧上升，这可能是由于被试设备存在短路或类似短路的情况所致，也可能是被试设备容量过大或接近于谐振所致。

② 若随着调压器往上调节，电流下降，电压基本不变或有下降趋势，这可能是由于试验负荷过大、电流容量不够所致。在这种情况下，可改用大容量电源进行尝试。否则可能是由于波形畸变的影响所致。

③ 在升压过程中，随着调压器调节把手的移动，输出电压不均匀地上升，而出现一个马鞍形，即通常所说的“N 形曲线”。这是由于调压器的漏抗与负载电容的容抗相匹配而发生串联谐振造成的，遇到这种情况可采用增大限流电阻或改变回路参数的办法来解决。

4）从被试设备方面反映出的情况

被试设备在耐压试验时合格，但是在交流试验后却发现被击穿。这可能是由于试验者的疏忽，在试验后，忘记降压就拉闸所造成的。

6. 交流耐压试验结果的分析

（1）被试设备一般经过交流耐压试验，在规定的持续时间内不发生击穿为合格，反之为不合格。

① 根据试验时接入的表计进行分析。一般情况下，若电流表突然上升，则表明被试设备击穿。

② 根据试验控制回路的状况进行分析。

③ 根据被试设备状况进行分析。

除此之外，若在被试过程中，出现局部放电，则应按各种不同的被试设备，就其有关规定，进行处理或判断。

（2）当被试设备为有机绝缘材料，经试验后，立刻进行触摸，如出现普遍或局部发热，都认为绝缘不良，需要处理（如烘烤），然后再进行试验。

（3）对组合绝缘设备或有机绝缘材料，耐压前后绝缘电阻不应下降 30%，否则就认为不合格。对于纯瓷绝缘或表面以瓷绝缘为主的设备，易受当时气候条件的影响，可酌情处理。

（4）在试验过程中若空气湿度、温度或表面脏污等的影响仅引起表面滑闪放电或空气放电，则不应认为不合格。经过清洁、干燥等处理后，再进行试验；若并非由于外界因素影响，而是由于瓷件表面釉层绝缘损伤、老化等引起的（如加压后表面出现局部红火），则应认为不合格。

（5）进行综合分析、判断。应当指出，有的设备即使通过了耐压试验，也不一定说明设备毫无问题，特别是像变压器那样有绕组的设备，即使进行了耐压试验，也往往不能检出匝间、层间等缺陷，所以必须汇同其他试验项目所得的结果进行综合判断。除上述测量方法外，还可以进行色谱分析、微水分析、局部放电测量等。

三、交流耐压试验方法

下面以对绝缘手套进行交流耐压试验为例，介绍交流耐压试验方法。

（一）试验方法及步骤

1. 试验方法

将工频 220 V（10 kVA 以上为 380 V）电源接入试验操作箱（台），经操作箱内自耦调压器调节至 0 ~ 200 V（或 0 ~ 400 V），电压输出至试验变压器的初级绕组，根据电磁感应原理，在试验变压器高压绕组可获得试验所需的高电压，将试验变压器获得的高电压施加于被测试品上，以检查被试品绝缘是否满足使用要求。如图 SA6-2 所示。

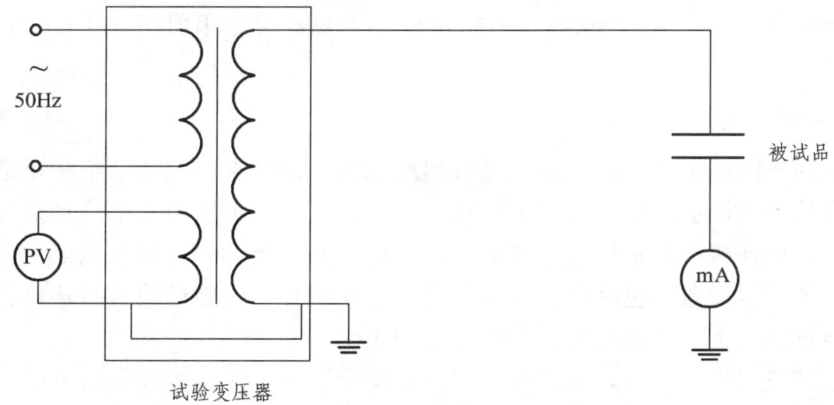

图 SA6-2 耐压试验原理图

2. 试验步骤

下面以绝缘手套耐压试验为例，介绍交流耐压试验的步骤。

1）对手套的外观检查

试验前，要做外观检查，检查有无刺穿和开胶现象，可将手套向手指方向卷曲，观察有无漏气或裂口等现象，如发现有上述缺陷时，可判断为不合格，即停止使用。

2）手套在特制的水箱内注水的方法及要求

将手套内注水，水面距上沿 5 cm，并将其置于已盛有水的箱内浸入水中，根据手套的高度调节水箱的升降框，使手套外水面同样距其上沿 5 cm。如图 SA6-3 所示。

注意：向内注水时不要把高出水面的部分沾上水，可先预留一定的高度。即不要一次就把水注到距上沿 5 cm 外，待把手套放入水箱中放稳以后，再调节水面的高度。以保证内外高出水面部分干燥。

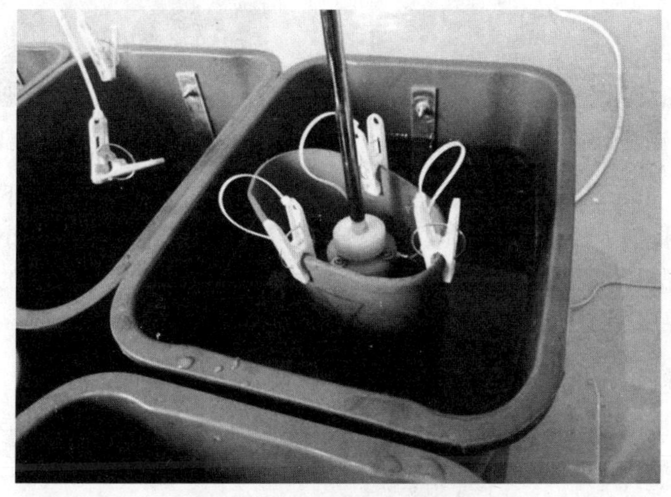

图 SA6-3 绝缘手套耐压试验

3）绝缘电阻测试

调节电极棒的空间位置，将电极棒插入手套内水面，兆欧表的线路 L 引线接到电极棒上，接地线 E 接到水箱外壳。用 2 500 V、2 500 MΩ挡测试绝缘电阻值，并作记录，同时记录环境温度、湿度。

4）交流耐压试验

被试品绝缘电阻测试正常后，方可进行耐压试验。试验人员应穿上绝缘靴进行操作。首先，将升压变压器高压引线接到水箱电极棒上。把试验台与水槽用水槽连接线连接起来，连接水槽时注意水槽连接线与水槽编号要对应，不得乱号，接线时尽量按照黑、黄、绿、红 4 色顺序来接。各试验设备（包括试验小车）外壳必须单独与接地母线直接连接，不得串接。接线完成后由试验负责人检查所有试验接线是否正确。

完成上述准备工作后，做好试验现场周围的安全警戒工作，把高压带电区周围用栅栏隔离，并挂上“止步，高压危险!”警示牌，通知周围其他人员，一切检查无误后由试验负责人下令加压。

在开启操作台前，应检查试验装置控制箱上的开关都在分位，表计读数都在零位。插上电源插头，合上电源开关，按 SET 功能键之后，输入密码后便可以更改输出电压值、时间，以及测量泄漏电流报警值。手套施加电压为 8 kV，时间为 60 s，过流设定 10 mA。如图 SA6-4 所示。

当参数设置完之后点向右的移位键便可以开始试验，若被试品合格则 60 s 后自动停止，如被试品不合格则试验台自动停止施加电压。如图 SA6-5 所示。

图 SA6-4 耐压试验电压设置

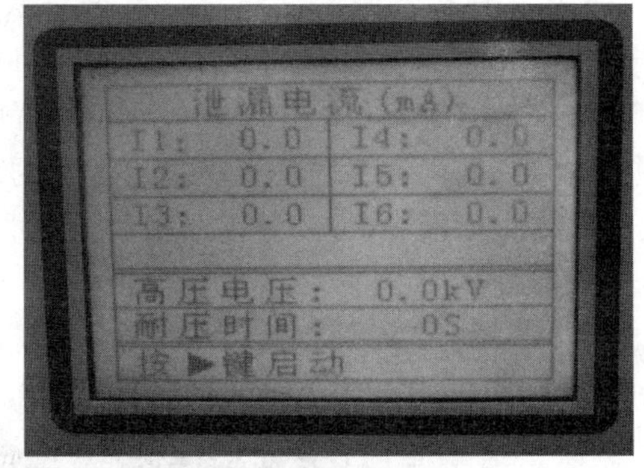

图 SA6-5 试验装置启动显示

如一切正常，1 min 后试验装置自动切断高压输出，电压回零。按下向下指示键打印出本次试验的试验结果。从试验台上把电源断开之后，先用接地线对试验小车和高压试验变压器高压侧进行充分放电，然后取下高压试验变压器高压侧连接试验小车的连接线，并把地线连接到试验小车上后方可安全取出试验品。

5）耐压后绝缘电阻的测试

耐压后绝缘电阻的测试和耐压前一样，而且绝缘电阻值也不能有明显的差别。

清理现场，把试验场地打扫干净，试验所用器械收拾整理清点完备后放回原处。

3. 其他注意事项

（1）试验工作不得少于 2 人，并指定其中一人为试验负责人。

（2）试验开始前，由试验负责人向全体试验人员布置试验任务和交代安全注意事项。

（3）试验装置的电源开关，应由明显的可见的断开点。

（4）在加压前，负责人必须检查试验设备和试品，检查试验接线、表计倍率、测量系统的开始状态，检查试验设备高压端线是否已拆除，检查安全措施的完成情况，均正常无误后方可加压。

（5）负责人命令其他人员离开试品和高压试区，转移到安全地带，一切检查无误后由试验负责人下令加压，操作人员应复诵“注意合闸!”。

（6）升压过程中应有人监护并呼唱，并有专人监视试验设备及试品。

（7）在升压过程中，若发现异常情况，应立即停止试验，然后降压，切断电源开关，并在电源开关处悬挂“禁止合闸，有人工作”标示牌，试验设备和试品只有经充分放电接地后才能进行检查。待查明原因，处理后才能恢复试验。

子模块 SA7　特性试验

一、直流电阻

测量高压电气设备的导电回路的直流电阻是一个很重要的试验项目，在《电力设备试验规程》中，规定在变压器、断路器、互感器、隔离开关、GIS、电缆、地网导通的检查及预试等项目中，须测量直流电阻。

1. 测量直流电阻的目的

（1）检查内部导线和引线的质量；

（2）检查分接开关各个位置接触是否良好；

（3）检查绕组或引出线有无折断处；

（4）检查并联支路的正确性，是否存在由几条并联导线绕成的绕组发生一处或几处断线的情况；

（5）检查层、匝间有无短路的现象。

2. 直流电阻的测量方法

1）直流平衡电桥（惠斯登电桥）

图 SA7-1 所示是直流电桥的原理图，R_1、R_2、R_3 是三个可调标准电阻，R_x 是被测电阻，G 是检流计，U_S 是电源。当检流计无电流流过时电桥平衡，有：

$$R_x = \frac{R_1}{R_2} R_3 = CR_3$$

其中，$C = R_1/R_2$，称为比例臂的倍率，试验中 C 要取合适的倍率（一是取 10 的整数次幂，二是要保证测量结果至

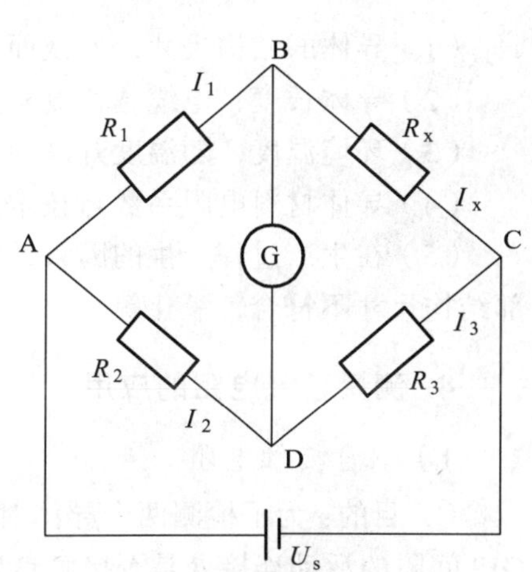

图 SA7-1　直流平衡电桥

少有四位有效数字）。只要电流计足够灵敏，上式就能相当好地成立，被测电阻值 R_x 可以仅从三个标准电阻值来求得，而与电源电压无关。

2）电压降法（电流电压表）

电压降法又称电流电压表法。

在被测量回路中通以直流电流，因而在回路电阻上产生电压降，测量出回路的电流及电压降，根据欧姆定律，即可算出回路的直流电阻。

$$R_x = \frac{U}{I}$$

为了减小接线方式所造成的测量误差，测量大电阻时（被测电阻大于电流表内阻 200 倍以上）应采用图 SA7-2（a）所示的接线。

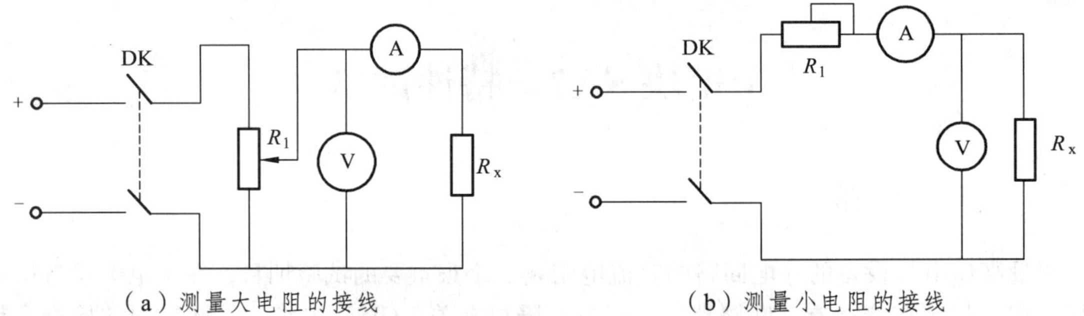

（a）测量大电阻的接线　（b）测量小电阻的接线

图 SA7-2 电压降法测直流原理图

DK—电源开关；R_1—分压电阻；R_x—被测电阻

当测量小电阻时，（电压表内阻大于被测电阻 200 倍以上）应采用图 SA7-2（b）所示的接线，测量大电感的绕组时，为避免感应电动势损坏电压表，应先接通电流，待电流稳定后接入电压表。测量结束时，应先断开电压表。表计准确度不应小于 0.5 级，电流表选用内阻小的，电压表选用内阻大的。

3. 影响导体直流电阻的因素

（1）导体的结构尺寸，如截面、丝径偏大或偏小，因此与工艺设计参数有关；

（2）导体长度，电缆越长电阻越大；

（3）环境温度，随温度升高而升高；

（4）导体材料电阻系数与技术条件不一致；

（5）在生产过程产生的因素，如中导体拉丝时丝径偏小，绞线过程中由于断丝而造成局部结构尺寸不符合，氧化等。

4. 测量直流电阻的应用

1）测量接触电阻

① 目的：为了检测两个导体对接面是否连接良好，测量回路电阻的目的是为了检测整个 GIS 间隔的活动连接处是否接触良好，避免运行时出现局部过热，造成事故。

② 测量所需仪器：回路电阻测试仪、原理接线图。

③ 注意事项：

在GIS中，每个导体之间的对接面都要测接触电阻，在测量时，主回路电流在100 A及以上，通常用100 A电流测量，在测量时，两个电流夹子一定要牢固的夹在两个导体上，如果松动或被拉掉就会产生电弧，从而损坏设备及危害人身安全；其次，两个电压表笔的极性一定要与该导体上的电流极性相同，才能准确测出电阻值，否则测得的电阻值为零；另外，两个电压表笔在测量时一定要紧靠着两个导体的对接边缘，而且表笔不能碰在一起，如果两个变表笔碰在一起，就会显示接触电阻为零，没有真正测到接触电阻。GIS回路电阻的测量方法及注意事项与GIS接触电阻的测量方法和注意事项相同，只是测量对象不是两个导体而是整个GIS间隔。

2）变压器直流电阻的测量

① 目的：测变压器的三相绕组直流电阻的不平衡率，从而判断变压器在绕制过程中或者是运行一段时间后是否出现问题。

② 测量所需仪器：变压器直流电阻测试仪。

③ 说明及注意事项：

变压器分为Y形连接和△形连接，我们在测Y形连接变压器的直流电阻时分别测出OA、OB、OC的直流电阻（即相间直流电阻），当测△形连接变压器的直流电阻时，分别测出AB，BC，CA的直流电阻（即线间直流电阻）。

变压器绕组可视为被测绕组的电感L与其电阻R串联的等值电路，由于电感电流不能突变，所以我们测量变压器直流电阻时有一个充电过程，充电时间由几秒到几十分钟不等，具体视变压器结构，容量等而定。

变压器直流电阻测试仪有多少个电流挡位供我们选择，一般有 5 A、10 A、20 A、40 A等，大型的还有 50 A、100 A，我们在选择量程时，要根据你要测变压器绕组的额定电流来选择，一般变压器直流电阻测试仪的电流在被测变压器绕组额定电流的 3%左右，如果电流挡选的太小则测试时间很长，如果电流挡选的太大则读数不稳定，很难获取读数。变压器的每个绕组，同一绕组的每个挡位都要测量直流电阻，在测完一个绕组的直流电阻后必须接复位按钮放电，等放完电后再拆线，否则在拆线时会拉弧，产生高电压，损坏设备及危害人身安全。

在测量同一绕组不同挡位的直流电阻时，要视变压器采用何种调压开关而定在测不同挡位时是否需要复位放电，如果采用有载调压开关，则测下一挡位直流电阻时不需要复位放电，可直接走开关挡位，直到这一相绕组的所有挡位测完后才须复位放电，如果变压器采用的是无载调压开关，则测完同一绕组的一个挡位后必须复位放电才能走动开关，然后再测量下一挡位的直流电阻。

5. 直流电阻的换算

1）温度的换算

我们在测量设备直流电阻前先要测量其温度，为我们以后测量提供一个参考依据，同一设备在不同的温度下直流电阻是不同的，我们在对比同一台设备的直流电阻时必须折算到同一个温度下才有效。其折算公式如下：

$$R_x = R_a \frac{T + t_x}{T + t_a}$$

式中　R_x——折算至温度为 t_x 时的电阻；

R_a——温度为 t_a 时所测量的电阻；

T——温度折算系数，铜为 235，铝为 225；

t_x——需折算 R_x 的温度；

t_a——测量 R_a 时的温度。

2）不平衡率

测完变压器及互感器直流电阻后我们要计算它的不平衡率，不平衡率的计算公式如下：

不平衡率=[（三相中实测最大值－最小值）/三相算术平均值]×100%

在大型变压器中，不同连接组别的变压器不平衡率的要求不同，线电阻不平衡率要求小于 1%；相电阻不平衡率要求小于 2%。

6. 数字式直流电阻测试仪测试

常见的直流电阻测试仪有：变压器直流测试仪、开关回路测试仪等。

下面以 SR3310 型变压器直流电阻仪变压器直流电阻测试仪为例，对牵引用整流变压器进行绕组直流电阻测试。

1）试验方法及步骤

（1）试验方法。

由于被试设备为中小容量设备，故直流电阻测量时使用电压降法。即在测量电阻时，从 I+、I－端向被试品馈入恒流，该电流在被测体上产生相应的电压值，这一电压值在 V+、V－端取回测试仪，经直流电阻仪内部计算后，直接在 LCD 数字显示被试品的电阻值。如图 SA7-3 所示。

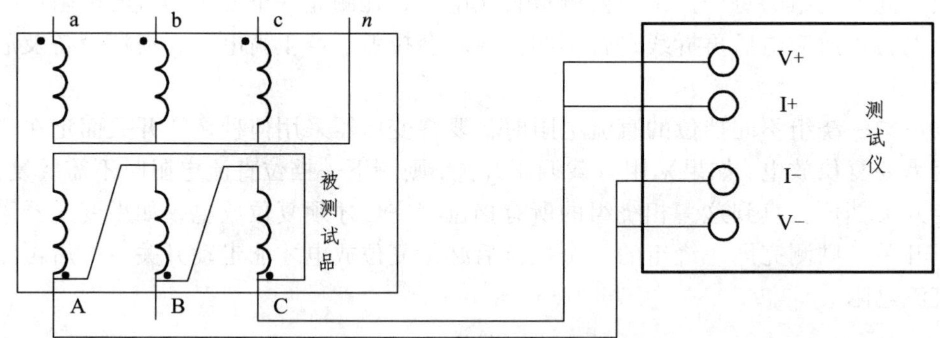

图 SA7-3　直流电阻测试接线图

（2）测量步骤。

下面以整流变压器绕组直流电阻测量为例，整流变压器为双绕组双分裂变压器，两台变压器使用同一个铁心。一台双绕组双分裂变压器由铁心、两个独立的高压网侧线圈及两个独立的低压阀侧线圈组成。高压网侧线圈采用外延三角形连接，阀侧为一角一星。在双绕组双分裂变压器中，低压阀侧线圈和高压阀侧线圈轴向两组是完全独立的，一组出现故障，另一组可继续运行。因此，在条件允许下应将高压侧两组线圈分开进行测量。

① 拆除变压器一次电缆并将电缆头远离变压器器身。

② 将红色测试线线叉接直流电阻测试仪正极，黑色测试线线叉接直流电阻测试仪负极，略粗的将 10 A 型测试线接直流电阻测试仪电流端子，另一测试线接直流电阻测试仪电压端子；被测变压器及 SR3310 变压器直流电阻测试仪主机接地端用接地测试线接地。

③ 整流变压器高压侧绕组接线为三角形，测试时只需将红黑测试夹接于同一绕组任意两相，在测量星型绕组有中性点引出时，应测量每一相绕组直流电阻，因整流变压器在制造时高压侧绕组为两个并联连接。如图 SA7-4、图 SA7-5 所示。

④ 按下电源按钮，开启直流电阻测试仪后，按动向下键进行测试参数选择，按测试设置键可以调节输出电流的大小和测试速度，输出电流可选 10 A、5 A、1 A、100 mA、4 mA 及以下，选择输出电流时，可先参考变压器的铭牌估算出电阻值，然后参考技术指标选取输出电流；仪器默认测试速度为“快”方式，当测量大容量变压器的低压侧等数据不稳定时，建议使用“慢速”方式测量，以增强稳定性和准确性。如图 SA7-6 所示。

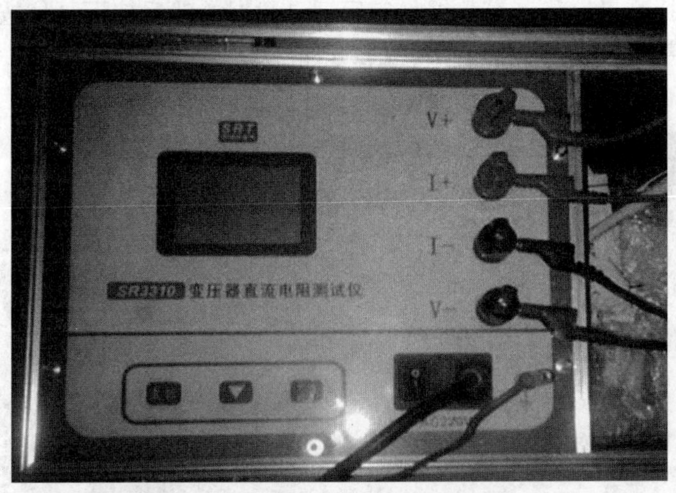

图 SA7-4　测试仪接线

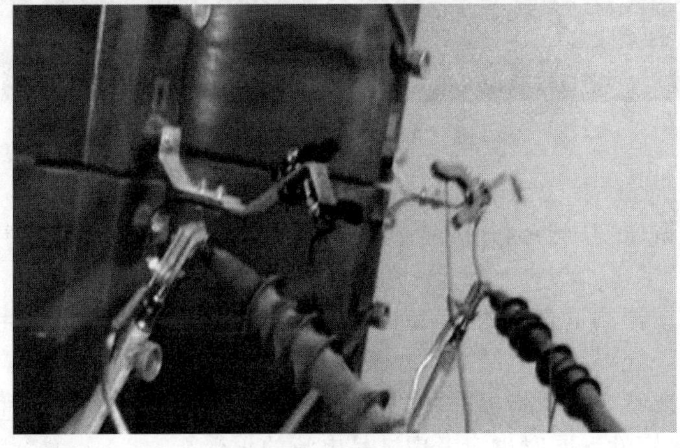
图 SA7-5　被试品接线

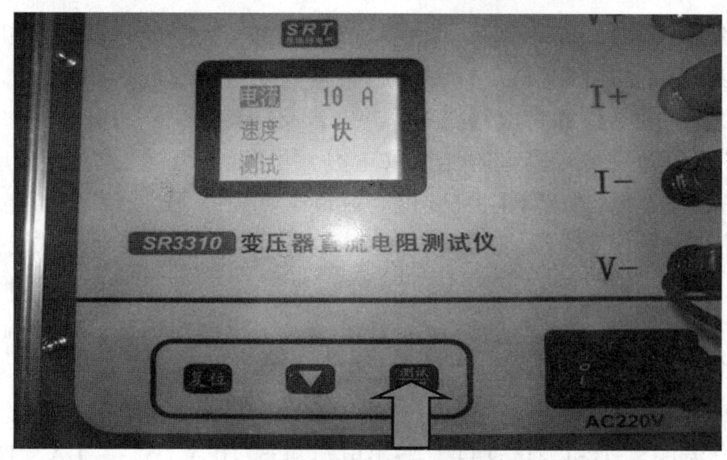

图 SA7-6　测试仪设置

⑤ 按动向下键选中测试选项，按下测试按钮进行测量，当测试电流选择错误时，按下测试按钮后显示屏会一直显示一个电流值和“正在充电，请稍后”，此时应按下复位按钮，重设参数后方可再次进行测量；待测量数据稳定后记录数据，然后按下复位按钮对被试设备进行放电，待放电报警声停止后试验完毕，可直接按下电源键按钮关闭试验设备，拆除试验接线，恢复设备至正常状态。如图 SA7-7 所示。

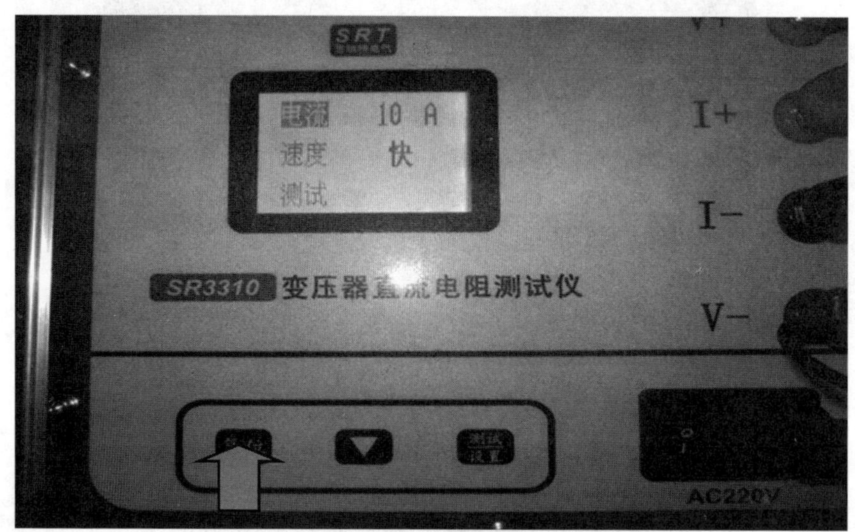

图 SA7-7　测试仪复位

（3）注意事项。

① 在测量无载调压变压器倒分接前一定要复位，放电结束后，报警声停止，方可切换分接点。

② 有载调压变压器测量高压侧电阻时从 1 或 17 最大电阻挡开始测量。

③ 在拆线前，一定要等放电结束后，报警声停止，再进行拆线。

④ 选择电流时要参考技术指标栏内的量程，不能过量程和欠量程使用。量程范围内尽量选用大电流以增强稳定性，同时也应考虑试品电流的承受能力。

⑤ 试验开始前应记录试验时间、天气情况及试验人员。

（4）测试结束。

测试结束后，清点测试所用工器具，打扫测试场地，做到工完场清。

最后，认真做好测试记录，写出测试报告。

二、变压器/互感器的变比和极性测定

变压器的变比，是变压器空载时高压绕组电压 U_1 与低压绕组电压 U_2 的比值，即变比 $K = U_1/U_2$。电流、电压互感器作为特种变压器，也具有相应的特性。

变比试验是验证变压器能否达到规定的变换效果，是否符合相关技术条件或铭牌所规定的数值的一项试验。

根据《电力设备预防性试验规程 DL/T 596—1996》规定要求：① 各相分接头的电压比与铭牌值相比，不应有显著差别，且符合规律；② 电压在 35 kV 以下，电压比小于 3 的变压器，电压比允许偏差为±1%；其他所有变压器：额定分接电压比允许偏差为±0.5%，其他分接的电压比应在变压器阻抗电压值（%）的 1/10 以内，但不得超过±1。

1. 测量目的

（1）保证变压器/互感器各个分接绕组变比在标准或合同技术要求的允许范围之内。

（2）确定并联线圈或线段（用于并列运行）的匝数相同。

（3）判断绕组各分接的引线和分接开关的连接是否正确。

2. 变比的偏差

被试电压比的实际变比计算为

$$K_x=K_o\times U_o/U_x$$

被试电流比的实际变比计算为

$$K_x=K_o\times I_o/I_x$$

变比差值为

$$\Delta K\%=(K_e-K_x)K_e\times 100\%$$

式中 K_o——标准的变比；

U_o，I_o——标准的电压、电流；

K_x——被试品的变比；

K_e——被试品的铭牌变比；

U_x，I_x——被试品的电压、电流。

3. 变比的测量方法

1）双电压表法

在变压器的高压侧（或低压侧）加数值合适的稳定交流电压，则在对应的低压侧（或高

压侧）也将感应出相应的电压，同时用两只量程合适的不低于 0.5 级的电压表测出两侧的电压值，再根据电压表的读数，算出电压比。测量时两个电压表的读数一定要同时读出，特别是在电压波动较大的时候，更应该注意这方面。

当变比较大时或电源电压较高时，应采用 0.2 级的电压互感器配合测出两侧的电压值，然后进行变比计算。

2）变比电桥法

在电源高压侧施加电压 U_1，二次侧先和一个安培计串联后，再和一个定值电阻 R_2 并联，最后再和一个可变电阻 R_1 串联，且 R_1 和 R_2 两端的电压和与 U_1 相等。测量时，通过调整 R_1 的大小，使安培计的电流读数为 0，也就是 R_1 和 R_2 中通过的电流相等。当 R_1 与 R_2 通过的电流相同时，则变压比等于相应的电阻比，即

变比：$K=(R_1+R_2)/R_2=1+R_1/R_2$，如已知 R_1 和 R_2，即可求出变比值。

4. 互感器的极性

1）电流互感器的极性及测定方法实操

电流互感器与二次负载连接的图示如图 SA7-8 所示。电流互感器一次绕组的端子 L_1、L_2 串接在被保护元件的电流回路中，二次绕组的端子接二次负载。一次侧电流从 L_1 流入，L_2 流出时，二次侧从 K_1 流出经二次负载流向 K_2，即 L_1 与 K_1、L_2 与 K_2 分别为同极性端子（同名端），同极性端子上标注“*”号。

同极性端子可以用下述试验方法确定，如图 SA7-9 所示。一次绕组通过开关 S 再串联一个电池，二次绕组接入一电流计。合上开关 S，如电流表指针正向偏转，则电池正极所接端子与电流计正表棒所接的端子为同极性端子；如果电流计指针反向偏转，则电池正极所接端子与电流计正表棒所接的端子为反极性端子。

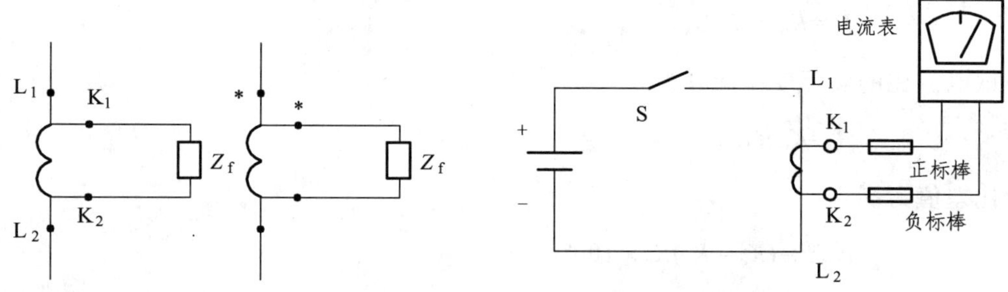

图 SA7-8 电流互感器端子标号图　　图 SA7-9 同极性端子试验测定法

2）电压互感器的极性及测定方法

电压互感器一次绕组的端子用 $1U_1$、$1U_2$ 表示，二次绕组的端子用 $2U_1$、$2U_2$。一次和二次绕组按同一方向绕线，绕在同一铁心柱上，在某一瞬间 $1U_1$ 端电位高于 $1U_2$ 端电位，$2U_1$ 端电位也高于 $2U_2$ 端电位，则称 $1U_1$、$2U_1$ 是同极性端（同名端）。这种接线称为同极性或减极性，将二次电压折算到一次电压的向量应同相。如果二次绕组与一次绕组绕向相反，这种接线称为异极性或加极性，将二次电压折算到一次，电压的向量应相差为 180°，$1U_1$、$2U_2$ 或 $1U_2$、$2U_1$ 是同极性端（同名端）。

测定电压互感器的极性的方法有直流法和交流法。

（1）直流法。

如图 SA7-10 所示，用 1.5～3 V 干电池或 2～6 V 蓄电池，正极接于互感器高压侧 $1U_1$ 端，负极接于高压侧 $1U_2$ 端，直流毫伏表的正极接于低压侧 $2U_1$ 端，负极接于低压侧 $2U_2$ 端。当合上开关 S 瞬间表针正偏，断开瞬间表针反偏，则被测互感器为减极性，$1U_1$、$2U_1$ 为同极性端。如果表针偏转方向与上述相反，则为加极性。

（2）交流法。

如图 SA7-11 所示，将互感器的高压和低压绕组的一对同名端 $1U_1$、$2U_1$ 或 $1U_2$、$2U_2$ 用导线连接起来，在高压侧加交流电压，用一个电压表测量高压侧所加的交流电压 U_1，另一个电压表测量另一对同名端子 $1U_2$、$2U_2$ 或 $1U_1$、$2U_1$ 间电压 U_2。若 $U_1>U_2$，则为减极性，否则为加极性。

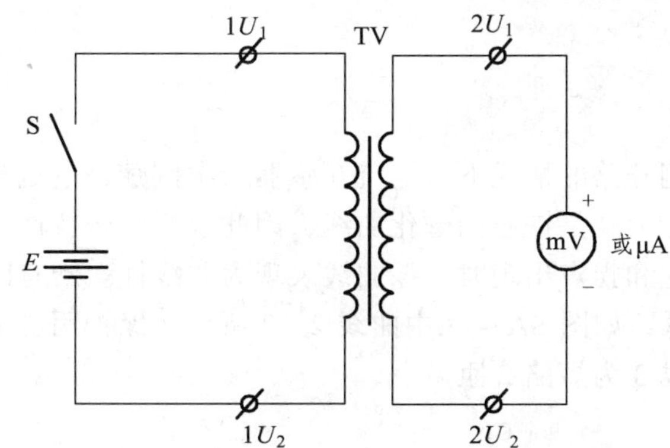

图 SA7-10　直流法测变压器极性接线图

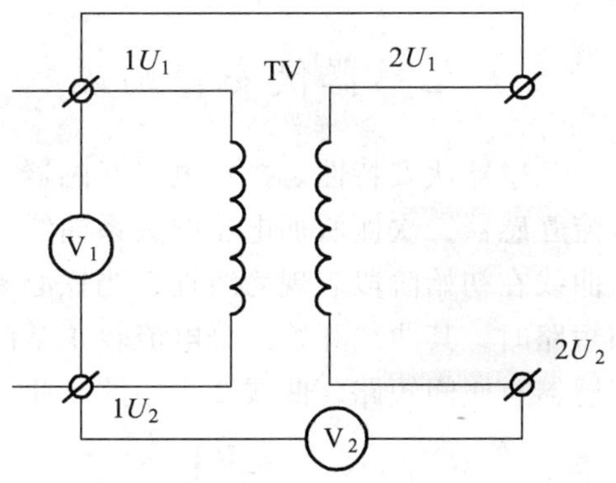

图 SA7-11　交流法测变压器极性接线图

5. 影响变比的因素

从变压器的工作原理可知：决定电流互感器变比的是一次线圈匝数与二次线圈匝数之比。影响互感器变比误差的主要原因有：

（1）电流的大小，比角差随二次电流的减小而增大；

（2）二次负荷的大小，比角差随二次负荷电流的增大而减小；

（3）二次负荷功率因素，其值增大，比差减小而角差增大；

（4）电源的频率；

（5）其他因素：如二次线圈阻抗、铁心截面、铁心材料、二次线圈质量数等设备内部参数。

6. 全自动变压器变比测试步骤

（1）工作接线图，如图 SA7-12 所示。

（2）工作步骤：

① 将变比测试仪接地（先接接地端，后接仪器端），连接电源线，开机。

② 将变比测试仪的 ABC，abc 通过专用导线和变压器的 ABC，abc 相连接。

③ 在变比测试仪上分别输入“变压器组别”、“总分接数”、“级差”和“额定变比”。

④ 选择“测量”。

⑤ 读数并填写试验记录。

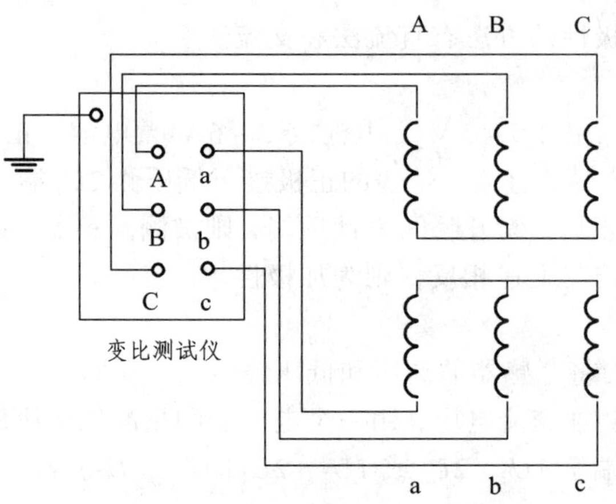

图 SA7-12 全自动变压器变比测试仪接线

三、互感器伏安、励磁特性

互感器伏安特性是指在电流互感器一次侧开路的情况下，电流互感器二次侧励磁电流与电流互感器二次侧所加电压的关系曲线，实际上就是铁心的磁化曲线，因此也叫励磁特性。该曲线在初始阶段表现为线性，当铁心磁化饱和拐点出现时，该曲线表现为非线性。当有匝间短路时，其曲线开始部分电流较正常的略低，如图 SA7-13 中曲线 2、3 所示。保护用电流互感器有匝间短路，曲线 2 为短路 1 匝，曲线 3 为短路 2 匝。

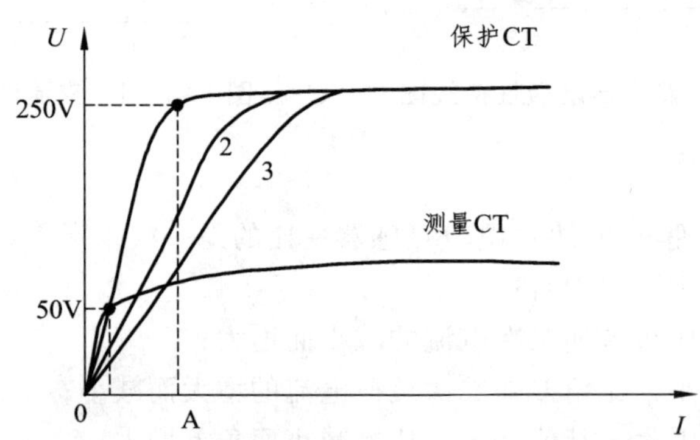

图 SA7-13 典型电流互感器伏安特性曲线

1. 试验目的

（1）检查新投产互感器的铁心质量，保留互感器原始实验数据；

（2）运行互感器停运检验维护时（通常配合机组大修时进行），通过鉴别磁化曲线的饱和程度即拐点位置，以判断运行一定时期后互感器的绕组有无匝间短路等缺陷，以便及时发现设备缺陷，确保设备安全运行。

（3）对差动保护电流互感器精度有要求的进行 10%误差曲线校核。

2. 10%误差校核

互感器的变比误差除了与互感器本身的特性有关外，还和互感器二次负载阻抗有关。一般对误差有要求的继电保护要求互感器的一次电流等于最大短路电流时，其变比误差应小于10%，校核时在互感器伏安特性曲线上在拐点处做一线性延长线，在横轴找到一个电流 I_{1b}，自 I_{1b} 点作垂线与曲线分别交于 B、A 点，且 $BA=0.1I_{1b}$，如果电流互感器一次电流 $I_1<I_{1b}$，其变比误差就不会大于10%；如果电流互感器一次电流 $I_1>I_{1b}$，其变比误差就大于10%。

为了便于计算，制造厂家对电流互感器提供了在M10（10%误差曲线）下允许的二次负载阻抗 Z_{en}，当我们已知M10（最大短路一次电流）时，从10%误差曲线上可以很方便地得出允许的负载阻抗，如果它大于或等于实际的负载阻抗，误差就满足要求，否则，应设法降低实际负载阻抗，直至满足要求为止。当然，也可以在已知实际负载阻抗后，在该曲线上求出允许的M10（最大短路一次电流），用以与流经电流互感器一次绕组的最大短路电流作比较，如果它小于或等于实际的负载阻抗，误差就满足要求，否则，应设法降低实际负载阻抗，直至满足要求为止。

以上针对新安装互感器的特性误差检查，若是进行保护装置改造，互感器不动，可只进行新旧装置的实际的负载阻抗比较，若新装置小于或等于旧装置实际的负载阻抗，则互感器的特性误差肯定满足要求，否则，需用以上方法进行校核。

3. 试验方法

1）试验接线

试验接线如图SA7-14所示。

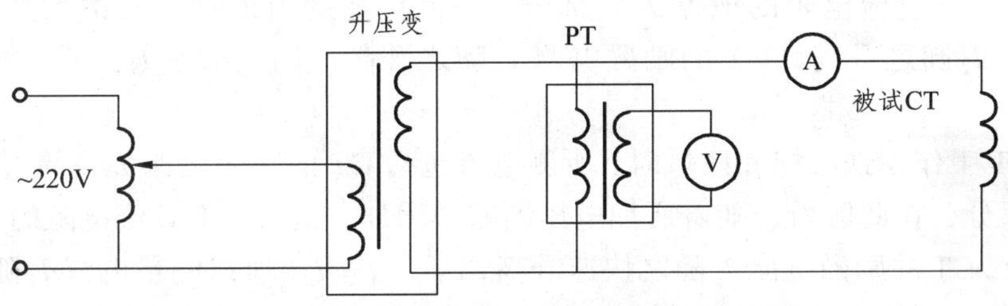

图SA7-14　电流互感器伏安特性曲线原理图

因为一般的电流互感器电流加到额定值时，电压已达400 V及以上，单用调压器无法升到试验电压，所以还必须再接一个升压变（其高压侧输出电流需大于或等于电流互感器二次侧额定电流）升压和一个PT读取电压。

试验前应将电流互感器二次绕组引线和接地线拆除。试验时，一次侧开路，从电流互感器本体二次侧施加电压，可预先选取几个电流点，逐点读取相应的电压值。通入的电流或电压以不超过制造厂技术条件的规定为准。当电压稍微增加一点而电流增大很多时，说明铁心已接近饱和，应极其缓慢地升压或停止试验。试验后，根据试验数据绘出伏安特性曲线。

2）注意事项

① 电流互感器的伏安特性试验，只对继电保护有要求的二次绕组进行。

② 测得的伏安特性曲线与过去或出厂的伏安特性曲线比较，电压不应显著降低。若有显著降低，应检查二次绕组是否存在匝间短路。因此，进行测试时，在开始部分应多测几点。

③ 为使测量准确，可先对电流互感器进行退磁，即先升至额定电流值，再降到零，然后逐点升压。

④ 试验前，互感器二次绕组引线和接地线均应拆除，做好防止接地的可靠安全措施，即保证试验时各相别可靠独立于应用设备，否则可能造成设备的损坏。

⑤ 试验时，一次侧可靠开路，从二次侧施加电压，参考额定电流或电压预先选取几个采样点，一般取 10 个电流点，即每 10%额定值为一个点，逐点读取记录或储存相应的电压值、电流值，每个点必须从零开始升压升流，以消除互感器内的剩磁，保证测量数据的准确性。

⑥ 通入的电流或电压以不超过制造厂技术条件的规定为准，电压应不得高于匝间绝缘要求电压。当电压稍微增加一点而电流增大很多时，说明铁心已接近饱和，应极其缓慢地升压或停止试验，该点即为拐点电压。

⑦ 试验后，根据试验数据绘出或打印伏安特性曲线，对相应设备初始伏安特性曲线或最近测量的伏安特性曲线进行比对分析。

4. 数据分析

（1）电流互感器 10%误差曲线校核：只对继电保护有要求的 CT 二次绕组进行，一般对差动保护用 CT，要求必须满足 10%误差曲线要求。

（2）测得的伏安特性曲线与出厂的伏安特性曲线或最近的测量伏安特性曲线比较，拐点电压不应有显著降低。若有显著降低，应检查二次绕组是否存在匝间短路。

（3）当 CT 工作在正常伏安特性曲线的线性非饱和区域时，所测电流包括 CT 的励磁电流 I_e 及流过 CT 直流电阻的电流 I_2 两部分，在此区域随着所加电压的增加，流过 CT 直流电阻的电流 I_2 随之升高，CT 的励磁电流 I_e 随之升高，因 $I_1=I_e+I_2$，所以测量电流 I_1 随之升高。

（4）当 CT 工作在铁心饱和区域时，所测电流包括 CT 的励磁电流 I_e 及流过 CT 直流电阻的电流 I_2 两部分，在此区域，随着所加电压的略微增加，流过 CT 直流电阻的电流 I_2 随之升高得非常缓慢，CT 的励磁电流 I_e 随之快速升高，因 $I_1=I_e+I_2$，所以测量电流 I_1 随之快速升高，这是因为当铁心饱和时，大量电流损耗于铁心发热上，由于 CT 直流电阻与 CT 二次绕组匝数有关，当发生 CT 二次绕组匝间短路故障时，造成 CT 直流电阻 R 降低，在 CT 铁心饱和电流不变的情况下，拐点电压 $U=I_2\times R$，从而在 CT 伏安特性曲线上表现为拐点电压 U 明显降低，据此初步判断 CT 二次绕组有异常。

四、GIS SF_6 气体微水测量

GIS 组合电器是用 SF_6 气体作为绝缘介质的，SF_6 是一种无色、无味、无毒、不可燃的惰性气体，具有良好的灭弧性能和绝缘性能。

1. 试验目的

SF_6 气体中水分的含量会影响 SF_6 的绝缘性能，因此要定期对组合电器中 SF_6 气体的水分含量进行检测，当 SF_6 气体的水分含量超过一定值时，要对 SF_6 气体进行过滤处理或者更换气体，提高 GIS 设备运行的可靠性。

在高压环境下，微量的杂质对 SF_6 气体的性质影响很大，特别是水分的含量，直接影响

到 SF_6 气体的绝缘性能及电弧分解产物的特性。因此，为了保证电气设备的安全运行，IEEE 及世界各国都对电器设备中的 SF_6 气体中水分含量制定了相应的标准。我国标准《六氟化硫电气设备中气体管理和检测导则》（GB /T 8906—1996）中规定：运行中有电弧分解物的隔室中水分值小于等于 300 μL/L（交接时≤150 μL/L）；运行中无电弧分解物的隔室中水分值小于等于 500 μL/L（交接时≤250 μL/L）。国际电工协会（IEC）规定，SF_6 新气中水分含量不得高于 15 ppm（重量 66）。

2. 测试原理

SF_6 电气微水测试方法主要有露点法、阻容法和电解法。

1）露点法

露点法的原理是气体以一定流速流过金属镜面，镜面用人工冷却。当气体中的水蒸气随镜面冷却达到饱和时，表面呈热力学相平衡状态，准确测量此时露层的温度，即为该气体的露点温度。

目前，市场上精度高的露点仪（如瑞士 MBW 公司的 DP19 型测试仪等）都是利用热电制冷器冷却露层传感器，使气样中的水蒸气在露层传感器上冷凝，经接收器采集的信号通过自动控制电路使露层传感器上的露或霜与气样中的水蒸气呈相平衡状态。用铂电阻温度计准确测量露层传感器的温度，即露或霜层的温度，从而获得气体的露点温度。因此，采用热电制冷自动检测露层的平衡式精密露点仪是目前最准确的湿度测量仪器。特别是在低露点测量时高精度的仪器增加了“ORIS 最佳响应系统”功能，即最佳响应注射系统，低湿测量时的快速稳定装置。其原理是当镜面温度降到预先选择的值而尚未结露时，系统会自动向气体人口管注入加湿气，加速露层形成，使仪器在非常低的湿度下快速稳定露点，从而缩短测量时间。

露点仪操作简单，可在常压和高于常压下测量，但极易受到各种干扰因素的影响，如环境温度、气体杂质（醇类）、固体杂质（粉尘）等。

2）阻容法

阻容式湿度仪是利用吸湿物质的电学参数（电阻值或电容值）随温度变化的原理进行湿度测量的。目前常用的湿敏元件有氧化铝和高分子薄膜两种。当选用金属铝作为测量探头时，湿度仪通过电化学方法在金属铝表面形成一层氧化膜，然后再在膜上沉积一层薄层金属。这样探头芯的金属铝和探头表面的金属膜就构成了一个电容器。使 SF_6 气体与测量探头充分接触，其中的水分被多孔性的氧化铝层吸附，使电容器的阻抗发生改变。其改变量与水蒸气浓度成一定关系，经过标定就可以定量测量 SF_6 气体中的水分含量。芬兰 VA ISAL 的 DRYCAP 湿敏元件作探头的仪表近些年占绝大多数。这类仪器具有线性好、抗干扰、响应快、测量范围宽、高稳定的特点，同时在低湿段的线性佳、灵敏度高。但由于传感器本身的自行衰变，以及气体中存在的矿物油、氟化物和硫化物的腐蚀，探头的性能会发生变化，因此仪器需要经常标定才能保证测量准确度。

3）电解法

电解法的原理是让待测气体通过一个电解池。电解池装有两个电极，电极卷在一个绝缘框架内侧或外侧。两电极之间涂一层干燥的五氧化二磷薄膜，两极之间施加直流电压。若 SF_6 气体是干燥的，则两极之间没有电流流过。若 SF_6 气体中有水分，其通过电解池的时候，水分被干燥的五氧化二磷薄膜吸收。同时，电流流过薄膜，将吸收的水电解而产生氢气和氧气。根据法拉第定律，电解水所需的电量与薄膜吸入的水分正相关，因此可以通过测量电解电流的大小求得 SF_6 气体中的水分含量。

电解法的优点是价格较低、维修方便，缺点是现场测量前，测量系统本身并不干燥，往往有本底值，这使测量结果不够精确。因此测量前必须用高纯氮气对电解池进行干燥处理。此外，根据现场测量经验，环境温度和湿度对电解法测量结果有较大影响。环境温度高时测量结果偏大，温度低时测量结果偏小。环境湿度越大，测量结果越不准确 。此外，该方法操作步骤繁琐，并不适合现场测量。

3. 影响测量结果的因素

（1）断路器内部绝缘件处理不良，含水量较多。

（2）SF_6 新气质量较差。

（3）充气工艺不佳。

（4）抽真空工艺不良。

（5）充气管道、接头等元件处理不彻底。

（6）断路器密封结构不可靠。运行中水分渗入断路器内部。

4. 测试方法

（1）测试接线，如图 SA7-15 所示。

（2）试验步骤：

① 首先应关闭气阀，以气阀所示“OPEN”的反方向（顺时针方向）关紧气阀，确认气阀关紧后用扳手将 SF_6 气室通道口的连接螺栓拧开，将气压表取下。取下后注意观察气室通道口的密封圈是否变形，若有变形要进行更换。

② 取下气压表后将气室压力表放到一个平稳的位置，然后将微水测试仪的连接头连接到气室通道口，上紧螺栓；另一端接到微水测试仪进气口，最后打开 SF_6 气室的阀门，完成后打开气室阀门（以“OPEN”所示方向逆时针旋转，如图 SA7-15 所示）。

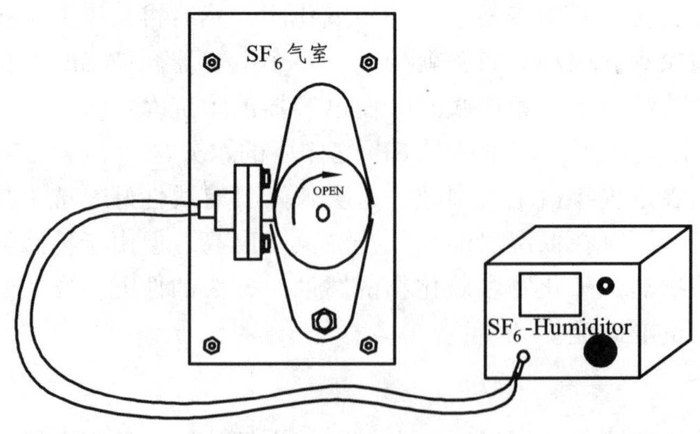

图 SA7-15 接线原理图

③ 由于设备与软管连接的试验头为自密封接头，如果测试完成就将其拔下，那么软管里会有余留的 SF_6 气体，存在一定压力，在拆另一端与设备连接试验头时比较难拆，而且拆试验头时人员也是不安全。测试结束后关机，拆除微水测试仪的连接头，将气室压力表接到通道口上，打开气阀并用 SF_6 检漏仪检查气压表接头是否有漏气，若有漏气应检查气室通道口的密封圈是否有变形并更换密封圈。如图 SA7-16、图 SA7-17 所示。

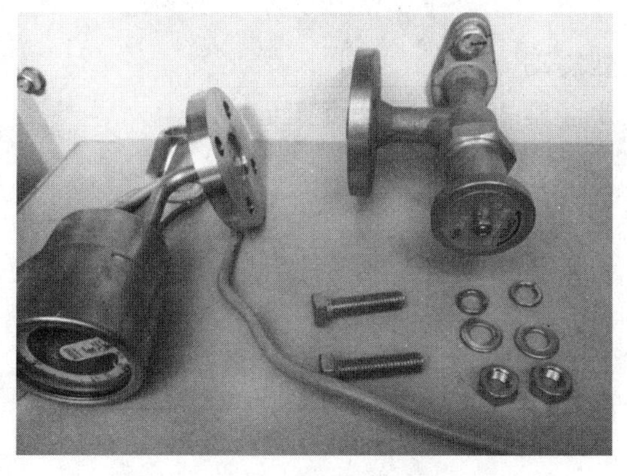

图 SA7-16　拆除气室压力表

图 SA7-17　连接检测装置

④ 接通试验电源并检查试验电源是否符合设备工作电源要求，然后点击面板上的“POWER”按钮开机，该设备在开机后就可以自行进行微水测量，但应注意查看测试气体类型是否正确，如不正确，应及时通过触屏的方式调整到 SF_6 气体测试界面。

⑤ 测试过程中待数值稳定后读取图 SA7-18 中的右方前两个数字，第一个数值表示凝露温度，第二个数值表示实测微水含量。在 GB50150-2006《电气装置安装工程电气设备交接试验标准》中规定带灭弧室的气室微水含量不得超过 150 PPM，不带灭弧室的气室微水含量不得超过 250 PPM；记录完成后关闭气阀，以气阀所示“OPEN”的反方向（顺时针方向）关紧气阀，然后按下设备面板上的“Purge”键进行放气。

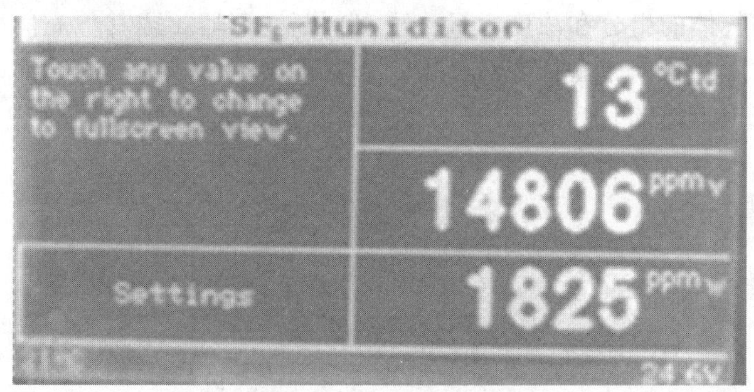

图 SA7-18　测试进行中

⑥ 恢复保护装置上的气压低报警信号，测量设备微水时需要把气压表取下，而气压监测器在气压表上，所以当气压表气压为零时，在保护装置上会出现气室压力异常的报警。将“远方/就地”控制方式改“就地”设备控制方式打到就地之后按 F_1（1 ~ 2 s）后方可复归其实压力异常的故障信号。复归之后把设备控制方式打回远方，恢复到初始状态。

（3）注意事项：

① 在测量过程中，调节针型阀时应慢慢打开，防止压力的突变，以免压力和流量传感器损坏；测量气体流量应该调节在 0.6 L/min，这样既能快速测量，又能节省气体。

② 仪器在使用过程中，当电量指示不足时，应及时充电，充电时只需将电源线接入 220 V 电源，不需打开仪器电源开关，仪器自动充电，充电指示灯亮，充电完成后充电指示灯熄灭。

③ 仪器属于精密高档测量仪器，应避免剧烈震动。

④ 仪器一定要充足电存放，长时间不用，要经常查看电量是否充足。

⑤ 勿测有腐蚀性的气体。

⑥ 用于测量的管路应尽可能的短，要保证系统的密封性。

⑦ 当测试结果接近设备中 SF_6 的水分允许含量标准的临界值时，至少应该复测一次。

五、绝缘油

1. 电气性能试验

绝缘油的电气性能试验有两项，即电气强度试验和测量 $\tan\delta$ 值。影响绝缘油电气强度的主要因素是:油中所含的水分和杂质。电气强度不合格的绝缘油不能注入电气设备。但经过过滤处理,除去其中所含的水分和杂质后仍会变成好油。

油的 $\tan\delta$ 值是反应油质好坏的重要指标之一。绝缘油老化后，将生成大量的极性基和极性物质，这也使油的电导和松弛极化加剧。因此，测定绝缘油的 $\tan\delta$，无论对新油或运行中的油，都是十分必要的。

2. 油中溶解气体的气相色谱分析

对绝缘油中溶解气体的气相色谱分析是近年我国发展的新的试验方法。用这种方法分析绝缘油中所溶解的气体的组分和浓度含量，可以判断变压器（或其他充油电气设备）内部可能存在的潜伏性故障。目前，这种方法已得到普遍推广，已成为提高充油设备运行可靠性和杜绝运行中发生烧损事故的有效方法之一，并已列入国家有关试验标准中。

六、整流器试验

1. 轻载（功能）试验

1）目　的

轻载试验的目的是为了验证整流器电气线路的所有部分的连接是否正常，能否与主电路一起正常工作，设备的静态特性是否能满足规定要求。

2）试验电路及接线

试验电路接线图如图 SA7-19 所示。

要求整流器输出端子（L+）与（L－）不外接负载。两个三相桥的输入端 $L_1 \sim L_6$ 通过升压变压器 T_3 和调压器 T_1 接至电源，须注意接入电路的电缆电压等级应满足系统电压的要求。

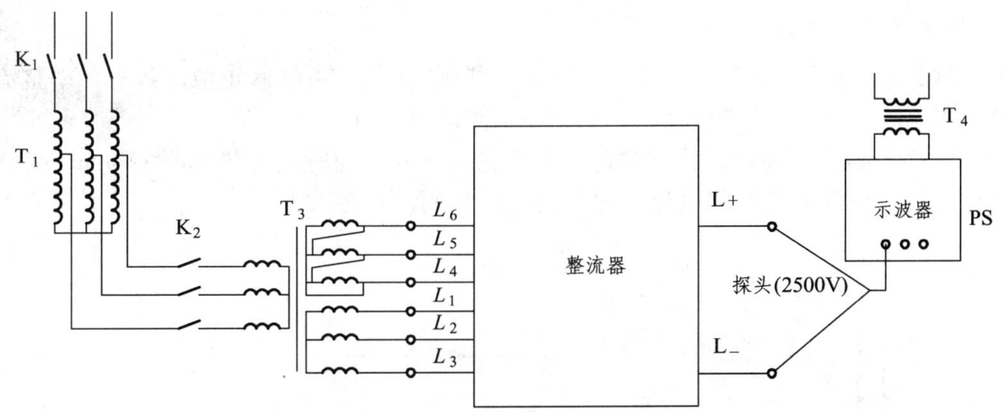

图 SA7-19 轻载（功能）试验电路图

3）试验方法

① 试验时直流输出端开路，稳定电阻作为负载，用示波器探头接在直流两端，注意正负，示波器电源通过隔离变压器 T_4 与实验室电源相连，调好比例并对准中心。确认调压器到零点后，合 K_1、K_2，调整三相输入电压，使阀侧电压 $U_2 = U_{2N} = 590$ V 时，测量并记录输出空载电压 U_{d0}。

② 调整三相输入线电压为 $U_{2N} \times 1.05 = 619.5$ V，要求输出空载电压 $U_{d0} \leqslant U_{d0MAX} = 900$ V。

③ 调整输入三相线电压，使输出空载电压为 $U_{d0MAX} = 900$ V，通电时间为 45 min。用点温计或红外激光测温仪测量负载电阻、R_C 保护电阻的表面温度，要求电阻发热不影响周围器件的工作。要求其表面温度 T_R 应满足下式：

$$T_R \leqslant 250+(40 - T_A)$$

式中 T_R——电阻的表面温度，°C；

TA——环境温度，°C。

4）注意事项

试验时要注意安全，对于人体和测量仪器应进行电压安全隔离。

在试验过程中，同时在直流输出端外接示波器的读数，以校验屏柜电压表。

2. 均流试验

1）目　的

通过对整流柜整流元件均流系数检测，避免部分二极管长时间承受大电流过热烧毁，这将会大大降低整流柜整流元件故障率。

均流系数：并联运行各支路电流的平均值与最大支路电流值之比。

均流系数=平均输出值/最大输出值，一般应不小于 0.85。

（2）试验电路及接线

试验电路接线图如图 SA7-20 所示。

将整流器输出端子（L+）与（L－）用分流器 RS10 短接，注意输出电流要求配置电缆截面，分流器两端接毫伏表。两个三相桥的输入端 $L_1 \sim L_6$ 通过大电流变压器和调压器接至实验室电源。

3）试验方法

① 用调压器调节外施电压，使输出电流达到额定电流 I_{dN} 的修正值。各种功率整流器的额定电流 I_{dN} 根据合同条件进行修正，其修正值如表 SA7-1 所示。

② 施加额定电流 I_{dN} 后，检查各部分工作是否正常；通额定电流 I_{dN} 约 40 min 后，用交直流钳形表测量桥臂各支路的电流，并按公式计算均流系数 K_i。

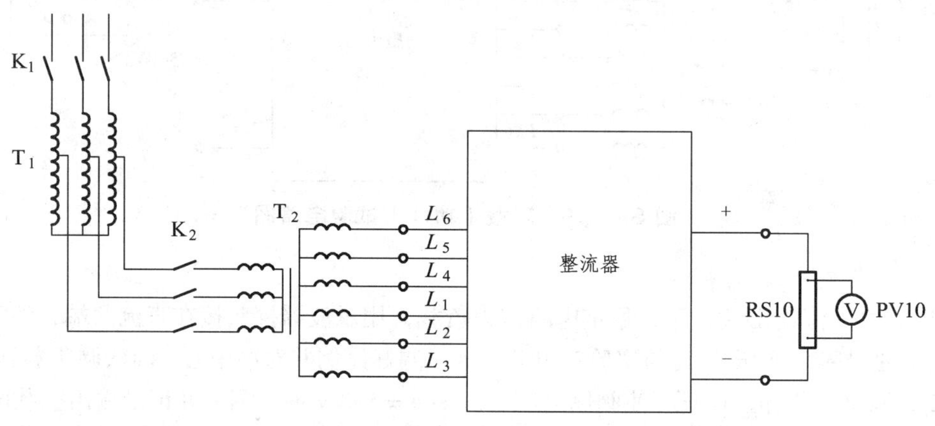

图 SA7-20 均流试验电路图

③ 测量结果要求各桥臂均流系数 $K_i \geqslant 0.9$。

计算均流系数 K_i：

$$K_i = \sum I/(N \times I_M)$$

式中 K_i——桥臂均流系数；

$\sum I$——桥臂各并联二极管的电流之和，A；

N——桥臂并联二极管数；

I_M——桥臂并联二极管中的最大电流，A。

④ 用标准导线从分流器引到外接 0.5 级毫伏表，校验屏柜电流表。

表 SA7-1 整流器均流电流的修正

功率/kW		修正系数	整流器额定电流 I_{dN}/A			
			原值		修正值	
P_N	1 500 kW	1.1	I_{dN}	2 000 A	$1.1I_{dN}$	2 200 A
	1 875 kW			2 500 A		2 750 A
	2 250 kW			3 000 A		3 300 A

七、断路器特性试验

断路器在供电系统中起到控制和保护作用，根据系统运行的需要将部分或全部的电气设备或线路投入或退出；当电力系统某一部分发生故障时，它和保护装置（综保）相配合，将该故障部分从系统中迅速切除，减少停电范围，防止事故扩大，保护系统中各类电气设备不受损坏，保证系统无故障部分安全运行。真空断路器处于合闸位置时，其对地绝缘由支持绝缘子承受，一旦真空断路器所连接的线路发生永久接地故障，断路器动作跳闸后，接地故障点又未被清除，则有电母线侧的对地绝缘要由该断路器断口的真空间隙承受；各种故障开断时，断口一对触头间的真空绝缘间隙要耐受各种恢复电压的作用而不发生击穿。所以，断路器的断口工频耐压试验是十分必要的。同时为验证断路器本身的机械性能，也必须进行相应的特性试验。

1. 目　的

进行断路器特性试验的目的是检查断路器各部件的强度和机械操作是否正确、灵活；运动特性是否满足要求，以判断断路器工作性能的可靠性，减少由于机械故障造成的事故。

2. 断路器的机械特性

断路器的机械特性也就是物理特性，我们所做的断路器机械特性试验包括分合闸时间、速度、行程、开距、同期、弹跳等。断路器的分合闸时间，分合闸不同期程度，分合闸速度以及线圈的动作电压等，直接影响断路器的切合性能，并且对继电保护、自动重合闸装置以及系统的稳定带来极大的影响。

1）分合闸时间

合闸时间：指断路器接到合闸指令瞬间起到所有极触头都接触瞬间的时间间隔；分闸时间：指断路器从开关分闸操作起始瞬间（即接到分闸指令瞬间）起到所有极的触头分离瞬间的时间间隔。就真空断路器而言，其分闸时间一般为 20 ~ 40 ms；合闸时间一般为 40 ~ 80 ms。因此对继电保护、自动重合闸装置有所影响。

2）分合闸不同期程度

开关合闸同期性：开关合时各极间及或同一极各断口间的触头接触瞬间的最大时间差异；开关分闸同期性：开关分时各极间或同一极各断口间的触头分离瞬间的最大时间差异。一直以来，各开关厂及现场通用的办法是：A、B、C 三相总共多个断口间，时间最大与最小之差值，即为相间同期，此种定义基本上为大家所接受，在此特加以说明。断路器分合闸严重不同期，将造成线路或变压器的非全相接入或切断，从而可能出现危害绝缘的过电压。

3）线圈的最低动作电压

作为断路器特性测试的一个重要内容，断路器操动机构的动作测试主要是为了验证断路器线圈是否灵敏和可靠，并且还能够测试整个操作机构在非额定动作电压下的性能。操动机构可靠的合闸的时候，通常操动机构的电压是保持在（85% ~ 110%）U_N 的范围之内的；断路器分闸的电压是大于 65%U_N；这是由于控制回路存在电压损耗。另外当断路器的操作电压小于 30%U_N 的时候，断路器是不能够分闸的。额定操作电压的 30% ~ 65%是高压断路器操动机构分、合闸电磁铁线圈的最低动作电压，在这个范围之内能够保证断路器的正常运行，并进行可靠动作。而规定的下限 30%主要是考虑其中的误差值。由于二次直流系统在绝缘不良、高阻接地的情况下，会在断路器分合闸线圈两端产生一个数值较大的感应电压，当线圈固有的动作电压过低时，会引起断路器误分闸，俗称“偷跳”。或在强电的环境下，断路器易受到强电磁的干扰，使断路器失灵拒动，在事故发生的时候失去保护作用。

4）分合闸速度

分闸速度的降低将使触头的燃弧时间延长，特别是在切断短路故障时，可能使触头烧损，甚至发生爆炸。而合闸速度的降低，若合闸于短路故障时，由于阻碍触头关合电动力的作用，将引起触头振动或使其处于停滞状态，同样容易引起爆炸，特别是在自动重合闸不成功的情况下更是如此。反之，速度过高，将使运动机械受到过度的机械应力，造成个别部件的损坏或缩短使用寿命，这是不允许的。

5）合闸弹跳

目前，真空断路器均采用对接式触头，且合闸速度较高，触头在合闸时就可能产生弹跳。由于弹跳不但会使触头熔焊，产生过电压，而且还会使波纹管受强迫振动而出现裂纹，导致灭弧室漏气，所以合闸弹跳越小越好。一般采用弹跳时间来进行衡量，即断路器触头第一次接触到完全接触的时间。弹跳时间是指开关的动静触头在合闸过程中发生的所有接触、分离（即弹跳）的累计时间值（即第一次接触到完全接触的时间）。

6）开　距

开距是指开关从分状态开始到动触头与静触头刚接触的这一段距离，如图 SA7-21 所示。

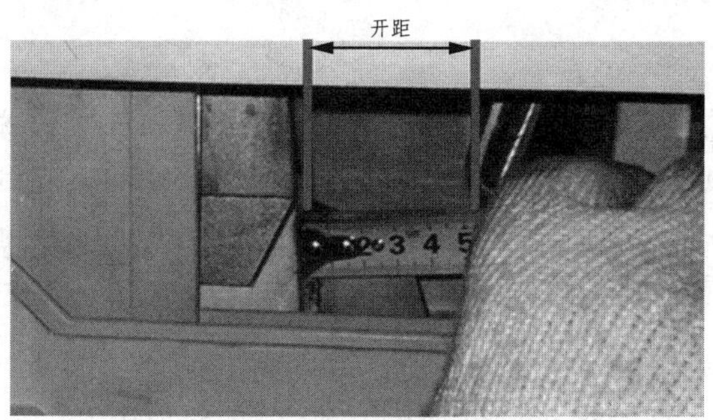

图 SA7-21　直流断路器的开距

3. 断路器的机械特性测量

1）开关特性的测量

对于分合闸时间及弹跳测量的接线如图 SA7-22 所示，开关特性测试仪从分合闸命令下达（即开始向分、合闸线圈送出脉冲方波瞬间）开始计时，并判断和采集断路器一次导电回路开关变化的过程和时间，用以判断分合闸时间、弹跳时间、三相同期性。而在试验中通过调节输入分合闸线圈的电压大小，来确定线圈的最低动作电压。

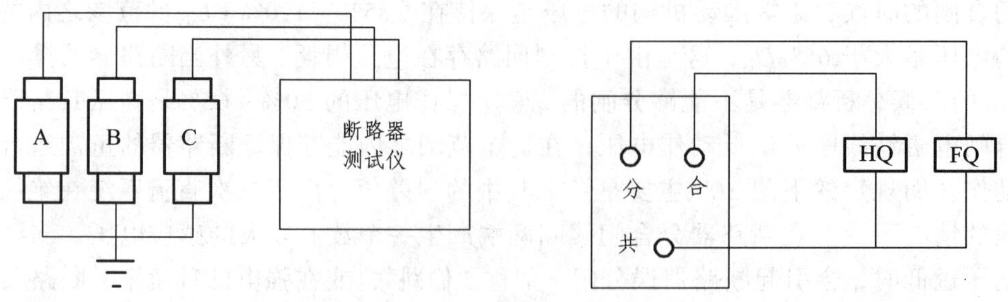

图 SA7-22　测试仪接线原理图

2）位移量的测量

断路器制造厂在产品出厂试验中必须对每台断路器测量分、合闸速度，并将测试结果填写在产品出厂试验报告中，目前真空断路器的测速已普遍使用传感测速仪。

目前，用直线传感器（滑线变阻器）或角度传感器（转角电位器），配合微电脑式开关特性测试仪进行智能化特性检测已成为最为普遍的测试手段。现在的多数开关特性测试仪，根据断路器结构的不同，都可配用直线传感器或角度传感器。但基于上述特点的断路器，选择使用传感器过程中都存在一些问题：一是机构或主轴拐臂往往是通过很多的连杆才最终将动力传输至动触头，传感器与动触头实际工况会存在传动环节的间隙差，从而产生测量误差，影响测量精度；二是高压 SF_6 断路器一般工作行程较长，通常需要较大行程的直线传感器匹配，若将其直接装于拐臂上，往往会出现安装位置紧张的局面。特别是一些三相共箱式 GIS 中的断路器，其机构箱的空间小，结构非常紧凑，很难提供传感器的直接安装位置，此时往往只能使用角度传感器进行特性测试。

如图 SA7-23 所示，一般测试仪在使用角度传感器时，要求先给出拐臂长度 a，连杆 NP 长度 b，L_1 的端点 P 的延长线与主轴的中心 O 点的距离 c，ONP 夹角 ϕ，以及拐臂 RQ 的长度 L_2 与 PQ 的长度 L_1 的比值 K（$K = L_2/L_1$）。**注意：**当角度传感器安装的位置不同，则所需的前提参数也不尽相同。图 SA7-23 中的角度传感器固定在左边转动副中心 O 点。另外，对于事先所输入参数，需严格按测试仪的技术要求进行比对，否则会因参数对应错误而引起测量结果出入太大，失去测试意义。

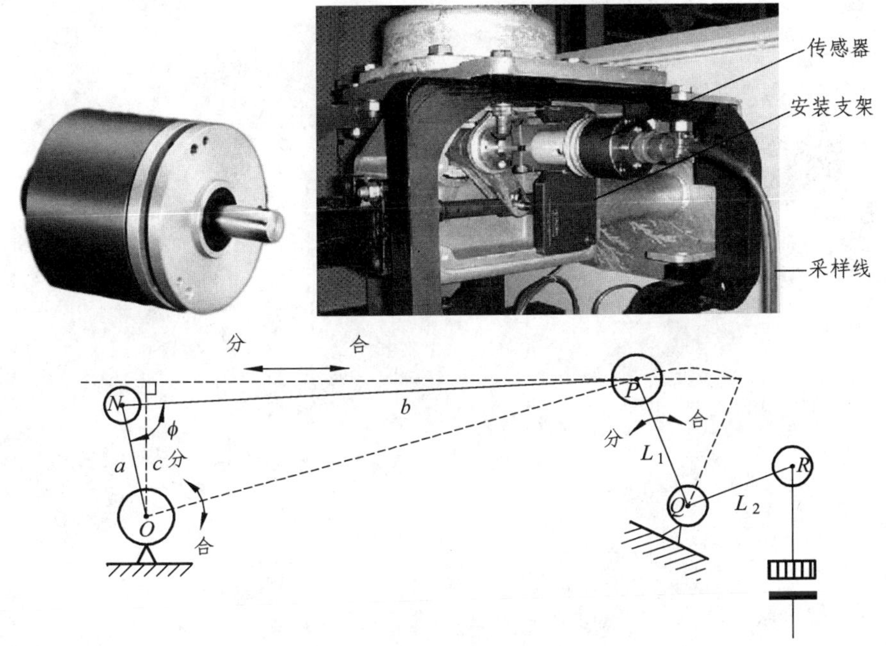

图 SA7-23　角度传感器的使用图解

它可以准确地测得分、合闸过程中行程-时间（见图 SA7-24）的变化曲线，可以对分、合闸全过程中的速度变化情况进行考核分析。

开距：$s = s_3$；

行程：$s = s_2$；

合闸速度：$v = s_2/t_2$。

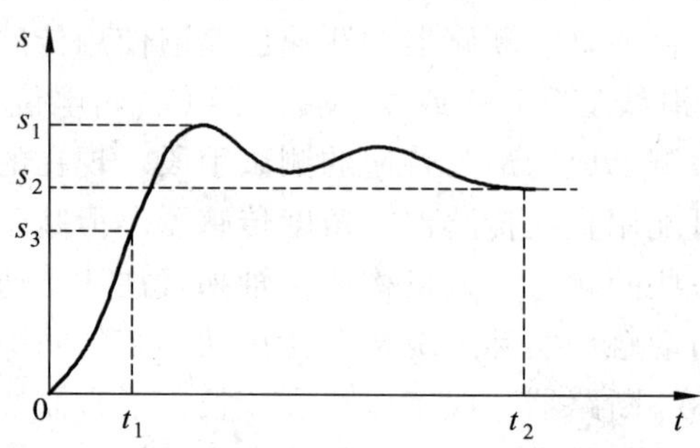

图 SA7-24　断路器合闸时行程-时间曲线

分模块SB 专业技能

子模块SB1 电气图纸的识读方法

一、电气一次设备和一次回路与电气二次设备和二次回路

一次设备是指直接生产、输送和分配电能的高压电气设备。它包括发电机、变压器\断路器、隔离开关、自动开关、接触器、刀开关、母线、输电线路、电力电缆、电抗器、电容器等。由一次设备相互连接，构成发电、输电、配电或进行其他生产的电气回路称为一次回路或一次接线系统。

二次设备是指对一次设备的工作进行监测、控制、调节、保护以及为运行、维护人员提供运行工况或生产指挥信号所需的低压电气设备。如熔断器、控制开关、继电器、控制电缆等。由二次设备相互连接，构成对一次设备进行监测、控制、调节和保护的电气回路称为二次回路或二次接线系统。

连接保护装置的二次回路主要有以下几种：

（1）采样回路：从电流互感器、电压互感器二次侧端子箱开始到有关继电保护装置的二次回路。

（2）电源回路：从变电所所用电源开始到有关保护装置的二次回路。

（3）信号回路：从保护装置到控制屏和中央信号屏间的直流回路。

（4）控制回路：继电保护装置出口端子排到断路器操作箱端子排的跳、合闸回路。

二、电气图标准

在电气图纸设计时，每一张图样上标记的每一个数据、符号、文字、图形、标志、代号都应符合国家标准。

一般情况下，若同一电器元件的各部分根据需求，需分散绘制时，必须在多处用同一文字符号标注，便于识别。

通用标准如下：

电气图用图形符号：GB/T 4728.1 ~ GB4728.13；

电气制图国家标准：GB 6988.1 ~ GB6988.7；

电气技术中文字符号制定通则：GB/T 7159 ~ 1987；

电气技术中的代号：GB/T 5094.1—2002；GB/T 5094.2—200；GB/T 5094.4—2005。

三、电气图的组成

1. 系统图或框图

用符号或带注释的框，概略表示系统或分系统的基本组成、相互关系及其主要特征的一种简图。

2. 电路图

用图形符号并按工作顺序排列，详细表示电路、设备或成套装置的全部组成和连接关系，而不考虑其实际位置的一种简图。目的是便于详细理解作用原理，分析和计算电路特性。

3. 功能图

表示理论的或理想的电路而不涉及实现方法的一种图，其用途是提供绘制电路图或其他有关图的依据。

4. 逻辑图

主要用二进制逻辑（与、或、异或等）单元图形符号绘制的一种简图，其中只表示功能而不涉及实现方法的逻辑图叫纯逻辑图。

5. 程序图

详细表示程序单元和程序片及其互连关系的一种简图。

6. 设备元件表

把成套装置、设备和装置中各组成部分与相应数据列成的表格，其用途表示各组成部分的名称、型号、规格和数量等。

7. 端子功能图

表示功能单元全部外接端子，并用功能图、表图或文字表示其内部功能的一种简图。

8. 接线图或接线表

表示成套装置、设备或装置的连接关系，用以进行接线和检查的一种简图或表格。

（1）单元接线图或单元接线表：表示成套装置或设备中一个结构单元内的连接关系的一种接线图或接线表。（结构单元指在各种情况下可独立运行的组件或某种组合体。）

（2）互连接线图或互连接线表：表示成套装置或设备的不同单元之间连接关系的一种接图或接线表。（线缆接线图或接线表）

（3）端子接线图或端子接线表：表示成套装置或设备的端子，以及接在端子上的外部接线（必要时包括内部接线）的一种接线图或接线表。

（4）电费配置图或电费配置表：提供电缆两端位置，必要时还包括电费功能、特性和路径等信息的一种接线图或接线表。

9. 数据单

对特定项目给出详细信息的资料。

10. 简图或位置图

表示成套装置、设备或装置中各个项目的位置的一种简图。位置图指用图形符号绘制的图，用来表示一个区域或一个建筑物内成套电气装置中的元件位置和连接布线。

四、二次电路图

二次电路图常见的画法有两种：一种是二次元件和设备用集中和半集中表示法画出；另一种是二次元件和设备用分散表示法画出，用后一种画法画的二次电路图称为展开式电路图，如表 SB1-1 所示。

表 SB1-1 电路图各表示方法图例

序号	集中表示法	半集中表示法	分散表示法
1	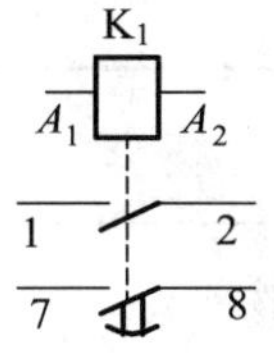 K_1 A_1 A_2 1 2 7 8	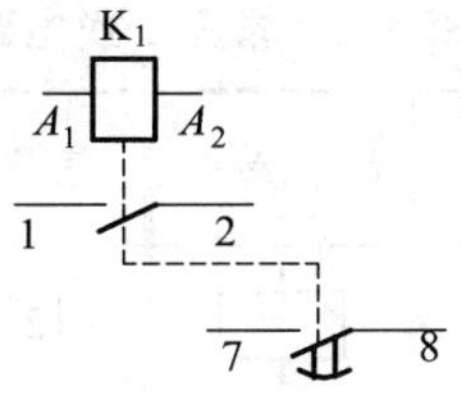 K_1 A_1 A_2 1 2 7 8	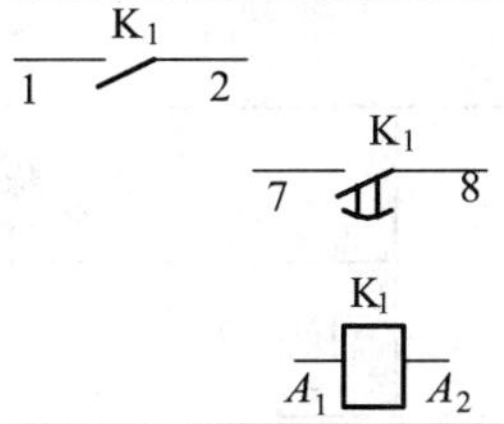 K_1 1 2 K_1 7 8 K_1 A_1 A_2
2	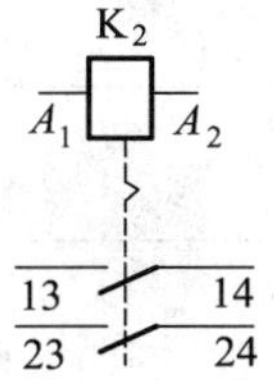 K_2 A_1 A_2 13 14 23 24	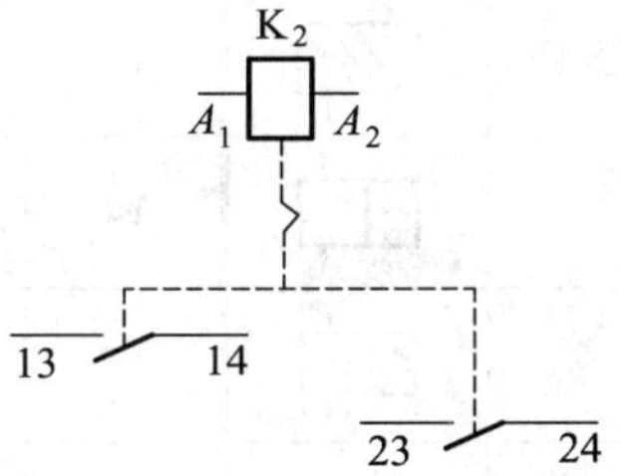 K_2 A_1 A_2 13 14 23 24	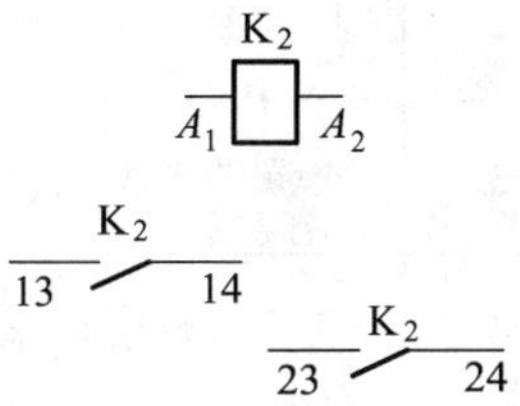 K_2 A_1 A_2 K_2 13 14 K_2 23 24
3	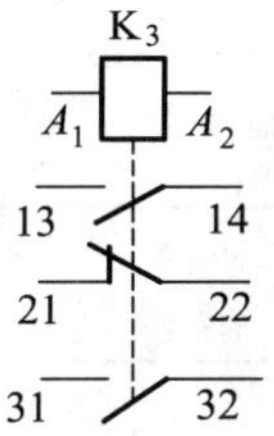 K_3 A_1 A_2 13 14 21 22 31 32	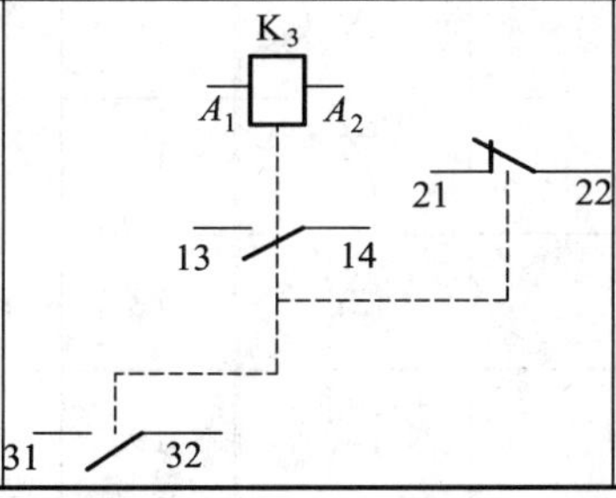 K_3 A_1 A_2 21 22 13 14 31 32	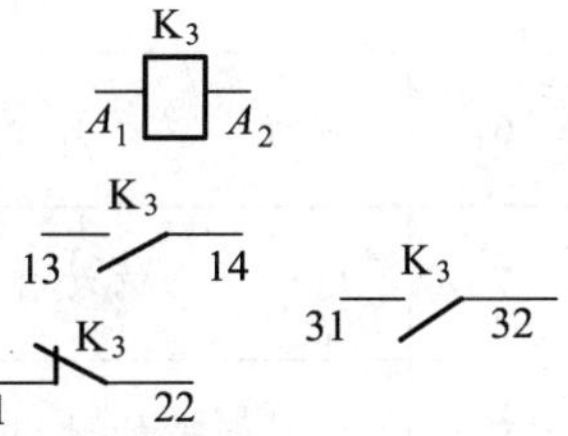 K_3 A_1 A_2 K_3 13 14 K_3 31 32 K_3 21 22

1. 电气二次原理图

1）定　义

电气二次原理接线图是用来表示二次接线各元件（仪表、继电器、信号装置、自动装置及控制开关等设备）的电气联系及工作原理的电气回路图，也称集中式电路图。

2）特　点

① 二次接线和一次接线的相关部分画在一起，且电气元件以整体的形式表示（线圈与触点画在一起），能表明各二次设备的构成、数量及电气连接情况，图形直观形象，便于设计构思和记忆。

② 接线图中的全部仪表、继电器等设备以整体的形式来表示。

③ 接线图将交流电压、电流回路和直流电源之间的联系综合的表达在一起。

3）绘制说明

二次原理图是用来详细表示二次设备及其连接的原理性电路图。它的用途是详细理解二次电路和设备的作用原理；为测试和寻找故障提供信息；用作编制二次接线图的依据。

二次原理图中的元件和设备的布置位置可以不符合实际布置位置，元件和设备都应用国家统一规定的图形符号表示，需要时还可用简化外形来表示。图形符号的旁边应标注项目代号，一般标注项目种类代号。项目种类代号用一个英文字母或两个英文字母表示，在字母前加前缀“-”，在不致引起混淆的情况下，前缀“-”可以省略，本章二次电路图中均将前缀“-”省略。

表 SB1-2　常见二次电路图形符号

序号	名　称	图形	序号	名　称	图形
1	操作器件一般符号		12	自动复归按钮	
2	具有两个绕组的操作器件		13	熔断器	
3	交流继电器线圈	~	14	指示仪表	*
4	机械保持继电器线圈		15	记录仪表	*
5	动合（常开）触点		16	积算仪表	*
6	动断（常闭）触点		17	信号灯一般符号	
7	延时闭合的动合触点		18	蜂鸣器	
8	延时断开的动合触点		19	电铃	
9	延时闭合的动断触点		20	电喇叭	
10	延时断开的动断触点		21	电阻	
11	按钮开关（常开）	E	22	电容	

二次原理图常用的图形符号如表 SB1-2 所示。

为了区别同类的不同设备，可在字母后加数字，如 K_1、K_2 等。为了区别同一设备同类的不同部件，如一个继电器有几对触点，第一对触点可用 $K_{1.1}$ 表示，第二对触点可用 $K_{1.2}$ 表示。对于元件和设备的可动部分如触点，通常表示在非激励或不工作的状态和位置。例如，继电器和接触器在非激励状态，断路器和隔离开关在断开位置；事故、报警等开关在设备正常使用的位置。

集中表示法是将设备的线圈和触点画在一起，并用虚线表示它们之间的机械连接，在线圈旁标注设备的项目种类代号。半集中表示法与集中表示法相似，只是部分触点可分散开画，表示机械连接的虚线允许折弯、分支和交叉。分散表示法是将同一设备的线圈和触点分散画在不同位置，为表示它们之间的机械连接，在线圈和触点处标注该设备的元器件代号。表 SB1-3 列出了常见二次电路元器件代号。

表 SB1-3 常见二次电路元器件代号

序号	名称	字母	序号	名称	字母
1	电容器	*C*	12	断路器	QF
2	保护器件	F	13	隔离开关	QS
3	熔断器	FU	14	电阻器	*R*
4	发电机	G	15	控制电路的开关、按钮	S
5	信号器件	H	16	变压器	T
6	红色信号灯	RD	17	电流互感器	TA
7	绿色信号灯	GN	18	电压互感器	TV
8	继电器、接触器	K	19	晶体管	V
9	电感器	*L*	20	控制电路用电源的整流器	VC
10	电动机	M	21	端子	X
11	电力电路的开关	Q	22	电气操作的机械器件	Y

图 SB1-1 为线路过电流保护电路图。图中断路器和继电器等设备用集中表示法画出。由图可见，整套保护装置由四只继电器 K_1、K_2、K_3、K_4 组成。K_1、K_2 为电流继电器，其线圈分别接于电流互感器 TA_1、TA_3 的二次侧回路中。当一次电路发生相间短路时，电流互感器二次侧回路中的电流增大，当通过继电器 K_1 或 K_2 线圈中的电流超过其动作值时，其触点闭合，将直流电源的正极加到时间继电器 K_3 的线圈上，线圈的另一端接在直流电源的负极，时间继电器 K_3 启动，经一定时限后其延时触点闭合，

直流电源正极经信号继电器 K_4 的线圈、断路器 QF 的辅助触点 S_2 和分闸线圈 Y_2 到负极。分闸线圈 Y_2 通过电流时，使断路器自动分闸，将短路事故切除。信号继电器 K_4 的线圈通过电流后继电器启动，其触点闭合，发出信号。

注意：断路器自动分闸前是闭合的，所以其常开辅助触点 S_2 处于闭合状态；当断路器自动分闸后，辅助触点 S_2 断开，切断分闸线圈 Y_2 中的电流。

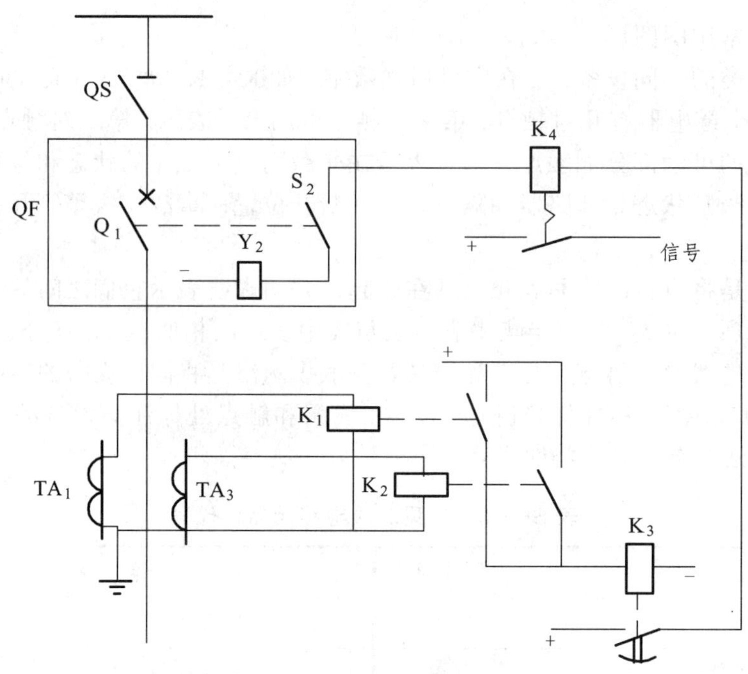

图 SB1-1 线路过电流保护原理图

用集中表示法画出的电路图能比较直观而清楚地说明保护装置的工作原理，而且图中将二次电路和有关的一次部分画在一起，所以这种电路图能给读者建立一个明确的整体概念。但是，图中线条较多，当二次电路较复杂时，不是很清晰，故这种电路图仅用于简单的电路中。在工程中比较广泛地应用展开式电路图。

2. 电气二次展开图

1）定 义

展开图是以电气回路为基础，将继电器整个元件的线圈、触点按保护动作的顺序，自左而右，自上而下绘制的接线展开。其特点是分别绘制保护的交流回路图、直流回路图、信号回路图。各继电器的线圈和触点也分开，分别画在它们各自所属的回路中，并且属于同一个继电器或元件的所有部件都应注明同样的符号。它是安装、调试和检修的重要技术图纸，也是绘制安装接线图的主要依据。

图 SB1-2 为线路过电流保护展开式电路图，图中二次设备的线圈、触点以分散表示法画出。

展开式电路图中各二次元件分解为若干部分，按其动作顺序可分成交流电流回路展开图、交流电压回路展开图、直流控制回路和信号回路展开图等几部分。图 SB1-2 所示展开式电路图是由交流电流回路、直流控制回路相信号回路三部分组成的。属于某个回路中的设备部件应画在展开式电路图的该部分中，于是属于同一设备的不同部件可能会画在展开式电路图的不同的回路中。每种回路又有许多电路的支路，这些支路在绘制展开式电路图时可以垂直排列，如图 SB1-2（a）所示；也可以水平排列，如图 SB1-2（b）所示。各支路排列的顺序为：对交流回路按相序，对直流回路按动作顺序。垂直排列时各支路自左往右排列；水平排列时各支路自上住下排列。各支路中设备的部件按实际情况相互连接。

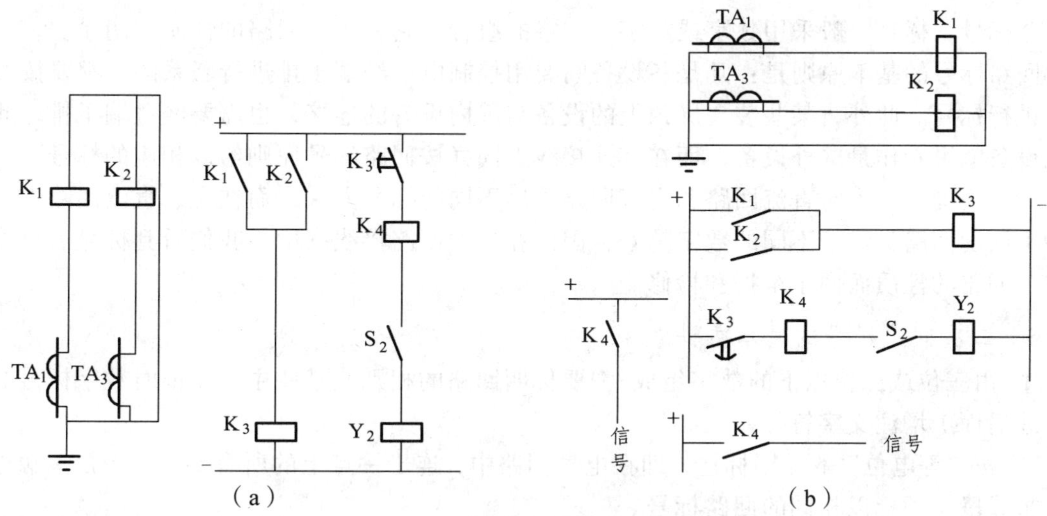

图 SB1-2　线路过电流保护电路展开图

由上述可见，阅读展开式电路图时应“自左往右看，自上往下看”，“先看交流回路，后看直流回路以及分、合闸回路等”。以图 SB1-2 为例，当一次电路发生短路时，电流互感器 TA_1 和 TA_3 二次侧电路中电流增大，电流继电器 K_1 和 K_2 启动。在直流控制回路中找到 K_1 和 K_2 的触点，此常开触点闭合，使时间继电器 K_3 启动。经一定延时后 K_3 触点闭合，一方面使断路器自动分闸，同时启动信号继电器 K_4，K_4 启动后其触点闭合后发出信号。看展开式电路要细心，要一个支路一个支路地看懂，一个继电器一个继电器地看懂，这样可以理解整个装置的工作原理。

比较图 SB1-1 与图 SB1-2 可知，展开式电路图线条清晰，易于阅读，便于了解整个装置的动作程序和工作原理，尤其在复杂电路中更为突出，故得到广泛应用。

2）特　点

将二次交流电流回路、交流电压回路、直流控制回路、信号回路分开绘制。

（1）按不同电源回路划分成多个独立回路。例如，交流回路，又分电流回路和电压回路，都是按 A、B、C、N 相序分行排列的；直流回路，又分控制回路、合闸回路、测量回路、保护回路和信号回路等。在这些回路中，各继电器（装置）的动作顺序是自上而下、自左至右排列的。

（2）在图形的上方有对应的文字说明（回路名称、用途等），便于读图和分析。

（3）各导线、端子都有统一规定的回路编号和标号，便于分类查线、施工和维修。

（4）同一设备的部件在展开图中使用同字母符号（文字）。

3）电气二次展开图编号

（1）目的：便于施工、检修及运行后的维护。

（2）定义：指二次设备之间直接连接的导线的编号。

（3）特点：可以根据编号表示回路的作用；可以根据编号表示回路的性质；可以根据编号进行正确的连线。

4）二次回路标号的一般原则

为便于安装、运行和维护，在二次回路中的所有设备间的连线都要进行标号，这就是二次回路标号。标号一般采用数字或数字和文字的组合，它表明了回路的性质和用途。

回路标号的基本原则是：凡是各设备间要用控制电缆经端子排进行联系的，都要按回路原则进行标号。此外，某些装在屏顶上的设备与屏内设备的连接，也需要经过端子排，此时屏顶设备就可看作是屏外设备，而在其连接线上同样按回路编号原则给以相应的标号。

为了明确起见，对直流回路和交流回路采用不同的标号方法，而在交、直流回路中。对各种不同的回路又赋予不同的数字符号，因此在二次回路接线图中，我们看到标号后就能知道这一回路的性质而便于维护和检修。

5）二次回路标号的基本方法

① 由三位或三位以下的数字组成.需要标明回路的相别或某些主要特征时数字标号的前面（或后面）增注文字符号。

② 按“等电位”的原则标注，即在电气回路中，连于一点上的所有导线（包括接触连接的可折线段）须标以相同的回路标号。

③ 电气设备的触点、线圈、电阻、电容等元件所间隔的线段看为不同的线段，一般给予不同的标号；对于在接线图中不经过端子而在屏内直接连接的回路，可不标号。

6）直流回路的标号

① 对于不同用途的直流回路，使用不同的数字范围，如控制和保护回路用 001 ~ 099 及 1 ~ 599，励磁回路用 601 ~ 699。

② 控制和保护回路使用的数字标号，按熔断器所属的回路进行分组，每一百个数分为一组，如 101 ~ 199，201 ~ 299，301 ~ 399，…，其中每段里面先按正极性回路（编为奇数）由小到大，再编负极性回路（偶数）由大到小，如 100，101，103，133，…，142，140，…。

③ 信号回路的数字标号，按事故、位置、预告、指挥信号进行分组，按数字大小进行排列。

④ 开关设备、控制回路的数字标号组，应按开关设备的数字序号进行选取。例如，有 3 个控制开关 1KK，2KK，3KK，则 1KK 对应的控制回路数字标号选 101 ~ 199，2KK 所对应的选 201 ~ 299，3KK 对应的选 301 ~ 399。

⑤ 正极回路的线段按奇数标号，负极回路的线段按偶数标号；每经过回路的主要压降元（部）件（如线圈、绕组、电阻等）后，即行改变其极性，其奇偶顺序即随之改变。对不能标明极性或其极性在工作中改变的线段，可任选奇数或偶数。

⑥ 对于某些特定的主要回路通常给予专用的标导组。例如，正电源为 101，201，负电源为 102，202；合闸回路中的绿灯回路为 105，205，305，405；跳闸回路中的红灯回路编号为 35，135，235…。

7）交流回路的标号细则

① 交流回路按相别顺序标号，它除用三位数字编号外，还加文字标号以示区别，例如 A411，B411，C411。

电流回路的数字标号，一般以 10 位数字为一组。如 A401 ~ A409，B401 ~ B409，C401 ~ C409，…，A591 ~ A599，B591 ~ B599。若不够亦可以 20 位数为一组，供一套电流互感器之用。如表 SB1-4 所示。

几组相互并联的电流互感器的并联回路，应先取数字组中最小的一组数字标号。不同相的电流互感器并联时，并联回路应选任何一相电流互感器的数字组进行标号。

表 SB1-4　电路图回路编号示例

回路名称	数字标号组			
	第一组	第二组	第三组	第四组
正电源回路	1	101	201	301
负电源回路	2	102	202	302
合闸回路	3～31	103～131	203～231	303～331
绿灯或合闸回路监视继电器回路	5	105	205	305
跳闸回路	33～49	133～149	233～249	333～349
红灯或跳闸回路监视继电器回路	35	135	235	335
备用电源自动合闸回路	50～69	150～169	250～269	350～369
开关设备的位置信号回路	70～89	170～189	270～289	370～389
事故跳闸音响信号回路	90～99	190～199	290～299	390～399
保护回路	01～099（或 J1～J99）			
发电机励磁回路	601～699			
信号及其他回路	701～999			

② 电压回路的数字标号，应以 10 位数字为一组。如 A601～A609，B601～B609，C601～C609，A791～A799，…，以供一个单独互感器回路标号之用。

③ 电流互感器和电压互感器的回路，均须在分配给它们的数字标号范围内，自互感器引出端开始，按顺序编号，例如“TA”的回路标号用 411～419，“2TV”的回路标号用 621～629 等。

④ 某些特定的交流回路（如母线电流差动保护公共回路、绝缘监察电压表的公共回路等）给予专用的标号组。

⑤ 交流电流回路：由数字和表示相别的字母组成，使用时，按规定的编号范围依次编写即可，不分单双号。交流电流回路的数字标号，一般以 10 位数字为一组，不够亦可以 20 位数为一组，供一套电流互感器之用。分配方法是：电流互感器 CT1 用 A411～A419，B411～B419，C411～C419，N411～N419，L411～L419；CT6 用 A461～A469，B461～B469，C461～C469。

⑥ 交流电压回路：由数字和表示相别的字母组成，使用时，按规定的编号范围依次编写即可，不分单双号。每组电压互感器分配 10 个号，具体分配方法是：电压互感器 1TV 用 A611～A619，B611～B619，C611～C619，N611～N619，L611～L619；对 3TV 用 A631～A639，B631～B639，C631～C639。

3. 电气二次连接图

1）定　义

二次接线是表示二次设备连接关系的一种简图，是二次系统进行布置、安装、接线、查找、调试、维修和故障分析处理的主要依据。

2）分　类

二次连接图按功能分，可分为：

（1）设备布置图（以主变保护屏为例）：指从屏的正面看将各安装设备和仪表的实际安装位置按比例画出的正视、侧视、俯视、剖面图，它是设备接线电缆走向的依据。

（2）端子接线图：端子是用于连接器件和外部导线的导电件，是二次接线中不可缺少的配件。屏内设备与屏外设备之间的连接是通过端子和电缆来实现的。许多端子组合在一起构成端子排。保护屏和测控屏的端子排，多数采用垂直布置方式，安装在屏后两侧。如图 SB1-3 所示。

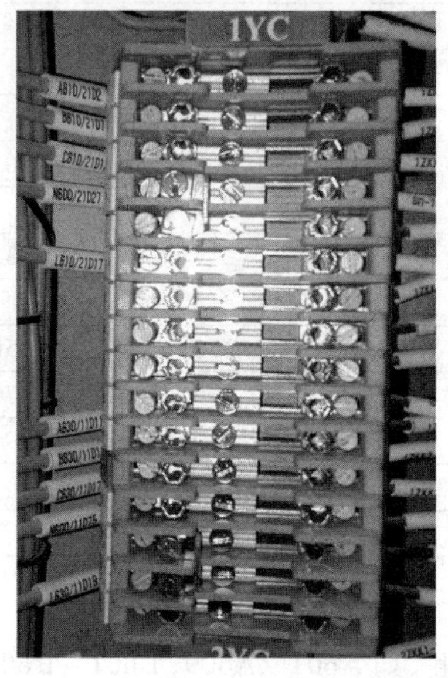

	1YC			
21D2	A610	1	高压侧	1ZKK1-1
21D7	B610	2		1ZKK1-3
21D12	C610	3		1ZKK1-5
21D27	N600	4		6n102
	U_{on}	4	零序电压	6n124
21D17	L610	4A		6n123
	U_a	5	中压侧	1ZKK2-1
	U_b	6		1ZKK2-3
	U_c	7		1ZKK2-5
	U_n	8		6n108
11D11	A630	9	低压侧	1ZKK3-1
11D14	B630	10		1ZKK3-3
11D17	C630	11		1ZKK3-5
11D75	N600	12		6n114
	UL_{on}	13	零序电压	6n126
11D19	L630	14		6n125

图 SB1-3　端子接线图实例

① 定义：表明屏内设备连接和屏内设备与屏外设备连接关系的图。端子接线图需表明端子类型、数量以及排列顺序。

② 作用：凡是屏内设备与屏外设备或不同单元设备之间的连接，必须用端子排。

③ 种类：

一般端子：连接电气装置不同部分；

实验端子：用于互感器二次绕组出线与实验仪表、继电器线圈之间的连接，便于实验或调试；

连接端子：用于回路分支或合并；

连接型试验段子：用在端子上需要彼此连接的电流实验回路中；

标准端子：用于需要很方便断开的回路中；

特殊端子：可在不松动或断开已接好的导线情况下断开回路；

终端端子：用于端子排的终端或中间，固定端子排或分隔安装单位；

隔板：作绝缘隔板，以增加绝缘强度和爬电距离。

三、识图小窍门

1. 先看一次，后看二次

一次：断路器、隔离开关、电流/电压互感器、变压器等。了解这些设备的功能及常用的保护方式，如变压器一般需要装过电流保护、电流速断保护、过负荷保护等，掌握各种保护的基本原理；再查找一、二次设备的转换、传递元件，一次变化对二次变化的影响等。

2. 看完交流，看直流

指先看二次接线图的交流回路，以及电气量变化的特点，再由交流量的“因”——保护装置的输入量回路，查找出直流回路的“果”——保护装置的输出量回路。一般交流回路较简单。

3. 交流看电源、直流找线圈

指交流回路一般从电源入手，包含交流电流、交流电压回路两部分；先找出由哪个电流互感器或哪一组电压互感器供电（电流源、电压源），变换的电流、电压量所起的作用，它们与直流回路的关系、相应的电气量反映至哪些继电器或进入采样装置。

4. 线圈对应查触头，触头连成一条线

指找出继电器的线圈后，再找出与其相应的触头所在的回路，一般由触头再连成另一回路；此回路中又可能串接有其他的继电器线圈，由其他继电器的线圈又引起它的触头接通另一回路，直至完成二次回路预先设置的逻辑功能。

5. 上下左右顺序看，屏外设备接着连

主要针对展开图、端子排图及屏后设备安装图。原则上由上向下、由左向右看，同时结合屏外的设备一起看。

四、实　例

1. 东芝白云 35 kV GIS 的二次图

东芝白云的 35 kV GIS 的二次图分为接线图、逻辑图、设备表、信号表，原理图五块。现以广州东芝白云的 35 kV GIS 1#进线原理图为例，进行讲解。

对于广州东芝白云的 35 kV GIS 的二次图纸，首先看图纸右下角的说明，“40.5 kV GIS 二次回路图纸”说明了本柜的电压等级是 40.5 kV；“TB.0355.136-5B/A”是这张图纸的图号，5B/A 的 5 说明这张图纸是这组 GIS 的第五个柜子，B/A 是这个柜子二次接线图的第二部分第一张图，这张图的出线端子上标着“5F.BE（备用电源）”，说明这个端子接到本柜二次接线图的第六张图的 BE 点，“B”是图纸正上方横坐标的点，“E”是图纸左侧纵坐标的点，“BE”是这张图纸的坐标点。

辅助电源分配图如图 SB1-4 所示，图纸左侧是 35 kV GIS 的电源小母线，共三路，AC220 V 回路是加热回路电源，DC220 V（+100、－100）回路是保护装置工作电源，DC220 V（+200、－200）回路是 VCB、DS、ES 的操作电源、VCB 的储能电源和带电显示装置的工作电源，电源小母线在柜子的顶部，接线端子在 X11 上。X11 是端子排号，X11：3 指在 X11 端子排上的 3 号端子。

在图中，电源通过小母线送到空气开关 MCB 上，再通过 MCB 把电源分配到各回路里。这里以断路器操作回路为例：

电源从直流小母线 X11：5/X11：6 引出后，到了接线端子 X1：6/X1：9，然后接到了 2MCB 的 3/1 端子上，2MCB 6A 表示是 2#空气开关，额定电流为 6A。X3：32/X3：8 接的是空气开关的辅助触点，用来识别空气开关的状态。空气开关的 C1/C2 是 MCB 的脱扣回路，里面是一个线圈，当断路器（VCB）和接地开关（ES）同时合闸，MCB 分励脱扣回路导通，线圈得电，导致 MCB 脱扣，MCB 故障跳闸回路导通，报 MCB 故障。

从 MCB 的 4/2 端子出来后，接到端子排 X2：29/X2：33 上，通过这两个端子，把电源送到图 SB1-5 断路器操作回路图的 5F.BE/5F.VE。在断路器操作回路图中，从辅助电源分配

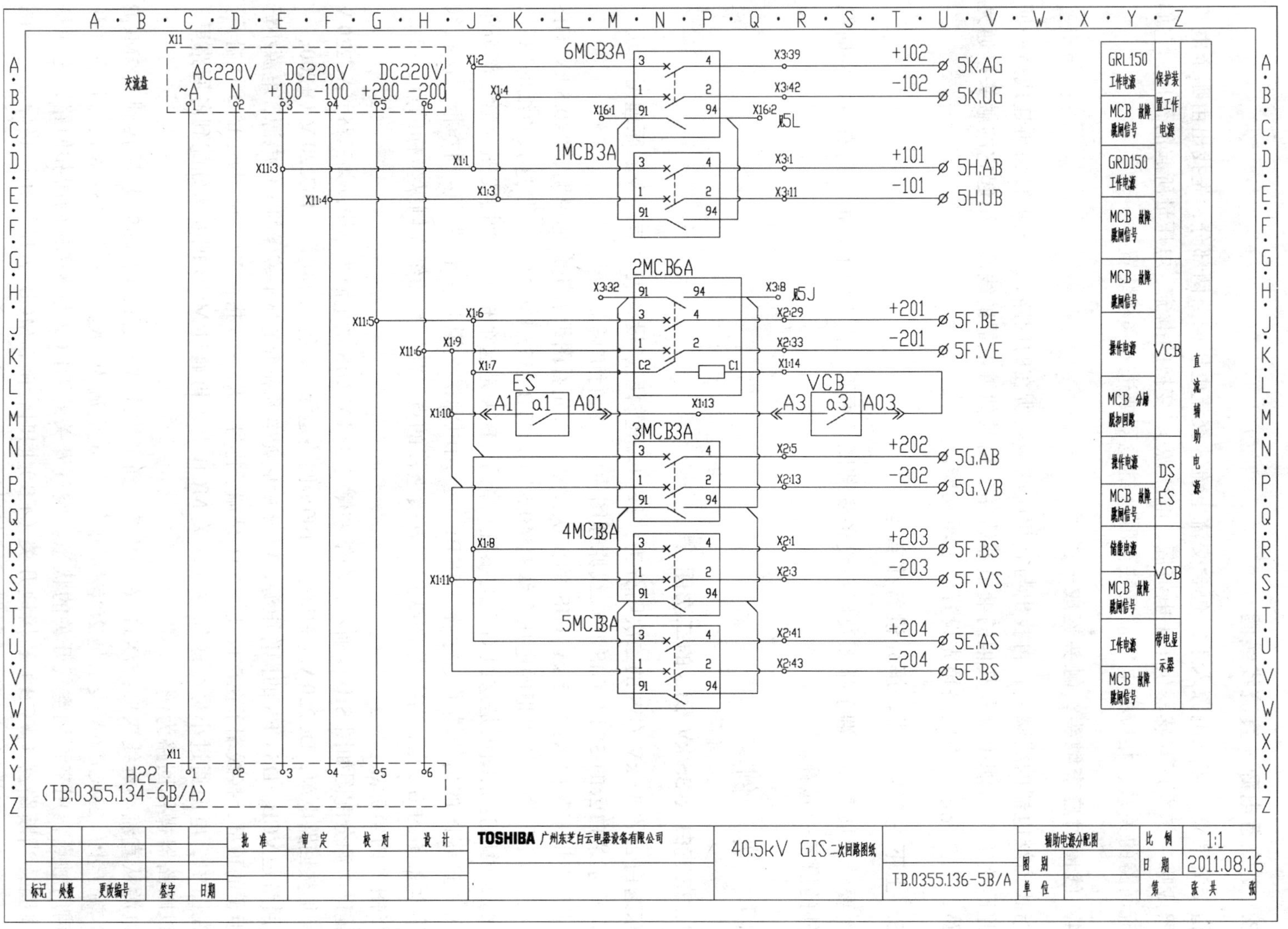

图 SB1-4 辅助电源分配图

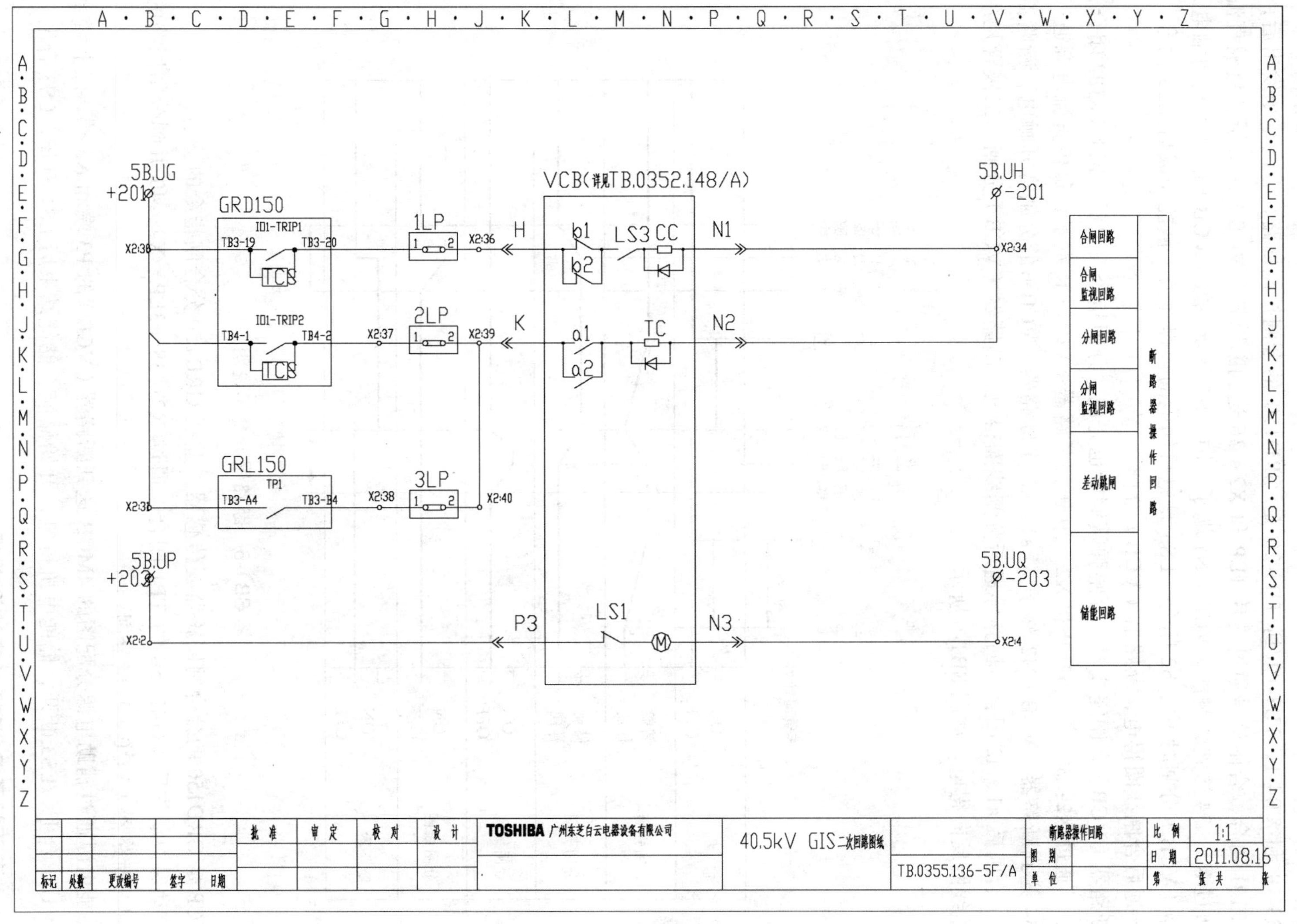

图 SB1-5　断路器操作回路

图中过来的电源接到了 X2：29/X2：34 端子上。直流电源的正极通过 X2：29 送到 GRD150 的 TB3-19 和 TB4-1，TB3-19 到 TB3-20 是 GRD150 的合闸控制回路，合闸指令发出后，IO1-TRIP1 闭合，合闸信号通过连片 1LP 和 X2：36 送到断路器（VCB）H 端子，负极直流电源通过 X2：34 送到断路器（VCB）N1 端子，b1、b2 是断路器（VCB）的分闸常闭触电，断路器（VCB）分闸时 b1、b2 闭合，LS3 是电机储能的行程开关，储能完成后 LS3 闭合。回路导通后合闸线圈得电，断路器（VCB）合闸。

断路器（VCB）合闸完成时，分闸弹簧储能也完成，分闸指令发出后，IO1-TRIP2 闭合，合闸信号通过 X2：37、连片 2LP 和 X2：39 送到断路器（VCB）K 端子，负极直流电源通过 X2：34 送到断路器（VCB）N2 端子。a1、a2 是断路器（VCB）的分闸常开触电，断路器（VCB）合闸后 a1、a2 闭合。回路导通后分闸线圈得电，断路器（VCB）分闸。二极管是用来防止线圈反向得电。如图 SB1-6 所示。

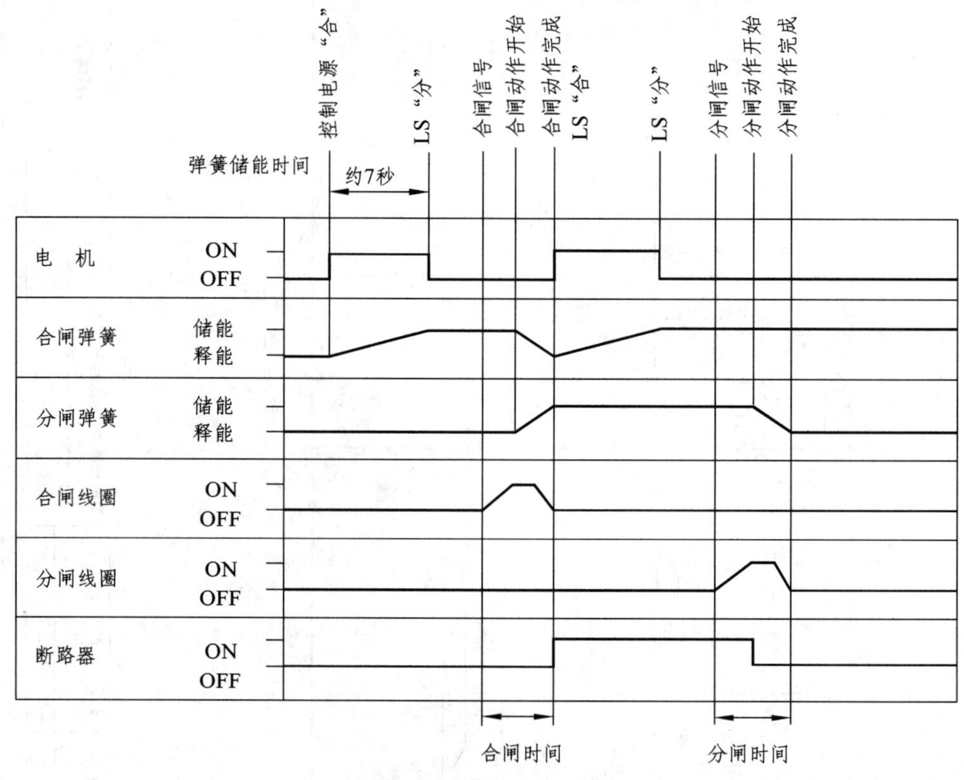

图 SB1-6 断路器分合闸说明

TCP 是 GRD150 的分合闸回路监视传感器，监视 GRD150 分合闸指令的下达。

差动保护动作后，GRL150 的 TP1 闭合，通过 X2：38→3LP→X2：40 并到分闸回路的 X2：34，断路器（VCB）直接分闸。

储能电源通过辅助电源分配图的 4MCB 送到断路器（VCB）的 P3 端和 N3 端，在未储能条件下 LS1 合上，LS3 断开，储能电机得电，开始储能。储能结束后 LS1 断开，LS3 合上。

2. 上海西门子 DC750 V 直流开关柜

上海西门子的二次图纸分为 750 V 直流开关柜进线柜和馈线柜、负极柜、钢轨电位限制装置、隔离开关柜。现以 750 V 直流开关馈线柜为例，进行讲解说明。

如图 SB1-7 所示，750 V 直流开关馈线柜辅助电源分为控制断路器回路和控制、保护及测量回路两条回路，从控制断路器直流电源小母线的 X1：1/X1：3 两个端子引出后，经过空气开关 F10 送到了 750 V 直流开关馈线柜二次图的“MA2.1”。“MA2.1”代表 750V 直流开关馈线柜二次图纸的 MA2 页的第一列。

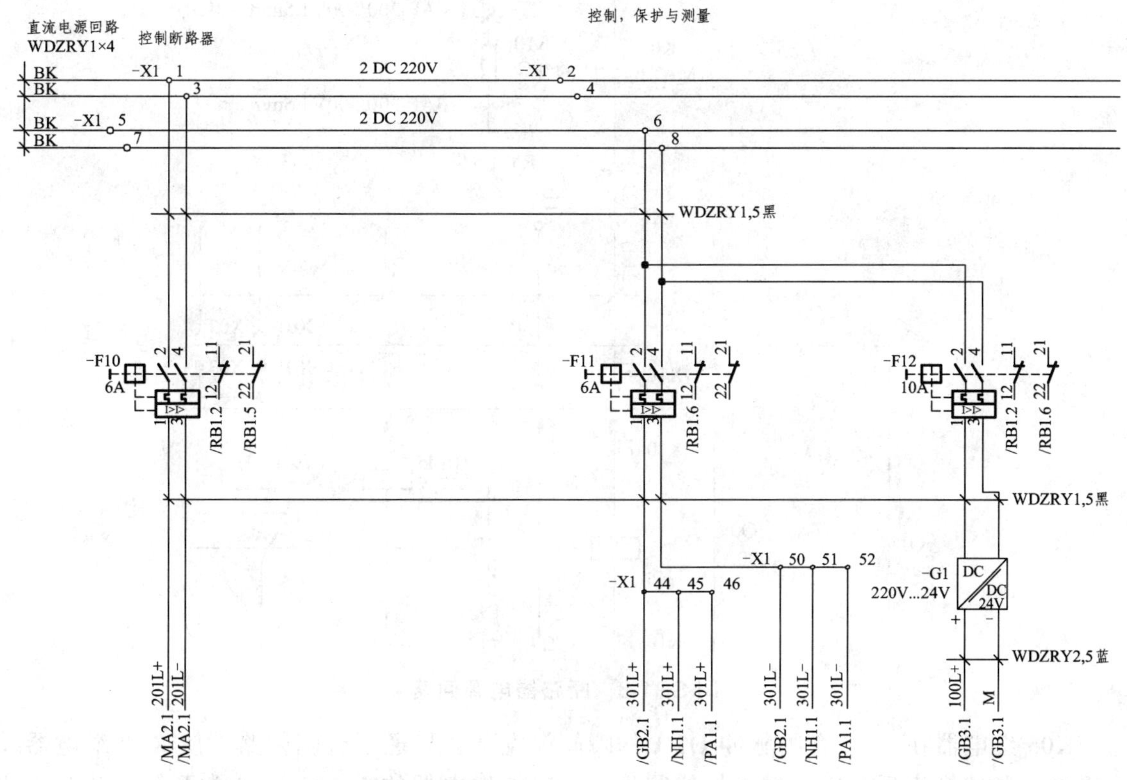

图 SB1-7　辅助电源分布图

如图 SB1-8 所示，控制断路器 220 V 直流电源经空气开关 F10 引出后，正极电源通过 K02、K05 继电器的常开触点和保持电阻 R10 送到可抽出手车 Q1，最终送到断路器 Q_0 的线圈；负极电源从空气开关 F10 引出，经过 X1：122 端子后送到可抽出手车 Q1，然后送到断路器 Q_0 的线圈。

如果 K02、K05 继电器得电，那就分合闸回路就导通。断路器控制回路如图 SB1-9 所示，24 V 直流电源从图 SB1-9 中的电源变送器 G1 出来后，经过 X1：25/X1：37 接入断路器控制回路中。

断路器控制回路通过 PLC 释放信号 O2.3 和合闸脉冲 O2.1 后，合闸回路导通，K05 继电器得电。“释放”指本柜对应的触轨隔离开关在合位时，释放回路导通，这时按下合闸后，合闸回路导通。K05 继电器得电后，辅助常开触点闭合，常闭触电断开，接在 1-2、13-14 的两个常开触点闭合。

断路器的分位取反，说明没按下分闸按钮前，PLC O2.0 处在高频触发状态，就是导通状态，这时 K05 继电器的 13-14 常开触点闭合，合闸回路导通，K02 继电器线圈得电，1-2、13-14 两个常开触点闭合。

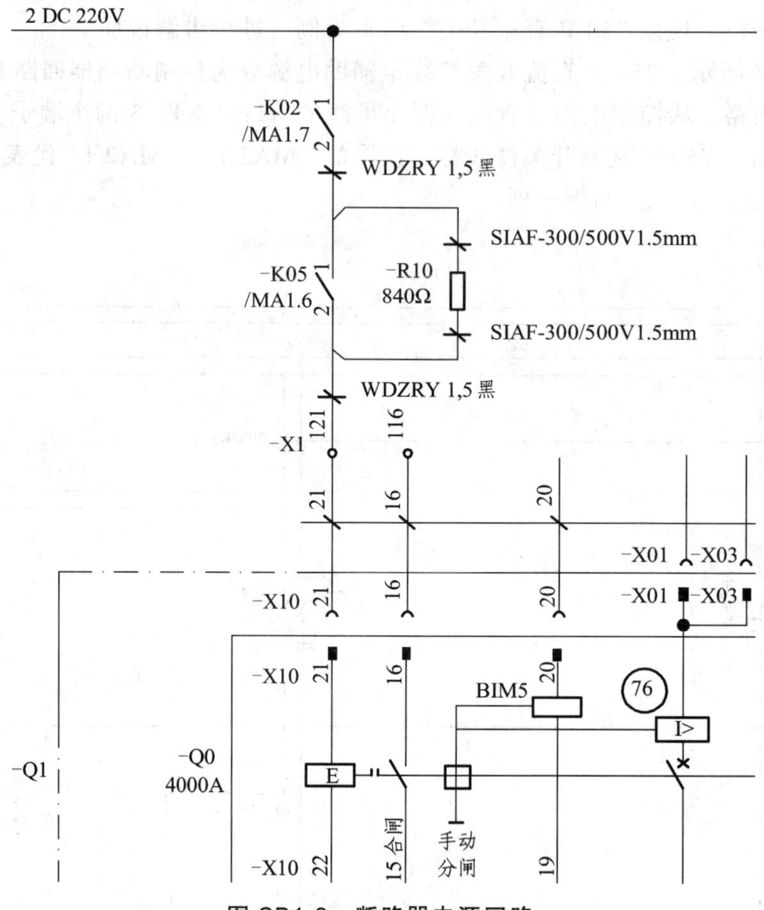

图 SB1-8 断路器电源回路

K05 继电器在 PLC 合闸脉冲 O2.1 的瞬间触发下，导通了合闸回路，使 K02 继电器线圈得电，脉冲结束后，K05 继电器线圈失电，K05 继电器的 1-2、13-14 常开触点断开，这时，合闸回路通过 K02 继电器的 13-14 常开触点来保持合闸状态。S01、S02 是小车开关在测试位和工作位的行程开关，S01 导通时，小车开关是在测试位，S02 导通时，小车开关是在工作位。

在 K05 和 K02 继电器导通的同时，断路器电源回路 K05 继电器的 13-14 常开触点闭合，K02 继电器的 1-2 常开触点也随之闭合，断路器的线圈得电，断路器合闸，K05 继电器瞬间触发后失电，1-2 触点随之断开，这时，断路器线圈的电源通过保持电阻 R10 来供电，因为合闸成功后，只需要很小的电压就能维持合闸状态。

开关分闸时，按下分闸按钮，断路器的分位取反 PLC O2.0 断开，控制回路断开，K02 继电器失电，1-2、13-14 两个常开触点同时断开。K02 继电器 1-2 断开后，断路器的电源回路也断开，断路器的线圈失电，断路器脱扣。

K20 继电器是框架保护跳闸回路中的继电器，框架保护启动后，K20 线圈得电，K20 继电器的 11-12 常闭触点断开，造成 K02 继电器失电，断路器的电源回路也断开，断路器的线圈失电，断路器脱扣。K14 继电器是来自 IBP 紧急分闸回路里的继电器，控制回路接入了 K14 继电器的 21-22 常闭触点，当遇到紧急情况需要停电时，按下 IBP 紧急分闸按钮，K14 继电器线圈得电，21-22 常闭触点断开，造成控制回路断开，K02 继电器失电，断路器的电源回路也断开，断路器的线圈失电，断路器脱扣。

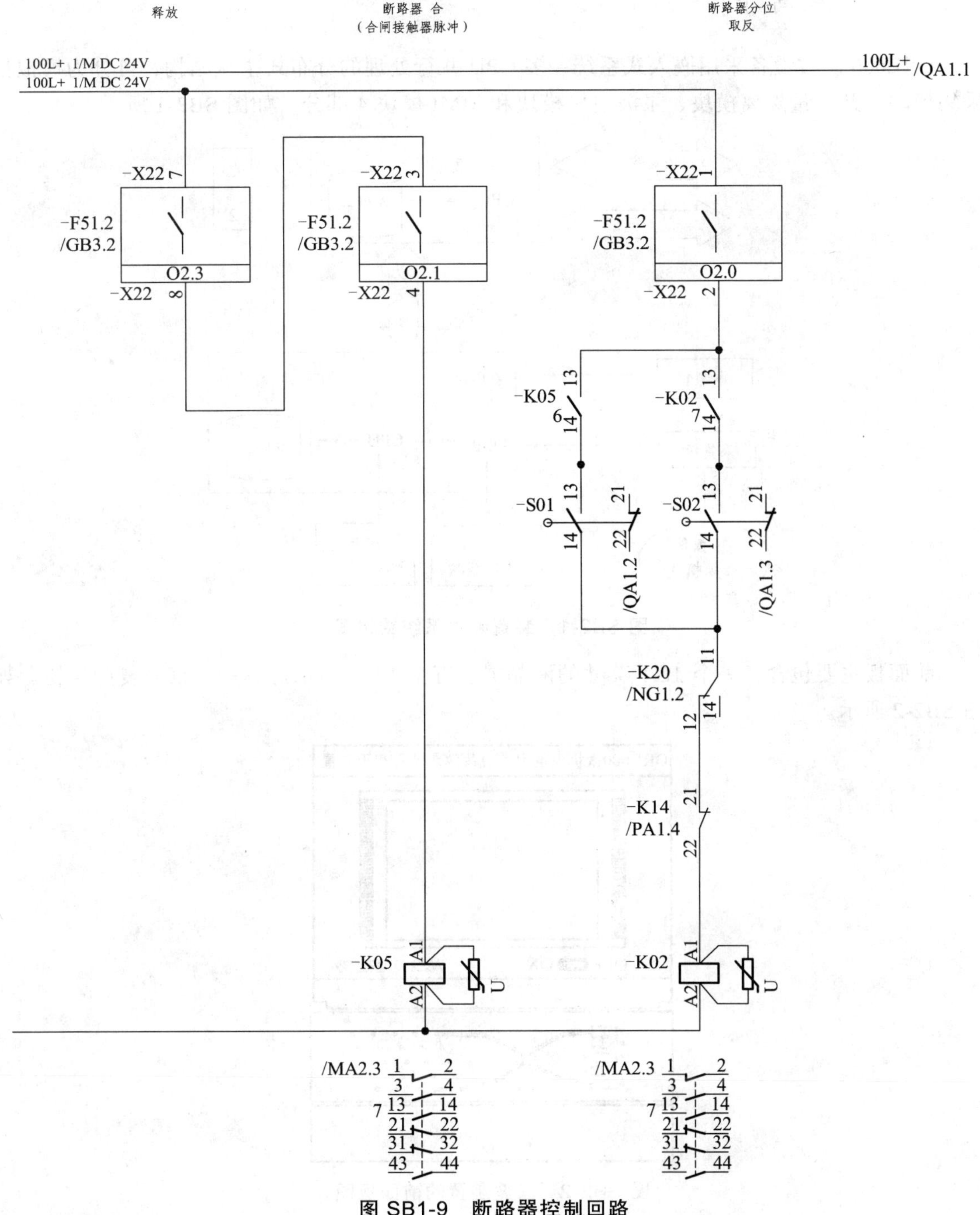

图 SB1-9 断路器控制回路

子模块 SB2　故障录波及波形分析

一、装置简介

DRL600 录波设备采用嵌入式系统、多 CPU 并行处理的分布式主从结构，可分为模拟量采集模块、开关量隔离模块、录波主机模块和 MMI 模块 4 部分。如图 SB2-1 所示。

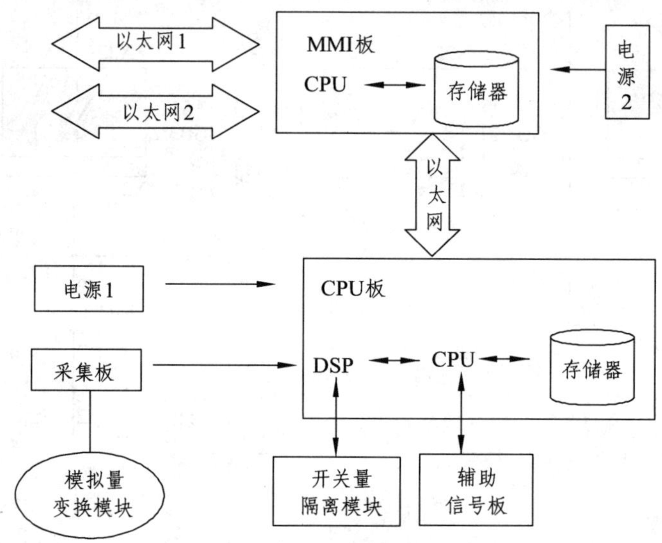

图 SB2-1　装置硬件系统结构图

前面板主要包含：一个 12.1 英寸的液晶屏、五个 LED 指示灯、一个信号复归按钮。如图 SB2-2 所示。

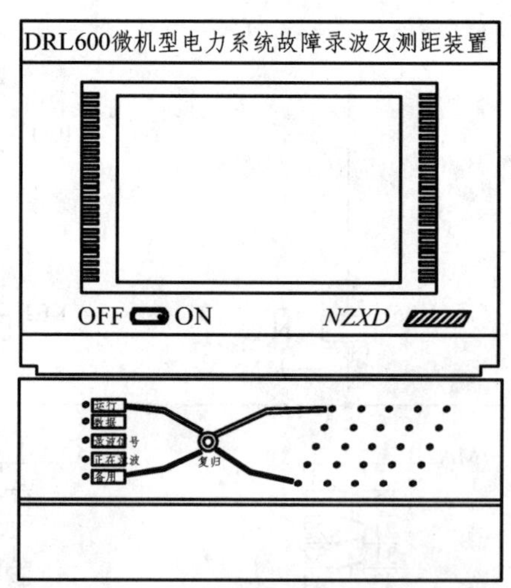

图 SB2-2　录波装置的前面板图

1. 指示灯

五个LED指示灯分别为：

运行灯：绿色，装置正常工作时，运行灯保持闪烁状态。

数据灯：绿色，装置正常工作时，数据灯保持闪烁状态。

录波信号灯：红色，装置初始化运行后，录波信号灯处于熄灭状态；录波启动时，录波信号灯保持常亮；录波停止后，录波信号灯继续保持常亮；按信号复归按钮或进行远方复归后熄灭。

正在录波灯：红色，装置初始化运行后，正在录波灯处于熄灭状态；录波启动时，正在录波灯保持常亮；录波停止后，正在录波灯熄灭。

备用灯。

注意：录波信号灯在录波过程中进行就地或远方复归后也可以熄灭，录波结束后不再点亮。

2. 故障录波装置

（1）开关量采集模块：采用了高精度宽温军用级阻容元件及光电隔离器，稳定可靠，可直接采集110/220 V开关量信号。

（2）模拟量采集模块：由高精度录波专用CT、PT及直流采集模块组成。完成了模拟量的隔离、采集、变换。

（3）录波启动方式：包括手动启动、开关量启动、模拟量启动、设备启动四种基本形式。

二、装置操作

选择监视/通道监视，在弹出的窗口中选中子站，即可以查看该子站的所有模拟量通道采样值，如图SB2-3所示。点击“打印”按钮，可以进行所有通道的名称和当前数值的打印；点击“预览”按钮可以进行打印预览；点击“报表设计”按钮可以进行打印格式的设计。（注：模拟量通道监视中显示为二次值，如用户有显示一次值，请与我方联系并告知一次变比，我方将在数据库中加以设置，并发回配置好的数据库。）

若选中窗口左侧的设备名称则可查看该设备所包含的模拟通道的幅值、相位及相量图。“相量图显示”栏中可用“是”或“否”来选择是否显示量图（选择后鼠标点击任意其他地方默认保存）。“关联设备”框中可选择与上面选中设备相关的设备，并与其在同一个相量图中进行相量显示。“当前设备参考相量”框中可选择该设备任意通道作为向量显示的基准。（默认A、B、C三相相量显示颜色为黄、绿、红，显示阈值为0.08 V和0.08 A。）如图SB2-4、图SB2-5所示。

点击窗口左侧的“开关量通道”可查看当前开关量通道的采集情况。点击“打印”按钮可以进行所有开关量通道的名称和当前状态的打印；点击“预览”按钮可以进行打印预览；点击“报表设计”按钮可以进行打印格式的设计。如图SB2-6所示。

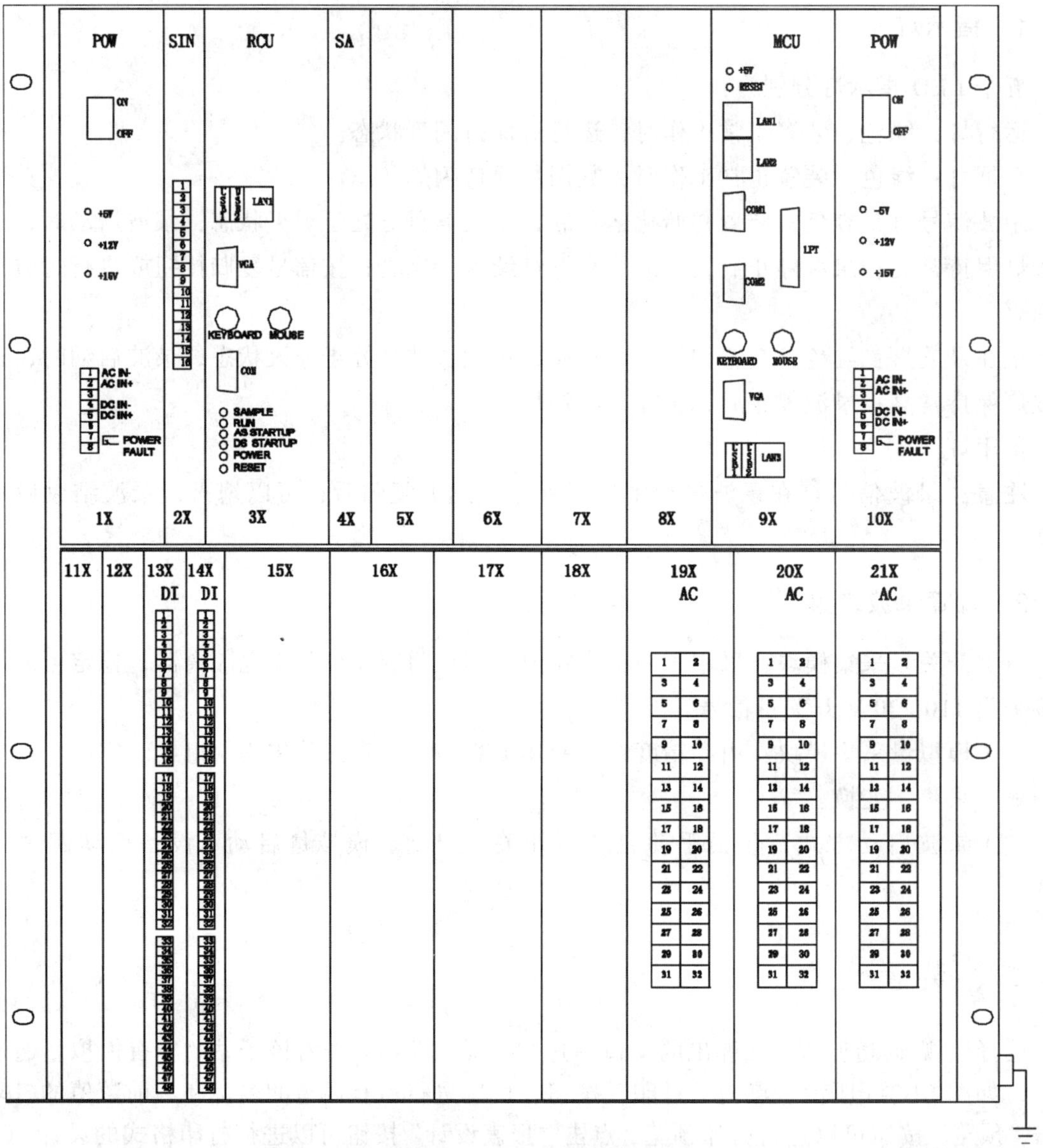

图 SB2-3 录波装置的背面图

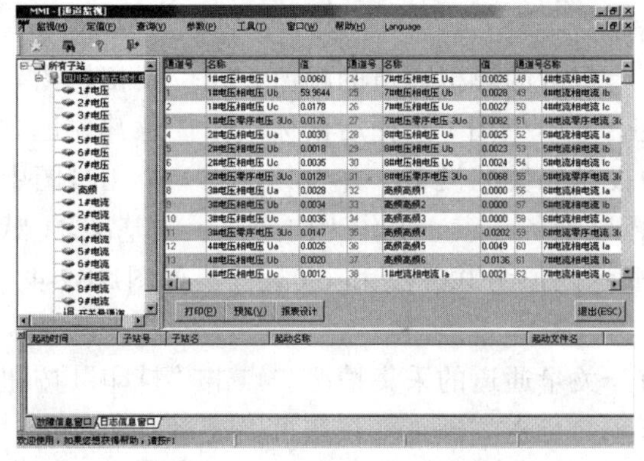

图 SB2-4 模拟量通道采样值

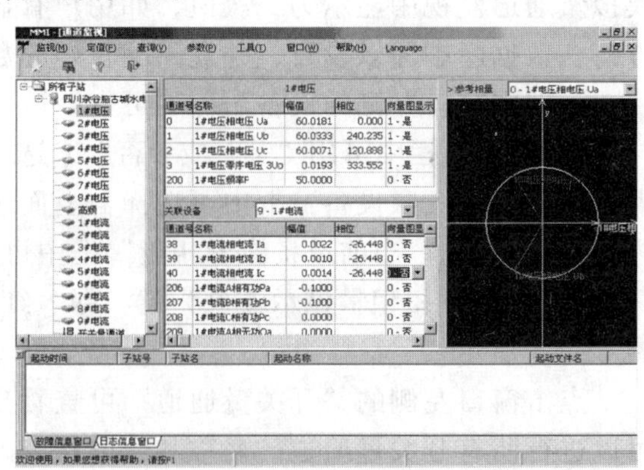

图 SB2-5 模拟量相量图

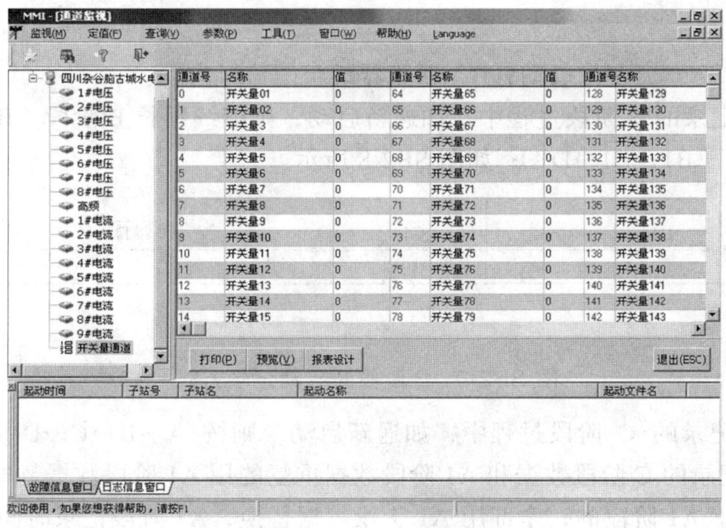

图 SB2-6　开关量通道状态

三、录波记录方式

录波记录方式如图 SB2-7 所示。

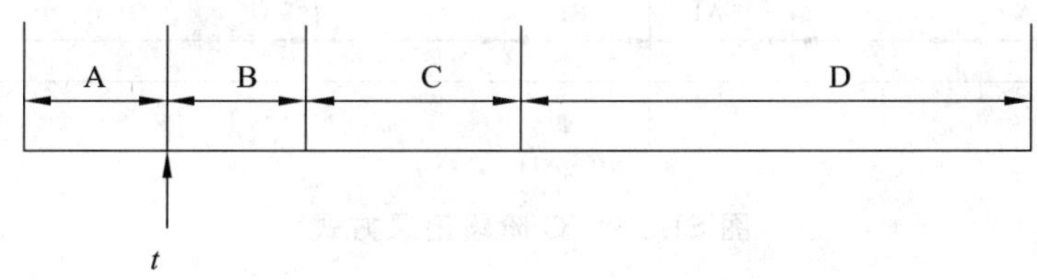

图 SB2-7　记录方式

A 时段：系统大扰动开始前的状态数据，输出原始波形（采样率大于 4 800 Hz），记录时间为 0.12 ~ 0.5 s 可调，调节步长 0.02 s。默认（4 800 Hz/0.12 s）。

B 时段：系统大扰动后初期的状态数据，输出原始记录波形（采样率大于 4 800 Hz），记录时间 0.1 ~ 0.3 s 可调，调节步长 0.02 s。默认（4 800 Hz/0.2 s）。

C 时段：系统大扰动的中期状态数据，输出低采样率的原始波形（采样率 600 Hz），记录时间为 3 s。

D 时段：系统动态过程数据，每 0.1 s 输出一个工频有效值，记录时间为 20 s。如果 D 时段 20 s 记录结束后启动量依然没有复归，新开文件按照 D 时段记录 10 min，如果 10 min 记录满启动量依然没有复归，追加 10 min，最多追加 20 min 文件结束。

1. 记录方式

1）启动条件

符合任一模拟量启动或开关量启动条件，按 A→B→C→D 时段顺序执行。

2）新启动

新启动是指：A. 突变量启动；B. 断路器跳合闸信号启动。

在已经启动记录的 B 阶段过程中，如遇新启动，则继续延长 B 阶段（B1），从新启动点按 B→C→D 执行（B1→C1→D1）；如图 SB2-8 所示。

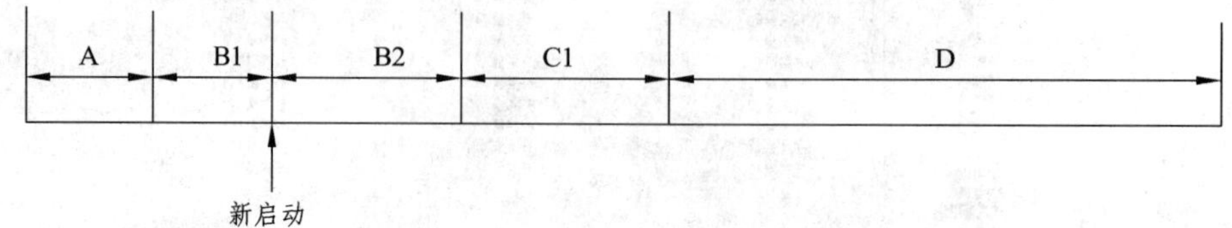

图 SB2-8 B 阶段新启动记录方式

在已经启动记录的 C 阶段过程中，如遇新启动，则按 A→B→C→D 执行（A1→B1→C1→D1）；已经记录的 C 阶段数据和 A1 阶段数据重复的用 A1 阶段数据替换，已经记录的 C 阶段数据时间小于 A1 阶段的，全部用 A1 阶段数据替换，A1 阶段记录时间自动减少，如图 SB2-9 所示。

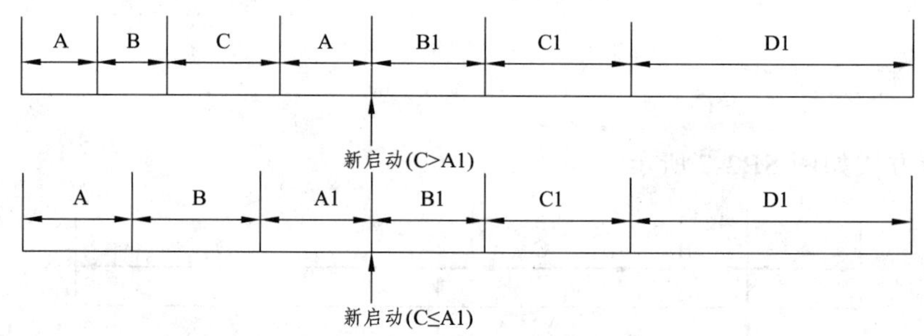

图 SB2-9 C 阶段记录方式

在已经启动记录的 D 阶段过程中，如遇新启动，则结束本文件，新开录波文件按 A→B→C→D 执行（A1→B1→C1→D1），如图 SB2-10 所示。

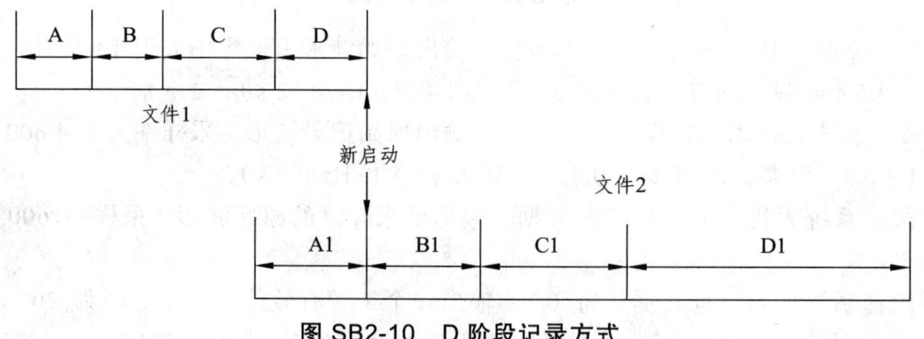

图 SB2-10 D 阶段记录方式

2. 连续记录

如果启动量一直不复归，同时又不满足新启动条件，则后续录波每个文件按照 D→D→D 连续记录，每个 D 阶段 10 min。

3. 自动终止条件

（1）同时满足 C 阶段结束、所有启动量复归；

（2）同时满足第一个 D 阶段记录满 20 s，所有启动量复归；

（3）同时满足第二个文件及后续文件 D 阶段每记录满 10 min，所有启动量全部复归。

4. 单个文件限制

（1）容量限制：10 M，针对 B 阶段较多；

（2）录波阶段限制：20 个录波阶段切换。

当单个文件限制满足时录波仍在进行，则重新开新文件按记录方式录波。

四、波形分析实例——750 V 直流设备

下面就目前应用与城市轨道供电系统牵引降压混合变电所 DC750 V 馈线开关柜保护装置 SITRAS PRO 的录波（见图 SB2-11）进行简单的举例分析。

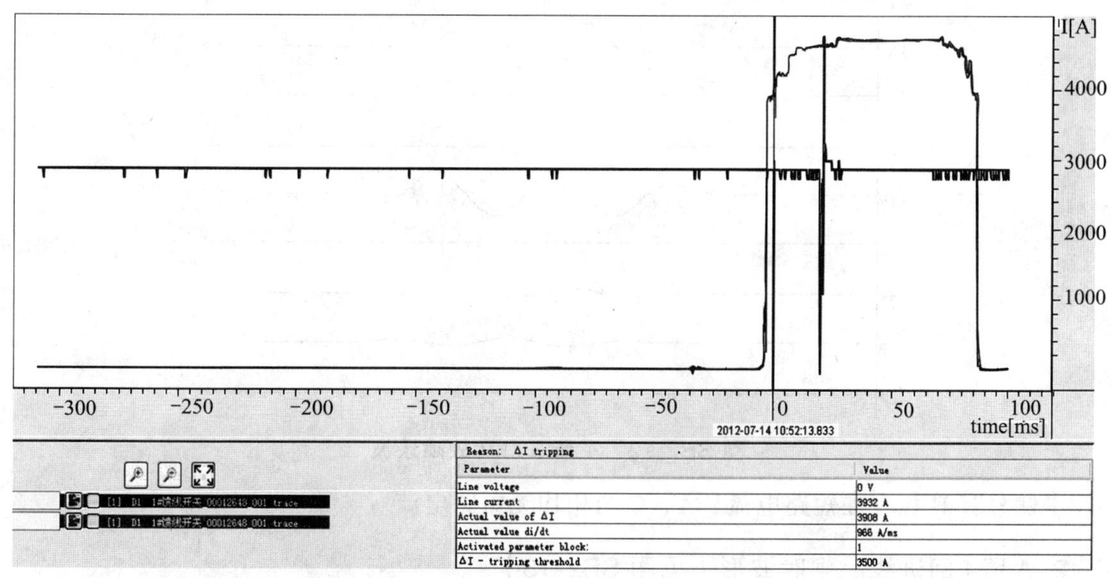

Parameter	Value
Line voltage	0 V
Line current	3932 A
Actual value of ΔI	3908 A
Actual value di/dt	966 A/ms
Activated parameter block:	1
ΔI - tripping threshold	3500 A

图 SB2-11　750 V 开关故障录波

西门子直流馈线开关柜保护装置（SITRAS PRO）录波波形如图 SB2-11 所示，从图上可以很直观地看到电压和电流的变化，其中图中显示的蓝色线条为电压，红色线条为电流，横坐标为时间轴，整个录波波形包括故障前、故障时、故障后的波形 ，为实际检测到的电压和电流的变化。另外我们还可以看到具体的故障内容，黄色的显示为具体动作的时间，如图中所示的“2012-07-14 10：52：13.833”即为动作的时刻；故障类型为图中所示的“Reason：ΔItripping”，既可以判断为电流增量保护动作。“parameter”为故障时所检测到的参数，“Value”为参数值，“Line Voltage”为线路电压 0 V，“Line current”为线路电流 3 932 A，“Actula value of ΔI”为电流增量的实际值 3908A，“Actula value d*i*/d*t*”为电流上升的实际值 966A/ms，“Activated parameter block”为激活参数模块，值“1”表示为模块已激活，“ΔI-tripping threshold”为电流增量保护的门槛值（整定值）。如图所示电流增量保护的实际值为 3 908 A，已经超过了整定值 3 500 A，所以电流增量保护动作。

五、波形分析实例——35 kV 设备线路差动保护动作

本故障是由于 A 混合所至 B 混合所 B 相电缆绝缘损坏，导致 B 相对地短路，故障跳闸时，主所至 A 所 I 回馈线开关（差动保护）分闸，A 所 I 回进线开关（差动保护）分闸，A 所至 B 所 I 回出线开关（差动保护）动作，B 所 I 回进线开关被联跳，即 A 所 I 回出线及 B 所 I 进线分闸。

1. 主所 I 回馈线跳闸时波形（见图 SB2-12）

东芝软件 I_a、I_b、I_c 为本侧流互采集到电流；

I_{aL}、I_{bL}、I_{cL} 为本侧电流只采集基波及计算变比后的电流；

I_{aR}、I_{bR}、I_{cR} 为对侧电流只采集基波及计算变比后的电流。

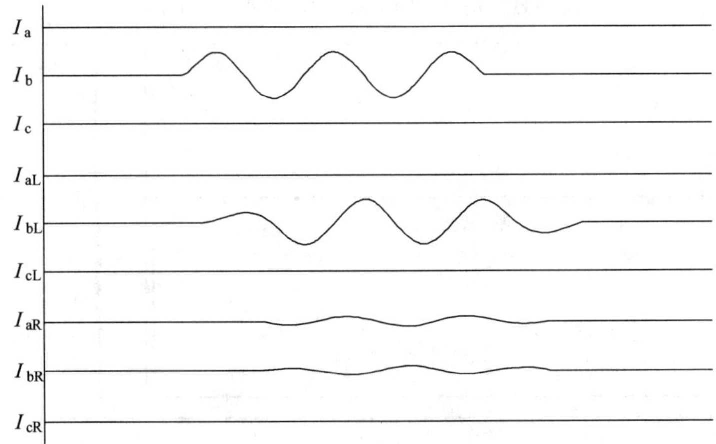

图 SB2-12　主所 35 kV 故障录波

本侧只有 B 相存在短路电流，A、C 两相均无短路电流。

2. A 所 I 回进线跳闸时波形（见图 SB2-13）

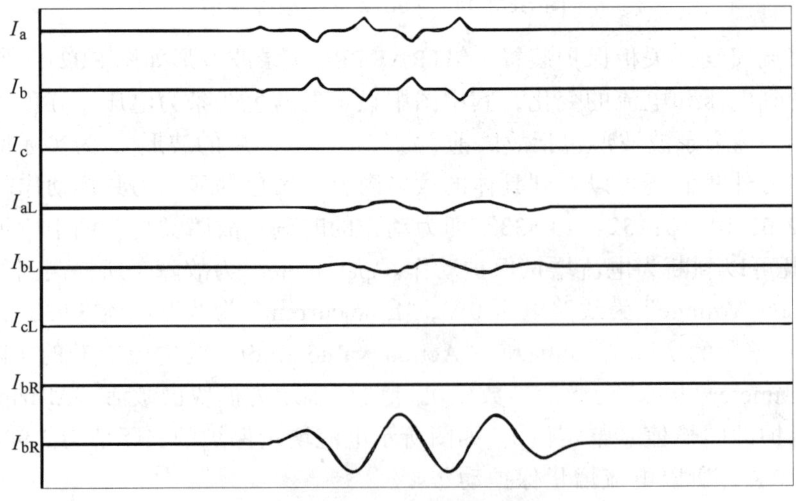

图 SB2-13　A 所一回故障录波

从波形上看，A 所 A、B 两相存在 CT 铁心过饱和现象，尖峰波存在于电流过零处，I_{bR} 电流和主所 I 回馈线电流高度吻合，说明差动光缆通信部分无异常。

3. A 所 I 回出线跳闸时波形（见图 SB2-14）

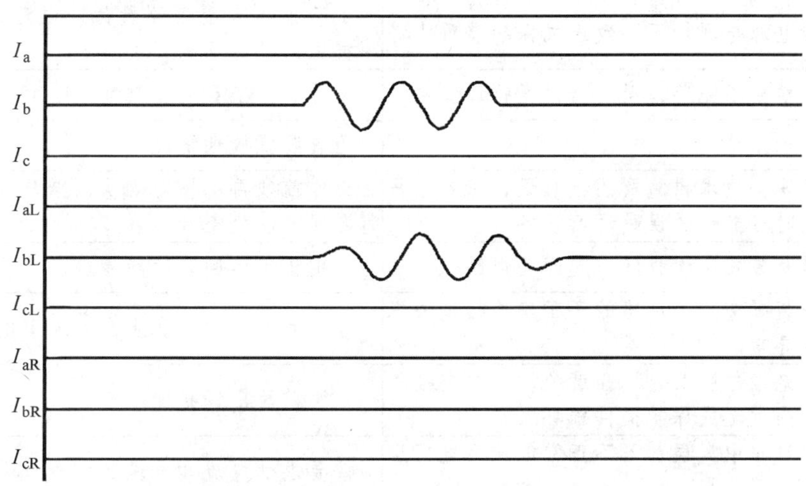

图 SB2-14　A 所 I 回出线跳闸时波形

该馈线开关出线电缆 B 相被切割短路，本开关采集到 B 相短路电流，与主所谷金一回馈线处波形高度吻合，可将导致线路差动误跳原因锁定至：金马村混合所谷金一回进线开关柜（CT ，GRL150 模块及 CT 至 GRL150 模块 2 次接线处），已查明该柜流互端子 JX：14，JX：15，JX：16，JX：4，JX：5，JX：6 松动（接触不良导致电阻加大，CT 铁心饱和）。

子模块 SB3　35 kV 继电保护装置校验

一、适用范围

本节适用于轨道交通供电系统 35 kV 及以下设备继电保护装置校验，编写时按 35 kV 及以下设备保护功能编制。现场可根据实际情况进行删减和补充。

二、工器具及仪器仪表配置

内绝缘电阻表 1 只，常用工具若干，保护专用件若干，万用表 1 只，试验电源盘 1 只，继电保护测试装置 1 台，相位表 1 只，钳型电流表 1 只。

三、安全风险辨析与预控

工作前安全风险辨析及预控措施如表 SB3-1 所示。

表 SB3-1 工作前安全风险辨析及预控措施表

序号	危险点预控措施	检查结果
1	试验人员技术不熟练，损坏设备	试验人员经培训并已参加试验交底
2	试验电源与现场不一致造成保护装置损坏	试验前用万用表测量试验电源电压及装置电源电压，并有漏电开关
3	安全措施不完善，误动其他运行设备	坚持工作票及监护制度
4	装置未接地	检查装置接地情况
5	现场安全技术措施及图纸有误，做安全技术措施时可能造成误跳运行设备	工作前须再次核对确认图纸与现场情况一致，断开保护联跳空开
6	回路及装置绝缘损坏引起开关误跳	分别检查各回路的绝缘电阻值符合要求
7	保护装置交直流回路的不正确连接造成保护装置异常	检查回路正确，防止交直流串电
8	保护绝缘电阻及介质强度检测时，忘拔保护弱电插件造成保护插件损坏	检测前拔出保护弱电插件
9	检验过程中，误加入不正常电流、电压烧坏保护装置	按要求加电流和电压
10	带电插拔保护插件，损坏保护插件	插拔保护插件前先关掉保护装置电源
11	TV短路和TA开路及接地不符合要求造成设备故障	严格检查并做好记录
12	电流回路检查误通入其他间隔	分组通流且需在加入和退出时分别测量
13	直流接地或交直流短路	试验时需解开的连线需做好标识并用绝缘胶布包扎
14	传动试验造成设备及人员伤害	现场传动必须符合条件，现场有人监护
15	压板名称不对造成误传动	严格设备压板双重编号，并做好标识，传动时必须在投合压板时分别传动，保证压板的唯一性
16	寄生回路的存在，造成事故	将全站所有交流、直流开关合上，逐一检查串电情况，测量时必须采用正对地和负对地的方法测量交直流情况
17	光纤损坏	注意对光缆的防护，防止光纤损坏
18	保护定值误整定	认真核对定值清单，工作完成后由两人一起核对定值

四、作业要求

1. 作业前工作

（1）现场施工负责人向进入本施工范围的所有工作人员明确交代本次施工设备状态、作业内容、作业范围、进度要求、特殊项目施工要求、作业标准、安全注意事项、危险点及控制措施、危害环境的相应预防控制措施、人员分工。

（2）检查工作的安全措施完善，二次隔离措施符合作业安全要求。

（3）检查并清扫屏柜，二次接线、压板螺栓紧固完毕，符合试验条件。

（4）试验人员熟悉相关资料和技术要求。

（5）试验仪器符合要求。

2. 通电前检查

（1）核对保护配置的连片、压板、端子号、回路标注等，必须符合图纸要求。

（2）核对保护装置的硬件配置、标注及接线等，必须符合图纸要求。

（3）核对保护装置版本信息等，应满足设计使用版本。

（4）保护装置各插件上的元器件的外观质量，焊接质量应良好，所有芯片应插紧，型号正确，芯片放置位置正确。

（5）检查保护装置的背板接线有无断线、短路和焊接不良等现象，并检查背板上抗干扰元件的焊接、连线和元器件外观是否良好。

（6）检查保护装置电源电压是否与实际接入电压相符。

（7）检查保护装置所配模块与实际配置的TV、TA是否相符合。

（8）保护屏接地是否符合要求。

（9）检查回路接线是否正确。

3. 绝缘检查

（1）使用1 000 V绝缘电阻表测量二次回路绝缘电阻时，小母线在断开所有其他并联支路时，不应小于10 MΩ；二次回路的每一支路和断路器、隔离开关的操动机构的电源回路等，均不应小于1 MΩ，在比较潮湿的地方，可以不小于0.5 MΩ。

（2）在保护的端子排处将所有的电流、电压、直流回路的端子连接在一起，并将电流、电压回路的接地点拆开，用 1 000 V 绝缘电阻表测量对地的绝缘电阻，其绝缘电阻应大于2 MΩ。

（3）对信号回路，用1 000 V绝缘电阻表测量电缆每芯对地及对其他各芯间的绝缘电阻，其绝缘不小于2 MΩ。

（4）在保护的端子排处将所有外部引入的回路及电缆全部断开，分别将电流、电压、直流控制、信号回路的所有端子各自连接在一起，并将电流、电压回路的接地点拆开，用1 000 V绝缘电阻表测量对各回路及对地的绝缘电阻，其绝缘电阻应大于10 MΩ。

（5）对于额定绝缘电压大于等于60 V的装置回路应使用500 V绝缘电阻表，且绝缘电阻不小于10 MΩ。

（6）二次回路有电子元器件的，试验前应将插件拔出，或者将正负极可靠短接（光耦及电源插件除外）。拔插件时应注意不得损坏插件，起拔需要专用工具的一定要使用专用工具。

（7）测量绝缘时，必须将被测设备和各方面断开，验明无电压、确实设备无人工作，方可进行。测量过程中禁止他人接近设备。

（8）测量绝缘前后，必须将设备对地放电。

（9）测量完成后，恢复插件时应注意插件的插入方向，插入插件后应经二人检验无误，方可进行后面的通电检验步骤。

4. 通电检查

（1）检查保护装置版本信息，经厂家确认满足设计要求。

（2）按键检查。检查装置各按键操作正常。

（3）在断开装置电源的情况下，拔出各个插件进行检查，插件所标注电源等级、交流二次额定值应与设计相符，印刷板件应外观正常，无虚焊，无放电灼伤痕迹等异常现象。

（4）恢复插入插件并检验无误后，投入装置电源，改变电源直流电压在 80%～110%范围内，装置均能正常工作，突然切断、合上外部输入电源，微机保护应能正常工作，不出现误动作。

（5）时钟的整定与核对检查。调整时间，装置正常，将保护装置设置为当前时间，使装置停电 5 min 以上，然后恢复电源，时钟走时应准确，保护装置时钟每 24 h 走时误差小于 10 s；GPS 对时已完善，核对各装置时间显示一致，并与后台计算机显示相符。

（6）装置自检正确，无异常报警信号。

（7）对保护装置的保护、信号、控制回路上电应分别进行测量，检查各个回路之间是否完全独立，不存在串电现象。

5. 保护装置校验

（1）零漂检查。进行零漂检查时，应将电压端子短接，电流回路断开，防止感应引起的误差，在装置上电 10 min 以后，零漂值要求在一段时间内保持在规定范围内；电流回路零漂在 －0.05～＋0.05 A 内，电压回路在 0.05 V 以内。

（2）通道采样及线性度检查。在各模拟量通道分别加入 20%、50%、100%的额定值，装置采样应正确，同时加入三相对称电流、三相对称电压，查看装置采样，检查电流、电压相角正常。

（3）时钟的整定与核对检查。调整时间，装置正常，GPS 对时已完善，核对各装置时间显示一致，并与后台计算机显示相符。

（4）开入量检查。短接开入量输入正电源和各开入量输入端子，对照图纸和说明书，核对开入量名称，装置显示屏显示各开入量名称与实际一致。对应设计图纸检查装置各个开入、开出情况，装置均能正确反应。例如，分别检验整定投入/退出变压器瓦斯跳闸、超温跳闸、高温发信等信号，模拟瓦斯动作、超温动作、高温动作，装置收到信号后应能正确对应跳闸启动事故音响（电笛）或者启动发信（电铃）。

（5）操作箱检查。校验操作箱各继电器的动作参数及动作时间满足要求。用万用表检查各继电器接点的通断情况应正确，返回系数满足要求。

（6）加热器自动和手动投入检查应正确。

（7）功能压板投退检查。分别投入和退出各功能压板时，检查保护显示屏显示信号正确。

（8）保护功能检查。模拟各种故障情况，检查装置各种保护功能，当动作量为整定值的（1.05～1.1）倍（反映过定值条件动作）或（0.9～0.95）倍（反映低定值条件动作）时，各保护元件应可靠动作。检查当动作量为整定值的（0.9～0.95）倍（反映过定值条件动作）或（1.05～1.1）倍（反映低定值条件动作）时，各保护元件应可靠不动作。加入整定值的 1.2 倍（反映过定值条件动作）或者 0.8 倍（反映低定值条件动作）的动作量，测量动作时间相对整

定时间误差不应大于 5%。（功能检查参见附录实例）

① 保护功能校验。

检查采样显示正确，校验动作值及动作时间符合要求；检查启动元件定值正确；检查分合闸逻辑正确，出口时间符合技术说明书要求；检查选相功能正确；分别校验距离各段动作值及动作时间正确；检查加速距离动作正确；检查接地故障及相间故障动作逻辑正确；检查 TV 断线功能正确；检查闭锁逻辑功能正确；检查压板及控制字投退正确；检查输出信号及装置报文正确。

② 与后台联调信号。

重合闸逻辑功能校验检，查重合闸充放电逻辑正确，并核对充电时间符合要求；检查重合闸动作逻辑正确，动作时间正确；检查保护启动和不对应启动重合闸功能正确；检查重合闸检无压、重合闸不检逻辑正确。

③ 失灵保护功能校验。

检查闭锁失灵保护功能正确，并校验各闭锁定值；检查失灵保护闭锁重合闸功能正确；远方跳闸保护装置功能检验；检查通道连接良好，自环时通道显示正常；采样显示正确，校验动作值及动作时间符合要求；检查通道收信功能正确；检查通道故障切换功能逻辑正确；检查 TV 断线通道切换功能正确；检查通道报警正确；检查远方跳闸就地判据逻辑正确，并校验各判据定值符合要求；检查收发信通道方式正确。

6. 保护通道联调

（1）通道联调。通道路由检查，保护的通道路由应相互独立。通道收信、发信路由应一致，禁止采用自愈环方式。

（2）测试通道的发信、收信、收信灵敏电平，收信裕度应满足技术要求。

（3）通道传输时间、误码率应满足要求。

（4）两侧保护通道对调，验证通道路由正确，检查通道传输保护命令信号正确或传输数据正确。对于分相命令传输通道，两侧应检查分相命令收发信的正确。

7. 整组传动试验

整组试验的方法，即除了有电流及电压端子通入与故障情况相符的模拟故障量以外，保护装置（或继电器）应处于与投入运行完全相同的状态，检查保护回路及整定值的正确性。

（1）纵联保护联调。应与纵联通道和线路对侧的纵联保护配合，一起进行模拟区内、区外故障时保护动作行为的检验，保护动作应正常，模拟各种故障情况两侧保护均应正确出口动作或闭锁保护动作，检验结果应符合整定及设计要求。

（2）断路器传动试验。分别模拟重合闸投入方式下，单相瞬时接地故障、单相永久性接地故障、两相瞬时故障，检查保护、断路器跳闸行为及后加速动作正确，检查保护与开关动作相别应一致，检查跳闸回路和重合闸回路正确。并在 80%直流电源条件下，模拟单相永久性故障，保护及断路器应动作正确。

8. 电流电压回路升流升压检查

（1）检查所有与保护有关的二次电流、电压回路是否符合施工设计图和制造厂的技术要求。

（2）检查接入的电流、电压互感器准确等级是否符合要求，检查电流、电压互感器的变比是否与保护定值要求相同，检查电流、电压互感器的极性是否符合与保护装置的要求。

（3）检查所有电流、电压的二次电缆的连接是否正确。

（4）检查电流、电压回路的接地是否正确。

（5）检查所有电流、电压端子的连接片是否已连接、螺栓是否紧固。

（6）在电压二次回路加入工作电压，检查熔断器、快速空气开关通断回路应正确，回路相序应正确，装置采样对应正确，检查电压回路切换手柄，电压测量仪表应显示对应正确；施加二次电压前应注意检查二次回路与一次侧断开，防止电压由二次向一次侧反供电。加压过程中一定要注意回路上应无人工作。

（7）电流互感器一次侧通入电流，检查电流回路正确性和完整性，并应注意短接组别，以确保各个组别的接线及变比正确；注意检查确认屏面电流表显示与通入一次电流相符。

9. 二次回路试验

（1）断路器操作回路、防跳回路、压力闭锁回路试验正确。

（2）断路器本体及断路器保护回路试验，断路器本体及断路器保护功能及定值整定正确。

（3）断路器失灵启动回路试验。检查失灵回路正确，验证失灵输出接点正确。

（4）重合闸启动回路及闭锁重合闸回路试验。检查不对应启动重合闸回路及保护启动重合闸回路正确。试验手分、手合、永跳和闭锁重合闸等回路正确。

（5）检查失灵跳线路开关回路正确。

（6）查五防闭锁二次回路接线正确。配合检查闭锁逻辑正确合理，符合变电所“五防”闭锁技术要求。

（7）录波回路试验。电压、电流以及开关量回路应正确接入录波装置。

（8）保护装置与自动化系统、继电保护故障及信息系统联调，核对保护报文、遥控功能、遥测量、遥信量以及 GPS 对时功能正确。

（9）查开关本体告警信号，SF_6、TA、TV 本体告警信号、保护动作信号、保护告警信号、二次回路异常告警信号、通道告警信号、跳、合闸监视回路等声光信号正确。

10. 受电前检查

（1）定值整定。按定值单要求输入定值。定值核对包括装置系统参数定值、保护定值。核对系统参数与现场实际参数相符合。

（2）现场恢复。恢复所有试验过程所解开的连接线，检查各连接端子连接良好。检查电流、电压回路连接牢固。核对压板名称标志完善。

（3）检查调试记录。检查调试记录完整并签字，调试数据符合投运条件并进行。

11. 带负荷测试

（1）测量电压、电流的幅值及相位关系。根据线路潮流方向和测试数据检验线路保护、开关保护、录波器、测控装置、计量回路等 TA 二次接线极性、变比正确。对于新接的电压互感器二次回路，进行核相检查及测试电压，检查电压回路的正确性。

（2）查看保护装置电压、电流采样幅值和相角及保护装置采样录波图，检查保护装置电压、电流采样回路极性、变比正确。并记录存档。

（3）检查装置显示正确，差流电流及制动电流满足技术要求。

（4）检查开关量状态及自检报告，开关量状态与实际运行状态一致，自检报告无异常信息。

五、作业方法

1. 过流保护电流定值效验

电流保护多采用三段式，第Ⅰ段为无时限电流速断保护或无时限电流闭锁电压速断保护，第Ⅱ段为带时限电流速断保护或带时限电流闭锁电压速断保护，Ⅰ段和Ⅱ段保护作为本线路相间短路的主保护；第Ⅲ段为定时限过电流保护或低电压闭锁的过电流保护，Ⅲ段作为本线路相间故障的近后备保护及相邻线路的远后备保护。三段相比较而言，Ⅰ段动作电流整定值最大，动作时间最短；Ⅲ段动作电流整定值最小，动作时间最长。三段电流保护的定值呈阶梯特性，故称为阶段式电流保护。当电流超过定值且时间大于整定延时后，装置即出口跳闸，同时发出动作信号。

以 GRD150 保护装置为例，使用 ONLLY 系列继电保护测试仪进行过流保护电流定值测试的方法。其他具有相同保护原理的保护功能测试可参考此校验方法。

1）保护相关设置

GRD150 保护装置设置，进入菜单后选择 Settings/Protection/change Settingsp 进入修改运行定值组页面。

在“保护定值”里，把需要测试的保护功能投入置为“ON”；其他保护控制字均置为“OFF”，即退出其他保护控制字。在进行保护功能测试时，必须退出 CBF，同时断开联跳空气开关。

逻辑出口设置：进入菜单后选择 Test/Logic circuit/Term A，进行此项测试时，必须停留在当前页面，否则该测试口无效。

各保护出口如表 SB3-2 所示。

表 SB3-2 保护出口

保护类型	OC1	OC2	EF	THM	CBF	跳闸总出口
A	386	390	417	448	455	2560
B	387	391			456	
C	388	392			457	

2）试验接线

注意：试验中应将试验端子排中部试验短连片用绝缘分隔片分开。

将测试仪的电流输出端“I_a”、“I_b”、“I_c”分别与保护装置的交流电流“I_a”、“I_b”、“I_c”（极性端）端子相连；再将保护装置的交流电流“I_a'”、“I_b'”、“I_c'”（非极性端）端子短接后接到“I_{os}”（零序电流极性端）端子，最后从“I_{os}'”（零序电流非极性端）端子接回测试仪的电流输出端“I_n”。如图 SB3-1 所示。

将测试仪的开入接点“A”与保护装置的保护跳闸出口接点相连。

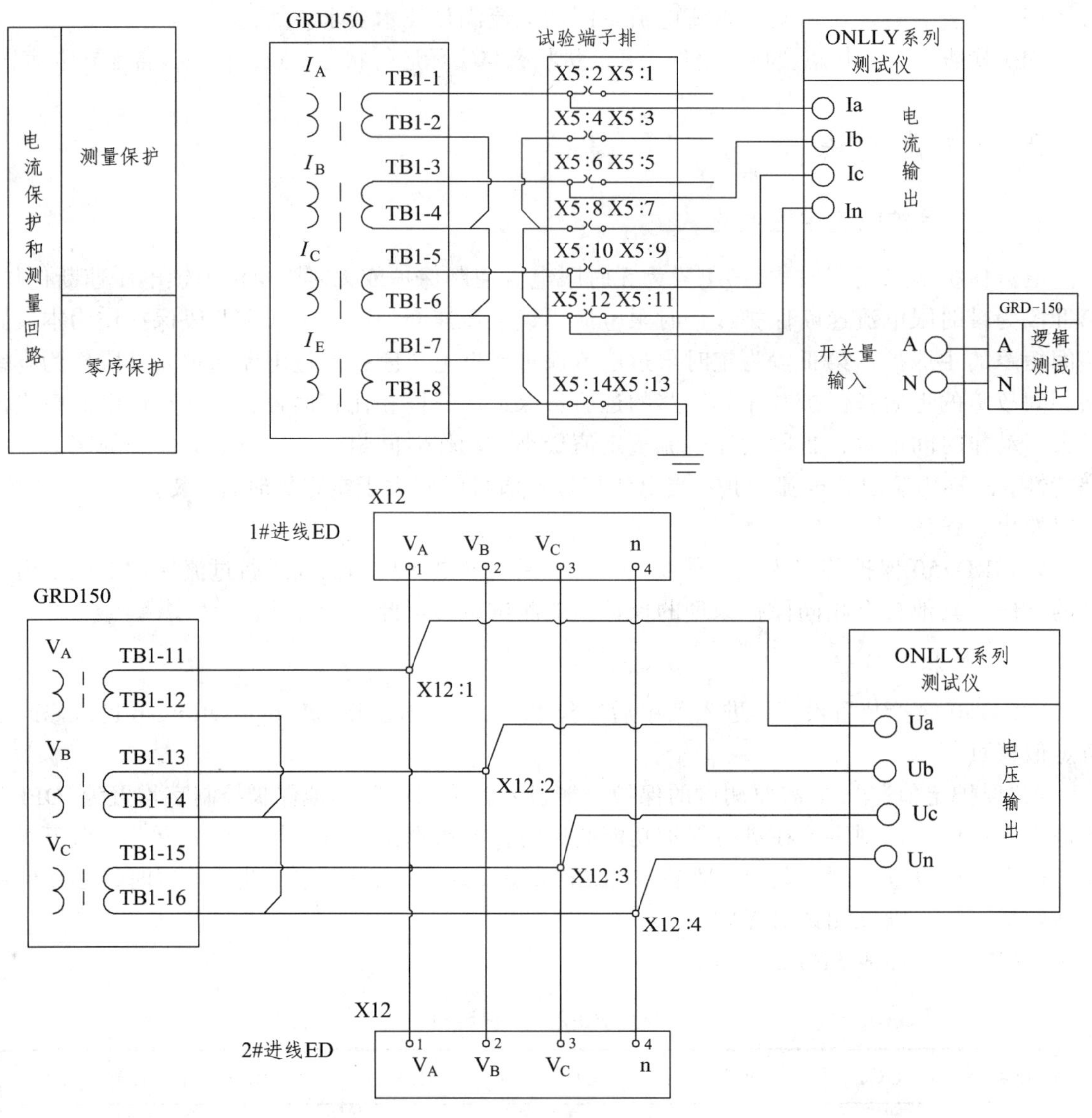

图 SB3-1 试验接线

3）过流保护电流定值测试

在“电压/电流（交流）”菜单里，可以用手控和程控两种方式分别对过流保护Ⅰ、Ⅱ、Ⅲ段的电流定值进行测试。在测试的过程中，为了保证结果的正确性，必须把非测试段退出。

下面以“过流Ⅱ段”为例来介绍用“电压/电流（交流）”中的程控方式来测试过流保护电流定值的方法。如图 SB3-2 所示。

电压值：由于本次试验已退出其他保护功能，故电压可设为任意值。

电流值：在程控方式下，其值无需手动输入，自动设为变量变化范围中的起点值。

在手控方式下，手动输入一个低于保护定值的电流值。

频率：设为 50 Hz。

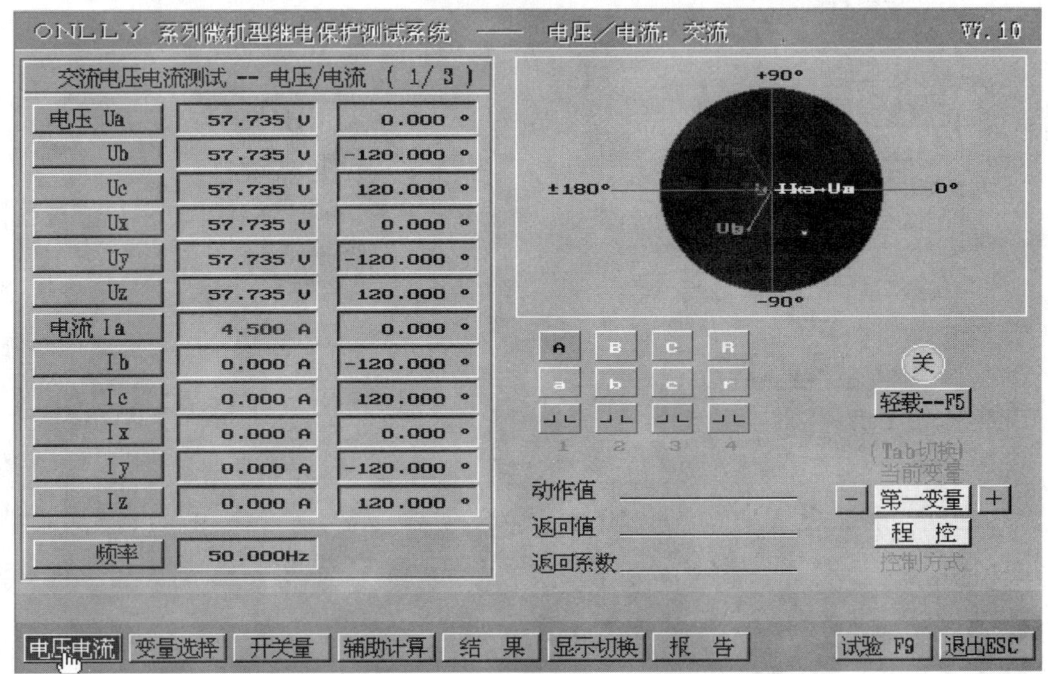

图 SB3-2 “电压电流”页面设置

“变量选择”页面设置如图 SB3-3 所示。

第一变量：设为 I_a 幅值，变化步长设为 0.1 A。一般地，根据测试要求选择合适的步长，步长越小，测试精度越高。

程控试验时，仅第一变量有效。

手控试验时，第一、二、三变量均有效，试验过程中的当前变量可以通过 Tab 键在三者之间切换。

记录变量：试验过程中动作或返回时需要记录的变量，默认和第一变量相同，设为 I_a 幅值。也可另行选择。

程控/手控：设为程控方式。试验过程中，当前变量的变化过程完全由程序控制，用户对试验的干预仅限于通过 ESC 键终止试验。

变化范围：设置第一变量变化的起点和终点，应保证能覆盖保护的动作范围。

变化方式：设为始→终。需要测试动作值和返回值时，则设为始→终→始。

每步时间：大于保护的动作出口时间。

返回方式：设为动作返回。

模拟故障前，确认保护复归。

试验过程及结果记录：

参数设置完毕后，按测试仪面板上的“Start”快捷键开始试验，或按“试验 F9”按钮开始试验。

在动作值测试过程中，采用脉冲式变化按步长增大电流输出值，直到保护动作出口，开入接点 A 闭合，记录动作值，然后自动结束试验。

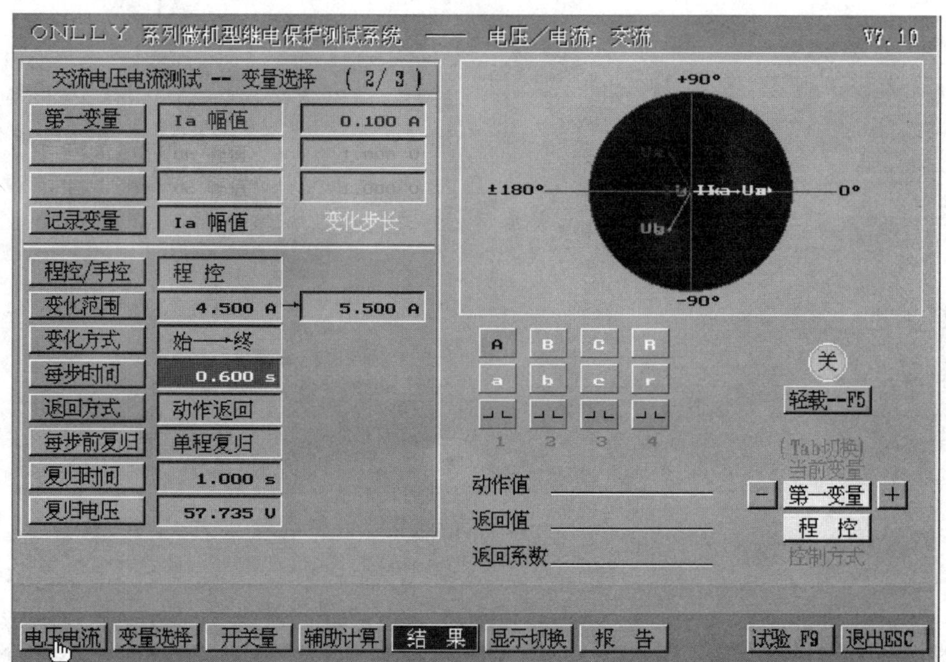

图 SB3-3 “变量选择”页面设置

试验结束后，根据提示选择是否保存试验结果。

2. 过流保护电流定值测试

以 GRL150 保护装置为例，介绍使用 ONLLY 系列继电保护测试仪进行差动保护电流定值测试的方法。其他具有相同保护原理的保护测试可参考此测试方法。

1）保护相关设置

设置差动装置的主（Master）、从（Slave）关系，Set（change）/Protection/Change set/Group 1/Telecomm/Scheme swSP.SYN,设置差动装置光纤通信的主、从关系，按◄ ►键进行修改，0 为主（Master），1 为从（Slave）。

对差动的整定值进行更改，Set（change）/Protection/Change set/Group 1/Trip/Prot element/DIF 按“下”向下翻行，把光标移动到需修改的项目上，按上下键进行修改，按“ENTER”键确认。修改完之后，要一直按“END”键才能退出，直至出现提示时按“ENTER”键即可保存退出。

进入菜单后选择 Test/Logic circuit/Term A，进行此项测试时，必须停留在当前页面，否则该测试口无效。出口地址如表 SB3-3 所示。

表 SB3-3 保护出口

	A	B	C
DIF	257	258	259
DIF 总跳闸	256		
总跳闸出口	2560		

2）试验接线

试验接线如图 SB3-4 所示。

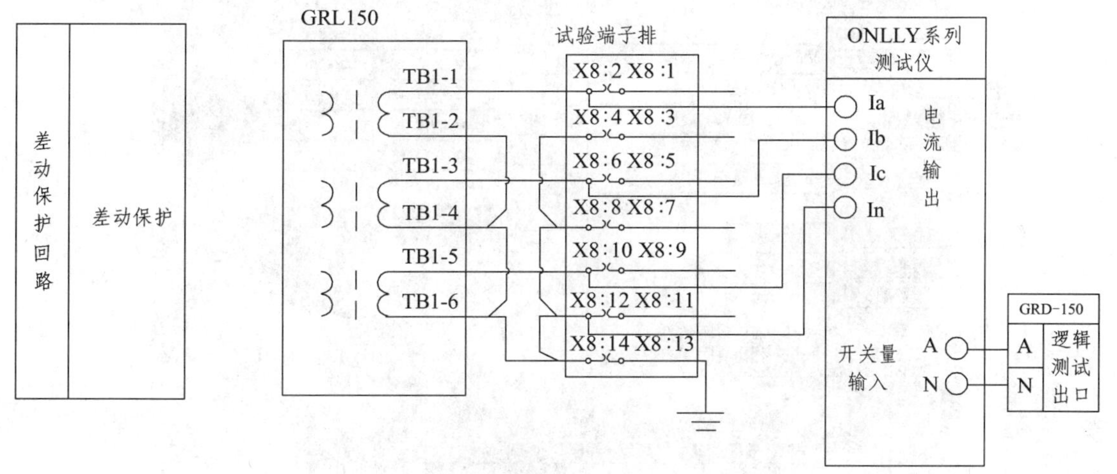

图 SB3-4　试验接线

3）差动保护单侧通道自环测试

如图 SB3-5\图 SB3-6 所示。

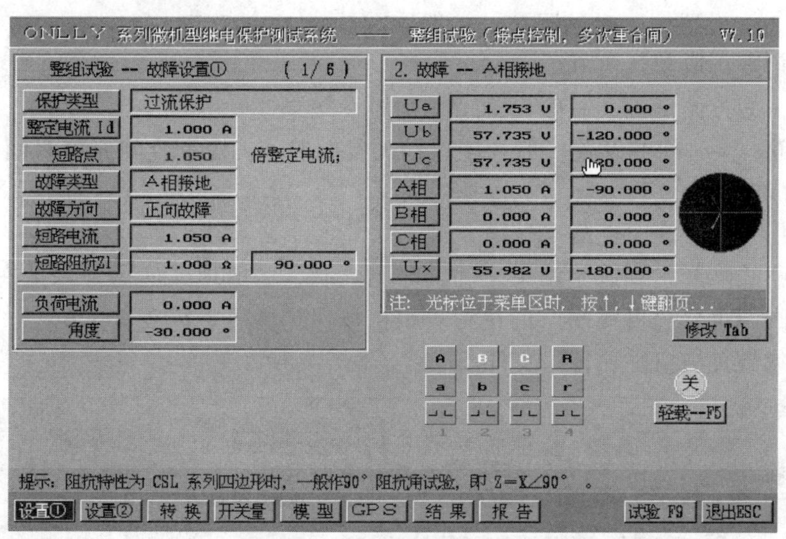

图 SB3-5 “设置①”页面设置

在“整组试验”菜单里，试验过程由保护的接点动作情况控制，此次试验包括以下几个过程：故障前→故障，跳闸→重合闸。

保护类型：选为过流保护。

整定电流 I_d：取“差动电流高定值/2 = 1.0 A”。因为采用通道自环测试，故保护计算出的差流 $I_{CD} = 2 \times I_d$。

短路点：故障时的短路点电流，一般取 1.05 倍，以检查保护动作的灵敏性。

故障类型：设为 A 相接地，也可根据需要修改。

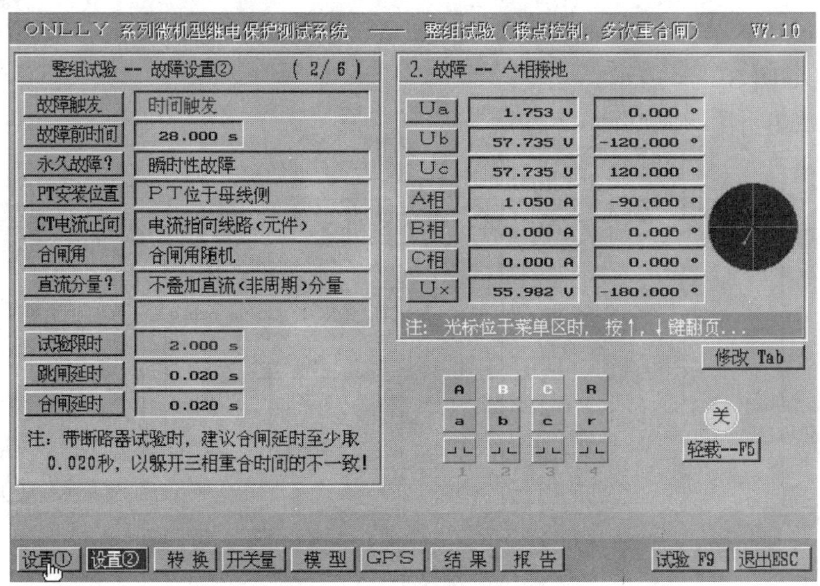

图 SB3-6 “设置②”页面设置

故障方向：设为正向故障。

短路电流：由程序自动计算，其幅值 = 整定电流 I_d × 短路点。

短路阻抗 Z_1：设置短路时的阻抗，一般取默认值 1.0∠90°。

负荷电流角度：取默认值 0.0∠－30°。

故障触发：为方便试验，一般设为“时间触发”。

故障前时间：该时间的设置一般大于保护的复归时间（含重合闸充电时间），根据该保护装置，设为 28.000 s。

永久故障：设为“瞬时性故障”。

试验限时：故障开始到试验结束之间的时间限制，一般地，应保证保护在该时间内可以完成整个“跳闸→重合→再跳闸”的过程。根据该保护装置，设为 2.000 s。

其他的参数设置均取默认值，如图 SB3-7、SB3-8 所示。

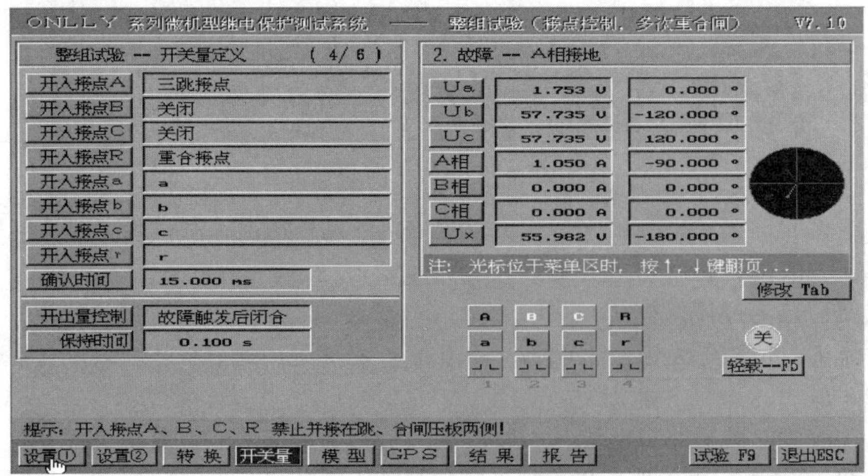

图 SB3-7 “开关量”页面设置

“转换”页面设置：

由于此次试验，暂不考虑进行故障转换，故该页面设置暂不考虑。

开入接点：由于该保护采用三相跳闸出口，故根据实际接线，把开入接点 A 设为“三跳接点”，开入接点 R 设为“重合接点”，确认时间默认为“15 ms”。开出量由于不影响试验，不考虑设置。

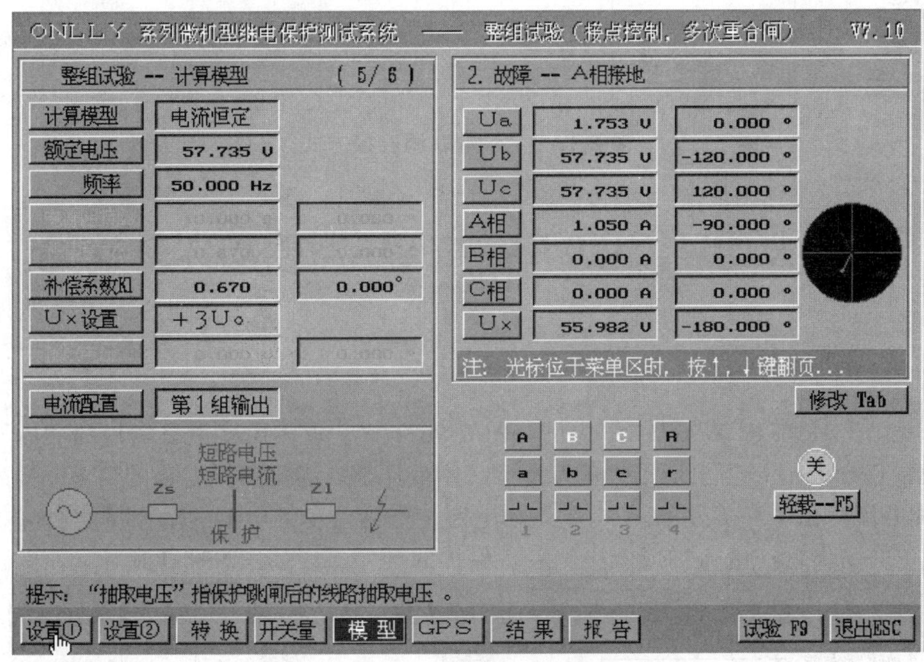

图 SB3-8 “模型”页面设置

计算模型：一般取“电流恒定”，即定电流（短路电流）方式。

额定电压：保护 PT 二次侧的额定相电压，一般为 57.735 V。

频率：电压、电流的输出频率，我国为 50.0 Hz。

补偿系数 K_1：短路阻抗 Z_1 的零序补偿系数，一般取默认值 0.67∠0°，也可修改。但要保证计算出的短路电压不越限。

电流配置：根据实际接线，设为第 1 组电流输出。

试验过程及结果记录：

参数设置完毕后，按测试仪面板上的“Start”快捷键开始试验，或按“试验 F9”按钮开始试验。

在试验过程中，测试仪先输出空载状态（输出时间为故障前时间 28.0 s，等待保护复归，重合闸充电完成）；然后再输出故障状态，直到纵联差动保护动作跳闸，开入接点 A 闭合；接着再输出重合闸状态，直到保护重合闸成功，开入接点 R 闭合；最后自动结束试验。

试验结束后，根据提示，选择是否保存试验结果。

4）联差动保护（双端联调）

测试方法与单端测试相同。

注意：设置“主机方式”控制字时，应注意两侧保护装置必须一侧为主机方式，另一侧为从机方式；并把线路两侧的保护装置通过光纤通道直接连接，具体如图 SB3-9 所示。

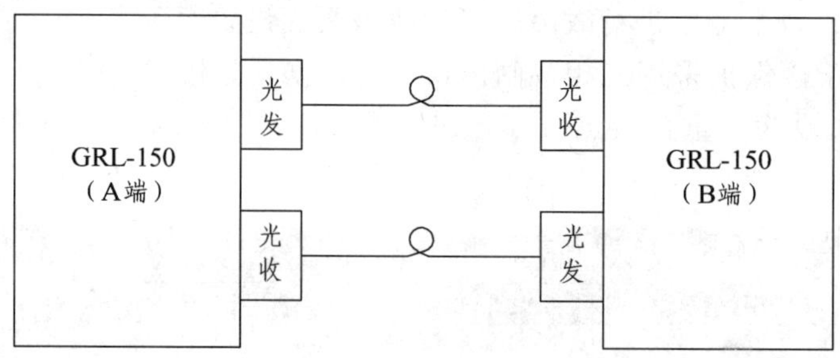

图 SB3-9 双端联调连接方式

子模块 SB4 110 kV 主变压器差动保护校验

一、校验原理

以主变保护装置 RCS-9671CS 为例。RCS-9671C 装置为由多微机实现的变压器差动保护，适用于 110 kV 及以下电压等级的双圈、三圈变压器，满足四侧差动的要求。输入 I_1、I_2、I_3、I_4 四侧电流，由（$I_1+I_2+I_3+I_4$）构成差动电流，作为差动继电器的动作量。由 I_3 构成中压侧后备保护的动作量；由 I_4 构成低压侧后备保护的动作量。如图 SB4-1 所示。

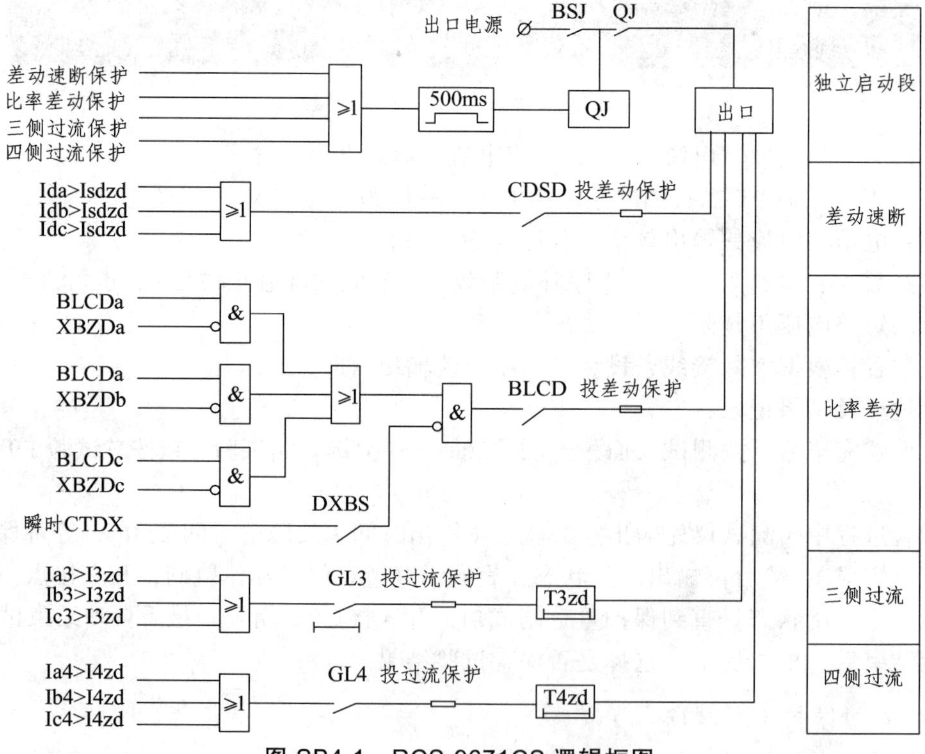

图 SB4-1 RCS-9671CS 逻辑框图

在本装置内，变压器各侧电流存在的相位差由软件自动进行校正。变压器各侧的电流互感器均采用星形接线，各侧电流方向均指向变压器。各侧电流的平衡系数调整可通过软件完成，可不需外接中间电流互感器。

由于变比和联结组别的不同，变压器在运行时各侧电流的大小及相位也不相同。装置通过软件进行 Y→△变换及平衡系数调整对变压器各侧电流的幅值和相位进行补偿，以下差动保护的说明均以各侧电流已完成幅值和相位补偿为前提。装置采用三折线比率差动原理，并设有低值比率差动保护、高值比率差动保护和差动速断保护。

二、作业工具

继电保护测试仪 1 台，高内阻万用表 2 只，螺丝批 1 套，尖嘴钳 1 把、剥线钳 1 把，各种规格测试线 1 套，压线钳短接线 1 把。

三、校验前工作准备

（1）各个保护的定值校对并记录。

（2）各个硬压板作业前状态记录后全部撤除。

（3）各个软压板作业前状态记录后全部撤除。

（4）控制字里的状态校对并记录。

注意：动作量为整定动作值的（1.05 ~ 1.10）倍（反映过定值条件动作的）或（0.9 ~ 0.95）倍（反映低定值动作的）时继电器应可靠动作。

四、校验过程中应注意的事项

（1）校验中应断开与本保护有联系的相关回路，如跳闸回路等。因校验需要临时短接或断开的端子应做好记录，以便于在校验结束后正确恢复。

（2）在校验前应先检查为防止 CT 二次回路开路的短接线是否已正确、牢固地短接好，PT 二次回路确实不存在短路现象。

（3）断开直流电源后才允许插、拔插件，插、拔交流插件时防止交流电流回路开路。

（4）调试过程中发现有问题时，不要轻易更换芯片，应先查明原因，当证实确需更换芯片时，则必须更换经筛选合格的芯片，芯片插入的方向应正确，并保证接触可靠；接触、更换芯片时，应采用人体防静电接地措施，以确保不会因人体静电而损坏芯片。

（5）原则上在现场不准使用电烙铁，校验过程中如需使用电烙铁进行焊接时，应采用带接地线的电烙铁或电烙铁断电后再焊接。

（6）校验过程中，应注意不得将插件插错位置。

（7）所使用的校验仪器外壳应与保护装置外壳在同一点可靠接地，以防止校验过程中损坏保护装置的组件。

五、校验项目

本试验流程与 35 kV 继电保护效验相同，因主变差动保护原理不同，故该保护效验方式参照下文。

1. 校验接线

如图 SB4-2、图 SB4-3 所示，接好线后，打开继电保护测试仪，选择交流电流输入。

检查差动保护装置的保护定值，然后使用继保仪加一个 80%定量值，选择好加量参数后就开始测试。

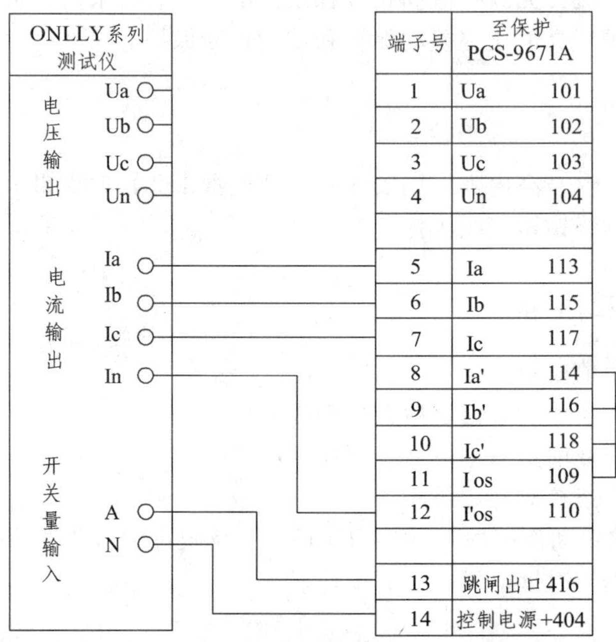

图 SB4-2 RCS-9671CS 过流保护接线图

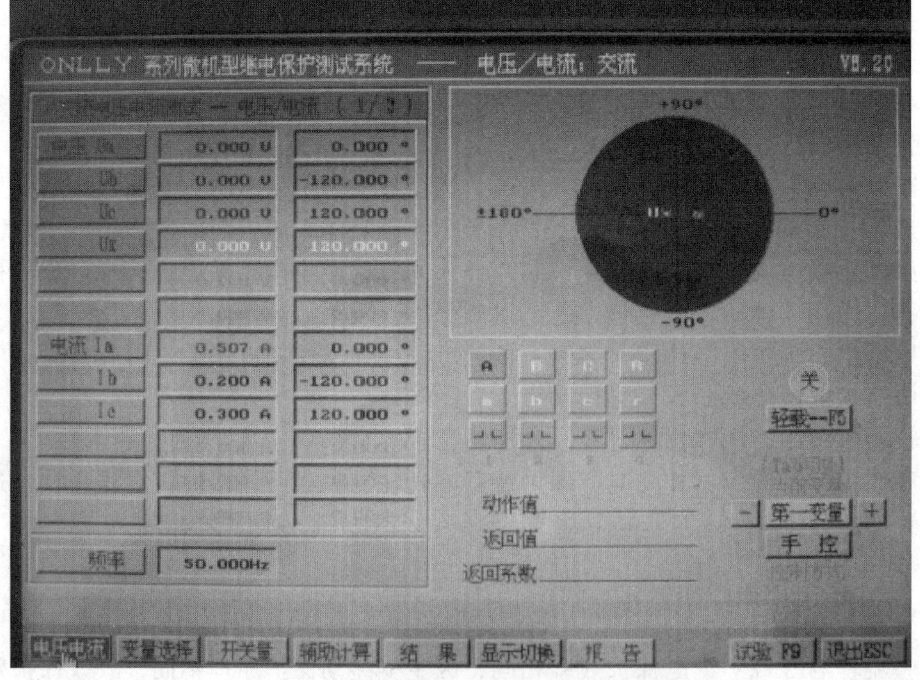

图 SB4-3 继电保护测试仪电流选择画面

2. 比率差动（以 C 相为例）

（1）加 $I_c<I_{mk}$（整定值）的工频电流保护不应动作，逐渐调整校验电流值使 I_c 至 I_{mk} 定值时应可靠动作。

（2）加工频电流，逐渐调整电流值使 I_{brk}（差动电流）稍大于 I_{sd1}，I_c 小于 $I_{mk}+K_b$（比率制动系数）（$I_{brk}-I_{sd1}$）时，不应动作；I_c 至 $I_{mk}+K_b$（$I_{brk}-I_{sd1}$）时，应可靠动作；逐渐调整电流值使 I_{brk} 为 I_{sd1} 和 I_{sd1} 的中间值，I_c 小于 $I_{mk}+K_b$（$I_{brk}-I_{sd1}$）时，不应动作；I_c 至 $I_{mk}+K_b$（$I_{brk}-I_{sd1}$）时，应可靠动作；逐渐调整电流值使 I_{brk} 稍小于 I_{sd2}，I_c 小于 $I_{mk}+K_b$（$I_{brk}-I_{sd1}$）时，不应动作；I_c 至 $I_{mk}+K_b$（$I_{brk}-I_{sd1}$）时，应可靠动作。

3. 差动速断

在Ⅰ侧、Ⅱ侧、Ⅲ侧三侧各相分别加 $0.95I_{SD}$ 电流，此时，差速断保护不应动作，而是差动保护动作，再加至 $1.05I_{SD}$ 电流，差速断保护动作，同时观察其现象是否正确。为了方便起见，只在变压器一侧回路逐相加电流，所加电流即为 I_c。加 $I_c<I_{sd}$ 的工频电流保护不应动作，逐渐调整校验电流值使 I_c 至 I_{sd} 定值时，应可靠动作。

以上校验依次在 A、B、C 三相上分别做，三相都正确动作，说明差动保护的动作特性正确。

待保护动作后，把测出动作值和返回值记录在校验报告上，并与整定值比较，来查看保护的灵敏度。

子模块 SB5　整流机组及轨电位装置保护校验

一、目　的

掌握城市轨道供电系统直流牵引设备整流机组及轨电位装置预防性试验的方法及步骤。

二、作业工具

绝缘电阻表 1 只，常用工具若干，保护专用件若干，万用表 1 只，试验电源盘 1 只，微机保护测试装置 1 台，电池盒 2 只，电池盒用测试线 2 根，测试线夹 2 个。

三、注意事项及安全风险

（1）进行框架保护测试时，框架保护会动作于本站 35 kV、750 V 正极、直流开关、邻站直流开关。

（2）框架保护动作后，需现场人工复归。风险点辨析如表 SB5-1 所示。

表 SB5-1 风险点辨析

序号	异常现象	对 策
1	二次回路绝缘低	向工作负责人汇报情况，检查判明原因进行处理。
2	装置发出异常或告警信号	了解保护装置的告警信息，对照说明书进行排查，找到故障元器件，如有备品，及时更换，否则尽快联系厂家。
3	试验时，无信号或信号不正确	检查信号电源是否给好，信号灯是否完好，信号继电器是否完好。检查是否存在寄生回路。检查是否有 PLC 故障
4	控制回路断线信号发出	检查跳合闸回路是否完好，极有可能的原因是操作机构辅助接点不到位，机构闭锁，远方就地转换开关未打到位。
5	框架绝缘低	向工作负责人汇报情况，检查是否有柜体对地短路情况

四、作业前工作

（1）现场施工负责人向进入本施工范围的所有工作人员明确交代本次施工设备状态、作业内容、作业范围、进度要求、特殊项目施工要求、作业标准、安全注意事项、危险点及控制措施、危害环境的相应预防控制措施、人员分工。

（2）检查工作的安全措施完善，二次隔离措施符合作业安全要求。

（3）检查并清扫屏柜，二次接线、压板螺栓紧固完毕，符合试验条件。

（4）试验人员熟悉相关资料和技术要求。

（5）试验仪器符合要求。

五、保护装置外观及接线检查标准

（1）装置的实际构成情况是否与设计要求相符。

（2）装置中设备安装的工艺质量，以及导线、端子的材质是否满足国家有关规程、规范的要求。

（3）是否与现行规程或反事故措施及公司事先提出的要求等相符。

（4）表计、信号灯及信号继电器、光字牌等装置外部检查范围内的设备标志应正确完整清晰。

（5）装置外部检查范围内各设备及端子排的螺丝应紧固可靠，无严重灰尘、无放电痕迹，端子箱内应无严重潮湿、进水现象。

（6）装置附近应无强热源、强电磁干扰源。有空调设备，环境温度、湿度满足相关规定。

（7）装置外部检查范围内端子排上内部、外部连接线，以及沿电缆敷设路线上的电缆标号是否正确完整，与图纸资料吻合。装置外部检查范围内设备及回路的接地情况是否符合国家规程和反事故措施要求。

六、框架及二次回路的绝缘和耐压检验

负极世内框架接线示意图如图 SB5-1 所示。

（1）在负极柜的接地排处将所有外部引入的接地电缆全部断开，分别用 1 000 V 兆欧表测量直流开关柜框架、负极柜框架的绝缘电阻，其阻值均应大于 1 MΩ。

（2）在保护装置的端子排处将所有电流、电压、直流回路的端子连接在一起，并将电流回路的接地点拆开，用 1 000 V 兆欧表测量回路对地的绝缘电阻，其绝缘电阻应大于 2 MΩ。

（3）对信号回路，用 1 000 V 兆欧表测量电缆每芯对地及对其他各芯间的绝缘电阻，其绝缘电阻应不小于 2 MΩ。定期检验测量芯线对地的绝缘电阻。

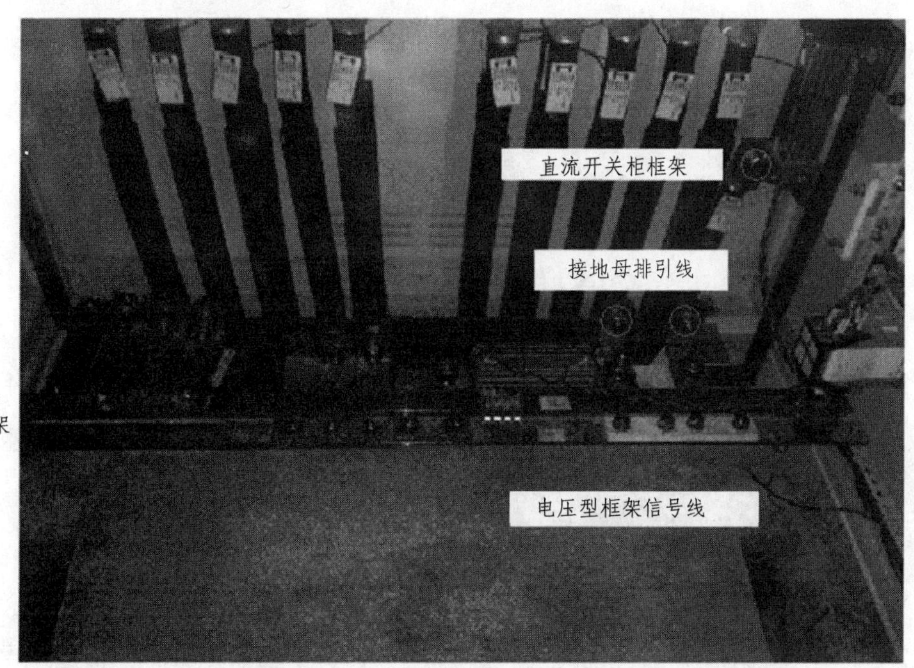

图 SB5-1　负极柜内框架接线示意图

（4）对运行的设备及其回路必要时进行一次耐压试验，当绝缘电阻大于 1 MΩ 时，允许暂用 2 500 V 兆欧表测试绝缘电阻的方法代替。

1. 通电初步检验

（1）对需触碰的设备内的连接线位置、切换开关位置、空气开关位置、定值区号等的初始状态做好记录，以便调试完毕后恢复。

（2）保护装置通电后，先进行全面自检。自检通过后相应运行灯点亮。

（3）在装置运行正常的情况下进入主菜单，分别操作各按键，以检验按键的正确性与灵敏度。

（4）进入主菜单的程序版本菜单，核查软件版本号和程序校验码。

（5）核对保护装置定值，进入保护定值子菜单，记录保护装置的运行定值，与调度下发的装置定值通知单核对，如有问题及时与相关部门联系。

2. 检查抗干扰措施

检查设计及制造部门提出的抗干扰措施的实施情况应符合继电保护反事故措施中有关抗

干扰措施的要求。

3. 负极柜作业项目

1）电流型框架保护校验

通过测试电池盒连接隔离放大器，操作电池盒上的可调电阻，模拟电流变化、校验框架保护的动作及联跳情况。如图 SB5-2 所示。

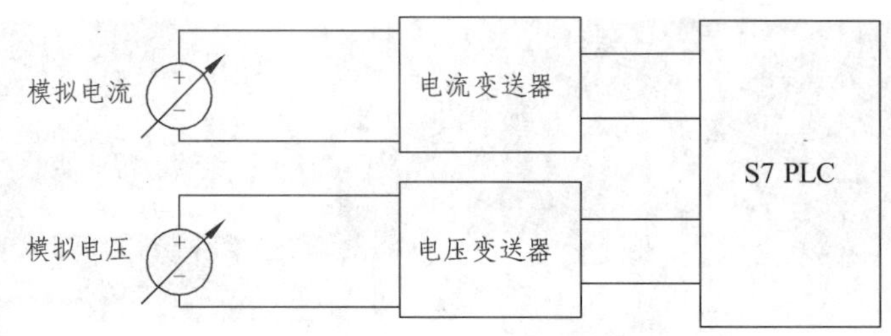

图 SB5-2 馈线保护校验原理图

（1）接线方法。

将电流型框架变送器的输入端连接在电池盒的输出端。如图 SB5-3、SB5-4 所示。

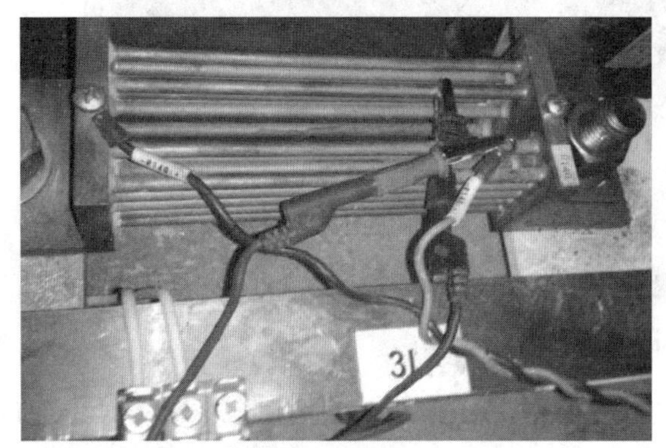

图 SB5-3 框架分流器接线示意图

图 SB5-4 电池盒输出连接

（2）校验方法。

接好线后，打开电池盒电源，慢慢往上加量，直至动作，查看动作值和整定值是否一致，检查 SIMATIC S7 PLC、35 kV 整流变压器开关、本所直流牵引系统以及邻所相应馈线开关柜的信号、动作情况是否正确。以验证联跳功能是否正常，并做好校验记录。

电流型框架保护共有两组，区别在于保护范围和切除范围不一样，但其整定值是一样的，保护校验方法也一致。

当直流开关柜绝缘发生变化，设备对柜体外壳放电或短路时，电流回路电流达到整定值（大于 35 A）（天津保富设备延时 1 ms），电流型框架保护动作，向交直流开关发出跳闸命令，本所 6 个直流柜和 2 个 35 kV 整流变柜同时跳闸，并联跳相邻 2 个牵引变电所各 2 个向本区段双边供电左右线开关，共 12 个开关柜跳闸。当整流器柜及负极柜绝缘发生变化，设备对柜体外壳放电或短路时，电流回路电流达到整定值（大于 35 A）（天津保富设备延时 1 ms），电流型框架保护动作，向交直流开关发出跳闸命令，本所 2 个直流柜进线开关和 2 个 35 kV 整流变柜同时跳闸。

2）电压型框架保护

（1）接线方法。

拆下负极柜内电压型框架采样线，把继保仪的直流电压输出线连接到采样线的两端。如图 SB5-5、SB5-6 所示。

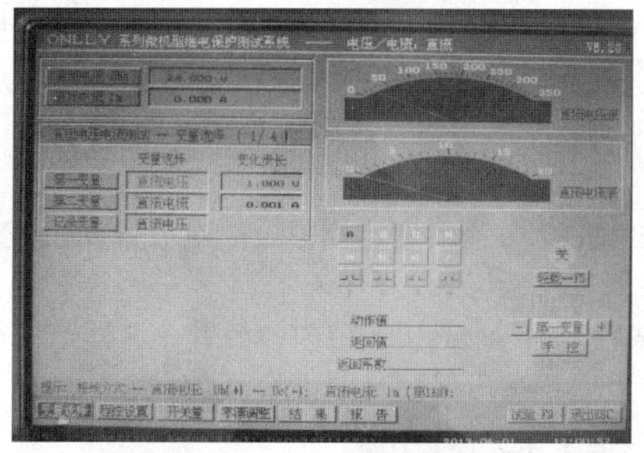

图 SB5-5　ONLLY 继保仪直流电压输出

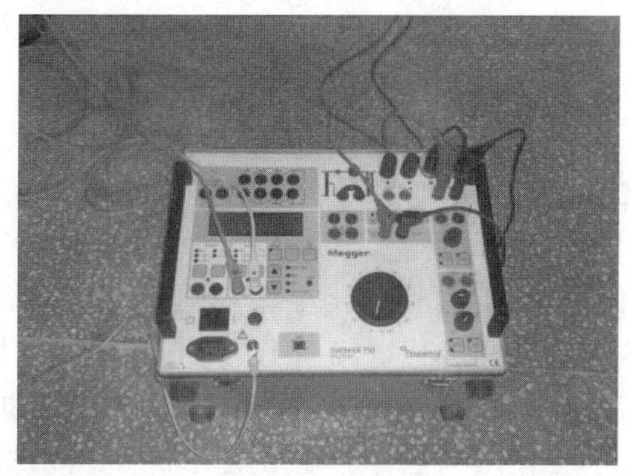

图 SB5-6　SverKer 750 电压输出接线示意

（2）校验方法。

接好线后，打开继保仪，选择直流电压输出测试。加量时，输入一个低于整定值的量，再慢慢增加，直至动作，查看动作值和整定值是否一致，检查 SIMATIC S7 PLC、35 kV 整流变压器开关、本所直流牵引系统开关柜的信号、动作闭锁情况是否正确。以验证联跳功能是否正常，并做好校验记录。

当电压型框架保护装置检测到设备外壳对负极电压超过整定值时，小于 90 V 时不会发出报警信号，大于 95 V 时延时 1.5 s 后发出报警信号，大于 150 V 时延时 0.6 s 后向交直流开关发出跳闸命令，大于 300 V 时延时 0.1 s 后向交直流开关发出跳闸命令，跳本所 6 个直流柜和 2 个 35 kV 整流变柜。

3）柜体表计效验

通过测试电池盒连接隔离放大器，操作电池盒上的可调电阻，模拟电流电压变化，校验柜体表计的动作情况。效验方法与电流型电压型框架保护一致。如图 SB5-7、SB5-8 所示。

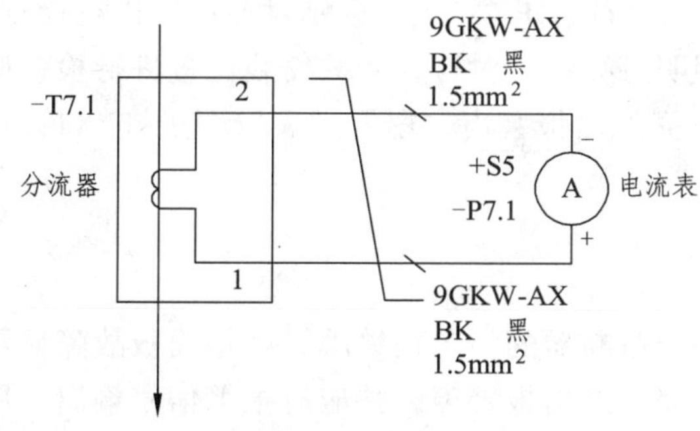

图 SB5-7　负极柜电流表接线图

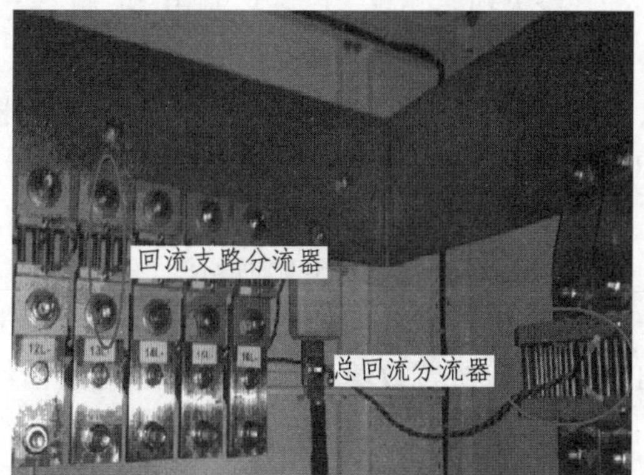

图 SB5-8　柜内电流表分流器示意图

以首期西门子负极柜为例，桥臂分流器变比为 600 A/60 mV，使用电池盒输出 30 mV 正向电压时，柜体电流表计指针指于 300 V。

4）校验步骤

① 断开负极柜全部空气开关。

② 拆开分流器 R1 连接到隔离放大器的二次接线，将隔离放大器端子 57、56，分别连接测试电池盒输出Ⅰ、Ⅱ，模拟电流；隔离放大器端子 56、60，分别连接继电保护测试仪电压输出端，模拟电压。

③ 合上负极柜各空气开关，确认柜内各回路均正常带电运行，合上负极柜闸刀 2011、2021。

④ 打开电池盒电源，操作电池盒上的可调电阻，依分流器变比模拟电压电流量变化，直至保护动作，查看动作值和整定值是否一致，并做好校验记录。

⑤ 分别进行电流型Ⅰ段、Ⅱ段框架保护测试后，将电池盒接于柜内各桥臂分流器上进行电流指示表计效验。其中，电流型框架保护均应能联跳站内保护范围内的设备。

⑥ 使用继电保护输出直流电压，测试电压型框架保护保护定值。

⑦ 测试后断开柜内控制电源空开。

5）整流器柜外观及功能校验

（1）外观检查。

① 按图纸检查主电路和辅助电路接线是否正确。

② 检查所有紧固件是否紧固、弹簧垫圈是否压平。

③ 检查大电流母线有无过热发黑现象、熔断指示件有无跳出、过电压吸收电阻电容有无过热烧焦现象以及电流互感器绝缘包有无过热变色。

④ 清扫屏柜下部进风网孔和上部出风网孔灰尘。

⑤ 用毛刷或吸尘器清扫绝缘子、二极管、熔断器、电容器表面的灰尘。

（2）元器件检查。

① 用万用表电阻挡检查各二极管、熔断器的电阻值有无异常现象。

② 用阻容电表或万用表检查保护电阻电容参数有无异常、是否接入电路。

（3）保护显示动作检查。

① 投入设备电源，检查控制电源，灯信号灯元件是否正常工作。分别对前后门进行检查；同时关前、后门，照明灯灭；开前门或后门，照明灯亮；并对行程开关安装位置进行检查调整。开门同时，有报警信号输出，声光报警器灯亮发出报警声，用万用表量端子排 X1：14 与 15 脚接通、22 与 23 脚接通。

② 快速熔断器熔断检查：

如图 SB5-9、图 SB5-10 所示。

依次短接各桥臂的一个熔断指示器或抠出一个熔断器的红色报警牌，屏柜面板故障显示屏上出现相应桥臂故障信息指示，声光报警器灯亮，发出报警声，并应有报警信号输出。用万用表量端子排 X1：14 与 15 管脚接通。

短接与压敏电阻串联的一个熔断指示器，屏柜面板故障显示屏上出现相应信息指示，声光报警器灯亮发出报警声，并应有报警信号和跳闸信号输出。用万用表量端子排 X1：14 与 15 脚接通、16 与 17 脚接通、18 与 19 脚接通。

短接同一个桥臂的两只熔断指示器，故障显示屏出现相应桥臂信息指示，声光报警器灯亮发出报警声，并应有报警信号和跳闸信号输出。用万用表量端子排 X1：14 与 15 脚接通、16 与 17 脚接通、18 与 19 脚接通。

图 SB5-9　熔断器正常状态

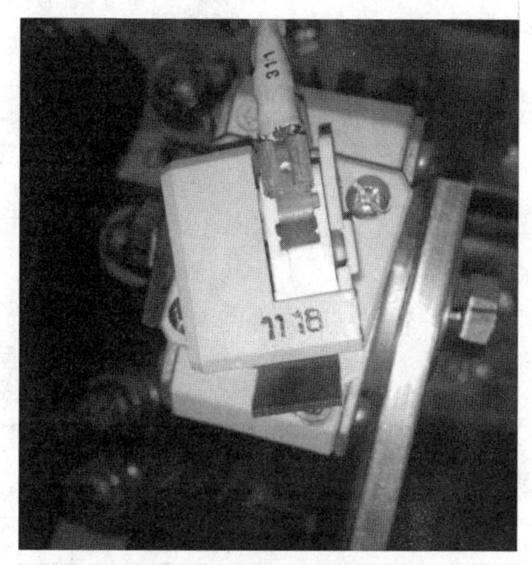

图 SB5-10　熔断器报警状态

③ 解开电流互感器二次端子，从外面加入 DC（50 ~ 60 V）电压，观察显示屏有无逆流跳闸信号显示。

④ 温度故障检查：

温度继电器在入厂时进行温度标定值的检验。整流器上的温度继电器组件采用以下试验方法：分别短接 6 个整流堆顶部和 1 个直流母排上的温度继电器（KTE1 ~ KTE6、KTE8），保护板上相应的继电器动作，故障显示屏上出现超温信息指示；声光报警器灯亮并发出报警声，并有报警信号输出。短接线拆除后，指示灯应能保持发亮。用万用表量端子排 X1：14 与 15 脚接通。

显示屏进入复位界面，按“CLR”键复位。用万用表量端子排 X1：14 与 15 脚断开。如图 SB5-11、图 SB5-12 所示。

图 SB5-11　PLC 点位示意图

图 SB5-12　24 V 电源示意图

短接整流堆顶部的温度继电器 KTE7 和直流母排上的 KTE9，故障显示屏上显示相应超温信息；声光报警器灯亮发出报警声，并应有跳闸信号输出。用万用表量端子排 X1：14 与 15 脚接通、16 与 17 脚接通、18 与 19 脚接通。

显示屏进入复位界面，按“CLR”键复位。用万用表量端子排 X1：14 与 15 脚断开、16 与 17 脚断开、18 与 19 脚断开。

实时温度显示，查看显示屏主界面温度应与实际温度相符。

⑤ 防凝露加热板试验：整流柜冷态情况下，开启防凝露加热板电源，用红外测温仪观测温度上升情况；凝露控制器置于自动状态，用开水热气观察凝露控制器应能自动启动。

⑥ 其他保护信息在设备安装完成后不能模拟出来，在 PLC 触发回路短接 24 V 信号来校验保护是否正常。

各保护输出点位如表 SB5-2 所示。

表 SB5-2　整流器保护 PLC 输出点位

序号	PLC 地址	通信地址	保护内容	点位	备注
1	MB109.1	3874	桥臂熔断报警		
2	MB109.2	3875	桥臂熔断跳闸		
3	MB109.3	3876	散热器超温报警	AM3　2M　0.4	
4	MB109.4	3877	散热器超温跳闸	AM3　2M　0.6	
5	MB109.5	3878	母线超温报警	AM3　4M　0.5	
6	MB109.6	3879	母线超温跳闸	AM3　4M　0.6	
7	MB109.7	3880	开门信号		
8	MB110.0	3881	压敏快熔故障信号	AM2　4M　0.4	
9	MB110.1	3882	桥臂 1 逆流跳闸	AM2　4M　0.5	
10	MB110.2	3883	桥臂 2 逆流跳闸	AM2　4M　0.6	

（5）填写试验报告。

4. 轨电位装置外观及功能测试（见图 SB5-13）

1）外观检查

（1）断开交流屏轨电位装置电源。

（2）按图纸检查主电路和辅助电路接线是否正确。

（3）检查所有紧固件是否紧固、弹簧垫圈是否压平，绝缘子是否完好。

（4）检查母线有无过热发黑现象、柜内元器件有无熔断、烧损。

（5）清扫屏柜内下部灰尘。

（6）用毛刷或吸尘器清扫绝缘子、母排、二次元器件表面的灰尘。

（7）紧固柜内各一、二次电气连接线。

（8）检查装置失电时，轨电位自动吸合将钢轨与大地短接。

2）元器件检查

（1）用万用表电阻挡检查柜内的正反向电阻值有无异常现象。

（2）用阻容电表或万用表检查保护电阻电容参数有无异常、是否接入电路。

3）保护显示动作检查

（1）投入轨电位装置电源，检查控制电源是否工作、外部指示灯是否正常、加热回路是否正常。

（2）检查设备得电后，复位闭锁后装置是否正常断开。

（3）检查装置是否分合顺畅，闭锁、复位功能是否正常，相应元器件工作情况是否正常。

（4）检查凝露控制器手动工作是否能使加热板工作。

4）保护功能测试检查

拆下柜内钢轨电压采样线，把继保仪的直流电压输出线连接到采样线的两端。接好线后，打开继保仪，选择直流电压输出测试。加量时，输入一个低于整定值的量，再慢慢增加，直至装置动作。如图 SB5-14 所示。

图 SB5-13 轨电位柜内元件图

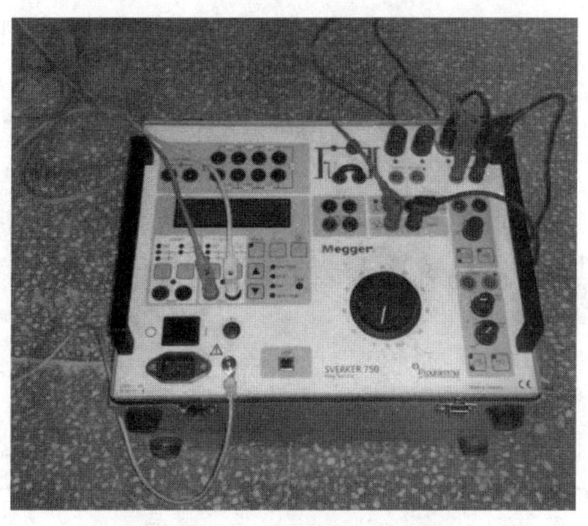

图 SB5-14 继保仪接线图

当装置检测到钢轨对地电压超过整定值时，小于 90 V 时不会发出信号，大于 90 V 时延时 1 s 后发出合闸信号 $U\geqslant$；60 s 内连续三次动作闭锁；大于 150 V 时无延时发出合闸信号 $U\geqslant\geqslant$；大于 300 V 时无延时向晶闸管发出合闸命令，并闭锁复位；当分流器采集到超过 100 A 电流信号时，装置无延时向晶闸管发出合闸命令，并闭锁复位。

效验设备动作时间需采集柜内继电器-K86：11 及-K86：14 端子。如图 SB5-15 所示。

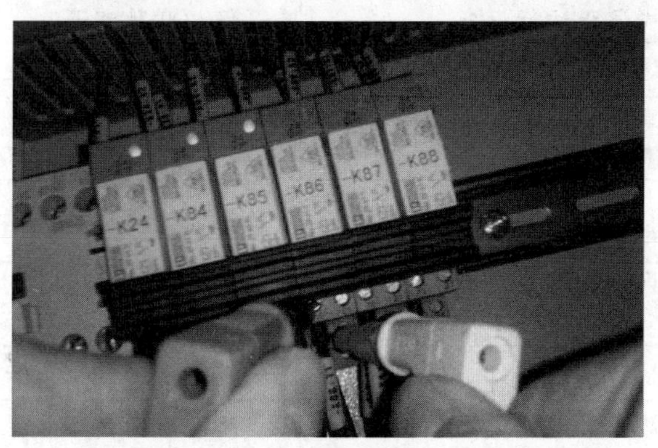

图 SB5-15 时间需采集端子示意

试验时做好试验记录并认真填写实验报告。

5）现场工作结束

核对保护定值，如有疑问及时向继电保护技术人员询问。

恢复所有安全措施，并进行自检和互检。收拾工器具，打扫现场。

子模块 SB6 直流保护校验

一、目 的

掌握城市轨道交通供电系统直流系统开关柜预防性试验方法及步骤。

二、作业工具

绝缘电阻表 1 只，常用工具若干，保护专用件若干，万用表 1 只，试验电源盘 1 只，微机保护测试装置 1 台，电池盒 2 只，电池盒用测试线 2 根，测试线夹 2 个。

三、风险点辨析（见表 SB6-1）

表 SB6-1 风险点辨析

序号	作业危险点	预防措施
1	试验人员技术不熟练，损坏设备	试验人员经培训并已参加试验交底
2	试验电源与现场不一致造成保护装置损坏	试验前用万用表测量试验电源电压及装置电源电压，并有漏电开关
3	安全措施不完善，误动其他运行设备	坚持工作票及监护制度
4	装置未接地	检查装置接地情况
5	现场安全技术措施及图纸有误，做安全技术措施时可能造成误跳运行设备	工作前须再次核对确认图纸与现场情况一致，断开保护联跳空开
6	回路及装置绝缘损坏引起开关误跳	分别检查各回路的绝缘电阻值符合要求
7	保护装置交、直流回路的不正确连接造成保护装置异常	检查回路正确，防止交、直流串电
8	保护绝缘电阻及介质强度检测时，忘拔保护弱电插件造成保护插件损坏	检测前拔出保护弱电插件
9	检验过程中，误加入不正常电流电压烧坏保护装置	按要求加电流和电压
10	带电插拔保护插件，损坏保护插件	插拔保护插件前先关掉保护装置电源
11	分流器二次短路和开路造成设备故障	严格检查并做好记录
12	电流回路检查误通入其他间隔	分组通流且需在加入和退出时分别测量

续表 SB6-1

序号	作业危险点	预防措施
13	直流接地或交、直流短路	试验时需解开的连线需做好标识并用绝缘胶布包扎
14	传动试验造成设备及人员伤害	现场传动必须符合条件，现场有人监护
15	压板、空开、转换开关、回路名称不对造成误传动	严格设备压板等元件双重编号，并做好标识，传动时必须在投合压板等元件时分别传动，保证压板的唯一性
16	寄生回路的存在，造成事故	将全站所有交流、直流开关合上，逐一检查串电情况，测量时必须采用正对地和负对地的方法测量交直流情况
17	光纤损坏	注意对光缆的防护，防止光纤损坏
18	保护定值误整定	工作完成后由两人一起认真核对定值

四、工作前的准备

（1）开班前会，工作负责人向工作班人员详细交代工作地点、工作内容、工作时间、所布置安全措施，并到工作现场落实安全措施布置情况。

（2）拟定工作重点项目及准备解决的缺陷和薄弱环节。

（3）针对危险点分析中的危险点认真落实预防措施。

（4）检查仪器仪表摆放整齐，不会妨碍值班人员的操作，也无误碰设备的危险。

五、作业项目、工艺要求及质量标准

1. 保护装置外观及接线检查

（1）装置的实际构成情况是否与设计要求相符。

（2）装置中设备安装的工艺质量，以及导线、端子的材质是否满足国家有关规程、规范要求。

（3）是否与现行规程或反事故措施及公司事先提出的要求等相符。

（4）表计、信号灯及信号继电器、光字牌等装置外部检查范围内的设备标志应正确完整清晰。

（5）装置外部检查范围内各设备及端子排的螺丝应紧固可靠、无严重灰尘、无放电痕迹，端子箱内应无严重潮湿、进水现象。

（6）装置屏附近应无强热源、强电磁干扰源。有空调设备，环境温度、湿度满足相关规定。

（7）装置外部检查范围内端子排上内部、外部连接线，以及沿电缆敷设路线上的电缆标号是否正确完整，与图纸资料吻合。装置外部检查范围内设备及回路的接地情况是否符合国家规程和反事故措施要求。

2. 二次回路的绝缘和耐压检验

（1）在保护屏的端子排处将所有外部引入的回路及电缆全部断开，分别将电流、电压、直流控制信号回路的所有端子各自连接在一起，用 1 000 V 兆欧表测量下列绝缘电阻，其阻值均应大于 10 MΩ。

① 各回路对地；

② 各回路相互间。

（2）在保护屏的端子排处将所有电流、电压、直流回路的端子连接在一起，并将电流回路的接地点拆开，用 1 000 V 兆欧表测量回路对地的绝缘电阻，其绝缘电阻应大于 2 MΩ。

（3）对信号回路，用 1 000 V 兆欧表测量电缆每芯对地及对其他各芯间的绝缘电阻，其绝缘电阻应不小于 2 MΩ。定期检验测量芯线对地的绝缘电阻。

（4）对运行的设备及其回路必要时进行一次耐压试验，当绝缘电阻大于 1 MΩ时，允许暂用 2 500 V 兆欧表测试绝缘电阻的方法代替。

3. 通电初步检验

（1）对作业需接触的连接线位置、切换开关位置、空气开关位置、定值区号等的初始状态做好记录，以便调试完毕后恢复。

（2）保护装置通电后，先进行全面自检.自检通过后对应运行灯点亮。

（3）在装置运行正常的情况下进入主菜单，分别操作各按键以检验按键的正确性与灵敏度。

（4）进入主菜单的程序版本菜单，核查软件版本号和程序校验码。

（5）核对保护装置定值。进入保护定值子菜单，记录保护装置的运行定值，与调度下发的装置定值通知单核对，如有问题及时与相关部门联系。

4. 检查抗干扰措施

检查设计及制造部门提出的抗干扰措施的实施情况应符合继电保护反事故措施中有关抗干扰措施的要求。

以西门子保护装置为例的保护校验作业项目如下所述。

5. 馈线保护校验

通过测试电池盒连接隔离放大器，操作电池盒上的可调电阻，模拟电流变化，校验馈线保护 di/dt、ΔI、I_{max}与 I_{max}反向保护的动作。如图 SB6-1 所示。

图 SB6-1　馈线保护校验原理图

校验步骤：

（1）断路器小车处于工作位置。

（2）拆开分流器 R1 连接到隔离放大器的二次接线，将隔离放大器端子 57、56，分别连接测试电池盒输出Ⅰ、Ⅱ，模拟电流；隔离放大器端子 56、60，分别连接另一测试电池盒输出Ⅰ、Ⅱ，模拟电压。如图 SB6-2 ~ SB6-6 所示。

图 SB6-2　拆下二次采样回路线

（3）直流快速断路器闭合（红灯常亮）。

（4）打开电池盒电源，操作电池盒上的可调电阻，模拟电压电流上升增量变化，直至保护动作，查看动作值和整定值是否一致，并做好校验记录。

（5）分别进行 di/dt、ΔI、I_{max} 保护跳闸测试。

（6）测试后直流快速断路器断开（绿灯常亮）。

保护校验前要断开联跳继电器 F_{12}，但保护动作时要观察 K18 继电器动作是否正常。联跳回路由框架保护测试来验证。

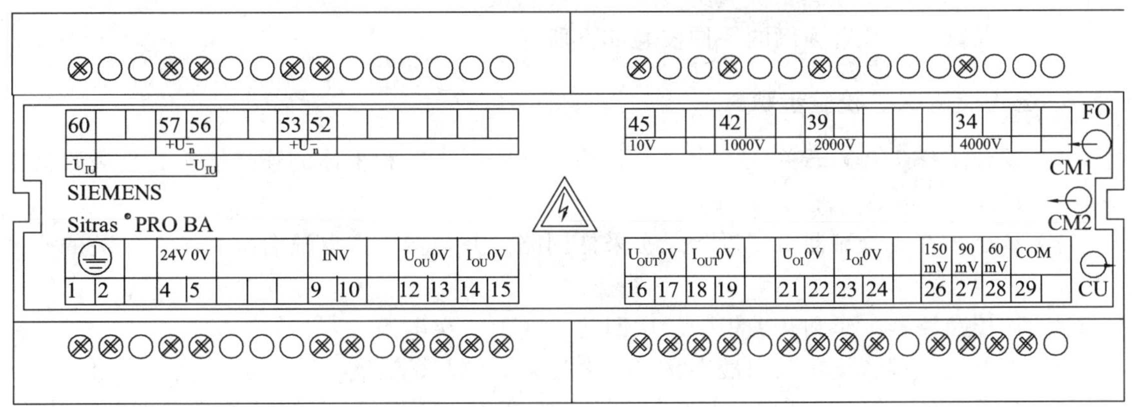

图 SB6-3　隔离放大器接线端子图

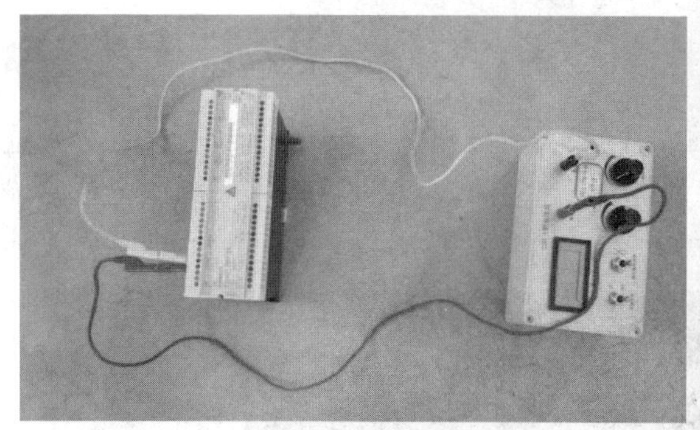

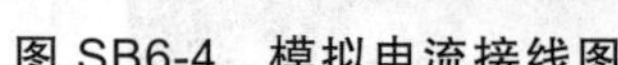

图 SB6-4 模拟电流接线图

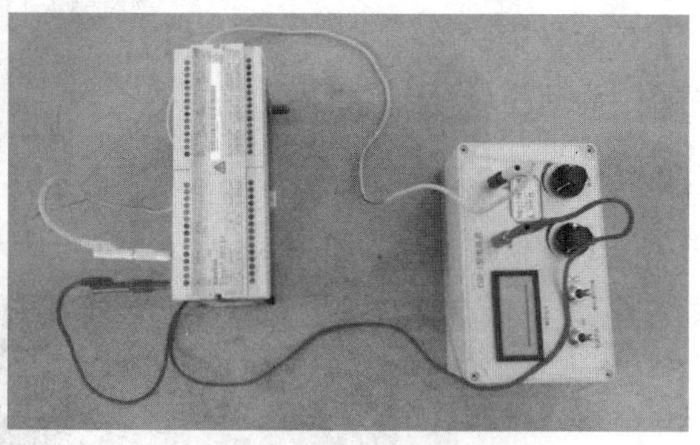

图 SB6-5 模拟电压接线图

6. 进线保护校验

通过测试电池盒连接隔离变送器，操作电池盒上的极性输出开关与可调电阻，模拟电流反向变化，校验逆流保护的动作。如图 SB6-6 所示。

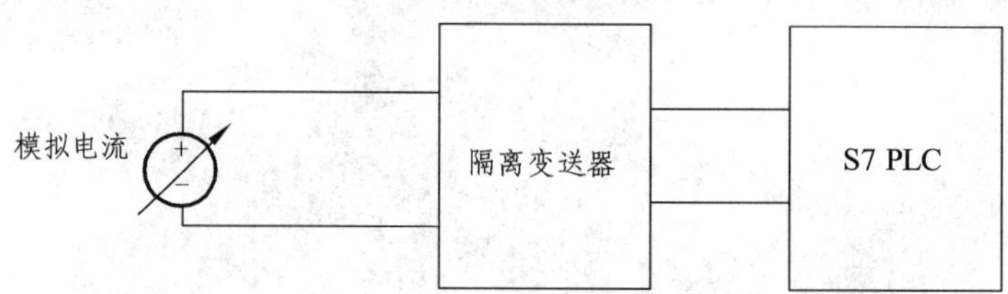

图 SB6-6 进线保护校验原理

校验步骤：

（1）断路器小车处于工作位置。

（2）拆开分流器 R1 连接到隔离变送器的二次接线，将隔离变送器端子 1、9，分别连接测试电池盒输出Ⅰ、Ⅱ，模拟电流（反向）。

（3）直流快速断路器闭合（红灯常亮）。

（4）打开电池盒电源，操作电池盒上的极性输出开关与可调电阻，模拟电流变化并增加反向电流值，直至保护动作，查看动作值和整定值是否一致，并做好校验记录。

（5）测试后直流快速断路器断开（绿灯常亮）。

（6）恢复原接线时注意二次线勿接反，并要连接紧固。

以天津保富保护装置为例的保护校验如下所述。

7. 进线逆流保护校验步骤

（1）断开 DC 750 V 开关柜二次电源，拔出断路器小车和柜体的连接插头，把断路器小车移出至检修位。

（2）从小车开关分流器上端拆下二次采样回路，并短接，把电池盒接到小车开关的测试孔上。

（3）连接断路器小车和开关柜的二次回路，送上二次电源。

（4）把电池盒调节旋钮调到最小，打开电池盒电源。

（5）按压小车工作位、试验位行程开关，检查开关位置正确；压住小车试验位行程开关，将断路器合闸。

图 SB6-7　拆下二次采样回路线并短接

图 SB6-8　电池盒接小车开关的测试孔

（6）打开电池盒电源，操作电池盒上的极性输出开关与可调电阻，模拟电流变化并增加反向电流值，直至保护动作，查看动作值和整定值是否一致，并做好校验记录。

（7）恢复原接线时注意二次线勿接反，并要连接紧固。

8. 馈线保护校验步骤

（1）断开 DC750 V 开关柜二次电源，拔出断路器小车和柜体的连接插头，把断路器小车移出至检修位。

（2）从小车开关分流器上端拆下二次采样回路，并短接，把电池盒接到小车开关的测试孔上。

（3）连接断路器小车和开关柜的二次回路，送上二次电源。

（4）把电池盒调节旋钮调到最小，打开电池盒电源，注意检查正负极性。

（5）按压小车工作位、试验位行程开关，检查开关位置正确；将断路器合闸。

（6）打开电池盒电源，操作电池盒上的可调电阻，模拟电压电流上升增量变化，直至保护动作，查看动作值和整定值是否一致，并做好校验记录。

（7）分别进行 di/dt、ΔI、I_{max} 保护跳闸测试。

（8）恢复原接线时注意二次线勿接反，并要连接紧固。

9. 现场工作结束

（1）核对保护定值，如有疑问及时向继电保护技术人员询问。

（2）恢复所有安全措施，并进行自检和互检。

（3）收拾工器具，打扫现场。

子模块 SB7　交直流盘蓄电池核容试验

一、目　的

掌握交直流盘蓄电池核容试验的方法和步骤。

二、工器具及仪器仪表配置

智能蓄电池放电仪 1 台，梅花扳手 1 把，螺丝批 1 套，力矩扳手 1 套，万用表 1 只，开口扳手 1 把。

三、安全风险辨析与预控

表 SB7-1 工作前安全风险辨析及预控措施表

序号	危险点预控措施	检查结果
1	试验人员技术不熟练，损坏设备	试验人员经培训并已参加试验交底
3	安全措施不完善，误动其他运行设备	坚持工作票及监护制度
4	装置未接地	检查装置接地情况
6	回路及装置绝缘损坏引起开关误跳	分别检查各回路的绝缘电阻值是否符合要求
7	装置交直流回路的不正确连接造成装置异常	检查回路正确，防止交直流串电

四、作业要求

作业开始后先对交直流盘外观及接线进行检查，应符合下列要求：

（1）装置的实际构成情况是否与设计要求相符。

（2）装置中设备安装的工艺质量，以及导线、端子的材质是否满足国家有关规程、规范要求。

（3）是否与现行规程或反事故措施及公司事先提出的要求等相符。

（4）表计、信号灯及信号继电器、光字牌等装置外部检查范围内的设备标志应正确完整清晰。

（5）装置外部检查范围内各设备及端子排的螺丝应紧固可靠，无严重灰尘、无放电痕迹，端子箱内应无严重潮湿、进水现象。

（6）装置屏附近应无强热源、强电磁干扰源。有空调设备，环境温度、湿度满足相关规定。

（7）装置外部检查范围内端子排上内部、外部连接线，以及沿电缆敷设路线上的电缆标号是否正确完整，与图纸资料吻合。装置外部检查范围内设备及回路的接地情况是否符合国家规程和反事故措施要求。

（8）把需要使用的工器具用绝缘胶布包扎，防止短路。

（9）用干净的抹布清洁蓄电池外壳及柜内的积尘（禁止使用酒精等含任何添加剂的清洁液）。

（10）记录蓄电池电流、蓄电池总电压及单个电池的电压、蓄电池温度、环境温度和湿度。

（11）对照交直流盘二次图，了解清楚蓄电池放电回路，确认交直流盘后方蓄电池放电试验开关在“关闭”位置。

五、放电试验

放电测试仪的接线如图 SB7-1 所示。

图 SB7-1　放电测试仪的接线

（1）在工作开始之前，要统一清点本次工作需要使用的工器具，做好安全技术交底，严格按照工作票规定进行作业。

（2）对交直流盘进行状态确认，确认交直流盘在正常运行状态，检查放电仪外观完好无损坏，检查放电仪的正负连接导线表面是否有破损，导线符合作业要求。

（3）确认放电仪放电开关在“关”位置，对放电仪进行接线，注意分清导线正负极。

（4）断开交直流盘 5ZK 蓄电池进线开关，将蓄电池组与直流盘充电回路脱离，注意开关所在位置。如图 SB7-2 所示。

图 SB7-2　断开蓄电池进线开关

（5）取下蓄电池放电回路 7D 盖板，用万用表交直流电压挡测量 7D-1、7D-2 下端头是否有电压，无电压为安全。

（6）用“十”字螺批拧下放电回路 7D-1、7D-2 下端螺丝，在放电回路接上放电仪输入线。（接线时要注意放电仪输入线的正负极要接线正确，不能接反，否则放电不能进行），放电仪输入导线尽量不要绞合，向上打开蓄电池放电开关，测量蓄电池电压是否正常。如图 SB7-3 所示。

图 SB7-3 放电仪接线

（7）打开放电仪放电开关，设置智能蓄电池放电测试仪相关参数，放电时间：10 h，放电电流：$0.1C_{10}$（即 SEC12 V 100 Ah 蓄电池放电电流 10 A，终止电压为 18 × 10.8 V = 194.6 V。放电仪显示如图 SB7-4 所示。

（8）记录开始放电时间，记录蓄电池总电压及单个电池的电压、蓄电池温度、环境温度和湿度。

（9）放电刚开始时每 10 min 记录一次数据，观察智能放电仪是否在正常工作，电阻是否发热，用钳形电流表测量放电电流，若半小时后无异常情况发生，每隔 1 h 抄录一次蓄电池放电数据一次。

放电电流：010.0 A 终止电压：194.6 V 放电时间：10：00 储存位置：01	电池电压：234.0V 放电电流：09.45A 放电时间：00：00

图 SB7-4 放电仪显示界面显示内容

六、充电试验

（1）分开 5ZK 蓄电池放电实验开关，将智能蓄电池放电测试仪从“放电回路”端撤除。

（2）确认集中监控器上设置的均充电压为 253 V、浮充电压为 243 V，合上蓄电池进线开关，在集中监控器上（自动）启动均充功能。

（3）确认充电机运行模式在自动位置。

（4）每半小时记录一次充电电流、蓄电池总电压及单个电池的电压、蓄电池温度、环境温度和湿度。

（5）充电过程中蓄电池温度上升到 45 °C 时，必须立即转换成浮充状态，以便令温度降下来。

（6）充电过程自动转换到浮充状态后，充电电流持续 3 h 不变，可以结束充电记录。

（7）作业完成，务必做到场清料清，人员工器具出清，仔细核对作业前后工器具的数量。告知运行人员处理的结果是否正常并确认,通知下级用户注意检查管辖设备是否已工作正常。

七、注意事项

1. 蓄电池停止放电条件

满足以下任意一点必须停止放电，以防蓄电池深度放电，损坏蓄电池。

（1）单体蓄电池电压不能低于 10.8 V。

（2）18 个蓄电池总体电压不低于 194.4 V。

（3）放电时间达到 10 h。

（4）蓄电池温度上升到 45 °C。

2. 特殊情况处理办法

对于单体蓄电池电压下降过快的（比如一个小时就降到 10.8 V），可以把该蓄电池退出放电，调整放电参数对其余 17 节蓄电池放电。

附录　中英文对照表

序号	特指缩写	英文全称	中文对照
1	CB	指代符号	断路器
2	DS	指代符号	隔离开关
3	ES	指代符号	接地开关
4	VT/TV	指代符号	电压互感器
5	CT/TA	指代符号	电流互感器
6	LA	指代符号	避雷器
7	BUS	指代符号	母线
8	BSG	指代符号	套管
9	GIS	GAS INSULATED SWITCHGEAR	气体绝缘全封闭组合电器
10	SVG	Static Var Generator	静止无功发生器
11	SF_6	指代符号	六氟化硫气体
12	UPS	Uninterruptible Power Supply	不间断应急供电系统
13	EPS	Emergency Power Supply	间断应急照明系统
14	EMI	Electro Magnetic Interference	电磁干扰
15	HMI	Human Machine Interface	人机界面
16	IGBT	Insulated Gate Bipolar Transistor	绝缘栅双极型晶体管
17	CPU	Central Processing Unit	中央处理器
18	SCADA	Supervisory Control And Data Acquisition	数据采集监控系统
19	PSCADA	Power Supervisory Control And Data Acquisition	电力监控系统
20	R/C/L	指代符号	电阻/电容/电感
22	DC/AC	指代符号	直流/交流
23	FAS	Fire Alarm System	火灾报警系统
24	EMCS	Engineer Manufacture and Customer Service	能源管理控制系统
25	AFC	Auto Fare Collection	自动售检票系统

参考文献

[1] 张裕生. 高压开关设备检测和试验[M]. 北京：中国电力出版社，2004.
[2] 郑新才. 220 kV 变电站典型二次回路详解[M]. 北京：中国电力出版社，2008.
[3] 马永翔. 高电压技术[M]. 北京：北京大学出版社，2009.
[4] 文斌. 谈谈电气装置绝缘失效的原因及预防措施[J]. 科技信息，2006.
[5] 华中工学院. 电力系统继电保护原理与运行[M]. 北京：北京电力工业出版社，1981.
[6] 吕继绍. 继电保护整定计算与实验[M]. 武汉：华中工学院出版社，1983.
[7] 王维俭. 电力系统继电保护基本原理[M]. 北京：清华大学出版社，1992.
[8] 于尔铿，韩放，谢开，曹方. 电力市场[M]. 北京：中国电力出版社，1998.
[9] 岳浩. Linux 操作系统教程[M]. 北京：机械工业出版社，2005.
[10] 柳青. Linux 应用教程[M]. 北京：清华大学出版社，2008.
[11] 张杰. 电力监控系统（PSCADA）在地铁中的应用[J].科技信息，2012.
[12] 段洪民. 中压金属封闭开关设备结构与发展[J].电气制造，2011.
[13] 方浩，刘兆群. 谈电力监控系统（PSCADA）在地铁中的应用[J].商情，2013.
[14] 刘万顺. 电力系统故障分析[M]. 北京：电力工业出版社，1980.
[15] 胡虔生，胡敏强. 电机学[M]. 北京：中国电力出版社，2009.
[16] 李建基. 126 kV 气体绝缘金属封闭开关设备[J]. 电气制造，2007.
[17] 孟宇. 分析 GIS 组合电器在应用的优缺点、安全防护及应急处理[J]. 内蒙古石油化工，2008.
[18] 朱丹. 电气装置绝缘失效原因及预防措施[J]. 林业机械与木工设备，2007.
[19] 上海申通地铁集团有限公司轨道交通培训中心. 城市轨道交通变配电技术[M]. 北京：中国铁道出版社，2012.